한말 외국인 기록 01

대한제국멸망사

개정판
한말 외국인 기록 01
대한제국멸망사
1999년 10월 20일 초판 1판 1쇄
2019년 11월 1일 개정판 1판 1쇄
2025년 2월 20일 개정판 1판 4쇄

저자 | H. B. 헐버트
역주자 | 신복룡
발행인 | 임동규
발행처 | **(주)집문당**
등록 | 1971. 3. 23. 제2012-000069호
주소 | 03134 서울시 종로구 돈화문로 82, 5층
전화 | +82-1811-7567
이메일 | sale@jipmoon.com
홈페이지 | www.jipmoon.com

편 집 | 장이지
디자인 | 임용우

ISBN 978-89-303-1832-7 04900
978-89-303-1831-0(세트)

가격 28,000원

(주)집문당 이순신돋움체B (저작권자 아산시, 무료글꼴)

대한제국멸망사

The Passing of Korea

H. B. 헐버트 지음/신복룡 역주

집문당

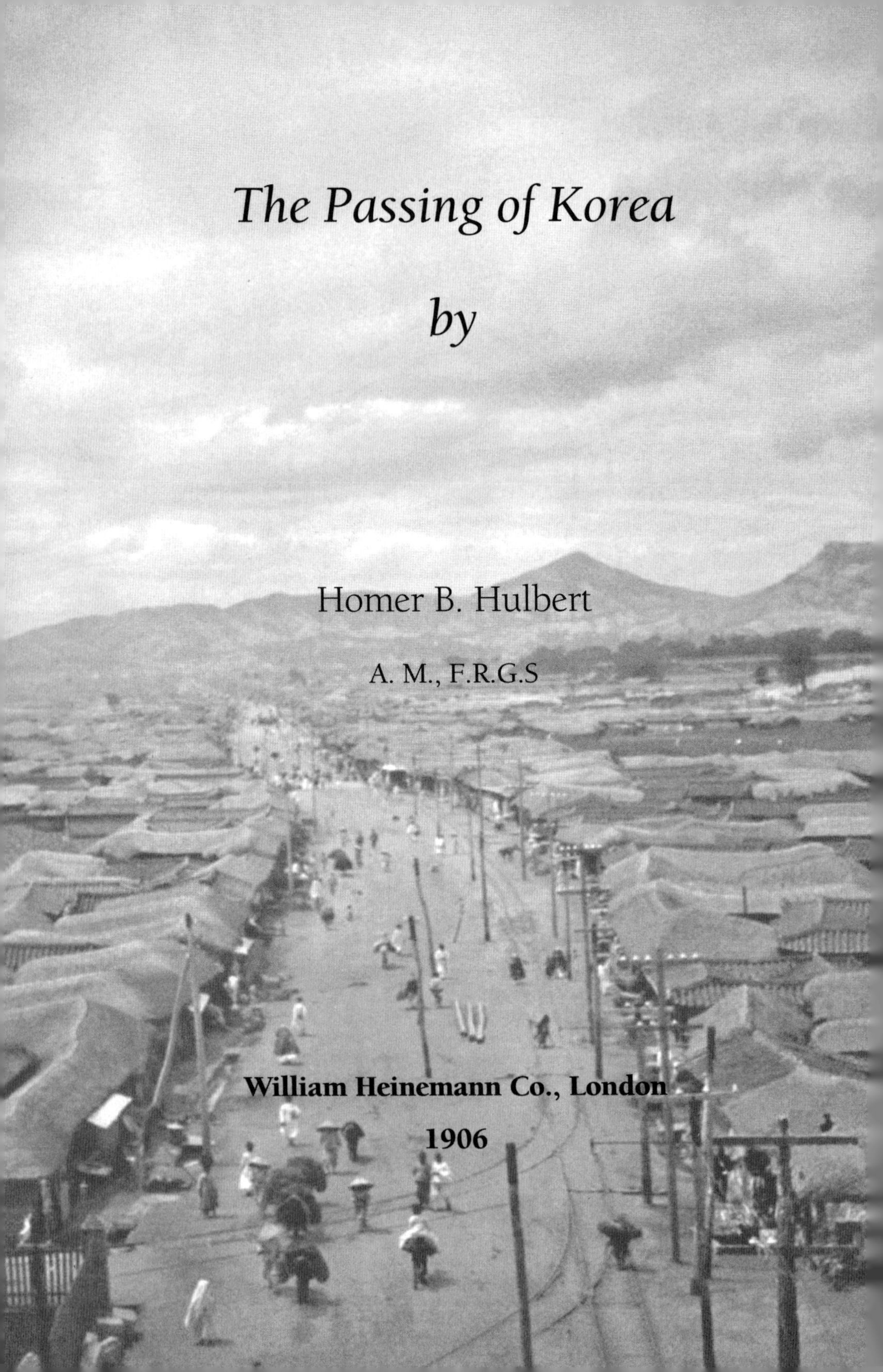

The Passing of Korea

by

Homer B. Hulbert

A. M., F.R.G.S

William Heinemann Co., London

1906

대한제국의 황제(고종)

원저자 헐버트

헐버트의 묘비
(양화진 외국인 묘지)

헌사

비방이 그 극에 이르고
정의가 점차 사라지는 때에
나의 지극한 존경의 표시와 변함없는 충성의 맹세로서
대한제국의 황제 폐하에게

그리고
지금은 자신의 역사가
그 종말을 고하는 모습을 목격하고 있지만
장차 이 민족의 정기가 어둠에서 깨어나면
"잠이란 죽음의 가상(假像)이기는 하나"
죽음 그 자체는 아니라는 것을 증명하게 될
대한제국의 국민에게
이 책을 드립니다.

H. B. Hulbert

역주자 개정판 서문

내가 대학원에 다니며 국회도서관에서 번역사로 아르바이트를 하던 1968년, 그러니까 지금으로부터 50년 전, 내 나이 스물여섯 살 적에, 나는 도서관 서가에 꽂혀 있는 만권 서적을 보면서 한없이 행복했고, 그 무렵으로서는 꿈도 꾸지 못했지만, 뒷날 역사학도로 일생을 사는 데에 많은 영감을 얻었다. 그 가운데에서 나는 먼지 속에 묻혀 있는 헐버트(Homer B. Hulbert) 목사의 낯선 저술 『대한제국멸망사』(*The Passing of Korea*, 1906)를 발견하고 망연자실하던 느낌을 잊을 수가 없다. 어찌해 이런 책이 한국 사학사(史學史)에는 이름조차 올라 있지 않은가에 대한 의아함과 필자에 대한 미안함 때문이었을 것이다.

나는 틈틈이 그 책을 읽으며 점점 빠져 들어갔고, 출판의 기약도 없이 번역을 시작했다. 번역은 그리 어렵지 않았으나 주석을 다는 데 많은 어려움이 있었다. 한국의 지명과 인명을 한자로 기록한 것을 영어로 옮기는 과정에서 오류가 있었고, 많이 묻어나오는 일본과 중국의 고유명사들을 어떻게 표기하는가의 문제가 번역에 못지않게 어려웠다. 그런 문제를 해결하고 나니 문득 5년의 세월이 흘러서야 겨우 출판할 수 있었다. 나는 그 무렵 시간강사 생활을 하며 틈틈이 한국정치사의 강의 시간에 이 책에 담긴 내용을 소개했다.

그 뒤로 오랜 세월이 흘렀다. 아마 30년은 지났을까? 1998년 어느 녘에 문득 이현출(李鉉出) 후학(지금은 박사학위를 받고 건국대학교 교수로 재직 중임)으로부터 한 통의 전화를 받았다. 그의 말에 따르면, 내가 소속되어 있는 정치학과 학생이 아니라 법학과 학생이었지만, 지금은 성공한 한 젊은 선배를 만났는데 지난날에 들은 헐버트에 대한 나의 강의를 잊을 수가 없어 늘 마음에 담고 있던 터에 이제 어느 정도 사회적으로 안정되고 나니 나의 옛날 강의가 생각나 헐버트 박사를 기념하는 무슨 일을 하고 싶다는 이야기를 하더라는 것이었다. 이름은 김동진(金東珍) 씨인데 당시에는 체이스 맨하탄은행 한국지사장으로(그 은행은 얼마 지나 Chase Manhattan/J. P. Morgan Co.로 합병했다.) 서울 주재 외국계 은행가에서는 인정받는 인물이라고 설명했다. 오랜 세월이 지난 터라 얼굴과 이름이 매치가 잘 되지 않았다.

며칠이 지나 이현출 군과 김동진 은행장을 만났는데 그 자리에는 정용호(鄭龍鎬)라는 젊은이가 합석하고 있었다. 소개를 듣자니 애국계몽운동을 하는 분이라고 했다. 나는 오랜만에 만난 김동진 은행장의 성공한 모습에 대한 기쁨과, 내가 30년 전에 강의한 내용을 잊지 않고 다시 찾아준 데 대한 고마움, 그리고 교수가 강단에서 한 말이 이렇게 후학들에게 각인되는 수도 있구나 하는 생각이 들어 기쁘고도 무거운 마음으로 이야기를 나누었다.

그 자리에서 우리는 헐버트 박사를 기념하는 행사를 하기로 하고 먼저 한국 기독교계의 어른이신 YMCA 명예 총무 전택부(全澤鳧) 선생을 고문으로 모시고 나를 회장으로 하고 김동진 행장과 독립유공자유족회 회장 김삼열(金三悅) 선생을 공동 부회장으로 하고, 정용호 선생을 총무로 해 헐버트박사기념 사업회를 조직하기로 결정했다. 나는 서생이 아니었으면 구멍가게도 하나 추스를 능력이 없는 사람이어서 조직을 이끌기에는 적절하지 않다고 여러 번 사양했으나 헐버트 박사를 최초로 한국에 소개한 학자로서 이름만 걸어놓으면 자기들이 모든 일을 다 하겠노라고 장담하는 바람에 능력도 없이 그 회장을 맡았다.

우리는 1999년 7월 9일에 정식으로 헐버트박사기념 사업회를 조직하고, 사업에 들어갔다. 우리가 제일 먼저 추진한 일은 양화진 외국인묘지에 안장되어 있는 헐버트 박사의 묘비를 완성(?)하는 것이었다. 본디 1949년 8월 5일에 헐버트 박사가 별세했을 적에 이승만(李承晩) 대통령의 후의로 최초의 외국인사회장으로 장례를 치른 다음 묘비를 세웠다. 그런데 정국이 어지럽고 곧 한국전쟁이 일어났기 때문에 묘비명을 써주겠다던 이승만 대통령이 약속을 지키지 못해 백비(白碑) 상태로 50여 년이 흘러간 것이다. 그래서 우리가 그 비명을 새겨 넣는 것이 먼저 할 일이었다.

그 무렵 김동진 부회장은 외환은행 부행장으로 영전해 재계와 정계에 인맥이 두터운 터라 당시 김대중 대통령에게 부탁해 비문을 받아 새겨 넣었다. 고인에 대해 조금이라도 보은을 한 것 같아 마음이 몹시 뿌듯하고 기뻤다. 그때 나는 과분하게도 헐버트 목사의 묘지명을 썼는데 그 글은 다음과 같다.

한국인보다 한국을 더 사랑했고
자신의 조국보다 한국을 위해 헌신했던
빅토리아풍의 신사
헐버트(Homer B. Hulbert) 박사
이곳에 잠들다.

Here Lies
Dr. Homer B. Hulbert, A Victorian Gentleman
Who Loved Korea More Than Koreans Did Themselves
and
Contributed to Korea More Than He Did to His Own Country

그 뒤로 나는 회장에서 물러나고 김동진 선생이 회장을 이어 받아 많은 일을 했다. 그는 먼저 헐버트 목사의 유족을 찾아 미국을 여러 차례 왕래하면서 고인의 저술을 발굴하는 작업부터 시작했는데, 그 결실로 헐버트 가문에 소장되어 있던 『Hulbert 문서』(*mimeo*), 김동진(지음), 『파란 눈의 한국혼, 헐버트』(서울 : 참좋은글, 2010), 기념사업회가 엮은 『헤이그만국평화회의 관련 일본정부 기밀 문서 자료집』(서울 : 선인, 2007), 헐버트 목사의 회고록인 *Echoes of the Orient : A Memoir of Life in the Far East(mimeo)* 등이 출간됐다. 뿐만 아니라 광화문 인근의 공원에 헐버트 목사의 흉상이 서고, 독립유공자 서훈과는 별도로 문화훈장이 그에게 수여됐다.

기념사업회와 성격이 조금 다른, 헐버트 목사를 사랑하는 몇 학자들이 연구서와 번역판을 출간했는데, 손정숙, 『구한말 헐버트(Homer B. Hulbert)의 대한 인식(對韓 認識)과 그 활동』(서울 : 이화여자대학교 석사학위논문, 1994)과 김현숙, 『근대 한국의 서양인 고문관들』(서울 : 한국연구원, 2008), 그리고 이현표(옮김), 『마법사 엄지』(*Omjee the Wizard*, 1925; 서울 : 코러스, 2011), 이현표(옮김), 『안개 속의 얼굴』(*The Face in the Mist*, 1926; 서울 : 코러스, 2011)이 있다.

처음 책을 읽은 때로부터 50년이 지나 번역판이 절판되지 않고 이제 4차 개정판을 쓰려니 만감이 스쳐간다. 그 뒤로 나는 한말에 이 나라를 다녀간 외국인들의 한국 관계 연구서, 역사서, 견문기, 회고록 등을 모아 전집 23권을 출판했다. 처음부터 작정하고 시작한 일이 아니어서 틈틈이 번역을 했는데 모두 마치기까지에는 30년이 걸렸다. 『삼국사기』나 『삼국유사』 또는 중국의 『25사(史)』나 『조선왕조실록』을 한국사 연구의 금과옥조처럼 여기는 보수주의 역사학계에서는 이 자료의 가치에 대해 이러니저러니 말들이 있었다고 들었지만 나는 그에 괘념하지도 않았고, 나의 작업에 대해 일말의 긍지를 느끼며 작업을 계속했다. 물론 오역이 있을 것이지만 훌륭한 후학들이 나를 딛고 더 훌륭한 작품을 내놓을 날이 있기를 바란다.

전자 산업의 발달과 더불어 종이책이 사라지는 것이나 아닌가 염려하는 목소리가 높다. 이런 어려운 때에 전질의 개정판을 내고자 막대한 자금을 투자한 집문당 임동규(林東奎) 사장에게 마음 깊이 고맙게 생각하며 선대가 이뤄놓은 가업을 더욱 훌륭하게 이어가기를 바라고, 장이지(張利禔) 선생에게도 고마움을 전하고 싶다.

2019년 11월 1일

역주자 신복룡 씀

역주자 3판 서문

번역판을 내면서 세 번째의 서문을 쓴다는 것이 자랑인지 흉인지는 모르겠으나, 이 책의 출판에 우여곡절이 많았음을 의미하는 것임은 틀림없다. 젊었을 적, 내 손으로 한말 선교사의 한국 관계 자료들을 주석하겠다고 다짐한 지 벌써 30년의 세월이 흘렀으니 세월의 무상함과 더불어 만감이 교차한다. 그동안 활판에서 컴퓨터로 바뀌는 인쇄 혁명과 출판계의 불황 등으로 중도에서 포기했던 『한말 외국인 기록』을 이제 집문당 임경환 사장님의 호의로 번역과 주석 작업을 재개하게 된 것이 한없이 기쁘고 감사하다.

전집 19권을 출판하겠다는 임경환 사장님의 제의를 들었을 때 기쁘기도 했지만, 너무도 엄청난 일이라 엄두를 낼 수가 없었다. 그러던 차에 이러한 고충을 들은 1998학년도 건국대학교 정치외교학 과목의 나의 수강생들 300명이 한 장씩 컴퓨터에 입력해 주겠다고 나섰을 때 나는 한없이 고마웠고 크게 용기를 얻었다. 나는 그 300명의 이름을 여기에 일일이 적을 수 없는 것이 미안하고 유감스럽다.

모두가 고생했고 고맙지만, 특히 이형구(李衡求) 군과 김한길 군이 많은 몫을 타이핑했으며, 변영욱(邊泳旭) 군은 교정 작업을 하느라고 많은 고생을 했다. 사내답지 않게 수줍음이 많은 조교 박성진(朴城進) 군은 마음이 넉넉지 못한 나의 방에서 마음고생이 많았으리라고 생각되며, 주석을 찾고자 각국의 대사관과 문화원을 찾아다니면서 싫은 내색 한번 하지 않았다. 건국대학교 대학원 박사 과정의 고경민(高敬旼) 군과 석사 과정의 형은숙(邢恩淑) 양은 컴퓨터 작업을 하느라고 많은 고생을 했다. 그들의 고생이 단순한 고생으로 그치지 않고 앞날 그들의 학문 생활에 좋은 경험이 될 수 있다면 나로서는 미안함을 덜 수 있을 것이다. 사진 촬영은 건국대학교 홍보실의 이명호(李明浩) 선생께서 맡아 주었다.

영어로 쓰인 동양사를 번역하는 과정에서 가장 어려운 작업은 영문으로 표기된 인명이나 지명을 어떻게 한자로 복원하느냐의 문제이다. 특히 원칙이 없이 쓰이는 일본의 인명 표기는 참으로 어려웠다. 그런 중에도 일본의 데츠카야마대학(帝塚山學院大學)의 가미가이토 겐이치(上垣外憲一) 교수가 많은 어려움을 풀어 주었다.

시도 때도 없는 부탁에 늘 마음써준 오랜 친구 다키자와 마코도(瀧澤誠) 선생의 도움을 많이 받았으며, 고베대학(神戶大學)에서 박사 논문을 준비하는 장희순(張喜淳) 군도 고생을 많이 했다. 구미 인물의 행적에 대해서는 건국대학교 독어독문학과의 김건환(金建煥) 교수님께서 많이 도와주셨다. 러시아 관계 문서는 모스크바대학에서 박사학위를 준비 중인 김종헌(金鍾憲) 군의 도움을 많이 받았다.

끝으로 편집 교정과 출판 과정에서 고생하신 집문당의 우진주(禹軫柱) 상무님과 편집부 직원 여러분, 그리고 신세를 진 모든 분께 깊이 감사한다.

1998년 9월 10일

신복룡 씀

한국어 재판에 부쳐

민족의 역사를 탐독하는 것은 그것이 꼭 영광스러웠기 때문만도 아니요, 치욕의 기록이었기 때문만도 아니다. 영광스러웠던 사실(史實)들은 후손에게 감동을 주며, 욕된 기록은 우리로 하여금 다시는 그러한 비극이 재현되지 않도록 긴장시켜 준다. 그런 의미에서 본다면 본 책자의 한국어판이 재판에 들어간 것은 보람 있는 일임에 틀림이 없다.

본서가 번역 출간된 후, 판(版)을 거듭할 만큼 가치가 있는 것이라면, 이에 따르는 자랑스러움은 모두 원저자의 것이다. 언어와 풍속과 혈통이 다른 이민족의 사회에 들어와서 온갖 박해를 겪으면서도 오히려 한민족보다 더 한국을 사랑하다가 사라져 간 한 은인 앞에 우리는 숙연히 옷깃을 여미지 않을 수가 없다. 본서의 한국어판이 출간 재판된 것은 고인(故人)에 대한 조그마한 보답이라도 되는 것 같아 그에 대한 죄스러움이 다소 위안이 된다.

나는 이 책자의 출간으로 많은 기쁨을 맛보았으나, 1973년 한국을 방문했던 원저자의 맏아드님 윌리엄 C. 헐버트 씨와의 상봉을 오래도록 기억할 것이다. 선친의 저서가 번역된 것을 알고 반가워하던 70 노안(老顔)을 나는 잊을 수가 없다. 그는 귀국한 뒤 재판의 소식을 듣고 선친을 대신해 서문을 써 줌으로써 본서를 빛나게 해주었다.

나는 한국의 젊은이들을 위해 이를 번역했다. 일제와 해방 이후 지루하게 계속된 서구 문명의 수용기를 통해 잊혔거나 왜곡된 우리의 참 모습을 그들은 알아야 할 것이다. 나의 이 소망이 이루어질 수 있다면 본인은 그간에 겪었던 모든 피로를 잊을 수가 있다.

이 번역본은 본시 탐구당에서 『대한제국사서설』이라는 이름으로 1973년에 초판된 바 있었으나 읽기가 불편하고 수정 보완할 부분이 있어서 이번 평민사(平民社) 이갑섭(李甲燮) 사장의 호의로 『한말외국인기록』(韓末外

國人記錄) 제1권으로 출판하게 됐다. 질식할 것만 같은 출판계의 불황에도 불구하고 이 나라의 문화 창달을 위해 『구한말 외국인 기록』을 전집물로 기획 출판하는 평민사의 이갑섭(李甲燮) 사장과 염천 중에도 편집과 교정에 수고를 해주신 평민사의 여러분에게 깊은 감사를 드리는 바이다.

1984년 11월

신복룡 씀

역주자 초판 서문

그 언제였던가? 소년 시절에 나는 그런 것을 생각해 본 적이 있었다. “우리나라 사람들은 자신에 관해 금수강산이니 백의민족이니 반만년의 역사니 하고 자랑들을 하지만 외국인들은 과연 우리 민족을 어떻게 생각하고 있을까?”라고. 그래서 한국에 관한 외국인의 기록을 읽고 싶어 한 지가 벌써 오래전의 일이었는데, 이에 대해는 비단 나뿐만 아니라 대부분의 한국인이 한 번쯤은 생각해 보았을 것이다.

그와 같은 염원은 내가 국회도서관에서 아르바이트하는 동안에 이루어졌다. 나는 그곳 서고를 헤매다가 우연히 이 책을 발견하고 이를 탐독하던 중에 이 책이야말로 한민족이 읽을 만한 가치가 있는 것임에도 불구하고 이미 원서가 절판됐음을 안타깝게 생각해 이를 번역하기에 이르렀다. 이 책은 필시 우리 민족에게 어떠한 교훈을 주리라고 확신하면서.

토인비(Arnold J. Toynbee)는 역사란 윤회하는 것이라고 믿었다. 이 책의 필자인 헐버트(Homer B. Hulbert) 교수가 여기에서 특별히 다루고 있는 1860년대에서부터 을사조약(乙巳保護條約)이 체결된 1905년까지의 역사를 읽노라면 비록 시제(時制)의 설정에는 금석(今昔)의 느낌이 있으나 참으로 역사란 윤회하는 것일지도 모른다는 생각이 들어 나는 몇 번이고 붓을 놓고 이 민족의 어제와 오늘을 물끄러미 생각해 보곤 했다.

어느 학자이던가, 이 세상에서 가장 준엄한 교훈은 곧 역사라고 말했지만, 지금처럼 다사다난한 우리에게 진정으로 이 민족이 가야 할 길이 어디인가를 가르쳐 주는 것은 오로지 우리의 지난날의 역사밖에는 없으리라는 생각이 드는 것은 이 역사서가 나에게 준 교훈이 큰 탓이었는지, 아니면 정말로 그래서인지 모르겠다.

한민족! 역사의 미아처럼 어제는 저 이리떼에 몰리고 오늘은 이 승냥이에게 뜯기며 쓸개보다 더 쓴 곤욕을 참으며 살아온 지 벌써 5,000년의 긴 세월이 흘렀다. 그토록 순박하고 그토록 어질게만 인종(忍從)하던 앞산 뒷마을의 갑남을녀가 언제까지 이렇게만 살 것인가를 우리 모두 함께 생각해 보자.

민족이란 행주치마 몸에 두르고 굴뚝 모퉁이에서 옷고름만 만지작거리며 눈물을 글썽거리는 새 며느리처럼 연약할 수는 없다. 이 나라의 국모가 야만족의 칼 아래 피를 뿌리며 쓰러지고 민족의 운명이 끊어지는 것을 보고도 아무 말 없이 자결만 하던 우리 선조들의 행동이 과연 옳았던가를 다시 한 번 반성해 볼 필요가 있지 않겠는가? 반만년 역사, 금수강산, 백의민족이란 지난날의 모든 쓰라림을 다 보상할 수 있을 만큼 그토록 고귀한 것이었던가도 다시 한 번 생각해보자.

◆ ◆ ◆ ◆ ◆

헐버트(Homer Bezaleel Hulbert, 한국명 : 紇法, 轄甫)는 1863년 1월 26일 미국의 버몬트(Vermont)에서 목사이며 미들베리대학(Middlebury College)의 학장인 캘빈 헐버트(Calvin Butler Hulbert)와 매리(Mary Woodward Hulbert) 부부의 둘째 아들로 태어났다. 1884년에 그의 외가가 설립한 다트머스(Darthmouth)대학에서 히브리어를 수학한 다음 다시 명문 유니언(Union) 신학교에 입학했다.

이 무렵 한국은 고종의 뜻에 따라 신교육 기관인 육영공원(育英公院)을 설치하고 한국 주차 미국 공사인 푸트(Lucius H. Foote)에게 미국인 교사 3명을 보내 줄 것을 요청했다. 푸트로부터 이러한 보고를 받은 미국 국무성 교육국장 이튼(John Eaton)은 지난날의 친구인 캘빈에게 그의 아들을 한국에 보낼 것을 권고했다. 이를 계기로 헐버트는 1886년 7월 길모어(George W. Gilmore) 부부, 그리고 벙커(Dalzell A. Bunker) 부부와 함께 한국에 도착하게 됐다.

1888년 9월에는 그의 유니언신학교 시절의 친구인 한나(May Belle Hanna)와 결혼하고자 일시 뉴욕에 다녀왔다. 헐버트의 한국 생활에서 그의 아내의 도움이 크다는 것은 더 말할 나위도 없다. 그는 한국에 도착해 수학, 자연과학, 역사, 정치를 가르쳤다. 그러나 시간이 흐름에 따라 전통과 풍습의 차이가 격심했고, 대개의 생도가 부패한 관리의 자식들로서 학업에 열성을 보이지 않자, 한국에서의 육영 사업에 환멸을 느낀 나머지 1891년 12월 육영공원의 교사직을 사임하고 유럽을 거쳐 귀국했다.

미국에 돌아간 후에도 그는 한국에의 꿈을 버리지 못한 채 오하이오주의 푸트남 육군사관학교(Putnam Military Academy of Zanesville)에서 교편생활을 통해 한국에 관한 문필 생활을 계속하던 중, 한국에서 일하다가 1892년 7월에 일시 귀국한 아펜젤러(H. G Appenzeller) 목사를 만나 한국에서 다시 봉사할 것을 권유받고 1893년 9월에 가족과 함께 재차 한국에 입국했다.

헐버트는 배재학당(培材學堂)에 봉직하기를 바라는 주위의 청을 물리치고 감리교계 출판사인 트리링규얼(三文) 출판사를 운영하기 시작했다. 그는 특히 한국의 문화와 정세를 소개하고자 1901년부터 감리교계 월간지인 『코리아 리뷰』(*The Korea Review*)의 편집을 주관하면서 한국에 관한 글을 계속 발표했다. 이 월간지는 1906년까지 계속됐다.

한국에 대한 일본의 야욕이 점차로 노골화하자, 그는 한국의 문화에서 한민족의 운명으로 눈길을 돌리었다. 1905년 10월 15일, 그는 고종 황제의 밀서를 가지고 서울을 출발, 11월 17일에 워싱턴에 도착해 미국의 정부 요인들과 접촉하면서 한국에 대한 일본의 정책에 미국이 개입해 줄 것을 요구했으나 이미 친일화한 미국 정부는 그의 말을 경청하지 않았다. 1906년 7월, 그는 일본의 온갖 박해가 기다리고 있는 한국에 다시 돌아 왔다. 그는 워싱턴에서의 노력이 실패했으나 조금도 굽히지 않고 을사조약으로 외교권마저 박탈된 한국의 자유를 위해 계속 노력했다.

1907년 7월 헤이그(The Hague)에서 만국평화회의가 개최된다는 것이 세상에 알려지자 그는 고종 황제의 밀령을 받아 4월에 출발, 스위스를 거쳐 헤이그에 이르러 을사조약이 일본의 강압에 의한 것임을 각국 대표에게 알리고, 한국 대표가 본회의에 참석할 수 있도록 주선해 달라고 러시아 대표이자 회의 의장인 넬리도프(M. Nelidov)에게 호소했으나 아무런 소득이 없었다. 결국, 이 사건을 계기로 해 일본은 고종을 양위시키고 끝내 한일합방을 단행했다.

이제 헐버트 교수는 그토록 정을 쏟던 한국을 위해 더 이상 일하고 싶어도 발붙일 곳마저도 없게 되자 헤이그에서 바로 미국으로 돌아가 매사추세츠의 스프링필드(Springfield)에 정착했다. 미국에 있으면서도 그는 한국을 잊지 못해 1909년에 일시 한국을 방문했으나 긴급한 집안 사정으로 귀국했다. 그는 미국에서도 문필 생활을 계속해 한국의 독립과 문화를 계속 소개했다.

1945년 그토록 기다리던 해방이 되자 한국의 몇몇 유지들은 그가 이 민족을 위해 노력했던 옛일을 고맙게 여겨 그의 한국 방문을 주선하게 됐다. 이와 같은 유지의 뜻은 결실을 보아 교수는 1949년 7월 29일, 이승만(李承晩) 대통령의 초청을 받아 배편으로 인천에 도착 입경했다. 지난해에 세상을 떠난 아내에 대한 슬픔도 잊을 겸 그가 그토록 그리던 제2의 고향에 도착했으나 이때는 이미 86세의 고령인 그가 오랜 선편의 여행으로 극도로 쇠약해 있었다.

헐버트는 즉시 청량리(淸凉里) 위생병원에 입원했으나 간호의 보람도 없이 기관지염으로 8월 5일 오후 1시에 영면했으니 그가 한국에 온 지 꼭 1주일이 되는 날이었다. 그는 입경한 후로 계속 병원에만 입원해 있었기 때문에 그 자신만이 알고 있던 더 많은 이면사가 세상에 밝혀지지 않은 것은 참으로 유감스러운 일이 아닐 수 없다. 그가 영면하자 그를 아끼던 이승만 박사와 몇몇 유지들은 장례식을 사회장으로 거행하고 "웨스트민스터 사원보다는 한국의 땅에 묻히고 싶다"던 그의 소망대로 양화진(楊花津) 외국인 묘지에 안장했다.

그의 저서로는 본서 이외에 『한국사』(*History of Korea*, 2 Vols., Seoul, 1905), 『한국어와 드라비다어의 비교 연구』(*Comparatives Grammar of Korean and Dravidian, A Search for the Siberian Klondike*), 『大東紀年』(上海, 1903), 『ᄉ민필지』(士民必知, 1889) 등이 있으며 『코리아 리뷰』(*The Korea Review*)에 많은 논문이 수록되어 있다.

◆◆◆◆◆

이 책을 번역하는 동안에 나는 너무도 많은 사람에게 도움을 받았으므로 이 역서는 공역이나 다름이 없다. 원고지 2,600여 장에 이르는 본문의 번역은 겨우 마쳤으나 300여 개의 주석은 천학비재(淺學菲才)한 나에게 참으로 힘에 겨운 일이었다. 2년여에 걸쳐 주석을 달고자 자료를 찾아 헤매는 동안에 나를 도와준 여러분에게 일일이 감사를 드리지 않을 수 없다.

특히 제7장의 천주교수난사의 주석과 본문 중의 라틴어 번역을 자상하게 도와주신 전 양화진성당의 최석우(안드레아) 신부님, 근대사에 관해 귀중한 자료를 빌려주시고 여러 모로 협력해 주신 국사편찬위원회의 윤병석(尹炳奭) 선생님, 제24장의 민요를 가다듬는 데에 협력해 주신 건국대학교의 고(故) 조동민 학형과 이에 관해 귀중한 조언을 해주신 임동권(任東權) 박사님, 건국대학교 중앙도서관의 이용에 온갖 편의를 베풀어주신 김창규(金昌圭) 님, 그밖에 외람된 전화 문의에 일일이 답해 주신 여러분들, 그리고 신혼 생활도 외면한 채 원고 뭉치를 들고 동분서주하던 역자를 물심양면으로 뒷바라지해준 나의 사랑하는 아내 최명화(崔明和)에게 깊이 감사한다. 특히 나를 위해 본서의 장기 대출을 허용해 준 국회도서관과 이의 출판을 허락해 주신 탐구당의 홍석우(洪錫禹) 사장님에게 감사한다.

끝으로 이 책의 원명은 『대한제국의 멸망』이라고 표기하는 것이 옳겠으나 여기에서는 『대한제국사 서설』이라고 했음을 밝히며, 원서에는 편명(篇名)이 없으나 독자의 이해를 돕고자 여기에서는 편을 나누었음을 밝힌다.

1973년 1월

신복룡 씀

67년이 지난 지금에

나의 선친의 저서인 『대한제국멸망사』(*The Passing of Korea*)가 한국어로 출판된 것은 고인을 위해 참으로 경하스러운 일이 아닐 수 없습니다. 선친께서는 1906년에 발행된 초판의 서문에서 "이 책은 … 흔히 시달림만 받을 뿐, 옳은 평가를 받아 본 적이 없는 한 국가와 민족의 독자들에게 관심을 불러일으키고자 쓰인 것"임을 밝힌 바 있습니다. 더 말할 나위도 없이, 초판은 영어를 아는 독자들만이 읽을 수 있었다는 점을 생각할 때, 한글판이 출간된 지금, 나의 선친께서는 당신의 글이 그가 그토록 사랑하던 한국인들에게 자국어로 읽힐 수 있게 된 것을 알게 된다면 지하에서나마 기쁘게 생각하리라고 나는 확신하는 바입니다.

침략자들의 손에 의해 고초를 겪고 있는 한국인들을 돕고자 지칠 줄 모르고 노력하던 선친께서는 1909년에 이르러 자신이 한국을 떠나지 않을 수 없음을 깨닫게 됐습니다. 선친께서는 귀국해 33년 동안이나 미국의 각지를 순회하면서 한국의 비극을 미국인에게 들려주었습니다. 당신께서는 또한 한국민들이 긍지를 가지는 것은 그들의 긴 역사에 걸친 문화적 · 과학적 업적으로 보아 당연하며, 또 한국민은 온유하고도 평화 애호적인 기질을 가진 민족임을 미국민들에게 설명해 주었습니다.

선친께서는 2차 세계 대전의 종식과 더불어 해방된 한국이 자유롭고도 독립된 국가가 되기를 40년 동안이나 염원하면서 살았으며 일생 동안 그 소망을 버린 적이 없습니다. 해방된 이후 한국은 핏줄이 같은 민족이면서도 타의에 의해 제멋대로 그어진 38선에 의해 남북으로 분단됐을 때 당신께서는 깊은 실의와 슬픔에 빠졌었습니다. 통일된 한국이 그러한 역경을 딛고 일어서서 자신에게 그토록 소중하고도 찬란한 미래를 이룩하게 되는 것이 선친의 간절한 소망이었다고 나는 확신합니다.

"한국의 자유와 독립을 위해 몸 바쳐 일한 사랑의 노고"에 대한 댓가로서 1950년 3 · 1절에 한국 정부가 선친에게 추서한 대한민국 건국공로훈장 태극장(太極章)을 워싱턴 주재 한국대사관에서 받던 영광을 나는 영원히 자랑스럽게 생각하고 있습니다.

윌리엄 C. 헐버트

Rye, New York, 1973

원저자 서문

한국에 관해는 무게 있는 책들이 많이 발표됐으나 이들은 저마다 조금씩 다른 입장에서 주제들을 다루고 있다. 나는 우연한 기회에 한국을 방문한 관광객들의 피상적인 견해와는 달리 나 자신의 독자적인 견지에서 주제를 다루어 보려고 시도했다.

이 책에 기록된 여러 가지의 사실들은 대개가 나의 개인적인 관찰에서 얻은 것이거나, 아니면 한국인 또는 한국인의 저작에서 직접 얻은 것이다. 이 중 몇 가지 내용은 이미 『코리아 리뷰』(*The Korea Review*)나 그 밖의 몇몇 책자에 발표한 바가 있다. 역사적인 사실에 대한 연구는 필자의 『한국사』(*History of Korea*)를 요약한 것이다.

이 책은 한국이 심한 역경에 빠져 있을 때 흔히 악의에 찬 외세에 의해 시달림만 받을 뿐 옳은 평가를 받아 본 적이 없는 한 국가와 그 민족의 독자들에게 관심을 불러일으키고자 쓰인 사랑의 열매이다. 그들은 수적인 면에서 중국에 눌려서 살고 있으며 재치의 면에서는 일본에 눌려서 살고 있다.

한국인들은 중국인처럼 상술에 능숙하지도 못하며 일본인처럼 싸움을 잘하는 민족도 아니다. 기질의 면에서 보면 그들은 중국인이나 일본인보다 오히려 앵글로 색슨 민족에 가까우며, 극동에 사는 민족 중에서 가장 상냥하다. 그들의 약점은 어느 곳에나 무지가 연속되어 있다는 점이지만, 그들에게 부여된 기회를 선용하면 그들의 생활 조건도 급격히 향상될 것이다.

나는 이 책을 쓰는 동안에 위로는 비단옷을 입은 양반(兩班)으로부터 아래로는 감옥에서 족쇄를 찬 죄수에 이르기까지, 암자(庵子)를 찾아 입산하는 사람으로부터 배를 타고 바다로 나아가는 사람에 이르기까지, 사회의 각계

각층의 친절한 여러 한국인에게 많은 도움을 받았음에 대해 깊은 감사를 드린다.

H. B. H

New York, 1906

차 례

역주자 개정판 서문 / vii

역주자 3판 서문 / xi

한국어 재판에 부쳐 / xiii

역주자 초판 서문 / xv

67년이 지난 지금에 / xxi

원저자 서문 / xxiii

제 1 편 서 설 · 1

서론—문제점 3

제1장 한국의 위치와 배경 11

제2장 민 족 30

제3장 정치제도 54

제 2 편 역 사 · 83

제4장 신화시대와 고대사 85

제5장 중세사 97

제6장 조선의 황금기와 임진왜란 113

제7장 병자호란과 초기의 기독교 128

제8장 문호의 개방 143
제9장 민비 시해 사건 163
제10장 독립협회 187
제11장 러시아의 음모 211
제12장 러일전쟁(1) 229
제13장 러일전쟁(2) 246
제14장 을사조약의 체결 257

제 3 편 산 업 · 281

제15장 재 정 283
제16장 화폐 제도 294
제17장 건축술과 건물 302
제18장 운 송 316
제19장 산업과 오락 337
제20장 국내외 무역 354

제 4 편 문화와 예술 · 363

제21장 기념물과 유적 365
제22장 언 어 381
제23장 문 학 388
제24장 음악과 시 398
제25장 예 술 419
제26장 교육제도 427

제 5 편 사회제도 · 435

제27장 한국의 황제 ········· 437

제28장 여성의 지위 ········· 444

제29장 민담과 속담 ········· 471

제30장 종교와 미신 ········· 508

제31장 노예 제도 ········· 539

제32장 장례의 행렬과 풍수지리설 ········· 545

제33장 매장의 풍습 ········· 554

제 6 편 결 론 · 567

제34장 한국의 근대화 ········· 569

제35장 한국의 장래 ········· 575

역주자 참고문헌 / 583

찾아보기 / 587

제 1 편

서 설

서론 — 문제점

한 민족이 멸망하는 데는 특별한 애상을 느끼게 된다. 특히 그 민족의 역사가 신화와 전설이라고 하는 미로 속으로 사라질 정도로 오랜 것일 경우에는 그러하다. 하물며 다른 민족이 형성되는 데에 중요한 역할을 했으며 지난날의 찬란한 공업을 자랑하는 유적들로 가득 찬 민족임에랴. 한국 문명의 비조인 기자(箕子)는 예루살렘에서 다윗(David)이 통치하기 이전에 번영을 누렸다. A.D. 5세기경에 한국은 고도의 문명을 누리는 보고가 됐으며 반야만적인 일본 민족들은 이곳으로부터 문화에 대한 최초의 자극을 받았다.

시간이 흘러감에 따라서 일본은 여러 개의 준독립적 장원으로 나뉘어 각기 소위 다이묘라고 하는 봉건 영주들의 지배하에 들어갈 수 있을 만큼 운이 좋았다. 이와 같은 추세로 말미암아, 세계 각처의 봉건주의가 겪은 바와 마찬가지로, 영주에 대한 강렬한 개인적 충성이 나타나게 됐는데, 이러한 형상이란 대국가에서는 불가능한 것이다.

현대 유럽 국가의 사회 환경을 검토해 보면 봉건주의가 그 종국적인 결과에로 이행된 정도에 비례해 그 사회도 계발됐으며, 봉건주의의 원심적 권력 구조가 교회의 구심적 권력 구조에 의해 견제받았을 경우에는 남부 유럽의 경우와 마찬가지로 문명과 교육과 자유가 개화되지 못했음을 알게 된다. 바꾸어 말하면 봉건제도는 인민들이 자유로운 자치 정부를 만개시키려고 도

약을 준비하는 과도기적 현상이다.

중국과 한국은 그와 같은 과도기적 현상을 거치지 않았으므로 일본이 겨우 10년 안에 잔인하고도 완고한 배타주의를 벗어나 광활하고도 열광적인 세계주의에로 전향한 바와 같은 놀라운 변혁을 이룩할 수 없었다는 것은 명백한 사실이다. 따라서 중국과 한국은 누에고치에서 나방처럼 날개를 펴고 밖으로 나오는 대신 계란처럼 부화되지 않을 수가 없었다.

이와 같이 중국이나 한국의 경우처럼 느리고도 끈덕진 과정을 거친 뒤에 얻어지는 종국적인 결과가 결국에는 근대 일본의 마력적인 성장에 의한 공적보다 본질적으로 열등한 것이냐의 여부, 곧 은유적으로 표현한다면 계란처럼 부화 과정을 거친 것은 누에고치의 나방과 같이 스스로 밖으로 나온 것보다 더 위대한 가치를 갖지 못하느냐의 여부에 관한 질문은 매우 의의가 있다. 한국의 상황을 분명히 이해하려면 이 질문에 대해 명백한 해답을 내릴 필요가 있다.

일본 육·해군의 찬란한 전공으로 말미암아 세계는 웃음을 잃었으며 일본의 위대한 전투 능력은 모든 분야에서 그에 상당하는 권리 행사를 주장하게 되리라는 것은 너무도 당연하다. 이러한 논리는 여러 가지 형태의 과장된 표현을 수반했으며, 일본이 극동의 개발에 과연 얼마만한 역할을 감당할 수 있을까 하는 질문에 대해 미국 시민들은 대답할 수 있게 됐다. 그 질문에 대한 정확한 답변을 내리려면 법 정신의 문제점을 연구하지 않으면 안 된다. 이러한 문제가 한국에 어떠한 관계를 미치고 있는가 하는 것은 앞으로 당연히 밝혀질 것이다.

1868년에 수많은 봉건 영주와의 피나는 투쟁에서 일본의 천황인 미카도의 정권이 정당함을 인정받게 되자 막부 정치 시대는 일단 사라지고 일본 정부의 중앙집권화 과업은 완수됐다. 그러나 그들의 반란을 감시하려면 모든 영주들을 도쿄에 모아 저항할 수 없도록 강제하는 것이 현명하다고 생각하게 됐는데 그 이유는 이곳에서는 그들의 행동을 감시할 수가 있었기 때문이다.

그렇게 하려면 영주들의 가신인 사무라이를 해산할 필요가 있었다.

그 당시 사무라이는 일본의 무사인 동시에 학자이었다. 문자를 읽고 쓸 수 있는 기사는 드물고 문예는 오직 승려 계급에만 국한되어 있던 중세 유럽의 경우와는 달리 사무라이라고 하는 이 단일 계급은 물리적인 힘과 지적 능력을 함께 갖추고 있었기 때문에 다른 나라의 어떠한 계급보다도 더 엄청난 특권을 향유했으며, 그 결과로 다른 어느 나라의 경우보다도 상류 계급과 하층 계급 간의 격차를 더 크게 했다. 왜냐 하면 그들은 대중들로부터 오는 두려움과 찬사를 어느 계급과도 함께 나누지 않았기 때문이다. 사무라이가 지나갈 때면 하층 계급들은 머리를 조아렸다. 그들은 결과에 대해는 아무런 두려움을 느끼지도 않고 하층에 속해 있는 사람을 하나쯤은 함부로 죽일 수도 있었다.

영주들은 도쿄로 소환되자 사무라이는 해산되고 그들에게는 항상 그들의 관인처럼 되어 있는 두 개의 칼을 착검하는 것이 금지됐다. 이러한 조치는 그들로 하여금 하층 계급에 속하는 사람들의 지위로 떨어지게 할는지도 모른다는 위험성으로 말미암아 눈치를 보게 만들었으며, 이제까지 그들은 기고만장한 자존심을 내세우면서 자신들을 한없이 추켜세웠던 사람들이었기 때문에 사태는 숙명적으로 더욱 살벌하게 됐다.

이처럼 명백한 위기에 직면하게 되자, 그들은 문명도가 높고 정치적 · 사회적 생활이 훨씬 더 세심하게 표현된 제도를 갖추고 있는 서양으로 눈길을 돌리게 됐다. 사태가 그토록 절망적인 것이 되자 그들은 만약 일본이 서양의 제도를 채택하게 된다면 모든 관직은, 그것이 외교직이든, 영사직이든, 경찰직이든, 교육직이든, 사법직이든 또는 그것이 군사적이든, 대민 사업에 관한 것이든 간에, 당연히 그들에게로 돌아갈 것이며 그렇게 되면 "그들 자신은 평민의 지위로 떨어지지 않을 수도 있다"는 사실을 알게 됐다. 일본이 자신의 모든 낭만적인 미혹을 벗어버리고 놀라운 체질 개선을 했던 가장 근본적인 이유가 바로 여기에 있는 것이다.

몇 가지의 의미심장한 예외가 있기는 하지만, 그러한 개혁은 순전히 이기적인 움직임이었으며 계급 차별을 조장하는 것이라고 이해됐으나 어느 모로 보나 애타적 정신의 발로라고 선전됐다. 그들의 그러한 제안은 사회의 항구적인 불만과 반란의 위험성을 즉시 제거하고 마치 아무런 일도 없었던 것처럼 국론을 통일시켰기 때문에 중앙 정부는 그들의 제안을 기꺼이 지지했다. 사무라이들이 그들의 군주에게 바쳤던 개인적인 충성은 거의 감쪽같이 중앙 정부로 향하게 됨으로써, 그것이 매우 훌륭한 것은 아니지만, 오늘날에는 일본형의 애국주의를 형성한 민족적 자존심의 씨앗을 이루고 있다.

그 때부터 지금에 이르도록 일본에는 상류 사회와 하류 사회의 틈새가 지속되어 오고 있다. 이른바 인민 정부니 또는 대의 정부니 하는 것이 있음에도 불구하고 계급 차별은 중국보다 더 심각하며 브라마니즘이 신분 제도를 조장하고 있는 인도를 제외한 극동의 어느 나라보다도 사회적인 격차가 심하다는 점은 의심할 나위도 없다. 이와 같은 현상의 이유는 일본인들의 성격에 깊이 뿌리박고 있다. 그들이 서구적인 기초가 되고 있는 여러 가지의 원리 · 원칙에 대해는 아무런 관심을 두지 않았다. 그들이 추구하는 것은 완제품이었지 그 과정은 아니었다. 그들은 서양의 의복을 입으려면 정력과 결심만 있으면 충분하다고 믿었는데 그러한 판단은 옳은 것이었다. 그러나 그들은 그러한 의복을 만들고 또 그것이 몸에 맞도록 하는 요인이 무엇인가에 관해는 전혀 관심을 두지 않았다.

여성의 지위는 전혀 일본의 물질적인 변화에 발맞추어 변혁되지 못했다. 넓은 의미에서 보면 종교는 개혁 이전보다 더 명백하게 눈에 띄지는 않았다. 왜냐 하면 서구의 지적인 자극으로 인해 상류 계급은 불충분한 불교의식으로부터 해방되기는 했지만 새로이 대치된 종교를 기꺼이 받아들이는 사람은 비교적 적었기 때문이다. 일본의 기독교는 한국보다 더 발전하지 못했으며 여러 가지의 면에서 관찰해 볼 때 일본은 서구 문명의 충격을 받을 때까지 어떤 대상을 탐구하기보다는 오히려 분명하고도 유형적인 결실만을 저장할 수 있는 저수지만을 마련했다는 점을 알 수가 있다.

많은 일본의 지식인들이 생활의 밑바닥에 깔려 있는 일본의 순수성과 외래 문물을 융합하려던 노력이 실패에 직면하게 됐을 때 그들은 더 굳센 인내심을 가지고 노력을 계속하지 않았다는 점에서 그러한 면을 찾아볼 수가 있다. 일본인들의 그러한 자세는 하나의 불합리성이 항구적으로 점증하고 있음을 의미한다.

그러나 일본의 그와 같은 자세를 합리적인 것이었다고 여겨진다손 치더라도, 서양인들이 자신의 문명을 이룩하면서 겪었던 몇 세기의 투쟁을 거치지 않고 일본과 같은 민족이 서구 문명의 고유한 가치를 흡수할 수 있었고 또 그 본질을 향유할 수 있었다면 일본의 그러한 자세는 서구 문화에 대한 의심스러운 경의가 아니었을까? 우리는 아무리 동양의 철학을 깊이 연구한다손 치더라도 짧은 시간 내에 그 오묘함을 알 수가 없다. 블라바츠키 여사(E. P. Blavatsky)[1)]가 아무리 자의식이 강한 체 종알거린다고 하더라도 그것이 동양의 철학자들에게 우스꽝스럽게 들리는 것은, 마치 서구인들이 저만큼의 문명을 이룩하면서 겪어야 했던 시련을 거치지도 않고 서구 문명에 대해 자신의 입장을 옹호하려는 일본의 태도가 우리에게는 우스꽝스럽게 보이는 것과 같다.

일본에서 활약한 기독교 선교사들의 열의와 충심에 대해는 무한한 찬사를 보내야 하겠지만 그들이 이루어 놓은 업적의 결과가 너무도 상류 사회에만 국한됐다는 사실은 참으로 유감스럽기 짝이 없다. 이와 같은 사실은 상류 사회와 하류 사회 사이에 커다란 틈이 벌어지고 있다는 주장을 설명하는

---

1) 블라바츠키(Elena P. Blabatsky : 1831~1891) : 러시아의 여행가이며 접신론자로서 티베트, 인도, 미국, 이탈리아 등을 방문했으며 접신론을 연구해 그가 죽을 때에는 10만 명의 후학이 있었다. 저서로는 『벗겨지는 신비』(*It is Unveiled* : 1877), 『비교』(*The Secret Doctrine* : 1888), 『접신론입문』(*The Key to Theosophism* : 1889), 『침묵의 소리』(*The Voice of Silence* : 1889)가 있다.

때에 도움이 된다. 우리가 지금 지적하고 있는 바와 같이, 날카로운 관찰력을 가지고 일본을 방문하는 관광객들은 도처에서 절이 중수되고 있다는 사실을 지적하고 있다. 일본 문명의 결과가 어떻게 되리라는 것을 예측하기란 어려운 일이다. 아직 이에 대해는 결정적인 단계에 이르지 않았으며 서로 상충하는 세력들 사이에도 일본의 강력한 민족주의가 어떠한 방향으로 발전할 것인가에 대해는 아직 아무런 언급이 없다.

그러면 다른 곳으로 눈을 돌려서 살펴보자. 극동에서는 중국이 한국과 더불어 산다. 그들은 일반적인 기질 면에서 본질적으로 하나이기 때문에 이렇게 말할 수가 있다. 그들은 자신의 과거에 대해 강한 충성을 가지고 집착한다. 그들은 철저하게 보수주의적이다. 당신이라면 이 점을 어떻게 설명하겠는가? 어떤 사람은 도덕적 고정 관념이라고 할 것이다. 이것은 가장 용이한 설명이면서도 표면상으로는 가장 논리적인 설명이다.

그런 식의 설명이라면 오랜 시간이 걸리지 않고 또한 무난하다. 도대체 보수주의가 어떻게 됐다는 것인가? 그것은 도처에서 문제를 일으키고 있다. 여기에 살고 있는 사람들은 너무도 하천하기 때문에 그들로서는 4억이라는 엄청난 숫자만이 남의 멸시의 대상이 되지 않고 있다. 이것은 하나의 변명이 된다. 그것은 합리적인 변명인 것이다.

이곳의 주민들은 몇 세기를 거쳐 온 사회 제도나 개인이 가지고 있는 고정된 입장이나 가치관과 같은 중요한 문제에 대해 매우 집착하고 있다는 사실을 잊어서는 안 된다. 그들의 제도는 포괄적이며 일관되어 있고 동질적이다. 그들의 제도는 우리의 그것과는 다르지만 그들을 하나로 통합시키고 그들에게 놀라우리만큼 끈기 있는 국민 생활을 부여했다. 그들의 제도에는 무엇인가 근본적으로 훌륭한 요소가 포함되어 있음이 틀림없다. 그렇지 않고서는 그들의 제도를 비교적 거의 변경시키지 않고서 그들의 최근 수세기 동안 민족적 통합을 유지할 수가 없었을 것이다.

일본인들은 그들의 환경을 훌륭하게 조화시킴으로써 몇 세기에 걸친 깊은 잠에서 깨어났음을 우리는 보았다. 중국과 한국도 그와 같은 효과를 불러일으킬 만한 조화의 가능성이 있음은 의심할 나위도 없으나 중국인과 한국인이 기질 면에서 일본인과 다르기 때문에 일본에서 일어났던 바와 같은 장관을 보게 되리라는 가능성은 나타지 않을 것 같다. 중국인이나 한국인의 의식과 일본인의 의식은 불교와 유교의 관계보다 더 이질적인 것은 아니었다.

만약 우리가 중국과 한국이 일본의 전례를 따를 수 없는 이유를 단 하나의 문장으로 축약하려고 한다면 한국인과 중국인의 기질이 유교의 유물론적인 성향을 따르는 데에 반해 일본인의 기질은 불교의 관념적인 성향을 따르고 있다는 설명으로 요약할 수가 있을 것이다.

그렇다면 만약 서양인들이 중국과 한국에 단순히 서구의 겉껍질만을 이식시키는 대신에 무해하고도 중요치 않은 이곳의 관습에는 손을 대지 않고, 생활의 저변에 깔린 도덕적·근원적 이념에까지 파고들지 말고, 내부로부터 변화가 시작되어 밖으로 그것이 발산하도록 해 준다면, 만약 발이 부르트는 신을 신지 말라든지 어린아이를 죽이지 말라고 계몽 운동을 벌이는 대신에 문제의 핵심을 직접 파헤치고, 그들에게 서구 문화의 비방을 전해 줌으로써 모든 서양 문화를 구체화시켜서 동양인의 생활 양식이나 관습에 맞도록 표현된 새로운 문명을 그들 자신이 발전시킬 수 있도록 만들어 준다면 어떻게 될까?

이렇게 할 수만 있다면 그것은 자랑스러우리만큼 성공한 것이라고 말할 수 있다. 왜냐 하면 그렇게 함으로써 우리는 서구 문화란 "생활에서 가장 기본적인 것이며 서구 문화를 확립시키고자 오직 서구 생활에서 유행되고 있는 의상을 입지 않아도 된다는 사실을 증명할 수가 있기 때문이다."

그러나 한국이 처한 입장의 비극이 여기에 있다. 왜냐 하면 한국은 일본의 속박을 받아 활동하는 입장에 처해 있기 때문에 서구 세력이 줄 수 있는 것 이상을 받을 수가 없다. 바꾸어 말하면 한국은 서구 문화의 외피 밖에는 받을 수가 없다. 한국에 살고 있는 미국인들은 독자들을 이곳의 시골로 안

내할 수가 있다. 그 곳에 가보면, 미신적인 사당들은 헐리고 학교와 교회가 세워지고, 기독교의 개화 세력은 이 땅 위의 유서 깊은 풍습을 다치지 않고 기초 작업을 완수했다. 그 곳에서 손이 거친 농부들이 오직 서구 문화를 발전시켰던 방법에 따라서 개화를 시작했다.

이곳에서 이룩된 문화는 연미복이나 실크 모자를 쓰지 않고서도 정직과 동정과 애타의 궁극적인 형태를 이룩했음을 스스로 입증하고 있다. 동양을 재건할 수 있는 적절한 방법은 과연 어떤 것이겠는가? 지금으로서 가능성이 큰 황화(黃禍, Yellow Peril)[2]의 이론은 벼락과 같은 서구의 무서운 위협으로 동양을 무장만 시켜 놓았을 뿐, 그 무력을 행사하는 그들을 억제시킬 수 있는 도덕적 역량을 부여하지 못했다.

한국인들은 타락되고 경멸을 받을 민족이며 훌륭한 일을 할 수 있는 능력이 없을 뿐만 아니라 지식 수준이 낮기 때문에, 독립 국가로 존속하는 것보다는 일본의 통치를 받는 편이 좋다고 말하는 것을 미국인들은 여러 번 들었다. 특별한 목적을 위해 꾸며진 이와 같은 비난에 대해 나는 다음 페이지에서 여러 가지 방법으로 답변할 수 있을 것이다.

그 특별한 목적은 1905년 11월 17일 밤[3]에 훌륭한 결실을 보았는데 그날 밤 한국은 칼로 겨눔을 당한 채 자신의 독립을 결정적으로 파괴하는 행위에 대해 이번에만은 "자발적으로" 동의하도록 위협을 당했다. 독자들은 이 책을 읽는 동안에 한국이 이토록 위기에 빠지게 된 사건의 추이와 미국을 포함한 여러 열강들은 그 비극을 연출하는 데 어떠한 역할을 했는가를 알게 될 것이다.

---

2) 황화(黃禍) : 독일의 폐제 빌헬름 2세(Wilhelm II)가 부르짖은 것으로서 황색 인종이 발흥해 다른 인종, 특히 백색 인종을 침해하리라는 화해를 의미한다.

3) 을사조약이 체결된 날 밤.

제 1 장 한국의 위치와 배경

아세아 동부 해안 북위 44° 부근을 살펴보면 한국인들이 백두산이라고 부르는 산정으로부터 굽이쳐 내려온 능선이 있다. 이 중앙 봉으로부터 세 갈래로 산맥이 뻗어 내려오는데 가운데 하나는 남쪽으로 뻗쳐 한반도의 척추를 이루고 있다. 산맥의 분수령은 동해안에 닿아 있으며 남쪽으로 내려오면서 높이는 점차로 낮아져 드디어 산의 지반이 물속으로 가라앉아 산봉우리만 바다 위에 남아 수많은 섬을 이루고 있기 때문에 한국의 지배자를 "다도해의 왕"이라고 부를 만하다. 경작 가능한 토지 대부분은 서부에 있으며 길고도 항해가 가능한 강은 대체로 서해와 남해로 흐르고 있고 항구는 거의가 황해 연안에 있다.

이와 같은 이유로 한국은 지형상 중국과 정면하고 있으며 일본을 등 뒤에 두고 있다고 말할 수가 있다. 이러한 지형상의 여러 가지 조건은 한국의 역사를 결정하는 데 중요한 역할을 했다. 온 역사를 통해 한국은 중국과 정면해 있었던 탓으로 해외 침략자들의 채찍 아래에서나 국가가 멸망하게 되는 위험에 빠졌을 때에도 중국의 이념에 대한 충성을 버린 적이 없었다. 아일랜드는 아무리 어려운 국난을 만났을 때에도 "강한 민족정신에 의해 자유를 되찾았다"고 라꼬르데어(Jean B. H. Lacordaire)[1]는 지적한 적이 있지만, 한국은 일본으로부터 심한 무력적인 압력을 받으면서도 "중국에 대한 충성"

은 변함이 없었다고 말할 수 가 있다.

한국의 기후는 단적으로 말해서 미국의 메인주와 남 캐롤라이나주 사이의 동부 지방과 같다고 말할 수가 있다. 한 가지 다른 점이 있다면 한국에는 여름에 강한 동남풍이 불어 남해로부터 일본을 거쳐 태평양의 따뜻한 기류의 습기를 가져 와서 한국의 전역을 휩쓴다는 점이다.

곧 한국에는 7월과 8월이 우기라는 점이 다르다. 이 우기는 한국의 역사를 결정하는 데 중요한 역할을 했다. 항해하는 데 매우 불편스럽게도 좋은 항구들이 위치하고 있는 반도의 서해안은 간만의 차이가 심하며 이곳의 섬을 휩쓰는 조류는 황해의 운명을 불행하게 만들어 놓았다. 동해안에는 북으로부터 한류가 흘러 이곳의 여름과 겨울은 서해안의 그것보다 더 차다.

비록 한국의 지표에는 산이 많다고 하지만 반도의 전체가 도서 국가의 특징인 화산 지대에서 벗어나 있기 때문에 일본과는 다르다. 대부분 산은 이제 완전히 사화산이 됐으며 특히 백두산의 분화구는 호수를 이루고 있다. 따라서 전 영토는 지진의 피해를 입지 않으며 화산 활동의 자취로 곳곳에 온천이 있을 뿐이다. 반도의 어느 곳을 가나 화강암의 반석과 벌거숭이산을 볼 수 있는데 이러한 광경은 활엽수로 가득 찬 일본의 풍경과는 극히 대조적인 것으로서 우기에는 홍수와 낙반 사고가 빈발한다. 그러나 암반이 아닌 곳도 많이 있다.

점판암이 깔려 있는 곳에서는 석탄 광상과 무연탄 및 역청탄이 발견된다. 전국 365현 어디를 가나 금이 발견된다고 한국인들은 장담하고 있다. 이러한 표현은 좀 과장된 것이기는 하지만 한국에는 화강암 지대가 많다는 것은 사실이며 물론 이러한 지층에서만 금이 발견된다. 어느 산을 가나 매우 아름다운 사암과 대리석과 그 밖에 건축에 사용될 수 있는 돌을 볼 수 있다.

---

1) 라꼬르데어(Jean B. H. Lacordaire : 1802~1861) : 프랑스의 신학자로서 루소의 영향을 받아 설교에 낭만주의를 이입하고 오랫동안 폐허가 된 설교 문학을 부흥시켰다.

남부의 어느 마을은 수정의 출산지로 유명한데 이는 모두가 안경을 만드는 데에 사용된다.

기선을 타고 갑판에 서서 바라볼 때 느끼는 바와 같이 한국의 풍경이란 매우 보잘것없는데 이러한 탓으로 한국을 둘러본 관광객들은 귀국해서 한국은 나무 하나 없는 황무지라고 말하게 된다. 비록 전국적으로 볼 때는 다소 나무가 있기는 하지만 큰 도로변일수록 재목이 될 만한 나무가 없는 것이 큰 흠이라는 것은 의심할 나위도 없으나 빽빽이 들어선 숲이 없는 탓으로 산의 경치는 오히려 웅대하고도 평온하게 보이는데 이런 점에서는 일본과 다르다.

높이가 3천 피트나 되고 서울을 덮칠 듯이 하늘 높이 솟아 있는 산봉우리들은 그러한 장관 중에서도 으뜸가는 것들이다. 따라서 한국의 풍경을 바라볼 때는 거리감이나 앞이 허전한 기분을 느끼며 때로는 비로 쓸어 간 듯한 감정을 느끼는데 이러한 현상은 일본의 풍경을 바라볼 때 그림과 같은 아늑함을 느끼는 것과는 매우 대조적이다.

이런 때문에 한국에서 단 몇 년이라도 살아본 사람은 이곳을 떠난 후에도 수정같이 맑은 하늘과 함께 아름다운 추억을 갖게 된다. 아름다운 대자연의 풍경을 사랑하고 즐기는 데에는 세계의 어느 민족도 한국인을 따를 수가 없다. 그들의 문학이란 온통 대자연의 아름다움을 읊은 것이다. 그들의 자연시는 그들의 생활에서 주옥과 같은 것들이다. 전국의 명승지의 아름다움을 읊은 기록은 많이 있으며 이미 5백 년 전에 그린 전국의 지도[2]를 가지고 있는데 이 지도에는 각 고을의 아름다움이 소상하게 기록되어 있어 전국의 역사나 관광에 좋은 안내서가 되고 있다.

한국의 식물은 다른 온대 지역과 마찬가지이나 특히 매우 아름다운 소나

2) 조선조 9대 성종 때 노사신 등이 만든 『동국여지승람』을 의미한다.

무의 한 종류가 있어 이 민족을 즐겁게 해 주고 있다. 이 소나무는 어디를 가나 매우 아름다운 경치를 이루고 있다. 조선의 태조는 자기가 처음 도읍으로 정한 곳을 "송도"라고 부를 정도였다. 소나무는 오랫동안 한국 예술의 주제가 되어 왔으며 전설이나 민속에도 일반적으로 중요한 역할을 했다.

사철나무인 소나무는 영생을 상징한다. 한국인은 장생불사하는 것으로 열 가지[十長生]를 꼽고 있는데 이 열 가지란 소나무, 거북이, 바위, 사슴, 구름, 해, 달, 학, 물, 그리고 불로초라고 불리는 이끼를 의미한다. 소나무는 사실상 주택, 배, 다리 및 그 밖의 건축에 사용되는 유일한 재목이다. 한국의 시나 산문에서 차지하는 소나무의 비중이란 서양 문학에서의 떡갈나무에 해당한다.

그다음으로 중요한 것은 대나무이다. 대나무는 비록 남부 지방에서만 자라지만 전국적으로 사용되고 있으며 그 쓰임새도 다양하다. 만약 대나무가 없어진다면 한국인의 집안 살림은 심한 혼잡을 겪을 것이다. 모자는 대체로 대나무로 만들어지며 전적으로 그렇다고 말할 수는 없지만, 부채, 발, 붓, 담뱃대, 물통의 테두리, 피리, 등, 돛대, 활 및 그 밖의 일상생활에 쓰이지 않는 곳이 없다. 만약 한국의 예술품 중에서 대나무를 빼버린다면 그 가운데의 반은 못쓰게 될 것이다. 그 생긴 모습으로 보아 대나무는 정절의 상징으로 되어 있으며 그 곧음과 정확한 마디는 믿음의 상징으로 되어 있다.

버드나무는 마을의 부근에서 흔히 볼 수 있는 가장 이채로운 나무로서 다른 나무와는 달리 사람들이 직접 심은 것들이다. 따라서 버드나무는 평화와 만족의 동의어처럼 되어 있다. 북부의 평양 가까이에 있는 능수버들은 서기전 1122년에 이곳을 개척한 대성인인 기자가 야만인에 가까운 이곳의 주민들에게 평화를 가르치고자 재배한 것이라고 전해지고 있다. 이때부터 평양에 대해서는 능라도의 전설과 노래가 전해 내려오고 있다.

소나무가 남성의 용기와 힘의 상징인 것처럼 버드나무는 여성의 아름다움과 우아함의 상징으로 되어 있다. 버드나무는 매우 유연하므로 오직 비오는 날에만 신는 투박한 나막신을 만드는 데에 주로 사용되며 부드러운 기운이 가시기 전에 궤짝을 만든다. 버들가지는 여러 가지의 바구니를 만드는 데에 사용되므로 이 나무는 여러 모로 없어서는 안 될 재료이다.

그 밖에 많이 사용되는 것으로는 박달나무가 있다. 이 나무는 백단향이라고 알려졌으나 이는 오해이며 어느 모로 보나 닮은 곳이 없다. 이 나무는 미국의 여문 재목과 같아 강도와 내구력을 필요로 하는 빨랫방망이, 도구의 손잡이와 그 밖의 세간을 만드는 데 사용되고 있다. 서기 전 약 2300년경의 단군 시조도 박달나무의 아래에서 등극했다고 한다. 따라서 박달나무가 나는 곳이라면 한국인은 소중하게 여긴다. 소나무가 고려 왕조(918~1392)의 상징이었던 것과 마찬가지로, 오얏나무는 조선의 상징으로 되어 있는데 이는 오얏나무의 한자어가 왕조의 성과 같아서 그렇게 된 것이다. 고려의 마지막 왕은 장차 이 나라의 왕이 되리라고 예언자가 말한 이씨의 왕운을 없애고자 장차 이씨의 도읍이 서리라고 예언을 한 서울에 오얏나무를 일단 심었다가 이를 모두 베어 버린 데에는 그럴 만한 이유가 있었다.

그 밖에도 한국인의 산업과 예술에 쓰이는 강목들이 많다. 참나무, 은행나무, 너도밤나무 그리고 그 밖의 여러 가지 종자들이 있다. 그러나 가구를 만들기 위한 재목은 중국으로부터 수입됐다. 남부 지방의 어느 곳을 가나 볼 수 있는 나무 중에서 가장 중요한 것은 꾸지나무인데 이 나무의 속껍데기는 유일한 제지용이기 때문에 어느 곳에서나 일상생활에 긴요하게 쓰인다.

이 나무는 외국에서도 특히 호평을 받고 있기 때문에 수세기에 걸쳐 해마다 중국으로 보내는 조공품 중의 중요한 품목이 됐으며 일본과는 공식적인 교역품이 됐다. 이 제지 원료는 본질적으로 일본산보다 나쁘지 않은 우량품이었으나 얼마가 지난 뒤에 일본은 곧 그 생산에서 한국을 능가했다. 삼은 진기한 것은 아니었지만, 오직 절에서 향료로만 사용됐다. 회양목은 도장목으로 쓰다가 나중에는 목판 조각에 사용됐으나 그 후에는 배나무를 주로 대용했다.

한국에는 온대 지방에 적합한 모든 과일이 재배되고 있으나 사과는 나지 않는다. 그 가운데에서도 감은 주요 산물이며 다른 어느 나라보다도 크고 맛있다. 감은 사과의 크기만큼 자라서 서리를 맞은 뒤에는 그 모양도 매우 멋있게 되는데 이렇게 된 감을 서양의 황실에서 멋으로 탁자 위에 놓아둔 것을 볼 수 있다. 살구는 맛은 좋지만, 미국산이나 유럽산 보다는 작다. 복숭아는 전체가 진홍색이고 크지만, 질은 좋지가 않다. 오얏은 산출량도 많으며 맛도 좋다. 관목에서 달리는 버찌의 일종이 잘 알려져 있지만 접목이 불가능해서 왜소화되어 있다.

이 밖에도 대추, 석류, 돌능금, 배, 포도 등이 있으나 서양산보다는 맛이 좋지 못하다. 외국산의 사과, 포도, 배, 복숭아, 덩굴딸기, 나무딸기, 검은 딸기, 씨 없는 포도와 그 밖의 여러 가지 정원에서 재배할 수 있는 과일들의 재배가 어느 정도 성공을 거두고 있다. 견과수로서는 영국산 호두, 밤, 잣 등이 주요한 산물이다. 은행을 비롯한 몇 가지의 견과수가 있기는 하지만 그 수확량은 매우 적다.

식량 문제도 물론 매우 중요하다. 한국 민족은 원시 시대에서 목축 시대를 거치지 않고 바로 농경 시대로 발전했다. 따라서 그들은 우유나 그 밖의 여러 가지 축산물을 약재 이외로는 쓰는 법을 알지 못한다. 심지어는 고대 전설에도 농경 제도 이전에 관해는 언급이 없다.

쌀은 서기 전 1122년에 중국으로부터 그 종자가 들어와 재배됐으나 기장은 그 몇 세기 앞서 이미 경작되고 있었다. 쌀은 대부분 주민의 주식이 되고 있다. 북부와 동부 지방에서는 다른 작물이 커다란 비중을 차지하고 있으며 어떤 곳에서는 쌀이란 거의 구경도 할 수가 없다. 그러나 논을 만든다는 것을 생각할 수도 없는 산간 지방은 예외이겠지만 어쨌든 쌀은 전 인구의 주식이 되고 있는 것은 사실이다.

이 작물이 수입되고 대중화된 역사나 이 작물에 대해 쓰인 이야기나 시는 상당한 분량에 이르고 있다. 아라비아어에는 말에 관한 동의어가 많은 것과 마찬가지로 한국에서는 쌀에 관한 동의어가 많이 있다. 이와 같은 사실은 영국이 구운 고기를 먹고, 이탈리아인들이 마카로니를 먹고, 아일랜드인들이 토마토를 먹는 것 이상으로 한국인에게는 쌀이 중요하다는 것을 의미한다.

벼의 품종은 세 가지가 있다. 즉 논벼, 밭벼, 그리고 산 벼가 있는데 산 벼는 키가 작고 단단하며 8~10년 동안은 썩지 않기 때문에 군량미로 사용하고 있다. 벼농사에 가장 해로운 것은 가뭄, 홍수, 병충해, 메뚜기, 도열병 및 풍해이다. 가파른 언덕바지에 논을 정지하고 어떤 기간에는 더욱 비가 많이 내려야 하고, 어떤 기간에는 건조해야 하며, 이앙하며, 하루도 쉬지 않고 관리하는—이런 모든 것들은 벼농사에서 한국인들이 겪는 가장 큰 고충이다.

만약에 루이지애나의 벼 경작자에게 서부 버지니아에서는 어떻게 농작물을 재배하느냐고 물어본다면 한국의 고충도 이해할 수 있을 것이다. 이러한 어려움이 있음에도 불구하고 한국인들은 쌀을 가장 즐겨 먹으며 수중에 얼마간의 돈이라도 생기게 되면 100명 중 99명은 가장 안전한 투자로서 논을 사 둔다. 한국의 시중에는 겉으로는 볼품없는 이 곡식을 넌지시 표현하고 있는 것이 많다. 다음의 글은 벼의 품종에 관한 시를 필자가 임의로 번역해 본 것이다.

> 대지—밝고 따사로운 대지는
> 하늘의 섭리로 멀리멀리 뻗쳐 있도다.
> 태고에 궁형(弓型)의 하늘로 덮인 조선의 웃는 모습은
> 아직 변함없이 보조개를 짓는데
> 따사로운 자연의 이치만이
> 무상한 인심을 비웃누나.
> 옛 모습을 간직한 밭벼는 고개 숙여
> 바위가 이랑진 산마루에 낟알이 무르익네.
> 논벼는 늪의 자양분을 빨아

가을의 축제를 장식하지만
슬프다! 자연을 모르는 시골 청년은
종자도 모른 채 씨앗을 흩날리고
보습은 헛되이 입만 벌려
곳간만 공허하게 남겨 놓았구나.
보습에 긁힌 산마루는
남북으로 뻗어 있고
거구의 사나이는 웅크려 쉬고 있네.
동서로 뻗친 냇물은 유연한 뱀처럼
바다로 흘러 보금자리를 찾는데
민족의 따스한 어머니인 남쪽은
많은 곡식으로 풍요를 구가하며
준엄한 양모(養母)인 북방은 창고만 빈 채로
아이들은 빵을 얻으려
살과 뼈를 깎누나.[3)]

기장은 한국에서 재배된 농작물 중에서 가장 오래된 것으로서 벼가 재배되지 않는 곳에서는 이것이 주식으로 되어 있다. 기장은 여러 가지 품종이 있으며 어느 지방에서나 많이 난다. 기장은 부식물로 사용되며 가뭄이나 그 밖의 재해로 인해 벼농사가 흉작이 됐을 때 쌀을 대신해 먹는다. 보리는 일찍 수확해 춘궁기에 식량난을 해결해 주기 때문에 매우 중요한 작물이 되고 있다. 콩은 10여 가지가 재배되는데 그중 몇 가지는 쌀과 혼식하며 소의 사료로 쓰는 것도 있다. 콩은 수출 품목 중에서 중요한 위치를 차지하고 있다. 밀은 북부 지방에서 상당한 양이 산출된다. 이 밖에도 참깨, 수수, 귀리, 메

---

3) 이는 역자가 임의로 번역한 것으로서 한글 원문은 확인할 수 없다.

장작을 나르는 황소

밀, 아마, 옥수수, 그리고 그 외에 몇 가지의 곡물이 재배되나 산출량은 비교적 적은 편이다.

쌀이 주식이므로 이와 함께 먹을 수 있는 양념을 생각해 보지 않을 수 없다. 고추는 전국적으로 재배되며 상추와 비슷하게 생긴 채소는 절여서 부식으로 먹는데 한국인들은 이것을 "김치"라고 부르며 이것은 주의 깊게 보지 않아도 바로 알아볼 수 있다. 무는 어디에서나 볼 수 있으며 날로 먹기도 하고 절여서 먹기도 한다. 미나리라고 하는 특산물은 부식으로 두 번째로 중요한 것이다.

여름철에는 참외와 오이를 즐겨 먹는데 요즈음처럼 콜레라가 만연하는 때도 껍질도 벗기지 않고 통째로 먹는다. 감자가 한국에 들어온 지는 매우 오래되는데 산간 지방에서는 이것을 주식으로 삼고 있는 곳도 있다. 감자는 질이 좋아 외국 사람들이 주로 먹고 있다. 파와 마늘도 풍부하며 매우 질 좋은 버섯도 있다. 씀바귀, 시금치와 그 밖의 여러 가지 채소를 밥과 함께 비벼서 먹는다.

한국은 동양에서도 약초지로 유명한데 특히 그 가운데 인삼이 으뜸인 것은 말할 것도 없다. 중국인들은 한국의 인삼이 어떤 다른 나라의 것보다도 우수하다고 믿고 있다. 인삼은 두 가지가 있다. 하나는 산삼인데 이것은 너무도 드물고 값이 비싸고 세 계절 동안에 한 뿌리만 캐어도 일 년은 넉넉히 먹고살 수가 있다.

다른 하나는 일반적으로 농가에서 재배되는 품종인데 미국의 숲에서 발견되는 것과는 다소 다르다. 한국산은 6~7년생을 뽑아 찌면 불그레한 색깔을 내는데 미국산은 그렇지 못하다. 홍삼은 중국에서 특히 인기가 있어 비싼 값으로 팔리고 있다. 인삼은 전매 사업으로 되어 있으며 1년에 30만 원 정도의 수입을 올린다. 이 밖에도 감초, 피마자 등 서양의 약전에서도 찾아볼 수 있는 수십 가지의 약초가 있으나 서양인들은 이런 것들을 싫어하고 있다.

한국인들은 비록 꽃을 즐길 만큼 여유가 있는 지위에 있는 사람은 드물지만, 꽃을 매우 좋아한다. 봄이 오면 진달래와 철쭉으로 산은 온통 붉게 물들며 제비꽃이 방석처럼 두껍게 깔린다. 한국인들은 제비꽃을 "오랑캐꽃"이라고 부르는데 이는 그 잎이 만주인의 변발과 닮았기 때문이다.

한국인들은 모든 만주인을 오랑캐라고 생각하고 있다. 길가에는 미나리아재비와 인동덩굴이 만발하는데 인동덩굴은 꽃이 흰색과 노란색이 아름답게 조화되어 있어 한국인들은 이 꽃을 금은화라고 부른다. 산개나리는 두메산골에서 화사하게 피며 수선화와 아네모네도 많이 핀다.

여염의 화단에서는 자줏빛 붓꽃을 흔히 볼 수 있으며 관청의 울안에는 연못이 있고 연못에는 연꽃이 핀다. 한국인들은 복숭아나무, 오얏나무, 살구나무, 돌능금나무 등 잎이 돋기 전에 꽃이 피는 모습을 좋아한다. 한국인들은 또한 석류, 까마귀밥나무, 장미, 수국, 국화, 그리고 여러 종류의 나리를 좋아한다. 생활에 얽매어 있는데다가 가난한 생활로 이루 말할 수 없을 만큼 불결한 환경 속에 살면서도 한 송이의 꽃을 가꾸고자 갖은 노력을 다하는 것을 볼 때면 매우 처량한 생각이 든다. 서울에는 아무리 가난한 초가집이라도 꽃을 심지 않은 집이라고는 찾아 볼 수 없다.

한국인들은 동물에 대해 매우 인정스럽다. 등에 무거운 짐을 지고 나르거나, 달구지를 끌거나 쟁기로 밭을 가는 큼직한 황소를 어느 곳에서나 볼 수가 있다. 한국에 소가 들어온 지는 벌써 3,500년이나 되는데도 한국인들이 우유나 고기를 잘 먹지 않는 것은 희한한 일이다. 이러한 사실은 한국인이 유목민의 과정을 겪지 않았다는 증거가 되는 것이다. 소가 없는 농부는 사공이나 어부가 되는 수밖에 없다. 오직 소만이 논의 진흙을 갈 수가 있다.

많은 소가 늑막폐렴으로 적지 않게 영양 부족에 걸린다. 한국에는 식용우란 없다. 소는 대부분 농사일을 하는데 코에 고삐를 매어 두었기 때문에 함부로 날뛸 수가 없게 되어 있다. 한국의 도로는 풀이나 땔감 또는 쌀이나 보리의 큰 짐을 등에 지고 가는 긴 소의 행렬로 그림과 같은 풍경을 이루고 있다. 독자들이 생각하는 바와 같이 소가죽은 중요한 수출품이 되고 있다.

한국산 말은 적어도 동부 아시아에서는 특이하다. 말은 스코틀랜드산보다는 약간 크나 그만큼 무거운 짐을 나르지는 못한다. 2천 년 전까지만 해도 한국인들은 말을 타고 고개를 수그리지 않고서도 과일나무 밑을 지나갈 수 있을 정도로 말은 작았다고 한다. 이들은 만주산이나 일본산과 다르다. 3천 년 전에 세 성인이 제주도의 굴[三聖穴]에서 나와서 남쪽으로부터 떠내려오는 상자를 발견했는데 열어 본즉 그 안에는 망아지와 송아지와 돼지와 개와 그들의 아내가 들어 있더라는 전설을 믿지 않는다면, 한국의 말은 토종인 것 같다.

말은 밭을 갈거나 달구지를 끄는 데에 쓰이지 않는데 이는 말이 그만한 일을 할 수 있을 만큼 힘이 세지 못하기 때문이다. 그러나 때로는 옆으로 짐을 달고 등에는 안장을 놓고 짐을 싣기도 하며, 어떤 사람들은 짐을 양옆에 달고 안장에는 자기가 타고 가기도 한다. 따라서 말은 전체적으로 볼 때 양반들이 타는 것이 아니라 일반 평민들의 일부가 사용한다. 외국인 중에서 승마에 능한 사람일지라도 돌이 많은 길을 갈 때는 흔히 등자로부터 발을 올려놓지 않을 수가 없다. 아직도 이 변변치 못한 짐승은 억세고도 참을성이 많아서 자기가 질 수 있는 무게보다 절반이나 더 지고 하루에 35마일씩 몇 주일을 걷는다.

동양의 모든 나라에서 볼 수 있는 바와 같이 한국에서도 돼지는 어디를 가나 볼 수 있는 사회적인 인자이다. 돼지란 시골의 어느 곳에서나 볼 수 있는 데다가 흔히 변소 속에서 인분을 먹고 살기 때문에 우리는 여기에서 "사회적"이란 어휘를 심사숙고해 쓴다. 돼지는 작고 검은 짐승이며 아무것이나 잘 먹기 때문에 특히 보살펴 주지도 않으며 테네시 산록의 야생 돼지와 비슷하다. 영리한 한국인들은 시장에 돼지를 팔러 갈 때는 걸려서 몰고 가기보다는 오히려 꽁꽁 묶어 망태기에 넣어 등에 메고 간다는 사실에서 알 수 있는 바와 같이 한국산 돼지의 중요한 특징은 그것이 매우 홀쭉하다는 점이다.

한국에는 양(羊)이 없다. 제물로 수입하는 이외에는 전혀 양을 볼 수가 없다는 사실은 한국에 유목 시대가 없었다는 추측을 확실하게 해 준다. 한국에는 그렇게도 많은 땅에 농사를 짓지 않으면서도 왜 양을 방목하지 않나 하고 외국인들은 흔히 의아스럽게 생각한다. 이에 대한 대답은 여러 가지가 있을 수 있다. 한국에는 호랑이, 늑대, 곰이 득실거려 양들을 잡아먹는다.

경작에 알맞은 토지는 농작물을 재배하며 풀은 땔감으로 쓰인다. 그래서 겨울 동안에 양을 기를 수가 없다. 더구나 양을 전문적으로 다루어 본 사람의 말에 따르면 한국의 들판에 있는 풀을 검사해 본 결과 양의 먹이로는 부적당하다는 것이다. 상당히 방대한 잔디밭이 있는 지역과 그 밖의 몇몇 지방이 양을 방목할 수 있다고는 하지만 심지어는 여름철일지라도 많은 양을 방목하기에는 불충분하다.

한국에서는 돈 있는 시골 사람들이 여행할 때에 당나귀를 타는 것으로 보

소의 징을 박는 모습

아 이는 사치품으로밖에 볼 수 없다. 그 울음소리는 몸집 크기의 비교도 안 될 정도로 크기 때문에 그 꼴에 어떻게 그렇게 무시무시한 소리를 지를 수 있을까 하고 의아하게 생각하게 된다.

아무리 설명을 잘하려고 해도 한국의 개를 적절하게 표현하기란 어렵다. 개가 없는 집안은 완전하다고 말할 수가 없을 정도로 한국에는 개가 많다. 그러나 치장은 매우 지저분해 여러 가지 해충의 집합소처럼 되어 있는데 이 해충들은 이루 말로 표현할 수가 없을 정도이다. 개는 늑대와 같은 짐승이지만 철저하게 집 안에서만 기르고 있다. 어느 집을 가보나 앞에는 개의 잠자리를 위해 우리가 마련되어 있으며 그 안에 드러누워 머리를 내놓고 험상궂은 자세로 이쪽저쪽을 살펴보고 있다. 만약 개가 밖으로 나왔을 때 손가락질이라도 하면 자기 머리를 박살이라도 낼 듯이 제집으로 뛰어 들어간다.

빈민층에서는 개고기를 먹는데 서울에는 이 진미를 공급하는 것을 중요

업무로 삼고 있는 개 시장이 있는 것으로 기억된다. 우리는 어떤 특별한 이유가 있어 뒤뜰에서 개를 한 마리 쏘아 죽인 일이 있었다. 문지기가 그 시체를 매우 해괴한 방법으로 처분한 뒤 며칠 동안 아파서 출근을 못 했다.

며칠이 지나서 그는 얼굴에 파리한 웃음을 띤 채 자기의 배를 가리키면서 어떤 개는 너무 늙어서 먹을 수가 없는 것 같다고 말했다. 그러나 전체적으로 볼 때 개는 일반적으로 썩은 음식을 잘 먹어 도시가 사실상 사람이 살 수 없을 정도로 지저분하게 되는 것을 막아 주기 때문에 전혀 쓸모없는 짐승이라고는 말할 수가 없다.

고양이는 거의 독점적으로 뒷담에 도사리고 앉아 있으며 아무리 가르쳐도 고쳐지지 않는 도둑이다. 고양이는 어디를 가나 개와 작은 아이들의 천연적인 희생물이 되어 있다. 매우 서글픈, 그러면서도 어쩔 수 없는 일이지만, 노년기에 들어선 사람들은 고양이가 겪어야 하는 운명보다도 더 비참한 길을 가야 한다는 결론을 내리지 않을 수가 없다.

집짐승에 관한 설명은 여기에서 마치고 들짐승을 살펴보면 우선 호랑이를 들지 않을 수가 없다. 호랑이란 열대나 아열대에서만 볼 수 있다는 일반적인 관념은 그릇된 것이다. 날씨가 추워 눈이 깊이 쌓이면 쌓일수록 호랑이는 분명히 한국에서 살게 될 것이다. 시골에서는 대로변에 통나무로 호랑이 덫을 만들며 겨울에는 산짐승, 특히 돼지를 미끼로 삼는다. 호랑이는 몸집이 매우 크며, 털은 두텁고도 길다. 나는 11피트 반이나 되는 호랑이의 가죽을 본 적이 있는데 털의 길이는 2인치가 넘는 것 같았다.

이 무시무시한 짐승은 적막이 깃드는 겨울밤이면 동리를 지나가는데 이때 마을 사람들은 호랑이가 문을 부수고 들어와 아이를 잡아가지 않으면 다행으로 생각한다. 이러한 사건으로 말미암은 피해자의 수가 어느 정도인지는 아무런 기록이 없으나 아마도 해마다 몇 십 명씩 호환이 두려워 마을을 떠나고 있는 것 같다. 한국의 전설과 고담에는 호환에 관한 것이 많다. 호랑이는 사람의 목소리를 흉내 낼 수 있어 밤이 되면 호랑이 소리를 인기척으로 알고 밖으로 나온다고 한다. 한국인들은 호랑이의 천성이 얼마나 사나운가를 설명하는 데에는 다음과 같은 신화를 얘기하곤 한다. 즉,

> 태초에 하늘의 상제(上帝)는 호랑이와 곰에게 얼마 동안 이상한 맛을 풍기는 먹이만 먹고 살면 인간이 되도록 하는 기회를 주었다. 곰은 이 시련을 견뎌 드디어 인간이 됐으나 호랑이는 이를 견뎌내지 못한 탓으로 인간이 되지 못하고 오히려 그 최대의 적이 됐다.

사슴은 전국적으로 어디에서나 볼 수가 있는데 어느 때가 되면 사냥꾼들은 명약인 그의 보드라운 뿔을 얻고자 사슴을 열심히 사냥한다. 돈이 많으면서도 번뇌에 찬 생활을 하는 사람들은 숫사슴을 잡아 영원한 젊음의 바탕이 되는 따뜻한 피를 마실 수 있게 되기를 바라면서 산으로 들어간다. 설령 사슴의 피를 먹지 못한다고 할지라도 사슴의 피를 얻고자 병든 사람이 깊은 산을 헤맨다는 것 자체가 건강에 이로운 것이기 때문에 사슴의 피에 얽힌 일화는 천진스러운 면이 있을 뿐만 아니라, 또한 가치가 있는 것이다.

곰은 가끔 볼 수가 있으며 크기도 작아 피해는 비교적 적다. 곰은 적이라고 생각되는 상대를 만나면 즉시 공격을 취하기 때문에 만만치 않은 동물이며 곰을 만난다는 것은 호랑이를 만나는 것이나 다름이 없이 위험한 것으로 생각하고 있다. 나는 엄청난 송곳니를 가지고 있는 근 4백 파운드짜리의 박제(剝製)를 본 적이 있다.

시골은 말할 것도 없고 모든 소도시에서도 여우를 볼 수가 있다. 여우는 모든 동물 중에서도 가장 꺼리는 것으로서 불신과 비열과 죄악의 상징이 된다. 인간이 죄를 많이 지으면 인간의 탈을 쓴 여우로 변한다는 전설은 어디가나 들을 수가 있다. 모든 여우 중에서도 백여우가 가장 사악한데 그러한 여우가 한국에서 실제로 살고 있는지는 의심스럽다.

한국의 전설에서는 “여우 같은 년”이라는 말보다 더 심한 욕은 없을 정도

이다. 심지어는 호랑이도 여우보다는 덜 간교해서 덜 위험하다고 생각하고 있다. 늑대는 잘 알려지지 않으나 변방에서는 늑대가 아이를 잡아갔다는 소식을 가끔 듣는다. 표범은 일반적으로 열대 지방에서만 서식한다고 믿고 있으나 이곳에서도 자라고 있다. 표범의 가죽은 호랑이 가죽보다 더 광범하게 사용되고 있지만, 오직 고관들에게 사치품으로 그 사용이 허용되고 있다.

그 밖에 작은 짐승들로서는 오소리, 고슴도치, 다람쥐, 살쾡이, 수달, 족제비, 담비 등이 있는데 특히 담비의 가죽은 값이 비싸나 시베리아 산보다는 질이 좋지 못하다. 아울러 한국에서는 아름다운 박제들이 많이 제조된다. 더욱이 한국인들은 담비의 목 아래에서 발견되는 자그마한 노란 점과 사프란(saffron)을 매우 귀하게 생각한다. 나는 그와 같은 모피의 조각을 수도 없이 많이 이어서 겉옷을 만들어 입은 사람들을 본 적이 있다. 따라서 그러한 모피를 적게나마 얻는다는 것은 곧 행운을 의미하는 것은 당연하다.

새, 특히 엽조에 관해서 말해 본다면 한국처럼 유명한 곳도 없다. 먼저 능에를 들 수가 있는데 이는 키가 4피트, 무게는 털이 모두 났을 때에 20~30파운드가 된다. 능에는 야생 칠면조와 흡사하나 더 크고 기운이 좋다. 아름다운 몽고산 꿩은 시골의 어느 곳에서나 볼 수가 있으며 겨울이 되면 시장에 나오는 것이 많아 암탉의 반값밖에는 안 된다.

서울에서 한 시간 정도 갈 수 있는 거리 안에도 제철이 되면 매우 훌륭한 꿩 사냥지가 있다. 수십 가지의 오리, 거위, 고니, 그리고 그 밖에 여러 가지의 물새들이 많아서 그들에 관한 서술을 너무 쉽게 믿으려 하는 것이 아니냐고 책망을 하고 싶은 충동을 느낄 정도이다. 1891년 겨울에는 엄청난 물오리가 날아왔다.

물오리 떼가 날아올 때는 마치 큰 회오리바람이 불어오는 듯한 소리가 들렸으며 그들이 날아갈 때는 전혀 하늘을 볼 수가 없었다. 그들에게 엽총을 쏘아 봐도 별수 없다. 물오리는 항상 한국으로 날아오는 것은 아니지만, 제철이 되면 언제나 볼 수가 있다. 심지어는 내가 이 책을 쓸 때 3명의 사냥꾼이 2일 동안에 560파운드에 이르는 새를 잡아 왔다는 소식이 들어 왔다. 메추라기와 도요 등의 작은 새들이 상당히 많이 있으나 사냥꾼들은 더 큰 사냥만을 생각할 뿐 이들을 탐내지 않는다.

황새와 학과 왜가리 등의 여러 가지 새들은 논에서 먹이를 구하므로 피해를 주는 것이 아니라고 믿기 때문에 쫓아버리는 법이 없다. 서울의 한 풍경 가운데에는 공중의 지저분한 것들을 먹어 치우는 매를 볼 수가 있는데 어떤 때는 몇십 마리씩 마을의 공중을 날아다니기도 한다. 매 가운데에는 부인이 머리에 이고 집으로 돌아가는 바구니 속의 고깃덩어리를 낚아채어 먹는 것도 있다. 어린아이들이 죽은 쥐를 공중으로 던지면 그것이 땅에 떨어지기 전에 매가 채어 가는 모습을 흔히 볼 수가 있다.

한국에는 뱀이 많이 있으며 그들 가운데의 몇 종류는 물리면 상당한 자극을 일으키지만 특히 독성이 강한 것은 없다. 많은 뱀이 지붕 밑에서 살면서 추녀 속에서 집을 짓고 사는 참새를 잡아먹는다. 이러한 뱀들은 독이 없어서 땅거미가 질 무렵 대문 위에 늘어져 있는 것을 보더라도 놀랄 필요는 없다.

뱀이 몇 천 년 동안을 살게 되면 몸이 짧아지고 몽톡하게 되어 드디어는 날개가 솟아 상상할 수도 없이 빠르게 날아가는데 이때에 물린 경우라면 말할 것도 없고 그 뱀이 날아갈 때에 일어나는 바람을 느끼기만 해도 그 사람은 당장에 죽어 버린다고 한국인들은 말하고 또 그렇게 믿고 있다. 전설에 따르면 옛날에 한국에는 뱀이 없었다고 한다. 그러던 것이 연산군(1495~1506)이라는 폭군이 등극한 후로 뱀이 성했다고 한다.

> 연산군은 너무도 방탕해 몸이 쇠약하게 되자 뱀이 자기의 잃어버린 활력을 되찾아 주리라는 말을 듣고 자기의 침대 밑에 뱀의 둥지를 만들어서 효험을 보고 싶었다. 그래서 그는 인도로 배를 보내어 특히 좋은 뱀을 잡아 화물로 만들어 조선으로 가져오도록 했다. 이 화물은 아산(牙山)에 도착했으나 하역자들은 이러한 화물을 다루는 데에 익숙하지 못했던 탓으로 이 파충

류의 일부가 숲 속으로 도망쳐 버렸다. 이때부터 한국에도 다른 나라와 같이 뱀이 살게 됐다.

불행히도 한국인들이 뱀을 숭배하는 데에 대해서는 아무런 연구가 없지만, 그러한 숭배의 습성이 있었다고 믿는 데에는 그럴 만한 이유가 있는 듯하다. 한국인들은 아직도 뱀을 “업꾸러기”라고 말하며 행운을 가져오는 것이라고 믿고 있다. 따라서 미개인들이 신의 자비에 행운을 기원하는 신앙을 약간 가지고 있는 것과 마찬가지로 한국에서도 뱀을 숭배하는 의식이 어떤 형태로 존재했으리라는 사실은 의심할 수가 없다.

비록 인명을 앗아갈 정도로 뱀은 독을 갖고 있지 않지만 해마다 상당한 인명을 앗아가는 곤충들이 있다. 6~7인치나 되는 지네가 있는데 지네에 물리고도 즉시 손을 쓰지 않으면 목숨을 잃는 수도 있다. 한국인들은 지네를 잘라서 독주를 만들어 그리스인들의 독당근처럼 죄수를 처형하는 데 쓴다. 그러나 요즈음에는 이러한 방법을 쓰고 있지 않으며, 사람을 죽일 때 줄로 목을 조르는 서양 사람들의 방법을 배운 데 대해 고맙게 여기고 있다. 산에는 독거미가 있다고 하는데 실제로 조사해 보기 전에는 단언할 수가 없다.

한국의 전설과 고담에는 거북이 많이 등장한다. 거북은 한국인들에게 보수주의적 사고방식을 상기시켜 준다. 거북은 결코 서두르는 법이라고는 없는데 이 때문에 한국인들은 거북에 대해 매력은 느끼지 못하면서도 존경심을 가지고 우러러본다. 한국에서는 모든 동물이 좋은 것과 나쁜 것으로 분명히 구별되어 있다. 여우가 나쁘다고 생각한다는 것은 이미 지적했지만, 호랑이, 수퇘지, 개구리, 생쥐 같은 것들도 나쁘게 여긴다. 그러나 곰, 사슴, 거북, 소, 토끼 등은 모두가 좋은 것이라고 믿고 있다.

소 밖에 이들보다 더 중요한 먹이는 물고기이다. 3면의 바다에는 몇백 가지의 물고기들이 득실거린다. 한국인들은 심지어 상어나 낙지에 이르기까지 모든 물고기를 먹는다. 가장 많이 잡히는 것은 대구로서 동해안에서 무진장으로 잡히며 포를 만들어 전국으로 보낸다. 이 밖에도 조개, 굴, 그리고 새우 등의 여러 가지 어류가 잡힌다. 고래는 동해안에서 무진장으로 잡혀 최근에는 일본의 이름난 회사들을 끌어들여 잡고 있다. 진주조개는 남해안에서 상당히 많이 발견되어 만약 한국인들이 조개로부터 진주를 유출하는 방법을 알았더라면 진주는 상당히 가치 있는 것이 될 수도 있었다.

그러나 한국인들이 이용하고 있는 해산물로는 물고기와 진주만이 있는 것이 아니다. 상당한 양의 식용 해초를 딸 수가 있으며 해삼은 특히 진미이다. 중국인들이 새의 둥지나 여러 가지의 기호품에 신경을 쓰는 정도로 한국인들은 그러한 진미를 즐겨 먹지는 않는다. 그들의 괴상망측한 정찬(正餐)이라야 보신탕 정도이며 그나마도 천민 계급에만 국한되어 있다.

제 2 장 민 족

한국 민족의 연원이나 인종학적 동족 관계에 관한 연구는 아직 유치한 단계에 있다. 유적이나 민속이나 언어나 그 밖의 여러 가지의 자료에 대해 면밀하고도 철저한 연구를 하지 않고서 이 문제에 대해 분명한 답을 내릴 수가 없다. 그러므로 여기에서는 이미 시험을 통해 얻은 결론 가운데 독단에 빠지지 않은 것만을 기술하지 않을 수가 없다.

한국의 인종을 최초로 기록한 사람으로는 오페르트(Ernest J. Oppert)[1]를 들 수 있다. 그의 기록에 따르면 한국에는 두 가지 형의 얼굴 모습이 있는데 하나는 분명히 몽골족에 속하며 다른 하나는 몽골인을 거의 닮지 않고 오히려 말레이인의 모습에 가깝다는 것이다. 한국에 처음 발을 들여 놓는 사람에게는 모두가 똑같게 보이지만 그들 사이에서 오랫동안 살게 되면 각 개인이 특수한 모습을 하고 있음을 알 수 있게 되며 따라서 이곳에서도 서양과 마찬가지로 많은 형의 얼굴이 있음을 알게 된다.

극동의 관상술에 매우 조예가 깊었던 폰 밸쯔(Erwin von Baelz)[2] 박사도

---

1) 오페르트(Ernest J. Oppert : 1832～?); 프러시아의 상인. 1866년에 로나(Rona)호를 타고 충남 해미에 도착해 개항을 요구했으나 당시 쇄국정책을 쓰던 우리나라와 통상이 거절되자 1868년에 대원군의 아버지인 남연군의 묘를 도굴하려다가 실패한 사람임. 저서로는 『금단의 나라 조선 기행』(*The Forbidden Land, Voyage to the Korea*, 1880)이 있음.

한국인의 모습이 두 가지의 특성을 가지고 있음을 인정하고 있으며, 또한 일본족의 모습과 매우 유사한 점이 있음을 발견했다. 우리는 일본족 가운데 비몽골계의 계급 지도를 상당히 많이 간직한 고대 야마도의 후손인 듯이 여겨지는 종족이 있음을 알고 있다. 이 종족은 근세에 이르러 폴리네시아계 혈통과 혼혈된 듯이 보인다. 한국에 사는 비몽골계 혈통과 일본에 사는 그들과의 인종학적 관계는 극동의 인종 문제 가운데 가장 흥미 있는 분야이다. 한국과 일본에는 중국계와는 전혀 다른 인종이 이입됐다고 나는 확신한다.

B.C. 5세기 무렵까지만 해도 한국은 남북으로 분명히 분리되어 있었다. 이북에 수립된 기자조선은 주민들을 다소 동질적인 한 국가로 융화시켰으나 이 왕국은 한강 이남에까지 그 세력을 확대한 적이 없었다. 이 당시에 반도의 남해안에는 북부의 주민과는 근본적으로 다른 종족이 살고 있었다. 이 남해안의 언어, 사회 제도, 정치 제도, 풍속, 화폐, 식구, 전통 및 종교는 분명히 북부의 그것들과는 달랐다. 여러 가지 사실을 참작해 볼 때, 그들은 해양으로부터 와서 정착한 사람들이거나 아니면 정복자들로서 남쪽으로부터 한국의 해안에 이주해 온 사람들이라는 확신을 하지 않을 수가 없다.

한국의 언어가 남인도의 드라비드인의 언어와 신기할 정도로 비슷하다는 사실을 처음으로 밝혀낸 사람은 한국에서 활약한 프랑스의 선교사들이었다. 처음에 인도에는 우랄알타이어계에 속하는 인종과 밀접하게 관계를 맺었던 종족들이 살고 있었으며, 아리안족의 정복자들이 인도를 석권했을 때에 이곳에 전부터 살고 있던 주민들이 버마와 말레이반도로 이주해 갔거나, 아니면 데칸 고원에서 안식처를 찾지 않을 수 없었다는 것은 이미 확실히 입증되고 있다. 그들은 말레이반도로부터 각 방면으로 흩어졌으리라고 추측할

---

2) 폰 밸쯔(Erwin von Baelz : 1849~1913) : 의사이자 인류학자. 도쿄대학 교수로서 메이지천황의 어의였음. 일본 보건의학부를 창설했고, Baelz씨병(동아시아인의 입술에 나타나는 화농증)을 발견함. 쇼틀랜더(F. Schottlander)가 쓴 그의 평전 『어느 독일 의사의 생애』(*Das Leben Eines Deutsch Arztes*, 1931)가 있음.

수 있다.

남방계 소수는 북쪽으로 갔으며 또 다른 무리는 필리핀제도를 거쳐 대만으로 갔는데 이 분야 최고 권위자인 데이비슨(Colin J. Davidson)[3] 씨는 말레이의 풍속이 대만에서 유행한다고 지적했다. 태평양의 세찬 만류인 검은 조류는 난파로 조난을 당한 사람들을 당연히 북으로 밀고 갔을 것이다. 이들에 의해 유구열도가 정복됐으며 이와 같은 이산이 마지막으로 다다른 곳이 일본과 한국의 남해안이었다. 그들은 두 곳에 사는 주민들의 핵심을 이루었는데 이들의 모습은 너무도 닮아서 옷만 같게 입혀 놓으면 설령 전문가일지라도 일본인인지 한국인인지를 식별할 수가 없을 정도이다.

남부의 한국인과 대만의 토착민은 약간만 눈여겨보아도 이상하리만큼 닮았음을 알 수 있으며, 한국어와 드라비드어를 주의 깊게 비교해 보면 음성, 어원 및 구문상으로 너무도 비슷해 이것이 단순한 우연한 일치 이상의 어떤 연유가 있다고 시인하지 않을 수가 없을 정도이다. 한국의 남부 지역에 있는 고대식민지의 지명의 마지막 글자는 "정착지"나 "도시"를 의미하는 드라비드어와 매우 비슷하다. 영어 지명의 끝 글자인 -caster나 -coln을 라틴어에서 분리해 생각할 수가 없는 것과 마찬가지로 한국 지명의 끝 글자를 드라비드어의 그것과 분리해 생각할 수가 없다.

일찍이 남부의 한국인들은 몸에 문신을 새기는 습관이 있었다. 그러나 반도의 혹한으로 말미암아 옷을 입게 되자 문신의 풍습은 사라졌다. 다른 종족과 피가 섞인 흔적이라고는 거의 찾아 볼 수 없는 드라비드인의 생리학적인 모습은 어느 모로 보나 한국인의 모습과 일치한다. 물론 여기에서는 이에 관한 주장을 상세히 전개할 수는 없지만, 한반도에는 중국으로부터 남쪽

---

3) 데이비슨(Sir Colin J. Davidson : 1878~1930) : 영국의 둘위치 대학과 독일의 드레스덴 대학에서 수학. 1901년에 방콕을 거쳐 일본으로 건너가 통역관이 된 것이 인연이 되어 주일본대사관 서기관(1909~1911)을 지냈으며, 서울 주차 부영사(1912), 요코하마 부영사(1913), 도쿄총영사 대리(1919~1927), 서울총영사(1927) 등을 지냄.

과 북쪽을 거쳐서 이주해 온 동일한 근원을 갖는 두 종족이 살고 있다고 결론을 내리는 것이 오늘날에는 가장 타당한 이론이 된다.

앞으로 이 책의 곳곳에서 역사적인 개관을 통해 볼 수 있는 바와 같이, 신라는 반도를 통일해 자신의 언어와 법률을 실시한 최초의 국가였으며, 그래서 오늘날의 언어는 북부 언어보다는 오히려 남부 언어의 성격을 더 나타내고 있다.[4)]

한국 민족의 특성

한국인의 기질이나 성격을 논하려면 인간의 천성이란 세상의 어느 곳을 가나 매양 한 가지라는 옛말에서부터 비롯할 필요가 있다. 모든 것이 신기롭고 또 이국 정취를 느끼게 하는 곳에 처음 가보는 사람들은 그곳의 사람들이 어느 모로 보나 자신과는 근본적으로 다르다든가 혹은 그들이 무엇인가 매우 결핍되어 있다는 감정을 느끼게 된다. 그러나 그곳에 오랫동안 살아서 언어를 알 수 있을 정도가 되어 한국인의 참다운 모습을 가리고 있는 가면을 벗겨버릴 수 있게 되면, 그는 한국인들이 늙은 샤일록처럼 말할 수도 있는 사람이라는 것을 알게 될 것이다. 한국인들은 이런 식으로 말을 한다.

> 나는 한국 사람이란 말이오. 한국인은 눈도 없나요? 한국인은 손도, 오장도, 몸도, 눈치도, 감정도, 정열도 없나요? 한국인들은 서양인들과 달라서 먹지도 않고, 다치지도 않고, 병도 앓지 않고, 약을 써도 낫지 않고, 여름에는 더운 줄도 모르고 겨울에는 추운 줄도 모르나요? 우리는 찔러도 피도 안

4) (필자 주) 드라비드어의 사투리에 대한 한국어 사투리의 언어학상의 동질 관계는 필자가 쓴 『한국어와 드라비드어의 비교 문법』(*Comparative Grammer of Korean and Dravidian*)에 충분히 다루어져 있다.

북쪽에서 바라본 한강교

나오고, 웃겨도 웃지 않나요? 우리는 독을 먹어도 죽지 않나요? 만약 당신들이 우리를 해치면 복수를 해서는 안 되나요?

바꾸어 말해서 동양인과 서양인의 차이란 대체로 환경과 생활 조건에서 오는 피상적이며, 그 기질은 근본적으로 다르지 않다는 것을 알게 될 것이다. 그러나 한국인에게 접근해 그들과 같은 의견에 도달하는 것은 일본인이나 중국인의 경우보다 더 쉽다고 말할 수는 있다. 어느 의미에서 보면 서양인과 중국인 및 일본인과의 기질상의 차이는 한국인과 서양인의 차이보다 더 심한 듯이 보인다. 이러한 사실은 그들이 이방인을 대하면서 서로 성격이 다르다는 데에서 오는 것이라고 나는 믿는다.

일본인은 다혈질의 민족이다. 그들은 민첩하고 다재하며 이상주의적이며 그들의 명랑한 기질은 변덕스러울 정도이다. 그러한 기질로 말미암아 일본인들은 1868년의 호기[5]를 타서 표변할 수 있었다. 그러한 변화는 암흑으로부터의 훌륭한 비약이었다. 그와 똑같은 방법으로 일본인들은 장차 자신이 환난에 빠지게 되리라는 것을 미처 알지 못하고 여러 가지 일에 종사했다.

그런가 하면 중국인들은 미신을 좋아하면서도 비교적 냉담한 성격이다. 그들은 오색 무지개를 잡으려고 하지도 않으며 헛된 꿈을 갖지도 않는다. 일본인들로 하여금 그토록 충성스럽게 활동하도록 한 그러한 군대 의식도 그들에게는 없다. 그러나 상술에서는 중국인을 따를 만한 민족이 이 세상에 없다. 그들은 조심스럽고 참을성이 많으며 저축하는 성격을 가지고 있으며 확실한 수입이라면 비록 액수는 적을지라도 만족스럽게 여긴다.

서로 간의 약속을 어기는 경우에 어떠한 결과가 닥쳐오리라는 것을 중국인들보다 더 철저하게 알고 있는 민족은 없다. 중국인과 일본인의 이와 같은 상극적인 기질을 굳이 강조하지 않더라도 일본인들은 이상주의적이며 중국인들은 실리주의적이라고 우리는 말할 수 있다. 한국인은 그 나라가 중국과 일본의 중간에 있는 것과 마찬가지로 기질도 두 나라의 중간 성격을 띠고 있다. 이와 같이 두 가지의 성격이 조화됨에 따라 한국인들은 합리적인 이상주의자가 됐다.

한국인을 피상적으로 관찰한 탓으로 한국인의 낭비적인 습성이나 안일한 생활양식이나 소심한 사고방식만을 본 사람들은 한국인에 대한 나의 판단이 한국인에게 아부하려는 것에 불과하다고 생각할지 모르지만, 한국인의 성격을 깊이 깨달아 피상적인 관찰과는 다른 입장에서 한국인을 바라본 사람이라면 그들에게는 합리주의적 기질과 감정이 가장 알맞게 조화되어 있음을 알 것이다.

더 나아가서 한국인의 이와 같은 조화는 앵글로 색슨족의 그것과 똑같은 것이라고 말할 수도 있다. 한국인들에게는 냉정과 정열이 함께 갖추어져 있

---

5) 메이지유신을 의미한다.

다. 평온함 속에서 냉정함을 잃지 않으며 분노할 줄도 안다. 앵글로 색슨 민족이 그토록 강인한 것은 바로 이 두 가지의 상이하면서도 모순되지 않는 기질이 융합된 까닭이다. 그렇다면 한국인들이 그와 같은 유별난 기질을 그토록 발산시키지 못한 이유는 무엇인지를 지적할 필요가 있다. 그러나 이에 앞서 나는 나의 주장이 근거로 삼고 있는 것들을 보여주고자 몇 가지의 사실을 인용하고자 한다.

첫째로, 극동의 여러 민족과 접촉해 본 사람들의 경험에 따르면, 한국 사람을 이해하거나 그들과 친숙해지는 것이 일본인이나 중국인을 이해하는 것보다 더 쉽다고 한다. 한국인은 우리 서양인과 매우 비슷하다. 따라서 서양인들은 매우 쉽사리 이질성을 느끼지 않게 되며 그가 우리와 같은 종족의 일원이 아니라 바로 한국인이라는 생각을 잊어버리게 된다. 이것은 그 자체가 매우 강력한 논증이 되는 것이다. 왜냐하면, 긴밀한 지적 · 도덕적 · 정신적 동류의식이 없다면 그렇게 될 수 없기 때문이다.

두 번째로 주장할 수 있는 것은 종교적이다. 중국의 종교는 한국인들이 필요로 하거나 바라는 것과 관계없이 한국에 전파됐다. 유교란 그 자체가 백성들로 하여금 조상의 유업을 계승하도록 함으로써 그들을 통일시키는 데 필요한 도구라는 생각을 하지 않은 사람들에게는 분명히 만족할 만한 것이 되는 것과는 달리 현실주의적인 기질을 가진 사람들에게는 한낱 경멸의 대상 밖에 되지 않는다. 과거 3천 년 동안 중화제국과 굳건한 정치적 유대를 맺어 오는 동안에 얻은 것이라고는 두 가지 곧, 그 위대한 상형문자와 조상의 무덤을 만드는 습관밖에 남은 것이 없다. 그러나 유교는 종교가 아니라 단순히 가족공동체의 윤리에 지나지 않는 것이다. 이 윤리는 중국의 공동체 정치 체제에서 자연적으로 생성된 것이다. 그러나 한국인들은 지적인 면에서나 기질 면에서 인종이 다르므로 한국에 들어온 유교는 그 본질이 중국의 것이기는 하지만 한국에 입양한 수양아들 정도에 지나지 않다. 유교는 신비적인 요소가 전혀 없어서 한국인과 같은 사람들의 종교적 갈망을 충족시켜 줄 수 없다.

불교는 유교와는 상황이 다르다. 불교는 기독교권 이외의 의식 가운데 가장 신비한 것이다. 일본에서 불교가 그토록 깊이 뿌리박을 수 있었던 것은 바로 그 때문이다. 유교는 인간의 심상에 아무것도 남겨 주지 않지만, 불교는 모든 것을 남겨 준다. 따라서 일본의 이상주의는 불교에 굴복했으며 만약 불교가 박해를 받아 되돌아갈 경우에 그가 돌아가는 곳은 라마교의 본산인 라자(Lhasa)가 아니라 바로 일본의 나라나 닛코가 되리라고 믿어도 좋다.

여기에서 다시 한국인이 가지는 기질의 합리적인 측면이 나타나게 된다. 유교는 한국인에게 신비주의적인 영향을 거의 미치지 않았으나 불교는 그 농도가 짙다. 그러나 한국인들은 두 가지를 모두 흡수하면서도 그 가운데 어느 하나도 자기의 고유한 것으로 만들지 않았다.

타타르(Tartar)의 기병들은 적을 생포하면 포로를 땅에 묻어 머리만 나오게 해 손과 발을 움직일 수 없도록 한 뒤 그의 코앞에다 물과 음식을 갖다 놓고 기아와 갈증과 일사병으로 죽게 하든가 아니면 이리의 밥이 되게 한다는 이야기가 있다. 견주어 말하면 한국인이 신앙을 가지는 것은 이와 같은 이유이다. 두 가지의 종교가 앞에 놓여 있지만, 한국인은 그 가운데 어느 것에도 귀의할 수 없다. 신앙의 결과가 중요한 것이다.

로마 천주교도들에 의해 한국에 기독교가 들어온 것은 약 1세기 전이며 20여 년 전에는 신교가 들어왔다. 천주교는 가혹한 박해를 받으면서도 상당히 발전했으나 신교도들이 이룩해 놓은 것에 견주어보면 그 발전은 매우 완만한 것이었다. 기독교는 인간의 모든 허식을 떼어 버림으로써 한국인의 합리주의적이고 감정적 기질을 완전히 사로잡는다고 나는 감히 주장할 수 있다.

기독교가 그토록 빠르게 한국인에게 흡수될 수 있었던 것은 어느 면에서 볼 때에 이와 같은 완전한 적응성 때문이기도 하다. 기독교는 종교 중에서도 가장 합리적이고도 가장 신비한 것이므로 인간적으로 표현해 본다면 한국인에게 가장 적합한 종교이었다. 물론 이러한 표현이 기독교가 가지는 보편적인 성격을 훼손하는 것은 아니다. 오늘날 다른 분야에서 일하고 있는 사람들보다 더 열의를 갖지도 않고 덜 갖지도 않은 평범한 사람들이 이룩해 놓은 과업이 얼마나 위대했던가를 보려면 선교사들이 지나온 발자취를 더듬어 보지 않을 수 없다.

한국인들이 앵글로 색슨족과 흡사한 기질에 사로잡혀 있다면 오늘날과 같은 지적·도덕적 침체는 어디에서 연유된 것일까? 대개의 사람이 한국을 경멸의 대상 이상으로 보지 않는 이유는 무엇일까? 그 까닭은 다름이 아라 한국이 국가로서 성장하는 6~7세기 동안에 독립 노선을 지향해 이를 달성할 수 있었으면서도 중화 문화의 과중한 부담에 악몽처럼 짓눌리고 있었기 때문이다.

한국인들은 중화사상을 받아들이는 길보다 더 좋은 것이 없다고 알고 있는데 이는 중화사상을 받아들이는 것이 자신의 사상을 유지하는 것보다 더 훌륭하다고 믿는 몽매한 사고방식에서 비롯되는 것이다. 그때부터 지금에 이르기까지 한국은 중화사상의 노예가 됐으며 자주성과 독자성을 잃었다.

한국인으로서는 중국의 사상을 모방하는 것만이 지상의 소망이었기 때문에 이 한정된 수평선 너머의 모든 장관을 하나도 볼 수가 없었다. 본성을 보나 능력 면에서 볼 때에 한국인은 고도의 지적인 능력이 있는 민족이지만 천박하게도 남들이 시키면 시키는 대로, 가르치면 가르치는 대로 행동한다. 만약 한국이 그와 같은 환경에서 벗어나서 독립해 순리적으로 발전할 기회를 갖는다면 우리 미국은 극동에서 필요로 하는 지적력을 이곳 한 곳에서만도 얻을 수 있을 것이다.

한국은 주위의 환경이 인간의 심리적·도덕적 특성에 얼마나 큰 영향을 끼치는가를 보여 주는 좋은 예이다. 나로서는 한국인이나 중국인의 보수주의가 자연적으로 생긴 특성이라고 자신 있게 말할 수가 없다. 중국에는 인구가 너무 많고, 생활 습성이 틀에 박혔으며, 근근한 생활마저도 경쟁이 첨예하므로 사회의 기구를 운용하는 데에 조그마한 차질이라도 일어나면 수천 명이 즉시로 절망과 궁핍에 빠지게 된다. 중국이 개혁을 과감하게 단행하지 못하는 가장 커다란 어려움은 바로 여기에 있는 것이다. 중국은 거창한 기계와 같아서 말할 수 없이 복잡하며 너무도 미묘하게 조종되고 있기 때문에 사회의 어느 분야에서 털끝만 한 변화라도 일어나면 모든 것이 정체되어 버린다.

이를테면 중국에는 한문의 표음 문자를 발전시키고자 애쓰는 외국인들이 많이 있다. 이 과업은 매우 칭찬할 만한 것이지만 가장 호평을 받는 것은 한자의 여러 가지 음을 표시하는 데에 로마자를 사용하는 것이다. 그러나 로마자는 인쇄체와 필기체로 사용되도록 만들어져 있으며 필기체는 오직 글씨를 쓰는 데에만 사용되는 것이다.

2천 년 전부터 중국인들은 이미 행서체에 근거를 두고 있는 서체를 쓰지 않으려고 했는데 이는 극동의 어느 곳에서나 사용하고 있는 붓으로서는 이 서체를 쓰는 것이 불가능하다는 것을 그들은 알고 있기 때문이다. 그러므로 이제 다시 행서가 대부분을 차지하고 있는 서체를 쓴다는 것은 서양의 펜이나 그와 비슷한 모양을 가진 필기도구를 사용함으로써 붓의 사용률이 점차로 줄어들고 있음을 의미하는 것이다. 그 결과는 어떻게 될까?

펜과 잉크를 사용함으로써 붓은 사라지게 되겠지만 결국 필기도구업에 영향을 끼쳐서 여러 사람은 이미 불안한 생활을 하고 있다. 먹의 제조업은 이제 사라지게 될 것이다. 오늘날의 필기도구로 사용되고 있는 종이는 이제 점차로 쓸모가 없는 것이 될 것이며, 요즈음 운영되고 있는, 만약에 있다면, 몇 개의 제지공장은 펜글씨에 필요한 두꺼운 종이를 만드는 데에 소용될 수도 있다. 더구나 오늘날 사용되고 있는 벼루나 연적이나 서판이나 그 밖의 부수물도 점차로 없어지지 않을 수가 없을 것이며, 이러한 제품의 생산에 종사하고 있는 사람들은 그들의 생활 수단을 잃게 될 것이다.

만약에 그와 같은 서예 생활의 습관이 일반화된다면 그러한 결과가 일어날 수도 있다. 이와 같은 조그마한 변화가 일어날 날이 앞으로 얼마나 남았을까? 만약에 그러한 일에 종사하고 있는 사람들이 변화를 겪는 동안에 자신의 생업을 바꿀 만한 여유만 있었다면 그러한 변화는 벌써 일어났을 것이다. 그러나 그럴 만한 여유가 없다. 어느 문자보다도 간단하고 또 여러 가지의 음운을 표현할 수 있는 한글을 중국인들도 채택해야 한다고 오늘날의 문필가들이 주장하고 있는 것은 바로 이러한 까닭에서이다.

한글은 네모꼴의 모양을 갖추고 있으며 그래서 오늘날 한국인들이 사용하고 있는 것처럼 붓글씨도 쓸 수 있다. 오늘날 중국에서 쓰고 있는 것과 똑같은 종이와 먹과 그 밖의 여러 가지 도구들을 쓰지 않을 수도 있으나 그와 같은 방법을 도입하는 데 해야 할 단 하나의 중요한 일은 상형문자를 숭상하고 있고 있는 중국인의 심리적 편견을 극복하는 것이다. 그렇게 한다고 해도 이 분야에 종사하고 있는 중국인 기술자들의 일상생활에는 아무런 영향도 미치지 않을 것이다. 이러한 예는 좀 지나친 것이기는 하지만 중국인의 풍습이 얼마나 깊이 뿌리박고 있는가를 보여줄 수 있으며, 아무리 그들이 이에서 벗어나려고 애쓴다고 해도 그들의 보수주의는 "생활의 필요조건"이 되고 있다. 그렇다면 한국의 경우는 어떠한가?

한국인은 매우 보수적이다. "지름길을 가려다가는 노상강도를 만난다"는 속담이 있는데 이는 구습에 얽매어 사는 그들의 생활상을 잘 표현해 주는 것이다. 그들은 늘 지난날을 되돌아본다. 오늘날에는 옛날 그들의 선조 중에서 볼 수 있었던 위대한 정치가나 명장이나 학자나 예술가를 볼 수가 없다. 아니 오히려 오늘날에는 옛날의 선조들처럼 훌륭한 인물들이 이제 나올 수가 없다고 그들은 믿고 있다. 그러나 이러한 모든 사실에도 불구하고 한국인들은 자신의 이익에 따라서 보수주의에서 벗어날 수가 있다.

그들이 성냥을 사용하게 됐다는 사실은 이를 잘 설명해주는 예가 된다. 30년 전까지만 해도 한국인들은 부싯돌 밖에는 사용할 줄을 몰랐으나 외국과 조약을 맺어 눈을 뜨게 되어 성냥이 들어오자, 그들은 성냥이 재래식 방법보다 값이 쌀 뿐만 아니라 더 편리한 줄을 알게 됐고 따라서 아무런 부작용도 없이 성냥을 사용하기 시작했다. 신식 물품을 싫어한 나머지 끝까지 부싯돌을 사용한 구식 사람들이 약간은 있었지만 많은 사람으로부터 비웃음을 받았다. 그 밖에도 석유, 뜨개바늘, 실, 비누 등 일상생활에 필요한 여러 가지의 문물이 들어올 때에도 마찬가지였다. 중국의 경우에도 마찬가지이다. 옳음에도 불구하고 맞서서 버틸 만큼 고루한 보수주의란 없는 것이다.

한국인의 두 번째의 특성은 무엇인가? 한국인이 수전노처럼 인색하다고 말하는 것은 사실과 다르다. 한국인을 가까이 대해 본 사람들의 의견에 따르면 그들은 비교적 너그럽다는 것이 정평으로 되어 있다. 그들은 돈이 있을 때는 아까운 줄도 모르고 물 쓰듯 하며 자기의 돈이 떨어지면 남의 돈이라도 쓰고자 한다. 대개의 외국인은 한국인들이 금전의 낭비벽이 있지만, 그들은 자기의 돈을 쓰는 것이 아니라 남의 돈을 쓰는 것으로 생각하고 있다. 한국인들은 구두쇠가 아니다. 돈이란 돌고 도는 것이기 때문에 그냥 묶어 두어서는 안 되는 것이라고 생각하고 있다. 돈이란 쉽게 번 것이 아니면 번 가치가 없다고 생각한다.

나는 한국 일반 국민들이 금전적인 행운의 기복을 절실히 느껴본 적이 있는지 의심할 정도이다. 한국인들은 돈푼이나 생기면 친구들과 어울려 커다란 모험에 투자해 모두 탕진해 버리고 만다. 그들은 돈을 가지고 끙끙대는 성질이 약간은 있지만, 돈을 비웃어 버리고 돈이 없었을 때처럼 무심한 마음으로 길에 뿌리며 돌아다닌다. 그 돈은 곧 없어지며 다시 몇 푼을 마련하게 된다. 사실대로 말해서 한국인들은 대개가 다 그렇다. 이러한 사실은 한국인들이 돈에 대해 무심하지만 쓸 만큼의 돈은 넉넉히 가지고 있기 때문이다. 그들에게는 선견지명이 없다는 것은 부인할 수 없는 사실이다.

그러나 한국인들은 의로운 일이라면 돈을 우습게 알고 쾌척하는 성질이 있는데 무엇보다도 이 점에 대해는 우리도 칭송을 금할 수가 없다. 나는 한국인들이 관직을 이용해 옳지 못한 방법으로 금품을 착취하는 것을 본 적이 있는데 앵글로 색슨에서 이러한 풍습이 유행한다면 이는 즉시 폭민정치를 일으킬 수도 있다. 그러나 그들은 어깨를 으쓱대며 그러한 일을 하면서도 금융계의 냉담한 시민들에게 면목을 세울 방법에 대해는 무심하다.

나는 지금 여기에서 한국인들의 일반적인 모습만을 기술하고 있는 것이지만 실제로는 그렇지 않은 사람도 많고 그 정도가 심한 사람도 많다. 돈을 긁어모으기만 하는 사람도 있고, 절약하는 사람도 있고, 돈을 가지고 있으면서도 궁상을 떠는 사람이 있는가 하면 매우 너그러운 사람도 많다.

한국인들은 돈이 떨어지면 친구들의 덕으로 살려고 하는 습관이 있는데 이 때문에 외국인들은 한국인에 대한 인상을 매우 좋지 못하게 느끼고 있다. 그러나 이러한 생각은 대체로 다음에 자기가 잘살게 되면 그때는 다시 다른 사람들에게 은혜를 베풀려고 생각함으로써 상쇄된다. 그러나 그 후에 잘살게 되어 자기의 행운을 멋지게 이용해 자기가 지난 날 신세를 진 것을 갚을 기회가 와서 훌륭한 일을 할 경우란 그리 흔하지 않다.

그렇다고 해서 한국인들이 전혀 검약하는 습관이 없는 것은 아니다. 일단 돈을 벌게 되면 대체로 그것을 투자하기에 가장 안전한 곳을 찾으려는 사람도 있다. 돈을 가지고 있으면서도 그 돈으로써 할 일이 그렇게 많은 것은 사실상 돈을 가장 안전하게 보관하고 있다는 것이 실은 그 돈을 가장 소용이 없도록 보관하고 있기 때문이다.

돈을 가진 사람은 자기가 보아서 가능성이 큰 곳에다 모험을 하게 된다. 그래서 그는 벼락부자가 되든가 아니면 거지가 된다. 그러한 모험에서는 거지가 될 기회가 더 많아서 그들의 회계상 평균 이득은 우리 미국인들처럼 그렇게 많지 못하기 때문에 연 40%의 이득을 보지 못하는 투자란 만족스럽지 못하며 또한 만족하게 여겨서도 안 된다는 것이 당연하다. 그러면 실패하는 경우가 그렇게 많은 이유는 무엇인가에 대해는 다음에 적당한 지면에서 설명하기로 한다.

셋째로 한국인들이 가지는 특성으로는 그들이 인정스럽다는 점이다. 이는 그들이 일반적으로 대범한 데에서 오는 필연적인 결과이다. 일단 손님이

오면 주객 사이에 어떤 의견의 대립이 있건 없건, 또는 과거에 서로 간에 의견의 대립이 있었든 없었든 관계없이 흔연히 대접한다. 얼마 동안을 머무르든 간에 그는 역시 손님으로서의 대접을 받는다. 만약 아침이나 저녁 식사 때에 손님이 오게 되면 그에게 함께 식사를 나누도록 권하는 것이 예의상 필요하다.

그리고 한국에는 인정에 이끌려 자신에게 지나치게 부담이 되는 남의 요구를 거절하지 못하고 파산하는 사람들이 많이 있다. 그러나 한국인들이 그러한 정상을 알면서도 인정을 기화로 해 남에게 큰 덕을 바라는 것은 아니고, 말하자면 그의 사회적인 지위나 사업 관계나 사회적인 연계 관계로 어쩔 수 없이 손님들을 박대하지 못하는 것이다.

나는 서울에 몇몇 지식층의 인물들과 친교가 있는데 그들은 매달 20달러만 가지면 시골에서 넉넉하게 살 수 있다면서도 서울에서는 그 두 배의 봉급을 준다고 해도 거절하는 터이다. 왜냐하면, 그들이 서울에서 살게 될 경우에 친구들이 너무 많이 들끓어서 40달러로서는 거의 생활을 꾸려 나갈 수가 없기 때문이다. 서울에는 주막집도 많지만, 이것을 이용하는 사람은 사실상 거의 없다.

시골에서 서울을 올라오는 대개의 사람은 자기가 머무를 만한 친구들을 가지고 있기 때문이다. 심지어는 서울에 올라와서 자기가 아는 사람들을 찾아다니면서 장기간을 머무르는 젊은이들이 많이 있다는 것을 고백하지 않을 수가 없다. 만약 그들에게 찾아갈 만한 집이 여러 곳이 있다면 서울에서 2~3년 동안은 족히 자유롭게 먹고 잘 수가 있다.

그들은 결국 귀찮은 존재가 되며 그의 친구들도 마지못해 푸대접하게 되는데 그처럼 싫어하는 눈치를 알아차린 뒤에는 어쩔 수 없이 다시 시골의 자기 집으로 돌아온다. 나는 여기에서 주인들이 그들의 친구들을 마지못해 푸대접하게 된다고 조심스럽게 표현했는데 이는 한국인들이 인색하다는 말을 듣는 것을 가장 싫어하기 때문이다. 만약 그들에게 거짓말쟁이라든가 난봉꾼이라고 욕을 해 주면 그들은 일소에 부치지만 인색하다고 욕을 해 준다면 그것은 거의 아픈 곳을 찌르는 것이 된다.

친척들에게는 더욱 인정을 더 쓰지 않을 수가 없는데 이러한 풍조가 너무도 지나쳐서 한국은 심한 괴로움을 겪고 있다. 어떤 사람이 궁핍하게 살다가 생활이 좀 달라져 돈이라도 가지게 되면 그 씨족 중에서 사회적으로 어른이 되거나 친척이 되는 사람들이 떼를 지어 몰려 와서 무한정 기식하는 것은 예사이다. 그들은 그 집의 식객을 형성하게 되며 그의 집안 살림이 나아졌다는 것을 보여주는 표본이 되는 것이다.

주인이 외출하게 되면 그들은 주인이 도랑을 건널 때 팔을 부축해 주며 만약 주인에게 처리해야 할 금전적인 거래 문제가 생기게 되면 그들이 나서서 귀찮은 일들을 도맡아 손을 쓴다. 그들은 주인의 쌀을 파먹으며 주인의 돈으로 자기의 가난한 주머니를 채우며 살아간다. 일단 사회적으로 출세한 사람은 모름지기 자기의 친척들과 이익을 분배해야 한다는 점에 비추어 볼 때 한국의 그와 같은 풍습인 일종의 봉건제적 공산주의를 형성하고 있다.

한국인들이 가지는 그 밖의 성격 중에 특기할 만한 것은 그들의 강한 자존심이다. 이 세상에서 체면을 차리는 데 한국인들보다 더 기를 쓰는 민족은 없다. 서양의 경우에 벼락부자들이 상류 사회의 환심을 사려고 교묘하게 노력하는 것을 생각해 본다면 수많은 한국인의 이면을 이해하는 데 도움이 될 것이다. 지식을 연마한다든가 정신 수준을 향상하는 데에는 한심스러울 정도로 인색하면서도 사회 계급에서 자기의 지위를 높이려는 데에는 매우 신경을 쓰고 있다.

한국인들에 약간의 달러를 아주 주지 않고 맡아달라고 한다든가 다른 사람들보다 신체적으로 금전적으로나 "윗자리"에 앉을 수 있도록 다른 사람들의 노동을 감시할 권한을 준다면 그는 기고만장하게 될 것이다. 중요한 지위나 권위를 갖게 되면 그 호기는 머리끝까지 치솟게 되며 대인 관계에서 다분히 공격형의 인간이 되곤 한다.

이와 같은 불행한 조류는 교육계에서나 종교계에서 사업상 한국인을 고용하는 데에서 야기되는 가장 커다란 위험 가운데 하나이다. 이러한 풍습에도 예외는 있어서 고등 교육을 받았거나 환경이 좋은 곳에 놓여 있는 사람이라면 그와 같은 불쾌한 기질을 아무 곳에서나 나타내리라고 추측할 만한 이유가 없는 것이다. 자존심을 내세울 만한 명분이 있는 사람들과 함께 있을 때는 자존심을 내세울 만한 것도 없어서 호기만 부리려고 사람들과 함께 있을 때보다 오히려 자존심이 수그러지게 된다는 것은 비단 한국뿐만이 아니라 모든 국가에서 볼 수 있는 통례이다.

문벌은 좋으나 재산에는 뜻이 없어서 가난하게 사는 식자들은 주위의 사람들이 파산지경에 빠지게 되면 그들이 그러한 역경에서 과연 얼마나 참는가를 시험해 보려고 한다. 나도 한때 그런 사람과 사귀어 본 적이 있다. 어느 한 한국인이 극심한 가난으로 나에게 일자리를 부탁한 적이 있었다. 그는 상당한 지식인으로 단순한 노동에는 종사할 수 없는 사람이어서 나는 지도에 색깔을 칠하는 일거리를 그에게 마련해 주었다. 이러한 일이라면 어떤 신사라도 부끄러움을 느끼지 않고 할 수 있는 일이다.

그러나 그가 나를 찾아올 때면 그는 자기가 하는 일에 관한 화제를 되도록 피하고 싶어 했으며 자신이 그러한 일을 하고 있다는 사실을 자기의 친지들이 알지 못하도록 갖은 애를 다 썼다. 나는 그가 일하는 댓가로 봉급도 차차로 올려 주었으나 그는 곧 자기의 일에 게으름을 피우기 시작하면서도 오히려 돈을 좀 더 달라고 요구했다. 나는 그가 이제까지 받은 액수만큼의 일을 할 때까지는 더 급료를 지급할 수 없다고 그의 요구를 거절하자 그는 몹시 화를 내면서 내 집을 나가 이웃집에 머무르면서 자기는 지금 굶어서 죽을 지경이라는 편지를 수없이 보냈다. 나는 그에게 자승자박이니 어쩔 수 없다고 대답했다. 그가 만약 일을 계속한다면 급료를 지급할 수도 있었으나 그 밖에는 달리 도리가 없었다.

내가 마지막으로 받은 글에 따르면 그는 이제 죽으려고 마음을 먹고 있으며 그렇게 되면 나는 자기를 비열하게 이용한 데에 대해 평생토록 후회하지 않을 수 없게 되리라고 말했다. 나는 그가 반드시 죽었으리라고 믿고 있다. 그 일이 있은 지 벌써 15년 전이지만 나는 아직도 그때 자신의 처사에 대해 아무런 후회도 하고 있지 않지만, 아직도 그가 나에게 있을 때와 마찬가지로 그늘진 사회에서 빈둥거리며 살고 있지나 않을까 걱정이 될 따름이다. 이것은 매우 극단적인 예이기는 하지만 실제로 있었던 일로서 한국에 살고 있는 대개의 외국인도 그와 같은 경험을 했으리라는 것은 의심할 나위도 없다.

한국인들의 자존심이 얼마나 강한가를 보여주는 예로서는 다음과 같은 것을 들 수가 있다. 곧 해마다 명문가의 후손들이 너무나 자존심이 강한 탓으로 남에게 구걸하거나 돈을 빌려 쓰지 않고 오히려 굶어 죽는 사람들이 상당한 수에 이르고 있는 점은 그 좋은 예가 된다. 이와 같은 풍조는 굶주림에 허덕이면서 가난하나마 유덕하게 사는 사람들이 결국에는 전화위복이 되어 비참한 운명에서 벗어나서 훌륭하게 살게 됐음을 보여주는 많은 고담 속에서 더욱 굳어지고 있다. 서울에는 그와 같은 운명의 여신으로부터 춥고 배고픔을 받은 몰락한 선비들만이 사는 마을이 있다. 그 마을은 남산 밑에 있는데 그곳에서 사는 사람들을 "남산골 선비"라고 부르는 것만으로도 그들의 생활상을 모두 알 수가 있다.

일반적으로 가난한 선비들은 남에게 돈이나 양식을 빌리는 것을 그다지 주저하지 않는다. 그들의 운명은 너무도 갑작스럽고도 자주 변하기 때문에 돈이나 양식을 빌리는 데 그럴듯하게 변명을 하거나 변설이 유창해 갚아준다고 호언한다. 양식이나 돈을 꾸는 데 담보가 되는 것은 오직 그에게 운이 트이게 되면 모든 빚을 갚아줄 각오가 되어 있다는 것뿐이다.

그러나 외국인들로부터 돈이나 양식을 빌려간 사람 가운데에는 극소수만이 그러한 행운을 맛보게 됐다는 것을 특히 기록하지 않을 수가 없다. 그러한 사람들을 다루는 데에는 몇 가지의 방법이 있다. 첫째로는 빌려 달라는 대로 빌려주는 방법이며, 둘째로는 딱 잘라서 거절하는 방법이며, 셋째로는

기생이 춤추는 모습

다음과 같은 일화를 남겨 놓은 어느 외국인의 수법을 따르는 것이다.

즉, 어느 날 한 한국인이 어느 외국인에게 와서 10달러만 빌려 달라고 부탁을 했다. 그러나 그는 5달러만을 꺼내어 주면서 이렇게 말했다고 한다.

"나는 당신에게 10달러를 빌려주는 대신에 이것을 거저 드립니다. 그렇게 함으로써 나는 5달러를 절약한 셈이 되고 당신은 돈을 빌렸다는 마음의 부담을 느끼지 않고서도 그렇게 많은 돈을 벌었습니다."

돈을 빌려 달라고 부탁하는 한국인들을 이렇게 대함으로써 그는 거지가 된 셈이 되므로 다시는 돈을 빌려 달라고 부탁하지 않을 것이다.

진실성에 관해서라면 한국인들은 동양인 중에서도 가장 전형적인 표준을 이루고 있는데 동양인의 진실성이란 아무리 좋게 보려고 해도 그 정도가 높다고 볼 수는 없다. 중국인들은 사업 기질이 능란한 사람들이지만 그들에게서 볼 수 있는 진실성이란 다분히 사업상의 책략에서 나오는 것이지 결코 도덕에 기초를 둔 것은 아니다. 따라서 중국인들이 보여주는 진실성이란 액면 이하로 할인해 들어야 한다는 것은 서글픈 일이 아닐 수 없다. 극동의 모든 국가가 대개 그렇지만 진실하지 못하다는 것에도 여러 가지 종류가 있다. 어떤 사람들은 순전히 악의로 거짓말을 하며, 어떤 사람은 단순히 다른 사람을 웃기려고 거짓말을 하는 경우가 있는데 한국인의 경우는 유감스럽게도 후자의 경우에 속하지 않는다.

한국인들이 만약 곤경에 빠지게 되거나 위급한 일에 직면하게 되거나, 또는 자기가 계획하고 있는 것의 성패 여부가 진실을 어느 정도 왜곡시키면 호전될 수 있는 경우에 거짓말을 하는 데 조금도 망설임이 없다. 한국인과 서양인의 다른 점은 다른 사람이 거짓말을 했을 때 그에 대해 어떻게 행동하느냐에 따라서 크게 구별될 수 있다. 만약에 서양인들에게 거짓말쟁이라고 욕을 한다면 당장에 험악한 사태가 벌어질 것이다.

그러나 한국에서는 "당신은 거짓말쟁이요!"라는 말은 서양에서 "설마!" (You don't say so!), "그럴 수가 있으려고!"(Is it impossible!), "정말?"

(What, really?) 하는 말과 같이 일반적으로 쓰이고 있다. 서양인들은 혼유나 분할 부정사를 통해 도덕적인 타락을 표현하는 것과 마찬가지로 한국인은 거짓말을 통해 도덕적인 타락을 표현하고 있다.

좁은 의미로서의 도덕이 어떠한가를 살펴보면 한국인들은 그들 자신에게 상당한 행동의 자유를 허용하고 있다. 한국어에는 영어의 home을 의미하는 적절한 어휘가 없으며 home이 함축하는 의미의 대부분을 모르고 산다. 내가 이제까지 본 바로는 이성 간의 관계에 관한 한 한국의 생활 조건은 고대 그리스의 페리클레스 시대의 그것과 상당히 비슷하다. 한국의 기생은 그리스의 창기(hetairai)와 상당히 비슷하다.

이와 같은 타락된 계급 이외에도 한국은 그 밖의 계급 곧, 이렇게 표현할 수 있을지 모르겠지만, 인간적으로 수준이 낮은 계급 문제로 애쓰고 있는데 이러한 문제는 비단 한국에만 국한된 것이 아니고 심지어는 상당한 선진국에서도 해결하지 못하는 실정이다. 한국인들은 생활의 필수품들을 비교적 쉽사리 얻을 수 있기 때문에 여가나 사치품이 유행하는 단계에서 볼 수 있는 유혹에 빠지기 쉬우며, 1591년 서울에서 잔치가 벌어졌을 때 한국의 기생들은 자기들 앞에 던져주는 귤을 주우려고 아귀다툼을 하는 것을 보고 일본의 사신들이 퍼부은 신랄한 비판은 전적으로 그릇됐다고만 할 수는 없다.

오늘날 화류계의 생활을 하는 사람들은 평판이 좋지를 못하며 전 세계적으로 볼 때 어떤 별난 대우를 요구할 만큼 지위가 높지 못하기 때문에, 일본의 게이샤가 한국의 기생과 흡사한 면이 있다고 하더라도 그것을 이유로 해 한국과 일본이 사생활의 도덕적인 면에서 어떤 공통점이 있다고까지는 말할 수가 없다. 이 비천한 계급이 법으로 공인되지도 않았고 분리주의적인 대우를 받음으로써 사회에서 그 지위가 특히 남의 이목에 두드러지게 오르내리지 않는다는 점에 대해는 한국의 편을 들어 좋게 말하지 않을 수가 없다. 그러나 이 점에 대해는 물론 보는 사람에 따라 다르다.

남과 싸움을 하면서 세상 사람들은 각기 다른 모습을 보여주고 있다. 이 점에서 영국인이나 프랑스인은 일본인이나 한국인과 전혀 다르다. 한국인들이 노상에서 싸우는 모습이란 어디를 가나 볼 수 있지만, 생명이 위독할 정도로 남을 때려 주는 예는 거의 없다. 힘깨나 쓰는 날품팔이꾼들이 술이 거나하게 취하면 아무것도 아닌 일을 가지고 다투기 시작한다. 그다음에 그들은 목이 터지라고 소리 지르며 갖은 욕을 다 퍼붓는데 실상 그들의 얘기를 들어 보면 두 사람이 하는 얘기가 거의 똑같음에도 불구하고 언성을 높이고 열화같이 성을 낸다.

서양인들의 욕이란 신의 이름을 내세워 하는 것이기 때문에 좀 더 지독한 점이 있다고 하겠지만, 한국인들이 화가 날 때 줄줄 쏟아져 나오는 음탕한 욕에 비교해 본다면 어느 면에서는 좀 점잖은 면이 있다. 한국인들의 욕이란 전혀 입에도 담을 수 없는 것들일 뿐만 아니라 그 욕의 어원이나 인용하는 어휘란 여기에서 어떻게 언급할 수도 없을 정도이다. 대중의 앞에서 그렇게 심한 욕을 하는 데에도 곧 체포되어 형무소에 가두지 않는다는 사실은 한국의 하층 계급들이 예절뿐만 아니라 교양도 없다는 서글픈 사실을 잘 나타내어 주는 것이다.

더 할 욕이 없으면 그다음에는 두 사람이 서로 맞붙잡고 싸우게 되는데 이때 그들은 쥐기에 매우 편리하게 되어 있는 상대편의 상투를 잡으려고 힘을 쓴다. 누가 먼저 상투를 움켜잡고 주먹질을 하는지는 알 수 없다. 서로가 잡은 손을 놓지 않으려고 노력하는 동안 입으로는 미친 듯이 욕을 계속하면서 숨을 헐떡거리며 상대편을 넘어뜨리려고 밀치기 시작한다.

그들은 서로 징이 박힌 무거운 신발로 상대편의 배를 찬다. 그러다가 한 사람이 쓰러지게 되면 옆에서 보고 있던 사람들이 뜯어말리지 않는 한 넘어진 사람은 죽도록 매를 맞게 되는데 이쯤 되면 대개는 구경꾼들이 말리기 시작한다. 한국인은 매우 평화를 사랑하는 사람들로서 두 사람 사이의 싸움이 패싸움으로 변해 난투극을 벌이는 예란 거의 없다.

구경꾼들은 일단 두 사람의 어느 편도 들지 않지만 싸움을 하는 사람의 한 친구가 그의 뒤로 가서 그를 뜯어말리려고 하거나 아니면 두 사람 사이로 끼어들어서 두 팔로 힘껏 밀어젖힌다. 이때 화가 머리끝까지 올라서 싸움을 하던 두 사람이 이제는 각기 싸움을 말리려고 밀치는 사람의 어깨를 움켜쥐고 다투는 모습이란 참으로 가관이다. 아무리 싸움에 화가 났더라도 이 평화애호가에게 폭력을 쓰는 사람은 없으나 상대편이 저쪽으로 끌려가면서도 미친 듯이 부질없는 소리를 게걸대면 이쪽에서도 멱살 잡힌 불독처럼 날뛴다.

한국인들은 화만 나면 본정신이 아닌 것 같다. 그때는 목숨을 내어놓고 달려들며 마치 표독스러운 짐승이나 다름이 없다. 입에서는 거품이 끓어올라 더욱 심한 환상을 불러일으킨다. 그러나 다소간이라도 술을 마시지 않고서 다투는 일이란 비교적 드물다는 점을 지적하고 싶다. 술이나 한잔 마시면 프랑스인보다는 오히려 아일랜드인의 기질을 나타낸다.

불행하게도 이처럼 격노하는 기질은 남자에게만 볼 수 있는 것이 아니다. 여자들이 화가 나면 외곬으로 나가는 복수의 여신으로 변하게 된다. 그들은 너무도 큰 소리로 악을 쓰기 때문에 결국에는 목이 쉬고 욕지기를 하게 된다. 그토록 심하게 신경질을 부리면서도 졸도하지 않는 것을 보면 신기하기 짝이 없다. 한국인들은 어려서부터 자기의 기분을 억제하려고 노력하는 것 같지 않다. 어린이들까지도 어른들로부터 그와 같은 습성을 배워서 만약 일이 뜻대로 되지 않으면 무서울 정도로 화를 내어 그 일을 끝장을 내든가 아니면 자기도 모르는 사이에 신세를 망쳐버리고 만다.

한국인들은 질병에 대해 무심하며, 특히 짐승의 질병에 대해서는 거의 신경을 쓰지 않는데 이는 동양인들이 가지고 있는 공통된 성격이다. 대개의 말 못하는 짐승들은 고통이 극심하지 않은 한 자기가 아프다는 것을 표현할 줄을 모르는데 이렇게 짐승들이 가만히 있는 것은 그들이 아프지 않기 때문이라고 믿는 것 같다. 어쨌든 단순한 초심자일지라도 그 짐승이 매우 아프다는 것을 알 수 있는데도 그들은 무심하게 버려둔다. 아픈 고양이나 다리를 절룩거리는 개나 상처를 입은 새를 길에서 보게 되면 남녀노소 할 것 없이 작대기나 돌멩이로 그 짐승을 죽을 때까지 툭툭 치는 것을 흥밋거리로 생각한다.

그들은 또한 벌레를 잡아 날개나 다리를 떼고 그들이 불완전하게 움직이는 모습을 보는 것을 큰 재미로 알고 있다. 잠자리나 풍뎅이를 잡아 실에 매어 그 실이 허락하는 범위 내에서 뛰고 나르게 하며 끝내 죽은 뒤에도 땅에 질질 끌고 다닌다. 처마 밑에 있는 둥지로부터 떨어진 어린 참새는 이 사람 저 사람의 손으로 옮겨 다니는 동안에 반밖에 나지 않은 깃은 색깔이 변하고 결국에는 말라 죽음은 말할 것도 없다. 운이 나쁜 개가 보신탕 집에 팔리면 주인은 끈으로 목을 매어 죽이는데 이때는 많은 어린아이들이 그 주위에 몰려든다. 이 어린아이들은 그 불쌍한 짐승이 목매어 죽어가는 모습을 신이 나게 감상한다.

한국인들이 검약하는 습성이 비교적 적은 데에는 하나의 경제적인 요인이 있다. 경지 면적에 대한 인구의 비는 일본이나 중국보다 적어 한국이 외국인에 대해 문호를 개방하지 않는 한 그들의 평균적인 생활 안정도 인접한 두 국가에 비해 높을 것이다. 거지란 거의 볼 수 없으며 기록에 따르면 어디를 가나 쌀은 넉넉해 여비를 갖지 않고서도 여행을 할 수가 있다고 한다. 바꾸어 말해서 동양의 어느 나라보다도 안정된 생활을 차리기가 수월하다.

한국인들은 지나친 궁상을 떨면서까지 검약하지 않아도 능히 살아갈 수가 있다. 순수하게 경제적인 면에서만 본다면 대원군의 쇄국정책은 당연했으며 한국의 문호 개방은 그 결과적인 면에서 볼 때 불행한 것이었다. 그러나 도덕적 · 지적인 면에서 볼 때에 변혁은 매우 훌륭한 것이었다. 왜냐하면, 변혁을 일으킴으로써 한국인들은 영원한 침식으로 고통을 받을지도 모르는 긴 동면으로부터 즉시 벗어날 수 있기 때문이다.

한국인들은 극동의 국민들이 가질 수 없는 심리적 · 감정적 기질을 간직하고 있다. 따라서 만약에 일본의 자기중심주의 정책의 수레바퀴가 이 민족을 짓밟고 무너뜨린다면 일본은 국제 관계에서 가장 커다란 잘못을 저지른 범죄인이 될 수도 있다.

제 3 장 정치제도

한국을 연대기에 따라 살펴보면 이 나라가 취하고 있는 오늘날의 정치 제도는 먼 옛날에서부터 근본적으로 특수한 형태를 이루고 있었다. 7~8세기에 이르러 중화사상이 물밀 듯이 흘러들어오기 이전까지 한국의 정치 제도가 어떠했는지는 거의 알 길이 없으나 절대군주제였다는 것만큼은 틀림이 없는 사실이다.

처음에 왕은 거서간으로 불렸으나 그 후 이사금과 마립간으로 변했다. 이러한 칭호는 중화사상의 거센 물결이 고유한 관습을 무너뜨릴 때까지 지속하다가 그 후 "왕"이라는 명칭으로 바뀌었다. 그러나 "왕"이라는 칭호가 생겼음에도 불구하고 항간에서는 최고 통치자의 명칭을 예전대로 사용했으며 심지어는 오늘날에 와서도 통치자를 "임금"이라고 부르는데 이는 옛날 이사금의 준말이다.

어느 의미에서 보면 한국의 통치자의 권력은 절대적이다. 그러나 권력이란 그를 행사할 수 있는 도구와 이에 필요한 지식이라는 두 가지의 요인에 전적으로 의존하는 것이기에 왕이라고 해서 매사에 자기의 뜻대로 할 수 있다고 말하는 것은 사실과 다르다. 만약 왕을 둘러싸고 있는 신위가 있다면 그는 한국의 전역을 통해 자기의 과업을 틀림없이 수행하게 된다. 비록 왕에 대해 신성시하는 경향이 한국의 왕(오늘날에는 황제라고 한다)에 대해는 그다지 중요한 역할을 하지 못했다.

그러나 왕에 대한 신하들의 예정된 숭배는 엄청난 것이어서 왕은 그들로부터 심할 정도로 은둔하지 않을 수가 없으며 그 결과로 왕의 모든 명령은 그의 가까운 측근이나 근신들이 제공해 주는 지식이나 정보를 토대로 한 것이다. 그래서 명령을 수행하면서도 지식이나 정보를 제공한 근신들이 중요한 역할을 담당하게 되며 왕으로서는 자기가 내린 명령이나 그 명령의 근본 정신이 애초의 의도대로 수행됐는지를 알 수가 없다. 설령 근신들의 정보가 정확했고 그의 도움이 충성스러운 것이었다고 하더라도 한국은 절대 왕정이라고 말할 수가 있다.

한국에는 성문법이 있으며 왕은 그 법에 따라 자신의 권한을 제한한다는 말을 흔히 듣게 되는데 그러한 법이 존재하는 것은 사실이다. 그러나 왕의 절대권을 감소시키는 데에 중요한 역할을 하는 것은 성문법이라기보다는 오히려 불문법이나 판례라는 점을 인정하지 않을 수가 없다.

태곳적부터 한국의 왕들은 불문법이나 성문법을 무시했으며 백성에게 귀를 기울이지 않고 그들의 기호에 따라서 행동했다. 그래서 왕이 전통이나 법을 어길 마음만 있다면 아무도 그의 앞길을 막지 못했다는 것은 의심할 나위도 없다. 물론 이와 같은 범법 행위는 머지않아 왕의 근신이 될 처지에 놓여 있는 관리들의 묵인이 없이는 이루어지지 않는다.

역사상 한국의 정치 제도는 세 가지의 양상을 띠었다. 초기의 모든 역사를 통해 볼 때 기원 초부터 1392년에 건국한 조선 초기까지 정부 안의 무관과 문관은 세력이 백중했기 때문에 그들 사이에는 항상 왕에게 잘 보여 정권을 잡으려는 투쟁이 그치지 않았다. 고려 시대에 횡행했던 승려들의 권력은 한국의 정치 풍토를 더욱 혼미하게 만들었으며 고려 왕조가 멸망할 때까지의 사태는 한심스러웠다. 유학자와 승려와 군벌들은 서로 간에 자멸 행위에 가까운 투쟁을 벌였으며 그때까지만 해도 백성들은 누구에게 국권을 맡기는 것이 좋을지를 알지 못했다. 그리고 고려 왕조 최후의 몇 년 동안은 사실상 각 지방이 대체로 자치적이었다.

1392년에 이성계가 정권을 잡았을 때도 국가적인 변혁을 일으킨 그의 방대한 체제에 대해 아무도 항거할 만한 강력한 집단이 없었다는 것은 그 당시 그러한 사태의 결과라고 볼 수가 있다. 그때부터 문관들의 세력은 국가의 대권으로 접근하게 됐으며 무관들은 몰락하게 됐다. 이러한 현상은 평화로운 정치를 운용하는 데에 진일보했음을 의미하는 것으로서 백성들에게는 많은 이로움을 가져다주었다.

조선 초기의 200년 동안은 오랜 세월에 걸친 한국인의 생활 중에서 가장 아름다운 모습을 우리에게 보여 주는 시대였다. 예로부터 내려오던 폐습도 사라졌을 뿐만 아니라 새로운 악습도 생겨나지 않았다. 그때야 말로 한국의 황금기였다. 16세기 중엽에 이르러서는 여러 당파가 형성됐는데 그들의 피비린내 나는 정쟁이 끊임없이 계속됐기 때문에 그 후의 한국 역사는 읽어보기에도 끔찍스러울 정도였다.

일본의 침략 행위도 그에 못지않은 참상을 일으켰다. 왜냐하면 한국을 피폐하게 했으며 고귀한 피를 흘리게 했다는 점은 차치하고서라도 자신의 주장을 내세움으로써 정부에 대한 특별한 요구를 관철했던 백성과 상류 계급과 하류 계급의 사이에 가로막힌 새로운 장벽을 걷어 올릴 만큼 자신의 요구를 강력하게 밀고 나갈 수 있었던 백성을 무기력하게 만들었기 때문이었다. 그때부터 한국인들이 가지는 가장 큰 욕망은 국권의 보호를 받아 첫째로 자기의 적에게 복수할 수 있고 둘째로 돈을 많이 모을 수 있는 지위를 차지하는 것이었다.

왕족이 요직에 등용될 수 없음을 규정한 성문법은 점차로 무시되기 시작했으며 왕이 거느리는 수많은 처첩의 연척들은 왕으로부터 은전을 받아 고관대작에 올랐다. 이것도 부족했는지 내시들은 왕의 마음을 사로잡으려고 애썼으며 이에 따라서 그들은 몇 번씩이나 정권을 전횡한 적이 있었다. 백성들의 사회적 지위는 점차 하락했으며 소위 양반들만이 득세하게 되자 사회적인 모순은 백성으로 하여금 더 참을 수 없도록 증대했다.

내시들은 그들의 손아귀에 모든 것을 쥐고 있었으며 서구적인 의미로서의 의회나 범국민적인 회의체도 없이 법을 집행해서 백성으로서 자신의 소청을 관철할 종국적인 법정은 반란의 길밖에 없었다. 그렇게 되자 관가에서도 법을 준수하게 됐다. 백성의 폭동이 일어나 지방의 관리가 축출되면 조정에서는 그의 직위를 복직시키는 문제에 대해 재고하게 될 것이다.

그러나 우리는 한국의 정치 제도의 본질을 이루는 요체를 간단히 그리고 비전문적인 용어로 기술해 보지 않을 수 없다. 왕의 바로 밑에는 영의정이 있으며 좌우로 좌의정과 우의정을 거느리고 있다. 이 세 대신은 전국에서 일어나는 모든 문제의 최종적인 재결자가 된다.

그러나 특기할 만한 관직이 하나가 있다. 이는 다름이 아니라 사헌부의 대사헌[1]인데 이는 독립 기관으로서 그의 직위는 영의정과 동등하며 육조 판서의 행동은 물론 심지어는 왕의 행동까지 감독하고 그들의 과실과 위험한 처사를 지적한다. 미국의 통상장관이 모든 세입과 세출을 검토하고 승인하는 것과 마찬가지로 대사헌은 조정의 정책이 실제로 시행되기 전에 이들을 최종적으로 그리고 냉정하게 검토한다.

이들 밑에는 다시 육조 판서가 있는데 이는 미국의 내각에 해당한다. 이러한 관제는 최근까지지도 이조 · 호조 · 예조 · 병조 · 형조 · 공조 판서로 나뉘어 있었다. 이들이 각기 어떠한 기능을 하는가에 대해 언급한 다음, 이들이

---

1) 본문에는 Censor로 되어 있어서 필자가 지적하고자 하는 것이 무엇인지를 알 수가 없으나 그 직권에 대한 서술로 보아서 대사헌(大司憲)으로 짐작된다. 한 가지 간과할 수 없는 점은 대사헌의 등급인데 엄격히 말해서 대사헌은 종이품(從二品)으로서 필자의 말대로 영의정과 동등할 수가 없다. 다만 대사헌은 직위의 높고 낮음에 관계없이 조정의 대신들은 탄핵할 수 있었다는 점에서 필자는 그렇게 기록한 것 같다. 의금부의 판사가 종일품(從一品)이라는 점에서 Censor를 의금부 판사로 생각해 볼 수 있겠지만 판사는 포도와 금난의 권한만이 있을 뿐 조정 대신을 탄핵할 권한을 갖지 못했기 때문에 Censor를 판사로 해석하기는 곤란하다.

최근에 어떻게 변모했는가를 살펴보기로 하자.

영의정을 비롯한 좌의정·우의정의 세 정승은 왕의 사사로운 문제까지도 간여했으며 관료의 등용을 주재하고 갑작스러운 재난이나 사건이 발생했을 때는 주도적인 역할을 했다. 이들은 왕과 조신들과의 중간에 있는 인물들로서 그들의 눈을 거치지 않고서 이루어지는 정사란 없었다.

> 이조란 오늘날의 내무성인바 전국적으로 도를 관장하고 있으며, 다른 어느 조(曹)보다도 훨씬 더 중요했다. 중앙 정부 산하의 여러 가지 직위를 임명하는 데 사전에 후보자들의 예비 명단을 마련하기 때문에 이에 관해 입김이 작용하기도 했다. 관리를 임명하는 데에는 전국적인 시험 제도가 있으며 이 시험 제도에서 발탁된 사람들 가운데에서 많은 관리가 선발됐다.
>
> 형조는 법을 제정하고 수정하는 관서로서 포도청과 긴밀한 관계를 맺고 있었다. 포도청의 중요한 임무는 수부의 안녕질서를 유지하는 것이었지만 범인의 수색과 체포에 관한 형조의 요구를 수행했다. 의금부는 피의자들의 예비 수사만 했을 뿐이며 전반적인 재판이나 형의 선고는 형조로 이관했다.
>
> 예조는 그 명칭이 암시하는 바와 같이 왕실의 혼사, 장례 및 제사와 같은 예식을 담당했다. 어느 모로 보나 예조는 한직이 아니었다. 왜냐하면, 옛날의 갖가지 예식은 이를 맡은 사람들의 창의력과 참을성뿐만 아니라 예식 그 자체가 백성적인 행사이기 때문에 조금이라도 소홀함이 있다면 가차 없이 탄핵을 받아 처벌되기 때문이었다. 서울에서 거행되는 왕실의 예식을 참관한 사람이라면 예조판서의 뒤 수입이 많으리라는 것을 의심할 사람은 없다.
>
> 호조는 지방의 조세를 부과하고 호구 조사를 시행하며 재원을 관장한다. 옛날에는 여러 가지의 현물로써 세금을 내었으며, 쌀뿐만 아니라 잡곡이나 지방의 특산물이 왕실의 생활 용품으로 서울로 공급됐다. 호조는 이 모든 것들을 거두어 드리어 검사 확인하고 저장했다.
>
> 병조는 전국의 육군과 해군에 관한 임무를 맡는 동시에 무과를 실시하고, 군용지로 지정된 넓은 지역을 관리하고 그곳에서 세금을 거두어들였다.

> 공조는 육조 중에서 가장 권한이 약한 부처였지만, 가장 바쁘고도 필요한 곳이었다. 공조는 정부의 "운송 도구"를 마련해 왕실에 필요한 비품을 장만하고 도로를 수선하고 관청 건물을 관리하고 그 밖에 부과된 잡다한 일을 했다.

문부성은 없다. 교육 문제는 종교와 같이 취급해 향교의 통제를 받았다. 향교는 영의정을 통해 조정의 최고위층에게만 직접적인 책임을 졌다. 한국의 대외 관계란 극히 드물고 그들의 관심과는 동떨어진 것이어서 외무성이란 설치된 적이 없으며 다만 2급 정도의 관리들이 외교 문제를 처리한다. 중국에 연행사를 보내는 문제는 예조의 소관 사무였다.

이제까지 서술한 바는 한국의 정치 제도를 극히 개괄적으로 설명한 것에 지나지 않는다. 이 밖에도 관등이나 직위가 헤아릴 수 없을 만큼 많으며 그들의 임무나 성격은 너무도 복잡해서 그를 설명한다는 것은 독자를 지치게 할 뿐이다. 그러나 한국이 문호를 개방하고 외국과 접촉하기 시작한 후로는 이 관제에도 많은 변화가 일어났다는 점을 특히 지적하지 않을 수 없다.

우선 외부(Foreign Department)가 정부 기관의 중추기관으로 등장했으며, 문부(Educational Department)가 창설되어 위계 면에서 다른 중요한 부와 대등한 권한을 갖게 됐다. 종전의 예조는 제2급의 관등으로 그 권한이 감소했으며 의금부는 비교적 중요한 부처로 승격됐다.

이제까지 지적한 바로 미루어 보아서 한국에서는 16세기 중엽부터 상류 계급과 하류 계급 사이의 장벽이 더욱 높고도 견고하게 구축됐을 뿐만 아니라 일반 백성들은 점차 통치 조직으로부터 소외됐음을 알 수 있다. 이러한 현상은 연속적으로 일어나는 불행한 사태의 원인이 됐다. 아무리 재능이 뛰어난 사람일지라도 비천한 집안에서 태어난 사람은 감히 고관대작에 오를 생각조차 할 수 없으며 관직에의 적격 여부는 그 사람의 능력보다 오히려 문벌에 의해 판정됐다. 아무리 선량한 정치인이라고 할지라도 그의 반대파에서는 그를 일격에 타도하려고 애쓰며, 그가 더 두각을 나타내면 낼수록 반대파의 모략은 더욱 심해짐으로써 파벌 의식만이 더욱 가중됐다.

그때부터 지금에 이르기까지 한국의 유능한 정치인 중에서 비명에 죽은 사람은 이루 헤아릴 수 없을 만큼 많다. 그러나 모든 관직은 귀족 계급에 속하는 사람들에 의해 충원됐기 때문에 관직에 대해 자만심을 가지면서도, 한편으로는 그와 같은 골치 아픈 문제들을 잠재하고 있는 관직에 대해 두려움이 있어서 일반 평민들은 그와 같은 당쟁의 심각한 억압에서 벗어나기에 주저함이 없었다. 관리들은 전횡적이고 때로는 잔혹하기도 했지만 그들의 치졸성도 커다란 문제여서 소위 양반들은 자신들의 높은 지위에 비추어 부끄럽기 짝이 없는 일임에도 불구하고 자신의 평판에 아랑곳없이 아무 일이나 할 수 있을 정도였다.

그러나 이와 같은 현상은 19세기 초기에 무너지는 듯이 보였다. 정치에서 돈이 그 위력을 발휘하기 시작했으며 관직에 등용되는 데 돈 꾸러미의 구실은 과거 어느 때보다도 컸다. 이에 따라서 이제까지 양반의 배타적인 지위는 점차 떨어지고 상류 계급과 하류 계급 사이에 그어진 분계선은 조금씩 허물어지더니 금세기 후반기에 이르러서는 비천한 집안에서 태어나 중요한 관직에 등용된 사람도 많이 있었다. 이렇게 등용된 사람들은 자기들의 입신출세가 순전히 돈의 위력에 의한 것임을 알게 되고, 어느 정도까지는 자기들의 부정을 마음속으로나마 억제하던 지난날의 자부심마저도 버리고 이제는 부끄럼 없이 백성을 착취하는 양상으로 변모하자 사태는 더욱 악화되기만 했다.

관직은 일반 상품과 마찬가지로 사고팔았다. 모든 관직은 그 가격이 결정되어 있어서 도의 관찰사는 미화로 5만 달러 정도이며 방백 수령들은 500달러 정도였다. 그 자리가 서울일 수만 있다면 설령 미관말직일지라도 상당한 수입이 생겨서 욕심을 채우기에 충분했으며, 매관에서 나오는 엄청난 수입을 더욱 증가하고자 재임 기간을 짧게 해 상납의 횟수를 빈번하게 했다.

물론 각 관찰사나 방백 수령들은 자기의 짧은 재임 기간에 자기가 상납한 밑천을 뽑고, 또 자기의 안락한 생활을 계속하기 위해서 백성에게 과중한 과세를 하지 않을 수 없었기 때문에 매관매직에서 거래되는 돈이란 결국 백성들이 직접 부담한 것이나 다름이 없다. 중앙 정부에서는 지방의 방백 수령들이 중앙에서 시달한 특별한 세금과 함께 일정한 양의 조세만 상납한다면 그들의 수탈 행위에 대해 개의하지 않는다.

중앙 정부에서는 방백 수령들의 그와 같은 "사소한 장난"에 개입하지 않는 대신에 만약 그들이 주민들을 참을 수 없을 만큼 착취해 주민들이 그들을 살해하거나 관직으로부터 축출할지라도 방백이나 그의 가족들은 이에 대해 자기의 직위를 회복시켜 달라든가 또는 선처해 달라는 식으로 중앙 정부를 괴롭히지는 못하도록 했다. 그러므로 방백 수령들은 착취를 당하는 백성들이 더는 참을 수 없어서 분노가 폭발하는 시점이 언제인가를 알아보고자 수사관처럼 백성의 인내심의 농도를 측정하고 백성의 맥박을 짚어 진맥하는 데에 어느 정도로 능란한가에 따라서 능력이 평가됐다.

그렇다면 중앙 정부에서는 왜 백성을 위해 방백 수령들의 수탈 행위에 개입하지 않았던가? 방백 수령들이 주민에 의해 신속하게 축출되면 될수록 돈을 상납하고 그 자리에 교체될 사람들의 회전 속도가 빠르기 마련이다. 물론 이러한 사실에 대한 예외는 많아서 오히려 주민들이 수령을 붙잡고 중앙 정부에 그의 임기를 연장해 달라고 요구하는 경우도 적지 않다. 주민들은 착한 일을 보았을 때는 그것이 착한 일이라는 것을 잘 알며 착한 수령을 그 지방에 붙잡아 두기위해서는 관가에 잡혀가서 곤장을 맞을 정도의 작은 모험은 기꺼이 했다. 그들은 실제로 이렇게 말한다.

"우리는 이 분이 우리의 수령으로 머물러 있기 바랍니다. 만약 다른 사람이 온다면 우리는 그를 추방하겠습니다."

일이 이쯤 되면 거액을 들여서 그곳의 수령으로 부임하고 싶어 하는 사람은 없게 되며 수입이 상당히 줄기는 하겠지만 중앙 정부로서도 그곳 주민의 의사에 따르지 않을 수가 없다. 옛날의 방백 수령들은 그들이 부임하고자 하는 그곳의 주민 중에서 선출됐다. 그는 그곳 어느 가문의 일원인 것이다. 따라서 수령이 중용을 지켜 정사를 살피면서 어떤 개인적인 유혹이 작용하게 된다면 이는 곧 남의 눈에 띄게 된다. 왜냐하면, 방백 수령의 부정한 처사는 자신의 평판에 좋지 못한 영향을 끼칠 뿐만 아니라 자기 가문의 존립에도 중대한 위험이 되기 때문이다.

그러나 그러한 제도는 이미 사라졌으며 오늘날의 방백 수령들은 서울에 있는 고관대작들의 친구나 연척들 중에서 발탁되기 때문에 자기와는 아무런 일면식이 없는 곳에 부임해 마치 중세에 영주가 없는 장원에 사는 기사들처럼 아무 거리낌 없이 수탈에만 몰두하는 관리가 되고 있다. 그는 주민들이 자기를 어떻게 생각하느냐에 관해서는 전혀 신경을 쓰지 않는다. 왜냐하면, 그는 극한 상태에 이르도록 착취가 끝나면 곧 관직에서 물러날 것이며 일단 물러난 후에는 주민들도 더는 아랑곳하지 않을 것이기 때문이다.

만약 지방의 방백 수령에 관한 이제까지의 언급이 한국의 정치 제도에 관한 모든 것이라면 한국의 정치 제도는 그 운용이 거의 불가능하다는 결론을 내리지 않을 수가 없다. 그러나 수령의 권한은 그의 수하에 있는 관리들에 의해 상당히 축소되고 또 수정되는데 이는 수령이 그들을 통해 자신의 업무를 수행하지 않을 수가 없기 때문이다.

이 관리들은 소위 "아전"이라고 불리는 사람들로서 방백 수령의 바른팔인 동시에 잡역꾼으로 활약한다. 아전의 지위는 비교적 낮은 편이지만 한국의 정치 제도에서 매우 중요한 역할을 한다고 표현하는 것이 옳을 것이다. 따라서 아전에 대해는 특히 소상하게 언급할 필요가 있다. 아전이라는 어휘는 오래전부터 한국에 존속했으며 한문에서 오지 않은 순수한 한국의 토속어이다.

아전은 본디 모든 관리를 총칭하는 것으로서 위로는 중앙 정부의 판서로부터 아래로는 고용인에게까지 모두 적용된다. 그러나 정치 제도가 오늘날과 같이 변혁되자 당지 주민 중에서 방백 수령을 선출하던 방법은 폐기되고 오늘날과 같은 무책임한 방법이 채택됐다.

그러나 지난날 방백을 지낸 가문에서는 아전이라는 명칭을 계속해 가지고 있으며 그 어휘는 점차 그들 자체에만 국한해 사용하게 됐다. 전혀 생소한 지방에 부임하게 되는 신임 방백 수령들은 자기의 수중에 있는 정사의 요령을 잡기 위해서라도 지방민의 도움을 받아야 했는데 그들로서는 아전에게 도움을 청하는 것보다 더 자연스러운 것이 무엇이 있었겠는가? 그리하여 나이 많은 아전 계급들은 각 지방의 방백 수령에 대한 세습적인 자문 역할을 했다.

각 방백 수령의 직책은 중앙 정부의 축소형과 같다. 이를테면 방백 수령들은 자기가 다스리는 소국의 왕이 되는 셈이며, 아전은 그의 제후가 되는 것이다. 중앙 정부와 방백 수령과는 너무도 흡사해 심지어 방백 수령은 중앙 정부와 똑같은 명칭, 즉 이방 · 호방 · 예방 · 병방 · 형방 · 공방의 부서를 두고 있다. 모든 정사는 이들을 통해 처리된다.

왕은 마음대로 자신의 신하를 경질할 수 있고 또 선택의 대상이 되는 사람도 상당히 많이 있으나 방백 수령에게는 선택의 여지가 없다. 방백 수령은 오직 자기 관할 구역 안의 아전 중에서만 자기의 조력자를 발탁할 수 있으며 어디를 가나 아전은 10~100명 정도가 있다. 어느 모로 보나 방백 수령이 선택할 여지는 제한된 것이다.

오늘날에 이르러 이 아전들은 모두가 지방 출신들로서 자신의 명예뿐만이 아니라 자기 가문의 명예까지도 계승하게 된다. 오늘날 한국의 국민들이 그토록 심한 억압과 실의 속에 살면서도 정치 제도만은 몇 세기 동안을 꾸준히 결속시켜올 수 있었던 것은 오로지 아전 제도의 덕분이다. 외국인들도 처음에는 한국인들이 어떻게 그러한 제도를 견뎌낼 수 있었을까 하고 의심했다.

그러나 서울에 있는 관리들이나 방백 수령들의 착취 행위에 관한 몸서리치는 얘기들을 들으면 대개는 곧 수긍하게 된다. 그러한 제도가 존속된 것은 오로지 아전 제도에 그 이유가 있는 것인바, 국가를 커다란 선박에 견주어보면 아전은 닻과 같아서 주기적으로 밀려왔다가 나감으로써 배를 난파시키는 험한 조류로부터 국가라고 하는 대선박을 계류시켜주는 역할을 하는 것이다.

아전은 마치 이리떼와 같아서 주민들을 착취하는 것으로 일과로 삼고 밤이 되면 잠도 자지 않고서 새로운 수탈을 위한 계획을 짜내기에 골몰한다고 일반적으로 생각하고 있다. 이러한 생각은 좀 과장된 것이기는 하지만 아전이 이토록 나쁘게 인식된 것은 서글픈 일이다. "높으신 분"들은 큰 잘못을 저지르고도 비난을 받지 않고 조금이라도 잘한 일이 있으면 하늘 끝까지 칭찬을 받지만, "낮은 백성"들의 잘한 일은 으레 그러려니 하면서도 조금이라도 잘못하면 침소봉대하는 것을 한국인들은 간단하게 생각하고 만다.

아전은 모든 사람이 저지르는 잘못에 대한 속죄양이며 기관실의 폭발을 막아 주는 안전판의 구실을 한다. 모든 사람은 욕구불만을 털어놓고자 욕설을 퍼붓는 쓰레기통처럼 아전을 취급하고 있어서 이와 같은 은유로 표현하는 것도 과히 그릇된 것이라고는 볼 수 없다. 물론 악덕한 아전도 많이 있다는 데에 대해는 의심의 여지가 없으나 만약 그들이 일반적으로 조사되는 것의 절반 정도의 악덕한 무리였다면 그들은 오래전에 국민들에 의해 축출됐을지도 모른다.

아전들은 제각기 자기의 고장에 붙박이가 되며 만약 주민들의 인심을 잃으면 새로운 풀밭으로 방목될 수가 없고 오래도록 그 후환을 겪어야만 한다. 그들의 가족과 재산은 그 지역의 볼모가 되며 그들의 일상생활은 주민들을 억압하는 것이 아니라 주민과 방백 수령 사이의 완충기의 역할을 하는 것이다. 그들은 한 편으로는 방백 수령의 탐욕을 억제해야 하며, 다른 한 편으로는 주민들의 분노를 어루만져야만 한다.

이처럼 아전이란 방백 수령과 주민들의 어느 한쪽도 기분을 만족하게 해

주지 못하면서도, 양쪽의 눈치를 살피면서 중간 역할을 하며 수령들 앞에서는 체모를 지켜야 하고 동시에 주민들에게서는 인심을 얻어야 하는 것이 그들의 임무임에도 불구하고, 우리가 아전에 관해 듣는 얘기는 모두가 그들이 잘못했다는 것밖에 없으니 이상스럽지 아니한가?

아전이란 단순히 자기의 육신을 움직여서 살아가는 관청지기들은 아니다. 아전은 모든 관청 사무를 처리하는 데에 관계하지만 그렇다고 해서 단순한 종도 아니다. 그들은 모든 관문서를 처리해야 하며 숫자를 따져야 하므로 당연히 어느 정도의 교육을 받은 사람이어야 한다. 지방에서는 아주 고명한 선비들이 이 준 관리 중에서 발견되는 예가 드물지 않다. 아전은 백성과 가장 긴밀한 접촉을 하는 관계로 백성들은 그들에게서 가장 쉽게 세상물정에 대한 암시를 받기 때문에 주민들의 성향이나 감정에 가장 커다란 영향력을 미치는 것은 곧 아전이라고 볼 수 있다.

세상사가 잘되어 가느냐 못되어 가느냐의 여부는 그들이 처신하기에 달려 있었다. 만약 아전들이 선량하다면 아무리 악덕한 방백 수령일지라도 주민들을 착취하는 것이 현실적으로 불가능한 일이며, 그들이 마음씨를 곱게 쓰지 않으면 아무리 선량한 방백 수령일지라도 선정을 베푼다는 것은 불가능한 일이다. 그들은 방백 수령에게 선정을 베풀 수 있도록 여러 가지의 정보를 제공하기도 하며, 아예 수령의 귀를 막아버리기도 하므로 수령의 명령이란 결국 아전의 마음먹기에 달린 것이었다.

곧 심지어는 방백 수령이 명령을 내린다더라도 아전들은 그것을 무시해 버릴 수가 있다. 왜냐하면, 수령의 명령 집행은 전혀 아전의 손에 달린 것이기 때문이다. 아전과 방백 수령이 모두 악덕하거나 주민을 수탈하는 데에서 서로 눈감아 주는 일이 생길 때는 사태가 심각해진다. 이러한 경우가 흔히 있기는 하지만 위에서 지적한 바와 같이 아전은 항상 자기에게 집중되는 여론의 고삐를 잡고 있으며 또한 극단적인 의미로서의 압정도 극히 흔히 있는 것은 아니다.

한국인들은 무척 아전이 되고 싶어 한다. 그 지방의 모든 수입과 지출은 그의 손을 거치게 마련이며 만약 그 가운데 조금이라도 아전의 손을 거치지 않은 것이 있다면 그것은 놀라운 일이다. 방백 수령은 그가 가질 수 있는 모든 것을 원하며 가능한 한 아전과 밀접하게 지내면서 그를 감시한다. 아울러 아전은 방백 수령을 위해서 뿐만 아니라 자기 자신을 위해서라도 자기의 힘이 닿는 데에까지 주민들로부터 무엇이나 거두어들이려고 노력한다. 그러므로 아전은 앞뒤로 적의 포화를 맞는 셈이다.

주민들은 자기에게 부과되는 세금을 회피하고 자기의 재산을 조금이라도 덜 축내려고 노력한다. 금강석을 자르는 것은 역시 금강석이라는 말은 이를 두고 하는 말이다. 유능한 아전이 되는 데 필요한 자질을 갖춘다는 것은 그렇게 만만치는 않은 일이다. 아전은 우선 수령을 다루는 데에 재치가 있어야 하며, 계산이 정확해야 하며, 주민을 대하는 데에는 의젓하면서도 굳세어야 하며, 어려움에 빠졌을 때는 임기응변에 능해야 하며, 위기에서도 교묘하게 벗어날 줄 알아야 하며, 모든 주위 사정을 자기에게 유리하게 만드는 데에 민첩해야 하며, 유능한 정치인으로서의 기략을 발휘하는 데서 사실상 전문가의 경지에 이르러야 한다.

아전이 갖추어야 할 가장 긴요한 기술 중 하나는 교묘하게 자신을 변명할 수 있는 기술이다. 만약 어느 사람이 자기가 저지른 직무상의 부당 취득을 비난한다면 그는 훈계조로 손을 내저으며 그것은 수령의 명령이었노라고 말한다. 만약 수령이 거두어들인 금액이 적다고 힐문하면 허리를 굽실거리며 이제 백성들은 아무리 쥐어짜도 더 나올 것이 없다고 맹세 조로 말한다.

방백 수령의 수탈에도 그 "한계선"이 있어서 그 이상의 지나친 강요를 하면 주민들이 이를 지나치지 않는다는 것을 우리는 이미 보았다. 대개 관리는 아전을 통해 백성의 감정을 알아차릴 수 있으나 때로 이에 실패하는 경우도 있었다. 북부의 사람들은 남부의 사람들보다 공격하는 데에 더 민첩하며 더 잘 격노한다.

1890년에 평안관찰사가 어떤 무리를 이루고 있는 상인 집단으로부터 불법적이고도 특정한 조세를 거두어들이고자 아전들을 시골로 파견한 일이 있었음을 나는 기억하고 있다. 관찰사의 요구는 흔히 있을 수 있는 것으로서 그다지 무리한 것 같지는 않았는데 그곳의 주민들은 조금도 머뭇거림이 없이 떼를 지어 봉기해 공문을 가져온 아전의 집으로 달려가서 공문을 발로 짓밟아 버리고 재목들을 거리에 마구 흩어 놓은 것을 본 적이 있다.

이러한 행동은 그 자체가 관찰사의 요구에 대한 답변이 됐는데 더욱 놀라운 것은 이에 대해 관찰사는 일언반구도 불평하지 못했을 뿐만 아니라 그들을 강제로 복종시키려고 애쓰지도 않았다는 점이다. 그는 이미 자기 나름의 판단이 서 있었다. 아전은 모름지기 자기가 관찰사의 공문을 가지고 그곳으로 가기에 앞서 이미 당지의 여론을 파악해 이를 관찰사에게 진언했어야 옳았다. 그럼에도 불구하고 아전은 그와 같은 사전 행동에 실패하고 경솔하게 시골로 내려가서 그토록 봉변을 당한 것은 자멸 행위를 한 것에 불과하며 전혀 관찰사가 개의할 바가 아니었다. 이 사건은 다만 아전들에게 좋은 교훈이 됐을 뿐이다.

또 다른 곳에서는 이런 일이 있었다. 어느 방백이 곧은 마음씨로 정사를 돌보아서 선정이란 무엇인가를 보여주겠다고 마음먹고 서울에서 어느 지방으로 부임했다. 처음 두 달 동안에는 그는 동전 한 푼 거두어들이지 않았으며 아전들도 물론 부당 취득이란 아예 생각할 수도 없었다. 아전들은 이상하다는 듯이 얼굴만 바라보면서 방백의 앞에 나아가면 침이 마르도록 칭송했다.

이런 일이 있은 지 얼마 지나지 않아서 아전들은 이제까지 해보지도 않던 부탁을 하고자 주민들을 찾아갔다. 자기들에게는 전혀 자유가 없다는 것이다. 아전들은 이 불쌍한 주민들이 가만히 좌시하지는 않으리라고 생각했으나 아전들로서도 방백의 명령에 복종하지 않을 수 없는 처지였다. 그날 밤 주민 중의 수백 명이 몽둥이로 무장하고 살기를 띠면서 방백의 처소를 향했다. 이 선량한 방백은 악당들이 무장해 몰려오니 살 길은 오직 달아나는 것밖에는 없다는 말을 들었다.

이에 당황한 방백은 아랍인들처럼 자기가 묵고 있던 천막을 걷어서 싼 다음 살그머니 빠져 달아났으며 뒤에 남은 아전들은 자기들이 너무도 쉽게 뜻을 이룬 것에 대해 낄낄거리며 웃었다. 그러나 그것은 쓸데없는 불장난이었다. 시간이 흐름에 따라 주민들은 자기들이 아전의 속임수에 빠져서 한 선량한 방백을 몰아냈다는 것을 알게 됐으며 그 후부터는 더욱 교활한 아전에 대해 경각심을 갖기 시작했다.

동양인의 사고방식을 모두 수긍한다고 할지라도 정의를 추구하는 그들의 감정은 마치 기러기 사냥과 같다고 고백하지 않을 수 없다. 법도 있고 사법기관도 어느 정도 운용되고 있으나 그 결과는 만족스럽다고 볼 수 없다. 만약 상류 계급에 있는 사람이 하류 계급에 있는 사람과 화목하지 않으면 그는 간단히 소장을 써서 포도청에 발송한다.

만약 죄가 가벼운 것이라면 상류 계급에 있는 사람은 그를 3~4일간 잡아가둔 다음 하루에 한 차례씩 소리도 요란스럽게 곤장을 치도록 당국에 부탁한다. 이런 일이 네 번 정도 일어난다면 세 번 정도는 더 자세히 내용을 조사해보지도 않고 처리해 버리지만, 만약 담당관이 마음씨가 고운 사람이라면 하루나 이틀이 지난 다음에 나타나서 어떻게 해서 이러한 일이 생겼는지를 설명해준다.

그 사건을 담당한 관리가 옳다고 생각하는 바에 따라서 죄인은 자신의 처지를 설명할 수 있도록 허락을 받을 수도 있고 그렇지 못할 수도 있다. 운이 좋아 죄인에게 돈이 많은 친구가 있을 경우에는 그들은 아마 담당 관리를 찾아가 약소하나마 얼마간의 돈을 내고 자기의 친구를 꺼낼 수만 있다면 기꺼이 선처해 달라고 말할 것이다. 이런 내용의 대화라면 그 주제가 담당 관리의 비위를 상하게 하는 경우란 거의 없기 마련이다. 만약에 죄인이 돈푼이나 가지고 있는 사람이라는 것을 간수들이 안다면 그들은 죄인이 풀려나

가기에 앞서 그를 은근히 대해 줄 것이다.

나는 부당한 채무 관계로 구속된 어느 기독교 신자의 문제에 대해 주선해 달라는 부탁을 받은 적이 있었다. 그는 이를테면 최고재판소의 관사 안에 갇혀 있었다. 나는 그가 자기의 입장을 증명했으며 또한 문제가 된 금액의 1/3인 500달러만 갚을 책임이 있다는 판결을 받게 되리라는 것을 잘 알고 있었다. 그는 채권자에게 전달되도록 300달러를 재판소에 갚았으나 재판소 측에서는 그 돈을 받은 일이 없다고 딱 잡아떼었다. 이는 분명히 계략이었다. 그러기에 나는 그곳에 주저앉아서 영수증이 나올 때까지는 가지 않겠다는 결심을 보였다. 그들은 나의 주장이 옳다고 말하고 밤을 새워서라도 그 문서를 찾아 놓겠노라고 말하기에 나는 그 자리에서 물러났다.

그 다음 날 아침에 그들은 어둠침침한 문서 보관 창고의 한 모퉁이에 처박혀 있는 영수증을 찾았다며 연락이 왔다. 그동안 그곳에는 직원들이 바뀌었는데 전에 있던 직원은 그 영수증을 그의 후임자에게 맡겨 둔 채 그에 관해는 아무 말도 하지 않았다. 여기에 실수가 있었다. 만약 내가 개입하지 않았다면 그 친구는 영락없이 두 곱의 채무를 갚아야 했을 것이다.

내가 겪은 또 하나의 사건은 어느 관청의 보호림으로 되어 있는 산야의 벌채권을 얻은 어느 사람에 관한 것이었다. 벌채권을 얻는 데에 필요한 금액은 400달러였다. 그는 이 금액을 해당 기관에 내었으며 허가장이 송부됐다. 며칠이 지나 그 사람은 그 임야의 벌채권이 다른 사람에게 똑같은 금액으로 매도됐음을 알고 관계 관청에 항의했더니, 그 관청에서는 벌채권을 또 다른 한 사람과 양분하라는 것이었다. 이와 같은 처사는 애초의 허가 행위의 효력을 잃게 하는 것으로서 처음에 벌채권을 얻었던 사람은 이 때문에 상당한 손해를 입고 도산했다. 이럴 경우에 중앙 정부의 고관대작으로부터 도움을 받지 않고서는 전혀 구제될 길이 없다.

한국에는 변호사제도와 같은 것이 없다. 그러기 때문에 당사자들이 법정에서 대면해 각자 자기의 입장을 설명토록 하고 자신의 주장을 뒷받침할 증거를 입증하는 것이 고작이다. 어느 쪽이든지 상대편에게 질문할 수 있으나 서양의 공판정과 같은 질서 있는 모습이란 보기 어렵다. 원고와 피고는 서로 상대방에게 대항하기 위해서 서로 아귀다툼을 해도 괜찮으며 비루한 욕을 해도 상관이 없다. 그런데 이때는 대체로 돈이 크게 작용해 공정을 흐리게 한 경우가 많다는 점을 솔직하게 시인하지 않을 수가 없다.

한국에 오래 산 외국인들도 왜 한국인들이 공정한 재판을 받으리라는 조그마한 희망도 없는 싸움에서 적은 재산을 놓고 필생의 과업이나 되는 것처럼 다투는지를 이해할 수가 없다. 문명국가 같으면 폭동을 의미할 수도 있는 부정과 잔인한 사건들을 개인적으로 거의 매주에 걸쳐서 겪고 있다. 이곳 사람들은 그러한 상황 속에서 어떻게 참고 살아가는지 의심스러울 정도이다. 자신도 모르는 사이에 날조된 사건으로 말미암아 사리를 분별할 만한 사람과 시비가 벌어졌을 경우에 얼핏 보아도 충분한 증거가 있고 또 자기 나름의 주장할 만한 근거가 있음에도 불구하고 어이없이 벌금을 물어야 한다면 이런 세상에서는 더 이상 살 만한 가치가 없는 것이다.

이번 주에만 하더라도 내 주변에서 사소한 문제가 발생했다. 나는 빈집을 한 채 가지고 있었는데 그 집의 좋은 방을 시골에서 올라온 가난한 신사에게 빌려주었으며 좀 좋지 못한 방을 가난한 품팔이꾼에게 빌려주었다. 그런데 그 신사는 같은 울타리 안에서 산다는 이유로 그 품팔이꾼을 한 푼의 급료도 주지 않고 마치 자기 집의 노예나 되는 것처럼 부리려는 것이었다. 품팔이꾼은 그렇게 하지 못하겠노라고 거절했다.

이렇게 되자 그 신사는 자기가 모욕당했다고 당국에 고소를 제기했으며 당국에서는 품팔이꾼을 잡아가고 내 집으로부터 쫓아냈다. 나는 그 다음 날이 되어서야 이 이야기를 듣고 급히 관가로 달려가서 그를 석방해 주었으나 내가 한발 늦게 도착해서 그는 심한 매를 맞고 일주일 동안이나 걸을 수가 없고 먹지도 못할 지경이 됐다. 한국에 사는 외국인 가운데는 분명히 옳은 일임에도 불구하고 일을 잘 처리하고자 힘을 빌려 달라고 여러 번 부탁을 받아 보지 않은 사람은 아마 한 사람도 없을 것이다.

이 나라에서는 돈과 권력은 사실상 동의어로 되어 있어서 재판은 이에 제공되는 금액에 따라서 결정되며, 재판관을 위협할 만한 영향력을 가진 사람이 뒤에서 밀어주거나 상당한 돈을 가진 사람에게는 틀림없이 판결이 유리하게 내려진다는 인식이 일반화되어 있다. 자신의 이익을 얻으려고 취하는 백성에 대한 조작 방법을 여기에서 일일이 독자들에게 제시하면 한국의 정치 제도의 내막을 알아볼 수 있을 것이다.

향리의 자기 집에서 조용히 살아가는 한 시골 선비가 있었다. 그의 모든 재산은 이를테면 1만 달러쯤 되며 집과 논이 있다. 그는 오로지 법대로만 사는 순박한 사람으로서 흠잡을 데가 없으나 서울이나 자기가 사는 고을에 아무런 정치적 배경이 없는 사람이다. 어떻게 "돈을 좀 마련하고자" 궁리를 하던 한 정치모리배가 이 선비의 재산과 사회적인 대인 관계를 염탐한 후에 자기의 욕심을 채우려고 희생물로 그를 선택한다.

자기의 계획을 실현하고자 그는 서울로 올라가 명예직을 임명하는 권한을 가진 관리를 만나 본다. 그 모리배는 한림 한자리를 얻는 데에 얼마나 돈이 드는가를 물어본 다음 6천 달러 정도면 되리라는 것을 알게 된다. 만약 그 관리가 시골의 그 선비를 한림으로 부임시킨다는 임명장을 만들어서 벼슬 값이 1만 달러라는 문서를 첨부해 준다면 자기는 그 관리에게 6천 달러를 주겠다고 약속한다.

이 자리에서는 그 시골 선비의 사회적인 대인 관계라든가 그가 한림의 자리에 앉았을 경우에 그것을 지탱할 만한 능력이 있는지에 관해 몇 가지의 질문이 오가리라는 것은 의심할 여지가 없다. 그러나 이에 대해는 만족할 만한 대답을 하게 마련이기 때문에 문서는 작성되고 그 모리배는 약속한 돈을 내는데, 이 돈은 우선 자기의 집을 잡히고 월 5푼 이자로 빌려 온 것이다.

이렇게 하여 얻은 문서를 가지고 그는 그 선비가 사는 시골로 내려간다. 그는 시골에 도착하자 곧 이 고을의 아무개가 한림이 됐으니 이는 이 고을 전체의 명예라고 떠들어댄다. 그는 곧 그 선비의 집을 찾아가서 영달을 축하하고 임명장과 벼슬 값에 관한 문서를 내어 준다. 그 선비는 서류들을 들여다보다가 깜짝 놀라서 이렇게 말한다.

"나는 이러한 벼슬을 청한 적도 없거니와 그만한 돈도 가지고 있지 않습니다. 당신은 이 서류를 다시 가지고 가서 나로서는 이것을 거절하지 않을 수 없노라고 말을 전해 주십시오."

일이 이쯤 되면 그 서류를 가져온 모리배는 입만 벌리고 말도 못할 정도로 놀라겠지만, 그는 비로소 이때부터 그 선비를 요리하기 시작한다. "뭐라고요? 당신은 조정에서 내려온 이 은전의 벼슬을 정말로 수락할 수 없다는 말입니까? 당신은 이 영예로운 하사를 거절함으로써 간접적으로나마 상감을 모독하려는 것입니까? 나는 당신의 마음을 믿을 수가 없군요."

그러나 그 선비는 그렇게 많은 돈을 낼 수가 없다고 말하면서 아예 이 문제를 더 생각해 보려고도 하지 않는다. 이렇게 되면 모리배 측에서는 자기의 사리에 맞는 요구에 응하지 않는다고 노기를 띤 채 이 일을 방백이 곧 알게 될 터인데 어떻게 되나 두고 보자고 말하면서 집을 나간다. 일이 이렇게 되면 그 선비는 태연히 일어나서 그 모리배를 쫓아 버리게 되는데 이럴 경우 정의는 어설프게나마 승리를 거두게 될 것이다. 그러나 일은 거기에서 그치지 않는다. 그 모리배는 방백을 찾아가서 문서들을 보이고 이 문제에 대해 어떠한 조처를 해 달라고 요구하면서 동시에 서울에 있는 높으신 분들이 분노하지 않도록 이 일을 실수 없이 처리하라고 은근히 권함으로써 방백도 이 문제에 연루가 되도록 일을 꾸민다. 방백은 드디어 모리배의 계략에 넘어가 그 선비를 불러 한림의 벼슬을 받도록 강요하며 그 결과로 선비는 자기의 처자를 부양할 수도 없는 공허한 벼슬을 얻으려고 자기의 모든 재산을 바치게 된다.

이러한 얘기를 듣고 어떤 사람은 인간의 천성에 대해 냉소를 금하지 못할 것이며, 사람이 얼마나 양순하면 그러한 취급을 받고서도 차라리 그 모리배를 죽여 보복하려고 하지도 않을까 하고 의아하게 생각할 것이다. 이와 같은 방법으로 순박한 양민을 착취하는 일은 세상에 그리 흔히 있는 일이라고 말할 수는 없지만, 그와 같은 극단적인 현상이 한국에서는 가끔 발생한다.

한국의 형법전을 읽어보면 매우 흥미롭다. 최근에 이르기까지 최고의 형벌은 참수였다. 1866년[2]에 프랑스의 신부들이 사형당한 것이 바로 이 방법이다. 죄수가 달구지에 실려 성문 밖의 형장으로 끌려갈 때면 군중들은 조롱과 욕설을 퍼부으며 그 뒤를 따른다. 죄수는 무릎을 꿇고 머리를 앞으로 숙이고 있는 동안에 몇 명의 망나니가 그의 주위를 빙빙 돌다가 반쯤 날이 선 칼로 목을 자른다. 그런 다음 팔다리를 잘라 여섯 토막을 내어 그 모습을 지방으로 돌려보게 하는데 이는 그 지방의 주민들이 교훈으로 삼도록 하기 위함이다.

이러한 방법은 상당한 효과를 본다. 청일전쟁 이후로 이러한 제도는 없어졌으며 그 대신에 죄수는 감옥에서 교살되거나 사약을 받는다. 중죄를 범한 아녀자들은 대체로 사약을 받는다. 이때에 사용되는 독약은 지네를 삶아서 만든 것이다. 이럴 경우 사형수의 고통은 참수를 당할 때보다 더 심하지만, 공개리에 처형되는 것을 피할 수 있기 때문에 대개는 사약을 택한다. 약그릇을 받고 용감하게 죽어 간 사람들에 관한 얘기는 많이 있다.

> 어느 한 관리가 자기의 친구와 장기를 두고 있었다. 판세가 매우 아슬아슬해 몇 수만 더 두면 승패가 결정될 듯 했다. 이때에서 서울에서 사신이 사약을 가지고 와서 소름 끼치는 소식을 전했다. 그 관리는 사약을 쳐다본 후에 그들을 옆으로 밀치면서 이렇게 말했다.
>
> "잠깐만 기다리시오. 장기가 지금 한창 벌어지고 있는데 흥을 깨서야 되

2) 베르뉘(Simmon F. Berneux) 등 9명의 선교사가 처형된 고종 3년의 병인박해1866)를 의미함.

품위 없는 여가 : 감방의 죄수들

겠소. 내가 곧 그 약을 마시리다."

그리고는 상대편을 쳐다보면서,

"자네가 둘 차례일세."

하고 말했다. 대여섯 수를 더 두고 장기를 이긴 다음에 그는 조용히 머리를 돌려 사약을 마셨다.

모반, 살인, 왕실에 대한 모독, 그리고 노상강도는 대부분 극형을 받았다. 그러나 이를테면 존속 상해나 대역죄와 같은 것도 판관의 의사에 따라 극형을 받을 수도 있다. 왕을 폐위하고 다른 사람을 추대하려는 것은 모반에 해당한다. 무리지어 처절한 싸움을 한다든가 그로 말미암아 비참한 결과를 일으키고, 심한 질투를 할 때에도 모두가 그와 같은 죄로 취급됐으며 그와 같은 죄는 설령 미수라 할지라도 어느 모로 보나 평범하게 다스려지지는 않았다. 최근까지만 해도 모반한 죄수는 그 자신의 사형은 말할 것도 없고 가옥이 파괴되고 재산은 몰수되며, 그 아들과 가까운 남자 친척들까지도 극형을 받으며, 집안의 여자들은 남의 집 종이 되는 것이 통례였다. 최근에 와서는 친척들은 죄에서 면제해야 한다는 법이 시행됐다.[3)]

몇 세기에 걸쳐 순박하기 짝이 없는 사람들이 벌을 받아야만 했었다는 점은 매우 이상스럽게 보이지만 한국의 실정을 조금만 살펴보아도 이 의문은 곧 풀린다. 한국에는 범인이 범행한 뒤 몇 시간만 지나도 이를 수색하고 체포할 만한 능력을 갖춘 경찰력을 갖추어 본 적이 없다. 일단 범죄가 발생하면 사대문에서 파수를 단단히 보고 있다가 요행히 범인이 변장도 하지 않고 그냥 빠져나간다면 그를 체포할 수 있지만, 범인이 장졸들을 피해 달아날 방법은 얼마든지 있어 일단 성만 넘으면 그 범인이 특히 어느 곳으로 가리라는 것을 알지 못하는 한 그를 체포한다는 것은 절대로 불가능하다고 생각한다.

만약 그 범인이 유죄가 확실하다면 그의 가족들은 그 범인을 찾아내야 하며 만약 도망자가 잡히지 않으면 그 가족들은 심한 고초를 겪는다. 그러나 죄상은 확실하지 않지만, 혐의가 있을 때는 언제인가는 그가 은밀히 집에 돌아오리라는 생각에서 나졸들은 서울에 있는 그의 집을 감시할 뿐이다. 설령 범인이 잡히지 않는다고 하더라도 악을 삼가도록 죄인은 늘 감시할 필요가 있다는 것이 예로부터 밝혀지고 있다. 오직 한 가지 길은 그의 가족들을 들볶는 수밖에 없었다. 그렇게 되면 누구든지 자기가 죄를 지을 경우 자기의 가족이나 친척들이 졸경을 치르리라는 것을 알기 때문에 범행을 망설이게 된다. 이러한 방법은 단순히 범죄를 방지하려는 것이지 응보하려는 것은 아니다.

관리가 죄를 지었을 때 이를 처벌하는 방법으로 가장 흔히 쓰이던 것은

---

3) 갑오경장 때 사회개혁안 23개 안 중 제9안.

귀양살이를 보내는 것이었다. 한국이 외국에 문호를 개방하기 이전까지는 설령 중죄를 지었을 경우라도 국외로 추방하는 일은 없었다. 왜냐하면, 국외 추방은 참형보다도 더 가혹한 것이라고 믿었기 때문이다. 그러나 귀양은 죄인을 먼 곳으로 쫓아 보내는 것으로서, 대체로 다도해의 어느 섬을 귀양지로 택하는 일이 많았는데 죄수는 그곳에서 정부의 비용으로 생활하며 심한 감시를 받았다.

서울로부터의 거리나 귀양살이의 기간은 죄의 경중에 따라서 결정됐다. 오늘날까지도 멀리 떨어진 섬에서 평생토록 귀양살이하는 사람이 5~6명이나 되는데 그들은 한때 조정에서 고관을 지내던 사람들이다. 최악의 단계는 죄인이 가시 울타리의 안에서 살며 음식은 구멍을 통해서 공급된다. 이럴 경우에 그는 산송장이나 다름이 없다. 죄가 가벼울 때 죄를 진 관리는 한두 달 동안 서울 부근의 시골이나 자기의 고향으로 쫓겨나게 된다. 만약 어느 관리가 왕으로부터 미움 받을 짓을 했다든가, 또는 직무에 태만해 다른 관리로부터 탄핵을 받았다면, 그는 성문 밖으로 쫓겨나 그곳에서 숙식하면서 자기로서는 서울에서 머물 만한 자격이 없다는 글을 왕에게 올릴 것이다.

이러한 방법은 왕이 노여움을 풀어 자기를 다시 벼슬자리로 불러들이도록 하든가, 그렇지 않으면 차라리 관직으로부터 물러나고 싶은 자기의 의사를 밝히는 것이 된다. 이럴 경우에 왕은 성문 밖의 그의 처소로 사람을 보내어 문초를 계속하거나, 왕실의 법도를 잘 지키지 않는 데에 대해 가벼운 견책을 내리는 수도 있다. 중죄가 아니면 죄인은 그의 가족과 함께 귀양지로 가도록 허락하는 경우가 있기는 하지만 어느 모로 보나 그리 흔한 예는 아니다.

지방의 방백들은 귀양살이를 하는 조정의 전직 대신들을 위해 특별한 처소를 마련해 주어야 하며 그들에게 드는 비용은 국고에서 지출된다. 정치적인 문제로 죄를 짓고 귀양살이를 떠나는 사람 가운데 서울에 강력한 추종 세력을 거느린 사람이 귀양살이를 떠날 때는 일반적으로 그에 대한 조처에 대해 간언하는 사람이 많이 있게 마련인데 그러면 간언하는 사람들마저도 함께 귀양살이를 보내어 처벌한다. 그렇게 해야 서울에서 말썽을 덜 일으킨다. 역대에 폐위된 왕들은 대체로 그와 같았다.

이 밖에도 죄인을 처벌하는 데 흔히 쓰이는 방법으로서는 옥에 가둔다든가 볼기를 친다든가, 또는 여러 사람을 함께 쇠사슬에 묶어 수용하는 방법 등이 있다. 치안을 교란할 의사를 가졌다는 가벼운 혐의를 받는 사람들은 수갑을 채워서 그들의 위험한 생각을 사회에 퍼뜨릴 기회가 생기지 못하도록 가두어 둔다. 그들에게는 자신의 죄를 증명할 만한 아무런 증거도 없기 마련이며 다만 구금을 당해 예정된 재판 일자만을 기다리는데 대개 이 재판이 열리는 예란 거의 없다.

최근에 출옥한 어느 사람은 6~7년 동안을 재판도 받지 않은 채로 감옥에서 손님 노릇을 했다. 그는 지나친 자유주의 사상을 가졌다는 혐의를 받았었다. 서울이나 지방을 막론하고 감옥은 불도 없는 맨바닥으로서 눈비나 피할 수 있게 되어 있다. 음식은 그의 친지들이 공급하며 그렇지 못한 사람은 굶어 죽는다. 겨울철에는 한란계가 항상 빙점 아래로 내려가며 죄수들이 옥에서 얼어 죽었다는 얘기를 흔히 듣는다. 겨울의 얼어붙는 듯한 추위와 여름의 찌는 듯한 더위 중에서 어느 것이 더 견디기 어려운지를 가릴 수 없을 정도로 옥의 위생 시설은 갖추어지지 않다.

죄수를 처벌하는 방법 가운데 가장 모독적인 것은 쇠사슬로 묶는 것이다. 왜냐하면, 한국에서는 단순히 묶어 두는 것이 아니라 검푸른 수의를 입고 3~4명의 죄수가 목을 쇠사슬로 묶인 채 군중들의 눈초리를 받으면서 거리를 끌려 다니기 때문이다. 자기의 수하 사람들 앞에서 귀인이나 된 듯이 거만을 부리기를 좋아하는 사람들이 그와 같은 모양을 차리고 거리를 지나갈 때에 그들의 기분이 어떠하리라는 것은 쉽게 짐작할 만하다. 이들은 노예처럼 모든 험한 노역에 끌려 다니며 자존심이라고는 털끝만큼도 없는 지금의 처지를 참으면서도, 거만한 모습으로 걸어가는 야위고도 혈색 없는 그들의 얼굴을 널따란 용수 밑으로 엿볼 수 있다.

형법전은 사람을 때리는 방법에 관한 기록으로 가득 차 있다. 매를 몇 대를 맞는가 하는 것은 법으로 정해져 있지만, 그 수에 대한 형량의 한계는 대체로 매를 맞는 당시의 환경에 따라 결정된다는 것은 두말할 나위도 없다. 옛날에는 죄수를 때리는 데 사용되는 몽둥이의 크기의 법적 치수가 있었으나 이러한 제도는 오래전에 없어졌으며 오늘날에는 어떤 몽둥이로 때릴 것인지는 형리가 선택할 나름이다.

이때에 사용되는 몽둥이 대부분은 폭이 널찍한 노와 같은 것으로서 세게 맞으면 다리의 뼈가 부러져 앉은뱅이가 되는 수도 있다. 만약 죄수가 돈으로써 후하게 인심을 사면 허공에서 소리만 요란하게 날 뿐이지 맞는 사람은 실상 아무런 아픔을 느끼지 않으며 어떤 경우에는 죄수를 때리는 것이 아니라 땅바닥을 때리는 수도 있다. 한국인들이 쓰는 의미심장한 표현을 빌려본다면 "모든 것은 그것에 달려 있다."

한국에 오래 산 사람 가운데 시골의 관청 앞을 지나가다가 애절한 비명을 들어보지 않은 사람이 있으며 심문을 당하면서 가난한 사람들이 죽도로 매를 맞는 모습을 보지 않은 사람이 있는가? 죄수가 맞는 모습을 보고자 몰려 있는 사람들의 틈에 끼어 바라보면 죄수는 형틀에 매여 있고 10피트나 되는 몽둥이로 두들겨 맞을 때마다 그의 살이 떨어져 나가는 듯한 생각이 든다. 그는 기절하면서도 자기 잘못의 용서를 빌며 끝내는 반죽음이 되어 끌려 나와 다시 그의 감방에 들어간다. 이때에 가족들만은 들어가 볼 수가 있으나 그들도 대개는 터진 상처를 싸매어 주는 방법조차도 제대로 모르는 사람들이다.

모든 죄인을 다루는 데에는 우선 매질을 하는 것이 근본적인 절차로 되어 있다. 어떠한 죄를 저지른 죄인일지라도 거의 죽도록 매를 맞은 뒤에야 형이 집행된다. 형이 집행되기에 앞서 죄인들은 심한 매를 맞아서 자기가 저지른 모든 죄를 고백하고 자기에게 내려진 형벌의 정당성을 인정해야 한다고 한국인들은 믿고 있다.

서양 사회에서는 이러한 제도가 없어서 죄수들은 자기에 대한 선고가 억울할 경우에는 끝까지 무죄를 항변하면서 죽어간다. 그러나 동양에서는 그렇지 않다. 죄수들을 형틀에 매달아 놓고 하지도 않은 짓을 했다고 고백할 때까지 때린다. 그는 전적으로 무죄가 아닐 수도 있으나 고문은 점차 심해져 그의 의식을 흐리게 한다. 그렇게 되면 그는 어차피 매를 맞으며 서서히 죽어 가는 것보다는 오히려 한칼에 목이 잘리는 것이 더 편하다는 것을 알게 된다.

이러한 사실은 증거를 얻고자 죄수를 고문하는 데 문제점을 일으키게 된다. 미국에서 혐의 사실이 없는 사람에게 그러한 문제가 생긴다면 최악의 상황일지라도 법정에 출두해 증거를 제시하는 것으로 충분하다. 그러나 한국에서 이러한 사건이 생길 경우에 문제는 아주 심각하다. 대개 증인은 재판이 개정될 때까지 마치 실제 구금자처럼 억류된 상태로 재판을 받아야 한다. 형사 사건의 경우에는 더욱 그러하다. 실제로 증인이 형사피의자로 간주하는 것은 아니지만, 판결이 내릴 때까지 그가 받는 취급은 적어도 공범이나 된 듯한 인상을 받게 된다. 증언대도 흔히 고문대의 구실을 하며 증인으로 하여금 자기는 지금 법에 어긋나는 행동을 했다는 자격지심을 불어넣고자 먼저 주리를 튼 다음에 재판 절차가 시작된다.

이북에서 있었던 어느 살인 사건의 공판정에서 영국인 금광 기사는 범인을 찾아내라는 심한 강요를 받았다. 증인 가운데 어느 한 사람은 그의 증언보다 더 많은 내막을 알고 있으면서도 전모를 진술하지 않았다는 혐의를 받고 땅에 꿇어 앉혀 단단한 기둥에 묶였다. 그의 무릎과 발목에 심한 매를 가한 다음에 장딴지 사이를 두 개의 몽둥이를 끼워 넣어 마치 지렛대처럼 장치한 다음에 뼈가 부러지지는 않고 휘어질 정도로 짓눌렀다.

그 고통이야 이루 말할 수도 없겠지만, 그 모습을 직접 목격한 사람의 말을 들어보면 그 피의자는 몇 번이나 기절하면서도 자기는 그 사건에 대해 더 아는 것이 없다고 계속 말하더라는 것이다. 그가 반쯤 죽게 되자 형리들은 운이 나쁘다는 듯이 고문을 그만두고 방면했다. 그가 엉금엉금 기어서 자기의 쓸쓸한 오두막집으로 돌아갔을 때 그는 정의란 과연 어떤 것인지를 분명히 알았을 것임이 틀림없다. 결국, 그는 그 사건에 대해 더 아는 것이 없다는 점을 증명했지만 자기가 겪었던 그 지긋지긋한 고통을 자기의 머릿속에서 지워버릴 수는 없었다.

한국에는 변호사가 없다는 것은 이미 기술했다. 그 결과로 형사피의자를 위해 변호해 줄 사람이 없게 되며 증인이 채택된다고 해도 그들이 정당하게 심문을 받으리라는 보장은 없다. 판관과 그의 심부름꾼 또는 그의 측근자들이 피의자를 심문하는데 그들은 이미 문초인으로서의 편견에 사로잡혀 있는 사람들이어서 모든 사실이 올바르게 밝혀질 수는 없다. 만약 판관이 바라는 증거가 어떤 것이며 그러한 증거가 제시될 때까지 자기는 매를 맞게 되리라는 것을 증인이 안다면, 십중팔구 그는 진실과 달리 판관의 비위에 거슬리지 않도록 증언하리라는 것은 뻔한 사실이다.

대개의 증인은 오직 판관이 자기들에게 바라는 증언이 어떠한 것인가 하는 점을 빨리 눈치채려고 신경을 쓰며 그것을 알아차렸다면 그는 판관의 비위에 맞게 말하지 않을 수 없다. 왜 그들은 애매하게 매를 맞아야 하는가? 아마도 대다수가 자그마한 정의마저도 실현되지 않는다고 말한다면 이는 경솔한 대답이 될지도 모른다. 약간의 정의마저도 실현되지 않는다면 사회란 통일을 유지할 수가 없지만, 한국에서 정의가 실현되고 있는 정도는 국가 조직의 분열을 방지하는 데에 절대적으로 필요한 수준에까지 이르지 못하다고 말하는 것이 옳을 것이다.

법정은 백성들이 법률상의 어려움을 당해 그들의 법익을 구제하기에 상당한 기회를 마련해 줄 수 있을 만큼 백성의 다정한 벗이 되지 못하고 있다. 그러면서도 한국 사람들은 흔히 “재판합시다” 하는 말을 잘한다. 이러한 어투는 뒷일은 생각하지도 않고서 기분에 따라 하는 말임을 쉽게 알 수가 있다. 왜냐하면, 실제로 그들이 다투는 문제가 소송을 일으킬 만큼 중대한 것이란 열에 하나도 드물 뿐만 아니라 설령 소송을 일으키더라도 그것이 정당하게 판결이 나는 경우는 둘에 하나도 없기 때문이다.

그들이 권리 구제를 위해 가장 흔히 쓰는 방법은 가해자를 비난해 돈을 요구하거나 아니면 피해 보상을 요구하는 것이다. 소송과 같은 방법을 취하기에 앞서 가해 사실을 분명히 밝혀 둠으로써 그와 같은 모험이 실제로 성공하는 수도 있다. 이러한 옳지 못한 방법은 급기야 공갈 취득이라고 하는 비행을 저지르게 한다.

그러한 부정한 방법이 엄청나게 유행하고 있다는 사실은 한국인의 도덕 수준이 어느 정도인가를 보여주는 척도가 된다. 그러한 방법은 모든 분야에서 찾아볼 수 있지만 대체로 그 피해의 대상은 하층 계급이다. 이런 일은 너무도 흔히 있어 하층 계급의 사람들은 늘 걱정을 하고 있으며, 거짓말을 꾸며 재산을 빼앗아 가는 일이 없도록 하겠다는 조건으로 정기적으로 돈을 뜯기는데 이는 마치 시골의 도둑떼들이 갑자기 습격하지 않겠다는 조건으로 정기적으로 금품을 거두어 가는 것이나 다름이 없다.

이러한 현상은 한국이나 중국이 모두 같다. 자기 자신들보다 더 연약한 무리를 억압하는 데에 더 지나쳐서는 안 될 한계점이 있다. 그들은 황금 알을 낳는 거위의 이야기를 잘 알고 있다. 그들은 아침 일찍이 그 알을 감쪽같이 가져오면서도 실제로 그 거위를 죽이지는 않는다. 그런가 하면 거위는 알을 낳는 것 이외의 방향으로 자기의 힘을 기울이려고 애를 쓰며 그러한 노력이 어느 정도까지는 성공한다.

앞에서 지적한 것이 한국 사회의 현 실정이라고 말할 수 있거니와 이곳에서는 현실의 윤리 관념 같은 것은 도외시된 채, 사후에도 안전할 수만 있다면 가능한 한 최대한으로 착복하고, 남들이 갖고 싶을 만큼 가치가 있는 소유물이라면 가능한 한 은폐하려는 것이 통례로 되어 있다. 몇 달 전 일본인들이 한국의 관세 수입을 장악하려는 것을 막으려고 소수의 지사가 어떻게

400만 원씩이나 갹출해 정부에 빌려줄 수 있었던가 하고 많은 사람이 궁금하게 생각하는 것은 바로 이러한 이유이다. 대부분이 그렇다고 말할 수는 없겠지만 많은 외국인은 한국인의 전 재산의 총액이 10만 달러를 넘지 않으리라고 추측한다.

그러나 한국인 가운데에는 백만장자들이 많이 있으며 그중 몇몇은 억만장자도 있다는 것이 엄연한 사실이다. 그들에게 돈이 많다는 것이 세상에 알려지면 그만 못한 사람들로부터 질투만 살 뿐만 아니라 자신의 남아도는 돈을 쓸 곳만 생기게 되기 때문에 그들은 돈이 있으면서도 있는 체하지를 않는다. 만약 한국에 거부들이 있다면 그들은 대체로 오랫동안 벼슬하면서 부당하게 축재했다고 말하는 것이 솔직한 답변이 될 것이다. 한국에는 어느 한 개인에게 거금을 물려주게 되는 경향이 있는 장자상속제에 관한 법률이 없다. 따라서 재산은 가족들 사이에 분배되거나 아니면 자식들에게 분배되는 것임이 틀림없다.

제 2 편

역 사

제 4 장 신화시대와 고대사

초기의 한국사는 신비에 싸여 있으면서도 전설과 신화가 정사처럼 등장하고 있다. 전설에 따르면 4천여 년 전에 단군왕검이 나타났다고 전해지고 있기 때문에 한국사의 시초는 태고 시대에까지 거슬러 올라가지는 않는다. 그의 유래는 이러하다.

어느 날 곰과 호랑이가 산중에서 만나서 인간이 되고자 원했다. 이때 하늘에서 "마늘 한 다발을 먹고 동굴에 들어가서 스무하루를 굶으면 너희는 인간이 되리라"는 소리가 들려 왔다. 그들은 마늘을 먹고 어둠침침한 동굴 속으로 들어갔다. 그러나 정해진 기일이 절반도 지나지 않아 호랑이는 자신의 사나운 기질을 이기지 못하고 밖으로 나왔다. 그러나 곰은 약속한 기일을 끈질기게 견뎌 밖으로 나왔을 때는 완전한 여인이 됐다. 천제 환인의 아들 환웅은 그의 아버지에게 지상 왕국을 세워 달라고 부탁했다. 이 요청이 허락되어 환웅은 성령의 몸으로 바람을 타고 땅 위에 내려왔다. 그는 냇가에 앉아 있는 한 여인을 발견했다. 환웅이 그에게 숨결을 불어넣어 주었더니 그 여인은 한 아들을 낳아 냇가의 이끼로 보금자리를 만들어 아기를 길렀다. 얼마가 지난 후에 토인들이 박달나무 아래에서 그를 발견하고 왕으로 추대했다. 그는 토착인들에게 결혼의 의식, 건축술, 그리고 천으로 머리를 매는 방법을 가르쳐 주었다. 그는 평양에 도읍을 정하고 B.C. 2257년부터[1)]

B.C. 1122년까지 재위했다고 한다.

기자는 B.C. 1122년에 상이 망하자 중국에서 도망을 온 사람이었다. 그는 자기 나라가 망하고 새로운 나라가 건국하자 벼슬을 주겠다는 것도 거절하고 5,000명의 부하를 거느리고 조선에 이주할 것을 허락받았다. 그가 육로로 왔는지 또는 해로로 왔는지는 알려진 바 없다. 그는 도착하자 평양에 도읍을 정했고, 단군은 구월산으로 들어가 성령으로 다시 나타났다가 곧 선화했다.

만약 기자가 역사상의 실존 인물이라면 그는 세계 역사상 가장 위대하고도 성공적인 식민지 개척자였다. 그는 여러 분야의 기술자들을 데리고 왔으며 이주지의 자립을 위해 필요한 생활필수품을 가지고 왔다. 그는 이곳에 도착해 야만에 가까운 주민들을 교화하고자 특별한 법[2]을 만들고 언어를 정함으로써 평화로운 통치를 시작했다. 그가 발휘했던 통치 역량에 관한 일화는 매우 많다.

그는 선정을 베푸는 데 매우 정통한 사람이었다. 그의 형법전은 이상에 넘치는 것이었고, 그의 경세술은 당시의 조건에 완전하게 부합하는 것이었으며, 그의 슬기로움은 결코 비뚤어짐이 없었다. 그는 한국에서의 아더왕(King Arthur)이었다. 그는 최초로 국호를 조선으로 정했다고 믿어지고 있다.[3]

그 당시에 직접 써 놓은 기록으로 이제까지 전해 오는 것은 하나도 없다. 그가 단순히 전설적인 인물일 것이라는 추측에 대해 한국인들은 매우 분격

---

1) 단군이 아사달에 도읍을 정하고 나라를 열어 조선이라 한 것은 B.C. 2333년이었다.
2) 팔조 금법을 의미하며 오늘날에는 다음의 3조가 전하고 있다. (1) 살인한 자는 죽인다.(相殺以當時相殺) (2) 남을 다치게 한 자는 곡물로써 갚는다.(相傷以穀償) (3) 도적질한 남녀는 노비가 되며 대속하고자 하는 자는 50만 냥을 물어야 한다.(相盜者 男沒入爲其家奴 女子爲婢 慾自贖者人 五十萬).
3) 국호를 최초로 조선이라고 한 것은 기자가 아니라 단군이었다.

하고, 또 그의 무덤과 여러 가지 유적을 제시하지만, 그가 역사상의 실재 인물이었다고 확언할 만한 근거는 없다. 오늘날에도 평양의 교외에 나가면 기자가 도읍했다는 유적, 그가 파 놓았다는 샘, 그의 덕을 기리기 위한 기념비를 볼 수가 있다.

기자 조선이 거의 1,000년 동안이나 계속됐음을 미루어 볼 때 그 국가가 얼마나 흥륭했던가를 알 수가 있다. 42왕조의 이름이 전해지고 있으나 역사상 그 기록의 출처가 의심스러운 것들이 있어 그렇다고 전부 믿을 수는 없다. 문장술은 유치했으며 당시의 기록문은 단 하나도 전해 내려오는 것이 없다.

B.C. 193년에 중국의 법망에서 벗어나 도망 온 위만이 적은 부하를 거느리고 압록강을 건너 고조선의 마지막 왕인 기준의 보호 아래 피난처를 얻었다.[4] 위만은 은혜를 원수로 갚을 생각을 하고 일을 꾸몄다. 그는 자신의 계획이 무르익자 방심하고 있는 기준에게 나아가 종자를 몇 명만 거느리고 배편으로 해안선을 따라 남쪽으로 가도록 강요했다. 단군조선, 기자조선, 그리고 위만조선은 남으로는 한강 이남까지 세력을 뻗친 적이 없으나 북으로는 압록강을 지나 한때는 오늘날의 심양까지 석권한 적이 있다. 만주에는 한국인의 무덤을 많이 볼 수 있으며 수 세기 동안 세 조선의 세력은 이 지역을 휩쓸었다.

왕위를 찬탈한 위만은 자기가 훔친 그 달콤한 생활을 오래도록 누리지 못했다. 위만이 건국한 지 80년이 됐을 때 그가 세운 왕조는 중국의 무제[5]에 의해 멸망되고 한국 북부는 중국의 직접적인 통치를 받는 4개 지역으로 분할됐다. 중국의 통치는 고구려가 건국한 A.D. 36년까지 계속됐다.

그러나 우리는 남쪽으로 도망갔던 기준의 뒷이야기를 더듬어 보지 않을

4) 기준은 고조선의 마지막 왕이 아니고 기자조선의 마지막 왕으로 마한의 시조가 됐다.
5) 중국 전한의 7대 황제인 무제(B.C. 159~87. 재위 B.C. 141~87)를 의미함. 흉노를 몰아내고 화남을 평정했으며, 위만조선을 멸망시키고 동이에 한사군을 설치함.

수가 없다. 그는 남쪽의 어느 해변에 착륙해 북쪽의 인종과는 다른 주민들이 그곳에 살고 있음을 알았다. 그들의 언어, 풍습, 제도, 그리고 예법은 너무도 신기해 기준이 얼마나 놀랐는가는 오늘에 이르기까지 전설로 남아 있다.

반도의 남해안에는 세 부족이 흩어져 살고 있었다. 그들은 마한, 진한, 변한이었다. 이들은 각기 독립되고 자치적인 다수의 부족으로 구성되어 있었다. 이들은 아마도 남쪽에서 이주해온 사람들인 것 같다. 그들의 모습은 말레이족, 대만족, 그리고 그 밖의 남방 민족과 매우 비슷하다. 언어, 가옥, 풍습, 장신구, 전통, 그리고 그 밖의 여러 가지 점에서도 남방의 토인들과 비슷하다.

기준은 마한에 우수한 문명을 도입함으로써 이곳 주민들을 다스리는 데에 별로 어려움을 겪지 않았으며 그로 인해 기자조선은 수십 년 동안이나마 제2의 왕조를 계승시켰다. 그러는 동안에 동해안에 자리 잡고 있는 진한에서 중요한 일이 일어났다. B.C. 225년경에 대륙에서는 만리장성이 축조될 무렵 수많은 중국인이 압록강을 건너 한국으로 몰려 들어와 얼마 동안을 떠돌아다닌 후에 진한의 주민들로부터 정주할 터전을 얻었다.

그들이 가져온 우수한 기술은 이웃 나라에 심각한 영향을 미치었으며 그들이 점차 진한의 주민들에게 흡수되자 이곳에서는 새롭고도 강력한 문명이 싹트기 시작했다. 몇몇 유력한 부족장들이 모여 그들의 이해관계를 함께 할 것에 합의하고 그들이 중국에서 온 이주민들에게서 들은 바와 같은 왕국을 세울 것에 합의한 것은 B.C. 57년이었다. 이러한 계획이 성사되어 오늘의 경주에 도읍을 정했다. 이는 처음에는 서야벌이라고 하였으며 오늘날 신라라고 부르는 이름은 그 후 5세기 뒤에 지은 것이다.

그 후 몇 년이 지나서 주몽이라는 사람이 송화강 가까이에 있는 북녘의 자기 고향으로부터 도망쳐 나와 압록강을 건너 한국으로 들어왔다고 한다. 이때는 이미 이 지방에서 중화 세력이 대단히 쇠약하게 되어서 주몽은 여기저기에 흩어져 살고 있는 사람들을 모아 강력한 왕국을 세우는 데 별로 어려움을 겪지 않았다. 전해 내려오는 말에 따르면 이 사람이 압록강을 건널

고대 한국의 유적들

(위) 약 1,400년 전에 만들어진 신라의 종으로서, 세계에서 가장 큰 것 중의 하나이다.
(아래) 서울 가까이에 있는 백불상으로서, 아무리 홍수가 심해도 발끝조차 잠기는 일이 없다고 한다.

때 물고기들이 물 위로 떠올라 그를 건너도록 다리를 만들어 주었다고 한다.

주몽이 세운 나라 이름은 고구려였으며 반도의 북부 지방을 모두 통일했다. 또 고구려로부터 도망쳐 온 한 사람이 B.C. 9년에 고구려에서 떨어져 나와 마한의 북경에서 왕위에 올라 백제라고 하는 새로운 왕국을 세웠다. 그리해 기원 초에 한국에는 3왕국이 정립했으니 동남 지방에서 신라가 자리 잡고, 백제는 서남 지방에서 자리 잡고, 북부 지방은 고구려가 차지했다.

신라는 이 세 왕국 중에서도 가장 문명이 발달했다. 신라는 지극히 평화로운 국가로서 전쟁 기술보다는 어떻게 하면 평화로움 속에서 살 수 있을까 하는 데에 더 관심을 기울였다. 북쪽에 있는 고구려는 그와 정반대였다. 고구려는 그와 형제자매와도 다름이 없는 남방이나 중국과 끝없는 전쟁을 계속했으며 결코 초라한 적대 국가가 되지는 않았다. 한때 신라의 영토는 압록강 건너까지 미쳤으며 중화 세력을 무찌를 만큼 강력했다.

100만이 넘는 중국의 군대가 몰려와 압록강의 서편에 진을 치고 고구려를 멸망시키려고 결심한 적이 있었다. 그들 가운데에 30만 명이 강을 건너 평양으로 쳐들어왔으나 복병을 만나 수천 명으로 꺾이었다. 살아남은 무리는 도망을 쳤지만 길을 잃어 헤매다가 하나씩 죽어서 30만 명 중 단 7천 명만이 압록강을 건너갔다.

백제의 왕은 고구려나 신라의 왕과 달랐다. 그는 평화와 전쟁의 어느 쪽에도 마음을 쓰지 않았다. 백제의 모든 역사는 자기도취와 환락의 역사였다. 그들이 이룩해 놓은 것 중에는 위대한 예술도 없고 찬사를 받을 만한 업적도 없다. 그들은 대체로 거짓과 불신행위로써 원하는 바를 달성했으며 두 이웃 나라를 정복할 만한 용기도 없었다.

신라가 이룩해 놓은 문명이 얼마나 위대했는가를 보여주는 사례는 많이 있다. 오늘까지도 신라의 고도인 경주에는 한국에서 제일 큰 것임은 물론 세계적으로도 그 크기가 드문 종이 남아 있다. 그것은 기원 후 몇 세기가 지나지 않은 신라 초기에 만들어진 것이다. 이것만 보아도 신라 예술이 어느 정도의 경지에까지 이르렀던가를 가르쳐 주기에 충분하다. 왜냐하면, 그만한 크기의 종을 만들 기술이라면 그들의 솜씨가 기계의 면에서나 공업의 면에서 범상치 않았음을 증명하는 것이기 때문이다.

이 밖에도 경주 부근에는 천문을 관측에 사용된 석탑을 볼 수 있다. 기록에 따르면 신라는 일식이나 유성과 같은 여러 가지의 기상 현상도 정확히 알았다고 한다. 어느 문헌에 따르면 예정된 일식이 나타나지 않았다고 기록되어 있는데 이는 그들이 앞으로 일어날 일식 현상의 일자를 계산할 수 있었음을 의미하는 것이다.

불교가 중국을 거쳐서 한국의 문을 두드린 것은 A.D. 3세기경이었다. 한반도에 있는 3국의 사신들은 중국의 조정에서 그 당시에 그곳에 상당히 대중화됐던 불교도 출신의 조신들을 만났으며 이 3국의 왕들은 자기의 나라에서도 이 새로운 종교의 교리를 가르쳐 줄만 한 스님을 보내 달라고 부탁했다. 이때에 한반도에 들어온 고승 중의 한 사람이 마라난타인데 그의 이름은 중국인의 이름이라기보다는 오히려 인도인의 이름에 가깝다.

마라난타는 본래 인도인으로서 불법을 전하러 중국에 왔다가 다시 한국으로 건너온 사람인 것 같다. 여러 가지 면에서 한국인들은 일찍부터 이 새로운 신앙을 받아들임으로써 불교는 날로 창성했다. 그러나 때때로 그 세력이 뒷걸음치지 않았던 것은 아니었으니 시간이 흐름에 따라 스님이 참형을 당하고 절이 헐리는 일이 있었다. 한국의 민속 설화는 이러한 사건들로 얽힌 이야기로 가득 차 있다.

건국 초부터 신라와 일본 사이에는 약간의 수교가 있었으나 일본과 가장 친했던 나라는 반도의 반대편에 있었던 백제였다는 점은 매우 흥미 있는 사실이다. 일본의 전설에 따르면 그들의 여제인 징구황후[6]가 한국에 와서 반

---

6) 징구황후 : 일본 14대 천황 주아이의 왕비로서 서기 200년에 죽은 부왕의 유지를 받들어 신라를 정벌하고 백제의 조공을 받았다고 일본은 주장하고 있다. 『일본서기』 권9, 신

도의 전체를 정복했다고 한다. 한국의 역사를 아무리 들추어보아도 이와 같은 사실을 뒷받침할 만한 근거라고는 하나도 없다. 한국의 역사가 일본의 역사보다 더 유구한 데야 더 말할 나위도 없겠지만 만약 그러한 정복 사실이 정말로 있었다면 한국사에서도 이에 대한 언급이 있을 법하다.

일본의 건국신화란 그 배경으로 보아서 기상천외한 가상으로서 신이나 여신, 또는 몇몇 보조적인 인간들이 등장한다. 아마도 그 무렵 신라인들은 문화와 같은 면에서 일본과 통교를 했으리라고 여겨지는데 이는 마치 로마인들이 게르만 민족과 통교한 사실과 같다. 고구려가 중국의 100만 대군을 무찌른 것이 사실이라면 일본의 여제 징구황후가 한반도 전체를 정복했다는 것은 황당무계한 이야기에 지나지 않는다.

신라는 비교적 우수한 문명의 중심지였으면서도 한국 측의 기록에는 한국이 일본에 대해 어떠한 영향을 미치었는가에 대해는 거의 언급된 바가 없지만 일본 측의 기록에 따르면 한반도의 진보된 사상과 문명이 일본으로 끊임없이 흘러들어 왔다고 한다. 아랍의 상인들이 한국의 연안에 상륙한 적이 있다고 믿을지의 여부는 매우 흥미 있는 일이지만, 본질적으로 있음 직한 일이라고 볼 수 없는 점은 제쳐두고서라도 그들이 한국으로부터 가져간 물품의 목록을 보면 한국사에서 말하는 아랍인이란 오늘날 말하는 아라비아 반도의 민족들이 아니라 세계의 어느 다른 곳임을 알 수가 있다.

세월이 흘러감에 따라 3국 간의 적의는 점차로 굳어짐으로써 고구려와 백제 측에서는 다른 두 왕국을 멸망시키고 반도 안에서 주도권을 잡아야겠다는 결심을 하기에 이르렀다. 오직 신라만은 홀로 평온을 유지하기를 바랐기 때문에 평화로움 속에서 예술이 극치에 이를 수 있었다. 이처럼 신라가 반도 내에서 예술의 우위를 차지하게 되자 고구려와 백제에서 이를 시기하고 미

공황후 조.

다리의 세 가지 모습

(위) 전형적인 보교
(가운데) 송도에 있는 선죽교
(아래) 서울의 유일한 석교(700년 전에 축조됨)

워하게 됐다. 고구려는 민족성이 과격해서 중국과 화친할 것을 몇 번이나 시도했으면서도 외국과의 외교 관계를 지속시키는 데 필요한 자제심을 지속시킬 수 없었으며, 그럴 때마다 그 결심은 번번이 무너졌다. 그렇게 되자 중국에서도 고구려를 믿을 만한 우방이 될 수 없는 나라로 인식하게 됐다.

백제는 고구려와 신라에 대항하고자 중국에 아양을 떨었지만, 중국은 동남방에 있는 나라가 평화 애호국인지를 알아볼 수 없을 만큼 눈치 없는 나라는 아니었다. 그렇게 되자 중국은 최종적인 판단을 거쳐 신라로 하여금 다른 두 나라를 무찌르는 데에 협력하기로 하고 동맹군을 결성해 백제와 고구려를 멸망시켰다. 이러한 과업은 7세기경에 완성됐다. 통일이 이룩됐을 때 중국은 즉시 전 반도를 신라에 넘겨주지 않았지만, 시간이 흐름에 따라서 신라는 차츰차츰 북의 고구려 유지를 차지해 오늘날 한국의 영토를 거의 장악하게 됐다.

이것은 한국의 역사상 매우 중요한 의의를 갖는 사건이었다. 곧 역사상 최초로 단일 주권 아래 전 반도가 통일된 것이다. 한국인으로 하여금 동질적인 민족으로 융합되도록 하고 오늘날 한국의 기초를 마련해 준 것은 곧 신라의 언어와 법률과 문화였다. 그리고 이와 때를 같이 해 한국으로 하여금 중국의 사고방식에 젖도록 하는 데에 커다란 역할을 한 중화사상이 놀랄 만큼 흘러들어오기 시작했다. 한국에서 중국적 성격의 소개나 연구는 이때부터 비롯되어야 하며 유교 사상을 가르치기 시작한 것도 이때부터이다.[7)]

한국의 문자 생활은 한문을 기초로 해 비롯됐으며 중국의 사상을 익히지 않고서는 식자가 될 수 없다고 한국인들은 믿기 시작했다. 몇 천 가지의 예술품과 학문이 반도로 물밀 듯이 밀려들어 왔고, 한국인들은 이를 열심히

---

7) 중국의 유학이 언제부터 한반도에 보급되기 시작했는가에 관한 시대 구분에는 이론이 많겠지만, 역자로서는 후신이라기보다는 오히려 고구려가 태학을 세우고 경학을 가르치기 시작한 A.D. 372년(소수림왕 2년)으로 보는 것이 옳다고 생각된다.

받아들였다. 이러한 여러 가지 요소는 이른바 정신생활의 계몽이라는 면에서 커다란 진전을 보여준 동인이 됐다. 한국이 중국으로부터 많은 혜택을 입었다는 데에는 의문의 여지가 없지만 다른 면을 살펴볼 때 이와 같은 혜택이 한국인들에게 아무런 해로움을 끼치지 않고 베풀어진 것은 아니다.

한국인들은 그 당시까지만 해도 국가 형성기에 놓여 있었다. 그들은 자신들의 국가라는 것에 대해 눈을 뜨기 시작했으며 이때를 계기로 대륙의 유서 깊은 문명의 완성된 산물들이 흘러들어 왔는데, 이러한 것들은 개인적인 노력을 요구하는 모든 것들로부터 한국인을 탈피시켜 주었다.

이러한 현상은 애당초부터 한국인의 천품을 질식시키는 것이었으며 더 나아가서는 중화사상이 한국인의 사고방식을 중압하는 데에서 오는 지적인 침체로부터 다시는 헤어날 수 없는 구렁텅이에 빠지게 했다. 중화사상은 어느 모로 보나 한국인의 기질에 적합하지 않은 것이었기에 이 점은 더욱 애석한 것이었다. 그 후 한국인은 지금까지 중국 문명의 현저한 유입에 따라 그 명맥만 유지할 수 있었다.

예컨대 언어를 보자. 한국어는 중국어와 철저하게 다르다. 한국어는 고도로 분절화 된 언어이며 그 언어를 원만하게 구사하려면 문법적인 결구의 조절을 상당히 많이 필요로 한다. 그러나 치졸한 중국의 표의 문자가 한국에 들어오고부터는 한국어를 문자로 기술하는 데에 음운적 체제를 제대로 활용할 수가 없게 됐는데 이는 어쩔 수 없는 현상이다.

한국인들은 중화 문명이 그들에게 스며드는 데에 대해 세 번이나 반발한 적이 있다. 첫 번째는 한문이 들어온 직후 대학자 설총이 한문과는 다소 구분되는 문자를 만들어서 한자를 사용하면서도 한국인들이 좀 더 알기 쉽도록 했던 사실이며, 다른 하나는 고려왕조의 말기에 있었던 사실이며, 그다음으로는 조선왕조 초기에 그들의 독자적인 문자가 출현했다는 점이다.

중국은 개명된 여러 가지의 문물을 소개함으로써 한국에 이바지한 크다는 점은 인정되지만, 그러나 한국으로서는 그러한 문물을 자기 나름의 방법에 따라서 활용함으로써 그것을 소화해 내 것으로 만들거나, 아니면 그와 비슷한 것들을 점차로 받아들임으로써 자기의 독자적인 사고력을 활용시키고 더 나아가서는 중화 문명에서 얻을 수 있는 물질적인 이득 이상의 것을 취득하는 편이 훨씬 더 유익했을지도 모른다.

그러나 한국은 그렇지를 못했다. 중국의 법제, 종교, 복식, 예술, 문자, 학문 및 윤리관이 한국에서 풍미했으며 이때부터 한국인은 기울기 시작했고 오늘날과 같은 무기력한 상황 속에서 그러한 현상은 그 절정에 이르렀다고 나는 확신한다. 애당초부터 한국인들이 과연 어떻게 움직여 왔나를 돌이켜 보라. 300년 이상이나 신라는 전 반도를 다스렸지만, 그 300년은 급속한 몰락의 세월이었다. 향락은 신라가 딛고 있던 발판을 뒤집어 놓았다.

신라의 왕조는 멸시를 받을 만하며 결국 실력자 왕건이 반란을 일으켜 고려를 세웠을 때 그는 신라를 무력으로 공격해 멸망시키지 않고 스스로 무너질 때까지 여유만만하게 기다릴 만큼 그는 신라의 국력을 대수롭지 않게 생각했다. 그와 같은 서글픈 쇠락 현상은 중화사상이 들어오면서부터 비롯된 것이다. 젊고도 생기가 발작한 청년기의 국가는 자기 앞에서 전개되는 유혹을 이겨낼 수 없었다. 이는 마치 차근차근 고기를 먹는 법을 알지 못하는 어린아이 앞에 맛있는 고기를 산더미처럼 쌓아 둔 것이나 다름이 없다. 신라는 그 고기를 마음껏 먹고 끝내는 포만증으로 죽은 것이다.

제 5 장 중세사

고려가 송도에 도읍을 정하고 개국함에 따라서 새롭고도 과거와는 다른 왕조가 시작됐다. 이때는 중화사상에 대한 일종의 반동과 같은 기미가 있었던 것 같다. 건국 초기부터 고려는 불교 의식과 불교 사상에 빠져 버렸다. 불교는 중화 의식이라기보다는 오히려 인도의 사상으로서 단조로운 유교 경전의 유물 사상보다 한국인의 사유에 더 깊은 영향을 미쳤다.

이 무렵 한국인의 기백이 잠시나마 되살아났던 것은 오로지 불교의 영향을 받았기 때문이라고 볼 수 있다. 불교가 이곳에서 홍륭하고 지도자로 군림하기보다는 오히려 백성의 지팡이로 발전하는 한 고려는 창성했다. 중국의 지적 침략이 이곳에 침전되어 있었으며 이러한 상태에서 벗어나는 길만이 한국인들로 하여금 막연하나마 실현이 가능한 국민 생활의 계획을 마련할 수 있었다는 생각을 느끼도록 해 주는 몇 가지의 자료들을 고려인들은 차츰차츰 견주어 보기 시작했다.

그러나 백성의 마음이 흔들리는 정도는 너무도 심해서 불교에 대한 환상적인 집착은 그들이 꺼렸던 중화사상보다도 더 좋지 못한 난관으로 그들을 몰아넣고 있다는 것이 머지않아 드러났다. 승려들은 날이 가면 갈수록 더욱 국권을 잠식했으며 그들의 정치적 권한은 더욱더 비대해져서 드디어 왕이 스스로 승복을 입을 만큼 속박을 받았다. 건국 초기에서부터 200년 동안은 이러한 일이 없었으나 그러한 변화 현상은 비록 느리기는 했지만, 어김없이 계속됐다.

일본이 불교 사상을 깊이 체득한 것은 바로 이 무렵으로서 일본은 고려로부터 불경, 법의 및 그 밖의 여러 가지 의식에 필요한 것들을 많이 수입했으며 불전을 가르치고자 많은 고려의 승려들이 일본으로 건너갔으리라고 짐작된다. 이 기간 동안에 일본은 고려보다 매우 뒤떨어진 국가로 취급을 받았으며 일본도 스스로 이에 대해 의심치 않은 것에 견주어 한국사에서는 이 점에 대해 거의 언급한 바가 없다.

그러나 일본 측의 기록을 보면 일본이 문물 면에서 고려로부터 얼마나 많은 도움을 받았던가를 알 수가 있다. 일본에 있는 절이나 신상안치용기는 한국에서 건너간 수많은 불교 유품으로 장식되어 있다. 이들 중 몇 가지는 1592년에 있었던 임진왜란 때 가져간 것도 있겠지만 그보다 더 많은 것들이 그 이전에 이미 건너갔다는 것은 의심할 나위도 없다.

어느 모로 보나 한국이 일본에 예속됐다는 근거는 전혀 없을 뿐만 아니라 한국이 일본에 조공을 바쳤다는 주장도 근거가 없다. 오히려 그 반대의 사실을 뒷받침해 주는 증거는 많이 있다. 고려의 전 역사를 통해 한국의 연안은 일본의 해적들에 의해 황폐하게 됐으며 조정에서는 끊임없이 그들과 싸우고 있었다. 두 나라 사이의 관계는 이러한 정도이지 더 이상의 화친이 계속됐으리라는 가정은 세울 수가 없다. 때때로 불경이나 성보를 얻기 위한 사신이 왔었지만, 정기적인 외교 사절이 왕래했으리라고 볼 수는 없다.

중국과의 관계에서도 고려는 몽골의 침입이 있을 때까지 어떠한 관계가 있었던 것 같지도 않으며, 이러한 기간이 고려 왕조 말까지 계속되지는 않았다. 고려의 왕들은 자신이 중국의 봉신이라는 데에 대해 아무런 거리낌없이 중국의 조정에 사신을 보냈다. 그러나 그 속박은 가벼운 것이어서 고려인들도 심하게 느끼지 않았다. 설령 다소의 속박이 있었다고 할지라도 그것은 오히려 유익한 것이었다. 왜냐하면, 고려가 어느 면에서 곤경에 빠졌을 때 고려로서는 중국을 후견인처럼 여기고 상의하는 것이 매우 가치 있는 일이기 때문이었다.

고려 초기의 300년 동안에는 주로 중화사상에 기초를 두고 불경의 감화를 받아 사회 제도가 점진적으로 발전한 적이 있었다. 중국의 그것과 별로 다를 것은 없지만 그래도 이 무렵에 과거 제도가 확립됐으며, 일본이 그토록 자랑스럽게 여기는 무사도가 없다는 데에 대한 입막음이 되는 것이 바로 이 과거 제도이다. 이후로는 문관만이 조정의 요직에 올랐으며 학자는 출세 가도에 통행증을 가진 것이나 다름이 없었다.

무관은 존경받는 계급에 오르지 못했으며 그때부터 한국의 무사 계급은 중국과 마찬가지로 거지보다 한 계급 위에 속해 있는 것처럼 취급을 받았다. 달리 살아갈 길이 있으면 구태여 무관이 되기를 바라는 사람은 없었다. 한국에는 봉건주의적인 형태가 전혀 존재하지 않았다는 점이 이러한 현상의 원인이 됐다.

한국은 너무도 일찍이 단일 국가로 통일됐기 때문에 봉건주의가 싹틀 기회를 잃었다. 그 이유야 어디에 있든 간에 한국은 정치 제도를 발전시키는 데에 필요한 그와 같은 단계를 거치지 않았다는 것은 사실이다. 한국은 봉건 시대를 거치지 않아서 한국인들에게 애국심이 없다는 그릇된 추론을 전개하는 사람들을 흔히 볼 수가 있다. 그러나 좀 더 생각해 보면 어떠한 민족이 자신을 방위하고자 무기를 들고 일어나거나 자신의 목숨을 버리는 일이 없다고 해서 그들에게는 모름지기 조국애가 없는 증거라고 말할 수는 없다. 조물주가 어느 동물들에게는 그들의 새끼를 보호하고자 싸우도록 하는 본능을 주지 않았다고 해서 그 동물들이 자기의 새끼를 사랑하지 않는다고 딱 잘라 말할 수는 없다.

비록 고려의 전기를 통해 불교가 왕조의 제반사를 지배했으며, 아들이 3형제이면 그중의 한 사람은 승려가 되어야 한다는 법이 제정될 정도로 불교 의식이 성행했지만, 이에 반대하는 요소는 언제나 남아 있어서 때때로는 이것이 폭발해 엄청난 혼란을 빚은 때도 있었다. 그러한 일이 흔하지는 않았지만, 그로 인해 끔찍스러운 살육이 일어나고 모든 대신이 무참하게도 형장의 이슬이 되는 수가 있었다. 그러나 그러한 사건이 일어날 때마다 승려들이 다시 정권을 잡게 되고 몸서리치는 보복을 감행했다.

이 당시는 한국의 어디를 가나 절이 없는 곳이 없었는데 이때의 절이란 학문과 예술과 무술의 수련장이었다. 이러한 점에서 볼 때에 중세 유럽의 풍습과는 달리 한국의 승려들은 무술을 가르쳤음을 알 수가 있다. 절이 과학과 예술과 문학의 저장소였다는 점은 유럽보다는 오히려 한국에서 더 뚜렷이 찾아볼 수 있다. 웅장한 건축과 신상안치용기, 아름답게 새겨진 탑, 장엄한 의식에 입는 호화로운 예복, 이런 것들은 한국인들에게 그들이 가지고 있던 유일한 예술적 정전을 마련해 주었다. 승직 생활의 여가는 그들이 즐기는 간단한 문학을 북돋아 주었으며 전체적으로 볼 때에 왕들마저도 승려가 되기를 바라고, 또 실제로도 그들 중의 몇몇은 삭발까지 할 정도였던 당시에는 그러한 현상이 조금도 이상스러울 것이 없었다.

오늘날의 한국에서는 고려 시대의 유적을 흔히 볼 수가 있다. 한국에는 몇 천 개의 절이 있는데 그들 가운데 대부분은 후락했지만 호화로웠던 지난날의 모습을 보여주고 있다. 절은 또한 전국적으로 명승지에 건립되어 있는데 이것만 보더라도 당시의 승려들이 예술에 일가견을 이루었음을 알 수 있다. 이끼 낀 탑과 그 밖의 여러 가지 유적들이 남아 있어서 한문으로나 또는 그보다는 오히려 티베트 문자로 그 위에 글을 쓸 수 있게 되어 있는데 이러한 것들이 모두가 지난날의 영광을 전해 주는 기록이다.

이상스럽게도 고려 시대에는 노예 제도가 성행했다. 불교에서는 일반적으로 노예 제도를 인정하지 않는다는 점에 비추어 볼 때에 더욱 이상스럽기 짝이 없다. 죄를 지으면 그 벌로서 노예가 되는데 날이 갈수록 그 수가 증가하는 데에다가 가혹한 학대를 받아서 반란을 일으키고 수천 명이 죽은 후에야 겨우 진압된 예가 한두 번이 아니었다.

첨성대

석탑 입구에 양각된 조각상

분황사 석탑

〈신라의 불교 유물〉

고려 시대의 가장 이상스러운 풍속 중의 하나는 왕이 자기의 누이를 아내로 삼는다는 점이다. 이것은 이집트의 옛날 풍습과 비슷한 데가 있다. 이러한 풍조는 될 수 있으면 왕가의 혈통을 하층 계급의 혈통으로부터 순수하게 지키려는 뜻에서 비롯된 것으로 보인다. 그러나 그와 같은 사고방식은 당초에 목적한 바를 이루지 못했음은 두말할 나위도 없다. 왜냐하면, 시간이 흐름에 따라서 고려의 자손들은 실제로 저능아가 됐으며 적어도 심리적으로 나약하게 되어 오랫동안 왕권을 함부로 휘두른 요승들의 단순한 도구에 불과하게 됐다.

긴 세월이 흐른 지금에 와서도 고려의 역사를 얼룩지게 한 수많은 역모, 반 역모, 독살, 척살, 교살 등의 살인과 원인도 모르게 갑자기 죽은 사건들의 태반은 그 진상을 설명할 수가 없다. 왕조가 바뀌어 조선이 건국했을 때 여러 가지의 욕된 일들로 주로 지탄받던 불교 제도가 전반적으로 법의 보호를 받지 못하고 승려들은 도성 안에도 들어 올 수가 없었던 것은 이상스러울 것이 없다.

고려 왕조는 그 초기부터 악의 씨가 뿌려지고 있었음을 보여 주었는데, 이 때문에 이미 비극적인 결과를 초래할 소지가 마련되어 있었다. 그러나 그때까지만 해도 고려는 국력이 왕성했으며 외세의 위협을 받을 때는 국가를 방위에 필요한 엄청난 병사를 모집할 수가 있었다.

11세기 초엽에 이르러 때에 따라서 만주 평야로부터 남방으로 떼를 지어 이동하던 약탈 민족의 하나이며 북방에 사는 야만에 가까운 거란의 종족들이 반도를 휩쓸 속셈으로 압록강을 건너왔을 때 고려의 저력이 나타났다. 이때에 거란족은 매우 낙담했다. 왜냐하면, 애당초 이곳을 침략할 때는 고려인들의 제도가 매우 무질서했지만, 그들은 곧 단결해 20만에 가까운 병사들을 투입해 곧 그 반라의 약탈자들을 모조리 물리쳤기 때문이다.

거란족들은 반도에서 그들의 요구를 관철하려고 오랫동안 노력했으나 아무런 성공을 거두지 못했다. 거란은 압록강에 다리를 놓고 이를 성공적으로 방위했으나 고려는 황해에서 동해에 이르기까지 반도의 동서를 잇는 성을 쌓음으로써 이에 응수했다. 이 성의 유적은 오늘날까지도 영변 부근에서 볼 수 있다.

그 성은 높이가 25피트이며 길이는 200마일에 이른다. 이 기간은 국력 면에서 보나 풍요 면에서 보나 고려의 전성기였다. 즉 고려는 건국한 지 125년 만에 국력이 절정에 이르렀으며 그 뒤의 300년은 몰락과 쇠망의 역사였다. 이 무렵에 승려들의 세력이 얼마나 강력했던가를 알기 위해서는 다음에서 좀 더 고찰해 보면 알 수 있다.

서기 1065년에 왕의 아들이 머리를 깎고 승려가 된 적이 있다.[1] 그가 승려가 되자 그 날부터 3년 동안 살생을 금하는 왕명이 내렸으며 송도에는 2,800칸에 달하는 절이 세워졌는데 한 칸은 8제곱피트가 되는 것이었다. 이 절은 건평만도 18만 제곱피트가 됐으며 길이가 1/3마일이고 너비가 100피트였으며 이를 완공하는 데에는 12년이 걸렸다.

그 절이 완공되던 날 엄청난 축제가 마련되고 전국에서 몇 천 명의 승려가 모였다. 이 축제는 5일 동안이나 계속됐다. 왕궁으로부터 절에 이르는 도로는 순전히 비단으로 만들어진 차일로 덮였다. 산과 들은 이에 참례하고자 모인 불도들의 등으로 휘황찬란했다. 이 절에는 탑이 있었는데 이를 건립하는 데는 140파운드의 금과 427파운드의 은이 소모됐다.

그 후 1세기 동안은 『삼국사기』라고 하는 중요한 역사서를 간행한 외에는 별로 내세울 만한 일이 없었다. 여기에서 삼국이라 함은 신라 · 백제 · 고구려를 의미한다. 대학자인 김부식은 여러 가지의 자료를 수집하고 이를 집대성해 이 역사서를 저술했는데 이 책은 그 후로 오늘날에 이르기까지 한국 고대사의 기본서가 되고 있다.

---

1) 고려 11대 문종의 막내아들인 대각국사 의천을 의미함.

17세기 벽두에서부터 몽골 세력이 밀려오기 시작했는데 칭기즈칸이 압록강 너머로 사신을 보내어 칭신할 것을 요구한 것은 1231년이었다. 이 강대한 세력을 저지시키려고 애도 써 보았으나 향락에 깊이 빠진 고려로서는 그럴 만한 힘이 없었다. 겁이 많은 왕[2]은 한강의 입구에 있는 강화도로 피난해 그곳에서 침략자들에게 항거했다. 이 섬은 육지의 하구로부터 겨우 반 마일 밖에 떨어져 있지 않은 데에도 불구하고 몽골군이 이를 정복하지 못했다는 것은 흥미롭고도 어처구니없는 일이다.

그들은 조선이나 해전에 익숙하지 못해 이 좁은 해협의 조류가 두려워서 감히 뜻을 이루지 못했다. 이 강화도는 동부 아시아에서 몽골이 정복하지 못한 유일한 내륙 지방이었다. (여러 가지 지리적 조건으로 살펴보아도 강화도가 대륙의 한 지점이라는 것은 무리한 표현이 아니다.) 그들은 반도의 남방까지 모두 석권하고 전 국토를 황폐하게 했으며, 이루 말할 수 없을 만큼 참화를 입혔다. 남녀노소 할 것 없이 안전한 사람이 없었다.

한국으로서는 전혀 겪어보지 못한 참상이었다. 전 인구의 반이 육지를 황폐하게 버려 둔 채로 도서 지방으로 난을 피했다고 전해지는데 이는 사실에 가까운 표현이다. 침략자들은 끊임없이 밀려들어 왔으며 고려의 전 국토는 밀려들어 오는 격류에 휩싸여 이루 말할 수 없을 만큼 황폐하게 됐다.

1260년에 이르러서야 몽골군은 이제 더 이상의 살육에 싫증을 일으키게 됐으며, 고려도 완전히 굴복했고 송도에는 주둔군이 자리를 잡고 왕은 환도를 요구받자 곧 송도로 돌아왔다. 그러나 독립이란 아예 생각할 수도 없었다. 잔혹한 몽골군들은 조정에 유치한 방법으로 책략을 쓰기 시작했으며 군대들은 전국의 각지로 흩어져서 고려인들로 하여금 실제로 전쟁을 하던 때보다도 더 몸서리치게 만들었다. 드디어 더 이상 참을 수 없게 되자 왕은 그

2) 고려 23대 고종을 의미함.

의 아들[3]을 중국에 보내어 고려에서의 몽골의 처사를 항의하게 했다.

그러나 이러한 임무를 띠고 간 왕자는 중국의 정세가 불안함을 알았다. 몽골의 황제가 죽고 찬탈자가 정권을 잡은 것이었다. 왕자는 묘한 계책이 머리에 떠올라서 곧 남쪽으로 내려 와서 우선 몽골의 왕위계승자를 만나서 지금 왕위의 계승을 둘러싸고 치열한 경쟁이 전개되고 있음을 귀띔해 주었는데 그 계승자가 다름 아닌 쿠빌라이였다.

이처럼 적시에 정보를 얻음으로써 몽골의 황태자는 즉시로 군사를 휘몰아 찬탈자를 무찌르고 그의 군대를 궤멸시킬 수가 있었다. 승전해 도성으로 돌아온 그는 이번 일에 고려 왕자가 세운 공이 큼을 칭찬하고 그가 자기 나라를 위해 부탁하는 것을 모두 들어 주었다. 이를 계기로 해 그때까지 미움을 받던 몽골군이 물러가고 친선과 평화를 유지하는 우호 관계의 시대가 왔다.

몽골의 정복자들이 일본을 침략하려는 생각을 처음으로 갖게 된 것은 1265년이었다. 몽골의 사신은 고려의 사신을 대동하고 일본으로 건너가서 일본이 자기들에게 칭신할 것을 요구했다. 그들은 일본의 수도에 도착해 도성 안에도 들어가지 못한 채 형편없는 식사를 하면서 아무런 회답도 듣지 못하고 여러 달을 기다리다가 중원에서 나라를 일으킨 세계 정복자의 위대한 명령에 대한 아무런 언질을 얻지 못하고 돌아왔다.

쿠빌라이는 이와 같은 모독적인 처사를 참을 사람이 아니어서 곧 일본을 침공할 것을 결심했다. 그는 자기 나라에 배가 없을 뿐만 아니라 몽골인들은 해양술에 문외한임을 잘 알고 있었기 때문에 고려에 사신을 보내어 대한해협을 건널 정벌군을 실어 나를 천 척의 수송선을 만들도록 요구했다. 또한 고려는 4천 석의 쌀을 제공하고 4만 명의 분견대를 지원할 것을 요구받

3) 고종의 태자 전(倎)을 의미함. 그는 1259년에 몽골로 갔다가 다음 해에 귀국했으며 그 후 24대 원종이 됐다.

았다.

이러한 것들을 장만하는 데에는 시간이 걸려 여러 가지로 애태우는 가운데에 시간상으로 지체되어 1273년[4]에 이르러서야 전선이 마련됐는데 그나마도 병력은 2만 5천 명에 불과했다. 이는 그들이 일본인의 용맹을 대수롭지 않게 생각했기 때문이었다. 예정대로 원정은 진행됐다. 9백 척의 전선이 고려의 해안을 출발했는데 이때에 1만 5천 명의 고려군이 지원군으로 함께 탔다.

정벌군은 어느 무방비한 고도에 도착해 1천여 명의 일본인을 죽이고 곧 본토에 상륙했다. 그제야 그들은 억센 일본인들을 무찌를 수 없다는 것을 알았다. 그들은 어쩔 수 없이 배로 돌아왔으나 하늘은 일본의 편이었다. 태풍이 불어 대부분의 전선을 난파당하고 나머지는 침몰됐다. 4만 명의 전 병력 중에서 1만 3천 명이 실종됐다. 드디어 전선들은 고려의 어느 섬에 집결했다가 처량한 모습으로 돌아왔다.

그러나 쿠빌라이는 자기의 잘못을 깨닫지 못했다. 그는 일본인들이 자기의 뜻을 꺾으려고 애쓴다는 것은 생각조차 할 수 없는 것으로 믿었으며, 자기의 군사가 패배한 것이 너무 당황한 탓이거나 아니면 그 밖의 어떤 어처구니없는 이유라고 생각했다. 그는 그 섬 제국을 정복하고자 또 다른 나사못을 조이기 시작했다. 1282년[5]에 이르러 이에 대한 준비가 끝났는데, 이때의 병력은 5만 명의 몽골 정규군과 인근의 동맹 부족들로부터 10만, 그리고 고려의 지원군이 2만 70명이었다. 이 정도의 병력이라면 참으로 엄청난 것이었다.

하늘은 이번에도 일본의 편이어서 그들이 본토에 다다랐을 때에 배후에

---

4) 실제로 전쟁 준비가 끝나 일본 원정의 길에 오른 것은 1274년 10월이었다. 1273년에도 전함을 만들고 원정군을 편성했으나 이는 일본을 치기 위한 것이 아니라 탐라에서 항거하던 삼별초의 잔당을 무찌르기 위한 것이었다.

5) 2차 원정의 시기는 1281년 5월이었다.

서울에 있는 대리석탑

임진왜란 때 일본인들이 해체해 본국으로 보내던 중에 퇴락해 윗부분만 없다.

남부지방에 있는 불교 유적

서 심한 풍랑이 일어났다. 수천 척의 배가 항구로 몰려 닥치자 그들은 그곳 앞바다에서 뒤섞여 충돌해 마치 커다란 맷돌 속에 사람과 배를 함께 넣고 찧는 것과 같았다. 그때 사람들은 난파선의 기둥들을 밟으면서 항구의 이쪽에서 저쪽으로 건너갈 수가 있었다고 전해 온다.

일본인들이 손 하나 까딱하지 않았는데도 10만 명 이상이 죽었다. 그것은 참으로 기이하고도 두려운 광경이었음이 틀림없다. 이때에 그토록 처참하게 죽은 사람 중에서 8천 명이 고려인이었다. 뒤에 있던 군사들은 이에 놀라서 뱃머리를 돌려 고려로 돌아왔다. 그러나 쿠빌라이는 그때까지도 자기의 뜻을 굽히지 않았지만, 일본을 다시 공격하려고 새로운 계획을 세운 것은 허세에 불과한 것이었다. 그러한 욕망은 끝내 채워지지 못했다. 1년이 지나자 그는 고려의 내정이 극도로 피폐하게 됐음을 알았으며 그의 군사들이 엄청나게 줄어들자 그의 마음도 바뀌었다. 이때야말로 그에게는 쓰라린 시대가 아닐 수 없었을 것이다.

고려왕조의 마지막 1세기는 급격히 몰락해 멸망해 가는 기간이었다. 어느 한 왕[6]은 이루 말할 수도 없이 악명이 높아 몽골의 황제가 그를 불렀다. 그가 몽골의 조정에 도착하자 황제는 그에게 이렇게 말했다.

> "나는 그대를 고려의 왕으로 봉했다. 그러나 그대는 고려인의 살갗을 벗기는 일밖에는 아무것도 한 일이 없다. 설령 그대의 피를 이 세상의 개들에게 먹도록 한다고 할지라도 그 죄를 씻을 수가 없으리라."

황제는 그를 상여 위에 실었다. 그리고는 그 수치스러운 모습을 보이면서 그는 중국의 어느 서쪽 지방[7]으로 귀양살이를 떠났다.

1361년에 이르러 다시 북쪽으로부터 때때로 침략이 있었다. 이때에 침입한 무리는 이른바 홍건적으로서 매우 난폭한 도적떼였다. 그들은 마치 메뚜기 떼처럼 압록강을 건너서 전국을 짓밟았다. 고려 군사들은 그들에 대해 아무런 손을 쓸 수가 없어 송도가 함락되고 왕은 피난했다. 그들은 피난처에서도 식인종들처럼 동족을 괴롭혔으며 술에 취해 날뛰었으나 다른 한 곳에서는 뒷날 이태조가 된 이성계가 고려의 타락된 군사들을 자기편으로 끌어들이려고 애쓰고 있었다. 그는 군사의 규합에 성공했으며 이미 오래 앞서 홍건적들을 무찔렀었다.

이때는 또한 연안에 왜구들이 출몰해 심한 고초를 겪고 있었다. 아무도

---

6) 28대 충혜왕을 의미함.

7) 충혜왕은 가량으로 귀양 가다가 중도인 악양에서 죽었다. 광동성은 서쪽 지방이 아니라 남쪽 지방이다.

그들이 어느 지역에서 출몰할지를 알지 못해 이에 대해 아무런 준비도 할 수가 없었다. 처음에는 왜구들도 동해안에서만 노략질했으나 점차 그 세력이 커져서 서해안까지도 침략하더니 끝내 북으로 오늘날의 제물포까지 출몰했다. 한때는 압록강까지 습격했고 심할 때는 서울이 가까운 황해도에도 상륙했다.

드디어 사태는 절망적이어서 왕은 왜구들로 하여금 아무런 전리품을 얻지 못하도록 해안에 사는 주민들을 모두 내륙으로 10마일씩 옮기도록 왕명[공도령]을 내리지 않을 수가 없었다. 이 왕명은 곧 시행되어 오늘날에 이르기까지도 한국의 해안이 황폐하고 무인 지대처럼 보이게 됐다고 말하는 사람도 있다.

고려왕의 몇 사람은 몽골의 공주에게 장가를 들었는데 이 여인들은 이세벨[8]과 같아서 매우 귀찮은 존재가 됐다. 그들은 몽골의 황제가 자기들을 뒷받침한다는 것을 알고 있어서 무절제한 변태 행위와 벗어난 행동을 흔히 했으며 이 때문에 고려인들로부터 노여움을 샀다. 오늘날 서울의 한복판에는 매우 웅장하게 조각된 대리석 탑을 볼 수가 있는데 이는 몽골의 황제가 그의 딸인 고려의 왕후에게 보낸 선물이었다. 애당초 이 탑은 송도에 세워질 예정이었으나, 그것이 중국에서 배편으로 운반됐을 때 너무나 무거워 뭍을 통해 옮길 수 없다는 것을 알았다. 그래서 어쩔 수 없이 한강을 거쳐 오늘날의 서울인 한양에 건립했다.

몽골인들이 제주도를 점령해 그곳을 목마지로 이용했다는 점은 흥미 있는 일이다. 몽골의 세력이 거의 몰락하게 되자 마지막 황제는 이제 자기가 도성으로부터 도망치지 않을 수 없게 됐음을 알고 이 섬을 자기의 피난처로

---

8) 이세벨(Jezebel)은 구약성서 『열왕기』 하 제9장 30절에 나오는 여인으로서 이스라엘왕인 아합의 왕비이다. 그는 매우 음탕해 남의 손에 죽어 그의 고기를 이스라엘 지방의 개들이 먹었다.

삼을 생각으로 자기의 앞날을 위해 많은 보물을 이 섬으로 보내었다. 이러한 기술은 적어도 한국사에서 찾아볼 수 있는 기록들이다. 그러나 막상 몽골이 멸망할 때쯤 그는 남쪽으로 도망하기보다는 북쪽으로 도망하지 않을 수가 없었다.

14세기 말엽에 이르러 고려에는 중요한 두 인물이 있었다. 한 사람은 신돈이라고 하는 중으로서, 내가 알고 있는 그는 리튼[9]의 유명한 소설에 등장하는 알바시스[10]의 한국판이라고 볼 수가 있다. 그는 왕을 자기의 손아귀에 거머쥐고 흔들었는데 한국인들의 표현을 빌리면, 그는 자기 "소맷자락 속에" 왕[11]을 휘어잡고 흔들었다.

그 당시의 왕은 후사가 없는데다가 인품이 매우 총명하지 못해 신돈은 이미 자기의 자식을 임신한 첩[12]을 왕에게 시집보내어 자기의 아들이 왕위 계승자가 되기를 바랐다. 이 중의 극악함은 상상할 수도 없었으며 이루 표현할 수가 없다. 그는 한국의 요승이었으며 한국인들은, 적어도 한국인 중의 지식인들은 신돈의 소행이야말로 불교가 이 나라에 끼친 표본이라고 지적했다.

또 다른 한 사람은 이성계인데 그에 관해서는 이미 언급한 바가 있다. 그는 명문가의 출신으로서 순전히 자기의 능력으로 고려군의 지도자적인 지위에까지 오른 사람이었다. 왜구가 쳐들어올 때마다 여러 곳에서 그들을 쳐부숨으로써 용맹을 떨치자 그는 곧 고려 군중에서 우상처럼 등장했다. 더구

---

9) 리튼(Edward G. Bulwar-Lytton : 1803~1873) : 영국의 극작가이며, 소설가이며, 정치가로서 인물평 작가로 유명함. 『폼페이 최후의 날』의 저자임. 하원의원을 지냈고(1831~1852) 남작의 작위를 받음.

10) 리튼의 소설 『폼페이 최후의 날』에 등장하는 인물로서 비열한 이집트의 승려이다.

11) 31대 공민왕을 의미함.

12) 그의 이름은 반야였다. 『고려사』에는 신돈의 소생이 그 후 우왕이 됐다고 하나 이는 신하로서 군왕을 폐위한 조선의 건국을 정당화하기 위한 사실의 곡필이라는 것이 오늘날 정설로 되어 있다.

나 조정에서 신돈의 악독스러운 세력이 커지자 백성들은 이성계를 구세주처럼 생각하게 됐다. 그러나 이성계로서는 왕위를 찬탈하려는 의사는 없었으며, 왕이 자멸했을 뿐이지 그는 찬탈을 시도하지도 않았다.

우둔하기 짝이 없는 왕이 갑자기 중원을 무찌르는 것이 좋겠다는 엉뚱한 생각을 하게 됐으나 그때는 이미 대륙에서 명조가 발흥하고 있었다. 이성계는 적은 군사로 압록강을 건너 중화를 공략하라는 명령을 받았다. 생쥐가 사자에게 덤비는 꼴이 아닌가! 이성계의 충의로서는 도저히 이와 같은 무모한 짓을 할 수 없었으나, 그는 그때까지도 왕의 근신들에게 이번의 출정이 잘못임을 말하지 않았다. 그는 여러 가지 어려움이 앞을 가로막고 있음을 잘 알고 있었다.

이성계는 군사들을 이끌고 중원을 공격하든가 아니면 처형되든가 둘 중 하나를 선택해야 할 처지에 놓였다. 그는 애당초 조정의 명령에 따르는 듯이 압록강의 한 섬[위화도]까지 진군했으나 거기에서 그는 군사들에게 이제 다시 송도로 돌아가서, 공격할 만한 이유가 없는 친한 이웃을 공격하기보다는 오히려 부패한 조정을 쓸어버리는 것이 더 옳지 않겠느냐고 물었다.

군사들이 회군에 소리 높여 찬성의 뜻을 보내자 곧 반사의 길에 올랐다. 조정은 날벼락을 맞은 듯이 놀랐으며 송도는 매우 혼란하게 됐다. 그러나 근신들이 눈을 떴을 때는 이미 늦었다. 준엄한 그는 성문을 부수고 들어가 과감한 개혁을 시행했다. 신돈은 귀양을 가고 거기에서 죽었다.[13] 20여 명의 악덕한 근신들이 처형됨으로써 왕은 모든 간신을 잃었다. 이 사고무친한 왕은 실제로 양위를 강요당하지 않았지만, 사태가 어떻게 되어 가고 있음을 잘 알고 있었으므로 깨끗하게 왕위에서 물러났다.

이러한 과정 중에서 한 가지 그냥 지나칠 수 없는 일이 있었다. 그 무렵

---

13) 위화도 회군은 1388년이었으며, 신돈은 이 일이 있기 훨씬 이전인 1371년에 처형됐다.

송도에는 덕망이 있는 대학자로서 매우 존경을 받는 신하가 한 사람이 있었다. 그는 정몽주라는 사람이었다. 그는 장엄하게 서 있는 바위처럼 이와 같은 추세에 항거했다. 곧 그는 고려 왕조가 단숨에 멸망하지 못하게 한 유일한 버팀 돌이었다. 이성계의 셋째 아들[14]은 매우 야심이 있는 사람으로서 이성계 자신도 후일에 그에게 왕위를 물려주지 않을 수 없었던 사람이었다. 그는 사태를 주시하다가 일도양단을 낼 것을 결심했다. 정몽주는 그로부터 연회에 초대를 받아 참석한 다음 밤이 되어 집으로 돌아오다가 성벽 가까이에 있는 석교 위에서 맞아 죽었다.

그 다리는 아직도 남아 있는데 그 위에는 검붉은 핏자국이 빗물에도 씻기지 않은 채 남아 있다. 전설에 따르면 그것은 정몽주의 피라고 하는데 이 핏자국이 씻기는 것을 하늘이 결코 허락지 않는다고 한다. 기록에 따르면 이성계도 정몽주를 죽게 한 자기의 잘못을 깊이 후회했다고 한다. 그러나 이성계가 정몽주를 죽임으로써 일이 수월하게 됐다든가 이성계 자신이 왕이 되고 싶어 했다든가 하는 견해에 대해는 의심을 품어 볼 수도 있는 문제이다. 이리 하여 고려는 건국 475년 만에 멸망했다.[15]

14) 조선 태종 방원을 의미하는 것으로서, 그는 이성계의 다섯째 아들이다.
15) 필자가 본 저서에서 이성계의 찬탈 행위를 호도해 곡필한 것은 그도 역시 조선 시대의 한 사가였다는 상황성 때문으로 보인다.

제 6 장 조선의 황금기와 임진왜란

고려 왕조가 몰락하고 조선이 건국하는 과정에서 나타난 변혁보다 더 급진적으로 이루어진 혁명 가운데에서 평화적인 혁명이 결코 없었다고 말하는 것은 그럴듯한 논리이다. 조선은 건국하면서부터 우선 수도를 송도로부터 옮겼다. 본디 수도의 위치는 왕조가 바뀜에 따라서 함께 바뀌기 때문에 천도 그 자체는 그다지 의의 있는 일이라고 할 수가 없다. 그러나 송도의 주민들이나 관리들이 새로운 왕조의 관직에 오를 특권이 박탈됐음을 생각해볼 때, 전면적인 인사 개혁을 깊이 생각해본 후에 단행한 것이었음을 알 수 있다.

한양은 오랫동안 조선의 수도로 물망에 올랐던 곳이다. 사실상 한양은 고려 제2의 수도로 되어 있었던 곳이다. 어느 도참가가 한양이 이씨 성을 가진 사람이 건국하는 새로운 왕조의 수도가 되리라고 예언한 적이 있었다. 한문으로 "李" 자는 나무라는 글자 밑에 아이가 있는 글자인데 전체적으로는 오얏나무를 의미한다. 미신을 좋아하는 고려의 어느 왕은 한양에 오얏나무를 심었다가 모두 뽑아 죽임으로써 이씨의 왕운을 꺾으려 했다.

이와 같은 어리석은 방법은 아무런 효험이 없어 서기 1392년에 새로운 왕국이 세워졌다. 천도하자마자 왕은 한양의 주위에 성을 쌓도록 명령을 내려 봄철의 두 달 동안에 19만 명이, 가을철의 두 달 동안에 9만 명이 이상이 동원되어 높이 20피트, 길이 9마일에 이르는 엄청난 성이 축조됐는데 성 위에는 활을 쏠 수 있도록 구멍이 난 흉벽과 총안이 있고 8개의 큰문으로 들어갈 수가 있었다.

처음에 세운 궁전의 이름은 경복궁이었다. 이때 무학이라고 하는 고승이 있었는데 그는 경복궁을 창건하는 것을 보자 이미 정해진 곳에 짓지 말고 다른 곳에 지으라고 충고하고 만약 자기의 말을 듣지 않으면 꼭 200년 안에 이 나라는 커다란 전화를 당하리라고 예언했다고 한다. 그의 충고는 받아들여지지 않았으며 임진왜란이 일어남으로써 그의 예언은 적중하지 않았던가!

이 급진적인 혁명이 기초로 삼은 중요한 원칙은 불교의 폐해로부터 나라를 해방한다는 것이었다. 그때까지만 해도 이 새로운 왕은 그와 같은 과업이란 신중과 술수로써 이루어져야 한다는 것을 잘 알고 있었다. 따라서 수천 명의 인명을 집단 살해하는 따위의 커다란 박해는 없었다. 천도를 할 때나 관리들을 전면적으로 새로이 임명하는 데에 불교 사상은 전혀 반영되지 않았으며 오랜 시간을 두고 올바르게 처리되어 나갔다. 새로운 풍조가 조성되고 어떠한 문제를 처리하는 데에 역시 불교적인 요소는 거의 채택되지 않았다. 우리는 조선의 왕이 고려 시대에 있었던 불교적인 계층 제도를 부활시키려고 했다는 말을 들어보지 못했다.

승려들의 여러 가지 특권을 박탈하는 법이 점차 마련됐다. 그들은 관직에 오를 수도 없고 성 안에 들어오는 것이 금지됐으며 이를 어길 때는 참형을 받았다. 세력 있는 절이 장악하고 있던 방대한 토지는 그들로부터 몰수되어 백성들에게로 돌아갔다. 그러나 그렇다고 해서 불교가 백성들에게 아무런 영향을 미칠 수가 없게 됐다고 생각하면 이는 잘못이다. 그들은 정치적으로는 세력을 잃었지만, 백성의 대부분은 그대로 불교를 신봉했다. 우리가 오늘날 보는 바와 같이 그들이 퇴폐적인 경향으로 빠진 것은 순식간에 그렇게 된 것이 아니고 여러 세기를 지나는 동안에 그렇게 된 것이다.

오늘날에도 한국의 어디를 가나 절을 볼 수가 있으며 그 절을 지탱해 나가는 데에 필요한 돈이 어디에서인가 꾸준히 염출된다는 사실만 보아도 아직 한국의 불교가 몰락하지 않았음을 알 수 있다. 의식에서의 신비주의는 한국인의 성격에 너무도 깊이 스며들었기 때문에 하루아침에 사라질 수가 없으며 점차 이 나라의 자연 숭배 사상이나 배물교적 미신과 동화됨으로써 오늘날에도 전체적인 구조상의 성격을 따로따로 떼어서 생각할 수가 없게 됐다. 아마도 한국인 중에서 이 비교적인 불교의 사상을 완전히 파악했거나, 또는 불교 철학을 통달한 사람은 없을 것이다. 한국인들이 불교를 좋아하는 것은 아마 그들이 불교가 내포하고 있는 오묘함을 전부 알 수 없기 때문일지도 모른다.

고려의 마지막 왕이 변괴를 당하자 명의 황제는 조선을 수상쩍게 생각하지 않을 수가 없었으며, 왕조가 갑자기 바뀌었다는 소식을 듣자 그는 이성계가 왕위를 찬탈한 것을 문책하고자 사람을 보냈다. 고명한 한 학자[1]가 명나라로 가서 그에게 자초지종을 설명하자 그는 사신의 말을 듣고 매우 만족하게 생각해 조선과 더욱 가깝게 됐으며 그 뒤로 명이 만주의 유목민들에게 멸망될 때까지 이 우호 관계는 계속됐다.

15세기의 전반기는 한국인들이 여러 분야에서 일련의 현저한 발전을 했다는 점을 특기할 수가 있다. 초기의 한 왕[세종]은 백성들이 한문을 배우는 어려움에서 해방되도록 위해 표음문자를 창제할 것을 결심했다. 왕은 학자들을 모아 오랫동안 주의 깊게 연구해 한 문자를 제정했는데 이 문자는 그 구조상의 간편함으로 보나 발음상의 탁월함으로 보나 가히 이 세상에 가장 우수하다고 할 수 있다. 닿소리는 모두가 티베트의 닿소리를 간이화한 것인데 티베트의 닿소리가 성질상 산스크리트어임은 물론이며, 홀소리는 모두

1) 처음에는 조림을 보내어 개국 사실을 알리고 주문사 한상질을 곧 뒤따라 보내어 국호를 받아왔다. 태조실록 태조 2년(1393) 2월 15일조.

가 고대 중국의 문장 문자(seal character)의 가장 간편한 자획에서 취한 것이다.

한글의 창제는 천재의 노작이었으며, 당시에 사용하던 것을 쓰지 않고 다른 것으로 바꾼다는 것이 사실상 불가능하리만큼 한국인들의 생활에 고착되어 있던 한문을 배우지 못한 백성들에게 어느 정도의 이로움을 끼쳤는가는 도저히 평가할 수가 없다. 그와 같은 문자의 변경은 지식층으로부터 비롯되어야 하지만, 한문은 배우기 어려워 상층 계급과 하층 계급의 사이에는 장벽이 생겼기 때문에 대중적인 문자를 제정함으로써 그와 같은 장벽을 무너뜨리려면, 먼저 한문을 숭상하는 상층 계급의 배타주의적인 사고방식을 뜯어고치는 것이 바람직할 수도 있다.

계급 사이의 감정은 너무도 강해 벼슬아치들의 아낙네들만이 겨우 한글을 사용했다. 이 때문에 백성들에 대해는 커다란 실수를 범하게 됐으며, 왕의 인자한 창제의 동기는 좌절됐다. 이와 때를 같이 해 왕은 금속활자의 주조를 명령했다. 이는 역사상 최초의 가동성 금속 활자로서 유럽보다 50년을 앞선다.[2)] 고대 활자의 몇몇 잔품이 아직도 남아 있다.

세도 층에서 불교 사상이 떨어져 나간 것은 기구에서 모래주머니를 떼어버린 것과 같아서 그 반응은 신기했으며 한국인들은 더욱 생기를 찾았다. 예술, 문학, 과학, 경제, 농업과 그 밖의 여러 활동 분야에 충격을 주었으며 오래전부터 존재했던 백성들의 침체한 생활 양상은 변모했다. 이러한 변화의 과정에서 가장 칭찬할 만한 것은 중용을 잃지 않았다는 점이다. 여론의 추세에 어떠한 변혁을 강제하려는 의도는 없었지만 그러한 변혁은 교화를 통해 천천히 진행됐다.

---

2) 우리나라에서 최초로 금속 활자가 만들어진 것은 구텐베르크(J. G. Gutenberg) 보다 216년이 앞선 1234년(고려 고종 21년)이었으나 대부분의 서구 학자들이 생각하고 있는 바와 같이 이때의 활자는 물론 그 인쇄본마저도 전해지지 않으므로 필자도 갑인자(세종 16년 : 1434년)를 한국 최초의 금속 활자로 보고 이와 같은 입장을 세운 것으로 보인다.

15세기의 전반기를 통해 끊임없는 발전을 이룩했다. 중요한 문헌이 출간되고 절은 학교 건물로 쓰이고, 조세 제도는 일원화됐으며, 물시계와 같은 여러 가지의 발명품이 창안됐다. 커다란 종을 주조해 서울의 한복판에 매달아 놓았으며, 나라는 인접 국가들과 평화로움을 유지하고 많은 이웃 나라로부터 우호 사절이 내조했다. 왜구의 침략이 그친 것으로 보아 이때부터 이미 조정의 허락을 얻어 교역관과 같은 것이 부산에 설치됐을 듯하다.

후궁의 소생인 타락한 왕자[3]가 왕위에 등극해 지나치게 어리석은 짓만 함으로써 15세기가 암운 속에 지나간 것은 이상스러운 일이다. 역모에는 반드시 그가 관련되어 있었으며 얼마 동안 백성들은 그로부터 말할 수 없는 시달림을 받았다. 그러나 그는 시운을 거슬린 탓으로 오래지 않아 강제로 왕위에서 쫓겨나 귀양살이를 떠나자 지난날의 흥륭이 다시 찾아왔다.

16세기의 중엽은 한국에서 소위 정당의 신기원을 이룩한 때이기도 하다. 그 이전까지만 해도 배타적인 정치적 반목이 없었으나 그 이후로 관리들은 서로 반대파로 갈리어 죽음에 이르도록 싸웠다. 그렇다고 해서 그들에게는 어떤 뚜렷한 정치적인 견해가 있었던 것도 아니고 정강이 있었던 것도 아니다. 그들의 싸움은 오직 정치적인 우위를 차지하려는 것으로서 아무리 고상한 체 표현하더라도 엽관제도로 밖에는 볼 수가 없다. 이는 또한 조선이 이때부터 뒷걸음질하기 시작했음을 의미하는 것이기도 하다.

그때부터 지금에 이르기까지 정치 도덕이란 서글프리만큼 곧장 퇴보했고, 정치적으로 지위가 높아지는 것만이 재산을 모으는 첩경이 된다는 생각이 너무도 한국인의 마음속에 꽉 박혀 있어서 정권이 바뀐다는 것은 곧 병을 다스리는 데에 환자를 죽일 가능성이 큰 외과 수술과 같은 것이라는 관념에 사로잡히게 됐다. 승자는 패배한 당파의 지도자를 죽이는 것을 아무렇

---

3) 연산군을 의미하는 듯하나 그는 후궁의 소생이 아니며, 다만 그의 생모인 윤 씨가 폐비됐을 따름이다.

지도 않게 생각했던 그와 같은 당쟁은 조선이 일본의 침입을 당해 결국 무기력하게 됐던 가장 큰 요인이 된다.

15세기가 다 지나갈 무렵 도요토미 히데요시는 일본의 쇼군이 됐다. 이 파렴치한은 조선이 극도로 쇠약해 반도 민족에게는 결코 길조가 될 수 없는 시리를 이용해 야심 있는 계획을 세웠다. 일본에서 피비린내 나는 내란에서 승리를 거둔 히데요시에게 유능한 군벌들의 일군이 그의 수하로 들어왔는데, 내란이 종식하게 되자 이들은 할 일이 없게 됐다. 그렇다고 해서 이들을 해산시키는 것도 쉬운 일이 아니었을 뿐더러 할 일도 없는 군대에 훈련만 시킬 수도 없었다. 이때 그에게 묘안이 떠올랐다. 즉 그는 조선을 공략함으로써 일거양득을 볼 수 있으리라는 결론을 내렸다.

히데요시의 본래 의도는 중원을 정복하는 것이었으며 조선은 다만 그 길목으로 생각했다. 그로서는 중원을 공격하자면 조선을 통과해야 했으므로 그는 사신을 보내어, 자기가 지금 천하를 정복하려고 하는바 조선은 모름지기 왜군이 통과할 수 있도록 하라고, 아니 차라리 명을 멸망시키는 데에 함께 협조하라고 통고했다.

이에 대해 조선의 왕은 조선이 중국과는 항상 우호 관계를 맺어 왔으며 부자 관계나 형제 관계와 다름이 없으므로 왜군을 돕는 그러한 사악한 행동이란 아예 생각할 수도 없는 것이라고 대답했다. 그 뒤로도 몇 번이나 사신이 오간 뒤로 히데요시는 위대한 과업을 성취하기 위한 제1차적 단계로서 우선 조선을 멸망시키지 않을 수 없다고 확신하게 됐다.

왜군이 조선에 상륙한 것은 1592년이었다. 그는 직접 출정할 수는 없었으므로 그의 모든 군사를 지휘해 쳐들어온 것은 가토 기요마사와 고니시 유키나가였다. 왜군이 대략 25만이었다는 데에 대해는 양측의 기록이 일치한다. 왜군은 5천 개의 전부와 10만 자루의 장검과 10만 자루의 창과 10만 자루의 단검과 50만 자루의 단도와 30만 자루의 크고 작은 조총으로 무장했으며 대포는 없었다.

말은 5만 필이었다. 대부분의 왜군은 적을 놀라게 하려고 얼굴에 복면을 썼지만 주 무기는 역시 조총이었다. 조선군은 전혀 총을 갖지 못했는데 이와 같은 장비에서의 현격한 차이는 왜군이 승리한 두 번째의 요인이 된다. 훈련을 잘 받은 데다가 총까지 무장한 왜병을 조선의 군사들이 대적한다는 것은 아예 생각조차 할 수 없는 일이었다.

조선은 오래전부터 일본의 침입이 있으리라는 것을 예상하고 히데요시의 계략과 그의 요구 사항을 명나라에게 낱낱이 보고했으나 막상 폭풍이 불어닥쳐왔을 때, 조선은 아무런 방비도 하고 있지 않았다. 조선이 평화로운 단꿈에 젖어 있는 동안에 군대는 단순한 민병대로 몰락했고 대장은 단순히 겉치레로 허세를 부리기에 급급했다. 당시의 일본이란 오직 야만에 가까운 종족들이 잡동사니처럼 몰려 있는 것에 불과했으며 그의 병력도 대단치 않았다는 주장도 그럴듯하다.

설령 그렇다고 하더라도 조선은 커다란 실수를 범했다. 조선이 왜군에 대해 무기력했다는 것은 처음의 1차 공격 때에서부터 명백하게 나타났다. 부산, 동래, 김해, 그리고 그 밖에 서울에 이르는 모든 고을이 삽시간에 적의 손으로 넘어갔다. 왜군들은 수가 많아서 단일 노선으로 진군할 수 없음을 알았으며 특히 한 고을에서 숙영해야 할 때는 더욱 그러했다. 그래서 왜군은 3대로 나뉘어 1대는 고니시의 지휘 아래 반도의 중앙을 거쳐 북진하고, 2대는 가토의 지휘 아래 동부 지방을 거쳐 북진하고 3대는 구로다 나가마사의 지휘 아래 서부 지방을 거쳐 북진했다.

이 산봉우리에서 저 산봉우리로 연락하는 봉홧불은 이미 사건이 일어났음을 알리기는 했지만, 왜군이 상륙했다는 놀라운 소식이 서울에 전해진 것은 그해 음력 4월 17일이었다. 왕과 조신들은 놀라서 어찌할 바를 몰랐으며 흩어진 잔군을 모으기에 바빴다. 모집된 군대는 겉모습만 보아도 처량했다. 그나마도 겨우 몇 천 명만을 모을 수 있었는데 장비도 허술한데다가 훈련이라고는 전혀 받아 보지도 않은 사람들이었지만 더욱 어처구니없는 것은 사졸들이 아니라 대장들이었다.

이 불충분한 군사로나마 왜군을 막고자 군대를 조령으로 파견할 것을 결정했는데 이곳은 10명의 군사로 능히 수천 명을 막을 수 있는 요새였다. 용감한 신립 장군은 결사대를 이끌고 이곳에 이르렀으나 머지않아서 그곳에 당도한 왜군이 용맹스럽기 짝이 없다는 무시무시한 소문이 떠돌았다. 그는 조선의 군인이 사용하는 철편은 산에서보다 평지에서 더 쓰기가 편리하다고 생각하고는 평야에서 왜군을 대적하기로 했다. 그렇게 되자 조령은 무방비 상태가 됐으며 왜군들은 조령을 넘어 협수룩한 부하들만을 거느린 신립을 만나자 일격에 무찌르고 일로 서울로 진격했다.

이제 여기에서는 당시의 침략을 감행하는 데에 주동 인물이었던 가토와 고니시의 됨됨이를 설명하려면 전세에 관한 언급을 잠깐 멈추기로 하자. 가토는 이미 그때 고령에 이르렀으며 보수적인 사람이었다. 동시에 그는 독실한 불교 신자인데다가 고전에 일가견을 이룬 학자였다. 그는 고니시와 같은 젊은이와 함께 연합사령관의 지위에 오르게 된 것을 매우 불쾌하게 생각하고 있었다.

그런가 하면 고니시는 이제 곧 학업을 마친 젊고도 영리한 청년이었다. 그는 가톨릭 신자로서, 용맹스럽고 고집이 세다는 점 말고는 가토와 너무도 대조적인 인물이었다. 그들의 관계는 마치 부시와 부싯돌과의 관계와 같았다. 그들은 누가 먼저 서울을 점령하느냐는 문제로 경쟁하고 있었다. 그들은 제비뽑기로 진로를 결정하기로 했는데 고니시가 운이 좋았으나 그는 가토보다 도중에서 더 많은 적을 무찔러야 했기 때문에 경쟁의 승률은 5 : 5였다.

이일 장군은 조선의 육군 중에서 지위가 높은 사람이었다. 그는 어느 곳에서인가 만나게 될 왜군의 진로를 막고자 4천 명의 병졸을 거느리고 급히 남쪽으로 향했다. 그는 조령을 지나 성주에서 둔병했는데 이곳은 바로 왜군이 쳐들어올 길목이었다. 그러나 그가 보낸 세작이 적군의 수효와 무기를 보고하자 그는 말머리를 돌려 다시 조령으로 돌아왔다.

이것부터가 잘못이었지만 그 다음의 행동은 더욱 괘씸한 짓이었다. 왜냐하면, 그는 일기당천할 수 있는 조령을 버리고 그 무서운 적과 자기와의 거리가 더 멀어지기에만 골몰했다. 그다음에 있었던 그의 소행을 생각하면 그는 아무리 심한 욕을 먹어도 지나치지 않다. 그는 왜군과 대항해 싸우려고 생각하기는커녕 그들이 접근해 오기만 하면 쏜살같이 도망했다.

고니시는 드디어 그의 군사를 이끌고 먼저 한강 변에 도착했으나 강에는 그들이 타고 건널 배가 없는데다가 건너편에서는 조선의 군대가 지키고 있었다. 조선군으로서는 왜군의 진격을 저지할 절호의 기회가 됐다. 그러나 왜군의 배진이 너무도 엄청난 데에 겁을 먹은 조선의 대장은 모든 전쟁 무기를 부수어 버린 다음에 모든 군대를 거느리고 한강으로부터 물러났다.

그러는 동안에 서울은 말할 수 없는 수라장이 됐다. 성벽을 지키는 사람은 아무도 없고 주민들은 겁에 질려 떨기만 했으며 파발은 이리저리로 바쁘게 뛰어다녔다. 모든 것이 혼란스럽기만 했다. 신하 가운데에서도 어느 사람은 왕에게 북으로 몽진할 것을 권하는가 하면 어느 사람은 서울에 남아서 사수하라고 권했다. 그는 몽진을 결심하고 장마가 시작되는 어느 여름밤에 급히 서둘러서 서문을 나서 "북경으로 가는 길"을 따라 도망했다. 그의 뒤에는 서울이 불타고 있었다.

백성들은 관청을 습격해 물품을 약탈했으며 종들은 종 문서를 불태워 버렸다. 왜냐하면, 그 당시의 종들은 재물과 마찬가지여서 공인된 재산으로 양도됐기 때문이었다. 비는 억수 같이 퍼부었으며 왕의 시종들은 살 속까지 빗물이 스며들었다. 식량마저도 넉넉히 공급되지 못해서 왕은 허기를 참으면서 가야만 했다. 7일이 지나서야 대동강을 건넘으로써 당분간이나마 평양에서 몸을 피할 수가 있었다.

그러는 동안에 왜군은 서울에서 흥청거리고 있었는데 그곳에서 그토록 지체한 것은 왜군의 커다란 실책이었다. 만약 그때에 왜군이 바로 과감하게 진격했더라면 아무런 준비도 하고 있지 않은 중원을 취할 수 있었을지도 모른다. 그러나 그들이 도중에서 머뭇거렸기 때문에 결과적으로 조선이 승리할 준비를 하는 데 필요한 시간적인 여유를 주었다. 조선 사람들은 처음에는 겁에 질려서 망연자실했지만, 점차 정신을 차리게 됐으며 충의가 있는 사람들은 왜군을 무찌르고자 여기저기에서 의병을 모집해 훈련시켰다. 아무리 왜병이 강할지라도 이러한 어려움을 당해서는 힘겹게 마련이었다.

드디어 왜군들은 군량의 보급로가 끊어지고 민가로 들어가서 양식을 얻어서 먹는 처지가 됐다. 일단 어느 병사가 병이나 그 밖의 어떤 이유로 죽으면 충원을 하지 못했는데 그것은 순전한 병력 손실로 나타났다. 이처럼 충원할 수 없었던 것은 이순신 장군의 천재적인 전략과 충성심 때문이었는데 그의 명성은 세계의 어느 위대한 영웅도 추종할 수가 없다. 남해에서 수군을 지휘하던 그는 거북 모양과 비슷하게 생긴 기묘한 철갑선을 발명했다. 선미는 철판으로 덮여 있어서 적의 총탄에도 뚫리지 않았다.

이순신은 자신이 만든 철갑선을 타고, 육지에 있는 왜군들에게 파견되는 6만 명의 증원군을 싣고 가는 함대를 만나 교전했다. 그는 민첩한 자기의 거북선으로 왜선의 좌우를 협공해 전 함대를 곧 혼란 속으로 몰아넣었다. 그는 혼전하는 왜군의 함대에 화전을 쏘고 거북선으로부터 무시무시한 불덩어리를 뿜었는데 그의 위력으로 전 함대를 거의 격파했다. 그중의 몇 척만이 겨우 달아나서 본국에 비보를 전달했다.

이순신 장군의 승리는 임진왜란의 전환점이라고 볼 수가 있다. 왜냐하면 비록 왜군은 평양까지 진격하고 왕은 북경에서 피난처를 찾아야 했지만, 이때부터 침략의 야욕은 좌절됐기 때문이다. 조선의 요청에 따라서 원군을 진발한 명나라는 그제야 사태가 심상치 않음을 깨닫기 시작했으며 반면에 왜군들은 본국과 멀리 떨어져 있을 뿐만 아니라 보급마저도 끊어지게 되자 초조해지기 시작했다.

왜군 지도자들 사이에 질투가 점차 노골화된 데다가 명나라와 조선의 연합군이 평양에 나타나서 물밀 듯이 밀려 내려오자 전의를 잃고 귀국할 생각만 하던 왜군들은 내심으로 기쁘게 생각하며 밤을 틈타서 남쪽으로 도망하기 시작했다. 그들은 계속 쫓겨 서울에까지 후퇴하고서야 겨우 한숨을 돌릴 수가 있었다.

명나라는 침략자들의 중추가 사실상 무너질 때까지도 조선을 돕지 않았다는 점을 지적하지 않을 수가 없다. 조선으로서는 단독으로 왜군을 물리칠 기회가 없었다는 점이 서글픈 일이었다. 본국으로부터 원군이 오리라는 희망마저도 사라진 왜군은 적과 타협하고 철군하고 싶었으나 명군의 이상스러운 행동으로 말미암아 왜군은 남해안에 도착해 전열을 재정비할 시간적인 여유를 넉넉히 가졌는데, 명군의 그와 같은 행동은 그들이 왜군과 어떠한 부정한 농간이 있었지 않았나 하는 의심을 품게 해 주는 것이었다.

명나라가 이번 전쟁에 참전함으로써 조선 사람이 그들의 조국을 무력으로 방위하려는 민족의식의 성장을 막았다. 최근에 일어난 러일전쟁은 러시아인들이 그들에게 필요한 것이 무엇인가를 깨닫게 해 줌으로써 새로운 러시아의 창시에 어떠한 희망을 불어넣은 것과 마찬가지로 임진왜란은 새로운 조선의 신기원이 될 수 있었을지도 모른다.

남해안을 따라 견고한 보루를 세운 왜군은 만 2년 동안을 이곳에서 버텼으나 조선군들은 그들을 꾀어내어 유격전으로 무찔렀다. 이 무렵에 왜군을 쳐부수는 데에 자신의 목숨을 바친 여러 애국자에 대한 일화는 무수히 많다. 왜군들은 드디어 자신들의 불리한 입장을 모면하고자 외교적인 방법을 쓰기 시작했다. 사신들이 끊임없이 조선과 명을 왕래하더니 드디어 1596년 여름에 왜군들은 본국으로 돌아가도록 허락을 받았다.

이는 통탄할 만한 잘못이었다. 고니시는 무시무시한 이순신 장군이 아직 살아 있는데다가 그가 바다를 지키고 있는 한 왜군들은 조선으로 증원군을 보낼 수 없다는 것을 잘 알고 있었기 때문에 본국으로 돌아가고 싶었다. 왜군들은 이미 이 한국의 넬슨(Nelson) 제독에게 18만 명의 목숨을 잃었기 때문에 그를 몹시 두려워했다. 우리는 여기에서 그때로부터 50년 전에 뿌려진 당쟁의 씨가 이제 어떠한 결과를 가져왔는가를 알 수가 있다.

전쟁의 중압이 사라지자 승리한 장군들은 제각기 상대편을 욕하고 이번 전화의 책임을 놓고 서로 비방하기 시작했다. 이번 전쟁을 통해 충성스럽게 죽었거나 그의 의용을 외면당한 사람이 적지 않았다. 그들 가운데 어떤 사람은 이러한 추태에 대해 구역질하면서 낙향했고, 그와 같이 추잡한 방법으로 분배되는 관직에 앉아서 일할 것을 거절했다. 그러나 이러한 모든 일 중에서 가장 표본이 되는 것이 이순신 장군이었다. 왜군들은 본국으로 돌아가자 곧 또 다른 침략을 획책했는데, 이때 조선을 정벌하는 데 그들의 야망은 전번처럼 그렇게 거창하지 않았다. 그들이 승리하는 데 필요한 것은 단 한 가지였다. 이순신 장군만 제거해 버린다면 문제는 간단했다. 한국 측의 기록에 따른 그 내막은 다음과 같다.

> "왜군과 운명을 같이 하던 어느 한 조선인이 본국으로 송환됐다. 그는 조선의 어느 장군 앞에 나타나서 매우 중요한 정보를 알고 있노라고 말했다. 그의 말에 따르면 왜군의 함대가 지금 쳐들어오고 있는데 그들을 저지하기 위해서는 어느 섬으로 이순신 장군을 파견해야 한다는 것이었다. 왕은 이 소식을 듣고 이순신 장군에게 이 일을 수행하라고 즉시 명령했다.
>
> 그러나 이순신 장군은 그곳은 항해하기가 매우 위험하므로 조선의 연안까지 그들이 다가오기를 기다리는 편이 훨씬 유리하다고 대답했다. 그를 비방하던 사람들은 이것을 꼬투리로 삼아 그가 왕명을 따르지 않고 모반하려 한다고 참소했다. 그러나 그는 왕명대로 한다면 자신의 함대를 위태롭게 할 뿐이라고 해 두 번씩이나 왕명을 거역하자 그는 곧 그 자리에서 쫓겨났다. 그는 아무런 불평도 하지 않았다."

왜군이 이것을 기다리고 있었던 것은 너무도 명백한 사실이었다. 그 무시무시하던 이순신 장군이 벼슬에서 물러났다는 소식을 듣자 그들은 즉시 조선으로 전함을 띄었다. 조선의 함대는 어느 무능한 관리[4]의 휘하에 있었는데 그는 왜군만 보면 달아났기 때문에 그들은 두 번째로 조선에 상륙할 수가 있었다.

이때는 1597년 정월이었는데 왜군을 수송하고자 진발된 배가 1천 척이였다. 그들이 상륙하자 이 나라는 다시 소란해졌다. 급히 사신을 명나라에 보내어 원군을 청했으며, 각지에서는 이순신 장군을 복직시키라는 여론이 비등했다. 그는 복직되자마자 곧 새로운 침략자의 보급로를 끊었다. 그러나 이번에는 왜군들도 지난번처럼 육지에서 무인지경을 가듯이 진격하지 못했다.

이미 조선 사람들은 전쟁에서 훈련을 쌓았던 것이다. 총포를 얻었으며 왜군의 전술을 모두 습득해 자체 방어에 사용했다. 조선인 중 어떤 사람들은 왜군에게 돌격해 10명씩 또는 20명씩 살해했으며 설령 불리하게 되더라도 성벽의 총구 뒤에 숨어서 적을 내려 볼 수 있을 만큼 유리했다. 왜군의 주력부대는 서부의 도로를 통해 서울로 진격했으나 직산에서 명과 조선의 연합군을 만나 이제는 재차 서울을 점령할 수 없을 만큼 심한 타격을 받았다.

전쟁은 질질 끌기만 해 어느 쪽에서도 결정적인 승리를 거두지 못했으며 사실상 대부분의 전쟁이 소규모였기 때문에 왜군들은 마치 이주민처럼 정착해 토지를 경작하고 심지어는 조선의 아낙네들을 아내로 삼았다. 그러나 1598년, 한국인들은 왜군들로부터 나라를 구출하고자 최종적인 반격을 시도해야 한다고 결정했다.

왜군들은 이제 이 전쟁에서 아무런 희망을 걸 수가 없다는 것을 알게 되자 오직 안전하게 돌아가고 싶은 마음밖에 없었다. 그들은 전함도 몇 척 가지고 있었지만, 뱃길에서 이순신 장군을 만날 생각을 하면 두려운 생각이 앞서서 총포가 마련되어 있는 그들의 요새를 감히 떠나지 못했다. 그들은

4) 충청병사로 있다가 이를 계기로 삼도수군통제사가 된 원균을 가리킴.

명나라의 장군들에게 뇌물을 주었으며 이러한 방법으로 그들은 어느 정도 성공을 했다고 한다.

그러나 명나라의 장군들에게 뇌물을 주었으니 일이 잘되리라고 철석같이 믿고 본국을 향해 배를 띄웠을 때 그들은 그 유명한 제독과는 아무런 홍정이 없었다는 것을 알게 됐다. 왜냐하면, 그는 명의 장군들처럼 뇌물을 받고 홍정할 것을 거절했기 때문이었다. 일이 이쯤 되자 사상 최대의 해전이 벌어져서 왜군의 함대는 거의 침몰됐다.

그 싸움에서 이순신은 치명적인 상처를 입었으나 뇌물을 받고 홍정해 그들을 살려 보내지 않은 자신의 처사에 대해 아무런 후회도 없이 죽어갔다. 왜냐하면, 그는 자기의 조국이 침략자들로부터 해방되는 것을 보았으며, 결국 이번의 전쟁에서 자기는 비록 죽지만 이 전쟁의 추억과 함께 영원히 민족의 가슴속에 살아남아, 조정에서 자기를 모함하던 사람들도 자신의 주검의 주위에 모여서 불귀를 애도해 주리라는 것을 확신했기 때문이었다.

왜군들이 한인들의 코와 귀를 잘라 소금에 절여 본국으로 싣고 간 것은 바로 이 재침 때의 일이며 그것들은 아직도 교토에 묻혀 있다. 오늘날까지도 그곳을 찾아볼 수 있으며 어느 강대한 민족의 역사에 대한 오점인 양 야만적이고 난폭했던 비인도적 처사에 대한 말 없는 유적으로 남아 있다. 그들은 조선을 점령하는 동안에 여러 종류의 엄청난 전리품을 본국으로 보냈다.

한인들은 윤기 있는 특수한 종류의 도자기를 만드는 데 훌륭한 솜씨가 있었는데 왜군들은 그것들을 매우 좋아했다. 그래서 왜군들은 그들의 도구와 함께 상당수의 조선의 도공을 잡아가서 일본의 서부 지방에 정착시켜 그들의 본업에 종사토록 했다. 이와 같은 그들의 계획은 크게 성공을 보아 오늘날 그토록 유명한 사쓰마의 도자기는 모두가 그들이 전수하는 방법을 따라서 만들어진 산물이다. 조선 사람의 후손들이 남긴 자취는 아직도 일본의 여러 곳에서 찾아 볼 수가 있다.

일본이 부산에 왜관을 설치하도록(오히려 재개라는 말을 쓰는 것이 옳겠

다) 허락해 달라고 조선에 사신을 보낸 것은 그 뒤 몇 년이 흐른 다음이었다. 이들의 청원에 대해 곧 허락이 내리자 1년에 왕래할 수 있는 선박의 척수와 그들이 가지고 갈 물품의 양과 준수해야 할 형식에 관한 세칙이 마련됐다. 이와 같은 세부적인 준칙이 기록된 문서는 부피가 매우 방대하다.

이 문헌을 숙독해 보면 일본인들은 그 처지가 매우 초라했으며 한국인들은 그들을 아무리 잘 대해 주었을 때라도 평등 이상으로 대해 주지는 않았다는 결론을 얻게 된다. 한국은 항상 중국을 향해 살아왔기 때문에 왜관은 한국의 후문으로 취급했다. 이와 같은 연례적인 일본의 무역선을 통해 상당한 교역이 이루어졌다고는 하지만 정크에 의해 중국과 행해진 무역이나 만주와의 육로 교역과는 비교도 안 될 정도였다.

제 7 장 병자호란과 초기의 기독교

17세기 초엽이 되자 만주족[1)]의 세력이 검은 구름처럼 지평선 너머로부터 일어나기 시작했다. 명은 이들을 일격에 무찌를 셈으로 조선에 원군을 청했다. 명은 임진왜란 당시에 왜군을 무찌르고자 조선을 돕는 동안에 국력이 고갈됐다는 표현이 오히려 적절할지도 모른다. 그러므로 명나라로서는 당연히 조선에 도움을 청할 만한 입장에 있었지만, 조선은 이를 매우 못마땅하게 생각했다. 조선은 무엇보다도 만주족이 이길 경우에 자신에게 미칠 후환을 두려워했기 때문이었다. 그러나 드디어 조선은 약간의 분견대를 파견해 만주족과의 싸움에서 명나라와 제휴했다.

서전에서부터 명나라가 패퇴하자 조선의 장수들은 만주족에게 글을 보내어 자기들이 본의는 아니었지만 어떻게 해 이번의 전쟁에 어쩔 수 없이 말려들게 됐노라고 변명하고 앞으로는 우방이 되는 것이 어떻겠냐고 제의했다. 이러한 제의를 만주족들이 어느 정도 믿었는지는 알 수가 없지만, 그들은 조선을 벌하기보다는 오히려 손을 잡고 많은 일을 함으로써 두 나라는 얼마 동안 우방이 됐다. 1620년경에 만주족은 명나라와 치열한 전쟁을 했으나 조선은 어느 쪽에도 가담하지 않았다. 그렇다고 해서 조선이 평화로웠던

1) 청나라의 전신인 후금(後金)을 의미함.

것도 아니다. 이 무렵에 조선에서는 역사상 그 유례를 찾을 수 없는 커다란 내란이 일어났다.

6세기 이래로 한국에는 내란이 없었으나 이괄의 난이 그 예외를 만들었다. 그는 북부 지방에서 봉기해 왕실을 전복시키려고 결심했다. 그의 음모와 책략을 설명하려면 긴 시간이 걸리겠지만, 여기에서는 그가 강력한 군사를 모집해 서울로 진격한 것으로 요약하겠다. 왕은 그의 반란을 진압시킬 만한 준비가 되어 있지 못해서 강화[2]로 피난했다. 반란군들은 서울에 입성했으며 얼마 동안 이괄은 왕권을 행사했지만, 그의 지배권은 서울까지 미치지 못했다. 드디어 어느 한 충성스러운 장수[3]가 그를 전장으로 나오도록 유도했는데 이괄은 이 싸움에서 패해 서울을 벗어나 도망치다가 끝내는 목이 달아났다.

만주족은 조선이 약속한 조공을 제대로 바치지 않는 데에 불만스럽게 여겼으며, 더구나 조선이 아직도 명나라를 섬기는 것을 못마땅하게 생각했다. 만주족은 이러한 사실들을 트집 잡아 드디어 1637년에 오래고도 무시무시한 침략 전쟁이 일어났다. 3만의 만주족은 압록강을 건너 서울로 밀려들어왔다. 왕은 다시 강화도 피난지로 도망을 갔다가 그곳에서 나와서 치욕적인 항복을 하고 검은 소와 흰 말을 죽임으로써 피로 항복에 조인했으며 이후로는 만주를 새로운 종주국으로 섬길 것을 엄숙히 선언했다. 만주족과 조선인이 선서한 언약의 내용은 각각 다음과 같다.

> "만주족의 2대 왕은 조선의 왕과 더불어 이에 맹약하노니, 이제로부터 우리는 오직 한 마음 한 뜻으로 합친다. 만약 조선이 이 맹약을 깨뜨리면 하늘

---

2) 이때 왕이 도망친 곳은 강화가 아니고 공주였다.
3) 도원수 장만을 가리키는지 전부대장 정충신을 의미하는지는 불확실하다. 그러나 최후로 이괄을 격파한 사람은 정충신이었으며 원문에는 a loyal General이라고 되어 있어서 혹시 충신(忠信)을 충신(忠臣)으로 알고 그렇게 영역하지 않았나 의심스럽다.

이 벌을 내릴 것이며, 만약 만주족이 이를 깨뜨리면 하늘이 또한 벌을 내릴 것이라. 이제 두 왕은 진심으로 함께 우호를 맺을 것이며 신의의 원칙에 따라서 나라를 다스린다. 신이여! 우리를 보우하시고 강복하소서." …. "이제 조선은 금국과 더불어 언약하고 서약하노니 이에 제물을 바쳐 우리는 각기 자기의 기업을 가짐으로써 평안 속에 살 것을 맹세하노라. 만약 우리가 서로 미워하고 해친다면 그 죄를 범한 자에게 하늘이 벌을 내리리라. 이 두 왕은 진심으로 우의를 가지며 모름지기 서로 평화로울지니라."

이 언약이 구멍 뚫린 맹세였음을 모르는 것은 오직 만주족밖에 없었으며, 일본은 만약 조선이 만주족과 싸우기를 바란다면 군사적인 원조를 보내겠노라는 밀약을 서둘러서 보냈다. 명나라의 황제도 또한 조선에 고무적인 글을 보내었는데 이것은 압록강 건너의 새로운 세력에 대한 조선의 충성심을 훨씬 더 해이하게 하는 것이었다.

조선의 사신[4]들이 중국에 가서 저 유명한 마테오 리치 신부[5] 지지자인 로마 가톨릭계의 기독교인들을 처음 만난 것은 이 무렵인 1631년이었다. 그 사신들은 과학에 관한 약간의 서적과 권총 두 자루와 망원경 한 개와 그 밖에 몇 가지의 서구 제품을 가지고 왔다.

만주족들은 조선의 맹약이 거짓이었음을 곧 알게 됐다. 만주족들은 그것을 시험해 보기 위해서 사신을 보내어 1만 온스의 금과 1만 온스의 은과 1천만 필의 아마포를 조공으로 바치도록 요구했다. 그들은 분명히 조선을 다시 침략하려는 구실을 찾고 있었다. 조선은 분연히 그 요구를 거절하자 1636년에 유명한, 아니 오히려 악명 높은 두 만주족의 장수인 용골대(龍骨大)와 마

4) 인조 때의 문관인 정두원을 의미함.
5) 마테오 리치(Matteo Ricci : 1552~1610)를 의미함. 이탈리아 마체라타 출신. 제수이트교 신부 서품을 받은 후 1582년에 중국에 입국해 28년 동안 중국에서 포교하면서 큰 족적을 남겼다. 저작으로 『천주실의』를 썼으며, 이는 한국의 개명과 신앙에 많은 영향을 끼쳤다.

부대(馬夫大)가 야만족에 가까운 유목 민족을 이끌고 압록강을 건너 왔다.

압록강으로부터 서울에 이르는 봉화대가 만주족의 침입을 알린 것은 1636년 음력 12월 12일이었다. 14만 명의 군대가 강을 건너 서울을 향해 강행군을 했다. 그토록 미친 듯이 빠른 속력으로 천하를 정복한 군대가 있었다는 말은 아직 들어보지 못했다. 왕은 그의 가족들을 강화도로 피난시키고 자신도 곧 떠날 준비를 했으나 이미 만주족의 기초병이 한강 둑에 나타났다는 급보가 들어 왔다.

강화도로 가는 길은 이미 막혔다. 어느 몹시 추운 날 밤 왕은 시종 몇 사람만 거느리고 동대문을 빠져나와 축조가 끝나지도 않은 남한산성을 향해 발길을 재촉했다. 이 산성은 서울에서 남쪽으로 20마일 지점에 자리 잡고 있다. 여기에서 신하들과 수천 명의 군사들은 왕을 중심으로 집결했으며, 근위병들이 이 위험에서 왕을 구출하러 올 때까지 만주족이 접근할 수 없기만 기대했다. 그들은 서울에 입성해 이루 말할 수 없는 흉행을 저지르고 있었다.

그들이 어떠한 짓을 했는가를 말한다면 독자들의 마음만 언짢아질 것이다. 그들은 남한산성을 포위하고 이를 함락시키고자 몇 번이나 노력했지만, 번번이 실패했다. 수가 적은 조선의 군사들이 몇십 일 동안이나 엄청난 만주군과 혈전한 공방전의 실화는 참으로 감명이 깊지만, 너무 길어서 여기에서는 모두 기술할 수가 없다. 드디어 성안에 있는 사람들이 문자 그대로 하나씩 하나씩 굶어 죽고 밖에서는 포위망을 뚫으려는 지원병들의 노력마저도 희망이 없게 된 데에다가 강화가 함락되어 모든 왕실의 가족들이 포로가 되자 왕은 항복하러 남한산성에서 나왔다.

만주족들은 왕으로 하여금 길고도 치욕적인 항복의 예를 드리게 하고 불명예스러운 사항들을 낱낱이 기록한 커다란 비석[6]을 세웠으며 수백 명의

6) 광주군 중대면 송파리에 있는 삼전도한비(대청황제공덕비)를 의미하는데 이것이 세워진 해는 병자호란이 끝난 1637년이 아니라 1639년이다.

백성을 노예로 잡아간 후에야 왕의 환도를 허락했다. 만주족들은 전리품을 마음껏 노획한 다음 북으로 돌아갔다. 만주족들은 이미 명조를 무너뜨리고 중원의 패자가 됐기 때문에 조선의 침략은 여기에서 그쳤다.

오늘날까지도 한국인들은 만주족들을 야만에 가까운 민족이라고 생각하면서도 감히 경멸하지 못하고 있으며, 명나라와 우호 관계를 맺고 있던 시절에 동경의 눈길을 던지고 있다. 오늘날 한국인들의 의상과 머리형은 명조의 그것이다. 만주족은 한민족에게는 이들을 바꾸도록 강요했으나 조선인들에게는 이를 바꾸지 않도록 허락했다. 그래서 오늘날 한국의 의상은 오늘날 중국 그 자체의 의상보다도 더 중국적인 특징을 간직하고 있다. 만약 한민족들이 만주족의 멍에에서 벗어날 수만 있었더라면 그들은 기꺼이 명조의 풍습대로 돌아갔으리라는 것은 의심할 나위도 없다.

◆ ◆ ◆ ◆ ◆

하멜(Hendrik Hamel)을 일행으로 한 스파르웨르호(Sparwehr)[7]가 홀란드(네덜란드)를 떠나서 운수가 사나운 항해를 시작한 것은 약 17세기 중엽이었다. 처음에는 64명이 배에 오른 듯하나 그 배가 제주도 해안에서 난파해 뭍에 닿았을 때는 다만 36명만이 생존해 상륙했다. 그들은 관헌에게 잡

7) James Burney ed., *A Chronological History of the Voyage and Discoveries in the South Sea or Pacific Ocean*, Luke Hansard and Son, London, 1813, Part III, pp. 197~227에 수록되어 있는 영문판 『하멜 표류기』(*An Account of the Shipwreck of a Dutch Vessel on the Coast of the Isle of Quelpart, Together with the Description of the Kingdom of Corea*)의 서문 속에 소개된 원전의 해설에 따르면 하멜이 탔던 배의 이름은 Sparwer라고 되어 있다. 국내 기록에는 대개가 Sperwer로 되어 있지만 이 책에서 밝히고 있는 바와 같이 Sparwer가 새매를 의미하는 Sparrow Hawk의 동의어인 것으로 보아서 Sparwer가 정확한 철자인 것으로 보이며 이 책의 Sparwehr도 정확하다고 볼 수가 없다.

혀 서울로 압송됐는데 그곳에서 그들은 왕의 후대를 받기도 하고 손수 노동을 하거나 심지어는 때때로 거지 생활을 하면서 14년 동안을 이곳에서 살았다. 드디어 그들 가운데 생존자 몇 명이 탈출해 나가사키로 도망했다. 하멜은 그 후에 조선에서 있었던 자기의 경험담을 문헌으로 남겼다.

한인들이 남경에서 로마 가톨릭계의 선교사들을 만나서 미미하게나마 기독교의 교리를 배운 것을 논외로 한다면 17세기 후반기에 일어난 일 중에서 특기할 만한 것이 없다. 1677년에 국세조사가 시행됐는데 총인구는 4,703,505명이었다. 이 통계는 오늘날의 국세 보고에 나타난 수와 거의 비슷한 것으로 보아서 터무니없는 것임이 분명하다.[8] 그때라면 위와 같은 기록이 사실과 많이 다르다는 것은 의심할 나위도 없으며 오랜 시간이 흐른 지금의 인구가 그 정도인 것으로 보아서 그 당시의 인구는 그와 비슷하기는커녕 훨씬 더 차이가 났을 것이다.

당쟁은 그 후로도 계속됐으며 이때의 역사는 이기주의적이고도 자살적인 당파의 엎치락뒤치락한 싸움 얘기로 가득하다. 한국 측의 기록에 따르면 처음으로 외국인들이 입국해 기독교의 교리를 가르치기 시작한 것은 1686년이라고 한다.[9] 그들이 어느 나라 사람인지는 알 수가 없으나 아마도 중국인이었을 것으로 추측된다.

달레(C. Dallet)가 쓴 유명한 기록[10]에도 조선에서의 로마 천주교회사에

8) 기록에 따르면 1717년의 총인구가 6,829,771명이었으며, 필자가 이 책을 쓸 당시인 1900년경에는 1,500만이 됐을 것으로 추산되는 점에 비추어 보면 오히려 필자의 주장이 의심스러운 데가 있다.

9) 이미 1594년 크리스마스를 전후해 포르투갈의 신부인 세스페데스(Gregorio Cespedes : 1552~1611)가 고니시 부대의 종군 신부로 웅천에 도착해 고아들을 구제했다.

10) 이것은 당시 조선에서 포교하던 다블뤼(M. A. N. Daveluy) 신부가 수집해 보낸 자료를 토대로 해 프랑스 파리외방전교회 소속의 신부였던 달레(Charles Dallet : 1829~1878)가 쓴 『조선교회사』(1874)를 의미한다. 달레는 프랑스의 파리외방전교회 소속의 신부로서 포교보다는 문필로 유명했다. 그는 조선을 방문한 적은 없으며 파리에 있으면서 다블뤼 신부가 수집해 보낸 자료에 입각해 『조선교회사』를 집필했다. 1877년에 월남을 거쳐

관한 언급이 없어서 오히려 그 이해의 갈피를 더 잡을 수가 없다. 그러나 그들이 조선에서 포교한 적이 없었다면 터무니없이 한국 측의 기록에 그들에 관한 언급이 있을 리도 없는 것이다. 어쨌든 그 당시에 교세는 상당히 퍼져서 어떤 고위 관리들은 왕에게 외국인들을 추방하도록 권했다고 한다.

치열한 당쟁이 계속되는 동안에 18세기의 막이 올랐지만, 이때는 역사상 찬란했던 시대였다. 서울의 북쪽에 있는 북한산성이 1717년에 완성됐으며, 이 거창한 임무를 수행한 왕[11]은 또한 어떠한 종류의 술을 만들거나 파는 자에게는 심한 벌을 내려 금함으로써 역사상 거의 독보적인 인물이 됐다. 몇 해 동안 그와 같은 주류는 거의 볼 수가 없었다. 특별히 임명된 포졸들이 길가에 서 있었는데 그들의 임무는 오가는 사람들에게서 술 냄새를 맡는 것이었다고 한다. 이것이야말로 얼마나 고달픈 직업이었겠는가! 북방의 어느 방백은 이 어명을 지키지 않았다는 이유로 처형됐다.

1730년에 이르러 조선에는 대변혁의 시대가 시작됐다. 이때는 태조가 창업한 영토를 회복할 만한 가능성이 있었다. 그 당시에 마련된 단순한 개혁안을 보면 국민들의 생활양식이 어떠했는가를 엿볼 수가 있다. 모든 노비들의 손자들은 자유민이 됐으며, 보가 축조되고 태양계의 새로운 모형을 만들어 임진왜란 당시에 파괴된 것을 보수하고 정강이뼈를 휘도록 비트는 등의 잔인한 고문 방법을 금지했다.

흉년이 들 때 쓰고자 곡식을 저장할 창고를 세우고, 단근질 형이 없어지고, 바퀴의 축으로부터 창검이 솟아 나온 전차가 발명되고, 관리들을 감시하는 감찰반을 조직하고, 작은 나무의 벌채를 엄격히 금하고, 도둑의 이마에 먹으로 문신을 새기는 풍습을 폐지하고, 3층 갑판의 전선을 없애는 대신에 그보다 빠른 취선(Falcon Boat)을 만들고 척의 길이를 신중하게 조정해

도쿄에 도착했으나 곧 병사했다.

11) 19대 숙종을 의미함.

전국적으로 단일화하고, 서울의 서문과 동북문의 지붕을 처음으로 고치고, 비단의 사용을 금하고, 타락한 무당과 사당패를 금지하고, 서울의 큰 하수도를 개수해 새로이 벽을 쌓고, 모든 노예를 해방했다.

이때까지도 로마 가톨릭의 비밀 포교는 황해도와 강원도에서 상당한 성과를 거두었다고 한다. 조정에서 이를 불안하게 생각하자 왕은 발흥하는 교회를 탄압하도록 명령했다. 탄압이란 말로만 금령이었지 참형하는 정도까지는 되지 않았으므로 아마 약간의 위협이 가해졌으리라는 것이 옳을 것이다.

1776년의 국세 조사에 따르면 총인구는 7,006,248명이었는데 이는 1세기 동안에 230만 명이 증가한 것이다. 이것은 그 자체가 당시의 생활이 번영됐음을 보여주는 것이다. 이와 같은 인구의 증가율은 그 유례가 흔하지 않은 것인데 이는 대체로 오랫동안 재위에 있으면서 선정을 베푼 인종[12]의 덕이었다.

학자였던 권철신이 무리를 모아 기독교의 교리를 연구하고자 입산한 것은 약 1780년경이었다. 그들은 오직 단 한 권의 기독교 교리서 필사본을 가지고 있었다. 그들은 한 사람씩 한 사람씩 모두가 개종했다. 이 무렵에 다른 한 청년[13]이 북경에서 프란체스코회의 구베아[14]를 만나서 영세를 받았다. 그는 귀국할 때 많은 교리서와 십자가와 성화와 그 밖의 여러 가지 종교적인 표상을 가지고 왔다. 오늘날 양근[15]은 한국에서 로마 가톨릭의 발상지로 불린다. 1785년에 이 새로운 종교에 대한 적극적인 탄압이 시작되고 왕에게

---

12) 이는 숙종의 오기임.

13) 윤유일을 의미함. 그가 구베아 신부를 만난 것은 1790년이며 그에게 영세를 준 신부는 구베아 신부가 아니라 프랑스의 로(Nicholas J. Raux : 1754~1801) 신부였다.

14) 구베아(Alexandre de Gouvéa: 1571~1808) : 포르투갈 출신의 프란체스코회 신부. 고아(Goa)를 거쳐 중국에 입국해(1785) 북경 주교 겸 흠천감정을 지내면서 조선의 천주교도들을 만나 조상 숭배를 엄격히 규제했다.

15) 지금의 경기도 양평군의 일부이다. 본시 양평군은 양근군과 지평군으로 나뉘어 있었으나 1914년에 두 군을 합쳤다.

이들을 탄핵하는 상소문을 올리는 사람[16]도 있었다.

그 다음 해에는 북경에 갔던 한 사신이 귀로에 많은 가톨릭 교리서를 가지고 왔는데 왕이 이를 알고 커다란 소동이 일어났다.[17] 그 후로부터 조선에 입국하는 모든 사신의 휴대품을 엄격히 검색하도록 결정했다.

그 해에 또한 콜레라가 전국에 퍼져서 커다란 재난을 불러일으켰는데 이때에 37만 명이 죽었다고 한다. 서울에만도 회복된 사람이 8천 명이라고 하는데 회복된 사람의 수가 이 정도라면, 콜레라의 사망률로 미루어 보아 적어도 당시 서울 인구의 절반인 6만 명이 죽었음을 알 수가 있다.

1791년까지만 해도 조정에서는 천주교도들을 그다지 심하게 탄압하지는 않았다. 교도들에 대한 극심한 탄압은 조상의 신주를 파묻은 두 사람[18]을 처형한 데에서부터 비롯됐다. 이때부터 비롯된 탄압은 그 후로 계속 확대되어 그 해 11월에는 새로운 종교를 믿는 데에 몰두한 네 명의 고위 관리가 잡히어 처형되기까지 이르렀다.[19] 그다음 해에 교황은 조선에 있는 교회의 관할권을 정식으로 북경의 대주교에게 맡기자 즉시 주 페르[20]라고 하는 신부가 처음으로 조선에 파견됐다.

18세기 말엽에는 예술과 과학에서 눈부신 발전을 보였다. 문학이 또한 등장해 세상 사람의 이목을 끌게 됐으며 왕[정조]은 왕조 초기의 것과 비슷한 20만 개 이상의 활자 주조를 명했다.[21] 동시에 거의 22만 자에 달하는 목판

---

16) 양서의 금단을 주장한 유하원을 의미함.

17) 이승훈을 의미하는데 그는 1783~1784년 동안 북경에 다녀왔다.

18) 윤지충, 권상연을 의미한다. 이들은 윤지충 모친의 신주를 묻은 것이 아니라 불에 태웠다.

19) 이 사건을 신해사옥(진산사건)이라고 하는데, 이 무렵에는 초창기여서 정조는 윤지충, 권상연 두 사람을 처형하고 이승훈을 삭직했으며 권일신을 제주도로 귀양을 보내는 것으로 그쳤을 뿐이지 4명의 고위 관리가 처형되지는 않았다. 다만 윤지충의 벼슬은 진사였으며, 이승훈은 동지사의 서장관을 지냈다.

20) 청국 신부 주문모(1752~1801)를 의미함. 그러나 그가 입국한 것은 1792년이 아니라 1794년이다. 주문모는 소주 출신이며 1794년에 신부로서 최초로 조선에 입국해 포교하던 중 신유박해 당시에 의금부에 자진 출두해 새남터에서 처형됐다.

활자도 역시 만들었는데 이 활자로 중요한 문헌들이 많이 출간됐다. 그중에는 법률, 종교, 병법, 윤리 및 형률에 관한 것들이 많았다.

19세기가 막을 올리자 조정에서는 천주교를 뿌리째로 뽑아 버리려는 정책을 철저하게 실시했다. 이와 같은 정책의 이유는 외세에 대한 두려움에서 비롯됐다. 그와 같은 정책은 근본적으로 백성들이 어떤 종교를 믿고 있다는 사실을 조정에서 유념하고 있었기 때문에 일어난 것은 아니었다. 임진왜란과 병자호란을 혹독하게 치르고 나자 조정에서는 될 수 있으면 외세를 멀리하지 않고서는 안전할 수가 없다는 느낌이 들었다. 1801년에 그토록 끔찍스러운 참극[22]이 일어났던 것도 그와 같은 이유에서였다. 이때 약 30명이 죽었는데 그중에는 두 명의 왕자빈[23]과 주 페르 신부도 있다.

1810년부터 20년 동안은 참극으로 가득 찼다. 홍수, 페스트, 한해가 연달아 일어났는데 오늘날 조선이 이토록 가난에 시달리는 것이 어떤 면에서 보면 그때에 입은 피해로부터 쉽사리 회복되지 않았던 탓이기도 하다. 1832년에 영국의 한 함선이 홍주[24]에 나타났는데 그 배의 선장인 홀[25]은 왕에게 글을 보내 통상하고자 하는 뜻을 전했으나 거절당했다.

몇몇 천주교도들이 그 배에 탔다가 그 함선이 "예수 그리스도의 신앙"을 내세우자 거기에 타고 있는 사람들이 신교도임을 알고서는 급히 내려왔다.

---

21) 정조 원년(1777년)에 갑인자(1434년, 세종 16년에 만든 동활자)를 자본으로 해 전 평안도 관찰사 서명응이 기영에서 만든 정유자를 의미하는데 그 숫자는 20만이 아니라 15만이었다.

22) 신유사옥을 의미하는데 이때 주문모를 비롯한 많은 신도가 죽었다.

23) 이때에 참형 당한 은언군 인의 부인 송마리아와 그의 며느리 신마리아를 의미한다.

24) 지금의 홍성군을 의미함.

25) 홀 선장(Captain Basil Hall : 1788~1844) : 영국의 해군, 작가. 영국의 저명한 지리학자인 제임스 홀(James Hall)의 아들. 유구 · 일본 · 조선 등지를 여행했으며 귀국 길에는 1817년에 세인트 헬레나를 들러 나폴레옹에게 조선의 문물을 소개했다는 일화로 유명하다. 저서로서 『조선 · 유구심사기』(*Account of a Voyage of Discovery to the West of Corea and the Great Loo-Choo Island*, London, 1818)가 있음. 이에 관한 자세한 논의는 본 한말 외국인 기록 제10권인 홀의 『조선 서해 탐사기』의 서문을 참조할 것.

그들이 가져온 몇 권의 책이 왕에게 보내졌으나 왕은 곧 그것들을 돌려보냈다. 이 배에 탔던 사람 가운데 린제이(Lindsay)와 귀츨라프[26]라는 두 사람은 포교를 위해 입국하려 했으나 실패했다.

이 무렵 교황 그레고리 16세에 의해 조선의 주교로 임명된 브루귀에르(M. Bruguière)는 북경을 통해 조선에 입국하고자 노력하고 있었다. 이때 그는 이미 조선에 와 있는 중국인 유 신부[27]에 의해 방해를 받았는데 이는 유 신부가 조선에 최고권을 잡고 싶은 마음에서 브루귀에르 신부의 입국을 저지하려고 애썼기 때문이었다.

브루귀에르 신부는 국경에서 기다리기만 하다가 끝내 입국을 못한 채 죽자 모방[28] 신부가 그 대리로 임명되어 1835년에 드디어 입국하는 데 성공했다. 1837년까지 두 사람의 프랑스인 신부가 더 입국했는데 그중 한 명은 앙베르[29] 주교였다.[30] 가톨릭 측의 기록에 따르면 이때 신도의 수는 거의

---

26) 귀츨라프(Karl F. A Gützlaff : 1803~1851) : 독일의 선교사. 중국 명은 곽실렵. 독일의 메리니아의 루터교 가정에서 출생해 재닉스 미션 스쿨과 할레대학에서 수학. 프로테스탄트 동양 개척자의 한 사람. 1826년 홀란드 전도교회 소속으로 동양에 파견되어 자바, 바타비아, 광동, 홍콩 등지에서 30년간 전도 생활에 종사하면서 서양 근대 문명의 이입에 공헌했고, 한국에 입국(1832), 백령도, 군산만의 창선도, 홍주의 고대도 등에 머물면서 감자의 재배를 가르쳐 주고 주기도문을 한자로 번역해 주었다. 홍콩에서 사망. 그의 『약한복음지전』 3권은 명저로 손꼽히고 있음.

27) 1833년(순조 33년)에 입국한 유방제를 의미함. 그는 조선에 입국하기 전에 교황의 의부름을 받아 나폴리에서 유학 중이었다. 그는 1834년에 정하상의 안내로 입국했으나 브루귀에르 주교의 입국을 방해해 성무가 정지됐다. 그는 그 후 김대건, 최양업, 최방제를 안내해 만주, 몽골을 거쳐 마카오에 도착했다. 그는 훗날 회개하고 귀국해 신부로 선종했다.

28) 모방(Pierre-Philibert Maubant : 1803~1839) : 파리외방전교회 소속의 신부. 1836년 겨울 압록강을 건너 입국해 교세 확장에 힘쓰는 한편 김대건, 최양업, 최방제 등을 마카오 신학교로 유학시켰다. 1839년 충청도 홍주(홍성)에서 체포되어 한강에서 처형됐다.

29) 앙베르(Laurent-Marius-Joseph Imbert : 1797~1839) : 파리외방전교회 소속의 신부. 마카오, 월남 등지에서 포교하다가 제2대 조선교구장으로 임명되어 1837년 육로로 조선에 입국했다. 정하상의 집에 숨어서 포교하다가 수원에서 체포되어 기해사옥 때 한강변에서 순교했다.

30) 다른 한 신부는 샤스땅(Jacques-Honoré Chastan : 1803~1839)을 의미함. 그는 1837년,

9천 명에 이르렀다.

이와 같은 교세의 발전은 다음에 올 피비린내 나는 탄압의 시초를 알리는 전조였다. 가가호호마다 감시가 심해지고 3명의 프랑스인 신부가 잡혔으며 그들이 조선으로부터의 출국을 거절하자 반역죄로 지목되어 처형됐다.[31] 이것은 시초에 불과했으며 한국인이 가지고 있는 기질 가운데 가장 사악한 측면이 나타나기 시작했다. 70명이 참형당하고 60명 이상이 교살당하거나 장살당했다. 이 숫자는 박해로 인해 죽은 전체의 숫자의 일부에 지나지 않는다. 그다음의 10년 동안에 조정에서는 이 밉살스러운 종교를 근절시키는 데 손을 멈추기는커녕 오히려 더욱 철저하게 박차를 가했기 때문에 지난날보다 더 심한 사건들이 연달아 일어났다.

1844년에는 두 명[32]의 또 다른 프랑스인 신부가 폭풍과 격랑으로 모진 고생을 한 끝에 제주도를 거쳐 입국했다. 2년이 지나서 프랑스 정부는 조선에 글을 보내어 3명의 프랑스인이 죽은 것을 힐문하고 이에 대해 응징하리라고 위협했으나 이는 오히려 한인들을 격분시켰을 뿐이었다.[33] 왜냐하면, 한인들이 전부터 이미 미심쩍게 생각해 온 사실, 곧 로마 천주교도들은 그

앙베르를 따라 조선에 입국해 포교에 힘쓰다가 기해사옥 때 순교했다.

31) 1839년의 을해사옥을 의미하며 이때에 죽은 세 명의 프랑스 신부는 앙베르 주교 및 샤스땅, 모방 두 신부이다.

32) 1840년대에 제주도를 거쳐 입국한 신부로는 1845년 9월 28일에 표착한 페레올(Jean Ferreol) 주교, 다블뤼(Atonie Daveluy) 신부, 그리고 김대건 신부밖에는 없다. 이들은 그해 8월 31일에 상해를 출발해 9월 28일에 제주도에 표착, 다시 해로로 10월 12일에 전북 강경(지금은 충청남도임)에 도착, 육로로 11월 12일에 입경했다. 그들의 입국 연대를 1844년으로 기록한 것은 필자의 오기이다.

33) 이때에 파견된 사람은 프랑스 해군 소장 세실(Jean B. T. Cecile : 1787~1873)이었다. 그는 1841년에 동양 정국을 관망하고자 광주에 도착해 중국과의 교역을 모색하면서 혁산과 기영 등을 만남. 그는 청국에게는 영국의 침략을 막을 방법을 제시하고 막후에서는 영국과 함께 중국을 침략하는 방법을 모색하는 등의 교활함을 보였다. 아편전쟁 이후 남경조약(1842)의 체결에 관여했으며, 수사 제독으로 승진했다가 영국주차 대사로 부임함(1849).

들의 배후에 어떤 정치적인 힘을 가지고 있다는 사실이 증명됐기 때문이었다. 이러한 사실은 새로운 노여움을 불러 일으켰지만, 또 다른 두 명의 선교사[34]가 천신만고 끝에 다시 잠입했다.

1847년 여름에는 두 척의 프랑스 전함, 즉 라 글루와르(La Gloire)라고 하는 쾌속 순양함과 라 빅토리우스(La Victorieuse)라고 하는 구축함이 작년에 보낸 글의 반응을 알아보고자 조선의 해안에 나타났다. 이 두 척의 배는 진창에 빠져 조수가 밀려 나가자 파선됐다. 선원들은 가까운 섬으로 도망했다. 조선의 조정에서는 힘이 닿는 데까지 그들을 도와주고 음식과 그 밖의 필요한 물건들을 보내 주었으며 심지어는 그들이 중국으로 돌아갈 배를 마련해 주는 데까지도 협조해 주었다. 마침 이때에 영국의 기선이 이곳을 우연히 지나다가 생존자들을 상해로 싣고 갔다.

그 다음해에 조선에서는 전에 받은 프랑스 정부의 글에 대해, 프랑스인 신부들은 이 나라에 잠입해 한복을 입고 반역자들과 똑같이 행동하고 있다고 답변했다. 그들은 체포되면 프랑스 이름을 밝히지 않고 한국의 이름을 대었으며 출국할 기회를 주어도 이를 완강히 거절했다. 이러한 처지에서 조정으로서는 이제까지의 태도 이외에 어떻게 할 수 있겠느냐고 반문했다. 단순히 법적으로나 정치적인 측면에서 볼 때 조선의 조정으로서는 피치 못할 사정이 있어서 그러했지만, 인도주의적인 면에서 볼 때는 잘못을 저질렀다.

조선에 끝까지 남아 교도들과 함께 순교한 영웅적인 사고방식에 대해는 머리를 숙이지만, 조선 조정으로서는 자기들의 처사에 대해 아무런 변명의 여지가 없다고 말하는 것은 잘못이다. 조선인들의 처사에 대해는 비난만 일

34) 이 무렵에 입국한 신부로는 매스트르(Maistre) 이 신부가 있다. 그는 1846년 10월에 최양업과 입국하려다 실패한 후에 다시 1848년 백령도에 상륙하려다가 상륙하지 못하고 곧 상해로 돌아갔다. 그 후 최양업은 신부가 되어 1849년 4월에 입국했으며 매스트르 이 신부는 1852년 정월에 이르러서야 잰슨(Janson) 양 신부와 더불어 입국하는 데에 성공했다.

삼을 것이 아니라 오히려 교화시키는 일이 시급했다. 프랑스인들은 이에 만족하지 않았지만, 1848년에 프랑스에서 내란[35]이 일어났을 때는 얼마 동안의 타협을 거쳐 일이 순조롭게 종식됐음을 상기할 필요가 있다.

1849년에 새로운 왕 철종이 등극했는데 그는 마음이 너그러워 1863년까지 계속된 그의 전 재위 동안에 천주교도들에 대해 아무런 피해도 입히지 않았다. 이처럼 평온한 시기가 계속되자 신도의 수는 1만 1천 명에서 2만 명으로 증가했다. 정치면에서만 본다면 이때는 위축의 시기였으니 무능한 신하들에게 둘러싸인 무능한 왕의 정치였다.

프랑스와 영국의 연합군이 천진을 함락하고 북경을 침공했다는 날벼락 같은 소식[36]이 전해지기 전까지는 아무런 중요한 일이 발생하지 않았다. 그때에 서울과 조정이 얼마나 겁에 질려 있었던가는 보지 않은 사람이라면 상상할 수도 없을 정도이었다. 어느 강한 양이가 감히 중화제국의 성채를 공격했단 말인가!

한인들은 일이 매우 다급하게 됐다. 황제가 조선으로 난을 피해 올지도 모르는데 그렇다면 어서 길을 지켜야 한다. 조선과 만주의 사이에서 횡행하는 무뢰한들이 쳐들어올지도 모르니 국경의 성을 손질하고 병력을 증원해야 한다. 최악의 경우에는 외국의 군대마저도 몸소 쳐들어올지도 모른다. 시가는 불타고 양민을 학살당하며 부녀자들은 능욕당할 것이고, 불량한 종교가 득세하게 되겠지… 군대를 다시 편성하고 서울에 이르는 관문을 수선하고 강화에 성을 쌓고 서울에 이르는 수로를 지켜야 하며 무엇보다도 중요한 것은 외국인 신부들이 그들의 동포들에게 이곳의 정보를 제공하지 못하도록 해야 한다.

일은 착수됐다. 그러나 북경이 함락됐다는 소식이 들어오자 서울 주민의

---

35) 루이 필립(Louis Philippe)이 폐위된 2월 혁명을 의미함.

36) 아편전쟁(1841∼1842) 직후 영불연합국에 의한 북경침략을 의미함.

대부분은 산으로 피난을 가고 그 경황 중에도 로마 천주교도들을 찾아다니면서 자기들을 보호해 줄지도 모를 어떤 징표를 얻으려고 애를 썼다. 그러나 흥분은 차차로 가라앉고 방위 작업이 매우 빠른 속도로 진행됐다. 왕은 1863년에 죽고 새로운 왕정이 시작됐는데 이때의 왕 고종은 선왕과 매우 대조적이었다. 이 새로운 왕에 대한 기술은 다음 장에서 언급하기로 한다.

제 8 장 문호의 개방

철종이 후사도 없이 죽자 조대비는 옥새를 극성스럽게 채뜨려 지금의 왕을 등극시켰다. 왕은 당시에 12세였다. 조정의 실권은 천주교의 파급을 무심하게 생각하는 사람들에게 오랫동안 장악되어 있었다. 그러나 그 새로운 종교에 대해 끊임없는 탄압을 중요한 정책으로 삼고 있는 무리에게로 실권이 넘어가자, 조대비는 어쩔 수 없이 옥새를 빼앗기다시피 했는데 이는 이중으로 불행스러운 일이었다.

새롭게 등극한 왕의 아버지는 흥선군이라는 사람인데 그는 대원군이라는 이름으로 더욱 널리 알려져 있다. 그는 개성이 강하면서도 오만한 기질의 남자였으며 백성은 그를 미워하면서도 한편으로는 그를 항상 존경했다. 그는 아마도 한국의 정치 무대에서 찾아보기 어려운 걸물이었던 것 같다. 그는 매사에 반항적이었으며 어떠한 난관에 봉착하더라도, 그것이 도덕적인 문제이든, 경제적인 문제이든, 또는 친족 사이에 일어난 문제이든 관계없이 자기의 의도한 바를 관철해 나가는 불굴의 투지를 가진 사나이였다. 그러나 그는 천시에는 어두운 사람이었다. 그의 생애 가운데 있었던 가장 커다란 실책은 천주교도를 근절시키려고 했다는 점과 외세에 문호를 개방하지 않으려고 생각했다는 점이다.

대원군이 제일 먼저 한 일은 자기의 아들인 현재의 왕을 민씨 문중의 자기 처조카 딸[1]에게 장가들게 한 것인데, 그는 이렇게 함으로써 자신이 권좌에 앉아 있으면서 더 나아가서는 국책의 실질적인 입안자가 되기를 바랐으나, 시간이 흐름에 따라 그와 같은 타산이 얼마나 그릇된 것인가를 알게 됐다.

대원군은 또한 자기 아들을 위해 1592년의 임진왜란 이후 폐허가 된 경복궁을 중수하려고 백성에게 급속하게 과세를 한 것은 그가 저지른 두 번째의 실책이었다. 이 엄청난 과업은 끝내 완공을 보았지만, 그 댓가는 값비싼 것이었다. 이 때문에 나라의 재정이 피폐하고 화폐 가치가 떨어져서 일련의 경제적인 문제에서 실책을 거듭했는데 이러한 사건들 뒤에 따라온 결과는 한심스러운 것이었다. 아무리 그가 강자였다고 하더라도 위대한 인물이 아니었다는 것은 확실하다.

1866년 정월에 러시아의 전함 한 척이 원산에 닻을 내리고 조선과 자유로이 교역할 것을 요구하는 글을 조정에 보내었다. 천주교도들은 당시 조정의 불안을 틈타서 들어오려는 러시아의 접근을 막을 길은 오직 영국 및 프랑스와 손을 잡는 수밖에 없다고 진언했다고 한다. 국태공은 자신을 권좌에 오르게 한 반기독교파로부터 압력을 받아 1866년에 어쩔 수 없이 참혹한 대박해를 감행하게 됐으며, 이는 마치 "만약 그대가 그것을 하지 않으면 그대는 시저(J. Caesar)의 친구가 아니노라"라는 것과 똑같다고 프랑스인들은 믿었다.

그는 북경의 하궁이 불타고 중화제국의 도성이 점령됐던 옛일을 자꾸만 연상했다고 한다. 그러나 그러한 일이 벌어진 것은 그 전에 이미 청국인이 먼저 프랑스인을 죽였기 때문이라고 그들이 설명했지만, 주위의 심한 압력을 받으면서도 국태공은 드디어 외국인 신부들의 사형 집행 영장에 서명했

---

1) 민비는 조카딸이 아니라 처제뻘이었다. 제27장 한국의 황제 p. 492, 주 4 참조.

다. 이로 말미암아 정월 23일에 베르뉘 주교[2]는 체포되어 감옥에 들어갔다. 재판정에서도 그는 자신이 조선인의 영혼을 구출하고자 이곳에 왔으며 이미 10년이 지났다고 말했다. 그는 강제로 추방당하지 않는 한 이 나라를 떠나지 않겠다고 대답했다. 그의 사형 집행 영장이 다음과 같이 낭독됐다.

> "본 죄인은 성이 장(張)[3]이라는 사람으로서 왕명을 거역했다. 그는 신앙을 버리려고 하지도 않으며 심문에 응해 판관이 요구하는 정보도 말하려 하지 않으며 또한 출국을 거부한다. 그러므로 소정의 재판을 거쳐 참형에 처한다."

브르트니에르,[4] 볼리외[5] 그리고 도리[6]도 그와 함께 처형됐다. 그들의 시체는 합장됐으나 얼마 후에 교도들 손으로 엄숙하게 매장됐다. 며칠이 지나서 프티니콜라[7], 푸르티에[8], 다블뤼,[9] 오메트르[10] 및 위앵[11]도 처형됐

---

2) 베르뉘(Francois Berneux: 1814~1866) : 파리외방전교회 소속의 신부. 일본과 만주에서 포교하다가 1855년 제4대 조선 교구장으로 취임 입국했으며 1866년의 병인사옥 때 순교함. 1984년에 시성됨.

3) 베르뉘의 조선 이름은 장경일이었다.

4) 브르트니에르(Simon Bretenières : 1838~1866) : 파리외방전교회 소속 신부. 1864년에 서품을 받고 이듬해에 충청도 내포를 통해 입국했다가 병인박해(1866) 당시에 순교함. 1984년에 시성됨.

5) 볼리외(Bernard Beaulieu : 1840~1866) : 파리외방전교회 소속 신부. 1862년에 서품을 받고 1865년에 입국해 공주 일대에서 포교하다가 병인박해 당시에 체포되어 새남터에서 순교했다. 1984년에 시성됨.

6) 도리(Pierre H. Dorie : 1839~1866) : 파리외방전교회 소속 신부. 1864년에 서품을 받고 바로 홍콩, 상해, 요동을 거쳐 조선에 입국해 용인의 손골에서 포교. 병인박해 당시에 체포되어 새남터에서 처형됨. 복자로 시복되어 절두산 지하 묘지에 안장됨. 1984년에 시성됨.

7) 프티니콜라(Michael Petitnicolas : 1922~1866) : 파리외방전교회 소속 신부. 1852년에 서품을 받고 조선에 입국(1856)해 배론신학당 교수로 봉직하면서 전교하다가 병인박해에 체포되어 새남터에서 처형됨. 종현성당에 안장됨.

8) 푸르티에(Jean A. Pourthie : 1830~1866) : 파리외방전교회 소속 신부. 1854년에 서품

다. 이들 중에서 푸르티에는 목숨을 잃었을 뿐만 아니라 10년 동안 공들인 조선 문법에 관한 원고와 『나한한사전』의 원고도 함께 잃었다.

이제 칼레,[12] 페롱[13] 그리고 리델[14] 세 신부만이 살아남게 됐다. 그들은 몸을 숨겨 겨우 연명했으며 끝내 조선에서 일어난 끔찍스러웠던 사건을 글로 적어 중국으로 보냈다. 천신만고 끝에 그들은 11명의 조선인 신도들과 함께 조선의 연안에서 배를 타고 지부에 도착하는 데 성공했다. 이때 마침 교지지나(Cochin-China)[15]에 사건이 없었더라면 조선에 원정군이 파견됐을지도 모른다.

그 해 6월에는 미국의 함선 서프라이스호가 난파되어 황해도 연안에 표착했는데 선원들은 관헌들에게 친절한 대우를 받아 압록강을 건너 천진으로

을 받고 중국의 귀주와 상해를 거쳐 해로로 조선에 입국해(1856) 충청도 배론에서 포교하다가 병인박해 당시에 순교함.

9) 다블뤼(Marie-Nicolas-Antoine Daveluy : ?~1866) : 파리외방전교회 소속의 신부. 1846년 김대건과 함께 조선에 입국해 주교 베르뉘의 보좌 신부로 있다가 1866년의 병인사옥때 주교와 함께 순교함. 1984년에 시성됨.

10) 오메트르(Pierre Aumaitre : 1837~1866) : 파리외방전교회 소속 신부. 1962년에 서품을 받고 이듬해에 입국해 수원 샘골에서 포교하던 중에 병인박해로 다블뤼 주교가 체포됐다는 소식을 듣고 자수해 보령에서 순교함. 1984년에 시성됨.

11) 위앵(Martin Huin : 1836~1866) : 파리외방전교회 소속 신부. 1861년에 서품을 받고 1865년에 조선에 입국해 충청도 내포에서 포교하던 중에 다블뤼 주교가 체포됐다는 소식을 듣고 자수해 순교함. 1984년에 시성됨.

12) 칼레(Alphonse Calais : 1833~1884) : 파리외방전교회 소속 신부 1860년에 서품을 받고 이듬해에 조선에 입국해 경상도 서부 지역에서 포교하던 중에 병인박해가 시작되자 중국으로 잠시 피신했다가 재입국하려 했으나 실패하고 귀국함.

13) 페롱(S. Féron : 1827~1903) : 프랑스 파리외방전교회 소속 신부. 세즈 출신. 1850년에 서품을 받은 후 1857년에 조선에 입국해 경상도 서북지방에서 포교하다가 1970년에 인도로 전임됨.

14) 리델(Félix-Clair Ridel : 1830~1884) : 파리외방전교회 소속의 신부. 1861년에 입국해 포교하다가 병인사옥 때는 몸을 피해 병인양요를 일으켰다. 1870년 제6대 조선 교구장으로 임명되어 1877년 다시 입국했다가 1878년 북경으로 추방됐다. 그 후 그는 일본 요코하마에 건너가 『한불문전』과 『한불사전』을 감수했다. 프랑스로 귀국해 사망.

15) 지금의 베트남 최남단에 있는 지명으로서 이 무렵에 이곳에서 반란이 일어났기 때문에 로즈(Pierre G. Roze) 제독이 이끄는 정한군이 보류됐다.

안전하게 돌아가도록 중국인들에게 인도됐다. 반외사상이 극도에 이르렀을 때임에도 불구하고 이들은 인도적인 처우를 받아서 귀환했다.

그런 상황에서 제너럴 셔먼호 사건이 일어났다. 이 배는 9월에 조선의 연안에 접근해 육지로부터 경고와 위협이 있었음에도 불구하고 대동강을 거슬러 평양에까지 올라왔다. 마침 이때는 만조인데다가 홍수로 강물이 불어서 그 배는 평양에까지 올라올 수가 있었다. 그러나 당시 상황으로 보아서 그토록 위험한 처지에서 그 배가 물러날 수밖에 없었기 때문에 한인들이 보기에는 미국인이 그곳에서 배수진을 치는 것만 같았다.

일이 이쯤 되자 격침 명령이 내려지고 배는 상류로부터 불덩어리를 싣고 내려오는 뗏목과 부딪쳐 타 버렸으며 선원들은 뭍에 오르자마자 목숨을 잃었다. 물론 한인들로서도 화가 났으리라는 것은 짐작이 되지만 이 사건에서는 조선이 어느 정도의 비난을 받지 않을 수 없다.

그러는 동안에 그렇게도 혹독했던 교도 탄압은 어느 정도 누그러지는 듯하더니 제너럴 셔먼호 사건을 계기로 조정에서는 새로운 용기를 가지고 박해를 시작했다. 프랑스인 신부의 죽음에 대해 조선에 어떤 대응책을 세우려고 마음먹고 있던 로즈(Pierre G. Roze)[16]의 침범으로 인해 서울은 수라장이 됐고 몇 천 명이 시골로 피난을 갔다. 그러나 그 배들은 별일 없이 청으로 돌아가서 여러 가지 사건 가운데 특히 제너럴 셔먼호 사건에 관해 상세하게 보고했다.

이제 실질적인 응징의 원정대가 준비되자 10월 11일에는 청과 그 밖의 열강에게 한강 하구의 해상 봉쇄를 통고했다. 7척의 전함이 조선으로 향했고 즉시 강화도의 공격이 시작됐다. 곧 마을이 함락되고 많은 전리품을 노획했다. 그러나 한인들은 낙담하지 않았다. 그들은 서울로의 진격을 막고자 배

16) 로즈(Pierre G. Roze : ?~?) : 프랑스 극동함대 사령관. 병인박해(1866)의 보복으로 병인양요를 일으킨 장본인임.

국태공 대원군

를 침몰시켜 강구를 막고 거의 5천 명에 이르는 군대를 강화도로 파견했는데 이들의 대부분은 호랑이 사냥꾼이었으며 억센 군사들도 끼어 있었다.

이들은 섬의 남단에 있는 절에 진을 쳤는데 이 절은 담이 튼튼한 곳으로서 프랑스군이 주둔한 곳으로부터 12마일쯤 되는 곳이었다. 프랑스군은 이들을 공격하기로 작정하고 160명의 분견대를 파견했다. 이것은 커다란 실책이었다. 왜냐하면, 설령 프랑스군이 모두 몰려간다더라도 천연의 요새에 진을 치고 있는 5천 명의 조선군을 무찌를 수가 없었기 때문이었다.

횃불이 휘황하게 비치는 가파른 성벽 밑에까지만 접근할 수밖에 없었던 프랑스군은 돌격을 개시했다. 그러나 프랑스의 난파선에서 얻은 모형을 보고 제조한 소총과 투박스러운 대포에서 날아오는 탄환들은 그나마도 적은 수의 프랑스군을 삽시간에 거의 절반으로 감소시켰다.

생존자들은 곧 부상병과 시체를 잔뜩 메고 본진으로 후퇴하면서 싸웠다. 조선의 군대는 이들을 추격했으며 만약 본진의 프랑스군이 그들의 전우들을 구출하러 오지 않았던들 그날 그들은 몰살을 당했을지도 모른다. 자세한 이유는 잘 모르겠지만 아마 자기의 군대가 조선군을 당해낼 수 없음을 알았던 탓인지 프랑스 제독은 강화를 포격한 다음 청나라로 달아났다.

이번 사건에 대한 국태공과 한인의 반응은 즉시 나타났다. 그들은 북경을 휩쓸고 막강한 제국을 깔본 바로 그 무리를 무찌른 것이다. 만약 독자들이 조선 측의 비뚤어진 견해에서 이 사건을 관찰한다며 그들이 그토록 커다란 희열을 느낀 것은 당연한 것으로 생각할 것이다.

교도들을 박해하지 말라던 마지막 명령은 이제 바뀌어 모든 교도를 섬멸하라는 명령이 내려졌다. 일체의 용서란 없었다. 나이나 성별이나 그 밖의 어떤 조건으로 인한 정상의 참작이란 아예 생각할 수도 없었다. 이때부터 시작된 교도의 박해는 1870년까지 조금도 누그러지지 않았으며 그동안에 목숨을 잃은 사람의 수는 거의 2만 명에 이르는 것 같다. 이 숫자에는 산으로 도망을 쳤다가 얼어서 죽었거나 굶어서 죽은 사람까지 포함한 것이다.

1871년에 미국은 한반도의 연안에 표착하는 선원의 대우와 관련해 조선과 어떤 조약을 체결하고 특히 무엇보다도 교역할 길을 열고자 조선에 파견될 분견대의 장비를 마쳤다. 이 과업을 맡은 사람은 로저스[17] 제독이었으며 콜로라도호, 알라스카호, 버니시아호, 모노카시호 그리고 팔로스호로 함대가 구성됐다. 이 과업을 외교적인 입장에서 처리하고자 북경 주차 미국 공사인 로우[18]도 이에 동승했다.

양국 사이에 오고 간 공한에서 보는 바와 같이 그는 자기가 맡은 일이 아무런 희망이 없다는 것을 잘 알고 있으면서도 명령을 어길 수가 없었으므로 함께 간 것이다. 그들은 5월 말경에 조선의 서해안에 도착해 곧 조정에 통문했으나 국태공은 그들이 제너럴 셔먼호 사건 때 승무원들을 살해한 것을 문책하러 온 것임을 재빨리 눈치 채고 이번에도 지난번 프랑스 함대를 무찌른 것과 똑같이 처리하리라고 결심했다.

그러는 동안에 미국 함대는 서울로부터 회신이 오기를 기다리고 있었으며 그 가운데 두 척은 강화도와 본토 사이의 수심을 재고 지리를 관측하고자 떠났다. 이곳은 서울에 이르는 관문으로 간주되는 곳이었는데 섬 위의 자그마한 성채로부터 두 척의 배를 향해 발포했을 때 매우 우매하기 짝이 없는 일이 벌어졌다.

미국 함정에서도 곧 이에 응수하다가 사태를 보고하고자 철수했다. 그러나 미국의 성조기에 포탄이 명중했으므로 합중국의 명예를 회복하기 위해서라도 즉각적인 반격을 할 필요가 있다고 미국 측에서는 결정했다. 그 작

---

17) 로저스(John Rodgers : 1812~1882) : 미국의 해군 소장. 북태평양을 탐험하고(1852), 남북전쟁에 참전했으며, 1870년 이래 아시아 함대 사령관이 됐다. 신미양요의 장본인. 본서 46장 참조.

18) 로우(Frederick F. Low : 1828~1894) : 미국의 은행가이며 외교관. 파나마광산에서 거부가 되어 캘리포니아 주지사(1863~1867)를 역임한 뒤 북경 주차 미국 공사(1869~1874)를 지냈다.

은 성채에도 상당한 군대가 파견됐으며 그 가운데 일부는 섬에 상륙해 울퉁불퉁한 길을 건너서 바야흐로 총격전이 벌어졌다. 조선인들은 한사코 싸웠으나 한 사람씩 한 사람씩 쓰러졌다. 탄약이 떨어지자 돌멩이를 주먹에 들고 미군에게 던졌다.

성은 드디어 함락되고 미군은 단 한 명이 전사함으로써 공화국 국기의 명예는 되찾았다. 그런 다음에 승리한 무리는 물러갔다. 이 문제를 우호적으로 해결하기가 불가능함이 곧 명백하게 됐고 자기의 군대로서는 이 문제를 결정적으로 해결하는 데 부적절해 모든 함대가 철수한 것이었다. 국태공은 몇 개의 성채가 함락된 데에 대해 별로 마음 쓰지 않았다. 설령 미군의 군대가 반도의 모든 성을 휩쓸었다고 하더라도 왕을 퇴위시키지 못했을 것이다.

결과적으로 미군이 물러나게 되자, 조정에서는 자기들의 힘으로 외적을 무찔렀다고 굳게굳게 믿게 됐다. 국태공은 미국의 함대가 바로 "한국의 지브롤터"에 접근했던 것은 곧 선전 포고라고 믿었으며, 강화도에서 소수의 수비대를 잃은 것은 미국의 함대가 서해 너머로 멀리 사라져 가는 것을 바라보는 환희에 대한 자그마한 댓가에 불과한 것이라고 믿었다. 국태공은 곧 서울의 한복판에 기념비[척화비]를 세웠는데 거기에는 서구 열강과 화친할 것을 주장하는 사람에 대한 저주의 글이 새겨져 있었다.

그러나 조선에서 이와 같은 일들이 벌어지는 동안 일본은 이에 대해 위대한 각성을 함으로써 동양 정치의 분쟁 해역에 새로운 세력으로 군림하게 됐다. 근대 일본의 찬란한 여명이 밝아 오자 우선 자기들이 눈독을 들이던 항구로 국가 소속 선박을 항해시킨 적이 있던 일본인들은 자기들도 프랑스나 미국처럼 이곳에서 어떤 성공을 얻을지도 모른다고 추리하자, 서울에 어떠한 일이 벌어지고 있는가를 살피고자 그때까지 일본의 교역소가 존속하던 부산을 거쳐 한 사절단을 파견했다.

이 일을 맡은 사람은 하나부사 요시타다[19]로서 그는 척족 일파와 사귀는

데 성공했다. 이제 국태공은 자기의 아들인 왕에게 모든 대권을 넘겨주어야 할 때가 왔다는 점을 지적하지 않을 수 없다. 조정의 대소사에 대한 그의 철저한 참견은 민씨 파의 질투를 사게 되어 국태공의 실권을 꺾으려는 계획이 진행됐다. 이 계획은 너무도 성공적이어서 그는 1873년에 서울을 떠나 한을 품은 채 가까운 어느 시골에서 은거하게 됐다.

드디어 새로운 시대가 열렸다. 전 국태공의 동지들은 수도 많고 권력도 장악하고 있어서 민비의 아버지를 죽이라고 위협했으며[20], 그 밖에도 악한 짓들을 했다. 그러나 현실적으로는 민씨 일파가 실권을 쥐고 있었으므로 통상수교 거부정책은 새로운 진보 정책으로 바뀌었다. 민씨 일파가 처음에는 진보에 대해 반대하는 입장인 것은 의심할 여지가 없었다. 그들은 특별히 청국에 의지하지도 않았으며 국태공의 정책에 반대해 조선을 다른 나라에 개방하는 데에 필요한 일이라면 무엇이든지 해낼 준비가 되어 있었다. 이 때문에 그 후 곧 사건이 벌어졌는데 그것도 즉시 일어났다.

1876년에 일본과 최초로 조약이 체결됐다. 일본의 한 전함이 제물포의 연안에 접근했다가 조선의 요새로부터 포격을 받았던 것 같다. 이에 한 무리의 군대가 상륙해 성채는 함락됐다. 조선 측에서는 그 전함이 일본에 소속된 것임을 성내의 수비장이 알지 못했다고 주장했다. 그러나 아무리 사실이 그렇더라도 일본이 체결한 평화우호조약의 비준을 조선이 동의함으로써 일은 끝났다. 이를 계기로 일본은 조선이 독립국임을 인정하고 자기와 동등한 국가로 대하게 됐는데 이와 같은 정책은 최근에 이르기까지 계속됐다.

하나부사라는 사람이 1879년에 공사로 서울에 파견됐는데 이에 대해서는

---

19) 하나부사 요시타다(1842~1917) : 일본 오카야마 출신. 구미 유학(1866~1868)을 마치고 한일수교에 공을 세우고 조선 주차 공사가 되어 개항기의 조선에서 일본의 정책 수행에 기여했다. 그 후 러시아 공사(1883~1887), 농무차관(1887)을 거쳐 일본적십자사 총재가 됐고 자작의 칭호를 받음.

20) 민비의 아버지는 그 이전에 이미 죽었다. 제27장 한국의 황제 참조.

이미 위에서 언급한 바가 있다. 조선 측에서도 사신 1명을 파견했다.[21] 이때에 마침 조정에서는 방금 서울에 들어온 두 명의 프랑스 신부를 체포했는데 그들은 매우 위험한 처지에 빠지게 됐다. 그러나 당국에서는 이 문제를 처리하는 데에 변화된 조건과 상응한 결단을 내리지 못하고 있을 때 일본 공사의 주선으로 석방되어 일본으로 보냈다.[22]

1880년에 이르러 조선의 새로운 진보를 위해 비치었던 모든 희망을 산산이 깨뜨려 버린 일련의 사건이 일어났다. 민씨 일파는 문호의 개방을 추진한 사람들로서 모든 개혁의 벼리를 쥐고 있었다는 사실을 잊어서는 안 된다. 그들은 어떤 높은 차원의 동기에 따라 움직이지는 않았을지도 모르며 어느 면에서 보면 그들은 새로이 얻은 권력에 도취했다고 말하는 편이 옳을지도 모른다. 그러나 어쨌든 중의는 그들의 편이었다.

조선은 일본이 이룩한 철저한 변혁에 착수할 준비가 되어 있지 않았다. 일본인의 기질이나 그들이 마련한 제도의 본질은 한결같이 한인들에게 맞지 않았다. 그러나 서울에는 조선인들로 하여금 극단적인 개혁 정책을 강요하지 않을 수 없었던 무리가 발생했다. 그들 가운데 한두 사람은 일본에 다녀온 뒤로 개혁의 풍조에 동화되어 있었으며 그와 같은 사조에 열광한 나머지 보수주의가 시류에 역행하는 것이라고 믿었다. 불행하게도 일본인들도 그와 같은 생각을 하고 있어서 그러한 극단적인 급진주의자들에게 기쁜 마음으로 찬사를 보냈으며, 이들은 일본인들을 자유주의자들이라고 부르면서

---

21) 이때 파견된 사람은 김홍집이었으며, 때는 1880년 3월이었다.

22) 이때 체포된 사람은 리델(F. C. Ridel) 주교와 평신도인 최지혁이었다. 이들은 1878년 정월에 체포되어 최지혁은 7월에 옥사했으며, 리델은 프랑스 정부의 강경한 항의를 받아 처형은 모면했지만 만주로 추방됐다가 일본 요코하마로 이주해 그곳에서 『한불문전』을 저술했다. 본문에는 하나부사의 주선으로 일본으로 곧장 석방된 듯이 기록됐지만 이는 사실과 다르다. 일본 외상 이노우에가 리델을 구출하고자 관리를 파견한 일자는 6월 11일이었는데 그날 이미 리델은 만주로 추방되어 서울을 떠났기 때문에 일본의 사신이 도착한 7월 5일에는 리델이 서울에 없었다. 그가 일본에 입국한 것은 그 후의 일이다.

점진적인 개혁 정책을 펴는 민씨 일파에게는 힘에 부치는 존재로 성장하고 있었다.

민씨 일파는 일본인들이 그와 같은 극단주의자들에게 권력을 넘겨주려고 한다는 사실을 곧 눈치 채게 되자 청나라에 도움을 부탁하게 됐다. 이것은 비극적 종말의 시초였다. 일본의 미숙한 처사로 말미암아 평화롭고도 타당하게 인식시켜 줄 수 있었던 개혁에 대한 희망을 깨뜨려 버렸으며, 조선의 실수에 대해 자신은 아무런 책임이 없다고 선언함으로써 지난날 커다란 실책을 저지른 것을 만회하려고 기회만을 엿보던 청나라에게 조선의 지배 계급을 넘겨주게 됐다.

여기에서 우리는 일본과 청나라 사이에 일어난 반목의 원인과 더 나아가서는 일본과 러시아와의 사이에 일어난 반목의 원인을 지적할 수가 있다. 만약 일본이 그때의 상황을 요령껏 잘 처리해 청나라로 하여금 넌지시 후견국가로서의 구실을 하도록 내버려두고 한편으로는 민씨 일파를 이끌어 보호주의적인 자유 노선을 걷도록 했더라면 결과는 많이 달라졌을 것이다. 그렇지 않고 정면으로 청과 맞붙어서 무찌를 준비가 되어 있었더라면 조선의 앞날은 더욱 안전했을지도 모른다.

그 무렵의 상황이 보여주는 바와 같이 조선의 지배 계급은 일본을 우방으로 생각하기는커녕 하나의 중대한 적으로 생각했으므로 일본이 이룩하고자 하는 일이라면 총력을 기울여 이에 반대했다. 그때까지만 해도 고종은 민씨 일파의 세력에 의지하던 때가 아니었으므로 민씨 일파와는 별도의 행동 노선을 취하면서 개혁하려는 급진주의자들에 대해 상당한 호감을 느끼고 주시했다.

이와 같은 그의 행동이 누구에 의해 강제적으로 제지를 받은 것은 아니지만, 그는 보호주의자들의 올가미에 얽혀 점차 끌려 들어가고 있었다. 그러는 동안 보수파로는 민씨 일파를 둘러싼 척신들이 있었으며, 개혁파로서 비교적 고립된 급진주의자들로서는 김홍집, 김옥균, 박영효, 서재필, 서광범과 같은 인물들이 있었다. 여기에서 그들이 "고립된" 사람들이라는 것은 그들에게는 자신이 의도하는 바를 성공적으로 이끌어 나갈 만한 기초 과정으로서의 폭넓고도 뿌리 깊은 친족 관계가 없고 다만 개별적으로 급진적인 개혁사상에 동화되어 있었음을 의미한다.

개화파는 몇 가지의 중요하고도 건전한 개혁을 시도했지만 이에 대해 국민들은 정신병자들의 광증으로만 알고 별로 신경을 쓰지 않았다. 그들의 의견에 대해 심각하게 귀를 기울이는 사람이 없었다. 드디어 이들이야말로 이제까지 한국이 배출했던 인물 가운데 가장 순수한 애국자였음을 입증할 기회가 임박했다. 그들은 자기들이 사는 시대보다 훨씬 앞선 세대에 살고 있었으며 그들이 원하는 것은 곧 그들의 조국의 무궁한 번영이었다.

조선이 그것을 원하지 않았다고 해서, 조선이 그것을 받아들이지 않았다고 해서, 개화파에 대한 찬사가 감소할 수는 없다. 그들의 충의는 어느 누구보다도 순수했다. 그러나 그들은 긴 안목으로 앞날을 위해 자신들의 대권이 견제당하는 것을 못마땅하게 생각했기 때문에 성공의 일보 앞에서 물러나게 됐다. 그들은 그들의 과업이 "당장 결말을 내든가 아니면 영원히 이루어질 수 없는 것"이라고 생각했는데 여기에서 그들은 커다란 잘못을 범했다.

1882년의 무장 봉기[임오군란]는 군인에 대한 지나친 푸대접으로 말미암아 일어난 것인데 이때의 고위 관리들은 자기의 사욕을 채우고자 그들에게 봉급으로 지급되는 쌀에 모래를 섞어서 배급했다. 일단 무장 봉기가 일어나자 제일의 공격 목표는 민씨 일파였다. 그들 가운데 몇 사람은 살해당하고 그 밖의 사람들은 도망했다.

군인들은 궁중에까지 침입했으나 민비는 교묘한 수를 써서 목숨을 부지했다. 그는 한 충성스러운 가신[23]의 등에 업혀 그의 누이로 가장한 다음 시

23) 무감 홍재희를 의미함.

골[24]로 피난을 갔다. 동시에 일본인들도 엉뚱하게 공격을 당해 제물포를 거쳐 본국으로 도망하지 않을 수 없었다. 일이 이렇게 되자 국태공이 다시 권좌에 오르고 어떤 사람들은 지난날 흥륭했던 시절이 다시 오리라고 해 매우 좋아했다.

그러나 이노우에 가오루가 제물포에 도착해서 난제를 타결하고자 협상을 시작했을 때 사태가 호전되어 가는 것만은 아니라는 것이 명백해졌다. 그러나 국태공은 그를 경원해 만나 보는 것조차 거절하자 그는 곧 본국으로 돌아갔다. 그가 귀국하자마자 3천 명의 청군이 조선에 도착했는데, 이 군대의 지휘관은 저 유명한 원세개로서 장차 이곳에서 중요한 역할을 한 인물이었다. 이들은 민씨 일파를 돕고자 온 것이었다. 그들은 곧 군란의 우두머리를 체포하고 그중의 10명을 능지처참했다. 그런 다음에 국태공은 청군의 궤계에 속아 강변에 매어 있는 배를 탔다가 청으로 유괴되어 갔다.

민비는 잠시의 유형 생활에서 돌아 왔으며 모든 것이 평온하게 됐다. 일본에게는 배상금을 지급함으로써 평화가 미봉됐으며 국교가 재개됐다. 이제 청나라는 조정의 실권을 완전히 장악하게 됐으며 민비의 생명을 건져 준 은인으로 행세함으로써 이에 대한 명분을 세웠다. 그들의 추천으로 묄렌도르프[25]가 조선에 입국해 업무를 실시하고 일반적인 고문직을 맡았다. 두 명의 청군 장교가 그를 수행했다.

1883년 5월에 슈펠트[26] 제독이 인천에서 한미조약을 체결했으며[27] 푸

---

24) 지금의 장호원을 의미함.

25) 묄렌도르프(Paul G. von Moellendorff : 1848~1901) : 독일의 외교관. 동양어와 법률을 공부한 후 청국 주재 독일 영사관에 근무하다가 1882년 이홍장의 천거로 조선의 통리아문의 참의 · 협판이 됐다. 재직 중 대내적으로는 수구파와 결탁하고 대외적으로는 러시아와 결탁했으므로 이홍장에 의해 해임, 이한했다.

26) 슈펠트(Robert W. Schufeldt : 1822~1895) : 미국의 해군 제독. 1867년 아시아 함대 소속의 함장으로서 제너럴 셔먼호 사건을 알아보고자 방한한 것이 인연이 되어 한국 문호를 개방, 1882년에 한미수호통상조약을 체결했다. 그의 활약에 대해서는 『은자의 나라 한국』

트[28] 장군이 초대 조선 주차 미국 공사로 임명됐다.[29] 그해 가을에는 영국과 독일과도 조약이 체결됐다. 조선은 이제 체약국가군의 일원으로 승인을 받아 유리하고도 완전한 국가로서의 입장에 서게 됐다. 청나라는 이와 같은 조약을 체결하는 데에 방해가 되기는커녕 오히려 그를 도와주었기 때문에 조선은 국제법상으로도 완전한 독립 국가가 된 것이다. 이제 와서 종주권을 주장한다는 것은 부당한 것으로서 웃음거리밖에 안 되는 것이었다.

민비의 조카이며 고위 관리였던 민영익이 사절단을 인솔해 미국에 파견된 것도 바로 이 해였다. 그는 이때에 조선의 젊은이 몇 명을 데리고 갔었는데 그들의 대부분은 자유주의적인 사상에 젖어 있는 사람들이었다. 이때에 민영익은 민씨 일파 중에서 급진적인 개혁에 찬성한 중요한 인물 중 한 사람이었으나 그가 귀국했을 때는 친족 관념을 벗어나지 못해 결국 자신의 이상과는 반대 방향인 보수 노선을 점차 지향하게 됐다.

1884년에는 이 두 적대 세력 사이에 충돌이 일어나 간과할 수 없는 위기가 야기됐다. 개혁파들은 개혁 운동을 획책했으나 급진파들은 왕의 말보다도 청을 추종하는 보수파들에 의해 사사건건 저지를 당했다. 이처럼 조선에 강력한 청의 세력이 형성되자 급진파들로서는 그들의 계획하는 바를 수행하고자 그들에 맞먹는 일본의 지원을 받지 않을 수 없다는 생각을 하게 됐다.

(*Corea : The Hermit Nation*)의 제48장 참조.

27) 한미수호통상조약이 체결된 것은 1882년 5월이었다.

28) 푸트(Lucius H. Foote : 1826～?) : 미국의 외교관. 캘리포니아주 재판관, 칠레 주재 미국 영사를 역임한 바 있으며 1882년에는 조선 주차 초대 미국 공사로 부임해 한미수호통상조약 비준서를 교환했다. 그 후 그는 조선에 대한 미국 정부의 냉대에 불만을 품고 사직했다.

29) 초대 한국 주차 미국 공사가 누구이냐에 대해는 이론이 있다. 미국 대통령의 공식 임명장을 휴대하고 조선에 부임한 사람은 푸트(Lucius H. Foote)라는 데에 대해는 의심이 없으나 현재 미국 국무성 기록이나 그 밖의 문헌에는 상해 영사 슈워드(George F. Seward)가 1868년부터 대한 업무를 시작한 것으로 되어 있다. Spencer J. A. Palmer ed., Korean-American Relations, Vol. II, *Documents pertaining to the Far Eastern Diplomacy of the United States*(Berkeley & Los Angeles : University of California Press, 1963), p. 371.

마침 그 무렵에 전술을 배우고자 일본에 파견됐던 젊은이들이 귀국했다. 그들의 리더는 서재필이었는데 그는 오히려 필립 제이슨(Philip Jaisohn)으로 더 잘 알려진 인물이다. 그는 급진파 중에서도 열성분자였다. 일본은 보수주의적 사조를 제거하는 데 그들을 지지해 주어야 한다는 점에 대해는 일본 측과 급진파의 지도자들 사이에 이미 통문이 있었거나 아니면 서로 양해가 되어 있었다.

겨울이 되자 두 파 중 어느 한 파는 어차피 물러나야 한다는 것이 명백하게 됐으며 보수파가 너무도 철저하게 임전 태세를 취하자 개혁파는 크게 낙담했다. 개혁파에게는 오직 두 가지의 길만 남아 있을 뿐이었다. 하나는 순순히 조정에서 물러 나와 보수파에 자유로이 집권의 길을 열어 주는 것이고, 다른 하나는 기습으로 모든 것을 장악한 다음 반대파를 무찌르는 것이었다.

그들이 거사를 논의하고 지원을 받고자 일본 전함을 파견해 줄 것을 교섭하는 동안에 보수파를 무력으로 제거하려고 음모하는 사람이 있다는 정보가 누설됐다. 일이 이렇게 되자 시간을 지체하면 할수록 더 위험이 닥치리라는 것을 직감한 개혁파는 오히려 이를 계기로 즉시 거사하기에 이르렀다.

12월 4일 새로운 우정국이 낙성되어 연회가 열렸다. 민영익이 그 자리의 주빈이 되어 양파의 요인들이 참석했으며 동시에 몇 명의 외국인 사절과 청군 장교들과 외국인 고문관인 묄렌도르프도 참석했다. 연회가 반감에 이르렀을 무렵 누군가가 밖에서 민영익을 찾기에 밖으로 나가다가 뜰에서 공격을 받아 심한 상처를 입었으나 겨우 도망했다.

장내는 삽시간에 수라장이 됐다. 조선인들은 곧 해산됐으며 상처를 입은 민영익은 묄렌도르프의 집으로 옮겨져서 그곳에서 미국에서 조선에 온 지 얼마 되지 않는 선교사 출신의 외과 의사인 알렌[30] 박사의 능숙한 솜씨로

---

30) 알렌(H. N. Allen : 1858~1932) : 미국의 의사이며 선교사. 웨슬리언대학 신학과와 마이애미 의과대학을 졸업하고 상해를 거쳐 한국에 입국(1882)해 을사조약이 체결될 때

치료를 받았다. 그때의 칼부림이 분명히 급진파들에 의해 이루어진 것이라고 입증할 만한 자료는 없지만, 그와 같은 흉행이 그들의 소행이든지 아니든지 간에 이에 대한 죄명이 자기에게 돌아오리라는 것을 그들은 잘 알기에, 이런 일일수록 신속히 해치워야 한다는 것을 여러 면에서 절감하고 있었다.

이제 그들로서는 신속하고도 예리하게 일격을 가하든가 아니면 차례로 죽든가 둘 중의 하나를 택할 필요가 있었다. 그들은 전자를 택했다. 그들은 급히 궁궐로 달려가서 왕을 옹위한 다음, 사람을 보내어 각 관청의 우두머리가 왕께 알현할 것을 명령하라고 강권했다.

왕명을 받은 그들은 한 사람씩 몰렸으나 입궐하자마자 사관생도들에게, 그 후에는 일본군들에 의해 차례로 얼어붙은 땅 위에 피를 뿌리며 쓰러졌으며 일을 끝낸 사관생도와 일본군들은 급진파 지도자들을 보호하고자 궁궐로 들어갔다. 이 몸서리나는 학살 사건에서 7명[31]이 살해됐는데 그중의 하나는 보수파 측에서 상당한 영향을 미친 바가 있는 내시[32]였다.

그 후 개혁파들은 왕을 일본 공사관으로 모시고 가서 보호를 부탁했다.[33] 즉시로 호위병이 집결되고 그들의 계획은 일단 성공한 것처럼 보였다. 그러나 청국은 이에 대해 다른 각도에서 관찰했다. 그들은 이번의 사태가 왕의 결정으로 일어난 것이 아님을 알게 되자 궁중으로 정규군을 투입했다. 400명밖에 안 되는 일본군으로서는 그렇게도 넓은 궁을 파수하기가 어려운데다가 청군은 일본군보다 7:1을 능가하는 병력을 가지고 있었다. 청나라의 입장에서 판단할 때 개혁파가 선수를 쳐서 공격하리라고 예측할 수 없으며 이러한 사태가 오래갈 수 없다는 것이 곧 분명해졌다[갑신정변].

(1905)까지 공사로 있다가 귀국함.

31) 윤태준, 한규직, 이조연, 민영목, 조영하, 민태호(閔台鎬), 유재현(柳在賢) 등 7인임.

32) 유재현을 의미함.

33) 왕이 일본 공사관으로 파천했다는 것은 사실과 다르다. 왕은 경우궁으로 옮겨 일본군의 보호를 받았을 뿐이다.

왕이나 백성들은 이러한 움직임에 대해 모두 반대했으므로 문제를 해결할 길은 오직 서로 멱살을 움켜쥐고 있는 일본과 청국이 각기 손을 놓는 것밖에는 없었다. 이번 싸움에 아무런 수지가 맞지 않는다는 것을 안 일본군은 급진파의 지도자들을 데리고 제물포를 거쳐서 일본으로 도망했다. 이번의 사건은 일본이 청에 의해 고초를 겪은 최초의 쓰디쓴 패배였으며 조선 측으로서는 그렇게 밖에는 달리 도리가 없었으므로 사태는 외교으로 해결됐다. 그 뒤로 조선은 오로지 청의 손아귀 속에서 요리됐으며, 그 후 10년이 지난 1894년의 결의[34]로 일본이 역전승할 때까지 조선은 그러한 운명을 감수하지 않을 수 없었다.

이 기간의 10년 동안은 여러 가지의 관점에서 논평할 수 있는 시기이다. 이 기간은 청이 조선에 대해 얼마나 심하게 침해를 했으며, 조선으로서는 모든 희망을 잃은 채 오직 그에 맹종함으로써 자신에게 가장 가까운 한 우방의 호의를 외면했음을 보여 주는 시기이다. 이 10년 동안 일어났던 일 가운데 가장 특기할 만한 것은 반도에 개신교가 들어왔다는 것이다.

이와 거의 대를 같이 해 미국의 몇몇 단체가 이곳에서 선교 사업에 착수했으며 제각기 눈부신 성공을 거두었다. 한인들은 기질 면에서 기독교의 접근에 대해 특히 호의적이었던 것처럼 보인다. 모든 종교 중에서 가장 합리적이고도 동시에 가장 신비주의적인 기독교가 한국인과 접촉하면서 합리성이나 이상주의적인 면에서 매우 친근함을 발견한다는 데에 한인들의 그와 같은 특수한 감성을 엿볼 수가 있다.

이와 같은 이론이 옳건 그르건 간에 개신교 선교사에 의한 기독교의 감화는 한인들에 의해 쉽사리 수용됐으며, 10년 동안에 교회와 교회 계통의 학교가 전국의 방방곡곡에 점을 찍은 듯이 세워졌고, 부분적으로나마 성서가

34) 갑오동학혁명, 갑오경장, 한일공수동맹과 같은 일련의 일본의 외교적 성공을 의미함.

출판되어 배포되고, 막대한 기독교 문서가 출간되고, 복음전도자의 성격을 띤 것이었든, 아니면 자선사업가의 성격을 띤 것이었든 간에 기독교 생활을 통한 여러 활동 분야에서 전국적인 기독교화 사업이 멈추는 일이 없도록 재단이 설립됐다.

어떤 모임에서는 일단 기독교의 선교 사업에 관해 간단하게 언급하는 것이 유행이었던 때가 있었지만, 오늘날에는 기독교의 모든 주장을 전폭적으로 믿지 않거나 아니면 좀 무식해서 유행이 될 듯이 여겨지는 의견을 흉내내어 이야기하기를 좋아하는 사람들만이 기독교의 선교 사업에 관한 이야기를 한다. 무지해 선교 단체의 활동이나 업적을 알아보지 못하고 그들에게 지나치리만큼 욕을 하는 사람에 대해는 그들이 안정되지 못한 선악 관념에 의해 그와 같은 비난을 하고 싶어 한다는 논리만으로도 그들의 행위가 충분히 변명 될 수가 있다.

선교 사업의 명분에 대해는 어떠한 변명이나 구차스러운 설명이 필요 없는 것이지만, 그러나 남의 나라에 와서 일하는 선교사들의 자선을 받은 사람으로서 그들이 본국으로 돌아간 다음에 그들에 대해 이루 말할 수 없는 저열한 방법으로 비방하는 사람이 거의 없기를 기대하지 않을 수 없다.

이 무렵의 10년 동안에는 제물포, 부산, 원산, 서울 등이 조약에 따라 개항됐으며, 전신선이 가설됐고, 국립병원과 영어학교가 개설됐으며, 주조국이 건립됐고, 그 밖에 몇 개의 중요한 정부 기구가 신설됐으며, 또 여러 이질적인 서구 사상이 소개됐다.

여러 해 동안 변호사인 데니(O. N. Denny)는 외국인 고문으로서 조선이 청으로부터 벗어나도록 애를 많이 썼다. 그의 주장은 단호했지만 지난날의 종주 관계와 예속 관계로 되돌아가려는 한인들의 사고방식 앞에서 거의 무기력했다. 만약에 전쟁이 일어나지 않았고, 조선의 독립을 주장하지 않았더라면 외국의 열강들은 그들의 공사관을 철수시키는 것에 꺼림칙함을 느꼈으리라는 것은 아무런 의심의 여지도 없다.

청나라는 어쩌다가 조선을 침해를 함으로써 전쟁[35]을 유발했으며, 일본은 그들의 거의 모든 전문가가 내세운 논리를 얼마나 교묘하고 또 끈덕지게 곡필했던가를 전 세계는 잘 알고 있다. 이 전쟁은 전 조선을 휩쓸고 압록강을 건넘으로써 반도를 일본에 넘겨주었다. 제국주의 군대가 얼마나 용맹스러웠던가는 이를 계기로 해 유감없이 증명됐지만 일본이라는 나라는 이번에 조선에서 착취한 바와 같은 물건으로 자신의 명맥을 유지한 바와 같이, 다른 나라로부터 착취한 원료로 자신의 독립을 유지해 나아가는 특수한 재능을 가진 나라라는 것이 증명된 것도 바로 이때이다. 과거 일본이 취약해 보였던 것도 바로 이러한 이유이다.

일본이 이제까지 채택한 방법을 살펴보면 그들은 세계 정세의 선악을 구별해 오직 선한 방법에 따라 정세에 적응하지 않았음이 증명됐을 뿐만 아니라 그들이 맞붙어 싸우게 된 어떤 생소한 상황 속에서는 적응성이 없는 나라라는 것이 입증됐다. 한 나라의 국모를 짐승처럼 죽였고, 그 결과로 조선인의 우의를 저버린 채, 갖은 압력을 가해 왕이 스스로 러시아인의 손길에 몸을 던지게 한 그들의 소행—이러한 모든 사실은 일본이라는 나라가 매듭이 많은 난제를 성공적으로 해결해 주는 데 필요한 건설적인 능력이 결핍된 민족이라는 것을 잘 보여주는 사실들이다.

1894년으로부터 10년 동안 지난날의 어려운 일들이 다만 모습만을 달리한 채 계속됐음을 보여주는 역사이다. 이제 일본과 청나라는 더 이상의 투쟁이 없게 되자 다시 일본과 러시아와의 투쟁이 시작됐다. 청나라와의 외교 전쟁에서 실패한 것과 똑같이 일본은 이번에도 러시아와의 외교 전쟁에서 실패했다. 어느 경우를 막론하고 일본으로서는 최종적으로 전쟁에 의존하는 것만이 필요할 따름이었다.

---

35) 1894년의 청일전쟁을 의미함.

제 9 장 민비 시해 사건

1895년은 역사와 더불어 길이 기록될 해이다. 그 해에 일어났던 사건들은 한인들의 머릿속에 강하고도 오래 남을 만큼 깊은 인상을 주었으며 그 뒤에 조선의 역사는 이 사건에 비추어 풀이되어야 한다. 그 해는 분명히 순탄한 속에 새 아침이 밝았다. 왕은 개명된 원칙에 따라서 통치할 것을 선서했으며,[1] 관리들에게는 개혁안을 철저하게 준수하라고 훈시하고 만약 왕 자신이 이에 실패한다면 그것은 하늘에 죄를 짓는 것이라고 선언했다.

대원군은 공직 생활에서 물러났으나 그의 아들이자 왕의 형인 이재면이 궁내부대신이 되고, 그의 손자인 이준용이 왕의 측근이 되자 대원군은 다시 사생활을 통해 그가 이전에 실제로 공직에 있을 때와 다름이 없이 강력한 세력을 가졌다는 것은 의심할 나위도 없다.

국태공에 대한 민비의 미움은 국태공의 아들들에게까지 확대됐다는 점을 기억할 필요가 있으며, 왕의 유시가 있었음에도 불구하고 그들을 거세하고자 왕에게 가해지는 압력은 그치지 않았다. 이유가 무엇이었는지 모르지만 어쨌든 정월이 되자 이준용은 일본 주차 공사로 임명을 받고 떠났는데 일시적이나마 주연급 활동 분자 가운데 하나가 무대에서 사라졌다는 사실은 반

---

1) 자주독립서고문과 홍범 14조를 의미함.

승려

국태공파로서는 참으로 기쁜 일이었음을 알 수가 있다.

왕은 앞으로 정사의 세목에까지 개인적으로 주의를 기울이겠노라고 선언하고, 이제는 내각 회의 장소를 궁내로 옮기는 것이 바람직하다고 생각하게 됐다. 그러나 그와 같은 장소의 이전은 권력의 완전한 중앙집권화를 직접 촉발시켰으며 그 뒤로는 모든 정부 정책의 조령모개 현상을 일으켰다는 점에 비추어 볼 때에 장소를 옮기는 것이 개혁 정신에 따른 것인지의 여부는 의심스럽다.

이른바 개혁은 급속히 진전됐다. 속이야 어찌 됐든지 겉껍데기만은 확 벗겨졌다. 진짜 양반의 상징처럼 되던 자루 모양의 긴 소맷자락도 없어졌으며, 옆으로 탁 트인 긴 도포도 가뜬하게 오므려졌다. 갓의 테두리도 작아졌으며 그 밖의 사소한 변화가 일어났다. 다른 부처에 영향을 미칠 만큼 중요한 안건이 아니라면 종전처럼 사사건건 중앙 정부에 문의하던 행정 제도를 지양하고 다만 법률에 따라 각 부처의 대신이 각자에게 소관 업무를 수행하도록 직권을 이관함으로써 건전한 변혁이 이루어졌다.

아랫사람이 윗사람을 대할 때라든가 또는 서로 마주 보고 절을 하는 태곳적부터 전해 내려오던 풍습이 없어지고, 그 대신에 좀 더 민주주의적인 규례가 제정됐다. 궁내부대신은 지방의 독직 사건을 바로잡고 이제까지 아전의 부정 탓에 토지를 경작하면서도 중앙 정부에는 아무런 개입이 되지 못한 여러 가지 비정을 색출할 권한을 갖게 됐는데 이러한 개혁으로 국고 수입이 상당히 늘어났다.

이 무렵, 형을 집행하는 방법에도 급격한 변화가 일어났다. 이제까지 시행하던 잔혹한 형의 집행이나 고문이 없어지고 그 대신 인도적인 방법이 채택됐다. 참수제가 없어지고 교수제로 대치됐다. 이와 같은 방법은 죄수의 고통을 덜어 주는 데에 도움이 되지 못했지만 여러 사람이 보는 앞에서 죄수의 목을 베는 끔찍스러운 장면은 이제 구시대의 유물이 됐다.

서양력으로는 2월에 해당되는 이 나라 고유의 음력으로 신정을 맞아 왕은 매우 중요한 칙령을 반포해 벼슬은 양반 계급에만 주어질 것이 아니라 훌륭한 인격과 자질을 갖춘 사람에게는 누구에게나 주어질 수 있도록 했으며, 문벌이 비천할지라도 인격과 자질이 갖춘 사람을 각지에서 뽑아 벼슬을 천거하라고 왕명을 내렸다. 이와 같은 조처는 특히 시골 사람들에게 반가운 일로서 정치적 개혁의 서광이 비치는 것이라 해 갈채를 받았다.

아울러 서대문 밖에 예로부터 서 있던 영은문도 철거했다. 이 문은 오직 청국에 대한 종주권을 상징하는 유물이었는데 이것을 철거했다는 사실은 조선으로 하여금 자신이 거대한 종주국에 얽매이게 했던 눈에 보이는 마지막 굴레를 벗겨 버린 것이다. 나는 여기에서 "눈에 보이는"이라는 어휘를 고의적으로 썼는데 이는 아직도 한인 중의 상당수가 중국에 품고 있는 충성심에 아무런 손상이 없이 실재하기 때문이다.

2월 13일에 윤치호가 여러 해에 걸친 미국과 중국 여행에서 돌아왔는데 그는 그곳에서 진정으로 계명된 정치 제도에 관해 많은 견문을 얻었다. 따라서 그의 귀국은 이제까지의 표면적인 개혁과는 달리 순수한 개혁을 마련하는 기초를 형성하는 데에서 계몽주의적인 사조를 형성하기에 충분했던 한 길조가 될 수도 있었다.

그러는 동안에 일본인들은 만주를 석권하고 있었으며 이제 그 결말이 왔다. 그러므로 조선의 조정에서는 요령성 해성에 자리 잡고 있는 일본군 사령부에 특사를 보내어 그들의 빛나는 승리를 축하했다. 이 일이 있은 직후 전쟁은 끝나고 시모노세키조약이 체결됐는데 조약문에 의해 청은 일본에 남만주와 대만을 할양하고 조선에서의 모든 이권을 영구히 포기하며 상당한 액수의 배상금을 물었다. 그 결과에 한인들은 매우 놀라면서도 대부분의 한인은 중국에 대한 사대사상이 너무도 강했기 때문에 아직도 중국이 비록 지금 배상금은 물지만 장차 승전한 일본과 일전을 겨루고자 준비하리라는 생각을 했다.

1456년 이후로 중들에게는 도성에의 출입이 금지됐다. 불교도에게는 어떠한 정치적 발디딤도 주지 않는다는 것이 조선 왕조의 일반적인 정책 중의 일부분이었다. 이제 일본인들은 조정으로 하여금 중들 본래의 위치를 되찾게 해줌으로써 450년 만에 처음으로 탁발승들이 목탁과 염주를 들고 서울의 거리에서 시주를 구하게 됐다.

4월에 이르러 국태공의 처소에는 커다란 불운이 닥쳐왔다. 국태공의 손자이자 왕의 조카인 이준용이 동학과 손을 잡고 왕을 폐위하고 다른 정권을 세우려고 했다는 죄목으로 기소됐다. 이준용이 그와 같은 역모에 주동 인물이었는지, 또는 그가 그와 같은 생각을 하는 사람들에게 동조적이었는지에 관해서는 아무런 증거도 제시되지 않았으나 어쨌든 그와 같은 사건에 그의 이름이 오르내렸다는 단 하나의 사실만으로도 그는 강화도에서도 멀리 떨어진 교동도로 귀양살이를 떠나기에 충분했다. 이 사건에 관련된 다른 네 사람[2)]은 처형됐다. 이 사건은 국태공에게 매우 쓰라린 일격으로서 그가 그 다음의 10월에 있었던 끔찍스러운 사건[3)]을 가능케 할 만큼 충격을 준 사건이었다.

6월 6일에 서울에서는 커다란 기념식[4)]이 벌어졌는데 이날은 역사상 "독립일"이라고 기록되어 오고 있다. 개국 이래의 어느 것 못지않게 성대한 잔치가 고궁에서 열렸다.

박영효는 귀국하자마자 대원군으로부터 심한 눈총을 받았는데 이는 돌아온 그 망명객이 국태공으로부터 그렇게도 미움을 받던 개화당의 급진적 일익을 담당한 인물이었기 때문에 불가피한 일이었다. 설령 그러한 이유가 아니더라도 그와 같은 유능한 인물이 국내의 정치 판도에 등장했다는 사실만

---

2) 개국 504년 4월 19일자의 특별법원재판선고서(국사편찬위원회 소장)에 따르면 이때에 교형된 사람은 박준양 · 이태용 · 고종주 · 전동석 · 최형식의 5명임.

3) 을미사변을 의미함.

4) 1895년 7월에 경회루에서 있었던 개국기원절의 축하연을 의미하는 것으로서 월력이 다른 것은 음력과 양력의 차이에서 온 것이다.

으로도 그 연로하고도 독재적인 국태공의 세력을 감소시킬 것은 어쩔 수 없는 사실이었다.

아마도 일본인들은 박영효가 그들과 손을 잡고 일을 능숙하게 해주리라는 속셈에서 그를 귀국시킨 것 같다. 그러나 일본인들은 박영효는 자기 나름의 이념과 견해를 가진 사람일 뿐만 아니라 일본을 위하기보다는 오히려 조선을 위해 일하고 있음을 곧 알게 됐다. 그는 자기의 조국을 희생하면서까지 일본을 이롭게 할 계획에 가담하지 않았으며 결국에는 자기가 이전에 신세를 진 사람들을 괴롭히는 존재가 됐다. 그러는 동안에 왕과 왕비가 함께 그에게 접근하게 됐는데 거기에는 그럴 만한 몇 가지의 이유가 있었다.

첫째 박영효는 왕과는 가까운 친척으로서[5] 현 왕조의 현상 유지에 대해 어떠한 변혁을 바랄 만한 이유가 없었으며, 둘째로 그는 대원군의 미움을 받는 정적이었으며, 셋째로 그는 일본에 대한 지나친 자유주의적 정책에 반대하는 입장을 굳게 지키고 있었다. 비록 이노우에 가오루 백작이 민비의 호감을 사고자 갖은 수단을 다 쓰고 있었지만 박영효와 왕실이 점차 가까워진다는 사실은 일본인들에게는 매우 불안한 현상이었다. 드디어 박영효는 이준용의 역모 사건을 적발함으로써 왕과 민비로부터 무한한 총애를 받게 됐다.

국태공은 박영효를 제거해야겠다고 결심했다. 이 목적을 수행하고자 그는 한 음모를 꾸몄는데 이는 일본 측으로부터 어느 정도의 제재를 받았으나 성공이 약속된 듯이 보였다. 그는 박영효가 대역죄를 꾸미고 있어서 아마도 죽음을 면하기 어려우리라고 왕과 왕비에게 진언했으나 두 사람 모두가 그의 말을 믿으려 하지 않았다. 그러나 대원군 이외의 사람들도 그가 대역죄를 범했다고 말하자 국태공은 그를 제거하는 데 별로 힘을 들이지 않았으며

---

5) 박영효는 철종의 사위로서 조대비(趙大妃)는 처 백모가 됐으며 왕[고종]과는 가까운 친척이라고 볼 수가 없는 외척이었다.

고궁의 한 풍경

일본도 그를 옹호하고자 아무런 강경책도 취하지 않았음은 당연했다.

민비는 그를 불러 대역죄에 대한 조처가 내려오기 전에 어서 몸을 피하라고 충고했다. 그는 이에 응낙하고 물러 나와 다시 일본으로 망명했다. 그러나 그때까지만 해도 그는 일본과 완전히 틈이 벌어진 것이 아니었으므로 일본인들이 그의 망명을 기꺼이 도와준 것은 의심할 나위도 없다. 그가 어쩌면 영원히 돌아올 수 없을지도 모를 망명의 길에 오른 것이 7월 초순이었는데 이 일로 조선은 자기의 조국에 가장 순수하게 충성스러웠던 한 인물을 잃었다.[6)]

만약 일본인들이 국태공을 단단히 등에 업고 박영효로 하여금 왕실과 가

6) 박영효는 이 책이 출판된 1906년까지도 귀국하지 못했다가 1907년에 귀국했으므로 이 책에서는 그때의 망명이 마지막인 것으로 기록됐다.

까운 사이로 지내면서 그의 계획을 수행토록 할 수만 있었더라면 그다음에 일어난 비극은 쉽사리 피할 수 있었을지도 모른다. 우리가 믿는 바와 같이 비극은 국태공으로 하여금 개인적인 원한 관계를 복수하려는 계획을 수행하도록 한 데에서 비롯됐으며 이 때문에 조선을 위해서는 전무후무한 절호의 희망이 무참히도 희생됐다.

그러나 진보를 위한 여러 가지 조치가 급속히 전개되어 7월에 조정에서는 채광, 검역 및 군제에 관한 새롭고도 중요한 조례를 공포했으며 국내 우편 제도를 시행했다. 북부의 원산 지방에 있는 중요한 광산의 채굴권을 미국인 회사에 넘겼는데 이와 같은 조처는 적어도 외국인으로서 조선의 자원을 개발하고자 매우 유익한 것임이 증명됐다.

7월 말에 이르러 이노우에 백작이 서울 주재 공사관으로부터 일본으로 돌아갔는데 이는 조선으로서는 불행한 일이었다. 이제까지 일본 정부가 조선에 보낸 인물 중에서 그토록 강직하고 고결한 인물이 없었으며, 서울 주차 일본 공사로서 그만큼 탁월한 수완을 가진 사람도 없었다. 적어도 서울에 있는 두 파벌이 민비와 국태공의 관계처럼 서로 증오하면서 굽히지 않고 앙심을 품은 채 다툼을 계속하는 한 그는 여러 가지 자기의 임무 수행을 절망적으로 생각했다고 사람들은 믿었다.

적어도 이노우에는 민비와 국태공 중 어느 한 사람이 영원히 정계에서 사라지지 않는 한 조선의 개혁을 위한 진정한 기회는 오지 않으리라고 믿었던 것 같다. 이와 같은 추론은 어느 의미로 보나 그가 어떤 강제적인 방법에 의해 두 사람 중의 한 사람을 제거하고자 했다는 것을 의미하는 것은 아니지만, 그러나 그가 반도 안의 기존 질서 아래에서는 어떠한 일도 무의미하다는 데에 관해 어떤 확신을 피력했음이 분명하다고 추정하는 것이 결코 불합리한 일이 아니다. 어떤 사람들은 도쿄의 일본 정부가 이미 자신의 독자적인 실력을 수단으로 해 서울에 있는 장애물을 제거하려고 결심했다고 믿고 있다.

그 후에 일어난 사건들을 미루어 볼 때에 그와 같은 추측에는 그럴듯한 점이 있기는 하지만 일본 정부가 10월에 일어난 비극을 일으킨 어떤 음모[을미사변]에 가담했다는 사실을 나는 믿지도 않을뿐더러 믿을 수도 없는 일이다. 그러나 서울에 있던 한 광기 있고도 몰지각한 일본 공사가 전에 본국에 문의했다가 호되게 거절당한 어떤 조처를 개인적으로 묵인한 데에서 온 것이라고 믿을 수는 있다.

9월 1일에 미우라 고로[7] 자작이 공사의 직책을 맡아 일본에서 조선으로 도착했다. 이노우에 백작이 이임한 이후로 1개월 이상의 공백 기간이 흘렀다. 미우라 자작은 독실한 불교 신도로서 그는 분명히 신세대의 일본인이라기보다는 오히려 구세대에 속하는 인물이었다. 동시에 그는 꺾이지 않는 기백을 가진 사람이었으며 조선에서 일어나는 어려운 문제들은 오직 신속 과감한 행동으로써만 해결될 수 있다고 믿었던 사람이라고 한다. 그가 부임할 무렵 국태공은 한강 가까이에 있는 그의 여름 별장에서 살았는데 그가 부임하자마자 국태공은 이 신임 공사와 긴밀한 관계를 맺었다.

미우라는 민비에 대한 국태공의 반감을 점점 부추기면서 비위를 맞추는 동시에 이 두 강자 사이에 자꾸만 벌어지는 불화를 해소하려고 노력하는 대신에 오히려 일본에 이롭다고 생각되는 것을 증진하고자 이들 사이가 벌어짐을 이용하려고 준비했다. 거기에다가 민비의 가장 가까운 측근인 민영환마저도 주미 공사로 떠나자 이제까지 확고하게 결정된 음모는 만반의 준비가 갖추어졌다.

상반되는 주장을 내세우고 이에 대한 비난과 반격이 진행되는 동안에 사

7) 미우라 고로(三浦梧樓 : 1846~1926) : 일본의 군인. 야마구치현 출신. 18세에 기병대에 투신해 사츠마 반란(1877)의 진압에 큰 공을 세우고 1878년에 중장, 1882년에 육사 교장을 지냄. 구미를 시찰한 다음(1884), 귀족원의원(1890)이 됐고, 온건파 이노우에가 한국에서 물러간 후에 강경파의 지지를 얻어 조선 주차 일본 공사(1895)로 부임해 을미사변을 일으킴. 추밀원 고문(1911)을 지냄.

태는 필연적으로 그 뒤와 같이 귀결되지 않을 수가 없었다. 조선의 문제를 해결하고자 일본의 정치 집단이 제시한 최고의 방법에는 서로 다른 두 가지의 길이 있었다. 하나는 이른바 급진적인 정책으로서 조선에서 일본의 의사에 거역하는 모든 무리에 대해 강경한 조처를 취해 즉각적이고도 완전하게 타도하는 것이고, 다른 하나는 보수적인 정책으로서 전자와 똑같은 목적을 달성하되 점진적이고도 평화적인 방법을 모색하는 것이었다.

이노우에 백작이 서울에 있는 사람들의 내부적인 알력을 해소해 일본이 목적한 바를 관철하려던 애당초의 의도가 실패로 돌아가게 되자 그 결과로 극단적인 과격파의 대표자로서 미우라 자작이 공사로 임명된 듯이 보인다. 그는 일을 신속하게 처리하도록 사명을 받았으나 그가 조선의 정치 무대에 등장하기 이전까지만 해도 그와 그의 추종자들은 그들의 과업이 과연 어떠한 것이었는지를 아마 알지 못했을지도 모른다.

이때에 이미 민비의 시해 음모가 있었다고 말하는 것은 사실과 다르며 다만 서울의 정세에 대해 극히 보수적인 사람까지도 어떠한 조처를 취해 민비의 엄청난 세력을 영원히 견제해야 하며 사태를 요령껏 처리해 그로 하여금 더는 국정에 간섭하지 못하도록 만들어야 한다는 생각을 가졌었다는 표현이 더 적절할지도 모른다. 미우라가 조선에 부임해 관찰한 뒤에야 그는 자신이나 자신의 어떠한 측근자들도 이 일을 수행해 낼 수가 없다는 사실을 알았다.

이러한 점을 잘 생각해 보면 어떻게 해 일본 공사가 이 문제를 상의하고 싶어 하던 최초의 인물로 국태공이 등장하게 됐나를 알 수가 있으며, 대원군이 이 문제의 해결책에 관해 그에게 무엇인가 한마디쯤 귀띔했으리라는 것은 당연하다. 그는 20년간의 경험에 비추어 일본 공사가 심중에 생각한 목적을 수행할 길은 단 하나밖에 없다는 것을 확신하게 됐다. 미우라 자작은 그와 같은 방법을 택하는 데에 대해 당연히 멈칫했지만, 그도 결국에는 오직 그 길밖에는 달리 가능한 방법이 없다고 확신하게 됐다.

그러나 우리는 대원군이 사실상 애당초에서부터 대뜸 그와 같은 방법을 귀띔해 주었으리라고 믿지는 않지만, 그러나 그는 다른 사람들이 옆에서 암시해 주고 또 자신이 개인적으로 이 일에 참여하지도 않고 일을 수행할 수 있도록 짜인 그 계략에 솔깃해 동조했다는 것은 의심할 나위가 없다. 그와 같은 비극의 책임이 어디에 있는지는 아무런 문제가 될 수 없다. 일본 정부로서는 서울 주차 공사라고 하는 매우 감당해내기 어려운 직책에 그와 같은 인물을 임명해 자신의 체면을 손상했던 것까지는 비난의 대상이 될 수 있으나 그 이상 어떤 책임이 없다는 것은 너무도 당연하다.

이노우에 백작은 일본으로 귀국해 미우라 자작이 수행한 그와 같은 정책을 진언했다고 얘기하는 사람들의 말을 가끔 듣지만, 그와 같은 얘기는 그를 비방하기 위한 것 말고는 아무것도 아니었는데, 그 유능한 정치가의 온 생애에 비추어 볼 때 그러한 혐의란 한낱 거짓에 불과한 것임이 드러났다. 그가 본국으로 돌아갔다는 사실만 보더라도 그의 의도는 남들이 중상하고자 꾸며냈던 얘기와는 상당히 다른 입장에서 있었음을 알 수가 있다. 이를테면 그가 일본 의회에서 낭독한 보고서의 발췌문에서 그는 이렇게 말했다.

> 언제인가 민비는 본인을 보고 이렇게 말한 적이 있다.
>
> "내가 일본 정부에 제안한 바가 거부된 것은 매우 유감스러운 일이다. 그 반면에 일본에 대해 아무런 우의를 보이지 않는 대원군은 권력의 자리에 오르는 데에 일본 공사로부터 도움을 받았다."
>
> 이에 대한 대답에서 본인은 민비에게 본인이 할 수 있는 데까지 설명해 그의 의심이 어느 정도 풀리게 되자 조선의 독립을 굳건한 터전 위에 서게 하고 더 나아가서는 조선의 황실을 튼튼하게 하는 것이 일본의 황제와 일본 정부의 진정하고도 우의 있는 소망이라는 점을 잘 설명해 드렸다. 황실에 대해 역모를 꿈꾸는 황실 내의 어떤 사람과 그 밖의 어떤 조선인에 관한 얘기 끝에 본인은 일본 정부가 조선의 황실을 보호함에 설령 무력을 쓰는 일

이 있더라도 실수함이 없도록 하겠노라고 확언했다.

이노우에 백작은 일본으로 떠나기에 앞서 이처럼 솔직하게 조선 황실을 보호할 것을 약속한 것으로 미루어 보아 그가 귀임해 자신이나 자기의 뒤를 밀어주는 본국 정부의 충정과 다른 어떤 의사를 진언했으리라는 것을 우리는 믿지 않으며 또한 믿을 수도 없다. 미우라가 지은 죄가 분명한데도 그의 죄를 사면해 준 것으로 미루어 보아서 일본 정부의 비인도적인 공모 관계와 이미 전에 죄를 범하려는 의도가 있었음을 알 수 있다고 말하는 사람들이 있었으나 반드시 그렇게만 생각할 것은 아니다.

일본 정부로서는 자신이 임명한 공사가 공소장에 기록된 모든 죄를 실제로 범했다고 스스로 시인함으로써 자신을 바보로 만들 의사가 없었음은 의심할 나위도 없는 것이다. 기왕에 벌어진 사건의 책임을 회피하려고 노력한다는 것은 쓸데없는 것이다. 일본 정부가 이 사건을 계기로 말려 들어간 곤경을 벗어날 길이 없으나 10월 8일 사건에 일본 정부가 공모했다는 추론은 믿을 수가 없다. 1896년 1월에 히로시마에서 개정된 일본 법원 예심 조사 판결문에서 보는 바와 같이 그 사건은 미우라 자작과 그의 부하들이 독단적으로 저지른 범행이었다.

여러 가지 사건 중에서도 특히 미우라 자작은 서울에 도착하자마자 조선의 조정, 특히 그중에서도 민비 일파가 개혁의 방해물이 되고 있음을 알았으며 이에 대한 효과적인 조처를 취하지 않을 수 없음을 느꼈다는 것이 법정에서 밝혀졌다. 대원군은 급진적인 개혁을 시행하는 데에서 일본 측에 도움을 청했으며 일본은 이 요청에 부응할 것을 결정했다.

그러나 이에 앞서 일본 측은 국태공에게 앞으로는 부당하게 정치에 개입하지 않을 것을 약속하라고 요구했다. 그런 다음에야 궁궐을 무력으로 점령해 민비를 죽이고 왕의 신병을 확보한 다음 사태를 처리하려는 계획을 세웠다. 이 계획은 분명히 미우라 자작과 그의 부하들에 의해 동조를 얻어 강행된 것이다.

10월 8일 새벽 3시에 몇 사람의 소시[8]를 포함한 여러 명의 일본인은 몇 사람의 한인과 함께 한강 가까이에 있는 대원군의 처소로 가서 그를 데리고 서울로 전진했다. 떠나기 직전에 그들의 인솔자는 필요할 경우에는 "여우"를 처치하라고 말했는데 이는 말할 것도 없이 민비를 죽이라는 의미이다.

해가 뜰 무렵 모든 무리는 광화문을 거쳐 궁궐로 들어가서 즉시로 왕의 침소로 향했다. 일본 측의 법정 기록은 여기에서 갑자기 사건의 자세한 내막을 서술하지 않으며, 증거가 충분한데도 일본인 누구도 비난받을 만한 죄를 실제로 범했다고 입증할 충분한 증거가 없다는 점만을 기술한 다음 모든 피고인을 방면했다.

일본 정부로서는 그들이 저지른 범죄 행위를 솔직하게 공개한다는 것이 매우 심각한 문제이기 때문에 피고인들을 처벌하려고 하지 않았다. 일본 정부가 피고인들을 모두 방면한 것은 그들이 저지른 범죄 사실에 대한 충분한 증거가 있었음에도 불구하고 미우라는 일본 정부가 신임해 파견한 사람일 뿐만 아니라, 그의 상관들이 미처 몰랐다고는 하지만, 그의 행동은 공직 수행의 성격을 띠지 않을 수 없으므로 그 사건의 책임이 어쩔 수 없이 일본 정부로 귀착되기 때문에 비인도적인 행위를 했을망정 그들을 처벌할 수 없음을 솔직하게 표현한 것이다.

이 사건은 대중의 마음속에 커다란 충격을 안겨다 주었다. 일본 정부로서는 민비를 살해하고자 했거나 그러기를 바랐느냐 하는 점에 관해서는 아무런 죄책이 없다고 하겠지만, 형사상 부주의에 대한 책임은 면할 수가 없으며, 조선 정부의 어느 한 고위층 인물은 자신의 지휘 책임을 망각함으로써 그와 같은 반역적인 흉행을 저지를 것을 계획하고 조장한 데에 대한 비난을

---

8) 소시(壯士) : 이는 한국어의 장사와는 달리 일정한 직업이 없이 떠돌아다니며 다른 사람의 청탁을 받아 폭행이나 살인을 일삼는 부랑자를 의미함.

면할 수가 없다.

히로시마 법원 측의 기록에 따르면 그 당시의 장면에 관한 서술은 그 날 실제적인 범행이 시작되기에 앞서 병사들이 궁중으로 몰려 들어간 데에서부터는 갑자기 중단되어 있다. 그런 점에서 우리로서는 범인들이 무엇이라고 진술했는가에 관해 주의를 기울일 필요가 있다. 왕과 민비가 거처하고 있는 궁궐은 궐내의 후원 가까운 곳에 있어서 정문으로부터는 거의 반 마일 정도 떨어져 있었으므로 국태공을 수행한 일본군과 조선군들은 왕비를 찾으려고 궁중을 수색하기 에 앞서 여러 채의 건물을 지나 긴 통로를 횡단하지 않을 수가 없었다. 궁내의 보초병 몇 명을 만났지만, 쉽사리 물리치고 몇 사람은 살해당했는데 그 가운데에는 홍재희 대장도 끼어 있다.

일본군들이 왕과 민비가 거처하는 궁궐에 도착했을 때 그들 중의 일부는 군명에 따라 그곳을 둘러싸고 접근하는 사람들을 감시했을 뿐 궐내로 들어가지는 않았다. 대체로 소시라고 믿어지는 일본의 민간인들과 중무장을 한 상당한 조선인들이 왕의 침실로 몰려들어 그들 중 일부가 무기를 휘두르면서 왕이 거처하는 곳으로 들어갔으나 왕이나 그의 옆에 있던 황태자를 직접 다치게 하지는 않았다. 그 가운데 다른 한 무리가 궁녀들을 잡고 민비의 소재를 물으면서 그의 처소로 달려갔다. 그들은 민비의 처소 앞에서 궁내부대신 이경직을 만나자 한칼에 찔러 쓰러뜨렸으나 그는 기어서 왕의 처소로 가려다가 일본군의 손에 죽었다.

민비는 그가 쓰던 여러 개의 방 가운데 한 침실에서 발견되어 무참히도 난도질당했다. 칼질을 한 사람이 누구냐 하는 문제에 관해는 정확하게 설명할 수 없지만 무장한 일본군이었으리라는 것이 지배적인 추측이다. 시체는 몇 가지의 천으로 싼 다음 석유를 뿌리고 왕의 처소 앞에 있는 호수의 동쪽에 위치한 소나무 숲의 한 모퉁이에서 불에 태웠다.

왕실에서는 이틀 전에 위험이 닥치리라는 것을 알았다. 궁중의 보초병이 줄어들고 군대를 해산하고[9] 일본군의 움직임은 수상쩍기만 했다. 왕은 민비에게 안전한 곳으로 몸을 피하라고 충고했으며 민비도 만약 태후가 간다면 자기도 가겠다고 말했으나 태후는 몸을 피할 것을 거절했다. 민비의 도움을 받아 관직에 올랐으나 결국에는 일본인과 합세했던 정병하는 왕비의 신변에 아무런 위험이 없으리라고 강경하게 주장했는데, 이러한 사실은 그 후 힘 하나들이지 않고 왕과 민비를 체포하는 데에 수훈을 세운 이 배신자가 자기 입으로 발설한 이면사이다. 이번의 사건이 일어나기까지 궁궐을 지키는 일은 다이[10] 장군의 책임이었으나 황제 폐하의 소망을 이루어 주려던 그의 노력은 번번이 허사가 됐으며 호위란 단순히 명색에 불과했다.

민비가 시해되고 있을 무렵에 대원군은 왕의 처소에 나타나 조정에서 일어나는 사태의 추이를 설명했다. 추측할 수 있는 바와 같이 왕과 세자는 심리적으로 자신들이 왕손으로 태어난 것을 한스럽게 생각하고 있었다. 그들은 이리 밀리고 저리 밀리면서 야비한 일본인들에게 갖은 모욕을 다 당했으며 자신의 운명이 경각에 달려 있음을 알았다.

궁내부대신 이경직은 민비의 처소 앞에서 자기의 자리를 지키다가 일본인과 조선인에 의해 칼을 맞았으나 심한 상처를 무릅쓰고 왕이 있는 곳까지 오는 데에 성공했다. 그는 그곳에서 왕이 바라보는 가운데에 칼에 맞아 죽었다. 이러한 광경을 보고 왕과 세자는 마음을 가누지 못했으나 대원군이 오는 것을 보고 그들은 다소 진정했다. 물론 그때까지만 해도 민비가 살해당했으리라고는 전혀 생각하지 못했다.

날이 밝기 전에 왕은 일본군들이 대궐의 처소로 밀려옴을 알았으며, 왕의 모습이 나타나자 외관상 질서가 회복된 듯이 보였을 때에 일본 공사에게 급히 글을 보내어 이번 일이 어찌 된 영문인가를 물었다. 통보인이 도착했을

9) 이 사건이 일어나기 하루 전인 10월 7일에 훈련대가 해산됐다.
10) 다이 장군(William M. Dye) : 그의 인적 사항에 대해서는 잘 알려져 있지 않다. 다만 그가 남북전쟁의 영웅이었다는 것과 알렌(H. N. Allen)의 추천으로 왕실에 고빙되어 훈련대의 신식 훈련을 맡았고 부분적으로 왕실의 근위대의 책임을 맡고 있었다고 한다.

때에 미우라와 스기무라 후카시는 이미 잠에서 깨어 옷을 입고 있었으며 문 밖에는 교자가 준비되어 있었다. 미우라는 통보인에게 자기는 이미 일본군이 대궐로 진군했다는 소식은 들었으나 왜 그랬는지는 모르겠노라고 말했다. 공사와 그의 비서는 곧 대궐로 향했다. 그들이 도착하자마자 모든 소란은 갑자기 진정되고 소시들은 흩어져서 궁궐을 떠났다. 일본 공사와 그의 비서는 통역관과 소시를 이끌고 왔던 다른 일본인만을 대동한 채 왕의 알현을 청했다. 국태공도 물론 그 자리에 있었다.

이 자리에는 세 개의 문서가 마련되어 왕의 서명을 기다리고 있었다. 첫째는 앞으로는 내각이 국내의 제반 문제를 처리하도록 보증하는 것이며, 둘째는 방금 살해된 이경직의 후임으로 왕의 형인 이재면을 궁내부대신으로 임명하는 것이며, 셋째는 내부협판을 임명하는 것이었다. 왕은 어쩔 수 없이 이 문서에 서명했다.

곧 일본군은 모두 궁궐로부터 물러났으며 오직 일본군이 훈련시킨 조선군만이 궁의 수비병으로 남았다. 그 날 늦게 조희연과 권형진이라는 사람이 각각 군부대신과 경무사[11]로 임명됐는데 이 두 사람은 모두가 철저한 친일분자들로서 궁궐을 침입해 민비를 시해하는 데 관계했음은 의심할 나위도 없다. 다른 말로 표현한다면 왕과 왕실은 미우라 자작이 계획한 움직임에 동조한 사람들로 둘러싸이게 됐다.

날도 밝기 전인 아침 일찍이 러시아 대리 공사 웨베르[12] 씨와 미국 임시 대리 공사 알렌 박사가 궁궐로 달려와 왕의 알현을 청했으나 왕은 지금 불편해 그들을 만날 수 없다는 통지를 했다. 그러나 그들은 굽히지 않고 그들의 요구를 고집해 폐하를 알현하는 데 성공했다. 그 자리에서 폐하는 그들

---

11) 1895년, 종전의 포도청을 개칭해 경무청으로 하고 그 수장을 경무사로 칭했다.

12) 웨베르(Karl I. Waeber) : 제정러시아의 외교관, 북경과 천진에서 외교관으로 있다가 멕시코 공사로 전임될 때까지 14년 동안(1884~1897) 주한 공사, 총영사로 부임해 러시아 남진에 기여했다.

정장한 궁중 여인

에게 자신은 아직도 민비가 안전하게 몸을 피했으면 하는 기대를 걸고 있노라고 말하고, 이 문제가 더 악화하지 않도록 그들이 우의 깊게 진력해 줄 것을 간청했다. 다른 외교 사절들은 그날 늦게야 접견했다.

일본 정부는 그들이 저지른 범행의 책임을 부인하려는 의도가 있었음이 곧 밝혀졌다. 미우라는 본국에 소환되자 이번 폭동의 근원은 왕을 알현하고 그들의 불만을 진언하고자 하던 일본식 훈련을 받은 조선군과 그들의 입궐을 저지하려던 시위대 사이의 충돌이었다고 진술했다. 심지어 미우라는 이번 사건에 자기가 공모했다는 항간의 소문이 사실무근인 것임을 뒷받침하는 공식적 문빙을 새로 임명된 군부대신으로부터 받음으로써 자신의 발뺌을 더욱 확실하게 하려고 노력했다.

군부대신이 이에 대한 회답으로 보낸 문서에는 민비가 시해되던 10월 8일 밤 대궐에는 단 한 명의 일본인도 없었다고 서투르게 기록함으로써 오히려 사건의 내막을 더욱 뚜렷하게 했으며 결국 미우라의 의도는 실패한 셈이 됐다. 애당초 군부대신이 임명된 것도 일본의 조작극이었으며 그날 밤 일본군이 대궐에 있었다는 것도 그 뒤에 명백히 밝혀졌기 때문에 미우라는 이런 종류의 속임수를 씀으로써 오히려 자기가 이 사건에 관련됐음을 더욱 뚜렷이 입증한 결과가 됐다.

사건이 일어난 다음 날인 9일에 내각 전원이 임명됐는데 모두가 친일 분자들이었지만 한두 사람의 예외는 있어서, 비록 흉한들의 손으로부터 관작을 받음으로써 그 흉행 덕분에 기꺼이 이득을 보기는 했지만 민비의 시해에 직접 관계된 사람들은 아니었다. 민비가 죽음으로써 그의 정적들은 흡족하게 여겼으리라고 생각하는 사람이 있을지도 모르겠으나 사실은 그렇지 않다.

사건이 일어난 지 3일 후인 11일에 왕의 뜻에 따라 작성되고 전 각료가 서명한 칙령이 『관보』에 발표됐다. 그에 따르면 민비는 공사에 관해 조정의 기강을 문란하게 하고 왕실을 위험에 빠뜨리게 한 죄명을 쓰고 있었다. 민비는 실종됐으며 그 죄는 막중하므로 폐비해 서인으로 한다고 기록되어 있다.

이 칙령이 거짓된 것이라는 점은 의심할 나위도 없다. 왕은 그와 같은 칙령의 포고에 결코 동의한 적이 없으며, 내각 대신 중의 몇 사람은 그에 관해 전혀 아는 바가 없었는데, 그중에서도 특히 심상훈[13]은 이미 관직을 버리고 달아났으며, 박정양은 그와 같은 부당한 처사를 비난한 다음 사직했다.

을미사변은 일본인에게 철저하게 굴종했던 몇 사람의 대신에 의해 이루어진 것이었다. 민비가 폐위됐음이 공포되자 일본 공사는 조선 정부에 대해 유감의 뜻을 비쳤으나 국가를 위해 다행한 일이라고 생각했다. 미국 대표는 그 칙령이 왕명에 의한 것임을 시인하지 않았으며, 이와 같은 그의 태도는 한 사람을 제외한 모든 외국 대표들로부터 지지를 받았다.

그러는 동안에 일본 정부는 민비 시해 사건에 관한 내막을 다소 알게 되자 전권 공사를 통해 이번의 흉행에 자기 나라가 공모했다는 비난을 면할 필요가 있음을 느꼈다. 그 결과를 일본 정부는 미우라와 스기무라를 소환하고 그들이 일본에 도착하자마자 체포해 이번의 흉행을 충동했다는 죄명으로 기소했다. 그들을 체포해 재판에 넘긴 것은 일본 정부의 입장에서 이번 사건의 종범 혐의에서 발뺌하기 위한 처사였다. 그 재판은 매우 부당했고 재판의 결과도 어처구니없는 것이기는 했지만 일본 정부가 미우라와 같은 인물을 공사로 임명한 실책을 공모라고 단정할 수 없는 한 나로서는 이번 범행에 일본 정부가 관계하지 않았다는 이론을 고집한다.

그러나 미우라를 체포해 재판에 넘긴 일본의 과감한 조처는 조선에서의 사태 추이에 커다란 영향을 미쳤다. 조선의 민중과 모든 외교 사절은 10월 8일의 사건을 철저히 조사할 것과 민비가 살해된 책임이 분명히 어디에 있는가를 밝히라고 요구했다. 이와 같은 움직임은 내각에 상당한 압력이 됐다.

그러나 이에 더 나아가서 일본 정부의 태도가 갈팡질팡하는 것처럼 보이

---

13) 당시의 탁지부대신.

고 미우라의 행동이 아무런 권위가 없음이 증명되자 오직 미우라의 영향으로 관직을 유지하고 있는 사람들에게는 사태가 매우 불길하게 전개되기 시작했으며, 그때까지도 민비는 죽은 것이 아니고 어디엔가 숨어 있다는 낭설이 꾸준히 나돌았다.

그러나 사태는 더욱더 긴장되어 드디어 내각으로서도 이를 무마시키고자 어떠한 조처를 취하지 않을 수 없음이 명백해졌다. 이에 따라서 11월 26일에는 외교 사절들과 몇 사람의 외국인이 대궐로 초치되어 왕이 참석한 자리에서 군부대신 조희연과 경무사 권형진을 파직하고, 민비 폐위 칙령을 철회하며, 대궐 침입 사건에 관련된 여러 가지의 사실을 법무아문에서 조사토록 하고 모든 죄인은 재판에 넘겨 처벌을 받도록 하겠다는 것이 공포됐다. 동시에 민비가 죽었다는 것이 공식적으로 발표됐다.

대궐 침입 사건이 있고 나서 몇 달 동안 왕은 결코 편안하지 못했다. 그는 국사를 처리하는 데 아무런 발언도 하지 못했으며 스스로 자기는 사실상 내각의 수인이 된 것으로 생각했다. 심지어 그는 신변의 위협을 느껴 몇 주 동안은 대궐 밖에 있는 친지들이 열쇠를 채운 통 속에 넣어 보내 주는 음식 이외에는 아무것도 먹지 않았다. 그는 두세 명의 외국인[14]이 매일 밤 대궐로 들어와서 사건이 일어날 때는 자신의 옆에 와 있도록 부탁했는데, 이러한 그의 판단은 그들이 자신의 옆에 있음으로써 자신의 신변을 해치려고 음모할지도 모르는 사람들에게 저지 효과가 있으리라고 느꼈기 때문이었다.

11월 26일에 취해진 어중간한 조처는 왕에게 몹시 불쾌한 행동을 하는 사람들의 사실상의 질곡 속에서 그가 자유롭게 되는 것을 보고 싶어 하던 사람들을 전혀 만족시키지 못했으므로 상당수의 한국인이 설령 강제적인 방

---

14) 이때에 왕을 옹위한 외국인으로서는 필자인 헐버트(H. B. Hulbert) 외에 캐나다인 에비슨(O. R. Avison), 아펜젤러(H. G. Appenzeller), 게일(T. S. Gale), 존스(G. H. Jones), 언더우드(H. H. Underwood) 등이 있었다.

법을 써서라도 왕을 자유롭게 해 주자는 계획이 진행됐다. 이들의 의도는 매우 훌륭했지만 그러한 의도를 수행하는 방법이 잘 진행되지는 못했다.

10월 28일 밤에는 1,000여 명의 한인이 봉기해 대궐로 들어가고자 했다. 그들은 시위대 중 한 사람과 내밀히 약속해 대궐 문을 열어 주기로 되어 있었으나 마지막 순간에 실패함으로써 자기들의 계획이 수포로 돌아갔음을 알게 됐다. 대궐이 어느 정도 소란스럽게 되자 자기의 청에 따라서 그날 밤 당직하기로 한 세 사람의 외국인을 자기 옆으로 불러들였으나 그들이 왕의 신병을 보호하겠노라고 다짐했음에도 불구하고 흥분은 고조될 수밖에 없었다.

밖에서는 군중들이 아우성을 치면서 그 높은 대궐의 담을 넘어오려고 했으며 왕의 앞에 몰려 있는 대신들은 시위대가 어느 순간에 자기들을 군중에게 넘겨줄지 모르는 상황이었으며, 일단 그들의 손에 넘어가기만 하면 그들은 사정없이 자기들을 갈가리 찢어 죽이리라는 것으로 알고 있었다.

일이 이렇게 되자 대신들은 설령 군중이 대궐로 밀려들어 오더라도 그들에게 발견되기에 앞서 오래도록 숨을 대궐의 으슥한 곳으로 몸을 피하도록 왕을 설득시키기 시작했다. 그날 밤은 유별나게 추웠으며 왕은 옷도 따뜻하게 입지 않고 있었다. 어떠한 사건이 일어나더라도 왕의 신변은 안전했기 때문에 시립하고 있던 외국인들은 왕의 피신을 강력하게 반대했다.

드디어 그와 같은 왕의 피신을 막고자 강제력을 행사하지 않을 수 없었는데, 이러한 상태에서 왕이 몸을 피한다는 것은 오히려 왕의 신변을 위태롭게 하는 것임이 틀림없었다. 이렇게 해 대신들의 의도는 좌절됐으나 시간이 흐름에 따라 밖에 있는 군중들이 대궐로 몰려들어 올 수 없다는 것이 확실하게 됐다. 아우성이 점차로 수그러지더니 드디어 군중들은 해산하고 벽을 기어오르다가 동료들이 뒤따라오지 않아서 시위대에게 붙잡힌 3~4명만이 남아 있을 뿐이었다.

일본 정부의 입장을 고려해 조선에 있는 일본인들은 모두 침묵을 지키고 있었으며 일본 정부도 자신의 입장을 고수했다. 내각은 일본인에 의해 훈련을 받은 군대로 조직된 시위대 덕분에 명맥을 유지했다. 내각과 시위대는 필요상 힘을 함께 하지 않을 수 없었다. 왜냐하면, 만약 그들의 권력이 무너진다면 그들은 반역자로 비난을 받게 되며 그렇다고 해서 지금과 같은 상황에서는 일본인들의 도움을 받는다는 것도 거의 희망이 없다는 것을 그들은 잘 알기 때문이었다.

내각은 10월 5일의 대궐 침입 사건[춘생문 사건]을 조사하는 척이라도 해야 했으며 누구인가는 민비를 시해한 죄목으로 죽지 않을 수 없었다. 동시에 그와 같은 죄목은 11월 28일 밤 대궐을 쳐들어오려고 했던 괴수들에게도 적용되도록 됐다.

대역죄에 직접 가담했다는 죄목으로 3명[15]이 체포되어 재판에 넘겨졌다. 이들 중 한 사람은 확실히 억울하게 체포된 사람이며, 두 번째 사람은 일본인으로부터 훈련을 받은 군대의 중위로서 그때의 사건에 관련된 듯하지만, 그가 민비 시해에 직접 참여했음을 입증할 증거는 없었다. 사실상 법원도 누가 실제로 범행을 했는지는 알지도 못했고 또 그를 색출하지도 못했다. 그 세 사람은 연말에 처형됐다.

민비 시해 사건에 관련된 사람으로는 겨우 3명이 체포됐지만 11월 28일 밤의 사건은 비교적 가벼운 것이었음에도 불구하고 33명이나 체포됐다. 그들은 전의 세 사람과 함께 동시에 재판을 받았다. 그들 가운데 2명[16]은 사형 선고를 받았으며, 4명[17]은 종신 유배형을, 4명[18]은 3년 구류 처분을 받았다.

---

15) 개국 504년 11월 13일자 고등재판소재판선고서에 따르면 이 당시 체포된 3인은 박선 · 이주회 · 윤석우 등 3명으로 되어 있다.
16) 임최수와 이도철임.
17) 이민굉 · 이충구 · 전우기 · 노흥규임.
18) 이재순 · 안경수 · 김재풍 · 남만리임. 이들에게는 태 100대도 병과됐지만 남만리만은 모든 것이 면제됐다.

이러한 판결들이 근거하는 증거가 어떠한 것인가를 보여주려면 이재선 공의 사건을 인용하지 않을 수가 없다. 그는 몇 가지의 불순한 글을 얻어 "권한이 있는 기관"인 내각에 보내는 대신에 오직 왕에게만 그것을 보였음이 드러났다. 이러한 죄목으로 그는 3년 구류 처분을 받았다.

1895년 12월과 이듬해 정월에는 사태가 어쩔 수 없이 절정에 이르렀음을 보여주었다. 내각은 한인들의 가장 뚜렷한 특징인 상투를 자르도록 하는 칙령[단발령]을 강제로 집행했다. 전국적으로 커다란 소요가 일어났으며 백성들, 특히 남자들은 모두가 내각에 대해 이를 갈았다.

히로시마재판소는 미우라와 그의 동료들의 무죄 방면을 선언했으며, 그들 중의 몇 사람은 일본 정부의 공식 사절로 조선에 부임한다는 소문이 떠돌았다. 일이 이쯤 되자 일본 정부는 그동안 "꼭두각시 내각"을 통해 왕을 더욱 옭아맸으며, 어떤 영웅적인 조처가 없이는 그와 같은 상태를 벗어날 수 없음이 명백해졌다. 그러나 왕이 채택하려고 마련했던 조처란 그로서는 저주스럽게만 보이는 그 치욕적인 자리를 더 계속시켰을 뿐이다.

왕은 러시아 공사관에 몸을 피하기로 했다. 당시의 러시아 공사는 베베르(C. Waeber)였는데 그는 죽은 왕비와 우의를 나눈 유능한 인물이었다. 그가 어떻게 해 왕실에 접근했으며 왕의 계책이 어떻게 해 그의 동의를 얻었는지는 일반적으로 잘 알려져 있지 않지만, 그 뒤에 일어난 여러 가지 사건이나 러시아가 조선에서 하고자 하던 일들을 미루어 볼 때에 러시아 공사가 왕에 대해 그와 같은 훌륭한 봉사를 할 기회를 얼마나 환영했던가를 알 수 있을 뿐만 아니라 국왕으로 하여금 그때의 일을 결코 잊지 못하도록 은혜를 베푼 그의 대인 관계에서의 탁월성을 쉽사리 알 수가 있다.

계획은 세부적인 것에 이르기까지 성공적으로 수행됐다. 여자들이 탄 교자가 밤낮 쉴 사이 없이 대궐 문을 드나듦으로써 나중에는 시위대들도 그들과 친숙하게 됐다. 그러다가 2월 11일 밤에 왕과 세자는 호위병도 없이 근시들이 멘 여자용 가마를 타고 몰래 빠져나가서 곧장 러시아 공사관에 도착해 정중하게 영접을 받은 다음 공사관 건물 중에서 제일 좋은 방에 머물게 됐다[아관파천].

그와 같은 행동은 왕의 위엄을 손상하는 매우 한심스러운 일이었으나 그 당시의 형편으로 본다면 변명의 여지는 충분히 있다. 전체적으로 볼 때 그 때의 일은 크게 국가가 관련된 하나의 실수로 간주하지 않을 수 없다. 왜냐하면, 그러한 처사는 왕이 일시적으로 강요된 상황에 따라 은거함으로써 얻는 이익보다 더 해로운 새로운 요인들을 일으켰기 때문이었다.

그러한 조처로 말미암아 일본은 러시아에 대해 앙심을 품도록 하는 잠재적인 요소가 야기됐으며, 러시아가 조선에 대해 음모를 꾸밀 길을 열어 주었는데, 러시아의 음모란 실제로 러일전쟁의 원인이 됐다고 볼 수는 없을지라도 그것을 촉진한 것은 사실이다. 만약 일본이 청일전쟁 이후에 조선에서 차지했던 우위를 계속 유지할 수만 있었더라면 일본은 러시아의 만주 침략을 다소 안심하는 눈으로 바라볼 수 있었을지도 모르지만 일단 조선이 분쟁지역화 하자 전쟁은 불가피하게 됐다.

2월 11일 아침 7시에 왕과 세자는 러시아 공사관으로 들어갔다. 대궐 안에 있던 내각이 이 사실을 안 것은 몇 시간이 지난 뒤였다. 왕은 자신이 신임하는 관리들을 각처로부터 호출함으로써 새로운 조각이 급속히 진전됐다. 박정양이 내각총리대신이 됐다. 그는 곧 칙령을 내려 자신이 외국 공사관에 몸을 피한 것이 대단한 일이 아님을 밝히고 민비를 시해한 장본인 처벌을 약속하고 단발령을 해제했다. 이 칙령은 공사관 대문과 서울의 각처에 게시됐다.

제 10 장 독립협회

사태가 중대함을 알게 되자 서울의 모든 시민은 한편으로는 환호하고 또 한편으로는 사건의 내막을 깨닫고는 몸서리를 쳤다. 서울은 흥분된 기분에 쌓여 술렁거렸다. 서울 거리의 이곳저곳에는 이번 사태가 어떻게 되어 돌아가는가를 보려고 군중들이 몰려 있었다. 그날 늦어서야 왕은 칙령을 내려 군대를 자기의 주위에 집결시키고 내각의 대신들을 체포해 재판을 받도록 해당 관청으로 인계해야 한다고 주장했다.

왕의 파천이 대궐에 알려지자마자 내각의 지도급 세 대신은 그들의 목숨이 경각에 달려 있음을 알았다. 어윤중은 시골로 피신하려 했으나 중도에서 잡혀 군중들에게 맞아 죽었으며, 조희연은 도망하고, 유길준은 일본인의 도움을 받아 일본으로 망명했으나, 김홍집과 정병하는 조선군에게 잡혀 곧 군중들에게 인계되어 맞아 죽었다. 그들의 시체는 종로로 끌려가 그곳에서 반미치광이가 된 폭도들에게 짓밟히고 채이고, 몽둥이로 맞고, 돌로 맞았다. 우연히 그곳을 지나가던 한 일본인은 군중들에게 잡혀 맞아 죽었으며, 호기심으로 그곳에 갔던 몇 명의 외국인은 죽을 고비를 겪었다.

일본인들이 이번의 친위 폭동에 당황했다고 판단한다면 그와 같은 표현은 너무도 부드러운 표현이 될 것이다. 조선에서 그들의 세력을 견고하게 하고 이제 막 끝난 전쟁에서 얻은 약간의 결실을 놓치지 않으려던 그들의 노력은 어처구니없이 허사가 되어 버렸다. 왕은 스스로 러시아의 품에 자기의 몸을 던졌으며 모든 한인은 일본에 대해 열화같이 분노해 임진왜란 당시의 민족 감정을 방불케 했다. 그와 같은 사태는 매우 서글픈 것이었다. 왜냐하면, 일본은 확실히 러시아보다는 조선을 위해 더 일할 수 있는 입장이었기 때문이다.

조선과 일본의 이해관계는 일맥상통했으며, 아니 어느 면에서는 적어도 상호 보조적이었으며 1895년의 후반기에 일본이 저지른 잘못은 양국 간의 관계에서 수십 년을 뒷걸음치게 했다. 그러나 일본 정부는 폐하의 그와 같은 과격한 행동에 대해 소스라치게 놀라기는 했지만, 사태를 호전시키려는 그들의 희망을 포기하지 않았다.

일본 공사는 러시아 공사관에 있는 왕을 만나 대궐로 환궁하는 것이 옳다고 여러 가지의 이유를 들어 설명했다. 그러나 왕은 이제 신변의 안전에 아무런 걱정이 없게 되자 너무도 마음이 편해 그의 주장을 대수롭지 않게 여기며 환궁하는 것이 좋겠다는 그의 주장은 정중히 거절됐다. 서울에 살던 일본인 대부분은 이제 일본이 절망적으로 재난을 입게 됐다고 확신하자 조선을 떠났다.

그러나 일본 정부 안에서는 반도 내에서 그들의 전반적인 영향력 손상을 어떤 언행으로도 시인하지 않고 러시아에 대한 울분을 몇 번이고 참아 가면서 뒷날을 생각해 놀랄 만큼 냉정한 태도로, 이번에 왕이 취한 유별난 처사로 말미암아 그들에게 부과된 과업을 완수할 새로운 길을 모색했다.

조선 조정에서는 이제 주위의 사정이 자기에게 유리하게 되자 민비 시해 사건을 둘러싼 여러 가지 내막을 조사하도록 하는 새로운 칙령을 서둘렀다. 처음에는 이와 같은 조치가 한인들을 모조리 체포해 단순한 혐의가 있다는 이유로 처벌하지나 않을까 걱정됐지만, 그와 같은 걱정은 터무니없는 것이었다.

법무아문의 고문이며 유능한 법률가인 그레이트하우스[1]) 씨가 참석한 가운데 재판이 진행됐다. 13명이 체포되어 아무런 고문도 받지 않고 공정한 재판을 진행하면서 모두 법에 의한 공개 재판이 열렸다. 이휘하[2]만이 사형 선고를 받았으며, 4명이 종신 유배를 당하고, 5명은 그보다 기간이 더 짧은 유배형이 내려졌다. 이와 같은 공평한 재판이 이루어졌다는 것은 한국의 정치사가 새롭고도 밝은 시대로 향하고 있음을 보여주는 신호등이 되기에 충분한 것이었다.

한 가지 잊어서는 안 될 사실은 전년도(1895)부터 서재필 박사가 중추원의 고문으로 활약하고 있었다는 사실이다. 이 중추원은 처음에는 상당한 권한을 행사했으나 점차 세력권 밖으로 멀어졌다. 그러나 사태가 새로운 국면으로 접어들자 서재필 박사와 외국에서 교육을 받은 그 밖의 한인의 출현은 러시아의 세력을 물리치는 데 큰 도움이 됐다. 그러나 러시아인들은 이와 같은 움직임을 만족스럽게 여기는 것처럼 보였으며, 이해 봄에는 법학박사인 브라운[3] 씨가 막중한 권한이 있는 탁지부의 고문으로 임명되는 것을 저지하고자 아무런 노력도 하지 않는 것처럼 보였다.

이러한 점으로 미루어 볼 때 러시아는 조선의 왕이 정치를 하면서 매우 자유롭기를 바란다는 러시아 공사의 발언은 매우 진실한 표현이었다는 확신을 하게 해 준다. 베베르(C. Waeber) 씨가 얼마 뒤에 다른 직책으로 옮겨간 것은 그의 그와 같은 실용적인 정책 때문이었다고 믿어진다. 그의 후임으로 부임한 스페이어(A. de Speyer)는 그와 전혀 다른 정책을 지향했다.

---

1) 그레이트하우스(Clarence Greathouse : 1846~1899) : 미국의 켄터키 출신. 법부의 고문으로 봉직하다가 한국에서 죽어 양화진 외국인 묘지에 묻혀 있다.
2) 본문에는 Yi Whi-wha로 되어 있으나 그의 이름이 정확히 누구인가는 확인되지 않음.
3) 브라운(John McLeavy Brown : 1842~1926) : 영국의 외교관이며, 법률학자, 법학박사. 중국에 진출해 북경 주차 영국 공사관의 문부사(1864~1872), 참찬관(1871~1872), 해관(1872), 세무사(1877) 등을 지냄. 영국의 대한 진출의 일환으로 1893년 탁지부의 고문으로 부임했다가 러시아의 압력으로 1897년에 퇴진했다. 그 후 북경 주차 영국 공사관 참찬관(1906)으로 봉직했다.

사태가 이처럼 되기는 했지만 어쨌든 서울에서는 매우 낙관적인 측면이 나타나기 시작했다. 필요한 개혁은 철저하게 수행됐으며, 서울의 재판소에서는 고문이 폐지되고, 미국의 한 회사는 서울과 제물포 사이의 철도 부설권을 획득했으며, 민영환은 러시아 황제의 대관식에 참석하고자 특사로 임명됐고, 지난해에 광산 채굴권을 얻은 미국은 작업을 시작했으며, 각급 학교가 창설되어 대체로 보아 조선의 장래는 매우 밝았다. 이제까지 국가를 곤경에 빠뜨렸던 여러 가지 난제에 대한 해결책이 발견된 듯이 보였으며 비교적 계몽된 통치 시대의 문이 열리는 듯이 보였다.

얼마 동안 한인들 사이에 한 두 개의 비밀 결사가 존재했는데, 그들의 정치적 강령을 한마디로 표현하면 중국과 일본으로부터 독립되는 것으로서, 바꾸어 말하면 "조선인을 위한 조선"을 이룩하는 것이었다. 이제 왕이 일본인들에 의해 중국의 속박에서 벗어나고, 다시 자신의 힘으로 일본인의 속박으로 벗어나게 되자, 서재필 박사 영도 아래의 이 작은 단체는 소위 독립협회라는 것으로 결실을 보게 됐다.

그 단체의 이름은 단체의 성격을 일부분밖에는 설명해 주지 못하고 있다. 왜냐하면, 독립협회는 조선의 완전한 독립을 주장하는 반면에 왕의 대권을 대폭 감소하고 온정주의가 제거된 순수한 입헌군주제의 형태를 따르는 자유주의적 정치 제도에 더욱 역점을 둘 것을 주장했기 때문이다. 이 단체는 애당초 조선 독립의 일반적인 원칙에 역점을 두었으며 그 단체에서 새로이 발견된 자유주의를 미쁘게 여긴 왕은 이에 대해 충심으로 동감하게 됐다. 독립협회는 왕으로부터 재가를 받게 되자 정처 없는 출범을 시작했다가 완전히 파선된 채로 종막을 거두었다.

독립협회는 청년들로 조직됐으며 그들 중의 대부분이 얼마 동안은 애국적인 정열은 의심할 나위가 없으나 그들은 당면하는 정치적 험로와 여러 가지의 장애를 직접 경험한 적이 없었다. 이 단체의 진정한 목적, 이를테면 그들이 내세우는 왕의 대권에 관한 정의란 애당초 왕권에 대한 회의에서 비롯

한국에 있는 두 공사관

(위) 러시아 공사관 (아래) 영국 공사관

되어 결국에는 폐하에 대해 공개적인 적의를 표현한 것으로서, 이러한 이론은 태곳적부터 내려오는 엽관제도에 의하지 않고서는 자체 강화의 기회를 찾지 못한 이기주의자들의 표어가 될 수도 있음을 왕은 알지 못했기에 그는 진심으로 독립협회를 재가했다. 이 청년들은 오직 갸륵한 정열만으로 무장됐을 뿐이었다. 그들은 군대의 도움을 받을 수도 없을 뿐만 아니라 구세대 정치인들의 옹호를 받을 수도 없었다.

군대나 구세대 정치인들은 그들의 움직임에 직접 적의를 나타냈을 뿐만 아니라 지난날 관리의 부패 경향을 근절시키려고 서투르게 일하다가 실패한 이후로는 그와 같은 움직임에 대해 조심성만을 나타내고 있었다. 그들의 의도는 그들이 가지고 있던 충정 면에서 보면 이론상으로는 가상했지만 그들이 연소하고 또 단체를 이끌고 나아가는 데에 필요한 대인 관계에 경험이 부족했다는 점을 생각하면 그와 같은 계획을 성공적으로 이끌어 나아가는 데에 필요한 투지, 담력, 책략, 그리고 자제력은 그들이 기대했던 것보다 훨씬 더 심각한 문제였으므로 그들의 계획은 숙명적으로 실패하지 않을 수 없었다. 그들은 그들이 타파하고자 하는 제도가 무너진 다음에 어떤 제도를 수립할 것인가에 관해 건설적인 계획을 분명하게 입안한 적이 없었다.

이 해(1896년) 4월 7일에 서재필 박사에 의해 처음으로 외국어 신문이 창간됐다. 그 신문의 이름은 *The Independent*였으며 일부는 한글로 인쇄됐다. 처음부터 그 신문은 한인들 간에 강력한 영향력을 미쳤으며 독립협회가 조직되도록 만든 중요한 요인 중 하나가 됐다.

일본과 러시아는 모두가 조선에 대한 이해에 접근하기를 원했다. 5월 14일에는 베베르-고무라협정이 공표됐는데 이 협정은 얼마 뒤에 로바노프-야마카타협정으로 수정되어 비준됐다. 이 협정의 조문에 따르면 양국은 조선의 독립을 존중하며 서로의 동의 없이는 조선에 군대를 보내지 않을 것을 보장했다.

1896년 여름, 서울은 중요한 진보를 보여주었다. 거리를 말끔히 정리하고 노폭을 넓히는 일이 과감하게 추진됐다. 비록 그런 일의 대부분이 피상적이기는 했지만 그 가운데 몇 가지는 후세까지도 영향을 미치는 훌륭한 업적이었다. 그리고 대로변에 세워진 "무허가 주택"들도 말끔히 철거됐는데 이러한 일은 어느 때를 막론하고 바람직하다.

7월에는 경의선철도부설권이 프랑스인 회사에 주어졌다. 그 뒤의 일로 미루어 보아 그 프랑스 회사는 이 엄청난 토목 공사를 끝까지 수행할 만한 확신도 없이 다만 그 권리만을 먼저 취득해 다른 사람들이 철도를 부설하지 못하도록 방해했음이 분명하게 됐다. 러시아의 세력이 이 일을 수행하게 된 것은 의심할 나위도 없지만, 그때부터 반도의 남부는 일본이 지배하고 북부는 러시아가 지배함으로써 조선을 두 개의 세력권으로 나눌 수도 있다는 생각이 대두하기 시작했다.

1896년 초의 몇 달 동안에는 상서로운 징조가 나타나고 이제는 충실한 개혁 시대에 접어들었다는 희망을 품었지만, 여름에 이르자 그와 같은 희망에 구멍이 뚫려 있음이 드러나기 시작했다. 왕은 철저하게 보수주의적이었으며, 국가 재정에 관한 자신의 권한이 약화되는 행정 개혁을 달갑게 여기지 않았으므로 그와 같은 새로운 칙령을 내리는 것을 약오르게 생각했었다.

일이 이렇게 되자 자유주의적인 제도를 수립함으로써 자신의 개인적인 권한이나 자체 강화를 위한 기회가 없게 되리라는 것을 잘 아는 대부분의 고위 관리는 왕의 그와 같은 처사에 용기를 불어넣어 주었다. 지난날의 제도로 그들의 마음이 강하게 끌리자 정치 제도는 전문적이고도 파당적인 지난날의 제도로 급속히 뒷걸음질하는 것이 분명하게 됐다.

외국어학교의 학생들이 외국의 제복을 입는 것과 같은 아무런 해가 없는 개혁에 대해서도 공공연하고도 강력하게 반대했다는 사실은 그때의 사조가 어떠했던가를 가장 평범하게 설명해 주는 것이며, 러시아 당국은 왕으로 하여금 그러한 문제에서 올바른 영향을 미치게 하는 아무런 일도 하지 않았다. 그 뒤에 일어난 일들로 미루어 생각해 보면 러시아는 서울의 정치 제도가 개화되는 것을 바라지 않는 방향으로 정책을 지향하고 있었다. 러시아의 정치적인 계획은 이전의 상태로 복귀함으로써 더욱 진보될 수가 있었다.

서대문 밖의 중국의 종주권을 기념하고자 세워진 영은문을 헐고 그 자리에 독립문을 세우도록 한 정부의 처사에는 외국의 제약이나 속박에서 벗어나려고 하는 개인적인 의욕이 작용했으리라는 점을 차치하고서라도, 그와 같은 제약이나 속박에서 벗어나려는 깊은 뜻이 없는 단순한 외관상의 전시효과만을 노린 것 이상의 어떤 깊은 의미를 가진 것으로 보는 것이 타당했다. 그 당시에는 권력을 건전하게 분립하는 것보다는 오히려 그것을 집중시키려는 방향으로 시류가 흘렀으므로 새롭고도 활기 있는 국가관을 주창한 사람들은 자기들의 견해가 그때는 하나의 망상에 지나지 않는 것이었음을 솔직하게 고백하지 않을 수 없었다.

러시아 공사관으로부터 왕을 환궁시키고자 상당한 압력이 작용했는데 그때야 말로 환궁을 위한 절호의 기회였다. 애당초의 상황에 비추어 생각해 본다면 왕이 러시아 공사관으로 간 것은 왕의 존엄성을 그다지 손상한 것이라고 볼 수는 없지만, 그곳에 영주한다는 것은 어불성설이었다. 그러나 왕은 그가 도망해 나온 왕궁으로는 다시 돌아가지 않겠다고 결심했다.

왕에게는 대궐에 있을 때 소름끼치는 추억들이 너무나 많았다. 그래서 왕은 외국인들이 사는 지역에 명례궁을 세우고 좌우와 후면에 외국 공사관들을 두기로 했다. 왕은 그곳에서 영주하고 싶었기 때문에 대대적인 규모의 축조 공사가 시작됐으나, 그 다음해 2월 왕은 드디어 러시아 공사관으로부터 새로운 대궐을 옮김으로써 공사는 중단됐다.

1896년 후반기에는 개화파와 보수주의자들 사이의 틈이 더욱 벌어졌다. 보수주의자들은 점점 더 자신만만했으며 개화파는 그들대로 더욱 결심이 굳어졌다. 서재필 박사는 중추원의 고문이란 직권으로 퉁명스러울 만큼 왕에게 솔직하게 조언했으며, 왕은 그의 조언이 훌륭한 것이기는 했지만 자기로서는 선뜻 마음이 내키지 않아서 꾹꾹 기분을 참아가면서 묵묵히 듣기만

하는 것 같았다. 학부대신은 유교 경전을 인용해 시류에 역행하는 무리의 감정을 설명했는데 그 표현이 너무 지나쳐서 몇 사람의 외국 사절들은 이 문제를 따져 책임을 묻고자 했다.

개혁에 철저히 반대하는 이범진이 경무사로 임명됐으며, 김옥균을 죽인 자객 홍종우는 정부의 요직에 앉았다. 박영효를 암살하려던 사람[4]은 법부대신이 됐으며 어느 곳을 가든지 자유주의자들의 어처구니없는 개화론에 대한 비웃음 섞인 비난을 들을 수 있었다. 그리고 그러한 역경에도 불구하고 개혁 운동의 불길이 다소 저지를 받기는 했지만, 어느 모로 보나 완전히 꺼지지는 않았다.

1896년 여름과 가을에는 내용이 건전한 여러 가지의 칙령이 공포됐는데 그들은 국고의 수입을 좀 더 체계적으로 하고 지방 제도를 개편하고,[5] 지방관리의 권한과 특권을 정하고, 우편 제도를 좀 더 조정하고, 개항지 무역의 감독관의 권한을 정하고, 불법적인 징세를 폐지하고, 각 지방과 각 개항지에 재판소를 설립하는 것을 그 내용으로 했다. 이러한 개혁의 대부분은 몰락해 가는 자유주의자들을 소생시켜 주는 한편으로 그러한 개혁들이 개혁파의 존립을 정당화시켜 주었고 국가의 장래를 진심으로 걱정하는 사람들로 하여금 개혁파의 몰락이란 매우 애석한 일이라는 관념을 갖도록 해준 매우 중요한 동인이 됐다고 설명하지 않을 수가 없다.

이때의 전반기로 러시아의 이익은 용의주도하게 보장됐다. 왕은 러시아 공사관과 긴밀한 연락을 맺고 있었으며 포티아타[6] 대령과 3명의 다른 러시

---

4) 이범진을 가리킴. 그는 경무사로 겸임했다.
5) 전국 8도를 13도로 개편했다.
6) 포티아타(Potiata : 1885~1915) : 러시아의 군인. 알렉산드로육군사관학교와 니콜라미 군사학교를 졸업한 뒤 주로 청국주재무관으로 활약하다가, 1896년에 대령 계급으로 조선의 군사고문으로 부임했다. 그 후 그는 흑룡강주 총족을 역임하고 육군중장으로 퇴역했다.

아 장교가 궁중 수비의 책임을 졌으며, 지난날 물장수 노릇이나 하던 김홍륙[7)]은 폐하의 사랑을 받아 갖은 호강을 다 누렸다. 그러나 이때까지만 해도 모든 권한을 행사하던 러시아인들은 조선에 머무는 다른 열강의 국민들이 계획하는 바를 저지하려고 애쓰지 않았다.

스트리플링[8)] 씨는 영국인으로서 경무청의 고문이 됐고, 독일인이 경영하는 회사는 광산 채굴권을 획득했으며, 브라운 박사는 탁지부의 고문 역할을 계속했고, 한 미국인 회사는 서울과 제물포 사이의 철도 부설 사업을 과감하게 추진했다. 러시아인들은 이와 같은 일들을 중지시킬 실권이 있었으나 그와 같은 실권을 행사하지 않고도 만족스럽게 생각하는 것처럼 보였다.

조선에서 1897년의 전반기는 다음과 같이 세 가지의 양상으로 특징지을 수 있다.

첫째로는 소위 개혁이 계속됐다는 점인데 개혁 대부분은 공리주의적 성격을 띠고 있었다. 한 독일인 회사는 금광 채굴권을 획득했으며, 한 중국어 학교와 그 밖에 몇 개의 학교가 창설됐으며 북경로를 정리하는 어려운 작업이 완성됐다. 또한 진남포와 목포가 가을에는 개항되리라는 발표가 있었다.

둘째로는 점차 통치권의 완전한 집중화로 복귀하는 보수주의적 요소가 급격히 상승했다는 점이다. 그해 5월에 이미 『코리언 리포지터리』의 편집자는 정직하게 다음과 같이 말한 적이 있다.[9)]

> "개혁파는 서글프리만큼 완전하게 와해했다. 왕이 러시아 공사관으로 옮

7) 김홍륙은 당시 왕의 유일한 러시아어 통역으로서 왕의 사랑을 받아 친러 내각 당시에는 학부협판에까지 올랐다.

8) 스트리플링(A. B. Stripling : ?~?) : 1883년 봄에 묄렌도르프(G. von Moellendorff)가 조선에 올 때 수행했던 해관 사무원. 1885년 9월에 묄렌도르프를 이어 인천 해관의 총세무사(總稅務士)가 되었으며, 1897년부터는 경무청 고문으로 활약했다.

9) 『코리언 리포지터리(*Korean Repository*)』는 알렌(H. N. Allen) 박사가 1892년부터 발행한 책명이다. 따라서 여기에서 편집자라 함은 알렌 박사이다.

겨 간 후 개혁 운동은 한 곳에 머물러 있을 수 없이 진전됐으며 비뚤게 나갈 수도 있었다. 그러나 머지않아 불가피하게 이들에 대한 반동이 나타났다. 개혁을 얘기하는 사람은 점차 줄어들었다. 지난날로 돌아가려는 강력한 움직임이 나타났으며 그들의 앞길은 순탄했다. 그러나 매사에 구체제를 전면적으로 부활시킨다는 것은 불가능했다. 우리에게는 이제 법률을 수정할 시기가 닥쳐왔다. 왕이 새로운 궁궐로 돌아온 직후 여러 가지 법률을 수정하기 위한 위원회 임명을 명령하는 칙령이 발표됐다. 진보파 측에서는 만족스럽게 이를 수락했다. 브라운 박사, 그레이트하우스 장군, 르젠드로 씨,[10] 그리고 서재필 박사는 물론 김병시, 이완용과 같은 저명한 인사들이 그 위원회에 포함됐다."

그러나 4월 12일이 되자 모든 일은 중단됐으며, 조선의 우방들이 가졌던 커다란 희망은 다시 땅에 떨어졌다.

셋째로는 서울에서 러시아의 세력이 점차 큰 비중을 차지했다는 사실이다. 조선의 군대를 훈련하는 일은 이미 일본인들에게서 러시아인들의 손으로 넘어갔으며, 8월에는 13명의 러시아 군사 교관이 입국했다. 러시아가 조선에서 적극적인 정책을 수행하려고 했다는 점은 명백한 사실이었다. 알렉세이에프(Kir Alexeieff) 제독을 포함한 몇 명의 러시아 제독이 조선을 자주 방문했으며, 그토록 오랫동안 이곳에서 성실하게 봉사한 베베르 씨가 전임하고 드 스페이어(A. de Speyer) 씨가 그 후임으로 부임했을 때 드디어 러시아는 조선에서 그들이 의도하는 바가 무엇인가를 공공연하게 표명함으로

---

10) 르젠드르(Charles W. LeGendre : 1829~1899) : 프랑스에서 귀화한 미국의 퇴역 장군. 남북전쟁 당시에 북군에 참전했다가 귀국하지 않고 귀화함. 1866년에 아모이의 미국총영사로 있으면서, 대만의 고산족을 탐사했고, 일본 외무성의 고문이 되어 일본의 대만 침략 당시에는 정보를 제공함. 1890년 데니(O. N. Denny)의 보좌관으로 부임해 내부협판 정3품을 받고 갑오경장 이후에는 궁내부 고문이 되어 활약하다가 서울에서 사망함.

써 러시아가 생각했던 즉각적이고도 불길한 변화의 분위기가 조성됐다.

스페이어는 부임하자마자 자기는 러시아와 조선의 관계에 새로운 활력을 넣고자 이곳에 왔음을 평범하게 시사했다. 그러한 그의 일은 천천히 진행됐다. 러시아가 조선의 조정에서 우월한 영향력을 미치고 있음에도 불구하고 미국인이나 독일인이나 그 밖의 나라의 국민들이 이권을 차지하는 데 그는 불평했음이 당연하다. 스페이어는 곧 자기의 방침을 설명하고 공갈을 시작했으나 그와 같은 행동이 아무런 소용이 없자 매우 당황했음이 틀림없다.

스페이어가 부임한 것은 9월 7일이었는데 처음부터 너무 적극적으로 활약함으로써 세계의 관심을 끌었다. 우선 그는 부산 항구의 입구가 되는 녹도[11]에 저탄장을 세울 것을 요구했는데 이것은 일본에 대한 직접적인 공격을 의미하는 것으로서 일본으로부터 격분을 산 것은 확실했다. 그러나 그의 요구는 아무런 소득이 없었다. 그러자 센트 페테르부르크[12]의 재무성 요원인 알렉세이에프 씨가 러시아로부터 이곳으로 출발했다.

브라운 박사가 해관 총 세무사이며 탁지부의 고문이라는 사실에 비추어 러시아는 알렉세이에프 씨를 탁지부의 감독으로 임명한 것이었다. 그러나 스페이어가 시작한 허세 정책은 성공하지 못했다. 그는 그와 같은 정책을 씀으로써 다른 열강, 특히 그중에서도 영국으로부터 심한 반발을 샀을 뿐이다. 결국, 그는 연말에 3개월간 재직한 뒤에 본국으로 돌아갔다. 다음에 기술한 바와 같이 그의 모든 작업은 다음 해의 봄에 완전히 무너졌다.

그러나 좀 더 더듬어 올라가서 1897년 말에 일어난 흥미 있는 몇 가지의 사건들을 기록하지 않을 수 없다. 왕이 황제로 즉위하고 국호를 대한이라고 한 것은 10월 7일이었다. 이 문제는 전에도 얼마 동안 생각해 오던 것이었는

11) 본문에는 Deer Island로 되어 있는데 오늘날의 절영도(일명 영도)를 의미함. 절영도는 예부터 목도라고 불렀는데 필자가 이 섬을 녹도라고 부른 것은 여기에 연유한 것 같다.
12) 페테르부르크(St. Petersburg) : 소련 시절에는 레닌그라드로 불렸음.

데 조선이 외국의 속박으로부터 자유롭게 되자 이때가 적시임을 알고 제국의 선언을 서두르게 됐다. 이에 대한 절차는 단시일 내에 조약국들로부터 승인을 받았으며 이에 따라 대한은 중국이나 일본과 같은 지위를 누리게 됐다.

11월 21일에는 죽은 민비의 장례식이 거행됐다. 그것은 매우 당당한 장관이었다. 장례 행렬은 서울을 벗어나 밤이 되어 능에 이르렀다. 그곳에는 이미 온갖 준비가 다 되어 있었으며 많은 외국인이 장례식을 보고자 몰려들었다.

1898년의 막이 오를 무렵 한국의 국내 정세를 살펴보면 보수주의자들은 매사가 순조로웠으며 독립협회는 마지막 노력을 기울였으나 끝내는 실패했다. 서재필 박사와 같은 사람들의 노력은 아직도 꺾이지 않았다. 그러나 왕과 고위 관리들은 그들의 충고를 달갑게 생각하지 않았다. 그들은 독립협회 측의 충고를 거절하려면 그들의 뜻을 거절하는 것이 피차간의 거북스러운 현상을 종식하는 것이라고 변명해도 이해할 수 있었음이 명백했다.

그들에 대한 반발은 우정국이 서재필 박사가 발행하던 신문인 『독립신문』의 우송 취급 업무를 거부함으로써 그들에게 일격을 가한 데서 찾아볼 수가 있다. 러시아인들은 꿋꿋하게 난국을 이겨냈으며 사태를 복잡하게 만들지 않고서도 일을 잘 처리할 수 있었는데 지금에 와서는 그 이상의 고초를 겪고 있다는 것을 잘 알고 있었다. 러시아 정부는 이러한 사실을 알고는 조선에서 커다란 영향력을 계속 유지하고자 스페이어를 소환했다.

이제는 자신의 대궐로 돌아왔으면서도 러시아 공사관과 긴밀한 관계를 맺고 있던 황제는 개혁파의 선전 공세를 제어하고자 하는 듯이 보였으며 이와 같은 그의 태도는 고위 관리들로부터 충심으로 지원을 받았다. 그때의 심정으로 보아 가장 확실한 사실은 브라운 박사의 강제 해임과 관련된 영국 정부의 강경한 태도였다. 조선에서 영국과 그 밖의 열강들을 몰아내려는 계획이 숨길 수 없는 비밀로 진전되자 영국은 곧장 제물포에 전함을 집결시킴으로써 러시아의 모든 계획을 변경시키었다. 그러나 뒤에서 보는 바와 같이 러시아의 계획은 변경됐을 따름이지 결코 포기된 것은 아니었다.

따라서 1898년은 매우 불안정한 상태에서 정치적인 문제들의 막이 올랐다. 모든 것은 유동적이었다. 독립협회와 러시아인들은 그들이 추구하는 목적에서 어떤 의견이 있었지만, 그것을 수행하는 방법에 관해는 묘안이 없는 듯이 보였다. 보수주의자들은 도로를 정리하고 철도를 부설하는 것과 같은 물질적인 진보는 자기들이 저지할 수 없을지는 모르지만, 개혁파와의 싸움에서는 결국 자기들이 승리하리라는 것을 확신했기에 묵묵히 사태를 지켜보기만 할 뿐이었다.

1898년 2월에는 19세기에서 조선의 공적인 문제, 바꾸어 말해서 황제의 아버지이며 지난날 국태공의 자격으로 섭정을 했던 대원군의 신변에 가장 중요한 사건이 일어났다.[13] 그는 거의 40년 동안이나 지금의 왕의 재위 시에 일어난 중요한 사건들과 어느 정도 밀접한 관련이 있었다. 그의 생애를 특별히 특징짓는 사건들로서는,

(1) 1866년에 일어난 천주교도의 박해 사건,
(2) 외국에 대해 문호를 개방하는 것을 철저하게 반대한 정책,
(3) 경복궁의 건립,
(4) 화폐 가치를 저락시킨 것,
(5) 민씨 일파와의 반목,
(6) 청나라에 일시적인 유폐,
(7) 민비의 시해

를 들 수가 있다. 그의 정책으로 인해 그를 좋게 말하든 나쁘게 말하든 간에 한인들은 그가 꿋꿋하고 독립적인 기질이 있는 사람이었다는 생각을 가지고 있으며, 설령 그의 정책을 비난할지언정 그 한 인간의 됨됨이에 대한 찬

13) 대원군은 1898년 2월에 죽었다.

사는 금할 수가 없다. 그를 따르던 무리는 그가 설령 불운한 생활을 하고 있을 때일지라도 더할 나위 없는 충의로써 그의 주위를 떠나지 않았는데, 이는 어느 의미에서 보면 그가 진실로 위대한 인물이기 때문이다.

이 시대는 묘한 자가당착의 시대로 특징지을 수 있다. 외국인에게는 어떠한 이권도 주지 않는다는 내용의 칙령이 반포됨과 때를 같이 해 서울에 전차를 운행하고 발전소를 세우고자 한성전기회사가 설립됐다. 물질적인 면에서의 진보는 정부의 정책과 반대 방향으로 진행되고 있었다. 700만 원을 들여 서울에 급수 시설 건설을 위한 계약이 미국인 회사와 체결됐다.

독립협회의 희망이 사라짐으로써 그도 이제 종말에 가까워져 오자 마지막 안간힘을 쓰게 됐다. 2월에 독립협회는 조선에서 외국의 제약에 대해 불평을 털어놓았는데 이는 분명히 러시아의 위선에 대한 도전을 의미하는 것이었다. 그러나 러시아의 태도가 설령 그러했다고 하더라도 독립협회로서는 그렇게까지 할 필요가 없었다. 왜냐하면, 러시아인들은 이미 자기들의 지위가 계속 유지될 수 없으므로 오히려 서울에 대한 압력을 한때 중단함으로써 다른 방향에서의 활동을 쉽게 할지도 모른다는 것을 믿었기 때문이었다. 그러므로 독립협회는 정부의 정책이 우유부단한 데 대한 불평을 늘어놓는 것처럼 하면서 실은 브라운 박사와 맞서 불안한 처지에 놓여 있는 알렉세이에프 씨를 본국으로 돌아가도록 하고 또한 모든 군사 교관들의 철수를 요구하려는 것이었다.

아마도 그들은 이와 같은 놀라운 제안을 함으로써 정부를 경각시켜 정부로 하여금 이 나라에서 러시아의 세력이 증대하는 데에 대해 항의를 할 수 있으리라고 생각했던 것 같다. 설령 그렇게 됐더라도 그들은 실망했을 것이다. 왜냐하면, 정부가 그들의 제안을 조속히 받아들임으로써 그들이 이제는 더 활동할 일이 없도록 만들었기 때문이었다. 정부로서도 이 나라에서 러시아의 세력이 점차 커가는 사실을 다소 불안한 눈길로 바라보면서, 옛날처럼 유동적인 태도를 보였으며 기회가 오자 그때까지 걸어오던 방향과는 반대로 강경하게 움직였던 것은 의심할 나위도 없다. 조선 정부는 자신의 "우방"들을 서로 다투게 함으로써 어부지리를 얻었던 터키와 매우 흡사했다.

그 후 꼭 한 달이 지난 4월 12일에 매튀닌(N. Matunine)이 스페이어 씨와 교체됐으며, 조선에 개설된 러시아은행이 폐쇄되고 러시아군과 그 밖의 관리들이 귀국함으로써 심각했던 긴장 상태는 얼마 동안 완화됐다. 이해 여름 서울에서는 황제를 폐위하고 태자를 등극시킴으로써 조선의 역사에 새로운 시대를 마련하려던 음모가 발각됨으로써 다소 긴장에 싸이게 됐다.

이 음모는—이러한 어휘를 부치는 것이 옳은 일인지 모르겠지만—애당초 그 계획이 서툴러서 좌절된 것은 당연했다. 이 사건은 독립협회의 움직임에 자극을 받아 생긴 흥분으로 일어난 어리석은 활동 중의 하나였다. 독립협회의 전 회장이었던 안경수가 이 음모의 주모자였으며 그는 재빨리 도망쳐 일본에 몸을 피함으로써 목숨을 건질 수가 있었다.

8월에는 전 러시아어 통역관이었던 김홍륙이 사형을 당했는데 그는 러시아 공사관과 긴밀한 관계를 맺고 있음을 기화로 해 조정에서 매우 불손했었다. 1년 동안 그는 역관 생활로 재미를 보면서 돈도 많이 모았으나 그 해 3월 러시아 세력이 물러가자 모든 배경을 잃게 됨에 따라 그 후 운명은 예정된 대로 되어버렸다. 그가 붙어서 좀도둑질을 하던 귀족들이 그의 죄상을 털어놓자 8월에 기소되어 관직을 삭탈당하고 유배됐다. 그러나 그를 미워하던 사람들이 여기에서 만족하지 않던 터에 그들에게 한 기회가 찾아왔다.

9월 10일 황제와 황태자를 독살하려는 음모가 있었다. 계획은 거의 성공하기에 이르렀다. 그 뒤에 있었던 심문에서 부엌 하인 가운데 한 사람이 김홍륙의 어느 한 친구로부터 커피에 무엇인가를 집어넣으라는 사주를 받았다고 증언했다. 귀양살이하던 그가 어떻게 그와 같은 일을 했는가를 설명하기가 어려울지도 모른다. 그는 아마 그와 같은 음모가 있었으리라는 것을 예측했는지는 모르지만 냉정하고도 공평하게 생각해 보면 그는 아마 이 사건에 대해는 아무것도 몰랐음이 분명하다.

그러나 그러한 경우에 누군가는 피해를 보지 않을 수가 없다. 죄인은 "당연히" 색출되어야 한다. 김홍륙을 미워하던 사람들은 이 경우에 그가 최적의 희생물이 될 수 있으리라고 생각한 것은 당연하다. 그는 재판에 넘겨져 유죄 판결을 받은 다음 처형됐다. 그러나 9월에는 이보다 좋은 일도 있었다. 일본인들은 경부선 철도 부설권을 획득했는데 이것은 어느 모로 보나 매우 중요한 의의가 있는 것으로서 특히 조선에 대해는 커다란 의의가 있다.

9월에 이르러 독립협회는 얼마 동안 그들의 정책을 특징지었던 단순히 파괴적인 비판을 지양하고 그 대신에 그들이 수행할 과업의 계획안을 발표하는 것이 좋으리라고 믿었다. 그와 같은 개혁을 알리기 위한 대중 집회의 개최를 발표했다. 이러한 처사가 현명했는지 그렇지 않았는지는 하나의 문제가 되고 있다. 조선에서는 대중 집회가 어떤 현명한 결론을 얻는다든가 또는 건설적인 정치 활동을 위한 어떤 계획에 참여한다든가 하는 것이 거의 불가능하다.

더구나 보수주의자들은 대중에 대한 호소란 필연적으로 혁명을 초래하려는 필사적인 수단으로 해석했다. 어느 의미에서 보면 그들의 그와 같은 생각은 정당화될 수도 있다. 왜냐하면, 조선의 백성들은 자기들이 겪는 악정이 자기들로 하여금 문제점을 해결할 수 있는 최후 수단인 폭민정치로 이끌어 갈 만한 정도가 아니면 아예 불의에 대해 항변해 본 적이 없기 때문이었다. 독립협회의 그와 같은 행동은 민주주의로 향하는 것이었지만 한국인들이 그러한 움직임에 대해 준비가 되어 있는지는 아무도 판단할 수가 없다.

아무리 그렇다고 하더라도 집회는 종로에서 개최됐으며 이 집회에는 각계각층의 대표들이 소집됐다. 이 집회에서는 다음과 같은 것이 결의되어 황제의 재가를 얻고자 내각에 전달됐다.

(1) 관리이거나 백성이거나 간에 외국의 원조에 의존해서는 안 된다. 그러나 제국의 국력을 증진하고자 각자 온 힘을 다 한다.

(2) 외국의 차관, 외국 군대의 고용, 외국인에 대한 이권의 허여 등 조선의 정부와 외국의 단체 또는 회사 간에 체결되는 사실상의 모든 문서는 각부 대신과 중추원의 의장에 의해 서명 날인되어야 한다.

(3) 중죄인은 공개 재판과 자신을 보호할 충분한 기회가 부여된 다음에 처벌되어야 한다.

(4) 폐하는 대신을 임명할 권리가 있다. 그러나 폐하가 지명한 사람일지라도 내각의 다수가 승인하지 않을 때 그는 임명될 수 없다.

(5) 모든 재원과 조세를 증가시키는 방법은 탁지부가 관장해야 하며 다른 어느 부나 관리 또는 단체도 이에 관여할 수 없다. 연차 예산과 그 균형은 공개리에 작성되어야 한다.

(6) 현행의 법률과 법규는 아무런 두려움이나 특혜 없이 시행되어야 한다.

이들 방침 가운데 몇 가지는 몇 세기 동안 황제가 행사하던 권리들에 대한 직접적인 타격이 됐음을 알 수 있으며 그들이 그와 같은 엉뚱한 개혁을 요구했을 때, 폐하가 일반 백성의 민의를 기꺼이 경청하리라는 것은 상상할 수도 없는 문제이다. 황제는 이 모든 것들을 매우 못마땅하게 생각했으나 대중의 통일된 민의는 심각한 것이었다. 이러한 요구들은 어떤 즉각적인 개혁을 의미하는 것은 아니었다. 개혁안은 모두가 앞날을 바라보는 것들이었다. 그러므로 단순히 그러한 요구를 따른 다음 민심이 가라앉기를 기다린다는 것은 쉬운 일이었다. 9월 그믐날 폐하는 이 6개 조를 실시하도록 명령했다.

보수주의자들은 민중의 봉기를 억누를 충분한 힘을 갖지 못하다고 그들 스스로 생각했다는 데 문제점이 있었다. 그들은 그러한 요구를 실제로 수락한다고 생각하지 않고 다만 일시적으로 양보한 다음 즉시 그들에 대한 반대 시위를 전개할 방법을 찾았다. 이러한 목적 수행하고자 채택된 도구가 곧 옛날의 보부상들이었다. 보부상은 지금은 없어졌으나 그 이름만은 남아 있었는데, 보수주의자들은 많은 사람을 모으고자 돈벌이라면 무슨 짓이든지 할 준비가 되어 있는 그들을 이용했다. 이들은 조직적으로 편성됐으며, 그 전부터 존속됐던 사람들인 것처럼 행세하면서 대중의 모든 시위 행동에 반동적인 행동을 하는 것이 그들의 임무였다.

이때부터 독립협회는 정부로부터 승인을 얻지 못한 불법 단체가 됐는데 그러한 조치의 근거는 불행하게도 독립협회의 회장직을 황제가 언제든지 칙령으로 해직할 수 있다는 점에 있었다. 윤치호는 이때가 되어서야 독립협회가 위험스러우리만큼 극단적인 행동을 하고 있으며 심각한 불상사를 일으킬지도 모른다는 것을 알게 됐다. 그리해 윤치호와 다른 지도자들은 회원들의 흥분을 다른 방향으로 돌리고 합리적인 행동을 하도록 온갖 힘을 다 기울였다. 그러나 그와 같은 선도가 주효할 시기는 이미 지나갔다. 회원들은 자기들이 주장한 원칙이 정당하다는 사실을 잘 알고 있었으며 그들이 이제까지 겪은 완강한 반대 세력에 분노를 느끼고 있었다. 그들은 자기들의 목적 달성을 하려면 어느 곳이라도 갈 준비가 되어 있었다. 사고력 대신에 감정이 앞섰으며 반대파를 타도하는 것이 그들의 목적을 달성하는 것보다 더 중대한 문제라고 생각하기에 이르렀다.

몰려든 독립협회의 회원들은 칙령에 따라 해산하는 대신에 경무청으로 달려가 체포될 것을 자청했다. 이러한 방법은 한국인들에게서 볼 수 있는 특수한 방법으로서 그들은 재판에 넘겨지기만 하면 그곳에서 오히려 적대자들을 망신시킬 수 있으리라는 생각에서 그렇게 행동한 것이었다. 일이 이렇게 되자 당국은 몹시 당황하게 됐다. 왜냐하면, 자청해 나를 잡아 가두라고 아우성치는 그 숱한 사람들을 전부 수용할 만한 감옥이 없기 때문이었다. 군중들은 수도 많은데다가 그 용기가 대단해 보부상들도 이들을 함부로 건드릴 수가 없기에 이들에 대해 또 다른 양보가 있어야만 했다.

독립주의자들은 이제 성질상 독립협회의 회원이라고 부를 수가 없게 됐다. 그들은 언론의 자유만 보장해 준다면 해산하겠노라고 제안했다. 이 요구는 즉시 수락됐다. 훌륭한 영도력 아래에서 어느 때든지 말로 요청하는 이상의 과격한 행동을 할지도 모르는 이 격노한 군중을 해산시키려면 어떠한 요구라도 들어주지 않을 수가 없었다. 그리해 다음날 그들에게 자유로운 언론의 권리를 허락한다는 칙령이 공포됐다. 이러한 양보가 이루어지자 모든 보부상은 황급하게 소집되어 더 완전한 조직을 이루었다. 관리들의 후원과 황제의 재가로 뒷받침을 얻은 그들은 황제에게 더 많은 요구를 하고자 군중집회를 획책하는 사람들에게 일격을 가할 준비가 되어 있었다.

이제 보수주의자들은 그 불법적인 집단들과 어떤 끝장을 내기에 충분한 힘이 있다고 자부하자 11월 5일 날이 밝기도 전에 독립협회의 지도급 인사 17명을 체포해 가두었다. 회장인 윤치호는 가까스로 도주했다. 포졸들의 목적은 윤치호가 군중들의 도움을 받기 전에 그를 잡아 죽이려는 것임이 확실해졌다. 아침이 되어 그들이 체포당한 것이 알려지자 서울은 벌집을 건드린 듯이 술렁거렸다. 고등법원 앞에는 군중들이 몰려들어 공화국의 수립을 획책했다는 죄목으로 기소된 수감자들을 석방하라고 요구했으며 그와 같은 의미의 전단이 살포됐다. 이제 또다시 군중의 감정이 격렬해 보부상의 테러단들이 기를 펼 수가 없게 되자 그들은 뒤에서 지켜보고만 있었다.

소요가 그 날 온종일과 그 다음 날까지 계속되자 당국에서는 결국 이에 놀라 굴복했다. 즉 당국에서는 그들이 기대하던 조처를 슬쩍 독립협회원들에게 비추어 본 다음에 나타난 반응을 살펴보고 나서는 어쩔 수 없이 수감자들을 석방했다. 그러나 일이 이렇게 되자 독립협회원들은 이 사건을 계기로 위협을 느끼기는커녕 마치 자기들의 정책이 만천하에 공인된 것처럼 환성을 질렀으며, 더 나아가서는 이번 독립협회의 회원들을 옭아 넣는 데에 주동적인 역할을 한 사람들을 체포해 처벌하라고 주장함으로써 보수주의자들을 타도하려고 노력했다. 그러나 이들이 황제가 신임하는 고위 관리들이기에 독립협회가 요구한 보수주의자들의 제거는 달성될 수 없었다.

그러는 동안에 홍분의 도가니 속에서 11월의 한 달이 다 지나갔다. 군중

집회가 자주 열렸지만, 그들은 정부와 어떤 결론을 얻을 만한 결단력을 가지고 있지 못했다. 보수주의자들은 이러한 사실을 잘 알고 있었으며 불평분자들의 저항력이 어느 정도 강한가를 정확히 측정했다. 그들의 공격 대상은 단순히 언론의 자유에 국한된 것이었는데 보수주의자들은 그들이 수세에 몰리게 된다면 어떻게 행동할 것인가를 알아보고자 결심했다. 그들은 무기를 사용했으므로 많은 사람이 다쳤다.

독립협회 회원들은 그들이 폭력을 행사하리라고는 꿈에도 상상하지 못했다. 이와 같은 야만적인 습격 사건은 이제까지 군중집회에 참석하지 않았던 대부분의 국민을 격노시켰다. 서울의 각처에서는 백병전이 벌어졌으며 자기네들이 아무리 잔혹하게 그들을 공격하더라도 고위층으로부터 용서를 받을 것을 알고 있는 보부상들은 독립협회 회원들을 모조리 쓸어버려 조용하게 만들어 놓으려고 했다.

11월 26일에 혼란이 극도로 싸인 상태에서 왕은 대궐 문 밖에 대규모의 군중집회를 허락했다. 독립협회는 합법적으로 그곳에 참석했으며 외국 사절들과 많은 외국인도 참석했다. 이 자리는 어느 면에서 러니미드(Runnymede)[14]와 같았으나 그 결과는 달랐다. 윤치호는 당연히 독립협회원들의 대변인이 됐다. 그는 자기 동지들의 입장을 당당하고도 절도 있게 설명했다. 그는 아무런 폭력의 의사가 없는 군중들을 무력으로 습격한 보부상들을 비난했으며 이제까지 엄숙하게 발표된 공약들을 이행하라고 요구했다.

윤치호는 또한 독립협회가 역모했다고 죄를 뒤집어씌운 사람들의 책임을 추궁했다. 그는 독립협회가 칙령에 의해 다시 합법적인 존재로 존립해야 하며, 폐하에 의해 분명하게 약속된 6개 조가 이행되어야 한다고 주장했다. 이와 같은 요구에 대해는 아무런 반대의 여지가 없었으므로 왕은 이러한 제안

14) 런던의 서남 21마일 템스강 남쪽에 있는 곳으로서 1215년에 마그나 카르타(Magna Carta)가 조인된 곳이다.

에 따라 정책을 입안하겠노라고 약속했다.

그러나 황제의 공약은 단순한 약속에 지나지 않은 것으로서 우선 실제적이고도 현실적인 난국을 벗어나려는 것이었다. 독립협회원들은 이 점을 알았어야만 한다. 황제는 개혁안에 적의를 품은 사람들에게 둘러싸여 있었으며, 보부상은 물론 경찰과 군대가 그들을 뒷받침하고 있었다. 독립협회 회원들은 실제로 책임과 세력이 있는 관직에는 단 한 사람의 대표도 갖고 있지 못했다.

그들은 단순히 국민의 권리와 한인들의 군중 심리로부터 성원을 받을 뿐이었다. 그들로서 필요한 것은 교육 운동이었다. 그들이 주창한 개혁안은 적어도 그러한 개혁안을 어렴풋이나마 이해할 수 있는 사람들이 몰려 있는 정부에 의해 이행될 수 있었다. 그러나 이러한 개혁안을 주장할 사람은 2~3명 정도의 독립협회 회원에 불과했다.

폐하로부터 그러한 공약을 받은 독립협회는 그 결과가 어떻게 되는가를 알기 위해서는 꾹 참고 기다리는 수밖에 없었으며 설령 그 공약이 지켜지지 않을지라도 참고 기다리다가 지도급 인사들의 감정이 폭발해 개혁을 강요할 때가 되어서야 일을 착수하지 않을 수가 없었다. 그러나 윤치호는 다음과 같이 고백하고 있다.

> "군중집회는 이미 독립협회가 다룰 수 없는 지경이 됐으며, 그들의 뜻에 반대되는 지나친 충고를 하자 그들은 12월 6일에 다시 집회했는데, 그때 그들의 언성은 분별이 없고 오히려 오만했다. 12월 6일 중추원은 일본으로부터 박영효(朴泳孝)를 소환하도록 권고했다. 군중집회는 아무런 생각도 없이 그의 소환을 지지했다. 국민 가운데 보수주의적인 경향의 사람들은 그 사람의 이름만 꺼내도 반대했다. 군중들이 박영효를 지지하는 입장에서 소란을 피우기 시작했다는 기미가 돌자 그들은 곧 국민들의 동정을 잃었다."

자유주의자들의 적은 군중의 그와 같은 주장을 최대한으로 이용한 것 같으며, 독립협회의 움직임이 그들의 가장 강력한 지원인 국민의 성원을 잃었다는 것을 알게 되자 그들의 적은 가혹한 폭력으로 그들을 억압했다. 개혁파 대부분은 그들의 유창한 말재주로 반대자들에게 여러 가지의 약속을 했지만, 곧 체포되어 투옥됐으며 그 죄목은 여러 가지 다른 죄목으로 날조됐다.

더욱이 그중에서도 박영효를 소환하려는 계획에 추종했다는 죄목으로 그들은 투옥됐다. 이렇게 되자 그들은 행동 목표가 고결하게 되고 그 방법이 매우 평화로운 하나의 정치 집단으로 발전하게 됐다. 그러나 그들의 원칙은 당시의 시대적인 추세와 너무도 동떨어져서 애당초부터 그들이 성공할 가능성은 까마득한 것이었다.

1899년에는 독립협회와 자유주의 운동을 무력으로 탄압했던 지난 몇 년보다는 좀 더 평온한 가운데 정치적인 문제들의 막이 올랐다. 이 무렵 일본은 해야 할 일을 하지 않음으로써 실수를 저질렀다고 먼 훗날의 사가들은 기록할 것이다. 독립협회원들의 목적과 의도는 조선에서 일본의 이해관계와 직접 일치했으며, 만약 일본의 강력한 정부가 그들의 움직임에 적극 관심을 가지고 그들의 계획이 당연히 달성되어야 하는 것으로 생각했다면 그 뒤의 역사는 많이 달라졌을지도 모른다.

그러나 이때 일본은 비교적 조용하게 뒤에서 사태를 주시하고 있었는데 이는 아마도 일본이 러시아와의 불가피한 투쟁이 닥쳐옴을 알고, 또한 그러한 최종 투쟁을 위한 준비가 아직 완료되지 않을 단계에서는 북쪽의 열강과 조선에서 시기상조 상태인 갈등을 초래함으로써 사태를 재촉할 의사가 없었기 때문이었던 것 같다.

이때의 전반기를 통해 러시아 세력은 침착하게 조선의 조정과 정부의 요인을 자기편으로 끌어들여 장악하는 작업을 게을리 하지 않았다. 그러나 일반 대중들은 러시아를 미심쩍게 생각해 그들의 부드러운 듯하면서도 무거운 손길보다는 일본의 거친 손길을 더 좋아했다. 1899년 1월 그리스정교의 선교회가 서울에 설립됐을 때 러시아의 계획이 어떤 방향으로 진행되는가 하는 점이 잘 나타났다.

20세기에 관한 문제를 언급하기에 앞서 조선에서 있었던 좀 더 중요한 물질적인 진보에 관한 기술을 생략할 수가 없다. 600마일 이르는 철도부설권[15]이 일본인 회사와 프랑스인 회사에 각각 반씩 부여됐으며, 몇 군데의 새로운 주요 항구가 개항됐는데 이로써 서울과 평양을 포함해 개항된 항구는 열 군데가 됐다. 채광권은 미국, 영국, 독일, 프랑스 및 일본인 회사가 획득했는데 그들 중 2개 회사는 상당히 성공했다.

러시아인들은 반도의 동부에서 벌채권과 포경권을 얻었으며 일본인들은 중요한 어업권을 획득했다. 교육제도를 일반화하려는 계획이 전국적으로 마련됐고, 교과서의 발행 업무가 추진됐으며, 공사관들은 모두가 가장 중요한 정치적 중심지에 건립됐다. 관리들의 부패 행위와 위폐 사건으로 그 가치가 손상되기는 했지만, 통화 제도를 개선하려는 계획이 마련됐다.

무역이 급격히 증가했으며 수출입의 실적도 무시할 단계는 벗어났다. 외국인들의 지도를 받아 훌륭한 우편제도가 창설됐으며 국제우편연맹(IPU)에 가입했다. 국내적으로는 정치 문제가 복잡하고도 한심했지만, 조선은 어느 면에서 분명히 발전하고 있음을 알 수가 있다. 조선에서도 이제 근대화를 위한 발효가 시작됐으며 대중적 지도자의 입장에서는 어떠한 보수주의도 그와 같은 발효를 중단할 수가 없었다.

1890년대가 다 지나갈 무렵 르젠드르 씨와 그레이트하우스 씨가 별세했다. 특히 그레이트하우스 씨는 정부의 법률 고문으로서 매우 훌륭한 업적을 남겼으며 그를 고용한 사람들로부터 공사를 처리함에 유능하고도 수완 있는 사람으로 인정을 받았다.

---

15) 신의주에서 부산에 이르는 철도를 의미한다. 경의선은 프랑스가, 경부선은 일본이 각기 부설권을 얻었다.

제 11 장 러시아의 음모

1900년 1월 15일, 파블로프(A. Pavlow)가 서울로 귀임했다는 사실은 1904년에 일본이 선전 포고를 유발한 몇 가지 사건의 시발점이 된다. 이보다 2년 앞서 러시아인들은 조선의 정부에 가해 오던 무거운 압력을 완화하도록 권고를 받았으나 그 뒤의 태도는 다만 방법의 변경에 불과했다. 그들은 이제 순전히 음모의 정책을 채택하려고 했으며 일본인에 대해 적의를 품은 조선인들을 손아귀에서 움켜쥠으로써 사사건건 일본의 이익을 손상하도록 했다.

아울러 이 무렵, 지난날 조선에서 많은 활약을 한 중요 인물인 안경수와 권형진이 조선으로 귀국했다는 데에서 사건의 추이가 어떻게 되고 있었던가를 알게 된다. 그들은 폐하를 폐위하려는 음모에 가담했다는 죄목으로 기소되어 일본으로 도망친 사람들이었다. 이제 그들에게 공정한 재판을 베풀겠다는 정부의 약속과 그들의 신변을 보호하겠다는 일본의 보장에 용기를 내어 그들은 귀국해 재판을 받았다.

그들은 조선에서 강자였으므로 그들의 문제는 신중히 고려하지 않을 수가 없었다. 그들은 일본 세력과 일본이 구체화하려는 듯 보이는 개혁을 공개적으로 찬양했다. 사실상 그들은 이미 없어진 독립협회의 훌륭했던 활동에 대해 철저하게 동정적이었다. 안경수는 1월 15일에 귀국해 권형진이 귀국한 5월 16일까지 갇혀 있었다. 그들은 공정한 재판을 받기로 되어 있었으나 5월 27일 밤, 감옥에서 비밀리에 교살됐다.

이 나라의 역사에는 이보다 더 비겁한 범행으로 오점을 남긴 일이 없으며 다른 나라와 비교해도 마찬가지이다. 공정한 재판을 받도록 해주겠다는 약속에 속아서 그들은 함정에 빠져 살해됐다. 이 사건에 대해 반동주의자들은 훌륭한 승리라고 생각했으며 사실상 또 그러했다. 왜냐하면, 이 사건을 계기로 설령 어떤 사람이 일본 정부로부터 후원을 받더라도 그의 생명이 안전할 수 없음이 명백해졌기 때문이었다. 또한, 조정에서는 이를 계기로 일본인을 경멸할 용기가 생겼음을 쉽사리 알 수가 있다.

여름이 오자 중국에서는 커다란 민중 봉기가 일어나 엄청난 세력으로 파급되어 북경이 봉쇄됐으며, 외국의 공사관이 그들의 손에 점령됨으로써 세계는 그 밖의 다른 문제에 신경을 쓸 겨를이 없게 되자 조선으로 향하던 관심은 일시 중단됐다. 곧 의화단 사건이 전염되어 조선에까지 미치지나 않을까 하는 두려움이 생겼다. 아니나 다를까 그 여파가 조선의 북부 지방에까지 미쳤다는 것이 7월 중순에 보도됐다. 그러나 다행하게도 그것은 거짓임이 밝혀졌다.

마치 철로 위를 달리던 기차가 제동을 건다고 해서 곧 정지하지 못하는 것과 마찬가지로 정부의 반동 정책에도 불구하고 개화는 꾸준히 이어졌다. 한 훌륭한 프랑스인 법률가[1)]가 법부의 고문으로 채용됐고, 영국 · 프랑스 · 일본인 회사는 채광권을 획득했으며, 관립중학교[2)]가 설립되고, 서울과 제물포 사이의 철도를 정식으로 개통했으며, 한 프랑스인 교사[3)]가 광업학교를 설립하려는 교섭이 있었고, 파리대박람회에 대표[4)] 한 명을 파견했다.

---

1) 클레마치(Laurant Crèmazy : 1837~?)를 의미함. 파리법과대학 출신으로 법관으로 근무하다가 사이공을 거쳐 한국에 정착해 법률고문이 됨.
2) 서울의 북부에 설립된 연와건중학교를 의미함.
3) 트레뮬레(M. Tremoulet)를 의미함.

1900년은 김영준이라는 벼락부자의 전성시대였다. 그는 매우 파렴치하다는 것밖에 아무런 내세울 것이 없는 사람이었다. 그는 자신의 능력으로 방법을 가리지 않고 엄청난 돈을 모으는 재주가 있었다. 20여 명의 부호가 이 핑계 저 핑계로 투옥되어 많은 돈을 낸 사람만이 석방됐다. 그도 꽤 영리한 사람이었지만 조선의 그 많은 모험가처럼 몇 번 성공하게 되자 매사가 순탄한 것처럼 착각했다. 그는 조선의 역사가 그러한 전례로 가득 차 있으며 그 모험가들이 어쩔 수 없이 비명횡사했다는 사실을 몰랐다.

비록 지나친 야심이 화가 되어 희생된 경우이긴 하지만 김홍륙의 운명도 그러한 과정에서 벗어나지 않는다. 전국의 모든 벼슬아치가 그에게 눈독을 들였다. 그들은 자기의 권력으로 그의 돈을 모두 긁어낼 때까지 한껏 참다가 돈이 다 없어지자 밤길을 가는 여행자에게 이리떼가 달려들 듯이 그를 공격했다. 그는 1901년의 새해가 밝기도 전에 체포되어 재판을 받은 다음 끔찍스러운 방법으로 사형됐다. 그는 심한 고문을 당한 다음에 교살됐다.

그런데 이와 같은 비행이 저질러지고 그러한 모험가들이 모두 또다시 같은 운명을 겪었음에도 그들과 똑같은 인물이 한 사람 등장했다. 그는 바로 이용익이라는 인물로서 전에는 어느 고위 관리의 집에서 "청지기"를 하던 사람이었다. 그는 설령 파렴치한 일일지라도 자기에게 이익이 되는 것이라면 무엇이든지 해내는 사람이었다. 그는 1880년대부터 수천 명에 이르는 송도의 인삼 재배인들을 등치는 데 탁월한 수완이 있었다.

이용익은 무식한 시골뜨기여서 돈을 많이 벌어 풍족한 생활을 하게 됐을 때에도 의관을 제대로 차릴 줄을 몰랐고 범절도 말이 아니었다. 그는 피를 빨아 모은 돈을 구태여 쌓아 두려고 하지도 않았고, 또 사치를 몹시 싫어했기에 그를 칭찬하는 사람도 있다. 그가 돈을 모으지 않은 것은 마치 농부가

---

4) 민영환을 의미함.

씨앗을 뿌리는 것과 같은 것이어서 그는 투자한 것의 100배를 수확할 수 있었다. 이용익은 쓸모없는 땅에 금싸라기와 같은 씨를 뿌림으로써 수천 배의 소출을 얻었다.

이용익이 자기를 후원해 주는 사람들을 위해 돈을 모으는 방법 가운데 가장 잘 쓰는 방법은, 각 지방에 공식적으로 부과된 금액을 어떤 이유로 완전히 상납하지 못한 여러 명의 전 방백들을 투옥하는 것이었다. 그들이 미처 상납하지 못한 체불액은 몇 년 전의 것까지 거슬러 올라가서 추징하는데 그들이 체납한 데에 대해는 대개가 그럴 만한 이유가 있었다. 가뭄이나 홍수, 그 밖의 재난으로 백성들은 그들에게 부과된 모든 세금을 완납하지 못하는 경우가 많았다.

모든 방백들은 이미 세금을 "착복"했기 때문에 그들에게 옛날의 것을 추징한다는 것은 그들을 괴롭히는 것이었다. 사실상 몇 백 명이 법정에 끌려와서 애당초 금액의 이상을 내게 됐는데 이를 이행하지 않으면 그의 재산은 물론 그의 친족들의 재산까지도 몰수됐다. 이 강요된 엄청난 금액과 똑같은 양이 고위 관리의 집으로 향했으며, 이렇게 착취당한 사람들은 그와 똑같은 양을 되찾으려고 백성을 못살게 굴었다. 김영준이 처형된 사실에서 이용익은 두려움을 갖기는커녕 오히려 그의 특출한 재능을 마음껏 발휘할 길을 활짝 열어 주었을 뿐이며, 따라서 그의 관운은 1901년이 시작됨과 더불어 열리기 시작했다.

3월에 이르러 제물포에 있는 일본인들은 제물포 항구에 있는 월미도를 자기들이 구매했다고 주장했다. 일이 이렇게 되면 누군가가 일본인에게 그 섬을 판 책임을 져야 하는 것이 명백한데 사건이 매우 시끄럽게 됐다. 이 사건은 강력한 집단에 의해 교묘하게 꾸며져서 실제로 그 죄인들이 무죄로 석방된 비행을 샅샅이 파헤치기 위한 전조가 됐으나, 외국 공사관에 대한 협박장 투입 사건이 발생함으로써 위에서 언급한 바 있는 김영준을 체포해 재판에 넘긴 다음 처형할 구실이 마련됐다. 그 섬을 일본인에게 판 사람은 민영

주였는데 그는 결국 3만 5천 원을 들여 그 섬을 다시 사들여야 했다.[5)]

1901년에 러시아는 그들의 궁극적인 목표 달성을 위해 꾸준히 노력했다. 봄이 되어 대궐 부근에 몇 채의 건물을 세우기로 됐는데 해관총세무사이며 C.M.G.[6)]인 브라운(McLeavy Brown) 씨는 서둘러 해관 구내의 자기 집을 철거하라는 명령을 받았다. 이와 같은 모욕은 매우 심각한 것이었으며 설령 한인들은 그와 같은 일을 해낼 권력이 배후에 있다는 점을 의식하지 않은 행동이라고 할지라도 한인들로서 감히 그럴 수가 없는 처사였다. 영국 공사관은 곧 그와 같은 수법이란 흔히 쓸 수 있겠지만 국가의 체통을 손상하는 일이라고 조선 정부를 깨우쳐 주었다.

정부가 채용한 대부분의 프랑스인은 매우 유능해 임무를 충실히 수행했으나 그들이 출현함으로써 일본과 러시아 사이의 긴장은 더욱 심해지는 경향을 보였는데, 이는 프랑스인들의 영향력이 러시아 측에 유리하게 작용했기 때문이었다. 프랑스인들은 조선 정부에 500만 원을 빌려주려고 몇 달 동안 무던히 애를 썼지만, 그것을 받아들이는 쪽에서 의견이 통일되지 않아 결국 실패하자, 그들은 채권자들이 행사할 강력한 세력을 가질 수가 없게 됐다. 어느 정도 러시아인들의 앞잡이가 된 이용익은 프랑스인들의 500만 원 차관에 찬성했다고 해 일본인들로부터 공공연히 비난을 받았으나 그는 그러한 사실을 완강히 부인했다.

이용익이라는 인물은 본디 자기와 가장 가깝게 지내는 사람들에 대해는

---

5) 이 사건의 내막을 좀 더 상세하게 기록하면 다음과 같다. 민영주는 전에 참의내무부사를 지낸 사람으로서 송정섭, 강견희 등과 공모해 일본인 요시카와 사타로에게 3만 9천 원을 받고 월미도를 팔았으나 뒤에 발각되어 송정섭은 체포됐다. 그때 민영주의 아들 민경식이 내무협판으로 있으면서 그의 아버지를 위해 이 사건을 무마하려고 평리원의 재판장인 김영준을 만나 사건의 무마와 교환 조건으로 러시아 공사관에 협박장이 아닌 폭탄을 투척할 것을 모의하다가 발각되어 큰 옥사를 일으켰다.

6) C.M.G. : 영국에서 문관에게 수여하는 저명한 훈장인 The Order of St. Michael and St. George를 획득한 사람을 의미한다.

다소 신비적인 사람이어서 그가 과연 어느 정도까지 러시아를 이롭게 했는가는 전혀 알 수가 없지만 세월이 가면 갈수록 일본인에 대한 적대적 태도는 더욱 심해졌던 것은 사실이며, 다음에 보는 바와 같이, 그는 그와 같은 태도를 보임으로써 일본인과는 격렬한 충돌을 일으키게 됐다.

이용익이 대단한 인물이든 그렇지 않든 간에 어쨌든 그는 탁지부의 최고책임자나 되는 것처럼 행세했으며 1901년에는 탁지부의 주화 제조에 착수했다. 조선에서는 이때보다 더 심각한 화폐의 위기를 겪은 적이 없다. 심지어는 30년 전 국태공이 취했던 단호한 정책도 이때보다 더 화폐 제도를 흔들어 놓지는 않았었다. 국태공은 형편없는 당오전을 만들어 냄으로써 피해를 주었지만 이때의 당오전은 그 액면이 적은 것이어서 위폐가 나올 위험성은 없었다. 백통전은 위폐를 만들고 싶은 충동을 느끼기에 가장 알맞은 주화였다. 왜냐하면, 백동 그 자체의 값이 막대한 자금을 필요로 할 만큼 높은 것이 아닌데다가 그 액면이 높아 노력과 시간을 소비할 만한 가치가 있었기 때문이었다. 이와 같은 일탈한 현상이 어떠한 결과를 초래했는가에 관해서는 제16장에서 언급하겠다.

1901년 여름에 이용익은 한 가지 일을 완수했는데, 국민들이 보기에 그의 행동은 다른 여러 가지의 죄과를 은폐해 주었다. 그 해는 심한 기근이 들었다. 농부들은 겨우 국내 소비할 만큼의 양곡만을 거두어들였는데 이렇게 되자 정부는 양곡의 해외로 유출을 막고자 양곡수출금지령을 선포했다. 당시 일본은 예년에 보기 드문 풍작이어서 사실상 조선의 양곡이 필요하지 않았음에도 일본의 당국자들은 한인들의 입장은 전혀 생각지도 않고 오직 조선에 있는 일본인 수출업자의 이익을 위해 그와 같은 양곡수출금지령을 해제하도록 조선 정부에 심한 압력을 가했다.

그러나 금지령이 해제되었어도 기근과 일본 내 모든 양곡의 동결로 조선 내에서의 쌀값이 올라서 쌀의 수출은 불가능하게 됐다. 그러나 이용익은 서울에서 어쩔 수 없이 쌀이 부족하게 되리라는 것을 짐작하고는 사람을 보내어 상당한 양의 안남미를 수입해 국민들이 매우 만족할 만큼 적절한 가격으로 시장에 방출했다. 이때부터 이용익이 어떤 실수를 저질러도 국민들은 항상 그가 안남미를 수입해 은혜를 베풀었던 일을 참작해 그의 죄를 가볍게 보아주었다. 이용익의 그와 같은 수완은 국민들의 호감을 사는 데에는 가장 영리하고도 성공적인 방법이었다.

1901년이 저물어 갈 무렵 또다시 긴장이 감돌기 시작했다. 국민들은 일본이 러시아의 오만한 비행을 언제까지 넘겨버릴 것인가 하고 자문했다. 그러나 아직 기회가 오지 않았다. 몇 가지의 물질적인 진보로 말미암아 역사상 1901년은 적지 않게 돋보였다. 서울에는 전깃불이 켜지고, 경부선이 개통됐으며, 경의선의 부설 계획이 착수됐다.

목포에는 훌륭한 방파제가 축조됐고, 서울에는 건물이 올라가고, 더욱이 도시의 급수 시설을 위한 계획이 성안되어 정부의 인가를 받았다. 교육제도는 악화 일로를 걷게 되어 긴축이 필요하게 되자 심지어 몇 개의 학교를 폐쇄하자는 의견까지 나왔으나 좀 더 좋은 안이 나옴으로써 그와 같은 자발적인 조치는 취하지 않기로 했다.

1902년의 막이 열리면서부터 정부의 전체적인 "사기"가 저하되는 듯이 보이는 몇 가지의 징조가 나타났다.

첫째로는 불교의 의식을 부활시키려는 움직임이 강경하게 시도됐다는 점이다. 황제는 온 나라를 위해 서울의 부근에 하나의 커다란 중앙 사원을 세울 것에 동의했고 불교의 최고 지도자를 임명해 전국의 모든 사찰을 관장하도록 했다. 그와 같은 처사는 어리석은 것이었다. 왜냐하면, 조선의 불교가 그것이 얼마만한 영향력을 미치는가 하는 점과 관련해 생각한다면 그것은 이미 사멸한 것이나 다름이 없기 때문이다. 자연 숭배 사상과 혼합된 사람까지 모두 합치면 신도의 수는 100만 명에 이르렀으나 옛날처럼 성황일 것 같지는 않다.

둘째로는 통치권을 황제에게로 집중시키려던 꾸준한 노력이 성공했다는 점이다. 황제의 대권을 줄이는 것을 중요한 교의로 삼던 독립협회가 쓰러진 것은 국왕의 대권 팽창에 대한 새로운 자극제가 됐으므로 1902년에 이르러서는 모든 정사가 궁중으로 옮겨갔음을 알 수가 있다. 모든 대신은 독자적으로 어떤 일을 할 수가 없게 됐다. 모든 권리는 황제나 그의 측근에 있는 2~3명의 총신에게로 집중됐으며 이용익은 그중에서도 가장 유력한 인물이었다.

세 번째로 정부의 사기가 저하됐다는 증거로는 국고를 채우고자 채택한 방법을 들 수가 있다. 지난해는 액운의 해였다. 거두어야 할 세입이 1,200만 달러였는데 그중에서 700만 달러만이 징수됐다. 전국적으로 재난을 겪었기 때문에 궁중에서도 군색함을 느낄 정도였다. 그래서 국고를 채우려고 왕명으로 특별감사반을 전국에 파견했다.

이들은 자신의 임무를 수행하려고 수단과 방법을 가리지 않음으로써 국민에게 많은 원성을 들었다. 방백들은 그들의 전임 방백들이 전액을 거두어 드리지 못했다는 이유로 얼마나 설움을 받았던가를 잘 알기에 그들은 다만 몇 푼의 세금이라도 더 받아 내려고 애썼다. 따라서 방백과 특별감사반 사이에서 백성들은 더욱 비참한 세월을 보내지 않을 수 없었다. 사실상 그와 같은 조처는 곳곳에서 원성을 듣게 되자 드디어 정부는 마지못해 특별감사반을 소환하지 않을 수가 없었다.

1902년 초에 조선은 러시아와 한 협정[7]을 체결했다는 사실을 발표했는데 그 협정에는 협정일로부터 마산포와 거제도의 어느 지역도 외국에 매도되거나 영구 조차할 수 없게 되어 있다. 이때 이미 러시아는 그곳에 저탄장을 마련했으며 그토록 훌륭한 항구에 근거를 잡음으로써 상당한 이득을 보았다는 것이 전 세계적으로 공인됐다.

---

7) 1900년 3월 30일에 체결된 한러거제도비밀협약을 의미함.

분명히 그와 같은 처사는 단순히 평화적인 목적을 위한 것이었지만, 다른 열강들이 자기가 누렸던 특권을 누리지 못하도록 하는 그와 같은 비밀 협정을 체결하고자 러시아가 무척 고생했다는 사실은 일본인과 조선인들 자신에게도 당연히 어떤 의혹을 품게 했다는 점을 숨길 수 없다. 의심할 나위도 없이 일본에는 불리하기만 했던 이와 같은 조처는 아마도 끝내 닥쳐오고야 말 비극적 대단원을 앞당겼던 것 같다.

그러는 동안에 러시아의 시민들은 서울에서 정치적으로 영향력이 있는 지위를 차지함으로써 많은 이득을 보았는데, 이를테면 행정적으로 영향을 미침으로써 러시아의 유리 제조공, 철공 및 직공들이 그 방면에 아무런 능력이 없음에도 조선의 정부에 의해 고용됐다는 점이다.

사실상 이 무렵 조선 정부는 많은 러시아인과 친러파를 고용하도록 권유를 받았는데 그들은 자신이 받는 봉급에 상당한 일을 할 만한 능력을 결코 갖추지 못한 사람들이었다. 눈여겨 살펴보지 않더라도 그러한 처사는 당연히 어떤 결과를 초래하게 되리라는 것을 알 수가 있었다. 조선은 교묘하게 착취당했다는 결론을 피할 수가 없다.

그러나 이 무렵 세계를 놀라게 할 다른 또 하나의 사건이 준비되어 있었다. 그것은 일본과 영국이 상호방위동맹을 체결했다고 발표한 사실이었다. 이 협정의 조문에 따르면 일본과 영국은 조선의 독립과 청국의 영토 보전을 보장했다. 이 역사적인 문서의 엄청난 영향력은 유럽의 모든 수도와 극동의 모든 수도, 항구 그리고 도시에 파급됐다.

이 협정은 혼수상태에 빠져 있던 세계를 일깨웠으며 경솔하게 감정에만 치우치던 것을 지양하고 사태를 숙고하도록 깨우쳐 주었다. 일본은 이미 수평선 위에 떠오르는 전운에 대비하는 데 필요한 조처의 하나로 그와 같은 동맹을 체결했다는 것은 의심할 나위도 없다. 이 동맹은 또한 러시아가 이제까지 계속해 온 만주의 점령과 조선에 대한 침략 행위가 가까운 장래에 문제가 될 수도 있다는 점을 러시아에 시사해 주는 것이었다.

그러나 러시아는 그와 같은 경고를 눈치 채지 못했다. 이 협정에 따르면 영국은 일본의 방위 작전을 후원해 줄 뿐 아니라 조선의 독립과 청의 영토 보전을 유지하는 데에 일본과 협력하게 되어 있었다. 그러므로 일본은 지난날 자기들이 조선의 독립을 손상했을지도 모른다는 생각을 까맣게 잊어버렸으며, 또한 그러한 방향으로 외교 활동을 함으로써 그 협정의 조인에 따르는 모든 의무로부터 영국을 벗어나게 해줄지도 모른다는 기대를 일단 전면적으로 포기했다는 점을 알 수가 있다.

이해에는 또한 백통전의 위폐 사건이 너무 빈번하게 일어남으로써 조선에서의 무역에 관심이 있는 사람들의 주의를 환기하는 가운데 사태가 험악하게 됐다. 이러한 사건으로 말미암아 일본은 심한 위기에 직면했지만 러시아는 별로 타격을 받지 않은 점으로 미루어 보아 러시아가 이용익으로 하여금 주조를 계속하도록 격려한 속셈을 알 수가 있다.

3월에 이르러 사태가 험악하게 되자 외국 사절들은 파쟁심을 초월해 한자리에 모여 그와 같은 난국을 타개할 방법을 논의했다. 신중한 숙의를 거친 뒤 그들은 몇 가지의 권고 사항을 작성해 조선 정부에도 발송했다. 그들은 그러한 백통전의 주조를 중지하고 유통되는 위폐를 회수해 위폐범을 엄중히 다스리도록 권고했다.

그러나 이러한 권고도 아무런 소용이 없었다. 정부는 2전짜리 주화보다 더 싼 비용으로 5전짜리 주화를 제조하고 있었는데 그 결과로 위폐범들은 훌륭한 도구로 정부가 만든 주화와 똑같이 주조할 수 있었으며, 아직도 상당한 양의 위폐가 통용됨을 그들도 시인했다. 위폐를 식별한다는 것이 불가능했으므로 유통되는 위폐를 회수할 수가 없었다.

상거래에서 엄청나게 그 가치가 내린 것은 단순히 위폐 때문이 아니라 주화 본래의 가치가 액면을 따를 수 없다는 사실에 그 이유가 있었으며, 위폐를 만들어서라도 돈을 벌고 싶은 인간의 천성과 아울러 구태의연한 재정 법률로 인해 주화는 파멸에 가까우리만큼 그 가치가 절하됐다.

그러나 가치가 절하되어 신용 없이 된 그 주화가 절하된 채로 머물러 있었더라면 그토록 심한 파동이 일어나지 않았을지도 모르지만, 상거래가 단순히 도박처럼 됨으로써 사업의 성쇠가 급작스럽게 뒤집히게 되자 주화의 가치가 그에 따라서 오르락내리락했으며 일본과 청국 상인들의 강한 거래욕도 거의 멈춘 상태로 들어갔다.

이 무렵의 일본 다이이치은행이 조선을 벗어나서는 유통될 수 없는 특수한 은행권의 발행을 위한 계획을 성안했다. 조선은 수입초과국으로서 무역이 불균형했기 때문에 일상적인 지방 교역까지도 휩쓸기에 충분한 일본의 지폐를 이곳에서 유통할 수는 없었다. 그러한 이유로 다이이치은행은 외국무역에는 사용될 수 없고 전적으로 지방의 상거래에만 쓸 수 있는 은행권의 발행을 조선 정부로부터 허가를 받았다.

이것은 곧 시행되어 칭찬을 받을 만큼 잘 운용되고 있음이 밝혀졌다. 한인들은 이 은행권을 신용했으므로 자유롭게 유통됐다. 그것은 이제까지 조선에서 유통됐던 어떤 화폐보다도 두 가지 면에서 잇점이 있었다. 곧 첫째로 그 은행권은 유통이 안정되어 그 가치가 급격히 상승하거나 하락하는 일이 없었으며, 둘째로 액면이 높아 1천 달러를 수송하는 데에 지난날처럼 노새를 이용하지 않고 주머니 속에 넣고 다닐 수가 있었다.

이 해에 있었던 중요한 물질적인 진보 가운데 하나는 조선의 해안에 거의 30개에 이르는 등대를 세울 계획을 입안했다는 점이다. 문호를 개방한 이래로 적절한 등대가 부족했다는 것, 특히 서해안에 등대 시설이 부족했다는 사실은 모든 선박 회사에 관심거리가 되고 있었다. 해안이 천연 상태여서 위험하며 조수의 차이가 심하고 섬이 많은데다가 안개마저 짙어 항해하기가 어렵고도 위험스럽다는 점에 비추어 볼 때 그러한 관심을 끈 것은 당연한 일이다. 10년 전에 세웠어야 할 등대를 아직 세우지 않았다고 해서 지금에 이르러 이 일을 추진하는 사람들의 노고가 장하지 않은 것은 아니다.

5월에는 경의선 철도 부설을 공식적으로 착수하는 시공식이 있었다. 그러나 의욕은 좋았지만, 능력이 부족했다. 이 일을 수행하는 데 소요되는 돈을 프랑스나 러시아가 내놓지 않음으로써 조선 정부가 이 사업의 재정을 뒷받침하게 됐다. 이용익이 그 책임을 졌는데 그때 지난날처럼 수탈할 방백이 1,000명 정도만 더 있었더라도 그는 단 몇 마일만이라도 부설할 자금을 마련할 수가 있었을 것이다. 그러나 일본 공사가 상냥하게도 "상서로운 사업"이라고 말하던 그 일을 하기에는 이용익의 재정적 능력이 충분치 못해 계획이 완성되지 못한 것은 매우 애석한 일이다. 이와 같은 모든 추이가 일본인을 몰아내고자 이곳에서 먼저 이권을 차지한 러시아가 계획한 대로였다고 믿을 만한 이유가 있다.

그해가 저물어 갈 무렵 이용익은 여러 가지의 비행을 저지르고 외람되게 왕권을 휘두름으로써 필연적으로 모든 관료 계층의 4/5로부터 미움을 받았다. 그는 김홍륙이나 김영준이 겪었던 것과 똑같은 운명을 겪게 될 또 하나의 희생물로 여겨졌다. 그러나 그의 경우에는 어려움이 많았다. 그는 상당히 많은 정부의 돈을 안전한 곳으로 빼돌려 자신의 신변 안전을 위한 전당물로 간직했다. 그 돈이 국고로 안전하게 돌아오지 않는다면 그 돈을 잃어도 섭섭지 않을 만큼 통쾌하게 복수할 수가 없다.

그뿐만 아니라 왕실의 모든 재정을 그가 쥐고 있기에 막상 그가 그것을 가지고 도망이라도 치는 날이면 아무도 그 돈을 채워 놓을 수가 없어 탁지부의 엄청난 돈이 없어질 수도 있었다. 이용익은 다른 사람들이야 어떻게 생각하든 죽는 것보다야 사는 것이 좋다고 확신했다. 어떤 사람이 이 총신을 타도하고 다시 국고를 축낸다면 그도 역시 똑같은 운명을 겪으리라는 것은 의심할 나위도 없었으나 한인들의 음모술은 이 정도의 작은 일이라면 힘 안 들이고 해결할 만큼 능숙했다.

누가 먼저 공격할 것인가를 아무도 모를 만큼 강력하고도 철저하게 그들은 결속함으로써 어떤 결과가 당연히 일어나지 않을 수 없었다. 적어도 이러한 설명은 그럴듯한 것이며, 어떻게 해서 그리고 왜 그 계획이 좌절됐는가를 설명해 주는 단 하나의 대답이다. 그 음모의 모든 과정은 너무도 한국적인 특수성을 보여주는 것이며, 또한 그 목적이 그토록 거창하지만 순수한 익살의 요소를 너무나 많이 내포하고 있는데 이에 관해 간단히 설명해 보고자 한다. 물론 관리들은 그 밉살스러운 총신을 손아귀에 쥐고 누를 기회를 예리하게 모색하고 있었으며 심지어는 황제에 대한 그의 재정상의 가치도 아무 쓸모가 없도록 하는 방법을 취했다는 사실을 잊어서는 안 된다.

어느 날 이용익은 민비가 죽은 후 후궁이 된 황제의 애첩인 엄비와 얘기를 나누던 가운데 그 여인을 중국 당나라 마지막 황제[8]의 첩이었던 양귀비에 비교했다. 그는 다만 엄비를 추켜세우고자 그런 말을 했으나 배운 것이 없는 그로서는 자기의 말이 극히 모독적이라는 것을 몰랐다. 왜냐하면, 양귀비는 그 성격이 요부와 같아서 당나라의 멸망을 초래한 여자라고 알려졌기 때문이다. 이용익이 그러한 모독적인 얘기를 했다는 것을 어쩌다가 내각총리대신과 외무대신이 풍문으로 들었다.

그들은 엄비의 조카로부터 그와 같은 해괴망측한 사실을 알게 됐다. 이용익이 그러한 말을 한 것은 엄비를 모독하려는 의도에서가 아니었다는 것을 그들은 잘 알지만, 지금이야말로 그들이 목적을 수행하고자 최대한으로 이용할 "기회"였다. 아무리 좋은 기회가 온다고 할지라도 그 밉살스러운 총신이 그들에게 제공할 수 있는 것으로는 이때보다 더 좋은 기회가 있으리라고는 기대할 수 없었다. 왜냐하면, 당시 엄비의 위치는 대단히 미묘해 황제의 측근자들 사이에도 그를 귀비로 추존할 것이냐에 관해 여러 해를 두고 의견이 분분했기 때문이었다. 그 여자에게 좋지 못한 말을 한 마디라도 한다는 것은 매우 심각한 문제였다.

이제 마지막 일격을 위한 만반의 준비가 되자 11월 27일, 14명의 고위 관

---

8) 당 현종은 당나라의 마지막 황제가 아니라 9대 황제였다.

리들은 황제에게 이용익은 대역 죄인으로 마땅히 즉시 처형되어야 한다고 선포하도록 건의했다. 폐하는 이를 좀 더 생각해 보자고 제의했으나, 그날 밤 그 14명은 전보다 더 강경한 어조로 두 번째의 건의서를 냈다.

다음 날 아침에는 연달아 세 번째의 건의서를 제출했다. 그들의 강경한 건의에 엄비와 그 밖의 많은 관리가 가세했다. 많은 관리가 대궐 문에 모여 무릎을 꿇은 채로 황제의 결정을 기다렸다. 그 모든 관리 가운데 그들이 이용익을 비난하는 것은 단순한 구실에 지나지 않으며 그들이 다만 명목상으로만 정당하다는 것을 모르는 사람은 하나도 없었다. 그것은 황제의 의견에 대한 강력한 집단적 반대 의견이었다.

긴장이 극도에 다다르자 폐하는 마음에도 없이 그들의 의사에 동의했다. 아니 적어도 동의를 표현했다고 말하는 것이 더 적절하다. 처음에 황제는 다만 죄인의 모든 관작을 박탈하고 재산을 압수하도록 명령했다. 이는 그에 대한 죄상에 비추어 명목상 타당한 처사였다. 그러한 처사는 "금강석을 자르는 것은 금강석"이라는 경우에 해당하는 것으로서 이렇게 함으로써 황제의 지략은 성공한 것이었다.

그를 비난하던 사람들은 그가 처형되기에 앞서 그의 재산을 토해 놓은 데 대해 반대할 수는 없었으나 이 무렵 그들은 실패하고 있었다. 이용익은 다른 사람이 자기의 재산을 검산하려면 한 달이라는 시간이 걸리도록 고의적으로 꾸며 놓았는데 이는 오직 그 한 사람만이 그러한 검산을 할 열쇠를 쥐었기 때문이었다. 엄청난 시련기를 겪는 사람의 지독한 침착성보다 더한 것은 없다. 황제의 재가가 내리는 순간에 사형 선고를 내리게 되어 있었지만 바로 사형명령서가 대궐 문을 빠져나가려는 순간에 회수됐다. 일단 대궐 문만 빠져나가면 다시는 회수할 수 없기 때문이다.

다급하면 도망도 할 수가 없는 법이다. 이용익이 자신에 관해 설명했을 때 그가 난국을 타개할 유일한 인물이기 때문에 사건을 완전히 결말짓자면 며칠이 걸리지도 모른다고 공포했다. 아마도 황제가 이렇게 공포한 데에는 어떤 중요한 요소가 있는 듯하다. 만약 전날과 같은 격렬함이 누그러지지 않고 관리들이 그에게 즉각적인 처벌을 요구했더라면 그가 자신에 관한 변명을 했든 하지 않았든 간에 일은 여기서 끝장이 났을지도 모른다.

그러나 그 뒤에 벌어진 바와 같이 그를 비난하던 관리들은 이제 이만하면 자기들이 승리했다는 생각을 하면서 긴장은 많이 완화되어 이용익은 시간적인 여유를 얻었다. 이때 그는 이 시간적인 여유를 이용해 러시아의 호위병을 불러 러시아의 공사관에 망명했다. 일이 이렇게 되자 폐하는 이번 사건은 좀 더 생각해 보기로 하고 관리들은 해산하라고 가벼운 마음으로 선포했다.

그 뒤에도 건의서가 제출되고 관리들은 집단으로 사표를 제출하고 기를 쓰며 죄를 전가하자 급기야 사태를 조용히 관망하던 2~3명의 관리는 일이 이제 끝장났음을 알고 황제의 비위를 맞추고자 이용익을 비난하던 사람들을 간접적으로 비난하는 반대 건의서를 제출하기까지 이르렀다. 반대 건의서는 주효해 총리대신이 사직하게 됐다.

이렇게 되자 타협안이 나와 총리대신과 이용익이 함께 전직으로 복직하게 됨으로써 모두가 "결혼식의 종소리"를 듣는 것처럼 즐겁게 됐다. 그러나 이용익 자신과 국가의 이익을 위해서는 그가 외국으로 여행을 떠나는 것이 좋겠다고 여겨지자 그는 안남미의 도입을 위한 감독관으로 임명됐는데 이와 같은 조치는 권모술수의 한 좋은 본보기가 됐다. 왜냐하면, 안남미는 국민들에게 그들이 서슴지 않고 찬사를 보냈던 한 상처 입은 인간의 생애의 일면을 역력하게 연상시켜 주는 것이었기 때문이다. 그는 여순으로 향하는 러시아의 순양함에 승선하게 됐다. 안남미를 도입하고자!

몇 주가 지난 뒤에 이용익이 서울로 돌아오자 일본인들은 그가 정계로 복귀하는 데에 대해 강력하게 항의했으나 러시아의 당국자들은 그가 조선의 재정을 다룰 유일한 인물이라는 점을 들어 일본인에 반대되는 주장을 했다. 그 당시 상황에 비추어 보면 일본 측의 주장에 따르는 것이 그로서는 유리한 길이지만 그는 시류에 좇아 정계로 복귀해 친러파로부터 전폭적인 후원을 받았다. 친러파는 자기들이 그의 목숨을 건져 준 데에 대해 그로부터 어떤 푸짐한 댓가가 있으리라 기대하고 있었으며, 이용익도 자신의 힘이 닿는 데까지 그들에게 신세 진 것을 갚았다.

그러는 동안 이근택이라고 하는 또 다른 인물이 비굴하리만큼 러시아의 이익을 추구함으로써 권좌에 올랐다. 다소 수수께끼 같은 성격의 소유자인 이용익은 이근택을 어느 정도 불투명한 존재로 만들어 버렸다. 일본인들까지도 그가 전적으로 러시아에 추종하리라고는 생각하지 않았다.

그러나 이 신출내기는 확실히 러시아의 이익과 결탁하고 있었으며 그의 지위가 점차 높아지자 조선 정부가 러시아에 의존토록 했으며 일본의 원조나 충고는 듣지 않도록 했다는 것이 처음으로 명백하게 드러났다. 1902년 말은 일본이 조선에서의 문제들을 평화적으로 해결하려는 희망이 사라졌음을 인식한 때라고 말해도 좋다.

그렇다면 조선이 그와 같은 일을 겪어야 했던 이유가 도대체 무엇인지 묻는 사람이 있다는 것은 당연하다. 우리로서는 지금 사건에 너무 가까이 접근하고 있어서 근시안적으로 보고 있기 때문에 전적으로 공평한 추정이나 의견을 제시할 수는 없겠지만, 러시아는 이제까지 조선의 내정 개혁을 요구하지도 않았을 뿐만 아니라 내색도 하지 않았기 때문에 조선이 러시아에 가깝게 됐다는 것은 의심할 나위도 없는 사실이다. 러시아는 조선의 정사가 이곳의 구습에 따라 처리되는 것에 전적으로 동의했으며, 이렇게 하는 것만이 일본의 이권을 꾸준히 그리고 점증적으로 마비시키면서 자기로서는 사실상 상업상의 이권 하나도 손실을 보지 않는다는 것을 잘 알고 있었다.

아시아에서 러시아의 전통적인 정책을 잘 살펴보면 조선에서 러시아가 이제까지 취한 태도의 속셈을 잘 알 수가 있다. 토착 민족을 점차 포섭한다는 러시아의 정책은 그들이 완전히 자기의 지배 아래 예속될 때까지는 그들을 문명화시키거나 강대하게 하는 의미가 정책 그 자체 내에 포함되어 있지 않다. 그와는 달리 같은 과정이 완전히 달성될 때까지 그 토착 민족이 분열되기를 꾸준히 기다리거나, 아니면 그와 같은 분열을 적극적으로 조장한다.

러시아는 이제까지 장차 개방될 방대한 시장을 획득함으로써 이익을 얻고자 그 시장의 주인이 될 민족을 강대하게 해 준 사례는 역사상 한 번도 없다. 왜냐하면, 최근에 이르기까지 러시아는 외교에서 상업적 측면에 대해는 별로 신경을 쏟지 않았으며 심지어는 오늘날에도 러시아의 상업적 이권은 배타적인 시장에 의존하고 있다.

그러므로 어떠한 경우를 막론하고 동양에서 러시아가 활약하면서서 취하는 최초의 단계는 우월한 정치적 영향력을 취하는 것이다. 그렇다면 러시아는 이제까지의 그와 같은 태도가 불가피하게도 그들의 궁극적인 계획의 성공을 가로막는 걸림돌이 될 수 있게 되자 지난날과는 달리 조선의 내정과 통화 및 그 밖의 문제에 대한 개혁을 권고하지 않을 수 없었던 이유는 무엇인가?

후세의 역사가들은 러일전쟁의 포연을 벗어나서 당시의 모든 상황을 정확한 눈으로 바라볼 수 있을 것이다. 그들은 또한 이 두 적대 국가들이 밟아온 길을 주목할 것이며, 그들의 국내외 정책을 비교할 것이며, 그와 같은 정책을 추진하지 않을 수 없었던 동기를 평가할 것이며, 양국이 각기 휘둘렀던 도구는 어떠한 것이었으며, 그들이 이 전쟁의 중재자와 대리인으로 고용했던 인물들은 어떠한 사람이었는지에 대해 주목할 것이다.

그런 다음에야, 아니 어쩌면 세월이 더 흐른 다음에야 양국의 정책이 본질에서는 이기주의적이었지만 러시아가 추구했던 정책의 성공은 러시아가 접촉했던 민족의 분열과 파멸을 의미했던 것과는 달리 일본이 추구했던 정책의 성공은 만약 일본이 그러한 성공을 볼 수가 있었더라면, 극동의 재건을 바라는 것이었다고 주장하는 오늘날의 역사적 기록 가운데 어느 것이 옳고 어느 것이 그른가를 말할 수 있을 것이다.

문제는 조선이 궁극적으로 이 두 적대 국가의 정책을 어떻게 받아들이느냐에 달려 있었다. 만약 조선이 일본의 편을 들어 자신에게도 이롭고 또 세계의 찬사를 받을 내정 개혁의 정책을 채택함으로써 러시아의 침략 행위에 항거할 확신을 보여주었더라면 막연하게나마 전쟁을 연기시킬 수가 있었다. 전쟁을 영원히 방지할 수 있었느냐 하는 문제는 대체로 러시아의 내부에서 일어나는 변화에 달려 있다고 말할 수 있다.

오늘날의 러시아는 국내에 전쟁을 불가피하게 하는 여러 가지의 중압적인 요소가 있기는 하지만 그래도 교육과 개화가 스며들어 점차 변모하고 있다. 이 전쟁의 발발이 인류에게 복을 안겨다 주었는지 그렇지 않은지는 시간만이 말할 수 있다. 왜냐하면, 지금으로서는 일본이 영토의 팽창에 힘을 기울이고 있는지 또는 그렇지 않은지가 명확하지 않기 때문이다. 조선에서 일본의 태도는 지금으로서는 무엇이라고 단언할 수가 없다.

1903년은 일본과 러시아 사이의 불화가 급격히 극도에 이른 해이다. 이 불화를 일도양단할 방법은 오직 전쟁밖에 없음이 이미 거의 명백하게 됐으며 다만 전쟁 준비 태세를 위한 점검이 더 이상 필요했다면 그것은 1903년에 이루어졌다.

제 12 장 러일전쟁(1)

러시아가 조선의 황제로부터 압록강변의 벌목권을 획득했다는 사실이 1903년 초에 세상에 알려졌다. 이 일은 비밀리에 부당하게 처리된 것으로서 조선 정부는 이 벌목권을 허가한 댓가로 그 이익의 1/10도 받지 못했다. 이 때문에 조선 정부는 가장 귀중한 재원 가운데 하나를 잃었으며, 눈앞의 적은 이익을 얻으려다가 미래의 백만금을 희생했다. 조선 정부에는 자신의 이익을 위해 작업을 감독할 기회를 부여한다는 명문상의 규정도 없이 다만 이익의 일부를 내겠다는 약속만이 되어 있었다.

러시아인들은 벌목권을 얻은 직후에 그 수송을 위한 항구의 편의를 얻고자 일을 추진하기 시작했다. 러시아인들은 용암포를 적지로 작정하고 이 목적을 위해 그곳을 러시아인들이 사용하도록 허락해 줄 것을 정부에 요구했다. 이와 같은 요구는 일본과 세계열강들에게 매우 복잡한 인상을 주었다. 그와 같은 조처를 한다면 그것은 러시아로 하여금 조선에 발판을 갖도록 해주는 것이라고 여겨졌는데, 러시아의 역사를 살펴보면 일단 어느 지역을 획득한 다음에는 그곳을 절대로 포기하지 않았다는 사실을 알 수가 있다.

북쪽이 러시아의 활동 무대가 되자, 반도의 남쪽은 일본의 영향권이며 북쪽은 러시아의 영향권이라는 관념이 대두하게 됐다. 이 때문에 한인들 사이에 풍문이 떠돌자 당시의 사태에 들어맞는 예언을 찾으려고 고서를 샅샅이 뒤졌다. 대체로 한국인들의 태도는 러시아와 일본의 사이처럼 항상 합리적이고 일관성이 있었다. 한국인들은 러시아와 일본이 점차 가까이 접근해 오는 상황을 두고 일본에는 심한 반감이 있으나 심중으로는 러시아인을 경계하는 묘한 두려움이 있다. 한국인들은 이곳에서 자기들이 세력을 형성하고 싶다고 말하지는 않겠지만 "양국으로부터 해방되기를 기원한다"고 항상 말하고 있다.

일본은 외국 무역을 위해 용암포를 개항할 필요가 있다고 조선 정부에 강력히 주장했으나, 러시아는 물론 이에 반대하고자 온갖 설득을 다 했다. 영국과 미국도 일본에 합세해 개항을 역설했다. 미국은 이미 용암포의 반대쪽에 있는 안동의 개항하고자 청국과 타협을 보았기 때문에 조선 쪽에 있는 압록강의 한 항구를 개항한다는 것은 매우 바람직했다. 그 항구가 러시아에 의해 점령된다는 데 대해서는 특별한 관심이 없었지만, 조선 정부로 하여금 그곳을 개항하도록 압력이 가해지고 있는 이때에 그들의 바람직한 목적을 추진시키는 데 가담하기에는 기회가 좋다고 생각됐다. 그리고 미국이 개항을 주장한 것은 어느 열강을 위한 것이라기보다는 조선의 이익을 위한 것이었다.

그와 같은 조처는 러시아의 침략을 견제할 수도 있으며 조선이 추측하고 있는 바와 같이 러시아가 취할지도 모르는 은밀한 계획을 소용없게 만들 수도 있었다. 그러나 서울에서 작용하고 있는 러시아의 영향력은 너무도 컸다. 러시아는 이용익의 주장에 찬성하지 않음으로써 그를 무기력하게 만들었으며, 조선 정부는 교묘한 구실을 내세워 용암포를 개항하려는 모든 시도를 물리쳤다.

드디어 미국 정부는 애당초의 요구를 수정해 의주의 개항을 요구했다. 그러나 러시아는 다른 어떤 요구와 마찬가지로 강력하게 반대했다. 조선의 국경에 대한 러시아의 이와 같은 비타협적인 태도는 일본으로 하여금 이제까지 생각했던 바를 더욱 확신케 했다. 오직 무력만이 러시아를 조선으로부터 물리칠 수 있다는 것이 매우 명백하게 됐다.

러시아인들은 북경에서 자기들 마음대로 벌목하며 협정에 기록된 모호한 구절을 이용해 모든 이익을 취한다고 불평하는 보고가 온 여름 동안 들어왔다. 러시아의 작업부들은 약정에 명시된 한계선을 넘어 벌목하지만 이를 말리는 사람이란 한 사람도 없다는 정보가 계속해 서울로 들어왔다. 그와 같이 침범당하는 지역에서는 경찰의 활동도 불가능했기에 그러한 기만행위에 대해 조선 정부가 약이 오른 것은 당연하다.

다만 러시아인들이 가설한 전신선만이 아무런 정당한 이유도 전혀 없이 조선 정부가 밀파한 첩자들의 손에 번번이 파괴됐는데 분명히 이와 같은 행동은 중앙 정부로부터 아무런 견제를 받지 않았다. 여름이 되어 용암포에 관한 한러협정의 문안이 세상에 알려지자 일본 정부는 이에 대해 강경하게 항의했다. 일본은 그 협정이 단순한 형식에 불과하다는 것을 알았던 것 같았으나 한국의 그와 같은 자살 행위에 대해 항의를 제기하는 것이 자신의 임무라고 생각했다. 러시아인들의 오만은 이에 더 지나쳐 용암포를 니콜라스(Port Nicolas)라고 개명하기까지에 이르렀다.

10월이 되자 서울에 있는 일본 상인들과 상사들은 이제 전쟁이 임박했다고 생각하자 외상값을 거두어들이기 시작했다. 모든 중개인과 대불 업체들은 거래를 중지하고 더는 빌려주지 않았다. 그들은 당분간 활동을 중지하는 것이 좋겠다고 눈치를 챈 듯했다. 이때부터 전쟁이 선포될 때까지 한인들은 극도의 긴장 속에서 앞으로의 사태를 관망하고 있었다.

전쟁이란 다만 전국을 폐허로 만드는 것으로 한인들은 생각했다. 그들은 현대의 전쟁이 비교적 국제 준칙에 의한다든가 또는 비전투원의 특권이 어떻다는 것을 알지 못했다. 그들에게서 전쟁이란 사회의 모든 기반을 파괴하는 것으로 여겨졌기 때문에 전쟁이 한반도에서 폭발할 것인가 아니면 만주에서 폭발할 것인가를 매우 초조하게 지켜보았다. 이제 조선은 자신의 처지가 "고래 싸움에 새우 등 터지는 격"임을 다시 한 번 더 인식하게 됐으며, 누가 이기든 간에 자신은 전승 국가의 전리품밖에는 되지 않으리라는 사실로 말미암아 이중으로 고통을 겪었다.

극동의 역사에서 가장 중요한 시점의 하나로 기록될 1904년은 조선에 대해 매우 불만스러운 상황을 조성해 주었다. 장차 일본과 러시아는 머지않아 서로 칼을 겨누게 되리라는 것은 불을 보듯 뻔했다. 이 두 열강 사이의 협상이 페테르부르크에서 진행되고 있었지만, 그 뒤에 알려진 바와 같이 협상은 가장 불만스러운 성격의 것이었다.

일본은 2월 9일에 있을 공격 준비를 차근차근 마무리하고 있었다. 물론 이와 같은 계획은 세상에 알려지지 않았지만 막연한 불안이 감돌았으며, 모든 사람은 어차피 와야 할 일이 곧 닥쳐오리라는 것을 느끼게 되자 긴장에 싸이게 됐다. 일본인 대금업자들이 활동을 중지하고 2월에 이르러서는 조선의 전당포마저도 문을 닫자 일시적이나마 자기의 가재를 전당 잡히지 않고서는 살길이 막연한 서울의 빈민들은 큰 타격을 받았다. 거기에다가 혹한까지 닥쳐와 서울의 상황은 위기의식에 가까운 불안감에 휩싸였다. 몇몇 국내 신문은 한인들이 처한 어려움을 자세하게 보도함으로써 불난 집에 부채질하듯 그 대처가 현명하지 못했다. 그들의 날카로운 비판은 정부를 향한 것이었지만, 그들의 취지는 대중들에게 배외사상을 고취하려는 것이었다.

1904년 1월 한 달 동안에 각 외국 공사관은 그들의 공사관과 거류민들을 보호하고자 군대를 입성시켰는데 이와 같은 당연하고도 정당한 조처는 조선 정부를 분노하게 했다. 정부는 외국 군대의 주둔을 여러 차례에 걸쳐 항의했으며 그들의 입성을 어느 면에서는 마치 조선에 대한 모독으로 생각했다. 이러한 점을 미루어 보아 조선의 관리들은 사태를 정확히 파악하지 못했음을 알 수가 있다. 서울에 있는 조선 군대의 불만은 고조됐으며 보부상으로 알려진 위험 분자들이 과격한 행동을 할 수도 있다는 것은 잘 알려진 사실이었다.

보부상과 다소 밀접한 관계를 맺고 있는 러시아인과 프랑스인을 제외한 서구인들에 대한 이용익과 이근택의 비우호적인 태도는 오히려 다가오는 사태에 대한 예방 조처에 매우 사려 깊은 것이었다. 그러나 국내 신문들은 정부와 군대를 조롱함으로써 사태를 악화시켰다. 한때 외국인들 측에서는 사태를 걱정한 적이 있었지만 그들의 걱정이란 민중이 공공연히 봉기하는 것을 막기 위한 것이 아니라 몇몇 폭도가 당국에 의해 자극을 받아 사태를 악화시키지 않을까 하는 것이었다. 이럴 정도로 외국인들은 조선 정부를 좋은 의미로 믿으려고 하지 않았다.

일단 사건이 일어나면 일본인들이 화급히 서울을 장악하리라는 것은 너무도 분명한 사실이었기 때문에 러시아의 보호를 받는 친러파 관리들이 소란을 이용해 몸을 피하려고 대대적인 폭동을 일으키지나 않을까 하는 두려움이 생겼다. 외국인들은 민중이 폭동을 일으킬 어떠한 구실을 주지 않으려고 상당히 주의했음을 느낄 수가 있었다. 앞으로 일어날지도 모르는 사건을 미리 방지하고자 전차는 속력을 늦추어서 거리를 달렸다. 왜냐하면, 아무리 작은 사건이라도 민중들을 격노하게 하는 불씨가 될 수 있기 때문이었다.

1월 20일에 이르러, 러시아는 조선의 북부 지방을 중립화할 것과 일본은 남부 지방에서만 우월한 영향력을 행사토록 하자고 제의했다는 소식이 나돌았다. 이러한 제의는 페테르부르크에서 결렬 단계에 놓인 협상의 반향에 불과한 것으로서 일본의 속셈을 알고 오직 전쟁만이 사태를 해결해 줄 수 있다는 의견을 가지고 있는 사람들로 하여금 자신의 생각에 더욱 확신을 하게 해 주었다.

다음날 조선 정부는 러시아와 일본의 사이에서 중립을 지키겠노라고 선언했다. 선전 포고가 있기 직전, 아니면 적대 행위가 개시되기 직전에 이와 같은 미묘한 행동을 했다는 것은 러시아의 술책을 잘 보여준 것이다. 일단 전쟁이 벌어진다면 일본은 가장 먼저 출전할 것이며, 따라서 조선은 어쩔 수 없이 러시아에 대한 공격의 침입로가 될 것은 분명했다. 그러므로 두 열강이 기술적으로 평화를 유지하고 있는 동안에 러시아는 일본 군대가 조선의 영토를 사용하지 못하도록 미리 선수를 쓰고자 조선으로 하여금 때 이른 중립 선언을 하도록 권유했다.

이러한 일이 벌어지고 있는 동안에 외부는 실권을 점차 상실하고, 러시아의 우방들이 공식적인 선언을 하는 데 그들의 의사를 표시해 주는 대변자의 역할밖에는 하지 못했다. 조선의 정부에서는 가장 실권이 있는 두 사람이 서울의 대궐을 수비하도록 군대를 파병해 줄 것을 러시아에 강력하게 요구하라고 주장했다는 것이 세상에 알려지자 일본인들은 조선이 그러한 주장으로 중립 선언을 파기함으로써 불신행위를 했다는 증거를 잡고자 혈안이 되어 있었다.

며칠이 지난 뒤에 일본인들은 서해에서 한 선박을 나포했는데 그 배에 타고 있던 한 한인이 러시아의 파병을 요구하는 서한을 휴대하고 여순으로 향하고 있었으며, 그 서한은 비공식적이기는 했지만, 중립선언서를 공포한 바로 그 사람들에 의해 작성한 것이었기 때문에 중립 정신은 이미 현실성이 없다는 것이 명백한 사실이 됐다. 명목상으로만 존속하던 중립을 깨뜨린 일본의 처사가 정당화될 수 있는지, 중립이라는 명목 아래 일본의 이익에 대해 조선의 관리들이 분명히 적대적인 태도로 활동했다고 입증할 수 있는지에 관한 문제는 후세의 사가들에게 맡기는 수밖에는 없다.

1월 한 달 동안에 일본인들은 서울과 부산 사이 매 15마일 지점마다 군사기지를 설치하기에 바빴다. 서울과 부산 사이의 도로를 따라서 20~30명이 숙영하기에 충분한 작은 건물들이 축조됐다. 1월 22일에는 이지치 도쓰케[1] 장군이 일본 영사관 무관의 자격으로 서울에 도착했다. 그와 같은 고위층

1) 이지치 도쓰케(伊地知幸介 : 1854~1917) : 가고시마 출신. 육군 유년학교를 졸업하고 소위에 임관(1879). 프랑스에 유학. 육군대신 오야마 이와오를 따라 유럽을 순시함. 청일전쟁 당시에 본영 참모로 있다가 여순 전투에 참전. 러일전쟁 당시에는 제3군 참모장과 여순요새사령관을 역임함. 전쟁 후에는 중장으로 진급해, 도쿄요새사령관과 11사단장을 지냄.

인물을 부무관으로 임명한 것은 매우 의미심장한 것으로서 러시아인들로 하여금 사태의 위험성을 인식하도록 만들 만한 일이었으나 사실은 그렇지 못했다.

나흘이 지나서 이지치 장군은 조선 정부에 마지막 공한을 보내어 조선 정부에 러시아와 일본에 대한 태도를 분명히 밝혀 달라고 했다. 이에 대해 조선 정부는 오로지 중립적이라고 외부는 답변했다. 이틀이 지난 뒤에 일본인들은 다량의 보리와 데코빌형의 경철로를 목포에 내려놓았다. 목포는 제물포에서 남쪽으로 몇 시간이 걸리는 곳이다. 29일은 모든 조선인 학생들이 일본으로부터 소환됐다.

2월 1일이 되자 사태가 일촉즉발 전의 위험에 이르렀음을 인식하지 못하는 곳은 오직 러시아밖에는 없는 것으로 보였다. 그렇다면 러시아인들이 2월 2일에 1,500톤의 석탄과 많은 보리를 제물포 앞바다에 있는 월미도의 창고에 저장해야만 했던 이유는 무엇인가?

7일에 조선 정부는 의주로부터 보고를 받았는데 그에 따르면 수천 명의 러시아 군대가 국경을 향해 오고 있으며 일본 상인들과 그 밖의 사람들이 그곳으로부터 옮기기 위한 준비를 하고 있었다고 한다. 같은 날 외부는 모든 개항지에 전문을 보내어 어떠한 중요한 사태가 발생하면 곧 전신으로 보고하도록 명령했다.

2월 8일 일본 정부는 서울과 그 인근에 공한을 보내어 일본이 하고자 하는 행동은 오직 정당성과 정의에 의해 취해질 뿐이며 한인들의 모든 인권은 존중하겠노라고 통고했다. 만약 한인들이 일본 측으로부터 부당한 처우를 받을 경우에는 이 사실을 일본 당국에 통고하면 즉시 이를 바로잡겠다고 약속했다. 이날부터 제물포는 일본인에 의해 사실상 봉쇄당했으며 모든 함선은 그들의 허락을 받아야만 출입이 가능했다.

일본과 러시아의 관계가 사실상 결렬의 단계에 이르게 되자 양국은 실제적인 전쟁 상태로 돌입하기에 앞서 조선에 대한 태도를 분명히 밝혀 둘 필

일본 공사관

요가 있었다. 일본은 항상 조선의 정치 상황과 조선과의 선린이 자신의 이해관계에 직결되는 것으로 생각했는데 이는 마치 영국이 5항[2)]을 적대 행위의 기지로 생각했던 것과 같다. 따라서 일본은 조선에서 일어나는 사태를 조심스럽게 관망했다.

일본의 입장으로서는 조선이 철저한 독립 국가가 되든가 아니면 일본의 보호를 받든가 둘 중 하나가 필수적으로 이행되어야 한다고 생각했다. 이러한 두 가지의 관념은 일본의 정당 사이에도 활기차게 논의되어 어떤 때는 사태가 험악하게 되기도 했다. 일본에는 한 과격파가 있어서 조선에 대한 일본의 종주권은 당연히 형성 지속해야 한다고 계속 집요하게 주장해 왔으

2) 중세의 영국이 연안 경비를 위해 특권을 가졌던 도버, 샌드위치, 헤이팅스, 럼니, 하이드의 5항을 의미한다.

나, 사쓰마[3] 반란을 일으켰던 바와 같은 강경한 정책을 한반도에서 실시하는 것에 대해 일본 정부는 달갑지 않게 생각했다.

이 외에 일본에는 그들보다는 좀 더 온건하고도 합리적인 견해를 가진 큰 당파가 있는데 이들은 다만 조선을 독립 국가로 존속시키려는 정책을 지향하고 있다. 이들의 주장은 매우 타당한 것으로서, 만약 조선의 독립이 이어지고 또 자원이 점차 공개되면 종주 국가가 필연적으로 유발하게 되는 한인들의 폭력적인 저항에도 직면하지 않을 뿐만 아니라 조선의 정무를 도맡아야 하는 부담도 없이 이곳에서 나오는 물질적인 이익을 거둘 수가 있으리라는 것이다.

지금까지 한국에 대한 정책은 후자에 속하는 것으로서 일본은 그러한 정책에 따라 활동하려고 과거 30년 동안 노력해 왔다. 청국이 적극적으로 종주권을 주장하는 동안 일본은 그와 같은 정책을 지향해 오다가 급기야는 1894년의 청일전쟁을 유발하게 됐는데, 생각건대 이 전쟁을 계기로 조선의 독립에 관한 문제는 해결된 것 같았다.

그러나 그 뒤로 러시아는 만주를 침략했으며, 조선에서 과감한 정책을 행사했다. 조선 본래의 독립을 지속시키려던 일본의 노력은 유산됐는데 이는 부분적으로 일본의 대표들과 외교관들이 저지른 잘못에 그 책임이 있으나 그 보다도 조선 관리들의 게으르고도 무절조한 태도에 더 큰 책임이 있다. 서울에 있는 러시아의 신민들은 조선에서 가장 부패한 관리들을 이용했으며 그들을 통해 사사건건 일본의 이익을 봉쇄했다.

더 나아가서 러시아는 조선의 각 항구의 배타적인 권리를 요구했으며, 용암포 사건을 통해 조선의 주권을 침해하는 데에까지 이르렀다. 분명히 그들

---

3) 일본의 남서부에 있는 4대 호족 중의 하나로서, 특히 메이지유신 연간(1867~1868)의 왕정복고에 크게 활약했다. 이들은 사이고 다카모리를 중심으로 1877년에 황권 강화를 주장하며 반란을 일으켰으나 실패했다.

의 정책은 음험한 수단을 써서 반도로부터 일본을 몰아내고 자신이 그 대신 들어앉으려는 것이었으며, 그들의 궁극적인 목적은 러시아의 지도에 조선을 흡수시키려는 것이었다는 점은 바보가 아니라면 누구든지 알아차릴 수가 있다. 그러므로 전쟁의 원인은 조선에 대한 러시아의 침략 행위를 저지함으로써 자신의 치명적인 이익, 아니 자신의 존립 그 자체를 보호하려는 일본의 필요에서 연유된 것이다.

그러나 일본은 사태의 해결을 무력행사에 의존하기 전에 러시아가 극동에서의 욕망을 자제하도록 온갖 노력을 다했다. 세계로부터 칭찬을 받을 정도로 참아 가면서 일본은 적절한 문제점을 골라 러시아에 질문을 던졌으나 러시아는 자신이 원하던 만주를 요리하려는 의사를 가졌으며 다만 반도의 남부에서만 일본의 이권을 허락하는 듯하더니 심지어는 러시아가 만주에서 활약하는 정도만큼도 일본의 남부에서의 활약을 인정하지 않으려는 것이 노골화되자 일본은 그와 같은 참을성 있는 태도를 버렸다.

이 무렵 일본인들은 전쟁을 개시하라고 아우성치고 있었다. 그들은 자신이 직면하고 있는 분명한 적국의 목에 칼을 꽂고 싶었으나 일본 정부는 대국다운 방법으로 그들을 무마시키고는 자신의 비밀을 지킴으로써 당시의 가장 눈치 빠른 외교관들을 놀라게 했다. 드디어 때가 이르자 일본은 국민들의 열광이 식지 않게 함으로써 그들의 극성스러운 요구에 정부가 굴복했다는 유리한 비평을 들을 기회를 놓치지 않고 선전 포고를 했다.

일본이 러시아에 이제 더는 묵과할 수 없음을 통고했을 때 설령 장님일지라도 전쟁이 임박했음을 알 수가 있었으리라고 생각된다. 그러나 그러한 기미가 나타났음에도 대다수의 러시아인은 설마 하고 사태를 웃어넘겼다. 그토록 태연하고 자제심이 있는 일본이 주저하는 것이라고 러시아는 판단했기 때문에, 막상 일이 눈앞에 닥쳐와 일본이 마치 새끼를 잃은 어미 호랑이처럼 달려들자 자신이 착각했음을 크게 깨달았다.

이미 7일 아침에 로젠 남작[4]의 신임장은 도쿄에 있는 그에게로 반송됐으며 그 전날 저녁 러시아 주차 일본 공사는 페테르부르크를 떠났다. 이것 자체가 일종의 선전 포고였지만, 일본이 처음으로 공격을 개시한 것은 그로부터 40시간이 흐른 뒤였다. 비록 서울로 보내는 전신을 일본인이 거절했다 하더라도 그동안에 러시아는 제물포에서 자신의 함대를 철수시키기에 충분한 시간적 여유가 있었다. 속도가 빠른 배라면 여순항으로부터 쉽사리 전문을 가지고 올 수가 있었다.

일본 군대가 대거 군산과 아산에 상륙했다는 보도가 서울에 나돈 것은 6일과 7일이었다. 이 소문은 거짓임이 판명됐지만 적어도 그러한 소문의 밑바닥에는 함대가 제물포로 접근해 오고 있다는 사실이 숨어 있었다. 왜 러시아 공사는 러시아 함대 사령관에게 이러한 사실을 통지하지 않았으며 이러한 소문이 확인되기 전에 그들의 함대가 왜 그 항구로부터 말끔히 사라졌다는 것을 몰랐는가 하는 점은 의문점으로 남아 있다. 러시아 공사에게는 이 함대에 대해 아무런 통제권이 없었다는 것이 그 대답이다. 그들은 제물포에 정박해 있으라는 명령을 받았기 때문에 그곳에 머물러 있을 수밖에 없었다. 그렇다면 적어도 상호 간의 편의 도모를 위해서 이용할 연결 관계가 민간과 군(또는 해군) 당국 간에 있지 않았겠냐고 생각하는 사람들이 있을지도 모른다.

러시아인들은 이때까지도 사태의 심각함을 알지 못했으나 그들은 지금이야말로 제물포에서 나도는 소문을 여순항에 있는 러시아 기관에 통보할 때라고 생각했다. 그리해 코리에츠라고 하는 소형 포함의 출항 준비가 되어 있었다. 그 배의 함장인 벨라이에프(Belaieff)는 당시 제물포에 정박 중인 러시아 기선 숭가리호가 코리에츠호와 함께 출항해 자신의 보호를 받으라

---

4) 로젠 남작(Count Rom R. Rosen : 1847~1921) : 러시아의 외교관. 일본 영사(1897, 1903~1904), 미국 대사(1905), 포츠머스강화회의 대표(1905)를 역임함. 러시아혁명 후에 미국으로 망명해 뉴욕에서 저널리스트로 생애를 마침.

고 러시아 영사에게 제의했지만 그 기선 회사에서는 그와 같은 위기가 급박한 시기에 기선이 중립 항을 지나는 것은 위험스럽다고 해 벨라이에프의 제의를 강력히 반대했다. 그는 사태가 예사스럽지 않음을 어느 정도나마 분명히 알고 있었다. 그리해 숭가리호는 그대로 정박하고 있었으며 코리에츠호는 그 날 오후 2시에 제물포를 떠났다.

제물포라는 곳은 좀 특이한 항구이다. 왜냐하면, 이 항구는 어느 면에서는 육지로 둘러싸인 듯하면서도 또 어떻게 보면 그렇지 않은 듯이 보이기 때문이다. 이곳에는 섬이 많으며 이 섬들 사이를 빠져 나가야 대해에 이를 수 있다. 그러나 이 섬들은 모두가 너무도 나지막해서 중급 정도의 추진력을 가진 배로는 감히 이곳을 통과할 수가 없었다. 그러나 단 하나의 확인된 해로가 있는데 이것은 항구로부터 남서, 아니 오히려 남남서로 향하고 있다. 이 항구는 그 폭이 몇 마일이나 되고 중앙에는 둥근 섬이 하나가 있다. 코리에츠호가 항구의 출구에 이르렀을 때 그는 여러 척의 수뢰정이 자신을 둘러싸고 있음을 알았다.

이 당시에 어떠한 일이 일어났는가를 증언할 사람은 오직 일본인들과 러시아인들밖에는 없으므로 우리는 그들의 설명에 따르는 수밖에 없다. 러시아 측 주장에 따르면 일본의 수뢰정 4척이 코리에츠호에로 접근해 왔으며 10피트 이내로 접근했을 때 그들은 침몰했다는 것이다. 일본 측 주장에 따르면 코리에츠호로 포탄을 쏜 것은 사실이지만 그것은 단순히 우발적인 사고에 불과하다는 것이다.

그 당시의 가능성을 감안해 본다면 만약 수뢰정이 러시아가 주장한 것처럼 그렇게 가깝게 접근했다면 일본의 수뢰정들이 코리에츠호를 놓쳐 버렸다는 것은 말이 안 된다. 그 반면에 제1탄이 코리에츠호에 명중했다는 러시아 측의 주장을 그대로 받아들인다면 그것이 설령 우발적인 사고라고 할지라도 매우 치명적이다. 왜냐하면, 그와 같은 긴장된 시간에 일어날 정도의 우발적인 사고라면 그때에 발사된 포탄은 한 발이 아니라 여러 발이기 때문이다. 이러한 설명은 그와 같은 불충분한 변명을 대중들이 쉽게 믿으려는 데 대한 일종의 부담이 되는 것이다.

어떤 전쟁을 가릴 것 없이 누가 먼저 발포했는가에 대해서는 약간의 이견이 있다. 일본인은 이때에 이미 부산항에 있는 러시아 기함 묵덴호를 억류함으로써 전쟁은 시작됐다. 일본이 포르니우스(Pornius)[5]를 좋아했다는 것은 의심할 수 없는 사실이며, 전쟁을 개시할 필요가 있으면 먼저 강력하게 공격하는 사람이 이익을 차지할 것은 뻔하다. 코리에츠호가 정박 항구로 들어오자 러시아인들은 사태가 극도로 위험해졌음을 알았다.

전반적인 사태에 어떠한 태도를 보일지 알 수 없지만 어쨌든 이 꼴이 된 러시아인들에게 개인적으로 무한한 동정을 금할 수가 없다. 그들 자신으로서는 아무런 실수를 저지르지 않았으면서도 그 항구에서 함정에 빠져 버림으로써 러시아 국기의 명예를 위해 희망도 없는 전쟁을 하기에는 이미 늦었다는 것을 알았다. 그러나 이때까지만 해도 그 항구의 중립성이 일본인들에 의해 무시될지는 분명하지 않았다. 중립 항구에서 중립적인 함대와 함께 정박하는 동안에는 그래도 얼마 동안은 다소 안전하다고 믿을 만한 이유가 있었다.

2월 8일 월요일 오후 4시쯤 3척의 일본 수송선이 순양함과 수뢰정의 호위를 받으면서 제물포에 입항했다. 그들은 그곳에 정박한 2척의 러시아 함선에 별로 주의를 기울이지 않는 듯이 보였으며 그들이 수송선에 발포하지는 않으리라고 확신하고 있었다. 일본 선박들이 그와 같은 모험을 한 것은 그곳이 중립 항구라는 점을 믿었던 것인지, 아니면 그들의 실력이 우위이기 때문에 러시아가 잠잠하게 있으리라고 믿었던 것인지, 아니면 러시아 함선들은 먼저 발포하지 말라는 명령을 받았다고 확신했던 것이었는지를 알아

---

5) 셰익스피어의 비극 『햄릿』에 나오는 오필리아의 아버지로서 수다스러운 속인을 의미한다.

보는 것이 흥미 있는 일일지도 모른다.

그러나 결코 대답할 수 없는 문제를 묻는다는 것은 무익한 일이다. 이러한 때는 선공하는 측이 이롭다. 선공하는 측은 공격의 시간과 방법을 선택할 수가 있다. 만약 러시아 함선이 일본 선박의 의도를 예측하고 어떠한 사태가 벌어지리라는 것을 미리 알았더라면 러시아 측에서는 달리 행동했을지도 모르지만, 일본의 의도가 어떤 것인지를 예측한다는 것은 러시아인들에게 별로 관심거리가 아니었으리라는 생각이 든다.

일본 수송선이 정박해 군대를 즉각 상륙시킬 준비가 되자 그들을 호위하고 왔던 순양함과 수뢰정들은 항구를 벗어나 항구의 밖에 있던 함대와 합세했다. 이 함대는 6척의 순양함과 몇 척의 수뢰정으로 구성되어 있었다. 그들 순양함 중에서도 아사마호와 치요다호가 가장 강력했으며 아사마호는 그 크기가 와리아크의 반에 가까웠다.

밤이 되자 그 긴 시간을 이용해 일본 군대는 부두에 상륙해 큰 불을 피워놓고 시내로 행군했다. 아침이 되자 모든 사람이 앞으로 무슨 일이 일어날지 궁금해 했다. 만약 항구밖에 함대가 머물러 있다면 그들은 단순히 2척의 러시아 함선을 감시하는 일 이외의 어떤 임무가 있었다는 것은 의심할 나위도 없다. 뿐만 아니라 일본 함대는 그들의 수송선을 뒤에 두고 떠나갈 수가 없었다. 왜냐하면, 2척의 러시아 함선 중의 한 척은 러시아가 보유한 배 중에서 가장 빨라서 어느 때든 항구를 빠져나가 일본 수송선을 격침시킬지도 모르기 때문이었다.

우리가 생각하는 바와 같이 여순항의 기습 공격이 결정됐다는 것을 안다면 이 러시아 함선은 후방에 머물러만 있을 수 없다는 것이 뻔한 사실이다. 일본은 조선의 중립을 결코 승인하지 않았다. 왜냐하면, 일본은 이번의 중립 선언이란 자신을 괴롭히기 위한 러시아의 책동에 불과하다는 점을 잘 알고 있기 때문이다. 따라서 일본은 위장된 이 얄팍한 껍질을 깨뜨리는 데 주저하지 않았다.

10시쯤 되자 와리아크호의 선장인 루드니에프[6]에게는 한 장의 봉함된 편지가 전달됐다. 그 편지는 일본군 제독에게서 온 것으로서 러시아 영사관을 통해 전달됐다. 이 편지를 와리아크호로 전달한 사람은 당시 제물포에 거주하던 러시아인 크렐(N. Krell) 씨였다. 이 편지에는 만약 12시 이전에 2척의 러시아 함선이 닻을 올리고 이 만을 떠나지 않는다면 일본 함대가 4시에 도착해 그 자리에서 격침하겠다고 러시아 영사관에게 알리는 통첩이었다.

루드니에프 선장은 이 놀라운 소식을 곧 코리에츠의 벨라이에프 함장과 영국, 미국, 프랑스 및 이탈리아의 함대사령관에게 알렸다. 각 함대 사령관이 한자리에 모였는데 그 자리에서 러시아 함장은 앞으로 어떻게 행동할 것인가에 대해 조언을 들었다고 한다. 영국의 사령관은 이 문제를 일본과 타협하도록 권한을 위임받았으며 이 일은 비밀에 부쳐두기로 했다. 영국의 사령관은 항구의 중립성이 명백히 깨지는 데에 항의했으며, 중립국의 함선들은 이 항구를 떠나지 않겠다고 통고했다고 한다.

그러나 이와 같은 복잡스러운 모든 문제는 러시아가 일본의 도전을 받아들임으로써 없던 일이 됐다. 러시아인들은 이렇게 하는 것이 그들 국기의 명예를 위하는 길이라고 생각했다. 그들은 자기들이 일본을 대적하는 데 항구의 중립성이 자기들에게는 아무런 소용이 없다는 것을 미리 알았는지는 우리로서는 알 바가 없다. 어쨌든 러시아인들은 그곳에 머물러 있음으로써 프랑스, 이탈리아, 영국 및 미국을 그 사건에 연루시켰으며 러시아인의 이와 같은 행동을 비겁한 처사라고 비난하는 사람들이 있으리라는 것은 틀림

6) 루드니에프(Vsevolod F. Rudnieff : 1855~1913) : 툴라 출신의 러시아 해군. 페테르부르크 해군사관학교를 졸업(1867)하고 소위로 임관. 1880~1883년에 아프리카호를 타고 세계를 일주하고 여순함대사령관 보좌관(1900), 대령(1901)을 거쳐 1902년에 와리아크호의함장이 됨. 러일전쟁 당시 인천항에서 최후의 1인까지 항전할 것을 결의하고 함대가 적의 노획물이 되는 것을 막고자 침몰시킴. 전후에는 영웅적 항전의 공로로 1등 훈장을 받고 시종무관이 됨. 저서로는 『순양함 아프리카호의 항해 : 1880~1882』, St. Petesburg, 1908과 『와리아크호의 제물포 전투』, St. Petesburg, 1907의 저술이 있음.

없는 사실이다. 만약 러시아의 함선이 항구를 떠나지 않은 것이 전쟁의 원인이 됐다면 그것은 적어도 러시아 공복들의 굽힐 줄 모르는 용기를 입증하는 것임에 틀림없다.

그리해 와리아크호의 사령관은 행동 개시를 위해 갑판을 정리하도록 명령했다. 루드니에프는 코리에츠호가 계속 정박해 머물러 있기를 바랐다고 전해지고 있다. 왜냐하면, 신속하게 공격하는 동안에 속도가 빠른 와리아크호만이 일본 함대를 피해 성공적으로 공격을 모면할 수 있기 때문이었다. 그러나 코리에츠호의 사령관은 그와 같은 제안을 듣지 않았다. 만약 죽음을 무릅쓰고 공격하는 일이 그러한 사태하에서 취할 유일한 길로 여긴 그는 그러한 자기의 임무를 벗어나지 않을 작정이었다. 그는 당당히 나아가서 와리아크호와 함께 격침되기를 원했다. 그리해 코리에츠호도 역시 행동 개시를 위해 갑판을 정비했다. 움직일 수 있는 물건으로서 필요가 없는 것은 바다에 던져 버리고 흔히 얻을 수 없는 중간 돛대는 도끼로 찍어서 간직할 정도로 서둘렀기 때문에 2척의 전함은 11시까지 그들의 최후 심판을 맞이할 준비가 완료됐다. 일본군이 결심을 변경하거나 아니면 중대한 잘못을 저지르지 않는 한 러시아 함선으로서는 전혀 희망이 없는 싸움이었으며 일본군에게는 두 가지 중의 어느 하나도 일어날 것 같지는 않았다.

러시아군들은 확실히 파멸하고 있었다. 어떤 사람들은 러시아군의 그와 같은 행동이 지각없는 짓이라고 말하고, 어떤 사람들은 그것은 용기가 아니라고 말했으나, 그들 자신은 아무 말이 없었다. 어느 모로 보나 두 전함의 운명은 결정적이었으며 장교와 승무원들의 임무란 앞으로 나아가 죽으면서도 그들이 적에게 입힐 수 있는 모든 상처를 입히는 것이었다. 동등한 기회를 누리며 전장으로 향하는 것은 용자의 행동이며, 파멸 이외에는 아무것도 보이지 않는 사지로 향하는 것은 영웅의 행동이다. 일본인들이 무슨 짓을 하더라도 러시아인들이 취한 그 고결한 발자취를 훼손할 수는 없을 것이다.

그러나 이 사건을 시간상으로 너무 가까이에서 근시안적으로 바라보고 있기 때문에 그 참모습이 어디에 있는지를 알 수가 없다. 만약 발라클라바[7]에 참전했던 600명의 역전 용사들이 죽어 가면서까지 그들의 맡은 임무를 수행함으로써 불멸의 영예를 얻었다면, 전투의 경험이 없으면서도 적진을 향해 그토록 장엄하게 몸을 던진 이들에게 역사는 불후의 영관을 씌워 줄 수가 없을까?

추상적인 정의를 지키려면 겪어야 하는 시련이 있다. 그 시련은 견딜 수 없는 명분이 있다. 그러나 그러한 명분은 인간이 감당할 수 있는 가장 고결한 성품을 지탱하도록 해준다. 바로 이런 점에서 전쟁은 저주스러운 짓이다.

7) 크리미아 전쟁의 옛 싸움터.

제 13 장 러일전쟁(2)[1]

1904년 2월 9일은 구름 한 점 없었으나 안개가 짙게 끼었다. 일본 함대는 항구의 입구로부터 적어도 8마일밖에 있는데다가 항구로 들어오는 해로를 양분하고 있는 "둥근 섬"[2]에 일부가 가려 있었기 때문에 닻을 내렸을 때부터 사람들의 눈에 띄지 않았다. 두 척의 함선[3]은 동편의 해로를 향해 정돈되어 있었는데 이 해로의 진로는 약간 서쪽으로 향한 남향으로 뻗쳐 있었다. 그들이 정박지로부터 적함이 있는 곳을 향해 반쯤 왔을 때 적함은 정지 및 포위의 신호로 러시아 함선의 이물을 향해 포를 1발씩 발사했으나 러시아 함선은 이를 무시했다.

러시아 함선들은 유효 사정 거리로 말미암아 적에게 치명적인 타격을 입혀야 하는 기회를 잡지 못했다. 왜냐하면, 와리아크가 갖추고 있는 포들은 구경이 겨우 6인치짜리와 0.4인치짜리여서 원거리에서는 아무런 소용이 없었기 때문이다. 이때는 정오 5분 전이었다. 일본 함대들은 다가오는 러시아 함선을 향해 진열을 전개하지 않았는데 이 점으로 보아 그들은 러시아 함선

---

1) 원문에는 제물포전쟁으로 되어 있음.
2) 팔미도를 의미함.
3) 와리아크호와 코리에츠호.

에 대해 일제히 총공격을 가할 의사가 없었던 것이 분명하다. 내가 들은 바로는 아사마호와 치요다호만이 공격에 참가했다고 한다.

경고가 있은 지 얼마 지나지 않아 일본 함대는 포격을 시작하자 이 무서운 파괴 무기로부터 나오는 요란스러운 포성은 바람도 없는 해협의 정적을 산산이 깨뜨렸으며 그 도시에 있는 가옥들을 뒤흔들었다. 와리아크호는 동쪽을 향해 전진했으므로 일본 함대는 그의 바른쪽에 있었다. 러시아 함선의 주위는 날아오는 포탄으로 물거품이 일어났으며 이미 해전이 시작될 무렵에 키의 조종 장치가 포격으로 파괴되어 조종을 위해서는 오직 기관에 의존하는 수밖에 없었다.

함장은 그곳을 빠져나갈 수 없음을 알았다. 암초에 부딪힐 듯한 위험을 가까스로 피하면서 동쪽으로 향했다. 더 이상 동쪽으로 갈 수 없으므로 와리아크호는 다시 서쪽으로 머리를 돌렸는데 그와 같이 진로를 바꿈으로써 일본 함대와 매우 가까워졌다. 그가 치명적인 타격을 입은 것은 바로 이때였다. 12명의 포사수 중에서 10명이 포격으로 죽었으며 전갑판에서 포탄의 파편이 터질 때마다 전갑판에 있는 사람들이 하나씩 죽어 갔다. 날아오는 파편으로 양편의 함교가 파괴되고 함장은 왼팔에 심한 상처를 입었다.

해변 항구에 정박 중인 다른 배에서 이를 바라보던 사람들은 후갑판에서 불길이 일어나는 것을 보았으며 어느 사람은 파편이 그 배의 옆에서 튀고 흘수선에서 폭탄이 터지는 것을 똑똑히 보았다고 하는데 이 포탄으로 치명적인 타격을 받았음을 알 수 있다. 왜냐하면, 45분 동안의 격전이 끝난 뒤 그가 정박지를 향해 이물을 돌렸을 때 그 배는 항구 쪽으로 몹시 기울어진 상태였다. 흘수선 아래쪽에 심한 타격을 받지 않고서는 그렇게 기울어질 수가 없기 때문이다.

두 척의 함선이 항구로 천천히 돌아왔을 때 와리아크호는 한쪽의 기관이 파괴되어 너무도 심하게 기능을 상실했기 때문에 한 시간에 10노트의 속력밖에는 낼 수가 없었다. 일본 함대는 러시아 함선이 거의 정박지에 다다를 때까지 그 뒤를 따라오면서 포탄을 퍼부었다. 그제야 추격함은 물러가고 싸움은 끝났다. 코리에츠호는 아무런 피해도 입지 않았다. 일본 함대는 더 큰 함선에만 집중적으로 포격했기 때문이었다.

와리아크호는 항구 쪽으로 너무 기울어 적함을 향해 포격한다는 것이 불가능하게 되자 전쟁 무기로서는 아무 쓸모가 없는 것이 됐으나 전쟁이 아직 끝나지 않았다는 사실을 모르는 사람은 아무도 없었다. 러시아 함선은 침몰된 것도 아니며 그렇다고 해서 항복하지도 않았다. 4시로 정해진 일본 함대의 위협은 그때까지도 유효했다. 와리아크호가 닻을 내리자 영국인들은 의사와 간호원을 태운 4척의 병원선을 보냈다.

다른 나라의 함대에서도 도와주겠노라고 제의했다. 그러나 러시아인들은 닻을 내린 채 비참한 종말을 맞이할 때까지 싸우다가 최후에는 갑판 위의 모든 것과 함께 함선을 폭파할 결심을 하고 있었다는 것이 밝혀졌다. 그들로서 이 길밖에 다른 방법이 있었던가? 그들은 항복을 원하지도 않으며 배를 두고 떠날 수도 없으며 상륙한다고 해도 적의 포로가 되는 수밖에는 없었다. 그들은 이 비극을 끝내고 싶었으며 싸우다가 죽기를 바랐다.

러시아인들의 이와 같은 결심을 알게 된 중립국의 함대 사령관들은 또다시 회합을 했는데, 이 자리에서 그들은, 러시아인들이 그들의 국기의 명예를 옹호하는 데 필요한 모든 것을 다 할 것이며 이곳은 중립 항이기 때문에 생존자들은 중립함에서 피란처를 찾도록 허락해야 한다는 것을 결의했다. 이와 같은 제안이 수락되어 와리아크호에 있는 64명의 부상자는 영국의 순양함 탈보트호와 프랑스의 순양함 파스칼호로 옮겨졌다. 중립국의 함대 사령관들은 와리아크호와 코리에츠호가 러시아인들에 의해 자폭될 것을 알고 있었기 때문에 4시에 입항해 이왕에 시작된 전쟁을 끝내겠다고 되풀이하는 일본 측의 선언에 특별한 관심을 기울이지 않았다.

기선 숭가리호에 탄 여객과 승무원, 그리고 우편물들은 이미 파스갈호로 옮겨졌으며 그 기선의 밑에 구멍을 뚫어 침몰시키려고 했으나 그것이 완전히 침몰하기에는 시간이 오래 걸렸다. 코리에츠호의 장교와 승무원들이 파스칼호로 옮겨 탄 것은 약 오후 3시 반경이었다. 그것을 폭파하는 작업이 시작됐다. 그 배는 완전히 침몰했으리라고 짐작되는데 몇몇 목격자의 주장에 따르면 폭파되기 직전까지도 전갑판에는 몇 사람이 있었다고 한다.

코리에츠호가 4시 이전에 폭파됐으리라는 것은 제물포에서는 일반적으로 알려진 사실이며 모든 사람은 유리한 위치에서 이 광경을 바라볼 수가 있었다. 20여 명이 등대가 있는 작은 섬으로 상륙했는데 이는 이 섬이 그 비운의 함선으로부터 가장 가까운 곳에 있었기 때문이었다. 섬이나 뭍에서 이를 지켜보고 있던 사람들이 함선으로부터 눈이 부실 만큼 강렬한 불꽃을 본 것은 3시 37분이었으며 2척의 함선은 짧은 간격을 두고 연달아 폭파됐다. 몸서리쳐지는 폭음이 들렸으며 이에 견주면 얼마 앞서 있었던 포격은 겨우 속삭이는 소리로 들렸다.

커다란 바윗덩이에 맞은 듯이 제물포의 모든 가옥은 흔들렸다. 어느 집에서는 문의 빗장이 부서져 나갈 만큼 진동이 심했다. 엄청난 연기와 부스러기가 하늘로 치솟으면서 함선이 있던 곳을 휩쌌다. 잠시 후에는 조각난 나무 부스러기, 부서지고 찌그러진 난간, 서적, 의복, 밧줄, 도구, 그리고 몇 백 가지의 선박 비품들이 소나기처럼 물 위로 떨어졌다. 연기는 하늘로 올라가 마치 일식처럼 해를 가렸다. 놀란 갈매기들은 이제까지 들어보지도 못한 현상에 넋을 잃은 듯이 이리저리로 날아다녔으며 사람들은 떨어지는 파편으로부터 자신을 보호하고자 본능적으로 손을 들었다. 하늘로 치솟았던 파편들은 바람에 날려 육지 쪽으로 3마일이나 날아가서 몇 백 채의 민가의 울 안에 떨어졌다.

연기가 걷히자 코리에츠호의 선체는 침몰해 보이지 않고 연통과 끊어진 밧줄들만이 물 위에 떠올랐다. 다만 철갑판의 앞부분만이 폭파로 말미암아 이물로부터 기운 채 커다란 삽처럼 물 위로 몇 피트만이 솟아 있었다. 해협의 물 표면은 아직도 연기 나는 파편으로 꽉 덮여 있었으며 함선에 있던 몇 척의 구조정만이 감쪽같이 성한 채 물 위에 떠 있었다. 와리아크호는 그 자리에서 침몰하도록 내버려두었다. 갑판 위에 있던 4구의 시체는 선실로 옮겨져 배와 함께 수장됐다.

와리아크호는 저녁때까지 타면서 조금씩 항구 쪽으로 기울어지더니 드디어는 연통이 수면에 닿자 고통을 참는 거대한 동물처럼 꿈틀대다가 삐걱거리는 소리를 내면서 가라앉았다. 불길이 수면에 닿자 김이 뭉게뭉게 일어나 마지막 불꽃에 비추면서 고별의 모습을 장식했다. 영국과 프랑스의 선박은 러시아인들을 중립항으로 수송해 전쟁이 끝날 때까지 그들의 암호문 비밀을 보장하도록 결정했다.

러시아 선박이 이렇게 예상치 못했던 치욕적인 참패를 당하자 서울과 제물포에 있던 러시아인들은 소스라치게 놀랐다. 러시아 영사관은 일본군에 의해 포위됐고 영사는 사실상 포로 신세가 됐다. 서울 주차 일본 공사는 프랑스 공사관을 통해 러시아 공사에게 러시아인들을 데리고 서울에서 떠나라고 종용했다. 러시아인들이 안전하고도 편안하게 물러갈 수 있도록 모든 편의가 제공됐다.

며칠 후 러시아인들은 특별 열차편으로 제물포에 도착해 그 곳에 있던 러시아인들과 함께 파스칼호에 승선했다. 이 배는 매우 혼잡했음이 틀림없다. 왜냐하면, 그 배가 출항할 때 거기에는 민간인과 군인을 합해 600명이나 승선했다고 전해지고 있기 때문이다.

승선한 사람들 가운데 중상을 입은 24명은 중립선을 타고 적십자응급병원에 입원했다. 이 일을 위해 영국선교회는 일본의 허락을 받아 친절하게도 제물포에 있는 그들의 병원을 내주었다. 이 부상자들 중 몇 사람은 파스칼호에서 내릴 때 이미 괴저를 일으켜 고통을 받았으나 일본 의사들과 간호원들의 정성어린 치료로 완쾌됐다.

제물포에서 전쟁이 있은 뒤 조선에 있는 군대들이 제물포의 이남 해안에서 상륙하는 데에는 아무런 문제점이 없었다. 왜냐하면 대동강의 얼음이 풀리자 사실상 진남포가 상륙 지점이 됐기 때문이었다. 그러나 그러는 동안에 제물포에 상륙했던 군대는 사정이 허락하는 한 신속하게 북으로 향했으며 전쟁이 시작된 지 몇 주일 이내에 평양은 강력한 일본군에 의해 장악됐다. 이와 때를 같이 해 경부선 철도 부설 사업은 급속한 진척을 보였으며, 경의선 철도 부설 계획 또한 추진됐다.

러시아인들로서는 조선의 영토를 심각하게 침략한 적이 없었고, 코사크 병사들이 압록강을 건너 이리저리 휩쓴 적은 있었지만 이때에도 그들의 의도는 남쪽에 있는 적을 접촉해 봄으로써 그들의 동정을 살피고자 하는 것이었다. 2월 28일에는 소수의 코사크 병사들이 평양의 북문에 나타났으나 일본 병과 잠시 교전한 뒤에 물러갔다. 이것은 두 교전 국가가 서로 부딪친 최초의 사건이었다.

한일의정서가 체결된 것은 2월 23일 밤이었다. 이 의정서에 따르면 조선은 사실상 일본과 동맹국이 됨으로써 이른바 전시의 소극적 동조자가 된 것이다. 조선은 일본이 만주로 향하는 통로로 한반도를 사용하도록 허락해 주었으며, 전쟁을 수행하는 데 필요한 모든 편의를 제공할 것을 약속했다. 그 반면에 일본은 조선의 독립과 황실의 안전을 확약했다.

조선이 이 의정서를 체결하는 데 어느 정도 자기 의사를 반영시킬 수 있었느냐 하는 점을 왈가왈부하는 것은 쓸데없는 일이다. 그것은 필연적인 결과였으며 잘 운용할 수만 있다면 일본의 경우처럼 조선에게도 매우 유익한 것이 될 수 있었다. 이 의정서로 이제까지 내세우던 중립이라는 허울 좋은 껍데기는 벗겨져 반도의 모든 항구는 교전 지역이 됐으며, 여기에 그치지 않고 육지마저도 교전 지역이 됐다.

3월이 되자 보부상들은 이제 끝장을 보게 됐다. 그들은 러시아의 이익을 위해 조직됐으나 이제 더 이상 존속할 만한 명분을 잃었다. 마지막 발악으로 그들 가운데 한 사람이 외부대신을 죽이려고 그의 집으로 들어갔으나 그를 발견하지 못했다. 이와 비슷한 여러 가지 음모가 있었으나 성공하지 못했다. 일본인들은 매우 조심스럽게 서울의 사태를 다루었다. 그들이 친러파 관리들을 공격할지도 모른다는 소문은 거짓임이 판명됐다. 매사가 조용했으며 이 놀라운 사건들로 말미암아 황실과 정부가 보인 우려의 빛은 곧 사라졌다.

이토 히로부미[4] 공작은 일본에서 조선의 황제에게 보내는 친서를 가지고 왔으며, 조선의 불안정한 상태를 안정시키고자 많은 일을 했다. 이와 때를 같이해 북쪽의 항구인 의주와 용암포가 외국 무역을 위해 개항됐다. 이러한 일들은 러시아 세력이 물러간 뒤 나타나는 필연적인 결과였다. 조선에서 러시아를 위해 지도적 역할을 하던 이용익이 일본에 초청된 것은 바로 이 무렵이었다.

이를 계기로 조선의 정치 무대에서는 하나의 불안정한 요소가 제거됐다. 일본인들은 필요한 개혁을 즉시 단행하리라고 믿는 사람들이 많았지만 그들의 정책이란 매우 천천히 일을 밀고 나아가는 것처럼 보였다. 그들의 정책이 너무도 느리자 한인들이 품고 있던 개화 요소마저도 시들고 일본인들은 개혁이라는 문제에 관해 특별히 관심을 가지고 있지 않다는 인상을 받게 됐다.

일본인들은 다른 방향에 너무 많은 정력을 소모했기에 동시에 조선으로 눈길을 돌릴 수 없었음은 있을 법한 일이다. 그들은 화폐 제도에 대해 불평이 많았지만 1904년 말이 되도록 조선의 재정에 나타나는 흠결을 시정하기 위한 아무런 일도 하지 않았다는 점으로 미루어 볼 때에 그들은 서울에서 갑자기 유력한 지위를 차지하게 되자 그 일을 전혀 잊어버린 듯이 보였다.

---

4) 이토 히로부미(伊藤博文 : 1841~1909) : 일본 메이지유신의 정치가. 요시다 쇼인의 쇼카 의숙에서 공부함. 공작. 메이지유신과 더불어 효고현 지사로 정계에 진출한 후 구미 시찰을 거쳐 초대-4대 내각 총리대신(1885~1901)을 역임. 그 후 조선 특파 전권 대사가 되어 을사조약을 체결하고 초대 한국 통감(1905~1909)을 지냄. 귀국 후 추밀원 의장이 되어 만주 시찰 중 한국인 안중근에게 피격 · 절명함.

그러나 그러한 일을 하는 대신에 조선에 있는 일본 상인들과 그 밖의 이유로 조선에 머물던 일본인들은 여러 가지의 특권을 요구하기 시작했다. 부산에 있는 무역국은 해양 관세 업무의 관장, 치외법권의 허락, 일본 농산물 저장소의 설치 및 그 밖의 여러 가지 불가능한 일들을 일본 정부가 확약해 주도록 요구했다.

그러는 동안에 일본인들은 계속해 북으로 진격했다. 안주에서 작은 싸움이 있었으나 일본군이 정주에 도착할 때까지 싸움이라고 이를 만한 것이 없었다. 정주의 도심지의 북쪽 언덕에서 소규모의 러시아군이 항거해 3시간 동안의 교전이 있었으나 이곳에서도 사상자는 양측에서 15명에 불과했다.

러시아군들은 압록강의 이편에서는 굳게 항전할 의사가 없었음이 명백했다. 이미 1주일 전에 러시아군은 용암포를 물러나 안동으로 갔다. 정주에서의 전쟁이 있었던 것은 3월 28일이었는데 러시아의 모든 군대는 1주일 뒤에 사실상 압록강을 건너갔기 때문에 조선에서는 교전이 종식됐다. 일본군이 그 역사적인 강을 건넘으로써 최초로 대륙에서 대접전이 일어났던 4월 초순의 사건에 관해 언급하는 것은 본 장에서 지적해야 할 문제가 아니다.

북쪽 지방 전역은 이 두 교전 국가가 출현함으로써 커다란 혼란에 빠졌다. 코사크 병들은 음식과 마초를 얻고자 쩔쩔매면서 마을을 헤맸는데 그들은 음식과 마초의 댓가로 한인들에게는 전혀 알려지지도 않은 러시아의 화폐를 지급하려고 했다. 20여 개의 촌락에 살던 아낙네들은 혹한에 떨면서 산으로 피난을 갔다가 심한 괴로움을 겪었다. 그러나 이러한 일들이란 전쟁 과정에서 항상 있는 일이며 가능한 한 아무런 불평도 없이 이를 참았다. 정부에서 전국적으로 펼쳐지는 전쟁에만 너무 몰두했기에 도둑들이 들끓었으며 그들의 출현은 빈번하고도 파괴적이었다.

일본인들이 고압적인 태도로 조선을 지배할 의사가 없음을 알자마자 조선 정부는 지난날처럼 다시 자기만족의 황홀감에 싸여 매사는 옛 모습으로 되돌아갔다. 조선의 관리들은 일본이 내세우는 명분에 대해 열렬히 공감하

프랑스 공사관

지 않았다는 것은 매우 확실하다. 한인들 가운데 대부분은 러시아가 승전한 것보다 일본이 승전한 것을 다행하게 생각했다는 것은 있을 법한 일이지만, 100명 가운데 99명은 조선이 그 양국을 질타하기를 바랐던 바 이는 그들의 악의 없는 소망이다.

어떤 나라가 이곳에 와서 아무리 배타적인 권력을 행사한다고 할지라도 그가 한인들에게는 증오의 대상이 된다는 것은 틀림이 없는 사실이다. 설령 러시아인들이 일본인들을 물리쳤다고 하더라도 한인들은 일본인들에 대한 감정과 마찬가지로 그들을 몹시 증오했을 것이다. 조선이 어떤 곤경에 빠졌을 때 어차피 당할 고통이라면 이런 고생이 아닌 다른 고초를 겪는 것이 덜 고통스러울 것이라고 생각하는 것은 틀림이 없는 사실이다.

좀 더 긴 안목으로 사태를 바라보면서 자기의 개인적인 이익을 떠나 사태를 해결하려고 노력했던 한인은 거의 없다. 그렇게 된 이유는 조선의 관리에게 어떤 의견을 듣는다는 것이 너무도 어려웠던 탓이라는 것은 의심할 나위도 없다. 그들은 일본이나 러시아의 어느 쪽에 동조할 것을 결심했던 것처럼 역사에 기록되기를 바라지 않았다. 이 세상에서 한인들처럼 그렇게 자연의 이치에 순응하는 민족은 없다.

전쟁의 결과로 조선의 화폐는 일시적으로나마 그 가치가 상승됐다. 기선의 수가 부족한 데에다가 항해마저도 위험스럽게 되자 수입은 급격히 줄어들었다. 이러한 사태로 엔화의 수요가 중단됐다. 일본군들은 조선에서 많은 물건들을 소비하지 않을 수 없었으므로 한화가 필요했다. 일이 이렇게 되자 지난날 일화와 한화의 비율이 1 : 2.5이던 상태가 유지되기는커녕 1 : 1.4로 하락했다. 그러나 해상에서 러시아 선박이 사라지고 수입 무역이 재개되어 일본의 배가 압록강을 왕래하자 일화 대 한화의 비율은 다시 2 : 1로 하락되어 지금까지 계속되고 있다.

러시아인들이 압록강 건너로 물러갔을 때부터 두 교전국 간의 전투 행위는 조선의 북부 지방에서만 국한됐으며 그나마도 적대 행위란 거의 없었다.

그러나 블라디보스토크 함대는 그때까지 그 곳에 있다가 4월 25일에 원산항 입구에 출현했다. 원산항에 있던 단 한 척의 일본 선박인 고요마루는 특별한 임무를 띠고 온 수뢰정에 의해 격침됐다.

물론 이 사건으로 인해 원산항에는 팽팽한 긴장이 감돌고 아낙네와 아이들은 피난을 가느라고 허둥댔으나, 일본군이 육지를 포격할 의사는 없었기 때문에 곧 물러갔다. 이런 일이 있기 몇 시간 전에 일본의 수송선인 긴슈호는 150명 이상의 군대를 태우고 원산의 북쪽에 있는 성주를 향해 출항했으나 밤이 되어 기후가 나빠 그와 동행하던 수뢰정들이 악천후를 피해 항로를 바꾸지 않을 수 없어서 원산으로 귀항했다. 그러는 동안에 긴슈호는 곧 러시아 함대의 핵심에 빠져 격침됐으나 승선한 45명의 군대는 육지로 몸을 피했다.

제 14 장 을사조약의 체결

이제 민간인에 관한 몇 가지의 중요한 문제로 눈길을 돌려 이를 탐구하지 않을 수 없다. 일본인들은 조선의 내정을 개혁하고자 과감한 시도를 하지는 않았는데 이 때문에 우수한 한인 가운데 많은 사람은 상황이 진전되어 가는 방법에 대해서 불만을 품고 있었다는 점은 앞에서 지적했다. 그러므로 1904년 6월 17일, 일본 당국은 반도 안의 모든 국가 소유의 자원은 물론 미개간 토지를 일본인에게 넘겨져야 한다는 놀라운 제의를 했다는 것은 이중으로 불행한 일이다.

이 제의는 나가모리 도키치로라는 사람이 성안한 것으로 보이며 그는 이 안을 도쿄에 있는 실력자들에게 그럴듯하게 설명함으로써 그들도 이 문제에 관해는 나가모리를 후원했다.[1] 그러나 그것이 커다란 실책이었다는 것은 의심할 나위도 없다. 한인들의 민감성은 그들의 토지에 대한 애착에서보다 더 심하게 나타나는 적이 없다. 그들은 흙의 자손이며 농업은 그들의 모든 사회제도의 기초가 되고 있다.

앞뒤를 생각하지도 않고 단순하게 발표한 그와 같은 제의는 곧 조선의 이

---

1) 이 점에 관해서는 윤병석, 「일본의 황무지 개척권 요구에 대해 : 1904년 나가모리 명의의 위임 계약 기도를 중심으로」, 『역사학보』 (22), 역사학회, 서울, 1964, pp. 25~ 92 참조.

곳저곳에서 질풍 같은 항의를 일으켰다. 그러한 제의에는 국토를 쪼개는 쐐기가 들어 있다는 것을 한인들은 알았다. 그렇게 된다면 그것은 비극적 종말의 시초가 된다고 그들은 믿었다. 일본인들은 한인들의 감정이 이토록 과격하게 표현되리라고는 전혀 예상하지 못했으며, 그들의 태도도 어느 모로 보나 한인들이 묘사한 것처럼 음흉하지는 않았던 것 같다. 그 제안이 기록된 글을 보면 특수성을 인정하는 한정 조항이 전혀 없어서 여러 가지로 억측을 할 수가 있을 뿐만 아니라 보는 사람에 따라서 그 해석이 여러 가지로 나올 수 있음을 솔직히 고백하지 않을 수 없다.

그러한 문제를 제기했다는 것은 시간적으로도 적절할 때가 아니었으며 그 방법도 온당한 것이라고는 볼 수가 없는데다가 그 제의의 주제 그 자체에도 문제점이 있었다. 그 제안에 포함된 중요 주제인 급수 및 관리에 관한 문제나 치외법권에 따르는 관할권에 관한 난제와 그 밖에 이와 비슷한 문제들은 한인들의 마음을 즉각적으로 자극하는 것들이었다. 따라서 한인들은 이 계획이 관철되면 조선은 일본제국에 절대적으로 끌려들어가지는 않는다고 할지라도 필연적으로 일본의 보호국이 되리라는 사실을 알게 됐다.

이 점에서 일본인들은 문제를 이론적으로 생각했다거나 아니면 한인들이 그러한 문제에 저항할 능력이 있다는 것을 믿지 않았던 것처럼 보이지는 않는다. 그러나 일단 이에 대한 항의가 질풍처럼 일어나자 그 힘은 파죽지세로 전개됐다. 일본인들은 극한점에 이르면서까지 이를 수행할 마음의 자세는 되어 있지 않았기 때문에 몇 번이나 타협안을 제시했는데 그렇다고 해 일본인들이 자기들의 요구 사항을 철회했다거나 조선 정부의 거부를 수락했음을 의미하는 것도 아니었다.

일본인들이 내정 개혁 문제를 조용히 그러나 과감하게 추진하지 못했다는 사실과 내정 개혁을 통해 한인들이 이웃 나라의 호의를 전폭적으로 신뢰함으로써 황무지 개간과 같은 계획이 한인들로부터 아무런 반대도 받지 않고 수행될 수 있도록 하지 못했다는 두 가지 사실은 매우 유감스러운 일이다. 왜냐하면, 삽을 대기만 하면 훌륭한 경작지가 될 미개간지가 조선에는 상당히 많았다는 것은 틀림없기 때문이다.

일본인들이 황무지 개간 안에 대한 유리한 답변을 얻고자 노력하던 몇 주일 동안에 한인들은 그와 전혀 반대되는 특징적인 방안을 채택했다. 보안회라고 지칭하는 단체가 결성됐다. 이름 그대로 해석하면 "평화와 안전을 증진하기 위한 모임"이라는 뜻이다. 그 회원들 중에는 조선의 지도층에 속하는 관리들도 있었다. 보안회는 서울의 한복판에 있는 면화전에서 회합을 갖고 일본의 의도를 분쇄할 수 있는 수단과 방법에 관해 열띤 논쟁을 전개했다. 동시에 그들은 일본의 요구에 굴하지 말라고 탄원하는 결의문을 황제에게 보냈다.

일본인들은 이 반대 회합을 억압하리라 결심했다. 그리해 7월 16일에 있었던 보안회의 모임은 일본 관헌에 의해 해산당하고 지도급 인물 중에서 몇 사람은 강제로 일본 경찰서로 연행됐다. 보안회를 공격하기 위한 또 다른 하나의 단체[2)]가 결성됐으며 보안회의 더 많은 회원이 체포됐고 결의문은 압수됐다. 난동을 조장하는 이와 같은 움직임은 엄하게 다스려야 한다고 일본 경관들은 조선 정부에 통고했으며, 일본 정부에 결의문을 보내라고 고집하는 사람들을 체포해 처벌하도록 요구했다. 만약 조선 정부가 이러한 조처를 취하지 않는다면 일본인들은 자기들이 손수 법을 집행하겠노라고 위협했다. 서울에 있는 일본군은 점차 증가해 6천 명이 넘을 정도였다.

선동은 서울에만 국한되지 않았다. 왜냐하면, 지도층의 회원들은 각처로 회람을 돌려 일본인들이 한인의 움직임이 진정이라는 것을 확신하도록 할 큰 시위를 보여주고자 국민들이 서울로 올라올 것을 요구했기 때문이다. 이 회람의 대부분은 지방 장관에 의해 무시됐지만 그럼에도 불구하고 이에 대

---

2) 송병준이 유학주를 시켜서 만든 단체인 유신회를 말한다.

한 소문은 더 멀리, 그리고 더 널리 퍼짐으로써 보안회는 수천 명의 회원을 확보하게 됐다.

8월 초, 일본군 당국에서는 상당한 급료를 받고 북쪽 지방에 가서 취역할 6천 명의 한인 노동자를 모집했는데 이때 보안회의 실력이 발휘됐다. 각 지방으로 인원이 배당됐지만 응모하는 사람들의 수는 부족했다. 이 노동자들은 전선에 배치될지도 모른다고 불평분자들이 소문을 퍼뜨렸기 때문에 2천 명을 확보하는 것도 매우 어려운 일이었다. 강제로 노동자들을 끌고 가려고 하던 마을에서는 피비린내 나는 참상이 일어났다.

일본인들로서는 노동자를 확보하려고 했다는 것이 극히 당연한 일이었지만, 일본인들이 노동자를 확보하려는 의도가 황무지를 얻으려는 것인 데다가 언론의 자유마저도 빼앗게 되자 민족 감정의 흐름은 일본의 의사와는 정반대의 방향으로 강렬하게 흐르고 있었다.

황무지를 개간하려던 일본인의 노력이 중지된 뒤에도 전국적인 소란은 종식되지 않았으며 일진회라고 하는 새로운 단체가 등장한 8월 22일까지 보안회는 그들의 선전을 계속했다. 일진회는 일본 경찰의 보호를 받고 있었으며 상당히 신임할 수 있는 회원들에게만 그곳의 출입을 허락했다. 이 단체는 마치 보안회에 대한 반대 단체를 형성하는 것이 그의 의도처럼 보였다.

보안회의 성과가 거의 없게 되자 국민회라는 이름으로 제3의 단체가 일진회에 도전했다. 이 단체들이 표방하는 정강들은 결점이라고는 전혀 찾아볼 수가 없었지만, 그 기구가 그들의 칭찬 받을 만한 계획을 관철할 능력이 없었기 때문에 국민들의 웃음거리밖에 안 됐다.

여름 동안에 일본인들은 조선정부에게 외국에 있는 사절들을 소환하는 것이 좋겠다고 암시했다. 일본의 그러한 의도는 조선의 외교 업무가 일본 공사관을 통해 처리되도록 하려는 것이었다. 이것 자체가 매우 심각한 의미가 있는 것이었는지 아니면 조선 정부의 의향을 타진하기 위한 촉수였는지는 우리가 무엇이라고 말할 수는 없지만 어쨌든 연말이 되도록 이 문제는 관철되지 않았다.

지금 상황에 반대해 출현한 여러 단체가 무엇을 할 것인지는 언급했지만, 그것을 어떠한 방법으로 달성할 것인지는 언급하지 않았다. 이 나라를 괴롭히는 어려운 문제는 보통교육이 빠져 있다는 사실인데 국민들이 보통교육 수준까지 수학하기 전까지는 어떤 진정한 개화도 모색될 수가 없다. 이러한 이유로 많은 외국인이 조선교육회에 가입했는데 그들의 목적은 조선의 학교에 알맞은 교과서를 지급하고 보통 교육 문제를 해결해 주고자 여러 가지 방면에서 지원하는 것이다.

이와 때를 같이 하여 문부에서는 관립학교의 졸업생들에게 공직 취임의 우선권을 주도록 정부에 상신했다. 이에 대해 정부에서는 곧바로 어떤 반응을 보이지는 않았지만 이러한 현상은 학생들이 관립학교에 열성을 가지고 몰려들기에 앞서 필연적으로 나타나는 과정이다. 연말에는 많은 한인 또한 교육 기관을 창설했다. 이 기관은 정치적인 의미가 있는 듯이 보이지는 않았지만, 대중 교육이 조선의 확고한 자립을 위해 필요한 것 중의 하나라는 점을 확신하고 있는 사람들을 규합하면서 묵묵히 일을 계속했다.

10월 중순에 일본군 당국은 조선에서의 군사 문제를 맡기고자 하세가와 요시미치[3] 장군을 파견했다. 그는 13일에 입경한 직후에 원산의 인근에서 일어나는 문제들을 조사하고자 그곳으로 출발했다. 조선의 북부 지방에서 러시아인들의 활동이 상당히 활발하다는 사실은 매우 주의 깊은 관찰을 해야 하는 듯이 보였으며, 일본에는 그들을 견제하는 데 필요한 일들이라면 무엇이든지 할 충분한 능력이 있는 듯 보였다.

조선으로서는 경부선 철도의 마지막 부분을 완성하는 것이 매우 중요한

---

3) 하세가와 요시미치(長谷川好道 : 1850~1894) : 일본의 군인. 쓰오토 출신. 오사카병학료 졸업. 청일전쟁 당시에 공을 세워 남작이 되고, 러일전쟁의 전공으로 육군대장 겸 자작이 됨. 조선주둔군사령관(1905), 참모총장(1912), 원수(1914), 백작(1915)이 되었고, 1915년 조선 총족으로 부임했으나 무단 정치로 3 · 1운동이 일어나자 퇴임함.

한국인 학살 장면

일본의 무상 토지 몰수에 항거해 철도를 파괴한 죄로 처형되는 3명의 한국인.

일이었다. 이 철도는 교통수단을 신속하게 할 뿐만 아니라 그것이 통과하는 지역의 가치를 상승시킴으로써 물리적으로 이 나라의 부를 증대시키게 된다. 또한, 일본에 확고한 이익을 줌으로써 어떤 의미에서는 조선이 다른 열강의 손에 넘어가지 않도록 하는 보호책이 됐다. 그러나 호사다마 격으로 여기서도 그 나름의 위험이 있었다.

탁지부의 신임 고문인 메가다 다네타로[4] 씨가 가을에 부임해 조선의 재정 현황과 화폐 제도를 연구하기 시작했다. 조선의 재정은 항상 다소 혼돈한 상태였기 때문에 재정 고문이 온다는 것은 좋은 조짐이었지만, 다음에서

4) 메가다 다네타로(目賀田種太郎 : 1853~1926) : 일본의 외교관. 남작. 하버드대학을 졸업하고 법조계, 교육계, 재계에서 활약하다가 조선 탁지부의 고문(1904~1907)이 되어 조선 병탄에 기여한 공로로 남작이 됨.

보는 바와 같이 그의 부임은 과거 어느 때보다도 나쁜 결과를 가져왔다. 연말에는 외부의 신임 고문으로 스티븐스[5] 씨가 부임했는데 그의 부임은 메가다 씨의 그보다는 더 중요하지 못했지만 조선의 외교 관계가 일본의 이익을 위해 배타적으로 다루어지게 된다는 것을 약속하는 것이었다.

1905년에 있었던 일들을 살펴보면 일본은 한 이질 민족을 어떻게 다루었는가를 명료하게 알 수 있다. 일본이 조선에서 수행한 일이 영국이 이집트에서 한 일과 매우 똑같다고 말하는 사람들이 있다. 이 두 열강이 취한 방법이 어느 정도로 일치하는지를 살펴보기로 하자. 일본은 지금까지 전쟁으로 바빴기 때문에 영국식 방법을 따라서 행동할 수가 없었다고 말하는 사람들이 있다. 그러나 대만에서 오랫동안 살아 온 미국인들은 조선에서 일본이 사용한 방법은 명백히 청일전쟁 이후에 대만에서 사용한 방법과 똑같다는 것을 분명하게 지적했다는 사실을 독자들은 주목해야 한다.

일본 군대는 모두가 중류층 중에서도 상위에 속하는 사람들로 형성되어 있다. 하층 계급의 사람들은 군의 대열에 들어갈 수가 없다. 일본 군대의 사회적 계층이 비교적 다른 나라보다 높다는 것은 일반적으로 알려진 사실이다. 그들은 옛날부터 전해 내려오는 사무라이 정신에 젖어 있고 그와 비례해 자신들을 하층 계급보다 우위에 있는 것으로 생각한다.

일본 군대가 거쳐 가고 또 수천 명의 모험가와 이기주의자들이 뒤따라 들어온 후 조선에서 매사에 괄목할 만한 변화가 일어난 것은 바로 그러한 이유 때문이다. 일본 군대가 불법적인 행동을 했다는 것을 거의 듣지 못한 한인들은 어쩔 수 없이 지난날의 의구심을 버리고 새롭고도 훌륭한 시대의 선구자로서 그들을 받아들이지 않을 수가 없었다.

---

5) 스티븐스(D. W. Stevens : ?~1908) : 미국의 외교관. 일본 외무성에 고용되었다가(1904~1908) 일본의 추천으로 조선의 외교 고문으로 부임했으나 지나친 친일 노선으로 인해 전명운과 장인환에 의해 피격 · 절명했다.

그러므로 하층 계급에 속하는 일본인들이 대량으로 들어와서 일본 군대의 용맹스러움만 믿고 한인들을 이 세상에서 형편없는 찌꺼기처럼 취급하면서 온갖 비행을 저지르자, 이에 대해 강력한 반동이 일어나는 것은 불가피한 일이었다. 그렇다면 일본 당국은 왜 전쟁이 끝나고 그러한 불량배들을 조처하기에 충분한 법적 제도를 확립할 적절한 조처를 할 수가 있었음에도 그와 같은 무리의 조선 입국을 억제하지 않았던가 하는 데는 아무도 답변하지 못한다.

한인들이 일본인들로부터 비참한 대우를 받았다는 사실을 입증하기에 충분한 증거가 있느냐고 물을 수도 있다. 이 질문은 누군가의 입에서인가 반드시 나와야 하며 또한 반드시 답변한다. 다음에 기록된 것은 나와 서울 및 조선의 각지에 사는 미국인들이 관찰한 사건들로서 이에 대해서는 충분한 증거를 명시할 수 있다.

> 어느 미국인 신사 한 사람이 기차역의 플랫폼에 서 있는데 그곳에는 20여 명의 일본인 또한 기차를 기다리고 있었다. 어느 나이 많은 한인 한 사람이 지팡이에 몸을 의지하고 플랫폼을 걸어 올라오면서 신기하다는 듯이 주위를 살펴보았다. 아마도 그는 기차를 처음 보는 사람인 듯했다. 이때에 벌거숭이의 일본인 노동자 하나가 그 노인의 수염을 움켜쥐더니 플랫폼 위에 힘껏 내동댕이쳤다. 그 노인은 간신히 일어나더니 앞으로 가고자 그의 지팡이를 짚었다. 그러자 그 일본인은 지팡이를 철도 위로 내던지고 멀찌감치 서서 너털웃음을 웃었으며 주위에 있던 일본인들도 함께 웃었다. 이러한 모습을 단순히 웃음거리로 보지 않았던 일본인은 분명히 한 사람도 없었다. 그 노인은 너무도 심하게 다쳐서 일어서지를 못하자 그의 한인 친구 몇 사람이 와서 그를 부축해 데리고 갔다.

그렇다면 그 미국인 신사는 왜 가만히 보고만 있었을까 하고 독자들이 의심할 것이다. 그러나 사실인즉 거기에 참견하다가는 애꿎게도 자기의 목숨을 잃으리라는 것을 그는 잘 알고 있었기 때문이다. 만약 그가 그 노인을 보호하려고 손가락 하나만이라도 까딱하다가는 그가 죽지 않고 살아서 도망갈 희망은 전혀 없는 상황이었다.

> 어떤 역에는 한인들의 보행이 금지된 길이 있는데 그렇다고 해서 어떤 표지가 있는 것도 아니다. 어느 한인 한 사람이 이 길로 걸어서 나오다가 즉시로 서너 명의 일본인들에게 잡혀 의식을 잃을 정도로 구타당했다. 그는 하루가 지나서 겨우 의식을 회복했으나 몇 주일 동안이나 문밖출입을 할 수가 없었다.

일본인들은 한인들을 합법적 노리개로 생각하며, 한인들은 그들의 권리를 구제할 적절한 법원이 없어 일본인들에게 보복한다는 것은 감히 생각할 수도 없다. 만약 그들이 자기 나라의 법원에 이러한 사실을 제소한다면 담당관들은 겁에 질려 손을 내저으면서 "내가 감히 어떻게 일본인들의 털끝 하나라도 건드릴 수가 있겠느냐"고 반문한다. 그렇다고 해서 일본인들의 법원에 제소했다가는 말도 꺼내지 못하고 쫓겨나는 것은 보통이다. 이러한 얘기란 믿기 어려운 일들이지만 다음과 같은 사실들은 그러한 실정을 더욱 잘 나타내고 있다.

> 어느 한인 한 사람이 일화와 바꾸고자 약간의 한화를 가지고 시골에서 올라왔다. 그는 "이 증서의 지참인에게 즉시로 현금을 지급한다"는 일본인 중개인의 어음 한 장을 손에 쥔 채 자기 돈을 일본 중개인에게 맡겼다. 이틀 뒤에 중개인은 현금을 지급하기로 되어 있었는데 그때가 되자 그는 이미 현금을 지급했다고 딱 잡아떼었다. 그러나 그는 일을 너무나 서두르느라고 어음을 회수하지 못했다. 그 한인은 이 사실을 세 번이나 일본 당국에 호소했으

나 번번이 실패했다. 그러다가 어느 외국인의 도움을 받아 이 사건이 정식으로 제소됐는데 그는 그때 이 사건에서 외국인의 도움을 받았다고 해 호되게 욕을 본 다음 돈을 찾았다.

어느 미국인 한 사람도 일본 중개인에게 그와 똑같은 사기를 당한 적이 있었다. 이 사건은 일본 당국으로부터 명백한 사기사건이라고 인정을 받았음에도 불구하고 그는 9개월 동안 온갖 애를 쓴 뒤에야 겨우 돈을 찾았으나 오히려 찾은 돈보다 더 큰 손해를 보았다.

어느 한인은 일본인에게 값비싼 토지를 샀는데 그 토지를 인수하고자 그곳에 갔을 때 전 주인으로부터 그곳을 빌려 쓰고 있던 일본 소작인은 달리 갈 만한 곳이 없다는 이유로 토지를 내주지 않았다. 여러 차례에 걸쳐서 지주는 일본 당국에 이 사실을 해결해 달라고 호소했지만 한 외국인이 이에 개입해 일본 당국자에게 이 일을 늦게 처리하면 할수록 일본인들이 수치를 당한다는 사실을 강경하게 지적한 후에야 겨우 해결됐다.

일본의 고위 관리들이 세운 계획이 아무리 훌륭하다고 할지라도 계획의 근본정신에 따라서 그것을 수행할 만한 도량이 있는 실무자들을 넉넉하게 갖추고 있지 못하다는 데 문제점이 있다. 그 예를 들어보자.

철로를 부설하거나 수리하면서 한인들을 고용하는 것이 일본인들을 고용하는 것보다 더 노임이 적게 든다. 고위층에서는 일을 배정할 때에 한인들에게도 정당한 보수를 지급하라고 명령한다. 그러나 그들의 명령은 여기까지이다. 일본인 공사 감독은 여기저기 마을을 돌아다니며 총이나 칼로 위협해 수백 명의 한인을 끌고 와서 일을 시킨 다음 1/3에 해당하는 노임을 지급한다. 한인들은 공사 감독에게 돈을 주고 일을 하지 않을 수도 있다. 그러나 그럴 경우에 한인들은 하루에 받은 노임의 2배를 내야 한다. 이러한 방법으로 한 마을이 착취당하는 금액은 2만 달러에 이르며 그나마도 현금이 없어서 빚을 얻을 경우에는 "월 12%"의 이자를 지급해야 한다.

한인들은 특히 부동산에서도 피해를 입었다. 일본군의 군사 활동에 필요한 모든 토지를 제공하겠다는 조선의 약속을 기화로 해 일본군은 대도시 주변의 값비싼 토지를 점유했다. 한인들이 이에 대한 보상을 요구하면 일본인들은 조선 정부에 그 보상을 요구하라고 답변했다. 그러나 정부는 이들에게 지급할 만 한 돈이 없기에 토지를 몰수하는 일이 간단하다는 것을 일본인들은 잘 알고 있었다. 그뿐만 아니라 일본군과 연고가 있는 사람들은 지방으로 내려가서 "군사적 목적을 위해"라는 구실을 내세워 자기들이 좋아하는 토지를 점유했다. 나는 그와 같은 협잡을 저지시켜 달라고 여러 번 부탁을 받은 일이 있다.

한인들은 그들의 농지를 외국인들에게 평당 몇 센트씩 받고 팔려고 수백 마일이나 떨어진 서울로 올라온다. 그들은 농지 소유자의 명의를 외국인 앞으로 해 놓음으로써 어처구니없이 강탈당하는 일이 없기 때문이다. 1905년 동안에는 국민을 일본인들이나 조선의 관리들로부터 보호해 줄 정의란 존재하지 않았다.

일본군은 단순히 1만 2천 명의 병사와 연병장을 만들고자 서울 가까이에 있는 가장 값비싼 8제곱 마일의 토지를 차지했는데 전문가의 주장에 따르면 그의 1/16만으로도 그것은 충분했다고 한다. 이 토지를 공매에 붙인다면 600만 달러로도 살 수 없지만, 조선 정부로는 다만 그곳을 옮기는 데 필요한 비용마저도 없다는 것을 알고 있던 일본인들은 오직 20만 달러를 지급했다. 한인들이 기대할 것은 이 정도가 고작이었다. 인권과 정의의 가장 기본적인 요소마저도 날이 가고 시간이 갈수록 그들의 발아래 짓밟혔다. 한인들의 생활 조건을 개선할 개혁을 완수하고 나서는 아무런 노력도 하지 않았다.

이 나라의 재정을 관장하던 일본인의 활동은 어떠했는가를 살펴보기로 하자. 전국적으로 위조 백통전이 범람했는데 이들은 대개가 오사카에 있는 일본인들이 만들어서 몇백만 개씩 조선으로 보낸 것들이다. 한화는 거의 쓸모가 없으리만큼 그 가치가 하락했으며 너무도 급격한 환시세의 변동으로

그림과 같은 한국의 풍경

(위) 성 위에서 바라본 대동강 (아래) 수원성루

인해 일본의 상인들은 심한 타격을 입었다. 조선 정부는 일본으로부터 몇백만 원을 빌려 와서 그것으로 현재 유통되는 백통전에 대용될 새로운 화폐를 주조해야 한다고 탁지부의 고문은 확신했다.

조선은 이 차용액에 대해 월 6%의 이자를 지급해야 한다는 것이 세상에 알려지자 조선 부호들이 들고일어나서 그보다 더 값싼 이율로 주화에 필요한 금액을 정부에 빌려주겠노라고 제의했다. 그들은 조선이 일본에 빚을 지지 않도록 그러한 제의를 했으나 탁지부의 고문은 이를 거부했다. 어쩔 수 없이 정부로서는 일본으로부터 높은 이율로 돈을 빌려 쓰지 않을 수 없었다. 100만 달러에 해당하는 백통전이 주조되어 조선으로 수송됐는데 이를 통해 일본은 적어도 5할 장사는 한 셈이었다. 6월 1일부터 백통전을 가지고 오는 사람은 누구나 일화와 같은 액면의 백통전을 받는데 신화와 구화의 비율은 1 : 2라고 탁지부의 고문은 발표했다.

그 당시에 구화는 1/240로 가치가 떨어졌기 때문에 돈을 가진 사람들은 그것을 1/240로 사들여 다시 1/200로 교환했다. 중국과 일본의 상인들이 이러한 일을 하느라 바삐 뛰어 다녀 시장에는 구화를 구경할 수가 없었다. 화폐 교환일이 되어 신화가 부족하다는 것이 밝혀지자 교환을 2개월 뒤로 미루었다가 다시 2개월 뒤로 미루었다. 그러는 동안에 조선의 상인들은 금융시장이 동결됨으로써 어음을 채울 수가 없게 되어 도산하고 있었다. 그 가운데 어떤 사람들은 일본인 고리대금업자들로부터 월 6%의 이율로 돈을 빌림으로써 도산을 막으려고 애썼다.

이와 같은 극심한 위기를 당하자 황제는 고통을 받는 상인들에게 30만 달러에 이르는 개인 자산을 빌려주겠노라고 말했다. 그러나 황제가 거래처인 일본은행에 수표를 보내 주었을 때 일본인 고문은 지불 정지를 명령하고 황제로 하여금 곤경에 빠진 상인들을 돕고자 개인 예금을 찾는 것까지도 못하게 했다. 이러한 비행은 너무도 어이없는 일이어서 이를 비난하는 데 적절한 어휘를 찾을 수 없다.

북쪽의 평양에서는 일본인들이 많은 토지를 차지했다. 심지어 미국인들이 소유한 토지에도 말뚝을 박아 울타리를 만들어 자기 소유로 만들었다. 토지 소유자들이 일본 영사관에 이의를 제기하면 그쪽에서는 당신들의 주장이 옳기는 하지만 지금 있는 말뚝을 뽑아버리지 않는 것이 좋을 것이라고 말했다. 만약 미국인들이 그것을 뽑아버렸다가는 자기들은 무사하겠지만 그들의 고용원들이 일본인에게 잡혀가 사정없이 두들겨 맞기 때문에 감히 그럴 수도 없었다.

평양에 살던 어느 한인은 시세의 1/4에 해당하는 값으로 그의 집을 팔도록 일본의 민간인들로부터 명령을 받았다. 그는 이에 거역했다가 일본인들에게 잡혀 이웃에 있는 일본인 촌으로 끌려가서 모진 매를 맞았다. 이와 같은 불명예스러운 일을 당한 그는 치욕과 울분을 이기지 못해 모르핀으로 자살했다. 그 시체의 온기가 식지도 않았는데 일본인들은 다시 그의 집에 와서 미망인에게 앞서 말한 값으로 집을 팔도록 요구했다. 그 여자는 집을 팔기 전에 자기가 먼저 죽겠노라고 대답했다. 그 후의 일이 어떻게 됐는지를 나는 들은 바가 없다.

조선의 어느 사공이 마침 축조 중인 평양의 다리 밑을 지나가려고 했다. 그곳은 통행이 금지되어 있었지만, 그러한 사실을 알리는 표지라고는 아무것도 없었다. 일본인 철도 노동자 한 사람이 그를 배에서 끌어 내렸다. 그는 물에 떠 있는 통나무를 잡았으나 그 일본인은 철로에 쓰는 볼트 묶음으로 쳐서 손가락이 부러지자 물속에 빠져 익사했다. 이틀이 지나 피살자의 아버지가 시체를 건져 일본인 영사에게로 운반해 시비를 가려 달라고 요구했다. 그러나 일본 영사는 영사란 이런 문제를 처리하는 사람이 아니라고 말한 다음 그를 쫓아 버렸다. 범인은 그곳에서 잘 알려진 사람이어서 쉽사리 체포할 수도 있었다.

서울에서 있던 일인데 일본 영사관에서 돌 하나만 던져도 닿을 만큼 가까이 있는 내 집에 한 아낙이 찾아와서 자기의 집을 단 5센트에 산 다음 대문에 나의 문패를 달아 달라고 간청했다. 그 이유를 들어본즉 만약 그 아낙네가 자기의 집을 옆집에 사는 일본인에게 반값을 받고 팔지 않았다가는 그 일본인이 자기 집의 담을 헐어 벽돌이 자기 머리 위로 떨어지도록 할지도 모르기 때문이라는 것이다. 일본인들은 단순히 한인들이 자기의 집을 헐값으로라도 팔도록 만들고자 때때로 벌거벗은 채로 한인들의 집에 뛰어들어 와서 야만스럽게도 아낙네들을 놀라게 한다고 한인들은 조심스럽게 얘기한다.

조선의 어느 항구에 사는 한 미국인은 다음과 같은 협잡에 속아 재산을 빼앗긴 한인 지주의 얘기를 나에게 들려주었다.

어느 한 일본인이 남의 토지를 사취하고자 마음씨 나쁜 한인 한 사람을 고용했다. 일본인은 그를 데리고 토지를 차지하러 갔다. 땅 주인은 엄연한 증거를 제시했으나 이 사건이 일본 당국에 인계됐을 때는 가짜 증거가 승리해 여러 해를 살아오던 토지 소유주는 당장에 쫓겨났다.

미국에 있는 감리교회의 어느 주교가 2명의 선교사와 함께 서울 부근에 있는 어느 마을을 여행하고 있었다. 그들은 축조 중인 철로의 둑을 건너가야만 했다. 그들이 둑을 따라서 몇 발자국을 걸어갔는데 이때 일본인 노동자들의 공격을 받아 2명의 선교사는 중상을 입었다. 그들이 목숨만이라도 건진 것은 그나마 천행이었다. 일본인들은 범행에 상응하는 처벌을 전혀 받지 않았다.

어느 일본인은 미국인이 경영하는 전차의 운임을 내지 않고 내렸다. 그는 옆에 있던 한인 미곡상으로 달려가 쌀자루를 들고 와서 철로 위에다 놓았다. 그는 한인 운전사에게 그 위를 지나가 보라고 시비를 걸었다. 그러나 그를 건드린다는 것은 그 주위에 사는 일본인들로부터 유혈 보복을 초래할지도 모르는 일이기에 아무도 감히 그를 건드리지 못했다. 미국인들이 그러한 사건을 불평하면 일본 당국에서는 일본인을 고용하면 그런 일이 없을 터인데 무얼 그러느냐고 대답했다.

해가 바뀜에 따라서 일본인들은 조선의 자원을 채취하는 작업을 계속했다. 모든 연안의 어업권을 요구해 끝내는 이를 획득했다. 일본 어부들이 어떻다는 것을 아는 사람들은 조선의 어부들이 그들의 어장을 빼앗기리라는 사실을 잠시도 의심하지 않았다. 그 뒤에 그들은 연안 무역권과 하천 이용권도 얻음으로써 전 연안의 교통권과 하천 통행권을 완전히 장악하려고 노력했다.

한인들의 생활양식은 그들보다 더 느려 남들을 귀찮게 하는 경우가 있는데 일본인들은 이를 빙자해 그들을 고용하지 않았다. 포츠머스에서 러일강화조약이 체결됐다는 사실은 일본이 조선에서 종전보다 더 적극적인 정책을 채택하리라는 신호가 됐다. 이제 일본인들을 비난할 만큼 한민족이 그렇게 대단하지 않다고 미국인들이 믿게 되자 반도왕국에 대한 보호 정치를 선언하려는 준비 단계가 차근차근 진전됐다.

일본인들은 러일전쟁 초기에 조선의 독립을 침해하지 않겠노라고 엄숙히 선언했다는 사실을 잊어서는 안 된다. 그러나 지금에 와서 그 약속이란 그 후에 있을 행동의 예비 단계에 불과하다는 것이 분명하게 됐다. 일본이 조선을 점령하고 그의 독립을 침해한 것은 당시에 있었던 사건들의 추이를 보아 당연한 귀결이었다고 일컬어지고 있다. 러시아는 조선에서의 일본의 우위를 인정했는데 그렇다면 조선의 독립을 침해하지 않겠다던 일본의 철석같던 약속은 어떻게 됐다는 말인가?

그러한 약속을 파기하는 데 방해되는 마지막 장애물을 제거하는 일만이 남아 있었다는 것은 명백한 사실이다. 그러나 일본은 주의 깊게 그 일을 추진시킬 필요가 있다는 사실을 잘 알고 있었다. 양국 사이의 신의를 분명히 깨뜨리지 않고 보호 통치를 할 단 하나의 방법은 우선 조선 정부의 승인을 받는 일이었다. 만약 조선이 스스로 일본의 보호 통치를 요구하도록 할 수 만 있다면 만사는 뜻대로 되는 것이다. 이 문제가 고비였다.

1905년 초가을, 황제는 그러한 암시를 받았으나 곧 거절했다. 그는 조선에서의 일본의 우위를 시인했고 각부에서의 자문권은 인정했지만, 장차 이 민족의 독립을 되찾으리라는 티끌만 한 희망도 없이 정부와 민족이 모두 일본으로 넘어가게 된다는 데 대해 그는 분명한 어조로 반대했다. 이 문제에서 일본이 언제인가는 승리하게 되리라는 것을 그는 알고 있었다.

그러나 만약 자신이 고집을 굽히지 않는다면 전 세계의 분노를 사지 않고서는 그러한 일이 달성될 수 없다는 것을 그 또한 잘 알고 있었다. 그는 일본이 강제적인 행동을 취하기에 앞서 먼저 워싱턴에 항의문을 보내기로 했다. 1883년에 체결된 한미수호조약 제1관[6]에 따르면 만약 조약국의 어느 한쪽이 제3국으로부터 침략을 받을 경우 다른 한 국가는 이를 평화적으로 해결하고자 우의를 가지고 이에 개입하기로 되어 있다.

조선의 외부를 통해 워싱턴에 항의문을 보낸다는 것은 불가능했다. 왜냐하면, 외부는 철저하게 일본을 "추종하는" 한 사람[7]에 의해 관장되고 있었기 때문이었다. 오직 한 가지 길은 미국 대통령에게 개인적인 사신을 보내 조선에서 일본이 저지르고 있는 잘못을 환기하고 대통령으로 하여금 사태를 알게 하고 그가 할 수 있는 최대한으로 조선에 협력해달라고 부탁하는 것이었다.

그 서한은 10월에 조선의 황제로부터 헐버트(Homer B. Hulbert)에게 전

6) 1882년 5월 22일에 체결된 한미수호통상조약을 의미하며 그 제1관은 다음과 같다. "미합중국 대통령과 조선 국왕 및 각 그 정부의 공민과 신민 간에 영구한 평화와 우호가 있을 것을 기약하고 만일 제3국이 체약국 중의 어느 한 정부에 대해 부당하게 또는 억압적으로 행동할 때는 체약국 중의 타방 정부는 그 사건의 통지를 받는 대로 원만한 타결을 가져오도록 주선을 다함으로써 그 우의를 표시해야 한다" 체약 시기를 1883년으로 기록한 것은 필자의 착오임.

7) 을사 5적 중의 하나이며 외부대신의 자격으로 을사조약을 조인한 박제순을 가리킴.

달됐으나 일본인들은 이미 어떠한 일이 진행되고 있는가를 눈치 챘다. 요코하마에 정박한 기선에 타고 있던 일본인 첩자는 그 서한이 워싱턴에 도착하는 정확한 시간을 탐지했는데 그때부터 서울에서는 몇 가지 일이 급속히 추진되고 있었다.

이토 히로부미 공작이 어떤 확실한 사명을 띠고 서울로 파견됐다. 그는 조선이 스스로 독립을 포기하도록 권고했다. 일본 당국과 조선의 내각 사이에 여러 차례의 회담이 있었으나 아무런 결과가 없었다. 한인들은 일본이 조선의 독립을 보장한다는 1904년의 한일의정서의 준수를 고집함으로써 일보도 양보하지 않았다. 대신 가운데 어느 하나도 그들의 요구에 동의하지 않았다. 이렇게 되자 어떤 강력한 요인들을 이용하지 않을 수 없음이 명백하게 됐다. 드디어 일본 공사관에서 격렬한 회담을 마친 후에 모든 문제는 어전 회담에서 다루도록 미룸으로써 비극 종장의 막이 올랐다.

황제와 모든 대신은 꿋꿋하게 버티었다. 그들은 일본의 요구에 동의하는 것보다는 차라리 죽는 것이 옳다고 생각했다. 권고와 유혹이 계속 됐지만, 그들은 꿈쩍도 하지 않았다. 이러한 교착 상태에 직면하자 지금까지의 양상이 조금 바뀌었다. 일본의 헌병과 경관이 갑자기 나타나더니 내각 회의장을 포위하고는 누구도 황제에게 접근하지 못하도록 막았다. 신변의 위험이 닥쳐오고 있음을 절감한 황제는 정오가 조금 지나자 회담에서 물러났다. 황제로서는 그러한 상황 속에서 충분히 두려워할 만한 이유가 있었다는 것을 정신병자가 아니라면 누구도 부인할 수가 없다.

내각에서 가장 강경하게 반발한 사람은 참정대신 한규설이었기 때문에 그를 몰아내고 그가 없는 내각을 조종하지 않고서는 바람직한 결과를 얻을 수 없다는 것이 명백하게 됐다. 그리해 참정대신이 황제와 협의할 생각으로 그가 계신 곳으로 나갔을 때에 일본의 관헌들이 그를 따라와 옆방에 감금했다. 이토 공작은 그곳에서 참정대신에게 뜻을 굽히라고 요구했으나 그의 결심은 흔들리지 않았다. 그를 그곳에 사실상 감금해 놓은 채로 이토 공작이

나머지 대신들이 있는 곳으로 왔을 때 그들은 참정대신이 나타나지 않은 데에 소스라치게 놀란 것은 당연한 일이었다.

그 시간은 매우 긴장된 순간이었음이 틀림없다. 무장한 일본의 관헌들이 주위에 둘러서고 참정대신은 어디로 끌려가서 죽었는지 살았는지도 모르는 그러한 공포 분위기 속에서 이토 공작이 또한 긴장을 더 자극하게 되자 내각의 몇몇 대신들이 변절했다는 것은 조금도 놀랄만한 일이 아니다. 장차 조선이 독립을 되찾을 만큼 부강한 나라가 되면 독립을 회복시켜 주겠다는 조항을 첨가한 다음 드디어 출석한 대신들의 다수결로 조약이 종결됐다. 외부대신이 이 문서에 서명 날인했다.

조약 종결의 마지막 과정이 어떻게 진행됐는가에 관해는 약간의 문제점이 있다. 어떤 사람의 말을 들어보면 일본인들이 대신의 사무실에 몰래 침입해 국새를 훔쳐 갔으며 그 조약 문서에 날인한 사람도 대신이 아니라 일본인이라고 한다. 아무리 그것이 사실이라 하더라도 우리는 여기서 어떻게 해서 협정이 통과됐는가를 알 수가 있으며, 조선 정부가 이 조약을 종결하는 데 어느 정도 자발적으로 행동했나 하는 점을 독자들과 전 세계인은 알 수 있을 것이다.

조약이 체결되자 일본 정부는 조선이 자발적으로 일본의 보호 통치를 수락하는 협정에 서명했다고 워싱턴에 통고했으며, 미국 정부는 이와 같은 통고의 진부에 관해 조선의 의견은 들어보지도 않고 일본의 주장을 정당화했으며, 곧바로 서울에 있는 공사관을 철수시킴과 때를 같이 해 앞으로 조선과의 외교 업무는 도쿄를 통해 다루어질 것이라고 워싱턴에 있는 조선 공사관에 통고했다.

미국 정부가 그와 같은 태도를 보이기 전에 황제의 서한은 워싱턴에 도착했지만, 미국 대통령 루즈벨트는 그러한 서한이 도착했다는 보고를 받았으면서도 정부의 태도를 밝힐 때까지 그것을 접수하지 않음으로써 때는 이미 너무 늦었음을 알 수 있었다. 대통령의 이와 같은 처사가 오랫동안 한국과 미국 사이에 존속됐던 우호 관계와 일치되는 것인지를 왈가왈부하는 것은 이 장에서 논할 바가 아니지만, 그러나 한인들은 그러한 처사를 명백한 배신행위라고 생각했다는 점은 의심할 나위도 없다.

심지어 전 국민들이 일본의 강압적인 태도에 대해 치를 떨고, 조선의 몇몇 고위 관리들은 자살로써 망국의 설움을 잊으려 하는 동안에 조선 주차 미국 공사 모건(E. V. Morgan)[8]은 서울에서 한민족의 멸망을 초래한 일본인들과 함께 축배를 들고 있었다. 이제까지 조선은 미국의 우의에 의존해 존립했다는 확신을 했던 그 감정이 그와 같은 조약이 종결된 것을 계기로 급격하고도 날카로운 반감으로 바뀔 수도 있었지만 그렇지 못했다는 데는 놀라움을 금할 수가 없다.

성조기는 공평과 정의의 표상이 됐으며 미국 국민은 자기에게만 도움이 되는 이익만을 오로지 추구하는 이기주의자가 아니라 정의—거기에는 힘이 수반되든지 그렇지 않든지 간에—의 편에서 싸워 온 국민이라고 각계각층의 미국인들은 4분세기[9] 동안이나 장담해 왔다. 그러나 자신의 입장이 난처하게 되자 우리가 언제 그런 적이 있었냐는 듯이 고별의 인사 한마디 없이 가장 오만한 방법으로 한민족을 배신하는 데 제일 앞장섰다.

조선은 이제까지 미국 정부와 국민으로부터 우의가 가득한 선물을 많이 받았으며 미국의 외교관들은 조선에 대해 동정적이어서 많은 도움을 주었다. 각층의 미국인 교육자들은 많은 업적을 남겼다는 사실이 미국 대통령에게 보낸 황제의 호소문에 인용되어 있다. 그는 조선 정부가 마땅히 해야 할 일을 하지 않았으며 많은 잘못을 저질렀음을 시인했지만, 한국의 국민들이 그들의 정부를 어떻게 생각하든지 간에 그들은 그들의 민족인 실존하는 한

---

8) 이 사람은 당시 조선세무사로 부임(1892~1893)하여 인천세관장으로 활약하다. 신병으로 귀국한 다음 을사조약 직전에 미국공사로 부임하여 을사조약 체결에 일본을 도왔다.

9) 본문에는 for a quarter of a century로 되어 있으며 한미수호조약이 체결된 1882년부터 을사조약이 체결된 1905년까지를 어림해 표현한 것이다.

충정공 민영환

일본이 한국의 독립을 침해한 데 항거해 1905년에 자결했다.

국에 대해 애착을 느끼고 있다고 주장했다. 계속해 황제는 이제 한민족에게는 자랑스러운 것이 없게 됐으며 이제까지 일본에 의해 보장된 그들의 민족과 독립이 사라진다면 한민족이 앞으로 나아가기 위한 자극마저도 없어진다고 주장했다.

황제는 일본의 보살핌이 필요하다는 점을 시인했으며 일본의 충고는 반도의 생활양식 개선이 필요한 각 방면에서 채택됐으며 또 그렇게 하는 것이 좋았다고 확언했다. 그는 또한 지난해에 일본이 취한 여러 가지의 행동들은 한국에 있는 일본인들로 하여금 어느 때보다도 더 한국민의 개인권을 경멸하도록 만든 것이었기 때문에 그러한 행동 자체가 한국에서 일본의 완전한 지배를 보장해 주는 것은 아니었다고 넌지시 암시했다. 일본은 조선의 독립을 침해하지 않겠다던 약속을 지키지 않음으로써 다른 열강들로 하여금 극동에서 일본의 진의를 의심하도록 만들었고, 일본은 자신의 약속을 지키지 않음으로써 자기에게 오히려 해로움만 자초했다고 그는 주장했다.

결론적으로 황제는 다른 분야에서 대통령이 탁월한 업적을 남겼을 때와 같은 넓은 안목과 동정으로 한국에 관한 문제에 배려를 베풀어 달라고 미국 대통령에게 부탁했다. 그리고 만약 사태를 살펴본 다음에 위에서 언급한 여러 가지 사실이나 앞으로 닥쳐올지도 모를 그 밖의 사실들에 대해 황제가 부탁한 대로 행동하는 것이 옳다고 여겨질 때는 급박한 한국의 비운을 막아내고자 대통령이 우의 깊은 직권을 행사를 부탁했다. 그리고 황제는 대통령이 단순히 풍문에만 귀를 기울이지 말고 모든 일을 주의 깊게 살펴본 다음에 처신해 달라고 부탁한 점은 괄목할 만한 사실이다.

그 당시의 사태에 관한 한국 측의 의견이 미국 정부에 얼마나 자세하게 전달됐는지는 알려진 바가 없으나 미국 정부가 취한 태도의 앞뒤를 살펴보면 한국 측의 의견이 충분히 전달됐다는 결론을 내릴 수 없다. 후세의 사가들이 오늘날의 일을 되돌아보면 미국 정부가 한 민족의 사활이 걸린 중대한 문제에 대해 얼마나 오만하고 사려 없는 태도를 보였던가를 똑똑히 알게 될 것이며, 또한 미국 사람의 역사가 영광스러운 찬사를 받도록 사실을 기록할 수는 없을 것이다.

내가 알고 있는 범위 내에서 가장 지성인이었으며 대중 의식이 투철했던 민영환은 한국의 독립을 찬탈하는 강제 행위를 저지시키려고 갖은 애를 다 쓰다가 결국에는 스스로 목숨을 끊었다. 그의 공적과 그의 뒤를 따라서 자결한 애국자들의 공적은, 그를 비방하는 사람들이 무엇이라고 그들을 험담하든 간에 한민족의 가슴속에 범할 수 없는 역사의 증언으로 오래오래 남을 것이다. "조국을 위해 죽는 일보다 더 기꺼운 일은 없다(*dulicit pro patria mori*)"[10]라는 말이 진리라는 것은 한국이나 어느 나라를 막론하고 다 마찬가지이다.

10) 이는 그리스의 시인 호라티우스(Horace : B. C. 65–68)의 시 『송가』(*Odes*, Ⅲ, 2–13)에 나오는 싯귀임.

제 3 편

산 업

제 15 장 재 정

한국 정부의 재원은 10여 가지가 되는데, 그중 대표적으로는 (1) 토지세, (2) 가옥세, (3) 염세, (4) 관세, (5) 인삼 전매, (6) 금광, (7) 어업세, (8) 피혁세, (9) 연초세, (10) 입장세, (11) 삼림세, (12) 조합세, (13) 허가세, (14) 화폐 발행, (15) 인두세, (16) 선박세, (17) 우피세, (18) 지세, (19) 저당세 등이 있다. 이들의 징세 방법은 오늘날 케케묵은 것임은 물론이지만, 엄연히 시행되고 있다.

한국에는 341개의 군현이 있는데 수령은 그의 관아에 군현의 지도와, 채마 밭을 제외한 모든 경작 가능지에 대한 세부적인 기록을 비치하게 되어 있다. 이러한 형식은 국가 총재원의 2/3를 차지하는 토지세의 징수를 위한 근거가 되고 있다. 울타리는 세우지 않지만, 토담이나 또는 토지의 천연적인 형태에 따라서 경지를 명백하게 구분할 수가 있으며 수령의 인지나 동의가 없을 경우에 농부는 감히 2필의 농지를 하나로 합치거나 1필의 농지를 둘로 나눌 수가 없다. 심지어 방백 수령도 중앙 정부로부터 허가를 받아야 하는 것 같다.

여기에서 경작 가능지라 함은 논과 밭의 두 가지로 나누어 생각할 수 있다. 각 토지의 소유주는 수령이 서명 또는 날인한 증빙 문서를 가지고 있다. 한 토지가 몇 백 년 동안 한 가문의 소유로 되어 있을 때는 대개 문서가 낡아 없어졌거나 분실됐다. 그러나 일단 토지를 팔려면 새로운 문서를 발급해야 한다.

토지 문서에는 물론 수령의 기록에도 토지의 등급이 명시되어 있다. 논은 6등급으로 나누었으며 밭은 3등급으로 나누었다. 이와 같은 등급은 토질의 천연적인 비옥도, 관개의 적부, 지세의 조야 및 평탄의 여부, 토지의 위치와 같은 여러 가지의 요인에 의해 결정된다. 왜냐하면 그 토지가 북향이면 남향보다 값이 덜 나가는 등의 차이가 있기 때문이다.

요즈음에도 새로운 경작지가 계속해 개간되고 있는데, 이들은 몇 년 동안 수령의 기록에 오르지 않기 때문에 세금을 내지 않는다. 그래서 당국에서는 새로운 경작지를 등록하고자 경작지의 재조정령을 내려 수령이 가지고 있는 문서를 재정리한다. 이러한 재조정령을 내리는 시간적인 간격은 정기적인 것이 아니다. 어떤 때는 50년 이상 될 때도 있고 또 어느 때는 단 몇 년이 될 때도 있다.

한국사를 살펴보면 새로운 왕조가 시작되거나, 새로운 정책을 펴거나, 또는 전국적인 재난으로 국가가 고갈됐을 때 토지 재조정령을 내리는 것 같다. 왕명을 받은 관리가 전국을 돌아다니면서 위에서 언급한 여러 가지 조건을 주의 깊게 고려해 새로운 경작지를 가려내어 등급을 매긴다. 그들은 실제로 경작지의 면적이 얼마나 되는가를 측정하는 것이 아니라 한 마리의 황소가 밭을 가는 데 얼마나 긴 시간이 걸리며 그곳에 필요한 씨앗의 양은 얼마나 되는가를 조사한다.

이러한 방법으로 계산해 그들은 토지를 결로 계산한다. 여기에서 "결"이라 함은 타작하지 않는 벼 100짐을 소출할 수 있는 넓이인데 1짐은 10단이다.[1] 법정 세율은 농산물의 10%이므로 30결을 경작하는 사람은 3결의 소

---

1) 원래 1짐은 100줌이다. 단은 대소의 차이가 크기 때문에 필자가 계산한 바와 같은 방법을 따르지 않았다.

한국의 농부

(위) 밭갈이 (아래) 타작

출을 정부에 바친다. 벼는 타작을 해 가마니에 넣어서 바치는데 최근까지도 이렇게 졸렬한 방법으로 세금을 징수했다.

일단 토지의 등급이 확정되면 그것은 문서에 기록되고 이에 따라 매년 같은 세액이 부과되는데 풍년이든 흉년이든, 파종을 했든 안 했든 이 세액은 당연히 치러야 한다. 토지 소유주나 소작인 누구도 경작하지 못했더라도 토지세가 감면될 수 있는 것은 오직 중앙 정부의 특별한 조처에 의해서만 가능할 뿐이다. 바꾸어 말하면 정부는 만일의 경우를 믿지 않는다.

그러나 한국에서는 심한 가뭄이 극히 드물다는 점을 생각해 볼 때 이러한 제도는 농민들에게 가장 좋은 방법인 것 같이 보일 수도 있다. 왜냐하면 같은 토지에 항상 일정한 세액을 부과함으로써 농민들은 자기의 농토를 정성들여 경작하고 비료도 더 많이 주어 가능한 한 최대한의 수확을 얻을 의욕을 갖게 되기 때문이다. 그러나 사실상 농민들은 흔히 세액보다 많은 세금을 내지 않을 수 없는데 이러한 것은 비합법적이기는 하지만 부정행위를 하지 않고서는 관리들이 생활에 넉넉한 돈을 가질 기회가 없는 사회 제도에서는 어쩔 수 없이 일어나는 현상이다.

한국에서는 쌀이 주식이기 때문에 쌀이 가치의 척도가 되는 것은 당연한 일이다. 최근까지도 농민들은 쌀로써 세금을 냈다. 그러므로 그들은 납세를 물려면 보리나 밀이나 콩을 쌀로 교환하지 않을 수가 없었다. 오늘날은 모든 조세를 돈으로 낸다. 이러한 제도는 어느 의미에서 조세 제도를 간소화했지만, 일을 복잡하게 만들었다. 1결당 세액은 10냥이다. 이러한 제도는 토지세에 적용되는 법률이지만 운용과 시행에서 어긋나는 사례가 많다.

수령이나 그의 수하인들은 명목상 봉급을 받지만 그들의 봉급이란 서울로 보내는 쌀이나 세금에서 해마다 얼마씩을 염출하는 것이다. 그러나 그 봉급액이 불충분해 여러 가지 음성 수입으로 이를 충당하는 것은 너무도 잘 알려진 사실이다. 이러한 음성 수입은 국민의 생산량에 실제로 부담이 되므로 이에 관해 좀 더 언급할 필요가 있다. 어떤 특정한 세금을 얼마나 많이 징수하느냐 하는 문제는 수령과 그의 수하인 아전의 개인적인 역량에 달려 있으므로 나로서는 세금이 부과되는 일반적인 준칙만을 지적할 뿐이다.

세금을 이전에 책정된 토지의 평균 소출에 따라 부과한다는 것은 이미 위에서 지적한 바 있다. 이제 만약 대풍이나 농민들의 비상한 절약으로 소출이 평균작을 초과했다면 일반적으로 아전은 이 초과액이나 증수를 가로채어 수령과 함께 분배해 착복한다. 그러나 이런 일은 모두 토지 소유주의 신분에 따라 다르다. 만약 그가 서울에 든든한 배경이 있는 지방 유지라면 아전은 그에게 법정 세액마저도 감히 부과할 수가 없으며, 만약 세도가 미미한 사람이라면 풍년에는 법정 세액을 받으며, 흉년에는 감면해낼 수 있다.

만약 아무런 세도가 없는 사람이라면 그는 풍년에도 자기에게 아무런 여분이 남지 않을 만큼 법정 세액을 내야 한다. 일반 농민들은 풍작에도 아무런 보람이 없으며 아전은 초과량을 얼마든지 요구할 수 있다. 만약 초과액이 없을 때도 그는 법정 세액을 내고 남은 모든 소출의 9/10 가운데 아전에게 상납해야 한다. 서울의 성내에서는 어떠한 토지도 납부의 대상이 되지 않는다.

정부가 토지세로 징수하는 연간 세액은 800만 냥에 가깝다. 그러나 환시세의 변동이 너무 심해서 해마다 미화로 2~300만 달러의 차액이 생긴다. 지방에는 적당한 화폐가 부족해 농민들은 돈으로 세금을 낼 수 없으므로 그들은 흔히 아전에게 쌀을 맡겨두며 아전들은 쌀을 판매하는 중개인 역할을 한다. 아전들은 단순히 술에 취한 듯 건성으로 일하는 것은 아니며 이러한 거래를 통해 가장 알찬 행하를 얻는다.

서울과 서울의 남쪽·서쪽의 근교를 제외한 모든 가옥은 건축의 양식이나 크기에 관계없이 서울에서 통용되는 화폐로 1,500원[2]의 세금을 내는데

---

2) 본문에서는 'fifteen hundred Seoul cash'로 되어 있어 당시 서울 등의 주요 도시에서만 사용되던 일본 다이이치은행권을 의미하는 것으로 보인다.

이는 미화로 60센트에 해당한다. 가옥세의 연간 징수액은 약 50만 달러에 이른다. 1가구당 60센트임에 비추어 볼 때 가옥세의 대상이 되는 호구 수는 100만 호가 약간 못 된다는 것을 알 수 있다.

또한 1가구의 가족 수를 5명으로 추정한다면 인구는 약 500만에 이름을 알 수 있다. 물론 이러한 추정은 터무니없이 낮게 산출한 것으로서 모든 가옥에 과세하지 않았거나 아니면 그 세금을 서울로 보내는 도중에 유출됐다는 결론을 내리지 않을 수 없다.[3] 가옥이 신축되면 수령은 이에 대해 문서를 발급하며 그때부터 징세 장부에 등재된다. 집이 불탔거나 홍수로 침몰하면 세금은 항상 면제된다.

소금은 모두 천일염으로서 제염 방법이 매우 쉬운데다가 소금 그 자체가 생활필수품이어서 동양의 다른 나라와 마찬가지로 한국 정부는 소금에서 가장 수지맞는 재원을 얻고 있다. 세금은 실제 산출량에 따라서 부과되며 세액은 값에 따라 약 4%가 되는데 이는 10%의 세금을 내는 곡류에 견주면 세율이 낮은 듯이 보인다. 그러나 곡물은 그 수확 과정의 대부분이 자연의 힘에 의존한다는 것을 잊어서는 안 된다. 천일염은 많은 품이 든다. 연간 소출에 견주면 기구의 값이나 연료비가 비싼데다가 오직 봄과 가을에만 판매된다. 이와 같은 이유로 4% 이상을 과세한다면 염업은 도산하게 된다. 소금에서 얻는 연간 세입은 약 9만 달러가 된다.

인삼은 한국에서 가장 우수한 특산물이다. 인삼을 가장 많이 구매하는 중국인들은 한국산 홍삼을 가장 후하게 쳐준다. 인삼의 재배와 가공은 전매업으로 되어 있는데 여기에는 두 가지 방법이 있다. 하나는 정부가 인삼밭을 소유하고 숙련가들을 두어 이를 재배 가공하는 방법이며, 다른 하나는 책임질 만한 사람들에게 그 재배와 가공을 허가해 그들로 하여금 모든 수확을

---

3) 이홍직의 『한국대사전』(서울 : 지문각, 1963), p. 1992에 따르면, 필자가 이 책을 쓰기 약 100년 전인 1798년에 이미 총 호구는 1,711,184호였고 총 인구는 7,606, 399명이었다.

정부에 바치도록 하는 방법인데 후자가 더 성행하고 있다. 후자의 방법으로 중국의 인삼 시장을 석권한 뒤로 정부에서는 판매액의 20~25%만을 공제하고 그 나머지는 소작인에게 주었다. 인삼의 연간 수입은 15~30만 냥에 이른다.

모든 광물은 정부의 소유이며 중앙에 있는 농상공부의 특별 허가를 받지 않고서는 설령 자기의 땅에 광물이 매장되어 있을지라도 이를 채굴할 권리가 없다. 만약 어떤 사람이 금을 캐내고 싶다면(이럴 경우에 가장 중요한 점은 그 광상의 내용이다) 그는 서울에 있는 관계 당국에 채광을 출원하는데 그가 서울에 든든한 배경이 있으면 어느 특정한 지방에서 채광을 허락하는 허가장을 사는 데 성공할 것이다. 이 허가장을 얻으려면 그는 법조문에도 없는 많은 돈을 내야 한다.

채광이 시작되면 그는 관계 요인들에게 아마 전 채광량의 60%를 상납하도록 종용받을 것이다. 물론 상황에 따라서 상납률이 다르지만 어쨌든 아무리 적게 낸다고 하더라도 그 액수는 엄청나리만큼 크다. 어떤 농부가 다른 사람의 토지를 경작하는 것처럼 그는 정부의 재산을 활용하는 것이기 때문에 그 과실을 분배해야 한다는 생각인 듯하다. 금광의 연간 세입은 그 차이가 심해 어느 때는 거의 50만 냥에 이르며, 어느 때는 10만 냥으로 떨어지는 수도 있다.

동광은 한국에서 중요한 산업이다. 그러나 금광에 견주면 그 이익이 적어 정부는 오직 과실의 30%만을, 좀 더 정확히 말하면 매 16온스당 5온스를 세금으로 받는다. 동광의 연간 세입이 얼마나 되는지를 보여주는 수치를 구하기란 어렵다. 철광도 많기는 하지만 비교적 소규모로 채광되고 있다. 철광의 경우 정부는 모든 채광량의 9%를 세금으로 받는다. 들리는 바로는 전국에 50개의 철광산이 있다고 하며 그 대부분은 서울의 동부 지방인 강원도에 있다고 한다.

한국의 어업은 매년 국고에 상당액을 제공하고 있다. 세금은 어획량에 따라서 부과하는 것이 아니고 선박 그 자체에 부과한다. 선박세는 약 10등급으로 나누며 선원의 수와 어망의 크기에 따라서 결정된다. 법률상으로는 그렇게 되어 있지만 사실상 돈을 거둘 때는 어획량에 따르며 이렇게 거둔 금액은 정부가 받는 금액과 그 총액에서 특별한 일치성이 없다는 것을 고백하지 않을 수 없다.

한국에는 해군이 없지만 예로부터 정부는 연안에 여러 척의 배를 가지고 있는데 이들은 전시에 사용하도록 준비되어 있어야 한다. 정부는 이 배들을 어민에게 빌려주는 것이 보통이며 여기에서 얻는 세입은 연안의 토착 어민들에게서 나오는 세입보다 더 많은 것은 당연하다. 요즘에는 배의 상당수가 어민들에게 매각되고 있지만 우리가 보기에 그 결과가 한국의 해군을 반석 위에 올려놓을 만큼 만족스러운 것은 아니다.

모피는 예로부터 한국의 주요 산물로서 중국에 대한 공물로, 바꾸어 말하면 중국인이나 만주인이나 몽골인에 대한 보상으로 제공됐으며 일종의 전매로 여겨 당국에서는 정규적으로 덫꾼을 파견해 포획물을 모두 인수하고 이에 대한 댓가를 치렀다. 다른 사람들이 특히 해달, 흑담비, 호랑이 또는 표범의 모피가 생겼다면 법률상 그들은 그 모피를 가까운 수령에게 바쳐야 하며 수령은 정부를 위해 그것을 사들여야 한다.

최근 몇 달 전에 있었던 일인데 황해도에 사는 어느 한국인이 호랑이를 잡았는데 그는 가죽을 수령에게 바치지 않고 직접 제물포로 가지고 가서 어느 외국인에게 팔아 난처하게 된 적이 있었다. 그 외국인은 아마 수령이 지급하는 값의 6배를 주었을 것이다. 모피에 의한 세입은 달러나 센트로 발표한 바가 없어 그것을 취급한 방법만 아는 것으로는 그 세입액이 얼마나 될지 산정할 수 없다.

모든 상선은 그의 적재량에 따라서 과세한다. 배가 들어오면 선박의 적재량을 섬(石)으로 계산해 매 섬당 약 3냥의 현금을 징수한다. 이것은 1%에 불과한 소액이다. 세금을 돈으로 내기 이전에는, 미국의 농촌 지방의 농부들이 세금을 내는 대신에 도로 공사장에 나가 일을 함으로써 세금을 상쇄하는 것과 마찬가지로, 상선은 흔히 세금으로 거둔 정부미를 서울로 운송함으로써 납세를 대신했다.

한국의 숲은 왕의 토지로 여겨 특별한 허가가 없이는 누구도 벌목할 수 없다. 벌목할 때 세금은 물품으로 내며 그 금액은 산물의 3%에 이른다.

우피는 거래가 가능하며 특수한 세입이 되고 있다. 가죽은 3등급으로 나뉘며 각각 20센트, 16센트, 12센트를 낸다. 제19장에서 상세하게 언급하겠지만, 서울의 여러 가지 조합들은 정규적인 세금이 없고 다만 흔히 다방면의 정부 사업을 돕도록 요청을 받는다. 때때로 그들은 황제의 행차가 있는 도로를 고쳐야 하며, 국상이나 황실에 혼례가 있을 때 각 조합은 행렬에 따르는 호화로운 깃발을 마련해야 하며 조합원들은 상여꾼으로 활동해야 한다.

청일전쟁 때까지 모든 사람은 성명, 생년 및 지위를 각인한 나무 조각을 가지고 다녀야 했다. 만약 이것을 가지고 다니지 않으면 공권 상실자로 취급을 받는다. 그것은 "호패"라고 불렸다. 2~3년 또는 매년 이를 전국적으로 조사해 이를 변경하거나 새것으로 바꾼다. 호패에는 각기 한성 부윤이나 도 관찰사의 관인이 찍혀 있으며 이를 신청하는 데 5냥의 비용이 든다. 이는 일종의 인두세이지만 호패의 사용이 폐지되자 그 제도도 함께 없어졌다.

술은 세금이 부과되지 않았을 뿐만 아니라 그 판매를 하는 데도 허가가 필요하지 않았다. 지방에서는 술을 만드는 데 필요한 누룩에 대해는 약간의 세금을 부과한다. 이 누룩은 보리로 만들며 그 모양은 둥근 케이크와 같다. 누룩 1장에 대한 세금은 1냥이다. 이와 같은 정규적인 세금 이외에 정부에서는 여러 가지 사업에 대한 허가장을 판다. 이들에 대해는 특히 언급할 만한 가치가 없지만, 그들 중에 전당포의 허가장은 그 규모가 크면 매달 2달러의 세금을 부과했다. 국유림에서 화목을 벌채할 때도 허가장이 있어야 한다.

그러나 이상과 같은 것들만이 재원이라고 생각해서는 안 된다. 그 밖에도 왕실에 바치는 진상품이 무수하게 많다. 이것들은 실질적인 세금은 아니지만 한국에서는 이러한 풍습이 너무도 철저하기 때문에 그 액수는 세금과 맞먹으며 만약 중단되면 곧 이에 대한 조사가 실시된다. 이러한 진상품으로는 과일이나 채소가 있다.

예컨대 봉산의 배, 남양의 감, 순천의 호두, 보은의 대추, 광주의 담배, 그리고 거창의 순무는 한국에서 가장 유명하다. 해마다 궁중에서 쓰도록 가장 우수한 품질의 채소를 골라서 서울로 보낸다. 그 수량은 법률로 정해진 바는 없지만, 그 진상품의 질과 양이 관례에 따라서 정해진 한계의 이하로 떨어져서는 안 된다는 것을 방백 수령들은 잘 알고 있다. 만약 이 일을 처리함에 조금이라도 소홀히 하다가는 그는 매우 난처하게 될지도 모른다.

이 밖에도 식용 해조, 해삼, 마른 조개, 진주, 오징어, 대구 및 해저 동식물과 같은 해산물도 진상하며, 아마포, 무명, 부채, 병풍, 방석, 탁자, 장롱, 담뱃대, 종이, 모발, 비단, 모피, 말, 갓, 망건, 붓, 먹, 초, 모시, 호피, 녹용, 산삼, 엽조, 꿀, 생강, 오지그릇, 자기, 약재, 자수, 두루미, 악기, 그리고 산호 등도 진상된다. 이상의 것들은 진상품 중 일부에 지나지 않는다.

가장 중요한 세입 가운데 하나는 관세인데 이것은 정부가 공채를 위한 대용으로 쓸 수 있는 유일한 자산이다. 1880년대의 초기까지도 그러한 제도가 없었으나 1882년에 정부는 청국 세관에게 한국에서도 그와 같은 업무를 개설할 수 있는 사람을 파견해 달라고 부탁했다.

변호사인 묄렌도르프와 상당한 외국인 실무진이 그를 동행해 한국에 왔다. 세관 업무는 청의 양식과 비슷한 방법으로 개설됐으나 묄렌도르프가 몇 년 만에 사임하자 직접 청의 규제를 받게 됐다. 처음에는 꽤 성공적이었으나 재정적인 방면에서 한국이 이룩한 것이라고는 거의 없다.

브라운 씨의 훌륭한 솜씨에 의해 정부가 재정적인 면에서뿐만 아니라 정치적인 면에서도 많은 폭풍을 이겨내는 데 도움이 됐으며, 세관 업무는 닻을 내릴 만큼 안정됐다. 수출입 품목에 관해서는 제20장에서 언급하겠지만, 최근의 기록에 따르면 연간 총 무역량 약 5,000만 원(미화 2,500만 달러)에 이르렀으며, 사실상 이들 모두에 대해 수출입 관세가 부과됐다는 점을 재원에 관한 이 장에서 지적하는 것으로 충분할 것이다.

제 16 장 화폐 제도

기원전 1122년에 건국한 기자조선 이전에는 한국에 화폐가 없었다고 말하는 것이 옳을 것이다. 그때까지의 모든 교역은 물물 교환이었다. 아마도 기자는 중국에서 통용되던 주화를 많이 가지고 왔던 것 같다. 그 주화가 어떠한 것인지는 알 수가 없지만, 오늘날의 주화 수집가들에 의해 밝혀진 바로는 그것이 “칼 모양을 한 주화[명도전]”인 것 같다.

한국의 문헌을 살펴보면 기자는 아마를 네모꼴로 잘라서 그 위에 자기의 관인을 찍어 정부 발행권으로 통용했다는 좋은 증거가 남아 있다. 이들은 명목상으로는 태환이었지만 실제로는 그럴 수가 없었다. 왜냐하면 만약 그것들이 상당히 광범위하게 유통됐을 경우 기자가 중국으로부터 가지고 온 주화가 그렇게 많은 지화를 태환할 만큼 넉넉하지 못했기 때문이다.

신라(기원전 57~기원 918) 시대에는 상당수의 중국인이 들어왔는데 이들은 만리장성이 축조될 무렵 중국에서 온 사람들의 후손이었다. 이들이 신라인들에게 주화의 가치를 가르쳤으리라는 것은 의심할 나위도 없다. 신라 초기의 주화는 가운데에 구멍이 뚫린 8각형이었다고 전해지고 있다. 그 밖의 다른 주화로서는 별돈이 있었는데 그 앞면에는 별 두 개가 찍혀 있고 뒷면에는 천제동보[1]라고 각인되어 있다. 동자전이라고 하는 주화는 샴의 것과 똑 같으며 자유지장[2]이라는 글이 쓰여 있는데 이는 그 주화가 어린이에서부터 어른에 이르기까지 각층에 필요하다는 사실을 의미하는 것이다. 이 밖에도 용전, 구전, 칠성전 등이 있다. 칠성전에는 북두칠성이 새겨져 있으며 "신실여진"[3]이라고 각인되어 있다.

고려 시대(918~1392)에는 포화를 발행했으나 이는 추포라고 불릴 만큼 그 품위가 떨어졌는데 돈과 같은 좋은 물건에 그런 오명이 붙은 것은 어울리지 않은 일이다.[4] 오늘날 사용되는 것과 비슷한 주화를 정기적으로 발행한 것은 고려 말[5]이었다. 병의 모양을 한 은화[6]가 발행됐으나 구리와 아연, 그리고 그 밖의 질이 낮은 금속과 혼합해 가치가 떨어지자 악평을 듣게 됐다. 몽골의 지배를 받는 동안 고려에는 몽골의 화폐가 자유로이 흘러들어 왔으나 이들은 모두가 14세기 중엽에 이르러서 통용이 그쳤다.

1392년에 조선이 건국된 후에도 옛날에 쓰던 은화, 동전 및 포화가 통용됐지만, 얼마의 세월이 흐른 뒤에 정부는 그 유명한 엽전을 발행했다. 이 엽전은 최근에 이르기까지 완고하게 국내에서만 통용됐는데 여기에는 그럴 만한 이유가 충분히 있었다. 과거 50년 동안 한국의 주화를 둘러싸고 온갖 협잡 행위가 이루어졌으며, 정부는 주화의 양이 막대함을 알게 됐지만, 정부로서는 주조를 통해 돈을 벌 수는 없었다.

화폐 고유의 가치와 그 제조비는 액면과 일치되어야 하지만 정부는 이러한 사실에 대해는 관심을 두지 않고 자꾸 새로운 화폐를 발행함으로써 결과

---

1) 본문에는 Heaven-Sanctioned Eastern Treasure라고 되어 있으나 원래 한자로는 어떻게 쓰여 있는지 확인할 수가 없다.
2) 본문에는 From Baby to Manhood라고 되어 있으나 원래 한자로는 어떻게 쓰여 있는지 확인할 수가 없다.
3) 본문에는 As Faithful as the Stars라고 되어 있으나 원래 한자로는 어떻게 쓰여 있는지 확인할 수가 없다.
4) 유자후의 『조선화폐고』(서울 : 나남, 1997), pp. 41~72에 따르면 추포는 이미 신라 시대에서부터 사용되기 시작해 조선조 초기까지 통용됐다고 한다.
5) 고려 숙종 6년(1101년) 6월.
6) 은병을 의미하는데 이는 속칭 활구라 했다.

적으로 화폐 가치를 액면의 20%로 내렸다. 어느 지방에서는 새로운 화폐를 구경도 하지 못한 채 오직 서울과 그 주변에서만 통용됐다. 1880년대에는 질이 꽤 좋은 은화를 발행했다. 이 은화는 가운데에 파란 빛깔로 무늬가 새겨져 있었다. 이 은폐는 유통된 지 2년 만에 모두 개인의 수장품이 됐다. 그 후에 은화가 발행됐을 때도 그와 똑같은 현상이 일어났다.

드디어 정부에서는 불행하게도 5전짜리의 백통전을 발행했다. 그러나 여기에도 문제가 발생했는데 그것은 다름이 아니라 그 백통전이 유통물로 사용될 만큼 실질 가치가 없는 반면에 위폐를 만들기에는 충분한 가치가 있었다는 점이다. 지전은 가치 면에서는 보잘것없으면서도 그것을 제조하는 데 필요한 설비는 막대해서 아무도 이 위폐를 만들 수가 없었다. 그러나 백통전은 유통되자마자 위폐범들이 물밀 듯이 쏟아져 나왔다. 일본인들은 위폐에 필요한 설비를 공급했으며 그러한 설비를 한국으로 밀수출하는 동시에 이에 대한 댓가로 수십만 달러에 해당하는 현금이 일본으로 흘러들어 가고 다시 자재가 한국으로 들어왔다.

이와 같은 현상은 한국인들과 정상적인 대한 무역에 종사하는 일본인들에게 커다란 타격이 됐다. 왜냐하면 백통전의 가치가 점차로 떨어져서 급기야 150%나 가치가 절하됐기 때문이었다. 한국과 일본 정부에서는 이러한 급락 현상을 근절시키고자 온갖 노력을 했으나 한국 정부가 실질 가치가 1.5전밖에 안 되는 5전짜리의 백통전의 주조를 계속하는 한 위폐범을 근절시킬 수 없다는 사실을 알게 되자, 양국 정부는 서로 협력해 10여 명의 위폐범을 처형했는데 이러한 조처가 너무도 가혹해 위폐범들도 활동을 중지했다.

서울에는 때때로 가마니 짝을 이어서 큰 집을 만들고 그 안에서 돈을 만드는 곳이 있었는데 서울에서 오래 산 일본인들은 그 모습을 기억할 것이다. 용광로라고 해야 땅바닥에 구멍을 뚫어 놓은 것에 불과하며 벌거벗은 일군들이 풀무의 굴뚝에 걸터 서서 녹은 쇳물이 들어 있는 도가니의 끝을 긴 숨베로 집어 올린다.

용광로의 입구에서 나오는 검푸르고도 초록빛이 나는 불빛이 그 꺼칠꺼칠한 가마니를 통해 비쳐 나오는 밤이면 그 모습은 단테의 『신곡』에 나오는 지옥과 똑같은 모습이다. 약 50가지나 되는 주형에 쇳물을 붓는데 그 것을 주형에서 꺼내었을 때의 모습은 마치 거친 장신구와 같아서 모든 백통전을 가느다란 금속봉으로 잘 다듬는다. 울퉁불퉁한 것이 없어지면 주화에 뚫린 구멍과 꼭 맞는 네모난 금속봉에 이들을 꽂는다.

그 다음 이 금속봉의 양 끝을 억센 바이스(vice)에 물리고 억센 줄로 수천 개의 주화의 끝을 동시에 갈아낸다. 이러한 작업은 매우 거칠고 또 가능한 한 헐한 값으로 해치우는 데도 그 뒤의 피상적인 검사에 합격하게 된다. 주화의 끝을 줄로 갈아낸 다음 물과 모래와 함께 땅에 박힌 통에 쏟아 넣는다. 두 사람이 통의 양쪽 끝에 걸터앉아 맨발로 주화를 짓이긴다. 이것이 마지막 연마 작업이다.

마지막 남은 일은 수백 개의 마디가 있는 노끈이나 줄에 이 초라한 물건을 꾀는 것이다. 이 일이 끝나면 그 줄은, 아마 먹음직스러워 보이지는 않겠지만, 어쨌든 소시지를 달아매어 놓은 것같이 보인다. 전국에 4/5에 해당하는 지방에서는 아직도 오직 이 주화만이 통용되고 있다. 그토록 극도로 쓰기가 불편한 돈으로써 어떻게 많은 거래가 이루어질 수 있을까 하고 의아스럽게 생각하는 사람이 있다. 말 한 필에 잔뜩 실어도 금화 15달러만도 못하다. 내가 대충 계산해 본 바 돈을 운반하는 데에 드는 비용이 거래액의 1/1,000이나 된다.

한국에는 순수한 의미로서의 은행이 없으나 한국인들은 현금을 부분적으로나마 이리저리로 가지고 다니지 않을 방법이 있다. 서울에는 커다란 회사와 조합들이 있는데 그들이 발행하는 어음이 일반적으로 통용되고 있으며 그 교환하는 방법은 매우 어설프다.

지방에 있는 상인들은 그곳의 방백 수령들이 서울의 탁지부에 납부시켜 달라고 부탁한 돈으로 물건을 사서 서울로 올라와 그것들을 처리해 애당초 에 자기가 받았던 금액을 납부한다. 1년 중 어느 계절에는 서울 주민들이 필요로 하는 보리나 쌀이나 그 밖의 물건들을 사고자 상당히 많은 돈을 시골로 내려 보낼 필요가 있다. 그러므로 방백 수령이 부탁하는 일을 맡은 상인들은 탁지부에 그 돈을 납부한 다음에 서울로 그해의 세금을 보낼 기회를 기다리고 있는 방백 수령들에게 보내는 주문을 받는다.

그 상인은 이러한 주문을 다시 받게 된 것을 영광스럽게 생각하고 그 일을 수행함으로써 양측은 이러한 거래를 통해 서로가 이득을 본다. 따라서 지방민들이 그들의 방백 수령들에게 낸 세금은 그들의 생산품을 팖으로써 대개는 그들의 손으로 되돌아온다. 옛날이나 과거 몇 세기 동안에는 세금을 쌀이나 그 밖의 곡물로 낼 수 있었기 때문에 그와 같은 풍습이 생긴 것은 비교적 최근의 일이다.

아주 옛날부터 물물 교환이 교역의 가장 중요한 방법으로 되어 있으며 오늘날까지도 상당한 분야에서 그렇다고 말할 수 있다. 한국에서는 대개 돈을 가지고 있다는 것이 즐거운 일이기는 하지만 어느 모로 보나 생활을 안일하게 해 주지 못하는 사치품이 되고 있다. 서울과 개항지와 몇몇 중요한 도시에서는 모든 물건이 현금으로 구매되지만 이러한 일이란 전 인구의 극소수에 불과하다.

시골에서는 대체로 날짜가 정해진 시장을 통해 생활필수품을 얻는데 한국인들은 이 시장을 "장"이라고 부른다. 만약 독자들이 시골의 인구 많은 마을을 여행한다면 그곳의 주민들이 그렇게 많은 물품은 어디에서 가지고 왔는가 하고 의심스러운 생각이 들 것이다. 그들이 그 물품들을 모두 손수 만들었을까? 시골에는 "가게"라는 것이 극소수 있기는 하지만 이들은 아주 보잘것없는 것들이다. 독자들이 장이 열리는 마을을 방문하고 놀라는 것은 바로 그 수수께끼 같은 사건들이 풀리기 때문이다.

5일 동안 이 자리는 거의 황량하게 보이지만 6일째가 되는 날이면 사람들

식품전

벽에 걸린 것은 문어(흰 것), 마른 굴, 마른 조개이며, 바닥에 있는 것은 마른 대추, 곶감, 밤, 생강, 기타 양념들이다.

이 구름처럼 몰려든다.[7] 인근의 몇 마일 안에 사는 농민들과 공인들은 자기의 물품을 다른 것과 바꾸려고 이곳에 모인다. 먼저 집으로 돌아가거나 아니면 잠시 노름을 하든가 세상살이에 관해 수다를 늘어놓을 수 있는 시간적인 여유를 얻고자 자기의 일을 먼저 끝마치려고 온종일 애쓰는 모습이란 마치 아귀다툼과 같다.

대개의 중요한 홍정은 따끈한 막걸리 사발을 가운데 놓고 오가는 것이기 때문에 대폿집은 마냥 홍청거린다. 심지어 그 술좌석에 처음 낀 낯선 사람에게도 모든 사람이 혀 꼬부라진 소리를 한다. 그러한 감정이 최고조에 이르면 이때는 확실히 난리가 일어난 것 같기도 하고 난투극이 한창 벌어지고

---

7) 장이 서는 주기를 5일이 아닌 6일로 본 것은 필자의 착오로 여겨진다. 본서, p. 354참조.

있는 것처럼 보인다. 이때는 마치 500가지의 멋있는 물품들이 동시에 경매되는 것 같기도 하고 대성황을 이룬 증권 시장 같기도 하다.

이럴 경우에 거래되는 돈의 액수는 물론 많지만, 그 마을에 뿌려지는 액수는 비교적 적다. 사람들은 제각기 자기의 물건을 다른 사람의 것과 교환한 뒤에는 자기의 흥정이 매우 수지가 맞는 것이었다는 생각으로 기분 좋게 집으로 돌아간다. 그러나 자기의 알뜰한 아내가 그 형편없는 물건들을 바라보는 순간 그는 이제까지의 흥청대던 기분이 순간적으로 사라질 수도 있다.

한국인들은 자기들이 이용하는 교환 수단을 바꾸어야 한다는 것을 알고 있지만, 그 실천의 속도는 매우 느리다. 서울에서는 매사가 그러한 방향으로 "진행"되고 있지만, 대부분의 사람에게는 아직도 옛날에 쓰던 방법들이 법처럼 되어 있다. 은산에 있는 미국인 금광에 고용된 수백 명의 한국인은 오늘날까지도 일본의 지폐를 임금으로 받지 않기 때문에 회사 측에서는 어쩔 수 없이 일본 은화를 얻고자 극동의 각 개항지로 사람을 보낸다.

그런데 사실은 이 은화는 일본 내에서도 유통되지 않아서 어느 곳에서나 상당히 절하되어 있다. 이 은화는 한국 내의 어디를 가나 그 가치를 가지고 있으며, 계약이 달라지더라도 그 가치가 변동되지 않을 뿐 아니라 정부가 아무리 지급 능력이 없다고 하더라도 이 은화만큼은 신용이 있어서 한국인들은 이 은화를 좋아했다. 한국인들은 그와 같은 보잘것없는 은화를 정부가 용납하도록 애를 많이 썼다. 1880년대 초기에 어느 순박한 한국인에 관한 재미있는 이야기가 하나 있다.

> 1882년 일본 공사관이 불타고 그 직원들이 살해되거나 제물포로 몸을 피했을 때[임오군란]에 도망가던 어느 사람이 일본 지폐가 가득 찬 손가방을 길에 떨어뜨리었다. 어느 한 한국인이 그것을 주워서 돈이 들어 있는가를 살펴보았으나 이상한 종이쪽지만이 들어 있었다. 그것이 돈인 줄을 몰랐던 그 사람은 왜 일본인들은 그러한 쓸모없는 종이쪽지를 가지고 달아나려고

애썼는지를 이해할 수가 없었다. 그는 그 지폐를 집으로 가지고 와서 벽을 발랐다. 이런 일이 있고 난 얼마 후에 부산에서 일본인들과 거래해 봐서 일화에 관해 잘 아는 한 친구가 우연히 이 집을 방문했다. 그는 도배지를 보자 거의 까무러칠 뻔했으나 다시 정신을 차려 그 집을 300달러로 사는 데 성공할 때까지는 아무 말도 하지 않았다. 집을 산 다음 그는 6천 원 이상을 벽에서 떼어 냈다.

이보다 더 재미있는 이야기가 하나 있다.

두루마기 안쪽에 몇천 원의 지폐를 숨기고 서울로 올라오던 한 상인이 어느 으슥한 곳에서 노상강도를 만났다. 그 상인은 태연하게 돈이 없노라고 대답했다. 그 노상강도는 못마땅하게 여기면서 "그렇다면 두루마기를 바꾸어 입자"고 소리쳤다. 그 가련한 상인은 아무런 불평도 할 수가 없었다. 이런 일이 있고 난 얼마 후에 그 노상강도는 그 장소에서 다른 사람을 만났는데 그도 역시 돈이 없는 것처럼 보이자 다시 두루마기를 바꾸어 입었다. 그 사람이 입은 두루마기는 비단이었기 때문이다.

집에 돌아오자 그는 도둑이 입던 옷을 입고 싶지 않아서 그 두루마기를 벗어서 자기의 아내에게 주면서 뜯어서 걸레나 만들어 쓰라고 말했다. 그는 긴 담뱃대를 입에 물고 좋아하는 책을 보고 있었는데, 시간이 반쯤 지나 내실 마루에서 커다란 소동이 일어났다. 아낙네들이 그 두루마기에 수백만 마리의 도깨비가 붙어 있다고 소리치면서 그에게로 달려왔다. 일본은행권에 찍혀 있는 약간 뚱뚱한 부신의 모습이 그들을 놀라게 했다. 다행히도 그 남자는 그것이 일화임을 알았다. 그는 그 빳빳한 지폐를 뜯어놓으면서 점잖게 혼자서 이렇게 중얼거리었다. "적선지가에 필유여경이라"고.

제 17 장 건축술과 건물

극동의 모든 나라에서 볼 수 있는 건축상의 가장 특징 가운데 하나는 건물이 허울만 좋을 뿐 실속이 없다는 점이다. 몇 개의 탑이나 그 밖의 기념 건물을 제외한다면 서아시아나 유럽을 방문하는 여행자들이 표현하는 찬사와 관심을 불러일으킬 정도의 고대 건축물을 볼 수가 없다. 극동에는 국민들이 점유할 목적으로 지은 건물들이 없어 사실상 그 건물을 다시 지었다고 말할 만큼 철저하게 중수하지 않고서는 300년 동안 존속하는 것이 없다고 주장하는 데는 상당한 근거가 있다.

이러한 주장은 특히 한국에서 더욱 적중한다. 왜냐하면, 지붕의 무게와 기둥의 지탱력 사이에는 커다란 불균형이 있기 때문이다. 반원형 건축술이 이곳에 알려진 것은 수세기 이전의 일로서 성문과 몇 군데의 다리를 만드는 데는 이용됐지만 건축술에 의한 건물이 아무리 오래간다고 하더라도 일반적인 건물에는 이용되지 않았다.

지붕의 무게는 예외 없이 몇 개의 나무 기둥에 의해 지탱되는데 이러한 방법이란 역시 가장 원시적인 양식이다. 어마어마한 대들보가 양쪽 기둥 위에 놓이며 이 대들보의 중간에서부터 서까래가 뻗쳐 나간다. 건물의 무게가 수직적으로 눌리지 않도록 하는 데에 필요한 힘센 구항과 같은 것이라고는 하나도 없다. 더구나 건물이 내려앉는 것을 방지하려고 오직 각 기둥의 바로 아랫부분만 특별히 다져졌기 때문에 기와를 올린 지붕의 무게는 어설프게도 불충분한 토대 위에 올려 놓여 있음을 알 수가 있다.

이것은 말하자면 마치 150파운드의 중국 여인이 두께 2인치, 너비 1인치의 다리 위를 걸어서 건너는 것과 같다. 이 단단치 못한 터를 다지는 데 한국인들은 땅의 저반까지 내리다지지 않고 부드러운 지표만을 헤치고 무거운 돌이나 쇳덩이로 땅을 다진 다음 더 이상 애쓰지 않고 기둥을 받치는 무거운 돌을 놓기 때문에 더욱 불안정하다. 이처럼 건물의 기초 부분이 여기저기에 분산되어 있는데 경도가 똑같지 못해서 약 20년만 지나면 결함이 나타나기 시작해 지붕이 기울고 건물 전체가 술이 얼근히 취해 비틀거리는 사람처럼 평행과 수직을 잃게 된다.

그러므로 건물에 제일 먼저 수선해야 할 곳은 기둥 사이의 벽의 공간을 채우고 있는 낡은 흙벽을 뜯어내는 일인데 한국의 건물에서 벽이라 함은 방편적인 버팀대의 구실을 함으로써 지붕의 수직적인 압력을 받는 기둥을 돕는 것이다. 그 다음에 수선해야 할 점은 초석의 위치를 옮겨 기둥을 다시 수직되게 만드는 것이다. 동양인들은 서까래 위에 있는 지붕의 무게로 인해 집이 옆으로 기우는 것을 막고자 이음 들보가 필요하다는 것을 알지 못하고 있다.

지붕 무게의 대부분은 직접 이음 들보의 중심부로 쏠리고 있다. 그러므로 이음 들보는 엄청나게 굵어야 한다. 건물을 기울지 않도록 하는 유일한 방법은 기둥의 이음들보의 장부 구멍을 파는 것이다. 건물을 기울지 않도록 하는 구항이 없으므로 건물이 수직을 유지하는 것은 단 몇 년에 불과하다.

한국인들이 그들의 집을 한데 묶어서 짓기를 좋아하는 것은 바로 이 때문이라는 점은 의심할 나위도 없다. 한국의 집은 한밤중에 술에 취해 서로 팔짱을 끼고 부추기면서 집으로 돌아오는 유쾌한 주정뱅이의 무리를 닮았다. 만약 주택이 밀집한 지역의 어느 집을 사서 그것을 헐어버리려고 한다면 양편에 사는 이웃 사람들로부터 찢어질 듯한 항의를 들을 것이다.

집이 튼튼한 기둥으로 받쳐져 있는 것을 확인하기 전에는 서울의 어느 거리나 한국인의 주택가를 지나가지 않는 것이 좋다. 왜냐하면 그 집들이 무너져 개천의 물이 튈 위험이 있기 때문이다. 대체로 한국의 집이란 지붕이 가장 중요시되고 기초는 부수적인 것에 불과하다고 결론을 내리지 않을 수가 없다.

한국의 집은 그것이 민가이든 대궐이든 간에 같은 계획에 따라서 축조된다. 다만 정도의 차이만이 있을 뿐이다. 건물 구조의 기준은 소위 칸이라는 것이다. 한 칸의 한 변의 길이는 약 8피트가 된다. 만약 집을 산다면 몇 칸이 필요한가 하는 점이 첫째 문제점이다. 집이 몇 칸이냐에 따라서 값이 결정되기 때문에 야드에 따라서 옷감을 사고 파운드에 따라서 고기를 사는 것과 똑같이 칸에 따라서 집을 사게 된다. 물론 건물의 조건이 값을 결정하는 요소로 참작되겠지만, 어느 경우를 가릴 것 없이 기와집이나 초가집의 값은 매 칸에 따라서 시세가 쉽사리 결정된다.

1880년대만 해도 한국인들은 큰 길 가에 있는 집이 골목에 있는 집보다 비싸다는 것을 알지 못했다. 그래서 몇 년 전까지는 집값이 지금보다 더 일률적이었다. 그뿐만 아니라 대지도 집값을 결정하는 데 그리 중요시되지 않았다. 나는 서울에서 넓은 대지에 자리 잡은 자그마한 초가집을 여러 번 산 적이 있었는데 그때마다 집의 칸 수에 따른 시세만을 치렀다. 그러나 이제 그러한 시기는 지나고 건물의 위치와 대지의 면적이 세밀하게 계산된다.

한국의 집은 천편일률적으로 축조되어 있기 때문에 그중 하나만 설명하면 충분할 것이다. 집터를 끈으로 재어 구상하고 초석을 놓는 자리가 결정되면 그곳을 굳은 땅이 나올 때까지 4~5피트 깊이의 구멍을 판다. 그런 다음에 여러 명의 일꾼이 큰 돌이나 무거운 쇳덩어리가 달린 끈을 손에 쥐고 구덩이의 둘레에 선다. 우두머리가 되는 사람이 늘어지게 부르는 노래로 신호하면 다른 일군들은 동시에 끈을 잡아당기는데 이때 그 돌이나 쇳덩이가 하늘로 치솟아 올랐다가 그 구덩이에 떨어짐으로써 초석을 놓기로 한 땅을 다진다.

기초를 더욱 단단히 하려면 부서진 돌이나 기왓장 조각을 안에 넣고 바순다. 각 구멍을 이처럼 다진 다음에 "주춧돌"을 그곳에 놓는다. 주춧돌은 1피트 또는 그 이상이 표면으로 나오는 수도 있다. 대개 주춧돌이 너무 작아서 구멍의 밑에까지 닿지가 않는데 이럴 경우에는 적당한 수준에 다다를 때까지 작은 돌을 말뚝으로 쳐서 집어넣는다.

주춧돌은 항상 8피트 간격으로 놓고 이 위에 8피트 길이의 기둥을 세우는데 기둥은 가능한 한 고르지 못한 주춧돌에 맞추고자 자귀로 다듬는다. 기둥의 꼭대기에는 가름보가 맞도록 깊은 장부 구멍이나 V자형의 홈을 파서 나무로 만든 망치로 두들겨 박는다. 모퉁이에 세우는 기둥을 제외하고서는 각 기둥의 위에 세 개의 들보가 들어맞아야 하는 것은 분명하다. 이럴 경우에는 대들보의 어긋물리는 부분이 1/4 이상이 어긋물리는 부분으로 나오지 않도록 들보의 끝을 잘라 내는 일이 필요하다. 모든 기둥과 가름보를 제자리에 맞춘 뒤에 이 위에 직립재를 세우고 그 위에 다시 마룻대를 올린다. 여러 가지 크기의 둥근 나무로 된 서까래를 마룻대 위에 움직이지 않도록 못을 박고 그 끝이 벽의 밖으로 약 2피트가량 나오도록 한다. 지붕이 완성됐을 때는 서까래가 항상 기울도록 만들어야 한다.

극동의 건축 특징은 모든 지붕이 굴곡을 이루고 있다는 점이다. 모든 지붕을 두꺼운 나무 다발로 덮어서 엉성한 것을 새끼줄로 얽은 다음 그 위에 2~3인치의 흙을 덮고 다시 무거운 기와를 얹는다. 기와를 얹을 때는 석회나 그 밖의 어떤 부착제를 쓰지 않기 때문에 오직 자체의 무게로 비바람에 견디게 된다. 넓으면서 약간 구부러진 암키와 요면을 위로 해 먼저 얹은 다음에 그들 사이의 벌어진 틈 위에 약간 더 심하게 구부러진 수키와를 철면을 위로 해 얹는다. 이들을 놓을 때는 단순히 진흙만을 사용할 뿐 다른 부착제는 사용하지 않는다.

진흙을 사용해도 지붕이 튼튼하다는 것을 고백하지 않을 수가 없다. 진흙은 열도 견디며 어지간한 폭풍 따위는 틈으로 새어들어 오지는 않는다. 그러나 진흙을 사용에는 두 가지의 결함이 있다. 첫째는 지붕의 하중이 건물의 다른 부분에 비해 무거우므로 항상 중압이 작용해 머지않아 건물의 구조를 "압도할" 것이며 둘째로는 수키와를 얹은 곳의 진흙에는 여러 가지의 씨앗이 많이 들어 있어서 여름의 장마철이 되면 지붕은 정말로 잡초 밭이 된다. 그래서 씨앗이 완전히 죽기 전인 2~3년 동안은 해마다 기와를 다시 놓아야 한다고 말하지만 진흙을 그 위에 더 사용할 수가 없으므로 다음에 또 다시 기와를 손질해야 한다.

창과 방문을 다는 동안에 벽의 공간은 단단한 나무로 엮어서 메우고 그 위에 진흙을 바른다. 진흙이 말라 사방으로 갈라지면 고운 흙과 모래와 머리털을 대신해 사용하는 마지막 성분인 말똥을 섞어서 그 위에 바른다. 벽은 안쪽과 바깥쪽이 같은데 이는 길게 뻗어 나온 지붕 처마가 바깥쪽 벽으로부터 기온을 보호해 주게 되어 있기 때문이다. 이 벽을 튼튼하고도 섬유질이 섞인 한지로 도배하면 완전한 이중벽이 된다.

방바닥은 바닥인 동시에 난로의 구실을 하므로 매우 중요한 부분이 된다. 땅바닥에서부터 방바닥까지는 진흙과 돌로 쌓는데 그 밑에는 말하자면 도랑을 3~4개 파서 방의 아랫목과 윗목에서 각각 만나도록 되어 있다. 방바닥에는 약 2인치 두께의 넓적한 돌을 깔고 연기가 방으로 세어 들어오지 않도록 그 접합 부분을 회로 정성껏 바른다. 그 돌 위에 회를 얇게 바르고 다시 기름 먹인 두꺼운 종이를 바르므로 버선을 신은 발아래 비단처럼 부드럽게 느껴진다.

아궁이는 방의 밖에 있으며 일반적으로 그 위에는 가족들의 밥을 끓이기 위한 커다란 솥이 걸려 있다. 이것이 바로 부엌인데 바닥은 바로 흙이기 때문에 의자나 선반이나 그 밖의 도구가 필요하다. 이러한 방법으로 더워지는 곳을 "방"이라고 부른데 이것은 중국의 캉과 특별히 다른 점이 없다. 다만 캉은 실내의 일부만을 차지해 있고 긴 의자와 같은 것이 바닥 위에 솟아 있으나 방은 바닥 그 자체가 전부이다. 집이 적을 경우에는 이러한 방 하나와 부엌 하나, 그리고 한두 개의 골방이 딸려 있다.

그런가 하면 부잣집은 그 건축 방법은 마찬가지이나, 방이 10여 개가 되고 하인들의 처소가 줄지어 있어서 이들을 모두 합치면 150~200칸이 된다. 유복하게 사는 척하려면 사랑이라는 방을 별도로 마련하는데 이것은 손님들을 위한 것으로서 대문으로 들어오지 않고서도 출입할 수 있으며 집안의 아낙네들의 처소와는 떨어져 있다. 아낙네의 처소는 특히 내실이라고 부르며 주인과 동행하거나 특별히 초대를 받은 경우가 아니면 어떠한 남자도 들어가서는 안 된다.

한국인들은 집 둘레에 장벽을 둘러쳐서 자기 집을 미궁처럼 만들기를 좋아한다. 이렇게 하면 아름다운 집안을 살펴보면서 즐길 기회가 없어지는데 우리가 보기에는 한국인들의 이러한 사고방식은 잘못인 것 같다. 가장 훌륭한 집일수록 가장 은둔해 있기 때문에 무수한 대문과 정원의 오솔길을 따라 꼬불꼬불 다니면서 유심히 살펴보지 않고서는 한국 집의 아름다움을 발견할 수가 없다. 그래서 유럽의 건물처럼 발걸음을 멈추고 아름다움을 음미할 수가 없다. 길에 나가 보아도 아무런 특징을 갖지 못한 여러 칸짜리의 긴 집만을 볼 수 있을 뿐이다. 적어도 집을 놓고 생각해 보면 한국인들은 그들의 가장 아름다운 부분을 세상에 나타내지 못하고 있다.

대문을 들어서려면 수채를 지나야 하고, 집주인이 있는 곳을 가려면 하인들의 처소와 마구간을 지나야 한다. 집안의 제일 뒤꼍이나 외부인이 들어갈 수 없는 곳에 가보면 꽃이 만발한 관목들이 심어져 있는 아름다운 냇물과 물에 깎인 진기한 돌과 근엄하게 서 있는 한두 마리의 황새를 볼 수가 있다. 뜰 안에는 초목의 잎사귀 하나도 보이지 않는다. 그곳엔 잔디 같은 것은 전혀 심지 않았고 풀은 돋는 대로 즉시 호미로 뽑아낸다. 훌륭한 집안에 들어가 보면 사랑채의 뜰 안에서 여기저기 조금씩의 화초나 관목을 볼 수 있다.

가장 이상적인 집의 방향은 남향이며 뒤에는 가파른 냇물이 흐르는 곳이

가래질

다. 남쪽은 따사롭고 밝으며 생동하는 것을 의미하며 북쪽은 어둠과 추움과 죽음을 의미한다. 이러한 관념은 중국에서 들어온 것이지 토착적인 것은 아니다. 이러한 관념은 무덤의 위치나 중요 도시의 위치를 정하는 데도 매한가지이다. 그 밖의 것들도 마찬가지이기 때문에 남향이란 항상 한국인의 마음이 이끌리는 곳이다.

한국인들의 집안에는 위생 시설이 어떤지는 아무 말 하지 않는 것이 더 좋다. 그들은 아주 초보적인 위생 상식마저도 배우지 못했으므로 하늘에서 떨어지는 물이 빠져나갈 수 있는 수채만 있으면 만사는 그것으로 충분한 듯이 보인다. 인분을 치우고자 하루 어느 때이고 시가 청소부가 돌아다니는데 그 집을 들어가고자 하는 사람은 그가 비켜 주기를 바라느니 그 옆으로 비켜 지나가는 편이 오히려 낫다.

서양인들에게는 한국인이나 극동에 사는 사람들의 그러한 생각 없는 행동이 전혀 이해되지 않는다. 아무리 돈이 많고 세도가 당당한 사람의 집에 가 보아도 거지 소굴과 마찬가지로 진절머리가 나도록 불쾌한 모습들을 보게 된다. 그러나 이러한 불쾌한 문제들에 관한 설명을 끝맺기 전에 먼저 지적해야 할 점이 있다. 이는 다름이 아니라 한국의 노천 하수도인데 이는 눈에는 거슬리지만 악취 면에서는 중국이나 일본보다는 덜하다는 점이다.

한국은 일본보다 콜레라의 전염이 대체로 적은 편이고, 하수도의 미비로 생기는 특수한 전염병인 디프테리아도 도쿄가 서울보다 훨씬 더 심하다. 이렇듯 서울의 위생 시설이 눈으로 보나 악취 면에서 보거나 불쾌하기는 하지만, 한국 토착민의 실제적인 건강 조건이 일본인이나 중국인보다 더 나쁘다고 말할 수 있는 증거란 없다는 점을 나는 강조하고 싶다.

도로란 실제로 무엇을 위한 것이며 그것을 사용하는 데는 공유성에 의한 제약이 있어야 한다는 데 관해 한국인들은 헛된 생각을 하는 듯이 보인다. 서울의 도로가 겉모양만이라도 갖추게 된 것은 다만 외국인들이 들어온 이후의 일이다. 그때까지만 해도 서울의 간선을 이루는 중심가마저도 토막과 매점으로 너무 옹색하게 막혀 있어 어느 지점에서는 두 대의 마차가 거의 지나갈 수 없을 정도였다.

한국의 노점 주인들은 그들의 가게가 2~3피트, 아니 4피트씩이나 노상으로 확장되는 것을 예사로 생각했다. 처음에는 물건을 팔고자 임시로 토막을 짓거나 천막을 치다가 관가에서 노상 장애물을 단속하고자 흔히 거리를 돌아다니면 그들은 이제까지 침식한 터 위에 남몰래 영구 건물을 세움으로써 일이 다 그르친다. 만약 그러지 말라고 타이르기라도 한다면 그들은 멀쩡한 건물의 외관을 망가뜨려 놓은 다음 이 땅은 사실상 선대로부터 우리가 사용해 왔으므로 우리는 이에 대해 권리를 가지고 있다고 주장할 것이다.

나는 내 집으로 들어오는 노상에서 이런 일을 당해 낭패를 본 적이 여러 번 있다. 조그마한 천막이 나타나면 아예 못 본 체하고 돌아서 가는 것이 좋겠지만 좀 더 현명한 사람이라면 너무 늦기 전에 옆에서 지켜 서서 그 천막

흙담

이 움직이는 것을 바라볼 것이다.

도로도 역시 온갖 오물의 집적소이다. 그것도 머지않아 지나가는 말발굽에 짓밟혀 보이지 않게 된다. 그러나 만약에 조금씩이라도 치우려고 이리저리 분주히 돌아다니는 수많은 청소부의 수고와 굶주림에 허덕여 빈혈에 걸린 개의 무리가 없다면 한국의 도시에 사는 사람들의 생활은 상상할 수도 없다. 만약 어느 한국인이 벽이나 굴뚝을 고치는 데 진흙이 필요하다면 그는 거리낌 없이 도로의 중앙으로 나아가서 원하는 만큼의 흙을 퍼 간다. 흙을 퍼낸 자리에 생긴 구멍을 메우는 것에 관해서는 아랑곳할 바가 아니며 다만 시간만이 그 구덩이를 메운다.

나는 길에서 황소라도 묻을 만큼 큰 구덩이를 여러 번 보았다. 흙을 퍼 간 사람이 마지못해 자기네 마당의 쓰레기로라도 메우는 척할 수 있지만, 그것은 어디까지는 외면치레에 불과한 것이다. 그러한 파괴 분자들이 사람이 지나다닐 좁은 길이라도 남겨 놓는다면 전혀 불평하지 않을 것 같다. 누구에게 특별히 소속해 있지 않은 물건은 아무에게나 합법적인 전리품이 된다는 것이 그들의 근본정신인 듯이 보인다.

한국의 집은 아무리 초라해도 남의 눈길을 막을 수 있는 담이나 울타리가 없으면 완전한 것이 아니다. 그 이유로는 두 가지가 있다. 다른 사람들이 집 안의 아녀자들을 넘겨다보지 못하도록 남의 눈을 가리는 시설이 필요한데 이것이 가장 중요한 이유이다. 이곳에서는 담이나 울타리 너머로 이웃집의 뜰 안을 들여다보는 것은 중죄로 취급을 받는다.

만약 어떤 목적 때문에 자기 집 지붕을 올라갈 필요가 있을 때는 모든 이웃 사람들에게 이를 알려서 이웃 아낙네들이 무엇으로든 자신을 가려 남의 눈에 띄지 않도록 해야 한다. 담을 넘는 것은 도둑이나 하는 짓이기 때문에 한국인들은 담이 헐려서 충분히 지나다닐 수 있음에도 멀리 돌아서 대문을 통해 들어가는 것을 볼 수가 있다. 반면에 한국인은 그가 들여다 볼 수 있게 되어 있는 울타리는 존중하지 않는다. 그는 울타리를 넘어갈 수도 있고 뚫고 들어갈 수도 있으나 전혀 침범할 수 없는 것으로 생각하고 있다.

몇 주 안에 말뚝은 사라질 것이며, 누군가는 넉넉한 화목을 얻음으로써 부자가 될 것이다. 한국인들은 사람의 눈길은 막는 것은 담이나 울타리밖에 없다고 생각하고 있다. 보통 담은 널빤지에 흙을 단단하게 다져 넣는 일을 여러 번 계속함으로써 만들어지는데 이는 실제로 예시하기 전에는 소상하게 설명할 수 없다. 담의 두께는 약 18인치가 되며 그 위에 기와를 얹는다. 양면을 평평하게 다듬어서 말린 다음 회를 입힌다. 만약 튼튼한 기초 위에 잘 만들어 놓으면 여러 해 계속된다. 빨간 쑥돌 가루를 구할 수 있으면 담을 더 튼튼하게 만들어서 기와가 벗겨진 다음에도 몇 해 동안 지속될 수 있다.

한국인들은 공원이나 공중을 위해 단장된 곳이나 휴식처에 별로 관심을 두지 않으며, 그림과 같은 계곡을 바라보며 산등성이를 걸으면서 자연의 아름다움을 즐기는 것을 매우 좋아한다. 이러한 수많은 은둔처에는 반관의 오락장이 있는데 이곳은 담으로 둘러싸인 넓은 터로 되어 있다. 이러한 장소는 정부의 소유여서 관할 관청에 신청함으로써 사용할 수가 있다. 제철을 만나면 학생들의 소풍이나 그 밖에 그와 유사한 오락회가 이 아름다운 곳에서 열리지만, 어느 때고 그곳에 출입할 수 있는 사람은 상류 사회에 국한된다. 이곳의 아름다움으로는 바위 계곡과 작은 호수와 10제곱피트가량 되는 여름 정자를 들 수가 있다.

시골에서는 사원이 공원을 이루고 있다. 절은 항상 명승지에 자리 잡고 있으며 나무가 울창하게 들어서 있다. 일반적으로 명절을 기해 많은 사람이 이곳에 모여 성대한 놀이를 벌인다. 이 밖에도 거의 모든 마을에는 커다란 고목이 있는데 그 밑에 마을 사람들이 모여 세상사를 이러니저러니 얘기한다. 이곳이 마을 공동 광장이다. 노인들은 장기를 두며 마을의 지도자들은 공동 문제에 관해 얘기한다. 만약에 한담이 계속되고 있다면 행인들은 반드시 그곳에서 그들의 얘기를 듣게 될 것이다. 특별히 마을의 사당이 집회소로 되는 경우도 적지 않다.

마을을 둘러싼 성벽이 한국에서 가장 당당한 구조인 것은 의심의 여지가 없다. 서울을 둘러싼 성채에 얼마나 많은 노력이 들었는가를 한눈에 알 수 있으며 또한 그 모양이 매우 인상적이다. 시골을 다녀보노라면 바위 언덕의 꼭대기에 순전히 성벽으로 둘러싸인 마을을 보게 된다. 성벽은 높이가 12~15피트가 되는 무거운 석벽으로서 그 둘레는 1마일 이상이나 된다. 그 안에 들어가 보면 사람이 산 흔적을 볼 수 없으며, 최근에 군대가 주둔했던 흔적도 볼 수 없다. 몇 세기 전 이곳을 피난처로 사용할 당시의 가치는 이제 없어지고 유럽의 장원의 성곽처럼 단순히 지난날의 유물로 남아 있다. 이런 곳들은 영주지는 아니지만, 미국의 서부에서 인디언의 습격이 있을 때만 사용하던 방어사처럼 이용했다.

이제 건물의 내부 장식에 관해 언급하고자 한다. 한국의 내부 장식은 서양의 그것들처럼 일반적인 유형이 번잡하지 않다. 한국인들은 한 가지의 유형에 일관되게 집착하며 내부 장식의 형태도 깊은 맛이 없이 피상적이다.

예술과 종교

(위) 사찰의 추녀 (아래) 불상

건물은 오직 관청만이 채색될 수 있다. 만약 민간인이 자기의 집을 채색하면 체포되어 중형을 받을 수도 있다. 이와 같은 현상은 왕실의 특권을 단적으로 표현해 주는 것이다. 기둥을 네모지게 다듬어서 쓰지 않고 둥근 원목을 그대로 쓸 경우에도 마찬가지이다. 이것 역시 왕실의 우월성을 나타내려는 것이다.

대궐의 색채를 설명한다는 것은 쉬운 일이 아니다. 만약 독자가 무지개의 빛이 건물에 비추어 그것이 나무의 각 부분에 반사된 모습을 상상한다면 대궐의 색채가 어떻다는 것을 어렴풋이나마 연상할 수 있을 것이다. 색채는 무지개의 원색이며 무지개 모양으로 둥글게 굴곡을 지으며 채색되어 있기 때문에 표면은 마치 만화경의 부서진 조각들이 모여 있는 것과 같다.

어떻게 화가는 그처럼 똑같은 그림을 두 번씩이나 그릴 수 있었을까 하고 생각한다면 머리만 피곤하며 그는 그 일 이외에는 아무것도 하지 않았다는 것을 알 수 있다. 어디를 가나 구조는 다르지만, 채색은 같은 모습을 보게 된다. 관청의 문에는 두 개의 큰 점에 맞추어서 커다란 원을 그려놓은 것을 자주 본다. 이것은 소위 태극이라는 것으로서 한국의 국기에서 볼 수 있는 상징이며 자연계에서 음양을 나타낸다.

비록 민가에서는 금지되기는 하지만 나무 조각은 공공건물에서 약간의 장식 구실을 한다. 창살이 달린 문은 때때로 정교한 금은 세공으로 만들어지지만, 항상 소나무를 사용하기 때문에 효과가 그다지 좋지는 않다. 목각의 가장 특징적인 형태 중의 하나는 접견실이나 그 밖의 기념 건물의 처마 밑에 있는 대들보에서 뻗어 나온 외양의 돌출부에서 찾아볼 수 있다.

무수한 제비 떼 때문에 더러워지지 않도록 처마 밑에는 철망을 쳐 놓았다. 처마 밑에는 무수히 많은 깨진 유리 조각을 매달아 놓음으로써 모습이 이상하게 된 것을 본 적이 한두 번이 아니다. 그 조각들은 각기 다른 끈에 매달려 있으며 처마의 돌출부에 달려 있기 때문에 바람이 약간만 불어도 부드럽고 아름다운 소리를 내며 여러 가지로 채색되어 있다.

한국에서 가장 눈에 잘 띄는 물건 가운데 성문이나 관청 지붕의 경사진 모서리 위에 줄지어 서 있는 흙으로 만든 "원숭이들"이 있다. 이 정체 모를 물건들은 실제로 원숭이는 아니지만, 원숭이의 모습과 비슷하기 때문에 외인들은 그렇게 부른다. 한국인들은 하늘과 땅에는 여러 가지의 귀신들이 있다고 분명하게 믿기 때문에 이 악귀들이 놀라서 달아나도록 문 위에 그와 같은 원숭이들을 만들어 놓았다는 것이다. 오직 그 까닭만은 아니라고 하더라도 그러한 현상을 통해 정부가 자연신을 경배하고 있다는 가장 분명한 증거가 나타나는 것이다. 모든 분야에 있어서 유교 제도는 고수되고 있다.

제 18 장 운 송

어느 민족을 가릴 것 없이 민족의 생활수준은 그들이 교통수단으로 사용하는 운송 도구로써 적절하게 평가될 수 있다. 이와 같은 척도로 평가한다면 한국인들은 가장 미발달된 상태에 속한 국민이라고 정의를 내리지 않을 수가 없다. 전국을 통해 길이라고는 거칠기 짝이 없어 인력거도 제대로 다닐 수가 없으며 우마차나 손수레는 말할 나위도 없다. 극소수의 지방에서는 손수레가 매우 제한된 범위 안에서 사용될 수 있으나 그러한 지방이란 전국적으로 볼 때 너무도 극소수이기 때문에 지방이 오히려 예외적인 지역이 되고 있다.

서울에서부터 한만 국경에 이르는 길이나 서울에서부터 몇몇 주요 도시에 이르는 길은 때때로 보수 작업을 하다 말다 하는데 그나마도 길이 전혀 다닐 수 없을 때만 하며 작업에 싫증을 내는 관리들은 보수비로 몇 백 달러라도 받게 되면 그때만 일시적으로 작업한다. 이때 나오는 비용의 3/4은 어느 사람의 주머니로 들어가며 그 나머지가 보수비로 사용된다. 이러한 일이란 항상 약간의 애교로 여겨지며 보수 작업이 진행되면 작업에 동원된 시골 사람들은 서로 눈짓을 하면서 이번에는 누가 또 그런 짓을 하느냐고 묻는다.

일반 도로에는 자전거를 타고 갈 수 없는 곳이 많아 심지어는 이 흔한 자전거를 둘러메고 험한 길을 가야 하는 곳이 허다하다. 몇 세기 동안 이 좁은 길을 따라 계속해 다님으로써 그 길은 평지보다 더 낮게 패었으며 특히 언덕길은 더욱 그러한데 이는 그러한 길일수록 바람이 세차게 불어 흙먼지를 날려 버리기 때문이다. 골짜기의 길은 논둑 위로 나 있기 때문에 다른 곳들처럼 전적으로 없어지지 않는다는 것은 확실하다.

심지어 주요 도시 사이의 길이 흔히 논둑 위를 따라서 겨우 걸어 다닐 수 있는 정도이기 때문에 이들을 연결하는 도로로는 그 정도의 형편없는 통로가 고작이라는 생각을 하게 된다. 나는 서울과 제물포 사이의 도로를 처음 지나던 당시의 옛일을 잊을 수가 없다. 그 길은 버몬트주의 옛날 농장에서 양들이 다니던 길을 연상케 했다. 만약 그때 안내인이 자세하게 설명해주지 않았더라면 나는 그 길이 인구 1,000만이 사는 한 왕국의 수도로 이어지는 길이라는 것을 믿지 않았을지도 모른다.

대도시 부근에는 순전히 돌로 만들어진 다리가 몇 개 있지만, 대개의 시골 지방에는 영구적인 다리가 없다. 함흥에 있는 만세교는 매우 훌륭한 다리로서 예외라고 할 수 있다. 이 다리는 길이가 거의 반 마일이나 되며 물밑에 가라앉아 천연으로 뿌리박힌 재목의 위에 축조됐으며 교각은 빗장으로 지탱되고 있다. 다리의 바닥은 철로의 침목만큼 큰 재목으로 깔려 있으며 한국말로 "칡"이라고 하는 억센 넝쿨로 동여매어 있다.

옛날의 런던교처럼 다리의 위에는 많은 집이 있지만, 장마철이 되면 즉시 철거된다. 왜냐하면, 소나기가 갑자기 몇 번만 내리면 산골짜기의 물이 격류가 되어 그 위에서 잠자는 사람들이 위험을 알기도 전에 다리 일부분을 침수시키기 때문이다. 해마다 이와 같은 침수 현상을 볼 수 있으며 그 보수비는 정부가 댄다. 이때 하청업자는 상당히 많은 목수를 모집하는데 이처럼 목수들에게 일거리를 제공해 주는 것은 장마가 베푸는 선행의 하나로 여겨지고 있다. 1904년 5월에 러시아인들이 불태운 것이 바로 이 다리였다.

냇물을 건너는 방법으로는 세 가지가 있다. 첫째는 나룻배를 이용하는 것이며, 둘째로는 얕은 여울을 건너는 것이며, 셋째로는 일시적인 다리를 만들어서 이용하는 방법인데 이러한 방법들은 여름철에 장마가 질 때는 아무런 소용이 없다. 평상시에 수심이 한 길이 넘는 곳은 나룻배로 건넌다. 이 나룻배는 정부에서 운용하며 그곳 지방 관청으로부터 재정적인 협조를 얻지만, 통행인들은 항상 약간의 뱃삯을 물게 되어 있다.

뱃사공은 주로 이 수입으로 생계를 유지하는 것으로 생각된다. 나룻배는 시설이 매우 빈약하며 짐을 실은 황소, 노새, 가마, 노동자들의 지게, 그리고 20여 명 정도의 남녀노소 등 온갖 잡동사니를 싣고 강을 건널 때는 그 나룻배가 건너편 둑에 도착하는 것이 천우신조인 듯이 여겨진다. 그러므로 이렇게 빠져 죽은 사람이나 그 이외의 이유로 빠져 죽은 사람들의 영혼을 위로하고자 해마다 제사를 지낸다.

임시로 만드는 작은 다리는 가느다란 기둥 위에 나뭇가지를 덮은 다음 그 위에 다시 흙을 덮어 만든 것인데 이러한 다리는 한국에서 볼 수 있는 신기한 존재 중 하나이다. 이 다리의 너비는 겨우 동물 한 마리나 한 사람이 지나다닐 수 있을 정도인 데다가 흔히 구멍이 뚫려 있기 때문에 주의하지 않으면 발목이 빠지기 쉽다. 한국어로는 bridge나 leg를 다 같이 "다리"라고 부르는데 그 이유는 명백하다. 다리(橋)란 단순히 인위적으로 모래 위에 박아 놓은 일렬의 다리(足)에 불과하다. 그나마도 좀 나아진 것은 1592년 임진왜란 때의 일이었다. 그때 명의 군사들이 조선을 돕고자 이곳에 와서 임진강변에 도착한 일이 있었는데 그 당시 명의 장수는 조선의 군사들이 튼튼한 다리를 세우지 않는 한, 명나라의 군사가 더는 전진하지 않겠노라고 버텼다.

강의 너비는 100야드가 넉넉히 됐지만 조선의 군사들은 왜적에 대한 복수심에 불타고 있었기 때문에 어떠한 일이라도 할 수 있었다. 강의 한쪽은 나무가 울창한 낭떠러지였으며 다른 쪽은 모래벌판이었다. 그들은 모래벌판에 커다란 말뚝을 박고 이 말뚝과 건너편에 있는 나무 사이에 여덟 개의 굵은 밧줄을 연결했는데 이 밧줄은 억센 칡넝쿨로 만든 것으로서 그 지름이 거의 8인치나 됐다. 이 밧줄은 물속에 잠겼지만, 배를 타고 이 밧줄 사이에 튼튼한 참나무 몽둥이를 얽어매어 그것이 물 위로 떠오를 때까지 밧줄의 양쪽 끝을 조였다. 밧줄 위를 나뭇가지로 덮고 그 위에 다시 진흙을 덮었다. 이 흙을 굳게 다진 다음 명나라의 군사들은 편안하고도 안전하게 강을 건넜다. 우리가 알고 있는 한 이 다리는 역사에 나타난 최초의 거대한 현수교였다.

한국의 설화에는 강을 건너는 방법에 관한 것이 있으나 그것이 통상적인 방법이었다고 믿기는 어렵다. 그 설화인즉 이러하다.

> 어느 왕자가 먼 곳으로 귀양을 가다가 강의 한복판에 있는 섬에서 얼마 동안을 머물게 됐다. 그 왕자에게 충성심이 지극한 어느 한 관리가 그를 찾아 이웃 마을에 있는 자기의 집으로 그를 모시러 갔다. 그는 왕자에게 먹을 것을 대접하고 싶은 마음이 간절했지만, 강을 건널 방법이 없었다. 그리해 그는 강변에 앉아 기다리는데 문득 강물이 홍해의 물결처럼 갈라져 신발을 적시지 않은 채 음식을 구해 왕자에게 대접했다.

한국에는 도로 시설이 그처럼 형편없어서 여름의 장마철이면 임시로 만들어 놓은 다리들은 물속에 잠기고 조그마한 냇물도 격류로 변하며 배를 이용하는 경우가 아니고서는 모든 여행이나 교통이 끊긴다는 것은 놀라운 일이 아니다. 이때가 되면 한국인들은 먼 길을 떠나지 않는다. 따라서 모내기를 한 벼를 살펴보아야 하는 농부가 아니면 이때는 마냥 게으름만 피우는 계절이다. 일반적으로 이때는 집에 머물러 있으면서 참외나 과일이나 그 밖의 모든 것들을 마냥 먹어 치운다.

경부선과 서울—제물포선, 그리고 일본인들이 경영하는 선박 회사를 제외한다면 한국의 운송 기관은 아직도 원시적인데, 몇 가지 이외에는 모두 몇 세기를 통해 내려온 방법 그대로다. 이러한 방법들이란 다음에 보는 바와 같이 고삐 없이는 짐승들이 다닐 수 없는 길이거나 아니면 도보만이 가능한 도로의 성격과 명백히 일치한다.

수레를 끄는 가장 중요한 동물로서는 황소가 있다. 한국에서 황소는 아랍인들의 말이나 페루인들의 라마보다 더 긴요하다. 매우 여러 번 재난이 들어 여기저기에서 많은 소가 죽었는데 그럴 때마다 소들은 기근으로 더 큰 타격을 입기 마련이다. 논의 진흙은 소가 아니면 갈 수 없으므로 소가 죽을 경우에 농부는 땅을 묵히는 수밖에 없다. 한국인들은 힘이 좋고, 참을성이 많으며 유순한 소의 품종을 가지고 있음을 자랑스럽게 여긴다.

언덕길을 마음대로 다닐 수 있는 이 황소는 모든 농산물을 운반하면서도 서양에서 투우의 대상이 되는 소들처럼 그렇게 사납거나 날뛰지 않는다. 그들은 천성이 양순하다. 육중하고 뚜벅뚜벅 걸으며 양순하고 고통을 잘 참으며 아무런 불평이 없는 이 동물은 한국인들의 훌륭한 본보기가 될지도 모른다. 술에 취한 잔인한 소몰이꾼이 소를 몽둥이로 때림으로써 울분을 푸는 모습이라든가, 코의 연골을 뚫은 나무 고리의 끝에 달린 줄을 사정없이 잡아당기는 모습을 나는 많이 보았다.

그러나 그 참을성이 많은 황소는 결코 저항하거나 자기의 몸을 보호하려고 버둥대지도 않는다. 그러한 소와 마찬가지로 한인들은 수 세기 동안 지배자의 억압과 횡포를 참아 오는 동안에 인내는 그들의 제2의 천성이 됐으며, 그러한 환경 속에서도 한국인들은 아무런 반항도 하지 않고 견뎌내는 것을 보고 서구인들은 놀라움을 금할 수가 없다. 황소가 주인에게 대들어 뿔로 받을 수 있는 것과 똑같이 한국인들도 지배자의 억압으로부터 자신을 해방할 수 있지만, 그들은 더 이상 참는다는 것이 덕이라고 볼 수 없을 정도로 매사를 참는다.

그 다음으로 중요한 짐승은 나귀이다. 아시아 어디를 가나 이 작은 짐승이 어울리지 않는 곳은 없다. 서양에서는 이와 비슷한 품종으로 스코틀랜드

산 나귀가 있지만, 후자는 키가 짧고 털이 많아 보통 말과는 전혀 다른 데 한국산은 큰 말의 축소형으로서 서양인들이 자랑하는 말의 장점과 같이 그 골격이 완전하고 짜임새가 있다. 한국의 역사서와 설화에는 나귀에 대한 언급이 많다.

서양에서 이미 번영을 이룩한 시대인 고대의 예맥까지 거슬러 올라가면 그 당시의 말은 너무도 작아서 사람들은 그것을 타고 과일나무 밑을 지나가도 머리가 그 나무에 부딪히는 일이 없었다는 기록이 남아 있다. 태곳적부터 제주도는 야생말의 목축지였으며 몽골인들은 그들의 전쟁에 필요한 말을 사육하고자 그곳에 매우 튼튼한 정착지를 마련했었다.

그럼에도 불구하고 한국인들은 아랍인들이 속전을 주고 말을 되사는 정도로 말을 사랑한 것 같지는 않다. 한국인들은 짐승의 다리를 자르는 일이란 결코 없었기 때문에, 비록 황소들은 서양 황소들처럼 조용하고 양순하기도 했지만, 작은 종자인 말들은 한없이 사납기만 하다. 심지어는 몸을 꽁꽁 묶어 놓아도 마부가 옆에 없으면 반드시 소리를 지르면서 몸을 뒤흔든다. 언제인가 내가 타고 있던 말이 두 앞발을 솟구쳐서 나의 아내가 타고 있던 말의 목에 올라타더니 그의 귀를 물어뜯었던 일을 잊을 수가 없다. 그때 모습은 남자들끼리라면 매우 흥미 있고도 신기한 얘깃거리가 될 수 있다.

황소나 나귀 이외에도 우위에 속하는 또 하나의 "짐 나르는 짐승"이 있는데 그것은 다름이 아니라 사람이다. 이들의 모습을 적절하게 표현할 사람은 아무도 없지만 내가 느낀 바로는 그들은 황소나 나귀가 나를 수 있는 것보다 더 많은 짐을 등으로 나른다. 일반적으로 짐승을 이용할 때는 어떤 운송도구를 이용해야만 많은 짐을 나를 수 있지만, 사람은 오직 등으로만 나르는 것을 흔히 보게 된다.

북쪽에서 오는 마른 생선들은 모두가 배나 짐마차를 이용한다. 땔감나무, 풋나무, 다발나무 등이 황소나 말이나 등짐장수 편으로 도심지로 운반된다. 마소의 등에 짐을 꾸리는 데 능숙한 미국인들도 한국인들이 참가만 한다면 그 놀이에서 이길 수 없으리라고 고백한 적이 있다. 과거 4천년이라는 엄청난 기간에 한국인들은 이 일을 습득했다는 사실에 비추어 볼 때 그들이 승리한다는 것은 놀라운 일이 아니지 않은가!

한국인들은 짐승의 등에 짐을 싣는 데 능숙할 뿐만 아니라 최대한의 무게를 최소한의 힘으로 나를 수 있도록 사람 등에 짐의 무게를 분배시키는 데도 특출한 솜씨가 있다. 한국인들이 사용하는 "지게"[1]는 그 구조면에 가장 이상적이라고 말하는 것이 무난할 것이다. 지게는 무게의 균형이 잘 잡히도록 만들어졌을 뿐만 아니라, 무게가 엉덩이와 등과 어깨에 골고루 쏠리게 되어 있어 몸의 각 부분에 무게가 고르게 나뉜다. 따라서 짐꾼은 그의 다리에 힘이 있는 한 짐을 나를 수 있다. 이 지게는 러시아인들의 사모바르[2]나 스페인의 투우처럼 이 민족만이 가지고 있는 고유한 기구이다. 그러면 다른 나라에서 사용되고 있는 운반 도구와 비교해 보기로 하자.

중국인들은 대나무의 양 끝에 통을 달아서 짐을 균형 있게 나른다. 이 짐은 어깨로 나른다. 그 짐꾼이 걸어갈 때 흔들거리는 통이 그의 발에 닿지 않을 정도로 대나무가 길어야 하며 힘의 조그마한 양이라도 작용되도록 무게는 짐꾼의 몸으로 쏠리게 되어 있다. 만약 그 짐을 둘로 나누어 양쪽의 통에 담을 수 없는 것이면 다른 한쪽과 균형이 맞도록 가벼운 쪽은 길게 한 다음에 짐을 날라야 한다.

중국인들이 노상에서 짐을 내릴 때는 한국 짐꾼들이 필요한 면적의 3배가량이 필요하다. 한국인들은 땅 위에 지게를 내려놓고 끝이 둘로 갈린 작대기로 괴어 놓는다. 짐꾼은 지게 위에 짐을 올려놓고 그 짐이 지게의 한 부분이 될 정도로 끈으로 안전하게 묶는다. 짐꾼은 무릎을 꿇고 두 팔을 펑퍼짐

---

1) 본문에는 Jiggy라고 있어 지게의 취음인 지기를 의미하는 것으로 되어 있으나 여기에서는 편의상 현대 음인 지게로 번역했다.
2) 러시아인들이 사용하는 물주전자.

한 멜빵으로 집어넣어 어깨에까지 올려서 고정한 다음 앞으로 기울여 짐의 무게가 자기의 어깨로 쏠리게 하고 지팡이에 의지해 일어선다. 250파운드의 무게라면 거뜬히 일어날 수가 있지만 300파운드 이상이면 다른 사람의 도움을 받아야 한다. 한국의 어느 노동자는 400파운드의 무게를 지고 쉬지 않고 수백 야드를 가는 것을 본 적이 있다. 물론 이러한 일이란 대나무 몽둥이로 짐을 나르는 중국의 노동자들과는 비교도 안 된다. 중국인들이 그만한 무게를 나르다가는 틀림없이 장대가 부러지거나 아니면 어깨가 으스러질 것이다. 한국인이 하루 30마일을 나를 수 있는 무게는 약 100파운드 정도이다. 나귀는 그의 2배 정도이며 황소는 3~4배 정도가 된다.

이 밖에도 짐의 성격에 따라서 적용되는 특수한 운반법이 몇 가지가 있다. 만약 길이 있거나 그 길에 수레가 다니는 마을이라면 무거운 돌을 나르고자 수레를 이용하지만, 거리가 가까우면 길고 무거운 장대를 여러 사람의 어깨에 걸치고 그 장대에 돌을 달아서 옮기는 방법이 사용된다. 이 장대는 길이가 15피트, 중간 부분의 지름이 6인치, 끝 부분의 지름이 3인치가 된다. 굵은 줄로 그 몽둥이에 돌을 달아매며 4명, 6명, 또는 8명이 장대의 양 끝을 어깨로 멘다. 그들은 몸이 서로 닿을 정도로 붙어 서며 만약 발걸음이 정확하게 맞지 않으면 싱싱[3]의 죄수들처럼 걸을 수가 없다. 이러한 운반 기술은 오랜 경험으로 체득되기 때문에 순전히 이 작업만으로 특별한 급료를 받는 특수한 노동자층이 있다.

한국에서 가장 눈에 잘 띄는 직업 중의 하나는 물장수이다. 시골에서는 아낙네들이 샘이나 우물에서 물동이에 물을 담아 머리에 이고 집으로 나르지만, 도시에서는 이런 일을 하는 특수한 계층의 남자들이 있다. 서울에서는 이웃에 있는 초라한 우물을 이용하는데 이에 관해서는 아예 언급하지 않

3) 뉴욕의 오싱에 있는 국립형무소.

물지게

는 것이 좋다. 한국인들은 우물의 바로 옆에서 흙이 묻은 옷을 빠는 것을 조금도 주저하지 않으며 오물은 쉽사리 우물로 흘러들어 간다. 그리고 일반적으로 우물의 옆에서 채소나 그 밖의 여러 가지 물건들을 씻는다. 이와 같은 우물들은 위생이라는 것과는 거리가 멀며 우리는 이러한 환경에서 때때로 일어나는 콜레라나 다른 전염병 원인을 찾지 않을 수가 없다. 이러한 우물에서 대도시로 물을 공급하는 일은 보통 일이 아니다.

따라서 물장수들은 공인된 제도로 존재해 방대한 조직을 자랑한다. 이 일은 진지하고도 힘들기 때문에 결과적으로 비용은 비싸다. 이 비싼 비용은 작업에 대한 사례금 조로 낸다. 서울의 밀집 지대에서 물장수를 하려면 50~100달러의 권리금을 내고 그 자리를 사야 한다. 물을 공급받는 각 가정은 매달 요금을 낸다.

이 물은 퍼킨[4]을 거꾸로 세운 것과 모양이나 크기가 같은 나무통으로 운반된다. 이 통은 사람의 등에 약간 걸쳐 있으며 끈으로 어깨에 매달려 있는 긴 나무의 양 끝에 달려 있다. 물통은 대나무 끈으로 동여매어 있으므로 물장수가 묘한 몸짓을 하면서 걸을 때는 물통이 흔들려 그 동여맨 부분이 서로 마찰해 마치 중국인들이 사용하는 손수레의 차축에서 나는 소름 돋는 소리가 나기 때문에 행인들은 물장수에게 길을 비켜준다.

한국인들은 흔히 볼 수 있는 자그마한 물건을 나를 때는 우리처럼 포장을 한다거나 끈으로 동여매는 일이 없다. 종이는 너무 비싸고 끈은 너무 귀하기 때문에 그럴 수가 없다. 그러나 들고 갈 물건들은 네모난 천 위에 올려놓고 대각선의 모서리를 서로 맨다. 아침에 시장을 가려면 길고도 좁다란 자루를 들고 나서는데 이 자루는 양쪽이 모두 터 있으며 여기에 여러 가지의 물건을 넣어 가지고 오는데 이때는 그 물건들이 서로 섞이지 않도록 한 가지를 넣고 마디가 지도록 동여맨 다음 다른 물건을 넣는다. 그런 다음에 자루의 양쪽 끝을 서로 동여매어 둥근 모양을 만들어서 어깨에 메고 집으로 돌아온다.

엽전을 마치 긴 소시지처럼 끈에 꿰서 들고 다니는 모습이란 참으로 가관이다. 한국인들은 어정쩡하게 바지가 지탱되는 허리띠의 밑에 그 긴 소시지의 한 끝을 집어넣고 다른 한끝으로 몸을 감는다. 이러한 방법은 돈을 운반하기에 매우 어색하고도 불안하다고 생각하는 사람이 있을지 모르지만, 이렇게 함으로써 한 가지의 중요한 목적이 달성된다는 점을 알아야 한다. 즉 허술한 두루마기 안으로 돈을 효과적으로 감추어 스스로 꺼내기 전에는 아무도 그곳에 돈이 있는지 알지 못한다는 점이다. 서양인들은 이와 같은 주의가 필요 없는 것처럼 보일지 모르지만 동양에서는, 적어도 한국에서는 돈을 남에게 약탈당하지 않도록 하는 데 필요한 수단이 강구되지 않은 한, 되

---

4) 1/4 barrel 들이의 나무통. 1barrel=36gallon.

도록이면 돈이 있다는 사실이 나타나지 않도록 노력해야 한다.

만약 한국의 조선업에 관한 설명을 생략한다면 본 장의 주제는 반밖에 설명한 것이 되지 않는다. 고대부터 한국인들은 선박에 의한 운송 방법을 많이 이용했다. 전국에 산이 많아 도로 시설이 빈약하며 고속도로를 만드는 데 어려움이 많자 그들은 수로로 눈을 돌렸다. 조수의 간만이 심하고 서해안에서는 해류의 이동이 심해 그들은 역시 해로에 신경을 쓰지 않을 수 없었다.

서양인들이 생각하기에 한국의 해안선은 매우 매혹적이다. 그러나 여기저기에 산재한 섬들은 돛단배가 다니는 항로의 파도가 높지 않도록 보호해 주며 아무리 바람이 없는 날일지라도 하루 24시간 중 10시간 동안 선원들을 목적지까지 운송해 주는 밀물이 있으며, 더구나 배는 튼튼하게 건조되어서 좌초될 위험이 없고, 개펄 위에 놓인다더라도 선원들이 담배나 몇 대 더 태우면 조수로 자연히 부상된다는 점을 생각할 때, "모든" 운송 기관이 항로를 이용하지 않는 것을 의아스럽게 여길 필요가 없다.

보통 돛단배는 형태나 구조가 일본이나 중국의 그에 견주어 뒤떨어지는데 그 이유는 한국인들이 대양으로 진출하지 않고 오직 연안 항로로만 국한해 활동했기 때문이다. 심지어는 연안 항로마저도 몇 시간의 항해로 목적지에 닿을 수 있는 항구가 있는 섬들 사이에서만 개설되어 있다. 역풍을 이용한 항해에서는 한국의 선박이 일본이나 중국의 그것보다 앞서는데 이는 한반도가 대양에 접해 있지 않기 때문이다.

한국인들은 아직 바람의 방향에 따라서 항로를 바꾸는 방법을 알고 있다고 볼 수는 없다. 사실상 한국의 돛단배란 강에서나 이용하는 나룻배를 더 크게 만든 것에 불과하다. 나룻배 밑은 평평하고 선미는 모가 나 있으며 밑은 앞뒤로 굽어 마치 거대한 평저선처럼 보인다. 돛단배에는 두 개의 돛대가 있다. 돛대는 각기 다른 각도로 세워져 있어 선체는 최근에 유행된 외형을 보여준다.

돛은 네모꼴로서 여러 가지가 있으며 모양이 단조로운 장방형의 거친 천으로서 배의 양쪽 끝에 굳게 박혀 있는 둥근 재목에 동여매어 있다. 돛의 끈이 그 둥근 재목의 중간에 매여 있고 돛은 돛대의 꼭대기에 매여 있다. 선저의 나무 기둥에서 뻗쳐 나간 밧줄에 돛이 매여진다. 그와 같은 원시적인 시설로서는 오로지 바람에 의존해 항해할 수 없다는 것은 당연하다. 만약 조류를 따라서 항해하기를 바란다면 쉽게 내릴 수 있는 그러한 돛은 바람으로 인해 배의 속력이 낮아지는 작용을 막는 데 도움이 된다고 말할 수밖에 없다.

그렇다고는 하지만 수부들은 바람이 항로의 방향과 같지 않으면 돛을 내린다는 것이 외국인들의 보편적 경험이다. 돛단배는 4노트의 조류를 거슬러서 항해할 수 없다. 그러한 현상은 항해에서나 금융 거래에서나 매한가지이다. 그들은 자본도 있어야 하며 상당한 "이익"을 배당받고자 "노력"해야 한다. 아무리 자본이 많더라도 거센 조류를 거슬러서 항해를 한다면 배가 파선되는 것은 거의 틀림없는 사실이다.

무수한 뱃사람이 지방의 산물을 바다로 가져오면 돛단배는 해안선을 따라서 그들을 다른 강의 입구로 운반하며 나룻배는 다시 그 산물을 목적에 보내고자 물에 내려놓는다. 바다에서도 안전하던 돛단배가 표류할 수 있을 만큼 깊은 강이 몇 군데 있기 때문에 화물이 도중에서 풀어질 정도로 허술해서는 안 된다. 쌀, 보리, 콩, 생선, 그리고 식용 해초가 흔히 볼 수 있는 선적물이지만 이러한 모든 것들은 완전하게 꾸려져야 한다.

정부에서 조세 제도를 개혁해 쌀 대신에 돈을 받는데다가 정기 기선과 철로가 개통된 후부터 배의 이용도는 비교적 움츠러들고 있다. 낙동강의 교통은 그 강과 평행하게 경부선이 개통됨으로써 빛을 잃었다고 말할 수 있다. 어느 모로 보나 철로는 배보다 값이 더 싸고 더 빠르며 더 안전하므로 산업 조건에서의 그와 같은 일시적인 변동은 결국 한국인들에게 다행한 결과를 초래할 것이다.

한국에는 배의 종류와 이름이 여러 가지이지만, 일반적인 유형은 같다.

조선소

그러나 동해안에서 항해하는 유형은 유일한 것으로서 다른 것들과는 엄격하게 구별된다. 만약 당신이 흔히 볼 수 있는 두 척의 마상이를 얻어서 5피트의 간격을 두고 이물과 고물의 가장자리를 자르고 이쪽 마상이에서 저쪽 마상이로 널빤지를 걸쳐 못을 박아 고물을 완전하게 만든다면 아마 동해안에서 사용되는 보잘것없으나마 매우 유용한 그 돛단배의 모습에 거의 가까운 배를 만들게 될 것이다. 그 배는 바닷물을 막아낼 수 있도록 높게 세운 뱃전이 없다면 위험할 것이다.

한국에서 볼 수 있는 가장 신기한 모습 중 하나는 평양을 끼고 흐르는 대동강에 나무를 실어 나르는 나룻배의 모습이다. 무게보다 부피만 엄청나게 큰 가벼운 나뭇짐을 안전하게 싣도록 배는 이물에서 고물까지 10피트 높이의 말뚝이 박혀 있으며 오직 이물에 좁은 자리가 남아 있어 그곳에 두 사람이 앉아 노를 젓는다. 배의 중심부에는 나뭇짐의 위로 1피트가량 삐쳐 나온 튼튼한 돛대가 있으며 그 돛대 꼭대기에 마련된 좁은 갑판에는 키잡이가 앉아서 수면에 닿은 고물 쪽의 엄청나게 긴 노를 손에 잡고 있다.

이 배에 짐이 가득 실려 있을 때의 모습이란 모두가 익살스럽게만 보인다. 그러나 짐이 없을 때 이물에는 두 사람이 노를 저으며 앉아 있고 다른 한 사람은 손에 20피트가 되는 키의 손잡이를 쥐고 마치 기둥 위에 앉아 있는 스타일라이트[5]처럼 돛대의 맨 꼭대기에 앉아 있는 모습이란 참으로 괴기하다.

한국인들은 그들의 자그마한 영역 내에서는 여행을 많이 하는 편이다. 여행의 즐거움을 높이 평가하는 곳이 많은지의 여부에 대해 나는 의심스럽게 생각한다. 한국인들은 어떤 분명한 목적을 추구하고자 이곳저곳을 쫓아다니는 것이 아니라 극히 자연스러운 습성으로 자연의 아름다움을 감상하면서 꿈길을 유람하는 것이다. 이 밖에도 공무나 상업을 위해 여행하는 경우도 많이 있다. 역마차나 그 밖의 교통수단이 없는데 한국인들은 어떻게 여행했을까 하고 궁금하게 생각하는 사람도 있을 것이다.

관리들은 항상 가마를 타고 여행한다. 가마는 한 변의 넓이가 3피트이며 높이가 4피트인 사주식 천개로 되어 있으며 두 개의 긴 장대로 운반된다. 여행자는 가마 위에 앉는데 사방을 엷은 막으로 가려 외부에서는 안을 전혀 볼 수가 없다. 두 명의 가마꾼은 각기 어깨에 한 쌍의 멜빵을 걸고 그것을 몸의 양쪽 옆으로 늘어뜨려 올가미를 만들어 가마를 지탱하는 두 개의 장대를 끼운다.

만약 여행자가 터키인들처럼 하루 10시간씩 책상다리를 하고 앉아 있을 수만 있다면 그러한 여행은 결코 불편스럽지가 않다. 만약 가마꾼이 보통 걸음으로 걷는다면 삐걱거리는 소리도 나지 않는다. 짐을 나르는 동물이라고 할지라도 그들처럼 발걸음이 사뿐거릴 수가 없다. 이 가마는 서양인들의

---

5) 스타일라이트(Stylite) : 옛날 시리아에서 높은 기둥 위에 앉아서 고행하던 금욕자.

경우와 마찬가지로 지위에 따라 차이가 있다.

기생이 아닌 한 여인들이 타는 가마는 물론 항상 닫혀 있다. 여인들이 타는 가마는 양편에 나지막하게 부채 모양의 발목 고리가 달려 있다는 점에서 구별된다. 대도시에서는 이 가마에게 일정한 삯을 주어야 하지만 시골에서는 가마를 타기가 더 어렵다. 지위가 매우 높은 사람들은 그들의 전용 가마를 가지고 있다. 긴 여행을 할 경우는 매 10리마다 얼마씩의 삯을 각 가마꾼에게 주어야 한다.

사인교는 고관들만이 이용하는데 내각의 대신급이 아니면 이용할 수 없다. 모양은 두 사람이 메는 것과 흡사하지만 가마채가 더 길며, 채의 양 끝을 거는 끈은 두 가마꾼의 어깨에 놓이는 짧은 채에 매여 있다. 나는 이제까지 이 사인교보다 더 편하고 흥겨운 운송 기구를 보지 못했다. 가마꾼들은 발을 맞추어 걷지 않기 때문에 가마의 흔들림은 한결같이 고르다. 가마채의 탄성은 이 효과를 더욱 멋지게 해준다. 이제까지 어떠한 기차도 이보다 더 호화스러운 것이 없었으며 어떠한 철도도 이 흥겨운 흔들림에 필적할 만한 것이 없었다.

한국인들의 생활에서 얼마나 참을성이 많은지를 보여주는 것으로는 가마꾼보다 더 실감 나게 느낄 수 있는 것은 없다. 아마 서울에 160마일이나 떨어져 있는 평양을 급히 가려고 한다면 독자들은 당연히 빠른 말이 좋으리라고 생각하겠지만, 한국에서는 아마 가마꾼보다 더 빠른 것이 없는 것 같다. 8명을 고용해 삯이라도 넉넉하게 준다면 서울을 출발한 지 3일째 되는 날 정오면 평양에 들어갈 것이다. 그들은 하루 16시간씩 매 시간당 4마일을 갈 수 있다. 그들이 도중에서 먹는 식사대는 엄청나게 많으며 목적지에 도착한 후에는 24시간쯤 잠을 잘 것이다.

그 밖의 여행 방법으로는 말이나 나귀를 타는 것이다. 말이 적은 탓이기도 하겠지만, 한국인들은 말을 타고 다니지 않으면서도 다른 것을 이용해 짐을 나르려고도 하지 않는다. 물건이 든 두 개의 커다란 통을 말의 잔등 위

한국의 두 수공업

(위) 갓 수리공　　　　(아래) 다듬잇방망이

로 걸쳐서 양옆에 달아맨다. 이 뒤에 요나 침구를 평평하게 깐다. 그런 다음에 단 8인치 높이의 의자와 같은 자리를 그 위에 마련해 여행자는 책상다리를 하거나 아니면 양옆으로 다리를 걸치고 앉는다.

그토록 가혹하게 말을 혹사하는 데 독자들은 아연실색할 것이며 동물학대금지협회(SPCA)가 그들의 행동을 저지해 주기를 바랄 것이다. 그러나 막상 독자가 그 말을 타야 할 처지가 되어, 그 작은 말이 당신이 가고자 하는 30마일의 여행을 할 만하다고 여겨지며, 또한 그 말이 지나치게 피로하다는 증거가 눈에 보이지 않는 한 당신의 마음은 바뀔 것이다.

그러나 한국인들은 말을 지독하게 혹사하는 것은 틀림없는 사실이다. 그들은 동물에 대해 측은한 마음을 갖지 않으며, 말이 절름발이거나 골종(骨腫)이 생겼거나 그 밖의 어떤 이유로 걸을 수가 없더라도 보통 때와 마찬가지의 짐을 지고 더 움직일 수가 없을 때까지 혹사한다. 한국의 나귀는 매우 볼품없이 초라하며 그의 발굽은 찻잔에라도 들어갈 만큼 작다. 그 위에 탄 사람의 발이 거의 땅에 닿을 만큼 키도 작다. 당나귀와 그가 싣는 짐의 무게와의 차이는 불과 몇 파운드에 지나지 않는다. 이럴 때 보통 하인들은 등에 짐을 지고 주인을 따라 종종걸음으로 달린다.

그러나 여행에 이용될 여러 방법이 있음에도 불구하고 대부분은 걸어서 여행한다는 점을 지적하지 않을 수 없다. 한국인들은 매우 잘 걷는 민족이다. 이 나라를 찾아오는 모든 외국인은 한국인들이 걸어가는 모습 중에서 꼿꼿하게 서서 짐을 나른다든가 발걸음이 경쾌하다든가 또는 걸음걸이가 우아하다는 데 한번쯤은 놀라게 된다. 이러한 점에서 그들은 극동에 들어온 거의 모든 귀화인과 지극히 대조적이다. 그들에게 하루 30마일을 걷는 일이란 매우 쉬운 일이며 설령 그들이 말을 타고 달리더라도 그 이상은 갈 수가 없다.

그들은 하루 세 그릇의 밥과 가끔가다 새 짚신을 갈아 신는 외에는 아무런 여비가 들지 않는다. 아무리 먼 길일지라도 하루에 30마일을 가는 것이 평균 속도인데 필요할 경우 하루 50마일을 달리는 일도 흔하다. 단순히 유람 삼아 여행하는 사람들은 걸어가는 것을 좋아한다. 그들의 도보 여행이 서구인들의 자전거나 자동차나 그 밖의 경속기에 의한 여행보다 더 즐거운지는 의문의 여지가 있음은 물론이다. 그러나 그들이 적어도 서슴지 않고 그 물음에 긍정적인 대답을 하리라는 것은 의심스럽다.

해안선에는 무수히 많은 섬이 있어 배편을 이용한 여행을 해봄 직하지만 육로를 이용하는 여행이 더 빠르고 안전하다는 것을 알고 있기 때문에 뭍에 사는 사람들이 돛단배를 타고 여행하는 일이란 거의 없다. 배를 타고 여행을 할 것을 권하는 사람들의 이유로는 노상강도를 만날 염려가 없다는 것이다. 그러나 일본인들이 정기 여객선을 운행하기 시작한 이래 한국인들은 배를 이용하는 여행이 얼마나 빠르고 편안하며 값이 싼 것을 안 이후로 요즘 연안 여객선은 이곳의 주민들로 붐비고 있다. 이들은 규모가 작은 구형이다. 이들의 대부분은 일본에서 쓸 수가 없게 되자 물의가 일어나지 않고 검사도 비교적 소홀한 한국으로 도입된 것이라는 점은 의심할 나위도 없다.

승객의 정원은 아무런 제한도 없는 것 같다. 40~50명 정원의 자그마한 여객선에 100명 이상의 승객이 탄 것을 나는 본 적이 있다. 선실에는 너무나 많은 사람이 타고 있어 드러누울 자리가 없는 것은 말할 것도 없고 앉을 자리도 없는 경우가 있다. 이 털털거리는 기선은 때때로 기울어지는 경우도 있으며 부서져서 침수하는 경우도 허다하다. 서울의 나이 많은 분들 가운데는 철로가 개설되기 이전에 강을 따라 서울과 제물포 사이를 왕래하던 여객선에 대해 몸서리치며 이야기를 하지 않는 사람이 없다. 철로란 진정한 자혜 기관이며 큰 수지를 맞을 만한 가치가 있다.

서울 사람들이 뽐내는 또 하나의 운송 기구가 있다. 그것은 급속히 인기를 잃어 가고 있지만, 수도의 거리 풍경에 그림과 같은 정경을 더해 주고 있다. 그것은 다름 아닌 일륜차이다. 일륜차는 두 개의 긴 막대 위에 좌석이 마련되어 있으며 막대는 운전자에 의해 양 끝에 무게가 지탱되고 있지만 탄 사람의 무게는 좌석의 바로 밑에 있는 좌대로 지탱되고 있다. 좌대는 지름이 약 2.5피트가량 되는 쇠굴대의 못 박힌 바퀴에 고정되어 있다. 운전자는 막대의 끝을 잡고 일륜차를 끌며 그것이 옆으로 기울지 않도록 잡는다. 그것은 매우 머리를 써서 만든 것이지만 그것을 보는 사람은 첫눈에 웃음을 참을 수가 없다. 오직 고관들만이 이것을 이용할 수가 있다.

최근 몇 년 동안에 몇몇 도시에서는 우편과 통신 제도의 혜택을 입었다. 외국의 예를 따라 정부가 이룩한 성공적인 사업 중 하나는 몇몇 주요 도시와 압록강에 전신 시설을 개설한 것인데 압록강선은 중국과 연결됨으로써 유럽과의 연락이 가능하게 됐다. 전신 시설은 20년 전에 가설됐지만, 현행 우편 제도는 최근[6]에 실시된 것이다.

1884년에 우편 제도를 실시하기 위한 노력이 있었지만, 그해 커다란 소란[갑신정변]이 일어나 정권이 수구파에게로 돌아가자 지난 10년 전까지 이 일은 연기가 됐다. 이와 같은 근대적인 시설이 소개되기 전 몇 세기 동안에 한국인들은 무엇을 했는가 하는 질문이 당연히 나오게 마련이다. "옛날의 호시절"에는 외국의 침략이나 반란으로 인한 소요가 일어나는 경우를 제외한다면 도대체 급히 서둘러야 할 일이 없었다.

만약 그와 같은 험악한 사태가 발생해 정부를 위협한다면 근대적인 전신 시설이 감당할 수 있을 만큼 빠른 속도로 이를 고변할 방법이 있었다. 전국에는 봉수대가 점찍은 듯이 마련되어 있는데 여기에서 모닥불을 피우면 반도의 한끝에서 다른 끝까지 일사불란하게 연락되도록 자리 잡고 있다. 각 봉수대에는 수비병이 있으며 사건이 있으면 횃불로 신호를 보내는 것이 그의 임무였다. 매일 저녁 전국의 4개 지점으로부터 계곡을 가로질러 횃불이 비치며 이것은 서울 성 안에 있는 남산으로 집중된다.

---

6) 고종 32년(1895년).

물레방아
물의 낙하를 이용해 방아를 찧는다.

남산봉수대는 대궐 문에서도 쉽사리 볼 수가 있으며 매일 밤 관리가 소식을 기다리며 지켜보고 있다. 일단 횃불이 오르면 그는 그것이 단 1회 이상인가를 확인한다. 만약 1회라면 그는 전국이 평온하다고 왕께 아뢴다. 옛날에는 이 광경이 서울의 명물 중 하나였지만 오늘날에는 작은 소년들이 서울로 들어오는 전신에 날쌔게 꽃 리본을 달고 있으며 전보 수신기 소리는 저녁에 비치는 온화한 횃불을 대체하고 있다.

옛날에 있었던 역마 제도가 우편 제도의 효시였는데 이 제도는 과거 14세기 동안이나 그 기능을 잘 수행해 왔다. 정부가 지은 마구간이 간선 도로에 연이어 있었으며 공문은 역마를 이용해 전달됐다. 우리는 파발이 역에 도착해 지친 말을 갈아타고 말굽 소리도 요란하게 부러진 채찍을 휘두르면서 이 마을 저 지방으로 중요한 공문을 전달하는 모습을 본 적이 있다. 그러나 민간인들은 이를 이용할 수 없다는 것이 이 제도의 결함이었다. 물론 파발들은 돈을 받고 사신을 전해주는 경우도 흔히 있지만 대체로 민간인들은 먼 곳에 글을 전달하려면 우연히 그곳을 지나가는 여행자들에게 부탁했다.

최근에 이르러서는 매우 악명이 높은 존재가 되기는 했지만, 보부상들이 사신을 전달하고자 많이 이용된다. 이리저리 떠돌아다니는 보부상들은 마치 방송망처럼 전국에 깔렸기 때문에 사람들은 그들을 통해 멀리 있는 친구들에게 흔히 소식을 전할 수 있었다.

정기 여객선과 기차가 운행됨에 따라 먼 곳에 있는 사람들에게 소식을 전하는 데 한국인들이 사용하던 방법에 커다란 변화가 일어났다는 것은 더 말할 나위도 없다. 옛날에는 북쪽 지방에 글을 전하려면 몇 주일이 걸렸지만 오늘날에는 단 며칠이면 충분하다.

제 19 장 산업과 오락

고도의 문명국가들과 마찬가지로 한국의 주요 산업은 농업이다. 말이 없는 자연의 섭리란 그다지 세상에 알려지지는 않지만, 미국과 같은 엄청난 산업국가에서도 밀, 옥수수, 담배 및 면화 등이 재화의 중요한 원천이 되고 있음을 우리는 잘 알고 있다. 그러나 한국에서는 농업이 다른 국가보다 비교적 우위를 차지하고 있다. 토지란 재화의 원천이며 논을 사 두는 것이 가장 안전한 투자라는 것을 그들은 잘 알고 있다. 국세의 대부분을 내도록 기대되는 사람들이 곧 농민들인데 이러한 인식은 농사일이란 그 절반 이상이 자연의 섭리에 따라 이루어진다고 생각하는 데서 비롯된 것 같다.

미국에서 상인이나 수공업자나 건물 소유주들이 세금을 내지 않지만, 국가 재원 대부분이 농민들에게서 징수된다면 농촌 생활은 어떻게 될까? 한국 정부는 한국인들이 토지에 대해 뜨거운 애착을 느끼고 있다는 사실을 늘 고려하고 있으며 그러한 판단에 따른 여러 가지 조치 또한 성공을 거두었다. 순수한 선비들은 손끝에 흙 하나 묻히지 않고서도 농사에 종사할 수 있지만, 상인이나 수공업자, 중개업자가 된다는 것은 그들의 체면에 관계될 수도 있다. 한국에서 농업이란 매우 고결한 직업이어서 한국 산업에 독자적 위치를 차지하고 있다.

농기구는 매우 원시적이다. 극젱이는 퍽 원시적인 것으로서 손잡이는 하

절구질

닭장수

나이며 황소가 끈다. 삽 부분은 쇠로 되어 있으며 비록 흙 밑을 파헤치는 것이 불가능하기는 하지만 작업은 매우 효율적이다. 대부분 분뇨는 거름으로 사용되는데 분뇨가 충분하지 못한 곳에서는 풀이나 나뭇잎을 대용한다. 극젱이로 땅을 간 다음에 씨를 뿌리고 거두고 타작하고 까부르는 영농 절차는 모두 손으로 이루어진다. 그들의 영농 방법을 잘 살펴보면, 한국인들은 노동량으로부터 최대의 결실을 얻는 동시에 충분한 자산을 얻는다는 사실을 알게 된다. 한국인들은 관개, 배수 및 윤작법을 잘 알고 있다. 농작물을 다루고 또 시장화하는 데 훌륭한 솜씨를 보여주고 있다. 쌀은 잘 찧어지며 그것을 더욱 희게 만들려고 고령토의 가루를 뿌리는 경우도 많다.

한국인들은 아마나 모시를 뜨거운 돌 위에 파인 구멍에 넣고 거기에 물을 부어 둠으로써 그 껍질을 벗긴다. 꾸지나무의 껍질로 만드는 한지는 여러 세기 동안 극동에서 호평을 받았는데 만주족이나 몽골족들은 항상 조공 품목 가운데 그것을 대량으로 요구했다.

한국의 인삼은 이미 언급한 바가 있다. 오랜 세월에 걸친 도제 제도를 통해 한국인들은 이 쓸모없는, 그러면서도 값은 엄청나게 비싼 인삼을 재배하고 가공하는 데 숙달하게 됐다. 대부분의 미국인은 이러한 사실을 잘 알지 못할 수도 있겠지만, 인삼은 대부분이 단순한 최음제로 사용되며, 미국에서 대량으로 생산되어 중국으로 수출된 많은 양의 인삼은 인간의 본능적인 욕심을 자극한다.1)

인삼은 양귀비처럼 유독하지는 않지만, 그것을 복용하는 근본정신은 도덕적으로 볼 때 양귀비나 다름이 없다. 이른바 산삼이라고 하는 야생 품종은 믿기 어려우리만큼 값이 비싸서 해마다 많은 사람이 그것을 찾아 산을 헤맨다. 한국인들은 부산물의 가치에 대해 매우 민감하다. 곡식을 털고 난 다음 남은 짚이나 겨도 버리지 않고 사용하므로 한국인이 버린 물건은 다시 주워도 별 가치가 없다는 말은 어느 모로 보나 진리이다.

한국에서의 또 다른 산업으로는 어업이 있다. 대체로 보아 한국인들은 소고기를 거의 먹지 않는다. 다만 생활이 넉넉한 사람들만이 소고기를 먹을 수 있으며 전국을 여행해 보면 소고기를 얻을 수 있는 곳은 오직 대도시밖에 없다는 것을 알게 된다. 한국인의 노임은 겨우 미국인의 1/6에 불과하면서도 소 한 마리의 값은 미국과 거의 비슷하다는 점을 지적한다면 그와 같은 실정을 더욱 쉽게 이해할 수 있을 것이다.

미국인들이 털가죽을 얻고자 값비싼 개를 죽이려고 생각하지 않는 것과 마찬가지로 한국인들은 고기를 먹고자 유순하고 힘이 세며 건강한 소를 죽이려고 생각하지는 않는다. 그러나 물고기는 특히 말리거나 소금에 절여 많이 먹고 있다. 북쪽의 연안에서는 엄청나게 많은 대구가 잡힌다. 이것을 말

1) 당시 미국 인디언 사회의 야생 인삼이 극동에 수출되고 있었다.

(왼쪽) 나무하는 아이들　　(오른쪽) 마마로 죽은 아이를 나무에 매어 놓은 모습

려 전국의 모든 마을로 공급한다. 연안 지방이나 그와 가까운 도시에서는 어느 곳을 가나 신선한 물고기가 많이 소모된다. 상어, 오징어, 새우류나 그 밖의 모든 것을 한국 특유의 어망으로 잡는다.

그들은 동해안의 수지맞는 고래잡이를 해본 적이 없으며 또한 감히 그럴 생각도 하고 있지 않지만, 일본인과 러시아인들은 그곳에서 고래잡이로 엄청난 돈을 벌고 있다. 특히 일본인들은 한국 정부로부터 연안의 어느 곳에서나 고기를 잡을 권리를 획득했는데 그들의 야만적인 어로 수법은 한국 어부들이 그 분야에서 활약하지 못하도록 급속하게 그들을 몰아내고 있다.

연료를 수집해 운반한다는 문제는 몇 천 년 동안 인간의 관심사가 되어

왔다. 일본인이 두꺼운 담요로 자기의 몸을 따뜻하게 하고 겨울이 되면 숯불이 담긴 화롯가에 웅크리고 앉은 모습을 흔히 볼 수 있다면 한국인은 집을 온통 뜨뜻하게 하고 뜨거운 구들장에 의존해 추위를 이긴다. 위생학적 견지를 떠나 생각한다면 한국인의 방법은 매우 안전하기는 하지만 비용이 많이 든다.

한국인이 일본인과 비교했을 때 매우 야만적인 것처럼 보이는 이유는 무엇인지 많은 사람들이 궁금하게 생각해 왔다. 그 이유는 바로 여기에 있다. 한국인들은 연료를 마련하려고 나무들이 자라지도 않은 나무를 베어 쓰는 것과는 달리 일본인들은 나무들이 성장하도록 내버려둔다. 그러기에 일본의 산 풍경은 그림과 같으며 한국은 아늑하게 보인다. 한국에서 연료로 쓰이는 나무는 극소수에 불과하다. 여염에서는 일반적으로 풀잎을 태우며 삭정이도 약간 땐다. 풀잎을 천천히 땜으로써 작은 열량도 헛되지 않게 한다. 아침과 저녁으로 한 번씩 때면 음식을 만들고 방을 따습게 하는 데 충분하다.

서울에서 볼 수 있는 모습 가운데 가장 특이한 것은 소나 나귀가 엄청나게 많은 풀잎이나 삭정이를 싣고 가는 모습이다. 아침과 저녁에 불을 피우기 시작하면 한두 시간 동안 온 마을에는 연기의 짙은 장막이 드리운다. 겨울밤이 되면 집안에는 연기가 너무도 자욱해 사람이 질식할 정도이며 이 때문에 유행성 기관지염이 더욱 악화된다. 어느 곳을 가나 소년들이 언덕에서 묘하게 생긴 대나무 갈퀴로 마른 나무를 긁어모으는 모습을 볼 수 있다. 보통 서울에서는 연료비가 전 수입의 1/4가량 된다. 시골에서는 물론 그보다 더 값이 싸다.

전국적으로 염천이나 염광이 없으므로 이 필수품을 얻고자 바닷물을 이용하기 때문에 소금을 얻으려고 많은 사람이 이에 종사한다. 도구가 초라해 인력으로 부족함을 벌충해야 하므로 그러한 현상은 더욱 두드러진다. 동해안[2] 가까이에 있는 널따란 평지에는 장방형의 터가 마련되어 있으며 그 가운데로 개천이 나 있다.

이 개천에는 펌프나 큰 국자로 물을 댄 다음 3~4인치의 두께로 표면을 단단하게 바른 갈색의 저수장으로 물을 이끌어낸다. 물이 증발하면서 갈색의 저수장에 소금이 남는다. 그것들을 끌어 모은 다음 무거운 소금물을 말리는 큰 통으로 운반한다. 이 소금물을 석회석으로 만든 큰 솥에서 더 증발시킨다. 석회석은 조개를 태워서 만든 것이다. 솥은 8~10피트의 너비인 데다가 매우 얇아 자체의 무게를 견디기도 어렵다.

그러므로 솥 위에 여러 개의 튼튼한 나무를 세우고 그 막대에 끈을 밑으로 내린 다음 솥의 밑을 받치는 끈의 갈고리를 거기에 고정해 솥의 무게를 지탱시킨다. 소금물이 졸면 축축한 결정체를 가마니에 넣어서 시장으로 보낸다. 이렇게 만든 소금은 매우 거칠고 불결하지만, 그것이 소금이라는 사실은 의심할 수 없는 사실이다.

한국인들은 미국의 암염은 제 맛이 나지 않는다고 불평한다. 만약 외국인들이 한국의 천일염 현장을 본다면 그들은 결코 한국의 소금을 먹으려 하지 않을 것이다. 밭에서 일하는 소들이 항상 염전을 더럽히고 있으나 그 오물을 치우려는 사람은 아무도 없다. 서해안에서는 염전에서 증발시키는 중간 과정을 거치지 않고 직접 바닷물을 솥에 넣고 끓여서 소금을 만드는 곳이 많이 있다.

한국의 양잠업은 역사가 깊은 산업 중 하나여서 양반일지라도 이 일에 종사한다고 해서 체면이 손상되지는 않는다. 무역보고서에 기재될 정도로 대단한 것은 아니지만, 폭풍우가 심하지 않아 양잠업은 매우 유망하며 품질도 좋다. 한국인들은 방직업을 대수롭지 않게 여긴다. 거친 면화나 아마 그 밖의 풀잎을 초라한 베틀로 방직하며, 값싸고 수수한 비단도 생산한다. 염색

---

2) 서해안을 오기한 것으로 보임.

기술은 참으로 보잘것없어 어느 모로 보나 일본이나 중국과는 비교도 되지 않는다. 반도의 몇몇 군데는 면직물이나 비단을 생산하기에 이상적인 적지여서 때가 되면 중요한 주산물을 집중 재배하게 될 것은 의심할 나위 없다.

한국의 역사나 고고학을 통해 언제인가 이곳에서 훌륭한 도자기 예술품을 많이 만들어 냈음을 알 수 있지만, 오늘날 이 분야는 다만 조잡한 제품만이 만들어지고 있다. 금속 주조업도 마찬가지이다. 과거 얼마 동안 한국인들은 각 지방과 절에 걸려 있는 것과 같은 훌륭한 종을 만든 적이 있었는데, 지금까지 전해지는 것은 지난날의 기술이 훌륭했으나 지금에는 훌륭한 기술이 전해지지 않다는 것을 웅변적으로 말해 주고 있다.

금제품이나 은제품은 다소 흥미 있고도 호기심이 나지만 디자인이 단조롭고 마무리가 섬세하지 못해 가치를 매우 손상하고 있으며 귀금속을 단단하게 하는 합금을 이용할 줄을 전혀 모르기 때문에 제품의 효용성이 감소하고 있다. 동제품은 대부분 식기로 많이 쓰지만, 옛날 제품이 오늘날 제품보다 더 우수한 탓으로 여기에서도 역시 수공업 분야의 기술 저하로 결론을 내리지 않을 수 없다.

광업은 한국의 역사만큼이나 긴 역사를 지닌 산업이다. 금은 반도의 어디를 가나 발견되며 한국인들은 금의 채광에 매우 열을 올린다. 대개가 사광이지만 북쪽 지방에서는 수갱에 더 힘쓰고 있다. 한국인들은 광맥에 불을 피웠다가 바위가 뜨거워지면 그 위에 물을 끼얹어 석영이 터지게 해 보잘것없는 곡괭이로 파헤칠 수 있도록 한다. 이처럼 원시적인 채광법으로는 수평광맥을 채굴할 수 없어서 광맥이 비스듬하게 뻗어 나간 경우에는 곧 잃어버리게 된다. 그들은 크고 둥근 쑥돌 밑에 광석을 넣고 부수는데 쑥돌의 옆에는 손잡이나 지렛대가 달려 있어서 그것을 앞뒤로 흔든다.

노다지가 있기는 하지만 그것을 찾으려다가는 허송세월을 하는 경우가 많다. 이렇게 기술하는 것은 한국의 광맥에서는 매우 엉뚱하게 금이 발견된다는 외국인 광산 기술자들의 말에 근거한 것이다. 얼마 동안은 금이 많이

사금을 채광하는 광경

나오다가 광맥이 점점 좁아져서 몇 피트 또는 몇 야드에서는 금이 나오지 않다가 또다시 광맥이 시작된다.

그렇게 되면 남아프리카의 유명한 금광지인 랜드처럼 바윗덩어리도 없이 황금만이 나온다. 그래서 한국의 금광이란 다른 어느 곳보다도 더 투기적이다. 그러므로 광부의 생활이란 다른 곳과 마찬가지로 아무리 잘산다고 해도 집에 붙어 있을 사이도 없으며, 법률권에서 벗어나 사는 것이기 때문에 남의 멸시를 받게 된다.

반도의 대부분이 쑥돌 투성이임에도 불구하고 석탄이 발견되는 곳이 많다. 평양 부근에는 무연탄이 많으며 동해안 지방에는 여러 곳에서 역청탄이 발견된다. 이 가치 있는 자원을 적절하게 개발한다면 국가를 위해 매우 중요한 역할을 할 것이다. 철은 전국 어디든 채광할 만한 것은 아니지만, 강원도 지방의 일부에는 엄청난 철광석이 매장되어 있다. 그 지방 사람들은 지표에서 철광석을 긁어모아 숯을 이용해 초라한 용광로로 그것을 녹인다.

철은 주로 솥이나 농기구를 만드는 데 쓰인다. 그들의 단철 작업을 고려한다면 외국에서 철판이나 철봉을 수입하는 것이 돈이 덜 든다는 것을 알 수 있다. 외국인들은 이와 같은 사실을 주의 깊게 관찰했는데, 이곳에는 오늘날의 과학적 기술을 기다리는 양질의 철광석이 사실상 무진장 매장되어 있다는 사실을 확인했다. 그 밖에도 구리, 은, 납, 니켈 등이 어느 정도 발견되기는 하지만 은을 제외한다면 특기할 정도는 못 된다.

한국에는 아직도 사냥이나 덫에 의한 수렵과 같은 원시적인 직업에 종사하는 사람들이 있다. 북쪽 지방에는 호랑이 사냥꾼들로 구성된 정규 집단이 있는데 그들의 용기나 담력이 어느 정도라는 것은 더 말할 나위도 없다. 1866년에 프랑스 함대에 커다란 타격을 주었던 강화도의 수비대는 그들 중에서 선발된 것이다. 이 사냥꾼들에게는 그들의 선택 의사에 따라서 그와 같은 기회를 잡을 수도 있다는 사실에 대해 오늘날의 위대한 사냥꾼들은 눈을 둥그렇게 뜬 채 잘 믿으려 하지 않을지도 모른다.

사냥꾼들은 화승총을 사용했는데, 이 총은 연기 나는 굵은 끈의 끝을 점화통에 집어넣어 발사한다. 이 끈은 팔에 감겨 있으며 행동 개시의 순간이 되면 사냥꾼은 연기 나는 끈을 훅훅 불어 총의 격철에 갖다 대기 때문에 호랑이가 접근해 오더라도 총을 발사할 기회는 매우 순간적이다. 한국의 구식 총과 현대식 연발총의 차이를 한국의 어느 사냥꾼이 다음과 같이 멋있게 묘사했다.

> "한국의 사냥꾼이 호랑이를 만났다. 쾅하고 총을 발사했으나 욱하는 소리가 났는데 넘어져 죽는 것은 호랑이가 아니라 사냥꾼이었다. 외국인이 호랑이를 만났다. 쾅! 철컥, 쾅! 철컥, 쾅! 하고 총을 발사했다. 죽은 것은 사냥꾼이 아니라 호랑이였다."

복잡한 문명사회에서 산업군을 형성하게 되는 구두수선공, 통 제조업자,

모자제조공, 말굽공, 대장장이, 목수, 석공, 가구공, 염색공, 제복 업자, 짐마차꾼, 마구공, 그 밖의 모든 수공업자는 그들의 이름만 들어도 무슨 일을 하는지를 충분히 알 수 있다. 이들이 사용하는 도구들은 가장 원시적이라고 말할 수 있다.

모든 징은 수공업자들이 망치로 두드려 만들며, 실은 모두 손으로 꼬아서 만드는데 이와 같은 현실은 외국의 상업이 이곳에서 번창하는 요인이 된다. 왜냐하면 미국의 상사는 한국 제품의 판로를 봉쇄할 정도로 싼값에 한국 시장으로 징을 내놓을 수 있기 때문이다. 한국인들을 동요시키고 그들로 하여금 지난날의 보수주의에 의구심을 갖도록 하는 것은 바로 토착 노동력의 급속한 대체 현상이다.

놀 이

세계의 여러 민족들이 제각기 특이한 놀이를 즐기는 것과 같이 한국도 그 예외는 아니다. 모든 사람이 함께 즐기는 것도 있지만, 어떤 것들은 특정한 사람들에게만 한정되며 그들만이 놀이에 참여할 수 있는 것이 있는데 그러한 것으로서는 크리켓, 야구, 컬링, 투우, 스키, 라크로스 등이 있다.

한국에서는 석전처럼 그들만이 즐기는 놀이가 있다. 한국인들이 중용적이고 남에게 해를 끼치는 일은 하지 않는다는 점에서 본다면 이 놀이는 좀 변태적이다. 그러나 미국인들이 야구를 즐기는 만큼 한국인들이 이 위험한 놀이를 그렇게도 좋아하는 이유가 무엇인지 알기 위해서는 음력 정월을 이곳에서 지내는 수밖에 없다. 석전을 오직 정월에만 즐긴다는 사실은 놀이의 시간성을 지킨다는 점에서 한국보다 철저한 민족이 없다는 사실을 보여준다.

석전, 연날리기, 돈 던지기, 수영, 팽이치기 등은 특히 그것을 즐기는 계절이 있다. 석전이 오직 봄에만 열리는 것은 그때만이 밭에 아무것도 심지 않아서 그 놀이를 즐길 넓은 터를 얻기가 쉽기 때문이다. 겨우내 조그마한 초가지붕 밑의 갑갑한 방구석에서 3개월 동안 꼬박 감옥살이를 하고 나면 그들이 느끼는 봄의 감촉은 비교적 넓은 집에서 사는 우리보다 훨씬 더 매혹적이다. 동면하던 그들은 근육이 활기를 되찾으면 밖으로 나와 언덕에서 뛰어놀거나 가슴을 풀어헤치고 그동안 움츠려들었던 기운을 발산하지 않을 수가 없다.

석전은 지금부터 700년 전인 고려 시대의 어느 어리석은 한 왕[3)]을 즐겁게 해 주려고 시작된 것이다. 처음에는 궁중에서만 즐기던 것이었지만 점차 밖으로 퍼져 국기가 됐다. 같은 마을의 주민들끼리라도 패를 갈라 석전을 할 수도 있지만, 흔히 이웃 마을끼리 편이 되어 도전기를 휘날리며 싸움을 걸어온다. 그들은 울타리가 없는 빈 들판으로 쏟아져 나가는데 어떤 사람들은 두꺼운 장갑을 끼고 무거운 철모로 무장하며 한편에서는 단순히 돌을 던지기만 한다. 양편의 대장은 장갑 낀 주먹을 휘두르고 상대편을 모조리 때려죽이기라도 하려는 듯이 씨근거리며 자기 패의 앞으로 나와 선다.

돌이 날기 시작하면 대부분은 돌을 막지 못해 쓰러지며 나머지는 교묘하게 돌을 피한다. 두 패에서는 서로가 심한 욕설로 상대방을 비방해 사기를 돋우고 싸움이 절정에 이르면 그들은 사납게 상대편으로 돌진해 더 많은 돌을 던지고 대장은 더 크게 뽐내며 앞으로 나아간다. 그러는 동안에 흰옷을 입은 수많은 비전투원은 언덕에 둘러서서 자기가 좋아하는 패에게 응원을 보낸다. 이 때 대장의 머리와 어깨에 돌에 맞는 소리가 퍽퍽 나면서 점차 접

---

3) 고려의 우왕을 의미한다. 그는 석전을 매우 즐겼다. 다만 석전의 시초를 우왕에서 찾는 것은 잘못이다. 석전의 기원은 고구려 초기였는데, 이는 전쟁에 대비하는 연무의 의의를 가진 전투적 유희인 동시에 실전 연습의 유형이었다. 신라 때에도 석투동이라고 하는 돌팔매 부대가 있었다. 그를 "어리석은 왕"으로 표현한 것은 禑王을 愚王으로 오해했기 때문인 것으로 보인다. 이에 관한 자세한 논의는 : 신복룡, 「서낭의 군사적 의미」, 『한국정치사상사』(나남 : 서울, 1997) pp. 41~75 참조.

활쏘기

근하는데, 그러는 동안에 그들의 머리 위로는 더 많은 돌이 날아든다.

그때 갑자기 고막이 찢어지는 듯한 함성이 한 편에서 일어나며 억세게 밀기 시작한다. 반대편은 뒤로 물러서며 승리가 결정된 듯이 보이지만 곧 처음에 추격하던 패의 정렬은 도망하던 쪽으로 넘어가서 반대로 밀기가 시작된다. 이때 자기 패로 되돌아가지 못하고 뒤로 처지는 사람은 매우 운이 나쁘다. 서로 밀고 밀리며, 흥분한 관중들은 땅이 꺼질 듯이 소리치며, 먼지는 구름처럼 하늘을 덮고 어떤 사람들은 쓰러지고, 전에는 이만 반짝거리던 입을 엄청나게 벌리고 욕설이 끊임없이 쏟아져 나온다.

이때의 흥분은 마치 스페인의 투우와 마찬가지여서 얼마가 지나면 그와 같이 격렬하던 감정도 참가자나 구경꾼이나 다 함께 풀어진다. 이러한 접전이 벌어지면 한 철에 서너 명씩은 죽기 마련이지만 너무 싸움이 격렬하면 경찰이나 헌병이 개입하는 것 같다. 싸움이 심한 때는 집이 무너지는 경우도 있지만 대개 팔에 타박상을 입고 머리가 깨지고 욕이나 한없이 퍼붓는 정도로 그친다.

이와 같은 석전을 구경하고자 군중들이 서대문을 빠져나갈 때면 초대형의 전차가 운행된다. 작년 어느 날에는 3만 4천 명이 동원됐는데 이 숫자는 평년의 2배에 해당한다. 그 날 서울 주변에서는 2만 5천 명이 석전을 구경했다고 하는데 이는 결코 과장된 표현이 아니다.

연날리기는 일본이나 중국과 마찬가지로 한국에서도 전국적으로 유행되는 풍속이다. 한국의 연은 이웃 나라의 그것만큼 정교하지는 못하지만 소위 연싸움이라는 매우 흥미로운 놀이의 즐거움은 이웃 나라에 못지않다. 매우 교묘한 방법으로 상대편의 연을 날리는 사람과 연줄을 교차시킨다. 그런 다음 상대편의 연줄을 먼저 끊어 버리고자 마치 톱질이라도 하듯이 줄을 서로 대고 당겼다 풀어 주는 순수한 기교의 시합이 시작된다.

자그마한 연은 겉으로는 아무런 운율이나 그럴 만한 이유도 없는 듯이 하늘 높이 이리저리로 솟아올라 가지만 그러는 동안에 연을 날리는 사람은 마치 미국에서 보는 요트 경주자처럼 잠시도 쉬지 않고 자기의 자리를 옮기면서 기술을 발휘한다. 그들 가운데 하나가 결정적인 순간이 됐다고 생각하면 그는 자기의 연을 상대편 연으로 돌진시켜서 마지막 싸움에 들어간다. 얼마가 지나면 둘 중 한 사람의 연줄이 끊어지면 열띤 꼬마들의 환호성과 함께 산들바람을 타고 멀리 날아가 버린다. 연 자체는 과학적으로 만들어졌지만, 값은 싸다. 그러나 줄은 썩 좋아야 하고 유릿가루를 섞은 풀을 칠해야 한다. 그렇게 하면 줄이 날카로워 상대편의 줄을 끊기가 수월하다.

그다음으로 즐기는 놀이로는 돈치기가 있는데 모든 소년은 "언제까지나" 싫증을 내지 않고 이를 즐긴다. 길가의 굳은 땅 위에 홈을 파 놓고 첫 번째의 사람이 10여 피트 밖에서 6개의 주화를 홈으로 던진다. 홈에 들어가는 것은 모두 그의 것이 된다. 그러나 놀이는 여기에서 그치지 않는다. 다른 소년은 이 놀이에 사용되는 둥그런 납덩이로 이미 던져진 주화 중 어느 것을 맞추겠노라고 지적한다. 그가 던져서 지적된 주화를 맞추면 주화는 모두 그의 것이 되지만 그렇지 못하면 다른 사람의 것이 된다. 이 놀이 역시 봄철에 행해지는데 그때가 되면 흥미진진한 구경꾼들이 두 줄로 늘어서서 자기들 사이로 생긴 좁은 틈바구니에서 아이들이 솜씨 좋게 주화를 맞추는 것을 열심히 구경하는 모습을 볼 수 있다.

5월 초닷새의 큰 명절[단오]이 되면 한국인들은 그네를 마음껏 즐긴다. 어떤 때는 소나무 가지를 이용하지만, 대개는 그네를 매고자 두 개의 긴 기둥을 세운다. 이 기둥들은 받침 줄로 땅에 고정되며 여러 가지 장식을 꾸민다. 한국인들은 그네를 타는 데서 담이 크고 사고가 나는 일은 흔하지 않다. 억센 새끼줄이 조만간에 끊어져서 사람이 떨어져 심하게 다치면 그 철의 그네 놀이는 계속되지 않는다.

정월 보름이 되면 아가씨들은 널뛰기를 즐기는데 이는 서양의 시소와는 다르다. 6~7피트의 나무판을 5인치의 굄대 위에 올려놓고 아가씨들이 양쪽 위에 올라서서 뛰었다가 내려오면 그 충동으로 상대편이 공중으로 몇 피트나 솟아오른다. 그들은 깁과 같은 튼튼한 끈을 머리 위로 내려뜨려서 그것을 잡고 널을 뛰지 않는 한 그들의 균형을 유지할 수 없을지도 모른다.

이날 시골에서는 줄다리기가 벌어진다. 줄은 굵기가 엄청나서 8~10인치, 길이는 100피트가량 된다. 마을 사람들은 남녀노소 할 것 없이 모두 나와 힘이 없어 지칠 때까지 서로 잡아당긴다. 이 놀이는 항상 보름달이 떠오른 밤에 벌어진다.

가을과 겨울에 젊은 남자들이 가장 즐기는 놀이는 제기차기이다. 제기는 엽전을 종이로 싸서 만든 것인데 종이 끝을 꼬부려 다시 구멍 속으로 비틀어 넣어서 떨어질 때도 균형을 잃지 않는다. 서양인들은 제기 놀이를 할 때 제기 채를 사용하지만, 한국인들은 이상스럽게도 발 옆쪽으로 차는데 처음 보는 사람에게는 두 사람이 한쪽 발을 든 채로 제기가 땅에 떨어지지 않도록 차올리는 모습이 우스꽝스럽게만 보인다. 이 놀이는 순전히 한국인들만이 즐기는 놀이이다.

그네

한국인들은 주먹으로 힘을 겨루는 놀이를 즐기는데 그들은 이 놀이를 "팔씨름"이라고 부른다. 두 사람이 탁상 둘레에 앉아서 그 위에 팔꿈치를 정면으로 세우고 서로 엄지손가락을 움켜쥔 다음 상대편의 팔이 탁상 바닥에 닿을 때까지 팔을 기울인다. 누구든지 해본 사람이면 알겠지만, 이는 순전한 힘겨루기이다. 숨바꼭질이나 눈 가리고 잡는 놀이가 일반적으로 행해지고 있으며 작은 소녀들은 누구나 헝겊으로 만든 인형을 아기처럼 등에 업고 다니며 논다. 또한 공기놀이, 고누, 실뜨기 놀이 등의 어린이 놀이도 즐긴다.

앉아서 하는 놀이가 벌어진 곳에서는 장기나 바둑[4]을 두고 있다. 어느 모로 보나 장기는 서양의 것과 흡사하지만, 판이 약간 다르며 규칙은 너무나

4) 본문에는 바둑(padok)으로 되어 있다. 바둑은 본시 "바독"이 원음이었으나 최근에 이르러 바둑으로 변했으며, 여기에서는 오늘날 쓰고 있는 바둑으로 표기한다.

장기놀이

달라서 한국의 장기나 서양의 장 가운데 어느 한 가지만을 알아서는 다른 것을 즐기는 데 도움이 되지 않는다. 바둑은 한국의 장기나 서양의 장기와는 매우 다르다. 바둑은 흰 알과 까만 알로써 줄을 그은 넓은 판 위의 공배를 둘러쌓는 것이다. 이 놀이를 성공적으로 즐기는 데 필요한 선견지명이나 수학적 두뇌는 놀라울 정도이다. 바둑은 본래 중국에서 시작된 것으로서 창안자가 과연 어떠한 사람이었는지 짐작케 해 준다. 드래프트 놀이는 장기보다 더 신경을 써야 한다고 포[5]는 말한 적이 있지만, 바둑은 드래프트처럼 고도의 기술을 필요로 하는 동시에 아마 그보다 10배는 더 어려운 것 같다.

한국인들이 하는 노름으로는 골패나 화투가 있는데, 화투는 빳빳한 기름

5) 포(E. A. Poe : 1809~1849) : 미국의 저명한 소설가.

종이로 만든 것으로서 너비는 반 인치, 길이는 8인치이다. 노동자들이 일거리를 기다리는 동안 시간을 보내고자 길모퉁이에서 즐기는 놀이는 주사위 놀이와 고누를 혼합한 것과 같은 것이 있는데 이는 "판"을 사용하는 대신에 단단한 땅 위에 금을 긋고 즐긴다. 예닐곱 사람이 길모퉁이에 쭈그리고 앉아 있으면 그것으로 놀이가 진행 중임을 알 수 있으며 내기에 거는 돈의 액수는 많은 편으로 한 번에 5센트 정도가 되는 것 같다.

주사위를 던질 때마다 자기의 넓적다리를 철썩철썩 친다. 문명국가에서도 주사위를 던지기 전에 주사위가 들어 있는 통에다 다정한 간원을 웅얼거리는 것을 볼 수 있는 것과 마찬가지로 넓적다리를 치면 행운이 자기에게 오리라고 믿는다. 앞의 놀이들은 물론 한국인들이 즐기는 놀이 모두는 아니지만, 그들이 가장 흔히 즐기는 동시에 가장 특이한 것이다.

제 20 장 국내외 무역

최근에 이르기까지 한국의 화폐는 휴대하기에 매우 불편했는데 이러한 실정은 예로부터 전해 내려오던 물물 교환의 풍습을 존속시키는 데에 커다란 역할을 했다고 볼 수 있다. 심지어는 오늘날에도 그와 같은 교환 방법이 어느 모로 보나 없어졌다고 할 수가 없으며, 대개의 한국인은 아직도 쌀이나 면화나 아마를 법화로 생각하고 있다.

이 나라에는 특정한 지역에 정기적인 시장이 열린다는 점을 위에서 이미 언급한 바 있다. 자기 집에서 10마일 이내에 그러한 “장”을 발견할 수 없는 사람은 극소수에 달한다. 장은 5일에 한 번씩 규칙적으로 열리지만 특별한 목적을 위해 열리는 시장이 많다. 한국산 제품의 대부분은 특별히 계절성을 띠고 있다. 당연히 여름이나 가을이면 농산물이 시장에 많이 나온다. 대개의 농부는 겨울 동안에 수공품을 만들어서 수입을 올리는데 그러한 수공품은 겨울이나 봄철에 매매된다.

오랜 세월 동안 한국에는 보부상이 있었다. 보부상은 전국적으로 수천 명으로 구성되어 있는데 그들은 등에 짐을 지고 걸어서 이집 저집을 돌아다니며 도부를 친다. 그들에게는 일정한 행상 범위가 있으며 그들의 조직은 매우 철저하다. 최근에 이르러 그들은 점점 기울고 있으며 의심스러운 활동을 하는 관리들에게 이용되는 악당들로 변모했다. 그들의 행동은 보부상 본연의 자세라고 볼 수가 없으며 오늘날의 "보부상 패거리"라는 불미스러운 평판을 그들에게 부쳐서는 안 된다.

한국에서 국내 교역이 이루어지는 것은 대체로 시장이나 보부상을 통해서이다. 대도시는 항상 문을 열어 두는 가게가 있는 것이 보통이지만 대개 모든 생활필수품은 각 분업 조합에서 취급한다. 교역에서의 규약은 상당한 영역까지 그 효력을 미치고 있다. 이 조합의 대부분은 예나 지금이나 최초의 보험 회사의 성격을 띠고 있어 화재에 따른 손실이나 사망자가 생기면 그들은 상부상조한다. 이 조합들은 정규적이지 않지만, 때에 따라서 세금을 낸다. 왕실에서 갑자기 금전적인 압력이 가해질 때면 언제나 이 조합들에 대한 징모가 실시된다.

한국의 가게는 열려 있는 것과 닫혀 있는 것의 두 가지 종류가 있다. 대개의 가게가 거리를 향해 열린 부분이라고는 진열장 하나의 폭도 되지 않기 때문에 고객들은 창고에 들어가서 물건을 골라 감정할 수가 있다. 그러나 비단, 무명, 아마, 모시, 신발, 그리고 그 밖의 물품을 취급하는 대상들은 아무것도 눈에 보이지 않게 간수한다.

가게의 안으로 들어가서 원하는 물건을 부탁하면 그제야 창고나 벽장에서 물건을 꺼내 준다. 항상 물건을 비교해 선택하는 외국인들에게 이 풍습은 매우 이상스럽게만 여겨진다. 심보가 사나운 장사꾼은 비단 한 감만을 보여 준 다음 다른 것을 보여 주지 않으며 그것이 마음에 들지 않는다면 고객에게 적합한 물건이 없노라고 퉁명스럽게 말한다. 고객은 자기가 원하는 물건을 정확히 말할 필요가 있으며 만약 물건이 자기의 주문에 따라 만들어지거나 감정될 경우 값에 대해서도 신경 쓸 필요가 있다.

한국의 장보기는 서양처럼 그렇게 즐거운 것이 못 된다. 양반집의 아낙네들이 비단이나 또는 그 밖의 물건을 사고자 할 때는 사람을 보내어 장사꾼이 물건을 가지고 집으로 오도록 한다. 한국 상인들의 특이한 성격을 잘 아는 외국인들은 모두가 그러한 방법을 쓴다. 서울에서는 가게가 아무리 클지라도 간판을 거는 법이 없지만, 대신 외무원을 거리에 내세워 행인들에게 간청해 가게에 들어와서 물건을 구경해 보라고 부탁한다.

대도시에서의 부동산 매매는 항상 가옥 중개인에 의해 이루어지지만, 토지 매매는 일반적으로 토지만을 취급하는 집단 사이에 직접 연락함으로써 이루어진다. 가옥을 매매할 경우, 구전은 구매액의 1%이며 매도인이 낸다. 매수인은 홍정이 진행되는 동안에 소비되는 담배 두 봉지만 사면된다. 이를 위해 "가옥 중개인 조합"이 있으며 각 회원의 이름은 관청에 등록되어 있다. 만약 매도인이 요구하는 금액을 중개인이 허위로 매수인에게 통고해 잔액을 "먹어 치우면" 그는 곧 발각되어 조합에서 추방되는 동시에 중개 허가장도 취소된다.

어느 곳이나 이자율은 투자의 안전도에 따라서 적정하게 결정된다. 그래서 한국에서의 돈거래는 매월 2~5%의 이자가 따른다. 일반적으로 돈거래의 안전도가 지금으로서는 확립되어 있지 않기 때문에 돈을 빌려주는 일이란 왜 그다지도 위험스러운지 묻는 사람들이 많이 있다.

이 문제에 관해는 한국의 법정도 믿을 수 없다는 것이 그에 대한 대답이다. 다른 나라와 마찬가지로 한국에도 소유권에 관한 9조율이 있기 때문에 부동산을 저당하거나 재산 취득을 할 때는 당국의 허가를 받아야 한다. 나머지 조항 대부분은 사건의 판결을 직무로 하는 관리들의 변덕과 부정에 따라 결정되고 있다는 사실은 커다란 문제점이다.

뇌물이 제2의 천성처럼 되어 있고 세도가를 등에 업지 않은 한 개인의 권리가 존중되지 않는 곳에서 정의가 전도된다는 것은 극히 평범한 사실이다. 그러므로 채권자가 정의에만 의존한다면 아무리 명백하게 안전한 것일지라도 단지 부러진 가냘픈 갈대에 지나지 않는다. 좀 더 구체적인 예를 들어보기로 하자.

어떤 사람이 집문서를 담보해 얼마간의 돈을 빌렸다. 그런 다음에 그는 그 문서를 무효로 만들거나 아니면 옛날의 문서를 잃어버렸다는 구실 아래 수령으로부터 새로운 문서를 발급받는다. 그리고는 다시 그 집을 다시 제3자에게 팔기 위해 자기의 소행을 숨긴다. 그러는 동안에 처음의 저당권자는 저당 절차를 밟는다. 이럴 경우 어느 문서가 정당한가 하는 문제가 일어난다. 법에 따라 사건을 처리하는 데는 아무런 문제점이 없지만, 선의의 구매자인 신소유권자는 어쩔 수 없이 소유권을 박탈당하는 것은 당연하다. 그는 자기의 소유권을 인정받으려고 얼마간의 돈을 뿌리는데 모든 문제는 관리의 양식에 따라서 결정되며 이미 법률상의 문제가 성립되지 않는다. 이런 곳에서 사회의 무상함을 맛보게 된다.

월이율 최소 2%, 또는 예외적인 경우로 1.5%에 돈을 빌린다면 채무자는 담보물을 설정하는 대신에 일반적으로 잘 알려졌거나 믿을 만한 상인으로 하여금 어음에 보증을 서도록 한다. 이 상인은 자기 신용이 문제화되도록 할 수는 없으므로 그럴 경우에는 돈을 받지 못하는 일이란 거의 없다.

상도덕이 매우 공정하지 못하다는 점에 견주어 보면 한국인들은 실제 중요한 생활 문제에서 다른 사람을 잘 믿는 편이다. 외상 거래액은 상당히 많다. 보통 한국인들은 외상 거래액의 청구서를 받는 것보다 친구에게 돈을 꾸는 것을 더 조롱할지도 모른다. 대개 정의감이나 예절은 어떠한 법적 제재보다도 더 부정을 막는 데 큰 역할을 한다는 것이 나의 사려 깊은 확신이다.

한국과 그 이웃 나라와의 무역은 몇 세기 전부터 이루어지고 있다. 한국이 요즘에 이르러 수출입의 문호를 개방했다는 것은 사실과 다르다. 중국과의 무역은 감시가 필요 없을 만큼 평온한 가운데 진행되면서도 1,500년 동안 거의 그치는 일이 없었다. 인삼, 모피 및 그 밖의 특산물을 정기적으로 중국에 수출했으며, 비단이나 향료 및 그 밖의 사치품들이 또한 정기적으로 수입됐다.

북경에 파견되는 동지사도 무역에 종사할 수가 있었다. 반도의 반대쪽인 부산에서는 일본과의 연례적인 무역이 상당해 1406년부터 1866년까지 거의 그치는 일이 없었으며, 14세기에 일본의 해적들이 양국 간의 상호 교역을 저해하기는 했지만 15세기의 개항 이전에도 양국 간에는 물품의 교환이 있었음이 확실하다.

천주교의 선교사들이 입국하고 이에 따라 외국의 종교란 정치적 음모를 위한 가면에 불과하다는 두려움이 퍼지기 이전까지만 해도 한국은 일본이나 중국 이상의 은둔국은 아니었다는 것이 사실이며 이 점은 특히 주의를 기울여야 한다. 일본이나 중국이 외국인들의 세력을 막고자 기울였던 노력은 한국에서 일어났던 배외사상보다 더 억세고도 강렬했다. 그 뒤 얼마 지나서 한국의 배외사상은 그에게 은둔국[1]이라는 칭호를 부여할 만한 정도까지 이르게 됐다. 한국이 외국에 대해 문호를 개방하면서 직면했던 어려움을 일본이나 중국의 묵인을 얻고자 겪어야만 했던 어려움에 견주면 아무것도 아니었다.

한국의 보수주의가 항상 중국보다 심하지 않았다고 할 만한 근거를 나는 알고 있다. 중국의 보수주의란 관성의 법칙의 사회학적 발로에 지나지 않는다. 이미 고인이 된 국태공은 투안 공[2]보다 더 심하게 외국인들에게 증오감을 갖지는 않았으며, 역대 한국 군주들이 다시 소생한다더라도 중국의 현재 황태후[3]보다 더—만약 그가 그럴 만한 권좌에 있었다면—기꺼이 외국인들을 섬멸하지는 않았을 것이다.

한국이 서방 세계의 조건을 수락해 문호를 개방한 것은 1876년부터 1884년

---

1) 그리피스(William E. Griffis : 1843~1928)가 도쿄제국대학 물리 · 화학 교수로 있으면서 국사를 연구해 『은자의 나라 한국』(*Corea, The Hermit Nation*, Charles Scribner's Sons, London, 1882)을 저술한 데서 비롯됐다.

2) 투안 공(Tuan Chi'-jui : 1863~1936) : 중국 명은 단기서. 북부 군대 안휘파의 수령이며 국방장관(1914), 국무총리(1916~1918), 임시대통령(1924~1926) 등을 역임했다.

3) 청조 함풍제의 왕비로서 동치제(穆宗 : 1862~1874)와 광서(德宗 : 1875~1908)의 섭정이었던 서태후(1835~1908)를 의미함.

사이였다. 처음부터 무역은 수입 면이나 수출 면에서 급속하고도 건전한 성장을 보였다. 한국인들은 맨체스터 면화와 미국 석유와 일본 성냥이 얼마나 유용한 것인지를 쉽게 알았으며, 요즘에는 반도 안의 어느 벽촌에서도 그와 같은 물품과 그 밖에 외국산 생활필수품의 판로가 개척되어 있다. 이와 같은 수입 무역은 탁월한 관세 정책에 따라 크게 덕을 입고 있다. 세관은 처음부터 영국인[4]이 운영했다. 한국이 한국인이나 그 밖의 극동인들로 하여금 관세를 받도록 했을 때 해외 무역의 현황이 어떻게 달라졌는지 알기 위해서는 터키의 예를 살펴보는 수밖에 없다.

영국인들이 한국의 세관에서 손을 떼고 물러가자 일본이 유리하게 됐을 때 한국으로서는 불행한 시기가 닥쳐왔다. 다만 여기서는 한국의 수출입 무역의 내용을 매우 간단하게 살펴볼 수밖에 없다. 자세한 세목은 단지 통계학자들의 관심거리 밖에는 안 된다.

지난 4년 동안의 수출 무역량은 평균해 대략 400만 달러쯤 된다. 여기에는 연간 약 250만 달러가 되는 금괴 수출량은 포함되어 있지 않다. 수출 품목을 주요 순으로 열거하면, 콩, 쌀, 우피, 인삼, 생면화, 생선, 고래 고기, 고래 기름, 종이, 해조 및 보리이다. 그 밖의 주요 품목으로는 해삼, 뼈, 소, 모피, 화문석, 약재, 기장, 굴, 참깨, 생사, 수지, 담배, 밀, 구리, 골동품 및 모시 등이 있다.

1901년과 1902년의 수입 무역량은 똑같이 약 375만 달러였으며 1903년에는 575만 달러, 1904년에는 880만 달러였다. 1904년에 수입량이 갑자기 증대한 것은 새로운 철도 부설을 위한 철로 자재 구매비인 200만 달러가 포함되어 있기 때문이다. 수입 품목을 가격 순으로 열거해 보면 영국과 미국의 회색 셔츠의 감, 일본의 철판 · 면직물 · 방사와 실 · 비단제품 · 담배, 영

---

4) 영국인 브라운(J. McLeavy Brown, C.M.G.)이 1893년 8월에 해관총세무사사로 부임 · 운영했다.

국과 미국의 철판, 미국의 석유, 영국과 미국의 흰 셔츠의 감·쌀·의복·식료품·재목·술 등이다.

이 밖에도 무늬 있는 셔츠의 감, 이랑이 진 면직물, 모기장, 다리미, 전기로 도금된 철판, 가방, 밧줄, 건축 재료, 석탄, 생면화, 솜, 염료, 물고기, 밀가루, 과일, 양곡, 모시, 술, 주정, 성냥, 의약품, 광산 자재, 러시아의 석유, 종이, 자기, 소금, 간장, 설탕, 전신·전화 자재 등이 있다. 오늘날까지도 수출입 무역은 국내의 운수 시설이 부족해 많은 타격을 받아왔지만 지금 급진적으로 부설되고 있는 철도는 그와 같은 장애를 극복하는 데 도움이 될 것이며 이에 따라 해외 무역도 당연히 결정적인 자극을 받을 것이다.

최근에 이르러 일본의 직물은 영국이나 미국의 제품과 성공적으로 경쟁을 벌이고 있으며 머지않아 일본 성냥이 오스트리아산을 압도한 것처럼, 그들을 압도할 가능성이 있다. 오늘날 그처럼 한국에 대한 해외 물품의 공급원이 정리되고 있는 것은 상업 분야에서 괄목할 만한 현상이다. 한국과 일본 사이에는 원자재와 원제품의 상호 교역에서 천부적인 인연이 있는 듯이 보인다.

일본은 자신의 능력상 모든 수단으로 이처럼 급증하는 상호 이익을 증진하고 지속할 수 있으리라는 전조가 곳곳에서 나타나고 있다. 만약 한국에서 미국의 면제품이 일본 제품과 경쟁을 하려면 물건을 더 우수하게 만들어서 그들과 같은 값을 받든가 같은 품질을 만들어 값을 덜 받지 않으면 안 된다. 이렇게 말한다고 해서 다른 제품들은 공정하게 경쟁되고 있다는 의미로 들릴 수 있겠지만 사실상 다른 것들도 마찬가지로 대등한 경쟁이 "이루어지고 있지 않다."

전국을 방송망처럼 덮고 있는 일본의 소매상들은 일본어밖에는 아무런 외국어를 읽거나 말할 줄 모르면서도 일본의 공급원과 긴밀한 유대를 맺고 있기 때문에 금전적인 문제를 유별나게 신경을 쓰지 않아도 일본 제품이 호평을 받을 것이라고 확신하고 있다. 한국에는 잡화를 취급하는 미국의 상사가 단 한 곳이 있지만, 그 상사는 특히 석유와 쌀만을 관계할 뿐이다.

바꾸어 말해서 미국은 한국과의 상업적인 접촉을 위해서는 극히 적은 솜씨만을 발휘할 뿐이다. 미국의 상인들은 제품의 값과 품질 이상의 문제까지 개입하면서 지나치게 무역 경쟁을 하고 있다는 세평을 들을 필요가 없다. 물품이란 고객들 앞에 적절하게 전시, 광고되고 또 제공되어야 한다. 그러한 문제는 대체로 관측상 개인의 오차가 개입하며 오늘날 같은 환경에서는 미국의 주요 산업품이 이름만 내놓아도 세상 사람들이 알아줄 시기가 언제쯤 되겠는가 하는 것만이 문제이다.

오늘날 한국에는 상선이나 그 밖의 어떤 운임이 적게 드는 운송 방법에 따라 오리건 주의 소나무 재목을 한국에 수출하게 될 어느 상사에게 완전히 문호가 개방되어 있다. 한국에서는 모든 모형과 주형이 수공업에 의해 값비싸게 만들어지고 있다. 모형에 따라서 짜 맞추는 바닥 깔기는 큰 수지가 맞을지도 모른다. 어느 기업가가 한국에 수출할 수도 있었던 무수한 인기 품목 중의 하나만이라도 적중하면 그것이 더 낫지 않겠느냐 하는 점을 지적하려고 그런 말을 하는 것이다.

얼마 동안 일본의 제품은 상당히, 그리고 끊임없이 들어올 것임이 틀림없으며 기를 쓰고 노력하고 있는 건축업도 외국으로부터 점차 더 많은 자재를 도입하게 될 것이며 목재는 더욱 그러하다. 만약 미국인들이 이와 같은 사업에 참여하기를 바란다면 그들은 상업상의 유동성이 결정되기에 앞서 이 분야로 투신해 기반을 닦아야 한다.

제 4 편

문화와 예술

제 21 장 기념물과 유적

4천 년이나 되는 전설적인 역사를 가진 나라에서는 지난날의 모습을 보여줄 여러 가지의 기념물과 유적을 보게 되리라고 기대하는데, 그런 점은 한국도 마찬가지여서 우리는 그러한 기대에 실망을 느끼지 않는다. 그러나 그러한 기념물이나 유적은 사람들이 살고 있거나 경배의 대상이 되는 건물의 형태로 존속되는 것은 아니다. 극동의 모든 건축 양식은 전체적으로 개축하리만큼 철저하게 보수하지 않고서는 100년 이상을 존속할 수가 없다. 그래서 고대 이집트의 유적과 같은 사원을 볼 수는 없지만, 그와 거의 맞먹는 고적을 찾기란 어렵지 않다.

우리가 확인할 수 있는 한 가장 오래된 유적은 단군의 사당인데 강화도 마니산의 정상에 있다. 단군은 전설적인 임금으로서 기원전 2천 년보다 훨씬 앞서 한국을 다스린 분이다. 그는 그의 천상의 아버지인 환인[1]을 경배하기 위해 이 사당[참성단]을 세웠다고 전해진다. 그러한 전설을 전적으로 믿을 수는 없지만 한국의 모든 기록된 역사를 섭렵해 보면 약 100년에 한 번씩 그 고대 유적을 보수하려고 비용을 갹출했다는 것은 확실하다.

제단의 역사가 매우 길다는 것은 의심할 나위 없다. 제단은 둘레가 30제

1) "천상의 아버지인 환웅"이나 "천상의 할아버지인 환인"이라고 썼어야 옳았다.

곱피트의 담으로 둘러싸여 있으며 벌거벗은 바위산 위에 자리 잡고 있다. 담장의 한쪽 모퉁이에 너비 16제곱피트, 높이 8피트의 제단이 있으며 산정으로 향하는 길은 돌계단으로 되어 있다. 초석과 처음 몇 군데 길목을 살펴보면 이 제단이 얼마나 오래된 것인지 알 수가 있다. 초석과 돌계단에는 이끼가 끼어 있으며 애당초부터 그곳에 있던 천연석처럼 놓여 있다.

돌계단의 윗부분은 그보다는 훨씬 뒤에 만들어진 것임을 똑똑히 알 수 있지만, 서양에서 가장 유서가 깊다는 유적에 견준다면 그래도 그보다 더 오래전임을 알 수 있다. 다만 그 정상에 서서 구름이 바닷바람을 타고 험준한 산맥 위의 날카로운 봉우리 위로 솟아오를 때면 단군은 그 위에 서서 하늘에 이르는 그 제단의 축조를 지휘하고, 엄청난 제물의 주위에서 화염이 충천하던 창세기의 시대를 생각하게 된다. 4천 년이라는 긴 역사는 생각만 해도 까마득하다. 유구한 역사의 상징처럼 된 중국에 가 보아도 그와 같이 오래된, 그러면서도 믿을 수 있는 역사상의 유물을 찾아볼 수는 없다.

참성단의 부근에 있는 반대편에는 단군의 세 아들이 세운 것으로 여겨지는 성채가 있다. 요즘에는 까치가 어떻게 하여 독수리의 둥지를 차지했는지 보여주는 듯이 그 성채에는 사원[전등사]이 들어서 있다. 1866년 프랑스군이 강화에 상륙했을 때[병인양요] 한국의 호랑이 사냥꾼들이 모여 있던 곳이 바로 이곳이며 한국인들이 그들의 조국을 침입하는 불공대천의 원수인 외군을 무찌른 것은 이 전쟁부터이다. 북쪽 지방에 있는 강동이라는 마을에는 둘레가 410피트가 되는 둑이 있는데 이 둑은 시조 단군의 죽음에 관해 중요한 의의가 있는 것으로 믿어진다.

문화[2]에는 한국의 삼위일체인 환인, 환웅, 그리고 단군을 모시는 사당이 있는데 환인은 천지의 창조주이며, 환웅은 그의 아들이며, 단군은 그의 지

2) 지금의 황해도 신천군 문화면을 의미함.

상 화신이다. 단군이 바람을 타고 땅 위에 내려왔으며 처녀의 몸을 거쳐서 인간이 됐다는 사실은 우리로 하여금 그들의 건국 신화에 더욱 관심을 끌게 한다.

기자는 사실상 이스라엘의 다윗왕[3]보다 후의 사람이기는 하지만 단군에 견주면 많이 개명된 사람인 듯이 여겨진다. 그의 도읍지는 평양의 부근이었다고 지적되며, 1894년의 청일전쟁 때 청국 군대들이 흉장으로 뜯어 쓰기 이전에는 그 도읍지의 거리 모습을 뚜렷이 볼 수 있었고 그 넓이는 미국의 서부 지방에 있는 도시의 규모와 거의 같아 보였다. 그 도읍지의 중앙에는 기자의 명령에 따라서 판 듯이 여겨지는 기자천이 있다. 한국인들이 주장하는 바로는 이곳에서 나오는 한 동이의 물은 육지의 다른 샘에서 나오는 물보다 1파운드나 더 무거웠다고 한다.

사람들은 이 도시가 한 척의 배와 같아서 샘을 파면 그 배가 침몰한다고 믿었기 때문에 요즘에도 도시에는 전혀 우물이 없다. 그 배를 정박시키고자 마을 가까이 있는 대동강의 둑에는 커다란 석주를 놓아두었다는 사실은 그와 같은 그들의 관념을 더욱 뚜렷이 실증해 주고 있다. 그 마을 가까이에는 수호 동물처럼 생긴 석상과 함께 기자묘가 있으며 연륜이 얼마나 됐는지 알려주듯이 부분적으로 마손된 편액이 있다.

남쪽으로 내려와서 신라의 고도인 경주에 다다르면 먼 옛날의 수많은 유적을 보게 되는데 신라는 서력기원전에 건국하여 콘스탄티누스 대제[4] 시대에 이미 그 전성기를 이루고 있었다. 이 고도 부근에는 신라의 왕릉인 커다란 여러 개의 무덤을 볼 수 있다. 그 왕릉은 둘레가 수백 피트이고 높이가 75피트가량 될 것이다. 만약 그 무덤 중의 어느 하나를 파헤쳐 본다면 아마

---

3) 다윗(B. C. 1004?~965?) : 고대 이스라엘의 2대왕으로서 기원전 998년에 시온산에 도읍을 정해 이스라엘 사상 최대의 왕국을 이루었다.
4) 콘스탄티누스 대제(Constantine the Great : 274~337) : 로마제국의 황제로서 재위는 324~337년이었으며 제국의 기초를 이룩했다.

도 양쪽 옆에는 젊은 처녀를 눕힌 왕의 유해를 보게 될 것인데 이 처녀들은 왕의 장의를 엄숙하게 하려고 자기의 수명대로 살지 못하고 죽음의 쓴잔을 마신 사람들이다.

신라 말엽의 어느 한 왕[5]은 자기가 죽을 때는 순장하지 말도록 특별히 명령을 내린 적이 있는 것으로 미루어 보아 이를 추측할 수가 있다. 기록에 따르면 임진왜란(1592) 당시에 일본인들은 신라와 같은 시대에 있었던 가락국의 어느 한 왕릉을 파헤쳤는데 왕의 양쪽 옆에는 두 여인이 누워 있었다고 한다. 그 시신은 노출되자 즉시 흐트러졌다고 전해지는 것으로 미루어 보아 미라로 되어 있었음이 분명하다.

마을 밖에는 회초리처럼 가느다란 막대로 엉성하게 만든 종각이 있고 그 안에는 세계에서 가장 큰 종 중 하나가 걸려 있다. 이 종은 신라의 전성시대인 지금부터 1,400년 전에 만들어진 것이다. 크기는 모스크바에 있는 대종과 같지만, 무게는 그만 못하다. 그 종은 아직도 대들보에 걸려 있으며 종을 만들 때와 다름없이 은은하고도 맑은 소리를 내고 있다.

이 종은 우리로 하여금 여러 가지 신라 문물의 우수성을 인정하도록 하므로 어느 의미에서 보면 이 종이야말로 한국에서 가장 흥미롭고도 눈여겨 볼 만한 유물이라고 할 수가 있다. 광물을 캐내어 그것을 녹이고 주형을 만들어 흠이 없이 종을 만들고 그곳에 달아맬 수 있는 능력은 그 당시의 문화 수준이 매우 높았음을 말해 준다. 그와 같은 대업이 오늘날에도 한국인들에 의해 성공적으로 이룩될 수 있을지 나는 매우 회의를 느낀다.

신라 문화의 또 다른 유물로는 높이 20피트의 거대한 병 모양을 한 고대의 석탑이 있다. 이 석탑은 고대 신라의 천문대로서 그 모양은 마치 샘과 같다고 설명할 수가 있으며 사람이 그곳의 밑에서 위를 바라보면 낮에도 별을

---

5) 신라 22대 지증왕(재위 : 500~514)을 의미한다.

볼 수가 있었다고 한다. 불교가 창성할 때 만들어진 위대한 금자탑이 남아 있는 것은 없고 다만 하부의 2층만이 남아 있다. 그러나 그 잔해만 보아도 당시 예술의 우수성을 알 수 있다. 우수성을 보여주는 증거 가운데 하나는 옆쪽으로 문이 있는 마멸된 석대에서, 다른 하나는 옛날 기독교 성자의 것과 같은 후광에서 볼 수 있다. 탑[6]이 세워진 연대도 천문대와 마찬가지로 서기 500년경임이 틀림없다.

동해안에는 한문의 비명이 새겨진 석판이 있는데 이것은 널따란 충적평원의 홍수를 막고자 어느 방백이 세운 것이다. 그것으로 미루어 보아 한국 문화는 바다의 위세에 얼마간 영향을 받았다고 추정된다. 그 뒤에 부임한 방백은 그것을 비웃고 부숴버렸는데 다음 철에 엄청난 조수가 평야를 휩쓸어 많은 사람이 목숨을 잃고 헤아릴 수 없는 재산상의 손실을 보았다. 신성을 모독한 그 방백이 떠난 다음 다시 그 석판을 세웠더니 그 뒤에는 놀랍게도 재난이 일어나지 않았다.

북쪽 지방에는 평화롭게 살던 고려인들에게 갑작스럽고도 피비린내 나는 침략을 일삼던 야만 민족을 막고자 세워진, 서해로부터 동해를 완전히 횡단하는 우람한 성벽의 남은 모습을 아직도 볼 수 있다. 성벽이 축조된 연대는 약 7~8세기 이전이다. 중요한 도시의 부근에 있는 험준한 산의 정봉에 성을 쌓은 곳이 전국적으로 수십 군데나 된다. 이 성들은 야만 민족이 침입해 쉽사리 피난할 필요가 있을 때 모든 주민이 서둘러서 피할 수 있도록 축조된 유물들이다. 이들 가운데 어느 것은 매우 오래전에 축조된 것이며 제물포 부근에 있는 것은 서양의 역사만큼이나 역사가 긴 것으로 평가되고 있다.

고려의 고도인 송도의 성 밖에는 충신 정몽주가 타살된 자그마한 돌다리 [선죽교]가 있다. 그는 기울어지는 고려에 대한 충성심이 강했기 때문에 새

---

6) 분황사탑을 의미한다. 건축 연대는 서기 634연(신라 선덕여왕 3년)이며 현재 3층이 남아 있다.

왕궁을 화마로부터 지켜 준다는 해태의 석상

로운 왕조가 튼튼한 기업을 마련하기에 앞서 제거되지 않을 수가 없었다. 다리의 중간에 있는 돌 위에는 비를 맞아 검붉게 변색된 갈색의 큰 점을 오늘날에도 볼 수가 있는데 한국인들은 그것이 충신의 핏자국이라고 말한다.

한국은 불교 유적으로 가득 차 있다. 어느 지방을 가보아도 산기슭에 절이 없는 곳은 거의 없으며 어느 곳에는 10여 개 이상의 절이 있는 곳도 있다. 관악산에는 14개의 절이 있다고 한다. 그 절들은 모두 거의 사양의 길을 걷고 있으며 지난날에는 몇 백 명의 신도를 자랑했지만, 오늘날에는 5~6명도 채 못 된다. 한국인들의 얘기에 따르면 남쪽 지방에 있는 어느 절[법주사]은 너무나 커서 그곳에 있는 스님들의 밥을 지을 때 솥을 휘젓기 위해 그 위에 뗏목을 타고 다닌다고 한다. 그 솥의 실제 크기를 그들의 말 그대로 들어서는 안 되겠지만, 어쨌든 절에서 사용하는 솥 중 하나는 엄청나게 크다는 것을 알 수 있다.

경주 부근의 개천에는 옛날 절간에서 중요한 주방 용기로 사용하던 솥이 있는데 지름이 30피트가 넘으며 아가리만도 10피트가 넉넉히 된다. 그 솥의 가운데서 그 안에 있는 음식을 휘저으려면 엄청나게 힘센 팔이 필요할 것이다. 절은 항상 울창한 나무로 둘러싸여 있는데 일반적으로 한국에서 가장 아름다운 곳은 절의 주변이다. 낙엽수의 울창한 숲 속에 세워진 절이 적지 않아서 외국인들은 자기가 원할 경우에는 사냥을 갈 수도 있다. 그곳은 사슴과 멧돼지와 표범의 소굴로 되어 있다.

한국에서 가장 유명한 절은 금강산에 있는 것인데 금강산은 한반도의 중부 동해안 가까이에 있는 산으로서 숱한 봉우리가 한 무리를 이루고 있다. 이 산은 중국까지 널리 알려져서 몇 천 명의 길손이 지친 다리를 절룩거리며 이 명승지를 찾는다. 산 아래 도착하면 서쪽부터는 나귀를 버리고 걸어서 올라가거나 초라한 가마를 타고 올라가야 한다. 어느 외국인 여행자가 쓴 기행문에 따르면 길이 험한데다가 바위 사이를 뛰어넘어야 하고 통나무를 다리 삼아 건너야 한다고 했다. 그 여행자는 이렇게 기록했다.

> 바위를 지나갈 때면 그 밑에 흐르는 물 위로 떨어지지나 않을까 하는 두려움 때문에 그 울퉁불퉁한 표면에 꼭 붙어서 기어 올라가야 하며, 바위 위로 졸졸거리며 흐르는 물은 아름다운 폭포를 이루었다. 바위 위에는 그 길을 지나간 길손들의 이름이 한문으로 뒤덮여 있으며 이같이 새겨진 그들의 이름은 미끄러운 표면을 지나간 유일한 발자취가 된다. 스님들은 그 바위 위에 구멍을 파서 쐐기를 박고 통나무를 걸쳐놓아 사람들이 다닐 수 있게 길을 만들었으며 바위 위에는 자그마한 암자가 있거나 아니면 높이 90피트에 밑넓이의 한쪽이 30피트나 되는 엄청나게 큰 부처의 좌대가 다듬어져 있는데 무엇보다도 장관인 것은 어미 봉우리의 깎아지른 듯한 벼랑과 우뚝 솟은 산 모습이다.

불교는 다른 곳이 아니라 바로 이와 같은 곳에 생명의 약동하는 모습을 남겨 놓은 듯이 보이는데 가파른 계곡을 향한 길목에는 몇몇 유명한 절들이 있다. 길고도 가파른 길을 기어가듯 올라가면 그 산맥의 정봉에 오르게 되고 바로 정봉의 밑에 유점사가 나타난다. 앞에서 말한 여행자는 이렇게 기록했다.

> 이상하리만큼 날카로운 돌무지를 지나 우리는 옛날에 용이 미역을 감았다고 전해지는 웅덩이에 도착했다. 그것은 흔히 볼 수 있는 연못에 불과하다. …… 그 절에는 53개의 우상이 있으며 나무의 뿌리를 뒤집어 놓은 듯 여겨지는 데 앉아 있다. 그 밑에는 무시무시한 용들이 얽혀 있다. 전설에 따르면 한국에 불교를 포교하고자 53명의 스님이 인도에서 왔을 때 그들은 이곳에 도착하여 느릅나무 밑의 절벽에 앉았다고 한다.
>
> 그들이 그곳에 앉아 주위를 살펴보니 세 마리의 용이 샘에서 뛰쳐나와 그들에게 달려들었다. 그 용들이 스님들을 도우려 바람을 불러일으키자 돌풍은 나무를 날려 보냈다. 이와 같은 조화에 뜻을 굽힌 스님들은 나무의 뿌리 위에 불상을 앉히고 용들이 나무를 뽑아버리려던 곳에 제단을 만들었다. 드디어 용이 다시 샘으로 들어가자 스님들은 그 위에 돌을 쌓고 절을 세웠다. 그 전설을 증명하고자 스님들은 그 샘물이 아직도 흘러나오는 언덕의 저 아래편을 가리킨다.
>
> 이 용들은 아마 위에서 말한 웅덩이에서 미역을 감은 용들과 같은 것으로 여겨진다. 아침이 되어 어느 한 명찰에서 사는 사람들을 그들의 승방에서 만나볼 좋은 기회도 얻었다. 그 승방은 하나의 커다란 거실과 드러눕기에 충분한 여러 개의 자그마한 방으로 되어 있었다. 모든 것이 매우 깔끔했다. 각 방에는 방 소유자의 신상안치용기가 있었다.
>
> 그들은 부지런히 공부하는 듯이 보였으며 다른 한국인들에 비하면 분명히 행복하고도 평화로운 생활을 하고 있었다. 그러나 그들의 처소란 다만

현실 도피적인 곳에 불과한 곳이어서 그 험한 산길을 찾아오는 길손들에게 도움을 받기도 하고 진세에 나아가 하인배들에게도 "천한 소리"를 들으면서 구걸해야 한다. 어떤 스님들은 아무런 구애 없이 자기를 도와주는 돈 많은 친척이 있을 것이다.

이처럼 유명한 절의 대다수는 넓은 토지를 소유하고 있어 주변에 사는 농민들에게 소출의 일부를 내고 경작하도록 한다는 것도 또한 사실이다. 내가 관찰한 바로는 순전히 시주에만 의존하는 절은 거의 없다. 죽은 사람의 명복을 비는 경우와 같이 사람들이 절에 시주하는 의식은 여러 가지가 있다.

여염에서는 불교의 의식을 남의 멸시나 받는 "무당"이나 "판수"와 분명히 구별하지 않는다. 스님의 사회적 지위는 판수보다 별로 높지도 않다. 판수는 전적으로 그들을 찾아오는 사람—그가 스님을 더 좋아하든 판수를 더 좋아하든 관계없이—의 일시적인 기분에 의존해 살아간다. 물론 묘한 조각과 어둠침침한 분위기와 괴상한 벽화를 그려진 절은 그와 같은 의식에 더욱 강한 인상을 불어넣어 줌으로써 돈을 더 많이 받는다. 절을 찾아오는 사람이 돈 많은 사람임은 사실이지만, 그렇다고 해서 그들이 절을 찾는 것은 어떤 종교적인 신념이 달라져서 오는 것은 아니고 다만 그곳의 의식에 관한 평판을 듣고 오는 것이다.

한국의 유적에 관한 얘기를 할 때 북부 지방에서 볼 수 있는 야릇한 모습의 건조물을 언급하지 않는다면 모든 설명은 불충분한 것이 되고 만다. 그 야릇한 건조물은 더 좋은 명칭이 없어 우리는 그저 고인돌이라고 부른다. 고인돌은 두 개의 커다란 돌을 서로 마주 보도록 세워 놓고 그 위에 다른 하나를 걸쳐 놓은 것인데 위에 놓인 돌은 단 하나로서 대개 넓이가 15제곱피트에 두께는 2피트가량 된다.

돌로 둘러싸인 공간은 대략 길이가 8피트, 너비가 5피트, 높이가 5피트가량됨으로써 일종의 무덤이라는 것은 극히 당연한 결론이다. 그러나 어느 것

진흥왕 순수비의 탑본

고대 신라의 북방 지역 한계선이 표시되어 있다.

은 공간의 윗부분이 막혀 있지만, 앞부분은 항상 열려 있으며 그 안에서 유골이 발견되는 일은 없다. 이 야릇한 고인돌에 관해 역사는 아무것도 언급하지 않지만, 한국인들의 말에 따르면 가끔 인가에 나타나기도 하는 산신령으로부터 자신을 보호하기 위해 오래전에 만들어진 것이라고 한다.

고인돌은 항상 그 일부분이 흙으로 덮여 있는 것으로 보아 애당초에 전부가 흙으로 덮여 있었다는 것은 의심할 나위도 없다. 때때로 이들은 넓은 들판의 가운데서 발견되기도 하는데 원시인들은 어떤 방법으로 이 육중한 돌을 언덕에서 지금의 위치로 옮겨왔을지 많은 생각을 해 본다. 그 안에서는 비록 뼈 한 토막도 발견되지 않지만, 그것은 분명히 원시 시대의 무덤이라고 나는 굳게 믿는다. 왜냐하면, 믿을 만한 근거가 충분히 있는 고려장에서도 수많은 질그릇이 나오면서도 두개골은커녕 뼈도 나오지 않기 때문이다.

이런 점으로 미루어 볼 때 적어도 한국의 토양에서는 7~800년만 되면 인간의 뼈가 완전히 분해된다는 것을 알 수 있다. 이러한 고인돌은 고려장보다 훨씬 오래전의 것으로서 이러한 주장은 확실한 결론이다. 이러한 유적들은 발굴이나 관찰의 방법에 의해 연구되어야 할 부분이 아직 많이 남아 있지만, 한국인은 너무도 지나치게 미신을 믿어서 오늘날 이러한 연구 과업은 거의 이루어질 수가 없다.

전국에 걸쳐 조각품들이 많은데 한국인들은 이것들을 미륵이라고 부른다. 어떤 것들은 불상이지만 모두 그런 것은 아니다. 비용이 많이 드는 그와 같은 작품들을 만들기 위해 돈을 갹출한 것은 불교의 전성기인 고려 시대였다는 점은 의심할 나위도 없다. 은진에 있는 미륵은 높이가 70피트 이상이며 그 머리에 있는 석판만도 길이가 12피트가량이나 된다.

서울과 송도 사이에는 두 개의 커다란 석상이 있어 그곳을 지나가는 나그네를 높은 곳에서 내려다보고 있다. 하나는 남상이며 다른 하나는 여상인데 그들이 분명히 불상인지 아닌지는 아직 가려지지 않고 있다. 한국인들 사이에는 이 두 석상의 매우 재미있는 설화가 전해오고 있다. 최근까지 전해오는 설화는 이러하다.

그 마을의 부근에 살던 어느 갑부가 이 석상을 세웠다. 그는 돈이 많아서 거지들로부터 시달림을 많이 받았으나 본시 마음이 약하여 그들의 구걸을 냉정하게 거절하지 못했는데, 그가 어느 사람에게 어떻게 하면 마음 편하게 살 수 있을까 하고 물었다. 그 무렵에 그곳을 지나가던 어느 한 늙수그레한 나그네가 '만약 당신이 집 부근에 뾰족탑처럼 서 있는 바위를 새겨서 남녀의 상을 세운다면 앞으로 거지들에게 시달림을 받는 일은 없으리라'고 일러주었다. 그 말을 듣고 일을 급히 서둘렀으나 일이 끝나기에 앞서 자기의 돈이 모두 떨어졌음을 알았는데 그제서야 석상을 세우는 것이 거지들로부터 시달림을 받지 않는 방법이 된다는 이유를 알았다.

남쪽에는 이보다 더 낭만적인 미륵에 관한 이야기가 있다.

이느 가난하면서도 야심이 큰 선비가 과거를 보려고 서울로 올라오고 있었다. 그는 숲 속에 있는 석상을 발견했는데 석상의 머리에 생긴 틈바구니에 배나무 한 그루가 자라고 있음을 알았다. 그 배나무에는 사람의 머리만큼 큰 배가 달려 있었다. 그는 만약 내가 이 배를 따서 왕에게 선물로 바칠 수만 있다면 나에게 행운이 돌아올 수도 있을 것으로 생각했다. 그는 석상 위에 있는 커다란 코를 잡고 석상의 입술까지는 올라갈 수 있었지만 그 위에 있는 커다란 코까지는 올라갈 수가 없었다. 그는 콧구멍으로부터 머리로 통하는 길이 있으려니 생각하고 드디어 콧구멍 속으로 기어 올라갈 것을 결심했다.

그리하여 그는 무릎과 팔꿈치로 기어서 가까스로 두 콧구멍이 합치는 곳까지 이르렀으나 그 순간 무시무시하게 석상이 흔들리면서 갑자기 그 통로에서 광풍이 휘몰아쳐서 그를 휘날려 보냄으로써 그가 각오했던 것처럼 만사가 끝장났다. 그 석상이 그만 재채기를 하는 것이 아닌가! 왜 그는 이와 같은 돌발적인 사건을 예측하지 못했던가? 그는 두툼하게 깔린 관목 위로 나뒹굴며 정신을 잃었다가 곧 깨어났을 때 감격스럽게도 자기를 밑으로 휘날려 보낸 요동으로 배도 역시 땅바닥에 떨어져 그의 발 옆에 놓여 있었다. 그는 그 배를 서울로 가지고 갔으며 그 덕분에 모든 한국인들이 메카처럼 생각하는 벼슬길에 오르게 됐다.

한국에서는 눈에 보이는 순수한 유적 이외에도 한국인의 상상 속에 존재하면서 그들의 관념 세계에 큰 영향을 끼치는 유물들이 많이 있다. 이를테면 그러한 유물 중의 하나로는 옥퉁소가 있는데 그것은 경주에 있는 고대 신라의 유물보관소에 있다고 하며 다른 곳으로 옮겨가면 소리가 나지 않는다고 한다. 한국인들이 이 옥퉁소에 관한 전설을 너무도 굳게 믿자 국태공은 그것을 서울로 가져왔는데 지금의 황제가 어렸을 때 우연한 실수로 깨뜨렸다고 한다. 들리는 말에 따르면 국태공은 그것을 은으로 고쳤다고 한다. 이 사건을 계기로 이전에 이 이야기를 들어보지도 못한 사람들을 쉽사리 속일 수 있는 그럴듯한 설화를 한국인들에게 전함으로써 그 불가사의한 전설이 항간에 뿌리박게 됐다.

또 포천에는 신효한 약효가 있는 돌이 있다고 하는데, 그 돌은 표면이 유리처럼 반들거리며 만약 병자가 거울을 들여다보듯이 자기의 모습을 비추어 보면 이제까지 앓던 병이 씻은 듯이 낫는다고 한다. 또 서울의 고궁 어느 곳에 가면 포로 된 300명의 일본 처녀 살가죽이 있다고 한국인들은 굳게 믿는데 이것은 1592년의 전쟁[임진왜란] 말기에 보상금 조로 일본으로부터 강제로 가져온 것이라고 한다.

들리는 말에 따르면 일본은 해마다 이와 같은 수의 살가죽을 보내도록 되어 있었지만, 1년이 지나자 한국인들은 가엾은 생각이 들어서 이를 면제해 주었다고 한다. 이러한 이야기는 한국이 일본에게 조공을 바쳤다는 일본 측 주장과 같은 의미를 갖는다. 이와 같은 살가죽에 관한 이야기는 임진왜란

한국 종교의 상징

(상) 은진 미륵

(하) 마을 입구의 서낭당 : 오른쪽의 것이 장승이며, 가운데의 돌무더기는 지나가는 사람들이 행운을 빌기 위해 돌을 던져서 이루어진 것이다. 왼쪽에는 신을 기쁘게 하려고 헝겊, 돈, 생선 등 여러 가지가 나뭇가지에 걸려 있다.

당시 왜병들이 수천 개의 한국인의 코를 일본으로 보냈다는 사실을 상쇄시키기 위해 꾸며진 것처럼 보인다. 일본인들이 이와 같은 진실에 찬 이야기를 믿는 것보다 더 굳게 한국인들은 그와 같은 허구에 가득 찬 이야기를 믿고 있다.

한국인들의 말에 따르면 남해안의 모래사장에는 왜병에게 대첩을 거둔 이순신 장군의 거북선이 묻혀 있다고 하는데 1884년 폭동[갑신정변]이 일어났을 때 남해안을 항해하던 미국 함대 소속의 푸크(George C. Foulk) 소위가 필자에게 들려준 바로는 그곳에 진짜 거북선처럼 보이는 배의 잔해가 눈에 띄었다고 한다. 이와 같은 이야기는 물론 일부 한국인들에게 전해지는 분명한 상상을 뒷받침해 주는 또 다른 경우이다.

남한산성에 있는 옛 요새의 창고에는 왜병의 요새에 포격을 가하고자 발명된 최초의 박격포가 있다는 이야기는 좀 더 진실에 가까운 것일지도 모른다. 이 무기의 발명에 관한 이야기는 매우 믿을 만하게 전해지고 있는데 기록에 따르면 그 무기를 발포할 때는 커다란 물체가 성벽을 넘어가 왜병들의 머리 위로 떨어졌다고 하며 그것이 어떻게 생겼는지 보려고 사람들이 몰려들었을 때 그것이 폭발하여 20명이 죽었다고 한다. 어쨌든 한국인들은 포탄과 박격포 비슷한 어떤 무기를 가졌던 것은 확실한 듯 보이며 만약 그렇다면 그들은 박격포의 최초 발명자였을지도 모른다.

또한, 전해 오는 말에 따르면 서울에서 30마일을 남쪽으로 내려가면 소위 "죽음의 동굴"이라는 것이 있다고 하는데 300년 전 이 나라가 침략의 소용돌이 속에서 혼란할 때 동굴 속에 1천 명이 피신할 수 있었다고 한다. 그러나 왜병이 그 동굴의 입구에 불을 지르고 그들을 모두 질식시킨 뒤로는 망령이 두려워 아무도 감히 그곳에 들어가려고 한 사람이 없다고 한다.

금관이 매장된 왕릉을 도적질하고자 1867년에 입국한 도굴꾼 오페르트 사건에 관하여는 많은 의문이 제기되고 있다. 한국인들이 주장하는 바로는 오페르트와 그의 선원들은 그 전년에 한국에서 참형 당한 천주교 신부들의 친구로서 그들의 죽음을 보복하려고 국태공 아버지의 묘를 발굴하려고 했다고 하지만 그것은 사실과 다르다. 그의 탐험은 순전히 약탈을 위한 것이었으며, 그의 목적은 다봉산 무덤에 들어 있다고 여겨지는 금은보화를 찾으려는 것이었다.

매우 흥미 있는 사실은 그가 도굴하려던 것은 무덤이 아니라 예로부터 전해 내려오는 풍습에 따라 왕손의 태반을 묻었던 곳이라는 점이다. 나는 그 도굴에 참여했던 어느 노인을 1887년 나가사키에서 만나 이야기를 나눈 적이 있는데 그는 그날 그곳에는 전에 볼 수 없었던 짙은 안개 때문에 그들의 계획이 실패했다는 한국인들의 주장을 확실하게 뒷받침해 주었다. 그 무뢰한은 한국인에게 너무도 강한 인상을 남겨서 그 후에 다음과 같은 노래를 지어 불렀다.

> "양국의 잦은 안개
> 회안봉 도라 든다."[7)]

7) 본문은 다음과 같다. Yanggukeui chajin anga Wheanpong tora deunda. 이규태는 Wheanpong을 회안봉으로 해석했다. 조선일보 「이규태 코너」(4647호), 1998년 9월 17일자. 『수궁가』 중의 「고고천변」에는 "양곡의 잦은 안개 월봉 돌고 돌아/어장촌 개 짖고 회안봉 구름이 떴다"라는 대목이 있다. chanjin을 "차진"으로 읽을 경우에는 "짙은 안개"라는 뜻이 되고, "자진"으로 읽을 경우에는 "잦은"이라는 뜻이 되는데 여기에서는 "잦은"으로 옮겼다.

제 22 장 언 어

한국어는 우랄 알타이어라고 하는 널리 보급된 어군에 속한다. 우랄 알타이어는 그 분포의 한계가 정확하게 연구되어 있지 않아 여기에서 우랄 알타이어라고 하는 어휘는 그 주제가 매우 불확실하다. 그 의미를 넓게 해석한다면 터키어, 헝가리어, 바스크어, 라플란드(Lapland), 핀란드어, 위구르어(Ouigour), 오스티아크어(Ostiak), 사모이에드어(Samoyed), 모드윈어(Mordwin), 만주어, 몽골어, 타타르어, 시베리아어, 일본어, 한국어, 타밀어(Tamil), 텔루구어(Telugu), 카나리스어(Canarese), 말라바르어(Malayalam), 그 밖의 드라비다어(Dravidian), 말레이어, 그리고 수많은 폴리네시아어(Polynesian)와 오스트렐리아어를 포함한다. 그 분포의 범위는 아시아의 해안선을 따라 북쪽에 이르고 필리핀군도와 대만을 거쳐 남쪽과 동쪽으로는 뉴기니, 뉴 해브리드(New Hebrides), 그리고 오스트레일리아에 이른다.

우랄 알타이어가 아리아어(Aryan)와 구별되는 가장 중요한 점은 후치사와 접미어를 붙여 어형을 격변화시키고 동사를 활용하며 어간을 수식하지 않는 교착어의 법칙을 따른다는 점이다. 이와 같은 모든 어휘를 나열하면서 모두 문법적으로 변화하는 데도 어간은 원칙상 변하지 않는다. 한국어가 이와 같은 어군에 속한다는 것은 한국어의 엄격한 교착어법의 특징에서 찾아볼 수가 있다. 한국어는 이 원칙을 벗어나지 않으며 예외도 없다. 한국어의 모든 동사는 조금도 어간이 변하지 않고서도 무수한 형태로 활용할 수 있다. 한국어와 만주어를 비교해 보면 곧 동류성을 발견할 수 있으며 동시에 한국어와 드라비다어를 비교해도 밀접한 동일성을 발견할 수 있다.

중국어가 이와 같은 우랄 알타이어군이 가진 특수한 형태를 갖추고 있지 않는다는 것은 매우 흥미 있는 일이다. 중국어와 영어를 서로 비교하면 오히려 중국어와 우랄 알타이어보다 더 유사성이 있음을 알 수가 있다. 바꾸어 말하면 중국은 사회적인 면보다도 언어적인 면에서 더 철저하게 고립되어 있다.

이 사실은 먼 옛날 중국의 본토 민족들이 중앙아시아의 산맥과 태평양의 사이에 있는 커다란 원형 경기장으로 들어갔을 때 그들은 뒤따라 일어나는 종족들에게 각지에서 침략을 받고 또 어느 때는 정복되었지만, 아무도 중원에 있는 그들의 독특하고 토착적인 언어에 단 하나의 발자취도 남기지 못했다는 것을 증명해 주고 있다. 이 주위의 어군이 곧 우랄 알타이어군이며 그들 가운데 한 부분을 이루고 있는 것이 곧 한국어이다.

중국어에 대한 한국어의 관계는 분명히 라틴어에 대한 영어의 관계와 같다. 영어는 수많은 어휘를 나열하면서도, 수식과 정확을 다루는 데는 라틴어와 다른 구조의 문장을 갖추고 있다. 한국어의 경우도 마찬가지이다. 한국어는 중국어의 문법에 물든 곳이 하나도 없지만, 아직도 필요하거나 편의한 어휘는 대체로 중국어에서 빌려 쓰고 있다.

중국어는 극동의 라틴어라고 일컬을 수도 있다. 왜냐하면, 로마가 고도의 문명을 통해 그 주변에 떠돌아다니는 준 야만 민족들에게 수많은 어휘를 전수한 것과 꼭 마찬가지로 중국은 주위에 있는 모든 민족에게 과학, 법률, 철학 및 종교에서 사용하는 어휘를 전수했기 때문이다.

중국어는 예로부터 표의문자인 탓으로 문법상의 발전이 저해 받아왔기에 수준이 높은 문법적인 어형 변화를 통해 주위 민족들에게 전수할 만한 것을 가지고 있지 못했다. 한국어와 일본어의 문법은 실제로 같지만, 중국어에서 빌려온 어휘를 제외하면 그들의 단어는 매우 다르다. 이것은 극동에서 가장 이해하기 어려운 언어학상의 문제점이다. 그러면서도 그들의 문법적 동질성은 마치 오누이 같다.

우랄 알타이어군이 중국을 둘러싸고 있는데 한국은 두 개의 주위 어군이 만나 회로를 형성하는 곳에 있으므로 한국어 문법을 연구하면 매우 흥미 있는 사실을 발견할 수 있다. 한국의 북부 지방은 북부에서 온 우랄 알타이어족이 정착했으며, 남부 지방은 남부에서 온 우랄 알타이어족이 정착했다. 기원전 193년[1]까지만 해도 양쪽의 어족은 상대편의 존재를 분명하게 인식하고 있지 못했다.

처음에 그들은 서로가 관계를 맺는 것을 거절했지만 서기 690년에 남쪽에 있던 신라왕국이 반도를 통일했을 때는 1066년[2] 이후에 영국 민족과 노르만 민족 사이에 나타난 것과 같은 사회적 균열이 나타나지 않았다는 사실로 미루어 보아서, 남북 언어의 본질적인 유사성과 유사 종족으로서의 기질이 균열을 신속하게 없애 주었으며 한국으로 하여금 오늘날과 같은 공동체를 형성토록 해주었음을 알 수 있다.

한국어는 교착적이며 다철적인 언어이기 때문에 언어의 전개가 놀라우리만큼 완벽하며 균형 잡혀 있다. 따라서 인도·유럽어를 공부하는 학생들을 괴롭히는 그 엄청난 열외 규정을 발견할 수가 없다.

다른 우랄 알타이어와 마찬가지로 한국어에는 성에 관한 관념이 매우 불충분한데 이와 같은 사실은 아마 그들의 상상력이 결핍되어 있음을 의미하는 것 같다. 인격이나 수에 관한 것을 판별하는 것은 대체로 문맥의 전후에 달려 있지만, 이론적인 조리 면에서 한국어의 동사는 놀라울 정도로 발달해

---

1) 위만이 기자조선을 멸망시키고 위만조선을 세우자 기자조선의 마지막 왕인 기준이 남방에 이르러 마한의 시조인 한왕이 된 해를 의미함.
2) 노르만디 공 윌리엄이 영국의 앵글로색슨을 정복한 해.

있다.

한국인들은 사회적인 지위의 차별에 매우 민감해서 경칭의 체제가 완벽하므로 이를 잘 구사할 줄 안다는 것은 한국어를 올바르게 사용하는 데 중요하다. 그러나 그 수가 많다고는 하지만 그 사용법이 불문율로 되어 있는 데다가 예외가 거의 없어 인도·유럽어의 동사에서 볼 수 있는 인칭 접미사의 변화보다는 공부하기가 쉽다.

서양의 언어는 성, 수 및 인격 변화가 항상 문맥에서 분명하기에 매우 주의해야 하지만 한국어는 이와 같은 것들이 말하는 사람이나 듣는 사람의 관찰에 달려 있다. 서양 언어에서 귀찮으리만큼 완곡한 표현으로 이해할 수 있는 어의를 간결하고도 명료하게 배열하는 데 주의하면 된다는 점에서 한국어는 많은 서양 언어보다 우수하다.

한국어는 분절적인 서법에 따라서 모든 가능한 동사 관계를 표현토록 한다는 데 특징이 있다. 이와 같은 서법이 적용되는 범위는 오직 그 예를 보여 줌으로써만 가능하다. 한국어는 시제나 명령이나 지시와 같은 상이한 문형을 표시하는 단순한 형식을 가지고 있을 뿐만 아니라, 영어에서 완곡한 표현이나 부사의 번잡한 사용을 필요로 하는 모든 까다로운 동사 관계를 표현하는 형식 또한 있다.

이를테면 한국어는 필요, 우연, 놀라움, 질책, 대조, 접속, 시간의 연속, 논리적인 결과, 중단, 기간, 한계, 묵인, 충고, 부정, 약속, 권유, 기원, 욕망, 의문, 가정, 만족, 적부, 양보, 의향, 결심, 가능성, 금지, 동시성, 계속성, 반복, 빈도, 풍문, 행위, 경멸, 및 능력의 의미를 표현하는 특수 문형이 있다. 이와 같은 의미는 각자가 한두 개의 접미사를 붙임으로써 본동사와 관계를 맺으며 표현될 수 있다. 이와 같은 접미사 대부분은 단음절어이다.

하나의 접미사를 사용함으로써 표현될 수 있는 어의의 교묘한 의미상의 차이를 설명하고자 영어 표현을 예로 들어 보자. 여기에 "I am going along the road, when suddenly—"라고 하는 문장이 있다면 이것은 더 말할 나위도 없이 길을 걷던 행동이 어떤 불의의 사정으로 중단됐음을 의미한다. 이 모든 단어는 한국어로는 단 세 마디 즉 "내가 길을 가다가"로 표현된다. "내가"라는 말은 "I"를, "길을"은 "along the road"를, "가다가"는 "was going, when suddenly—"를 의미한다.

아울러 어간은 "가"이며 그의 끝인 "다가"는 행동의 중단을 의미한다. 더구나 중요한 사실은 이 끝 부분이 어떤 다른 의미로도 절대로 사용될 수 없다는 점이다. 그것은 다만 그와 같은 의미상의 차이를 표현하려고 준비된 것이다. 다시 말해서 똑같은 어간을 가지고 "갈까"라는 단어를 만든다면 여기에서 "까"자 하나만으로도 영어의 "I wonder whether he will really go or not."이라는 의미를 갖는다. 만약 당신이 갈 것인지 아닌지 대답할 때 단순히 "가나" 하고 말한다면 "나"자 하나가 "What in the world would I be going for? Absurd!"라는 의미가 된다.

한국어와 서양의 언어가 다른 또 하나 중요한 점은 "문어체"와 "구어체"가 다르다는 점이다. 두 경우 문법상의 형식은 같지만 서로 다른 쪽에서 찾아볼 수 없는 것들이 각각 있다. 한국어에는 말을 소리 나는 대로 기록할 수 없어 그 결과는 매우 불행하다. 곧 구어를 문어로 쓸 때는 모든 문장을 바꾸어서 기록하지 않으면 안 된다.

이 같은 사실은 중국어의 영향을 받은 탓으로 보이며 이야말로 중국어가 한국의 지적 발전에 장애물로서의 영향을 미친 것 중 하나이다. 나는 한국이 중국에 진 엄청난 빚을 얕잡아 생각하는 것은 아니지만, 중국이 한국에 준 선물 가운데는 주지 않은 것만 못한 것들이 있다. 그와 같은 결과의 어느 하나도 중국어에서 빌려 오지 않은 것이 없지만 다른 것들은 입에서 입으로 옮겨가기에 충분하리만큼 훌륭한 것들이어서 중국의 영향력이 밀려들어오기 이전에는 사실상 문예라는 것이 없었다.

따라서 어떤 결과는 형식적 문어를 위해서도 지켜야 한다는 것은 불가피한 현실이다. 그렇다고 해서 이러한 문제를 한국인들이 멋대로 하도록 내버려두었더라면 그들이 어떠한 문예를 발전시켰을지도 모른다고 말할 수 없다는 것은 물론이지만, 만약 그렇게 해서 한국인들이 독자적인 문예를 발전시켰더라면 그것은 오늘날보다도 더 자연스럽고도 싱싱했을 것은 확실하다.

한국어에는 통용어가 없고 여러 가지 사투리가 있으며 서울 사람들은 일반적으로 다른 사람의 말을 듣고 그의 출신지를 알 수가 있다. 그러나 시골에서 올라온 사람들이 출신지가 다른 사람의 말을 쉽게 알아듣지 못한다는 것은 사실과 거리가 먼 이야기이다. 지방마다 특수하게 사용하는 단어가 약간 있기는 하지만 영어에서의 guess, reckon, allow 및 calculate라는 어휘가 미국의 일부 지역에서는 독특한 의미로 사용되면서도 보편적으로 이해하는 것과 마찬가지로, 대개 지방의 사투리를 서로가 잘 알아듣는다.

발음 편의화라는 문제에서는 한국인보다 더 자연 법칙을 은근하게 추종한 사람은 아무도 없다. 무성음과 유성음의 변환에 관한 중요한 법칙이 한국어에서 극치의 결실을 보았다. 서로 모순되는 발음을 조화 있게 혼성할 수 있도록 수정한 발음 기구의 훌륭한 조정은 뜻하지 않게 얻은 한국 예술 중 하나이다.

한국의 발음 편의화 경향은 다른 나라에서 가끔 볼 수 있는 경우처럼 언어 그 자체에 손색을 끼치지는 않았다. 뮐러[3] 교수는 음성 쇠퇴의 원칙을 발표했지만, 한국에서는 오히려 음성 조화의 원칙이라고 부르는 편이 좋을지도 모른다. 한국어는 흉내 내는 단어가 많기로 유명하다. 그들의 그림이 자연을 직접 그린 것과 마찬가지로 그들의 말도 대개가 음성을 소리 나는 대로 표기한 것이다.

한국어는 공개 석상에서 말하기에 아주 안성맞춤이다. 한국어는 발음이

---

3) 뮐러(Max Müller : 1823~1900) : 옥스퍼드대학의 비교언어학 교수. 독일 데소 출신. 라이프치히대학과 베를린대학에서 수학. 프랑스의 뢰종 도뇌르훈장 수훈. 『고대 범어 문학』(*Ancient Sanskrit Literature*), 『언어학강좌』(*Lectures on Science of Language*) 등의 저술을 남김.

낭랑하고 말하기에 편리한 언어이다. 한국인들은 모음이 인간의 모든 언어의 기초라는 사실을 잘 알고 있다. 한국어는 치찰음이 일본어보다 훨씬 덜 나타나는데 이 때문에 한국인들이 어떤 이득을 보게 되는지 알려면 공개 석상에서 한국어와 일본어를 각각 들어볼 필요가 있다.

일본어의 어휘에는 악센트가 없어 웅변을 하는 데 심각한 장애를 초래한다. 한국어는 웅변을 하는 데 영어나 그 밖의 서양 어느 언어보다 더 부적합한 것이라고는 없다. 키케로(Cicero)나 데모스테네스(Demostenes)의 웅변처럼 한국어는 문장이 각기 떨어져 있으며 각 문장은 일반적으로 끝 단어가 되는 동사에서 그 절정에 이르기 때문에 종종 영어 웅변을 맥이 빠지게 만드는 보유 문장도 없다. 이러한 점에서 볼 때 한국어는 대중적 발언의 매개물로서는 영어보다 우월하다.

제 23 장 문 학

한국과 중국은 결코 거짓이 아닌 고도의 도덕적 생활 규범을 가진 것과 똑같이 그들은 또한 각기 문학에 대해 상당한 관심이 있는 반면에 일반 민중은 대부분 문맹이다. 도덕과 문학은 이미 그 빛을 잃어가고 있으므로 뿌려진 씨앗마저도 결실을 얻지 못할까 매우 두렵다. 한자는 그것에 피상적인 지식이 있는 사람들에게는 상당히 최면적인 힘이 있다.

실질적인 지식을 얻으려는 수단으로 본다면 한자는 매우 귀찮고도 비과학적인 문자라는 사실이 확실히 입증된다. 극동에서 한자란 보통 교육 과정을 가로막는 걸림돌이 된다는 사실을 부정할 사람은 아무도 없지만, 아직도 한자를 약간 이해하는 모든 외국인은 대부분 그에 매혹되어, 극동에 있는 국가의 대중들로 하여금 광범한 인문 지식에 접근할 수 있도록 만드는 어떤 체제를 위해서 한자를 소홀하게 다루는 것을 못마땅하게 생각하고 있다.

중국의 문자어를 형성하는 수만 자의 한자는 몇 천 년 동안에 이룩된 훌륭한 모방 문자여서 만약 어떤 사람이 한자를 터득한다면, 단순히 그 어원만을 연구하고도 문자의 구체적이고도 효율적인 지적 결실에 대해서는 아무런 생각도 없이 거의 무기력하게 매혹되어 버린다. 이와 같은 한자의 체제가 형성되어 온 과정이 어떤 일반적인 법칙을 따른 듯이 보이지만 아직도 예외와 분기가 너무도 많아 한자에 관한 지식을 얻는 데는 오직 기억력만이 필요한 듯이 보인다.

외국인들로 하여금 한자를 쉽사리 습득할 수 있도록 하는 여러 가지의 방법이 구상되기는 했지만, 그것이 과거 2~3천 년 동안에 한국과 중국에서 사용되어 온 방법, 곧 한자의 음이나 모양과 관계없이 한 자를 외우고 다시 다른 한자를 외우던 방법보다 더 훌륭한 것인지 아닌지는 매우 의심스럽다.

최종적으로 분석해 보면 한자를 공부한다는 것은 결국 순전히 암기한다는 문제로 귀착되며, 한자 습득이 쉽도록 구상된 방법들의 대척적 성격을 고려할 때 그와 같은 노력이란 모두 쓸모없는 것이라는 점을 알게 된다. 단순히 한자의 모양을 익히는 데 지나치리만큼 기억력을 소모한다는 것은 순전히 추리적 능력에 대해서는 아무런 효과도 얻지 못함을 의미한다.

이와 같은 사실은 중국 문학과 한국 문학의 성격에서 두드러지게 나타나고 있다. 그런 것 중에서 가장 흔히 눈에 띄는 것은 자료를 보편화시키려고 노력해보지도 않고 형편없는 내용을 역사적으로 기술한 것을 들 수가 있다. 서양의 역사가들은 역사적 기록에서 얻은 자료를 분석하고 사건 원인을 구명하며 전시대의 특징을 단 몇 줄의 문장으로 요약하는 경우도 많다.

이와 같은 작업이란 극동의 조잡스러운 연대기에서는 전혀 찾아볼 수도 없는 것들이다. 역사적 사실의 단순한 기록에서 어떤 원칙을 연하는 과학적 능력은 전혀 보이지 않는 것 같다. 시를 쓰는 데도 한국인들은 문장의 도움을 얻기는커녕 오히려 방해를 받는다. 서양의 시인들이 순수시의 가장 중요한 요소인 음률, 해운, 그리고 두운에 대해 많은 신경을 쓰고 있는 것과 똑같이 한국의 시인들은 문자를 음과 관련하여 어떻게 하면 훌륭하게 배열할 수 있을까 하는 데 대부분의 노력을 기울인다. 그나마도 그 기능 면에서 시학은 윤리학보다 한자로부터 장애를 덜 받는 편이라는 점을 솔직하게 고백하지 않을 수 없다.

한국의 모든 문학은 중국과 마찬가지로 역사물인 동시에 순수 문학이라는 평은 상당히 진실에 가까운 말이 될지도 모른다. 인생의 실질적인 측면은 거의 다루어져 있지 않다. 확실히 경구가 무수히 많고 학술적인 성격을 지닌 도덕적인 글이 가장 일반화되어 있지만, 중국인이나 한국인의 심리 상태에 대한 실재적 관계에서는 그들도 단순한 순수 문학에 불과하며 또한 독자들도 항상 그와 같은 입장에서 숙독한다.

학술적인 저술에 관해 살펴보면 정부는 때때로 농업, 천문학, 약학 또는 법률에 관한 중후한 문헌을 20권으로 발행하는 때가 있다. 돈이 많은 선비나 관리 중 몇 명만이 그것들의 사필본을 얻어 볼 수는 있지만 대중이 얼마나 이용할 수 있느냐 하는 점에서 본다면, 그러한 문헌들이란 전혀 가치가 없는 것이며, 설령 그 내용이 그릇된 것이 아니라고 할지라도 실생활과 동떨어진 것이라면 그 또한 마찬가지이다.

한국과 중국의 문학은 긴 이야기를 줄이려고 회상법을 쓴다. 옛날의 작품을 모방하는 데는 누구보다도 탁월하다. 원작이라고 할 만한 것도 없을 뿐만 아니라 어휘 그 자체도 부족하다. 만약 어떤 이념을 완곡하게 표현한다면 그것은 웃음거리밖에는 되지 않을 것이다. 이러한 문제에서 한자가 어느 정도까지 책임이 있느냐 하는 문제는 아직도 논의의 여지가 많지만 어쨌든 한자는 한국 민족이 후진적인 생활환경 속에서 살게 된 중요한 원인 중의 하나라고 나는 믿는다.

문학, 예술, 의상, 도덕 및 그 밖의 모든 분야에서 모방물은 그 원형을 압도하고 있다. 당신이 단 하나의 중국 사원을 보고도 그들 모두를 보았다고 말할 수 있으며, 한 곡조의 음악을 듣고도 그들 모두를 들었다고 말할 수 있으며, 훌륭한 하나의 자기를 보고도 그들 모두를 보았다고 말할 수 있으며, 하나의 자수를 보고도 그들 모두를 보았다고 말할 수 있겠는가를 이 나라에 매우 정통한 사람에게 물어보라.

이와 같은 비난에 대해 일본만은 예외가 된다. 왜냐하면, 일본은 외국 무역의 필요로 인해 예술적인 면에서 새로운 자극을 받아 왔기 때문이다. 그러나 나는 감히 말하건대 순수한 일본의 감식가들은 오늘날의 새로운 모양의 예술품보다는 단조롭고도 순수하던 옛날의 일본 예술품을 훨씬 더 좋아할 것이다.

훌륭한 작품일수록 한자로 되어 있는 한국의 서적으로는 몇십 권으로 된 방대한 역사서, 공자의 경전에 기초를 둔 중국의 고전, 한국인들이 소위 "글"이라고 저속하게 표현하면서 그 내용은 시의 성격을 띠운 것으로 여겨지는 순수문학, 약학에 관한 방대한 서적, 한국의 지도와 법률 정치 제도에 관한 저술과 무수한 개인 문집 등이 있다. 유명한 집안은 여러 권으로 사필된 가보를 가지고 있는데 이들 대부분은 손수 쓴 것으로서 언제인가 집안의 누가 돈을 벌어 문중에 배포할 수 있기만을 기다린다.

따라서 우리는 상당한 양에 이르는 한국의 서지 목록을 모을 수 있다는 것을 알 수 있지만 그러한 책들을 가질 사람이란 극히 드물다는 데 문제점이 있다. 보통 선비라면 종류마다 5~6권의 서적은 가지고 있겠지만, 그들 가운데 소위 서재를 갖추고 있는 사람은 드물다. 바로 여기에 한국 민족의 가장 뚜렷한 특징을 찾아볼 수 있다.

그들은 돈이라면 어디를 가나 손을 벌리는 것이 상례지만 서적에 관해서는 지독하게 인색하다. 나는 장서가 많은 서울의 여러 도서관을 개인적으로 알고 있지만, 그곳에서 서적을 빌려 본다는 것은 절대로 불가능하다. 책 주인은 책을 빌려주지도 않을 뿐만 아니라 아주 특별한 경우가 아니고서는 방문객에게 단 한 권의 책도 보여주려고 하지 않는다.

빌려주지 않는 것은 좋다 하더라도 자기의 집에서도 그 책을 보여주기를 매우 꺼리는 그들의 성질을 설명한다는 것은 참으로 어려운 일이다. 그러므로 일반 대중이 책을 읽을 기회가 거의 없다는 것을 쉽게 알 수 있다. 서울의 경우를 제외한다면 한글로 쓴 소설을 취급하는 공공도서관도 없으며, 가치가 높은 책일수록 그 부피가 너무 방대하여 그것을 사 볼 수 있는 사람이란 매우 드물다.

그 예를 들어보자. 매우 가치 있는 책 가운데 하나로는 『문헌비고』를 들 수가 있는데 이것은 백과사전 형식으로 된 전 120권의 방대한 서적이다. 영국이나 미국의 『대영백과사전』처럼 이 책은 한국에서 매우 잘 알려졌지만 나는 아직까지 그 사필본을 3질 이상 보지 못했다. 나는 그 책을 구경만이라도 하려고 여러 달을 헤매다가 부호로 살다가 갑자기 몰락한 어느 집안에서 팔려고 내어놓은 것을 살 수가 있었다.

일단 그 책을 찾은 다음에 그것을 사느냐 못사느냐 하는 것은 외교술에 관한 문제이다. 그 집에서 나는 몇 해의 조사와 연구를 하는 동안에도 그러한 책이 있다는 것마저도 알 수 없었던 중요한 5~6권의 한국 서적을 발견했다. 소설에 관해 살펴보면 한국의 사유는 중국 이념의 철석같은 지배를 받고서도 완전하게 억압되지 않았음을 알 수 있다.

소설 문학

소설 창작을 필생의 직업으로 삼고 또 그 위에 자신의 문학적 평가에 기초를 둔 사람만을 소설가라고 지칭한다면, 한국에는 위대한 소설가가 없다고 말하는 것이 옳다. 그러나 만약 그 반면에 중요한 문학 생활을 하는 가운데에서 훌륭한 소설의 창작으로 전향한 사람을 소설가라고 지칭한다면 한국에는 소설가의 수가 엄청나게 많다.

만약 "소설"이라는 어휘를 극히 세분된 분야에서 발전된 창작물에만 국한해 최소한 몇 페이지 이상의 것만을 의미한다면 한국에는 소설이 많다고 말할 수는 없다. 그러나 만약 예컨대 디킨스[1]의 『크리스마스 송가』를 소설이라고 부를 수도 있다는 근거에서 소설이라는 것을 의미한다면 한국에는 몇

---

1) 디킨스(Charles Dickens : 1812~1870) : 영국의 소설가. 초기 산업혁명기의 불우한 시절의 체험을 소설로 표현하는 데 성공한 작가. 『크리스마스 송가』 이외에 『데이비드 커퍼필드』가 있음.

천 권의 소설이 있다고 말할 수 있다.

한국의 문학가는 서기 7세기경부터 시작됐다. 대학자인 최치원은 한국의 초서[2]라고 부를 수 있으며, 작품이 반도권을 벗어나서 해외에까지 널리 알려진 극소수의 사람 중의 하나이다. 그러나 희미하게나마 전해 내려오는 기록에 따르면 그는 『곤륜산기』[3]라고 하는 전작 소설을 창작 출판했음을 알 수가 있다. 이 소설은 어느 한인 한 사람이 중국의 남부 지방에 있는 명산을 돌아다니는 동안의 일을 적은 환상적인 글이다. 최치원은 또한 시와 설화를 많이 남겼다. 설화 대부분은 적어도 단편 소설이라고 부를 만한 분량이다. 그와 거의 때를 같이하여 또 하나의 다른 문필가인 김암[4]은 가히 소설이라고 부르기에 충분하리만큼 긴 『하도기』를 썼다.

고려 시대에 가장 훌륭했던 김부식은 『삼국사기』의 저자로서 『북장성』[5]이라는 한 편의 전작 소설을 썼다. 고려는 서해에서 동해로 북방을 가로지르는, 중국의 만리장성에 필적할 만한 성을 자랑했던 점으로 보아서 그의 소설은 역사 소설이라고 부를 수도 있다.

1440년경에 교산이라고 하는 고승은 『홍길동전』을 지었으며,[6] 해종[7]이

---

2) 초서(G. Chaucer : 1340?~1400) : 영국의 시인. 런던 출생. 영불전쟁(1359)에 참전했다가 포로가 되어 돈을 주고 풀려남. 프랑스, 이탈리아, 롬바르디아에서 외교관 생활을 하면서 보카치오(G. Boccaccio)와 페트라르크(F. Petrarch)를 만나 문학적 영향을 받음. 작품으로 『캔터베리 이야기』(*The Canterbury Tales*)가 있음.

3) 이 책의 원명이 무엇인지는 고증할 길이 없다. 『곤륜산기』란 역자가 임의로 번역한 것이며 본문에는 *Adventure Among the Kuen-lun Mountain*으로 되어 있다. 최치원이 곤륜산과 관련하여 쓴 글로서는 「제여지도」(題輿地圖)라는 제목으로 "崑崙東走五山碧 星宿北流一水黃"(곤륜산이 동쪽으로 달려 오산이 푸르렀고, 성수가 북으로 흘러 물길이 누렀네)라는 시가 이규보의 『백운소설』 5칙에 전해지고 있을 뿐이다.

4) 김암은 김유신의 4대손으로 혜공왕 15년(서기 779)에 일본을 다녀온 적이 있다.

5) 본문에는 *The Story of Long North Wall*이라고 되어 있다. 김부식의 저서로는 『삼국사기』, 『예종실록』, 『인종실록』 외에 『봉사어록』이 있으나 이것을 가리키는 것인지는 알 수가 없다.

6) 본문에는 Ka-San으로 되어 있다. 이는 『홍길동전』의 작자는 허균(許筠)으로서 그의 호(號)가 교산(蛟山)인 데에서 일어난 착오로 보이며 그를 고승(高僧)이라고 한 것은 허균이

라고 하는 스님은 『임경업전』을 지었다. 좀 더 근세에 들어와서는 1760년경에 나온 『두껍전』[8]이라는 희극적인 이름을 가진 이문종[9]의 소설을 언급할 수 있으며, 『창선감의록』,[10] 『구운몽』, 『금산사회몽록』, 『숙부인전』,[11] 『토생원전』 및 그 밖의 여러 가지 소설이 있다.

이러한 소설들 대부분은 한반도를 그 무대로 삼은 것이지만 어떤 것은 그 무대를 넓혀서 순수한 한국의 이야기를 중국을 무대로 하여 펼친 것도 있다. 이럴 때 한국 작가들은 리튼,[12] 킹즐리,[13] 스콧[14]이나 그 밖의 여러 작가의 작품에서 볼 수 있는 바와 같이 다른 나라 작가들의 예를 따른 것이다.

앞에서 언급한 소설들은 한문으로 쓰인 것이지만 한글로 쓴 소설도 많이 있다. 겉으로 보기에는 한글 소설이 전 인구의 소수를 이루는 식자층으로부터 폄하를 받는 듯이 보이지만 실제로 그러한 소설 내용을 전혀 외면하는 사람은 식자층 가운데에서도 매우 드물다. 한글 소설은 전국의 모든 서점에서 판매되고 있으며 서울에서만도 한문 소설이나 순 한글 소설을 수백 권씩 갖춘 대출도서관도 여러 군데가 있다. 그러한 소설 대부분은 사실상 거의

불도에 심취하여 참서를 즐겨 저술한 때문인 듯하다. 『홍길동전』은 1600년경의 작품이다.

7) 본문에는 *The Adventure of Kyong-op*이라고 되어 있으며, 필자인 해종에 대하여는 확인할 길이 없다.

8) 본문에는 *The Frogs*로 되어 있으며, 『두껍전을 의미하는 것으로 보인다. 『두껍전』은 작자와 연대가 미상이다.

9) 본문에는 Yi Mun-jong으로 되어 있는데, 고증할 수가 없다.

10) 이는 영조 시대의 김도수가 지은 것이다.

11) 본문에는 *The Story of a Clever Woman* 으로 되어 있다.

12) 리튼(Edward G. Bulwar-Lytton : 1803~1873) : 영국의 소설가. 케임브리지대학 출신. 국회의원을 지내고, 그 후 소설가로 변신하여 『폼페이 최후의 날』(1834)로 유명해짐.

13) 킹즐리(C. Kingsley : 1819~1875) : 영국의 소설가로서 데본셰어 출생. 케임브리지대학에서 수학. 한때는 기독교사회주의에 심취. 케임브리지대학 역사학 교수를 지냈고, 『히파티아』(1853)를 씀.

14) 스콧(W. Scott : 1771~1832) : 영국의 시인이자 소설가. 『흑기사』(*Ivanho*)를 써서 일약 유명해졌으며, 경의 칭호를 받음.

모두가 작자 미상이며 소설 그 자체는 작자의 명예가 되지 못하는 것이 특징이다. 그러나 그러한 소설이 아무리 창피스러운 정도의 것이라고 할지라도 그들은 오늘날의 한국을 비추어 주는 거울이 되고 있다.

동양의 다른 나라와 마찬가지로 서양에서 말하는 소위 "애정 소설"을 지은 사람을 문제로 삼지 않는다는 것이 한국에서 유행하는 습속이다. 그러나 다른 나라와 마찬가지로 성관계에 관한 것이라면 넋을 잃는 정도로 인기가 있어 대부분의 한국 소설이 음담패설의 성격을 띤 이유를 여기에서 설명할 수 있다. 아스파샤[15]의 이름이나 그밖에 창기들이 그리스 문학의 어떤 계층에서 중요한 역할을 하는 것과 마찬가지로 한국의 소설에는 기생이라는 말이 곳곳에 오르내린다.

한국에는 책을 인쇄한다는 문제보다 앞서 구전이라는 옛 풍습이 꿋꿋하게 남아 있다. 만약 돈 많은 사람이 책을 "읽고" 싶지만, 책을 살 수가 없을 때는 "광대"라는 직업적인 얘기꾼을 불러들인다. 그는 그의 수행원과 북을 가지고 와서 이야기를 연출하는데 하루 종일 또는 이틀이 걸리는 경우가 허다하다. 이 광대와 소설과의 사이에는 어떤 뚜렷한 차이가 있을까?

광대의 음조와 억양은 단순히 소설을 읽을 때에 부족하다고 느껴지는 연극적 요소를 실감케 해준다는 점에서 보면 그와 같은 광대놀이는 사실상 우리들의 예술 작품으로서의 소설보다 더 우수한 것이다. 한국에서는 이와 같은 광대놀이가 연극을 대신한다. 왜냐하면, 그런 것이 이상스럽게 보이기는 하겠지만, 중국과 일본에서 오래전부터 연극을 발전시켜 온 것과는 달리 한국에서는 그에 대해 아무런 노력도 하지 않았기 때문이다.

한국에서의 설화는 문학에서 두 개의 큰 가지라고 여겨지고 있는 시와 역사서보다 항상 더 낮은 취급을 받고 있다. 문학 사조가 중국으로부터 심각

---

15) 아스파샤(Aspasia : B.C. 470?~B.C. 410) : 그리스의 요부로서 미모와 기지와 학식이 풍부하여 유명하다. 페리클레스와 결혼한 뒤 공사에 많은 영향을 미쳤다.

하게 영향을 받은 국가는 모두가 그렇다. 한자를 사용한다면 사람이 말하는 것을 그대로 기록하는 것이 항상 불가능하다. 구어와 문자어는 항상 현격하게 달라서 대화를 그대로 기록한다는 것은 항상 불가능하다.

그럴 경우에 대화를 정확하게 전달할 수가 없게 되고 주제의 싱싱하고도 활력이 있는 멋을 거의 잃기 때문에 구어와 문자어의 이질성은 그 자체가 한 예술로서의 설화를 적절하게 발전시키는 데 커다란 장애가 되고 있다. 주제를 특유한 말투로 전개하거나 성격 묘사를 하는 데는 실제로 장애가 많다. 이러한 현상 말고도 역사서나 시의 형태에 한문의 사상이 영향을 미침으로써 한국인들은 그들의 설화 문학까지도 한문 투의 형식으로 뒤바뀌게 됐다.

그러므로 순수 소설도 『조상근전』[16]이나 그와 같은 류의 다른 이름으로 바뀌어 그 빛을 잃었다. 직업적인 얘기꾼이 되살아난 것도 결국은 인간의 언어를 정확하게 기술할 수 없다는 문자어의 제약성에서 오는 것이며 한국의 설화 문학이 역사서나 시보다 더 뒤떨어진 것도 그러한 원인 때문이다. 다른 여러 가지 점과 마찬가지로 이 점에서도 한국은 중국 사상을 추종하는 동안에 나쁜 결과만이 초래됐음을 보여주고 있다.

그러나 한국에서는 설화 문학이 다른 문학 작품에 견주어 어느 정도로 널리 읽히고 있는가 하는 질문이 있을 수 있다. 역사서나 시만을 국한하여 읽는 사람의 수는 확실히 소수이지만 소위 식자층 중에서도 대부분은 한자에 관한 지식이 부족하여 그것들을 수월하게 읽을 수도 없다. 그들의 실력이란 한글로 써진 소설이나 일간 신문에 나오는 국한혼용문을 읽을 수 있는 정도밖에는 안 된다는 것은 의심할 나위도 없다.

이와 같은 한글 소설을 가장 많이 읽는 독자의 대부분은 여자들이라고 흔

---

16) 본문에는 *The Biography of Cho Sang-geun*이라고 되어 있다.

히 말한다. 그 이유로는 남자들이 한글을 경시하기 때문이기도 하지만 아마 문맹이 아닌 사람들이라고 할지라도 대부분은 한글 이외에는 수월하게 읽을 수 없기 때문이며, 따라서 여자들이나 중류 계급은 한글 서적의 변함없는 독자가 되고 있다. 미국과 마찬가지로 한국에서도 신문은 대중의 중요한 마음의 양식이 되고 있다.

한글이 관용어적으로 사용되고 있고 또 오늘날 영어가 소설에 사용되는 것과 같은 훌륭한 효과를 내고 있는 데 어떠한 장애물도 존재하지 않는다는 것은 다행한 징조라고 하겠으며 데포[17]나 그 밖의 선구자들이 대중적인 독자층을 갖는 모범적인 소설을 씀으로써 영미 소설에 이바지한 바와 같이 한국에도 훌륭한 소설가가 나타나서 한국 소설에 이바지할 수 있을 때가 오기를 기대한다.

---

17) 데포(D. Defoe : 1659?~1731) : 영국의 언론인이자 소설가. 런던 출생으로 정부기록사로 일함. 『로빈슨 크루소』(1722)를 씀.

제 24 장 음악과 시

해마다 여름이 되면 귓전에 들려오는 소리가 우리에게는 생소하지만 한국의 음악은 신비롭게만 여겨지지는 않는다. 외국인들은 한국의 음률에 대해 한국의 체질이나 습성을 가지고 대하는 것이 아니라 좀 더 가공된 서양의 청각을 가지고 그것을 대하기 때문에 한국의 음이 우리에게는 특이하게 들리기는 하지만 흥미롭지는 못하다. 우리는 한국의 음률이 “박자가 맞지 않는다”고 불평하는데 그렇다면 그 이유는 무엇인가?

도대체 그 박자라는 개념과 비슷한 것조차도 없다. 티티새의 노래도 “박자가 맞지 않으며” 종다리는 한국의 들판의 재롱둥이면서도 실상 그의 노래는 음악적이지 않다. 시가 음률에 의해 제약을 받는 것 이상으로 순수한 감정 표현으로서의 음악이 “박자”에 의해 제약을 받는지 아닌지는 논란의 여지가 있는 문제이다. 음률과 박자가 모두 필요한 부수물인 때가 있으며 한국의 음률도 소위 서양인들이 말하는 박자라는 것과 매우 비슷한 음보의 율동적인 연속을 보여주는 것도 흔히 있다.

외국인들이 한국의 음악을 즐기지 않는 것처럼 한국인들도 양악을 즐기지 않는데 그 이유는 같다. 그들에게 양악은 아무런 흥미도 불러일으키지 않는다. 그들은 양악의 화음이란 정말로 횡설수설하는 음이라고 여기면서도, 한국의 관현악에서 흘러나오는 이루 표현할 수 없으리만큼 딱딱거리고 삐걱거리는 혼성곡을 매우 즐거워한다.

악기를 연주하는 데는 아무런 음률이나 합리적인 면이 없는 것처럼 보이지만 실제로 모든 음보는 일정한 규칙에 따라 작곡된다. 한국에는 1,500년 전부터 존재해 온 특이한 음악이 있다. 모든 음보나 악장의 종지법은 특별한 규칙에 따라서 작곡된다. 그들의 음악은 다만 모든 예술의 진실성이란 무엇인지 보여주는 것으로서 우리가 그것을 감상하려면 세련된 감각으로 접근하지 않으면 안 된다.

한국의 악기는 각자가 긴 역사를 가지고 있다. 거문고는 목이 없는 길고도 좁은 첼로라고 표현할 수가 있다. 그것을 마룻바닥 위에 놓고 주자는 바른손으로 줄을 뜯으며, 동시에 왼손으로는 "다리" 가까이에 있는 줄을 "퉁긴다." 바꾸어 말하면 거문고의 연주법은 첼로의 연주법과 정반대인데 첼로 주자가 손가락으로 퉁기는 곳을 거문고 주자는 줄을 뜯으며 첼로 주자가 활을 사용하는 곳을 거문고 주자는 손가락으로 퉁긴다.

그 결과가 특별히 유익한 것은 아닌 데도 한국인들은 거의 1,700년 동안이나 자신들이 거문고를 거꾸로 연주하고 있다는 것을 모르고 있다. 이 거문고의 역사는 고대 신라 시대[1]까지 거슬러 올라가며 그것이 어떻게 생겼는가를 설명하기란 매우 어렵다.

한국의 어느 곳을 가나 퉁소를 볼 수 있지만, 그 모양이 서양의 것과는 다르다. 만약 서양에서 사용하는 플루트의 입을 대는 부분의 중간 지점을 톱으로 끊어 낸다면 그 모양이 한국의 퉁소와 비슷할 것이다. 퉁소는 정면으로 입에 대고서 아랫입술을 관의 열린 끝 부분에 붙인 다음 반원형으로 뚫린 구멍으로 공기를 불어넣는다. 한국의 모든 악기 가운데 이 음이 가장 서양의 음에 가깝다.

---

1) 거문고는 고구려인 왕산악에 의해 처음 만들어진 것으로서 신라 사람이 만들었다는 것은 필자의 오기이다.

기록에 따르면 거의 2천 년 전에 신라 왕실의 가보 가운데 하나로 옥퉁소가 있었다는 점으로 미루어 보아 역시 역사가 긴 것임을 알 수가 있다. 옥퉁소를 고대 신라의 도읍지인 경주 이외의 곳으로 옮기면 아무런 소리도 내지 않았다고 하는 신기한 전설이 내려오고 있다. 한국인들은 그것이 아직도 경주의 창고 속에 보관되어 있다고 굳게 믿고 있다.

해금은 서양의 바이올린에 해당하는 것으로서 짤막한 손잡이가 달린 크로케[2]의 큰 타봉과 같이 생겼는데 머리 부분의 통이 더 오목하다. 줄은 두 개인데 머리 부분으로부터 손잡이의 끝으로 연결되어 있으며 손잡이 쪽에는 실 꾸러미처럼 생긴 쐐기 못으로 고정되어 있다. 활의 줄이 두 개의 줄 사이로 꿰어져 있으며 손잡이 부분을 엄지손가락으로 퉁기며 손가락 이것저것으로 줄을 뜯는다.

그 음이 대단한 것은 아니지만 한국인들에게 귀여움을 받는 점을 생각해 보면 그 역사가 수세기는 될 것이다. 한국에는 지데르[3]의 원조인 현악기가 있는데 줄이 세 개인 특수한 모양으로서 오늘날 서양의 피아노와 같다.

고대 악기 중의 하나로는 금속으로 된 한 벌의 고리가 있는데 이것은 서양의 트라이앵글처럼 두드려서 소리를 낸다. 이것은 매우 오래된 것이지만 몇 세기를 통해 전국적으로 단 한 개의 유형도 발견되지 않고 다만 역사적인 기록만 남아 있다. 다행히도 그 가운데 하나가 어느 샘을 칠 때 그 밑에서 발견됐는데 이러한 사실은 한국인들이 샘을 치는 빈도를 설명해 주기도 하다.

북은 그 역사가 매우 길다. 그 모양도 여러 가지이며 흔히 종 대신으로 쓴다. 대구에서는 종 대신에 엄청나게 큰 북을 사용하는데 1호그스헤드[4]짜리

---

2) 크로케(croquet) : 잔디밭에서 타봉으로 상대편의 공을 몰아내는 구희의 일종임.
3) 지데르(Zither) : 티롤 지방 사람들이 즐기는 현악기로서 하프류에 속한다.
4) 1hogshead=52.5gallons.

악보

의 통보다 크다. 음악으로 북을 칠 때는 그 크기도 각기 달라 지름이 1~3피트의 여러 가지가 있지만 그 모양도 달라서 소가죽으로 만든 북, 물시계형의 북 등이 있는데 후자는 오직 손으로만 친다. 이상한 얘기 같지만 물시계

형의 북은 오직 노래를 반주할 경우에만 친다.

성악은 고전적 형식인 시조와 대중적 형식인 해치[5]의 두 가지 특이한 형태로 구별된다. 시조는 매우 느린 안단테나 트레몰로소라고 말할 수가 있으며 종종 북으로 장단을 맞춘다. 그 가락이 매우 느리고 위엄이 있으나 한 곡조가 넘어가는 데 걸리는 시간이 너무 길어서 듣는 이로 하여금 그 시조를 부르는 사람의 숨이 끊어진 것이 아닌가 하고 의아스럽게 만든다.

고전적 시조 한 가락을 멋있게 부르려면 오랜 시간과 참을성이 필요하다고 한국인들은 말한다. 그것을 듣는 데 필요한 시간을 생각한다면 그들의 말에 수긍이 간다. 시조는 오직 직업적인 기생들이 능숙하게 부르는데 이는 그들이 다른 사람들보다 더 훌륭하게 감정을 묘사하기 때문이 아니라, 물론 그런 경우도 흔히 있기는 하지만, 그들만이 시조를 익힐 수 있을 만큼 넉넉한 시간적인 여유가 있기 때문이다. 서구인들에게는 이런 노래란 아주 흥미가 없다. 시조의 가락은 도대체 들어볼 만한 것이 없고 목청을 길게 빼고 떨리는 음성의 연속밖에는 없다.

그러나 대중적인 형식을 갖춘 해치는 비교적 양곡과 비슷하며 여러 가지 노래를 통해서 볼 때 서양의 악보에 일치할 특이한 가락도 있다. 박자 요소도 상당히 발전되어 쉽사리 따라 부를 수 있다. 다음 곡들은 한국 대중가요 중에서 가장 인기 있는 곡을 몇 가지 뽑은 것이다.

한국인들은 음악을 매우 좋아하여 어린이들까지도 길에서 늘 노래를 부른다. 여름의 저녁이 되면 어린이들은 함께 모여 "어미 거위"라고 하는 소곡을 합창한다. 그들은 제각기 높은 목소리로 노래를 부르는데 가까이 들어도 불쾌하지는 않다. 한국의 모든 어린이가 친근감을 가지고 부르는 노래 중에서도 가장 유행하는 것은 다음과 같이 시작된다.

---

5) 본문에는 hach'i로 되어 있는데 그것이 한글로는 어떻게 표기되는지 알 수 없다.

문경 새재 박달나무　　매끈한 방망이로
님의 옷깃 두드리는　　냇가의 아낙네야.[6]

그런 다음에 그들은 다음과 같이 서양의 고전 음악과 같은 감흥을 느끼게 하는 "토닥토닥 토닥토닥"을 합창한다. 이 노래는 음률이 말할 수 없이 복잡하지만, 음악에 소질이 있는 사람이라면 막연하게나마 즉석에서 따라 부를 수도 있다.

봄이 되어 풀잎이 돋아나고 관목들의 새싹이 움트면 한국의 모든 어린이는 마치 미국 어린이들이 버들피리를 부는 것과 똑같이 작은 갈대 피리를 부는데 피리의 모양은 미국과 매우 다르다. 그들의 것은 서양의 퉁소라고 할 수 있는 플라지올레토의 원리에 의한 것이다. 대개 두 가지의 음이 나도록 두 개의 갈대를 엮어서 만들었다. 한국 악기의 가장 두드러진 것 중 하나로 코넷처럼 생겨 찢어지는 듯한 소리를 낸다. 이것은 여름밤이 되면 묘하고도 작은 선율을 길게 낸다. 한국인들은 무슨 이유로 그와 같이 힘든 악기로 단조롭고도 드높은 소리를 내는 것을 즐기는지 서양인들은 아무도 이해하지 못할 것이다.

한국에서뿐만 아니라 중국에서도 음악이란 천한 예술로 여겨진다. 직업으로서의 음악이란 서양에서 발레와 같은 위치를 차지하고 있다. 그렇다고 해서 음악이 반드시 천대받는 것은 아니라고 말해야 옳을 것이다. 한국에서는 기생들이 단순히 자신의 요부적인 매력을 돋우기 위해 노래를 부르는 이외에는 직업적인 가수들이 없다.

한국인들은 음악이 훌륭한 도덕성을 갖는 것으로 생각하지는 않는다. 음악이란 단순히 감정적인 쾌락을 얻으려는 수단으로 여기기 때문에 춤이나 술타령이나 오입질을 하는 정도로밖에는 여겨지지 않는다. 이 식자층에서

6) 이것은 역자가 영문을 임의로 번역한 것이며, 원문은 확인할 수가 없다.

는 대중음악을 "잡동소리"라고 폄하하고 점잖은 자리에서 노래를 부르는 일이란 1/10밖에 안 되는 것도 바로 이러한 이유이다.

한국인들은 일종의 악보 기입법을 알고 있는데 그 방법은 서양과 매우 다르다. 이 방법에 보표나 음표는 없지만 신기한 방법으로 여러 가지의 음률을 표시하는 일련의 한자가 쓰여 있다. 그 방법을 서양의 기보법과 비교해 본다면, 이를테면 "바보 양키(Yankee Doodle)"라는 곡을 보표로 표시하지 않고 그냥 도·도·레·미·도·미·레·시·도·도·레·미·도·시·솔 등의 형식으로 표시한다.

우리는 한국의 노동요를 잊어서는 안 되는데 이 노래는 한국의 노래 가운데 서양인들에게 가장 홍겹게 들린다. 이 노래의 특이하고도 교묘한 음률은 그 발성에서 매우 독특하다. 음률은 듣는 사람들의 귀를 사로잡아서 자신도 모르는 사이에 싫증이 나도록 콧노래를 홍얼거리게 된다. 이는 신기한 심리적 연구 과제가 된다. 동양에서는 개인주의 요소가 드물다. 개성은 뚜렷이 나타나지 못하며 사람들은 자신을 전체 사회의 일부분으로 생각할 뿐 사회의 총화처럼 생각하지는 않는다.

사회의 구성단위는 개인이나 가정이 아니라 종족과 집단과 군중이다. 따라서 어떠한 일을 할 때 그들은 함께 뭉쳐 힘을 합침으로써 그들의 과업을 달성한다. 이럴 때 모든 사람이 동시에 힘을 쏟도록 하기 위해서는 율동적인 움직임이 필요하다. 여남은 명의 노동자가 있으면 그 가운데는 오직 합창만을 이끌어 가는 선창자가 있다. 그는 한편에 서서 4음절 정도의 단조로운 노래를 먼저 부르면 곧 다른 사람들이 그 뒤를 따라서 합창한다.

선창자가 노래하는 동안 그들은 일단 손을 멈추었다가 그들이 합창할 때 한꺼번에 힘을 쏟는다. 그렇게 하는 것이 오히려 시간이 더 소모되는 듯 보이지만 이러한 방법이 아니고서 한국인들이 어떠한 일에 힘을 쏟는다는 것은 어려운 일이다. 다음의 악보는 매우 불충분하기는 하지만 한국의 노동요를 옮겨 적어 본 것이다.[7] 선창자는 대체로 일정한 형식을 갖춘 곡을 부르

악보

지만, 그는 여러 번 매우 재미있는 방법으로 즉석에서 가사를 둘러대어 다른 사람의 흥을 돋운다. 그들은 모두 즐거운 듯 보이며 그런 이유로 그들의 작업은 마치 놀이처럼 보이게 할 수가 있다.

음악에 관한 한 우리는 한국의 시를 언급하지 않을 수가 없는데 이는 시가 성악의 주요한 근간이 되고 있기 때문이다. 특정한 지방에서 전해지는 설화는 그 지방에서만 사용하는 관용어와 발음이 미묘해서 그곳의 본바닥

7) 가사는 역자가 임의로 번역한 것이며 원문이 무엇인지는 확인할 수 없다.

흥취를 느낄 수 있어 매우 흥미롭다. 그러나 똑같은 이야기일지라도 보통 말투로 얘기하는 사람에게서는 특수한 묘미를 느낄 수 없는 것은 물론이다. 조리에 맞지도 않은 하층 사회의 설화에서는 특히 매우 익살맞은 면을 엿볼 수 있다.

그러므로 그러한 설화가 다른 사람의 시나 생활, 풍습, 처신에서 나타나게 될 때 우리가 종종 다른 의미로 해석하는 것은 바로 그 때문이다. 한국인들이 "양반은 배도 안 고픈가?"라고 말할 경우 외국인들은 웃음이 나오겠지만, 그들에게 "당신은 배도 고프지 않소?"라는 의미로 통한다. 내가 한국의 시를 글자 그대로만 번역한다면 한국인들이 원문에서 느끼는 감흥을 우리가 느끼지 못할 수도 있다. 무엇보다도 번역자가 의도하는 바는 원문에서 느껴지는 감흥이다.

한국의 시를 번역할 때 부딪치는 최초의 어려움은 그것이 매우 축어적이라는 점이다. 6자의 한자를 적절하게만 나열한다면 영어의 한 문단보다 더 깊은 의미를 내포할 수도 있다. 예컨대 노래 하나가 다음과 같이 단조롭게 사물을 서술한다.

이달이 삼월인지 버들빗 프르럿다
꾀고리 깃다듬고 호접(胡蝶) 펄펄 섯겨 난다
ᄋᆞᄒᆡ야 거문고 쥴 골너라 츈흥 겨워

이와 같이 기록한다고 해도 외국인들이 그 의미를 전혀 모른다고 말할 수는 없지만, 그토록 단조로운 직역만으로는 한국인들이 원전을 읽을 때 느끼는 감정을 느낄 수는 없다. 만약 내가 시 자체가 함축한 내부적인 의미를 다소 파악했다면 아마도 다음과 같은 번역이 한국인들의 감정을 좀 더 잘 표현한 것일지도 모른다.

겨울은 사라지고 버들가지 푸르른데
몸단장한 꾀꼬리는 여름을 손짓하네.
훨훨 나는 벌 나비는 여름을 알리는데
아이야 거문고 내어 오너라.
노래 아니 하고 어이리.

한국의 시에 대해서는 매우 무미건조하게 보일 수도 있는 또 다른 하나의 순수한 시가 있다.

청산아 무러보자 고금ᄉᆞᄅᆞᆯ 네 알니라
영웅호걸들이 몃몃치 지나더냐
일후에 뭇ᄂᆞ니 잇거든 나도 함ᄭᅴ

이 시는 다음과 같은 자유시의 형식으로 번역할 수도 있다.

오, 청산이여
그대는 나의 신령이니
구름을 막고 선 장한 모습
오랜 세월에도 그대는 지치지 않고
기억의 총명함도 흐리지 않았구나.
과거 현재 미래는
그대의 전설 어린 산등성이에서
영원한 왕관을 찾았으니
오, 청산이여
그대 나의 신령이여.

오, 청산이여
그대의 전설을 전해다오.
내게 말하라
지금 가장 훌륭한 그의 이름을
그가 아이이든 어른이든 성인이든
그대의 발아래 내일의 희망 걸고
오늘은 분투하며
어제의 기억을 더듬나니
그대의 전설을 내게 말해 다오.

오, 청산이여
그대는 나의 기념비여라.
오래전 어느 건방진 청년이 있어
다시 그대의 자태를 노래할 때
나 또한 그대의 칭송을 받고 싶나니
그대 나의 기념비여라.

여기에서 우리는 일생의 운명을 가름하는 과거를 보려고 서울로 올라가는 젊은이의 모습 곧 순수한 한국인의 모습을 보게 된다. 그는 지친 몸을 쉬고자 어느 준령에 앉아 있노라니 모든 인간이 영화를 누리고자 이와 똑같은 길을 걸었으리라고 생각한다. 울퉁불퉁 튀어나온 거석을 바라보는 동안 시상이 떠오르자 그는 이 같은 영화로운 길을 걸을 수 있는 사람들은 누구냐고 산에 묻는다.

그는 곧 잠에 빠지고 산은 그에게 영화를 누리는 사람들에 관해 꿈속에서 긴 이야기를 해주는 모습을 우리는 2행과 3행에서 보게 된다. 꿈속에서 깨어나 젊은이는 다시 길을 걷는다. 그는 산을 바라보면서 자기의 이름이 과방에 붙을 수 있을까를 물어본다. 산신이 자기를 보살펴 주고 자기로 하여금 성공할 수 있도록 부탁하는 데서 이 시보다 더 정교한 방법으로 시상을 표현할 수 있을까?

이 밖에도 매우 동떨어지기는 하지만 그래도 "봄 노래"의 형식에 넣을 만한 노래가 있는데 이 노래는 그 애원조의 형식으로 골계 신문의 지가를 상당히 올리고 있다. 한국인들은 봄을 매우 좋아한다. 따뜻한 화로나 포근한 아랫목만으로는 겨울철의 을씨년스러움을 잊을 수가 없다.

한국인에게 겨울이란 어둡고 지저분하며 불쾌한 12×8피트의 동굴 생활을 의미한다. 그러나 봄은 해방과 창공과 환희를 의미한다. 여기에서 환희라 함은 긴 겨울잠에서 깨어나는 다른 동물들의 환희를 의미할 수도 있다. 그러나 봄의 감촉이 손끝에 잡힐 때면 그들의 마음은 "바람에 흔들리는 여름의 나뭇잎처럼" 시정에 잠긴다. 그들은 단순히 마음이 싱숭생숭해지며 "노래하지 않을 수가 없다."

한국의 고전 음악의 한 부류 가운데는 술이나 한 잔 얼근히 마시고 부르는 것이 있다.

술 먹지 마자 ᄒᆞ고 ᄆᆡᆼ세를 지엇더니
술 보고 안주 보니 ᄆᆡᆼ세가 허ᄉᆞ로다
ᄋᆞ히야 청념이 어ᄃᆡᄆᆡ니 저 건너 ᄒᆡᆼ화촌

좀 역설적인 얘기가 될는지 모르지만, 호가스[8]의 그림을 고전화라고 말한다면 술상차려 놓고 부르던 노래도 고전 음악이라고 말할 수 있을 것이다. 따라서 앞의 시를 다음과 같은 자유시로 번역할 수도 있다.

오래전 그대와 나

8) 호가스(William Hogarth : 1697~1764) : 영국의 풍자화가.

손잡고 맹세했노라.
입술이 마르고 마음이 슬플 때면
아무리 향기로운 술일지라도
슬픔과 목마름을 풀지 못했나니
모두가 흘러간 옛 일이로다.

이제 인생의 황혼 길에 접어들어
삶의 쇠퇴는 시작되나니
어두운 여생인들 얼마나 남았으랴.
오로지 죽지 않는 술잔을 벗 삼아
영원히 더럽혀진 사원을 슬퍼할지니
젊은 날의 맹세가 사라진 그곳이여.

아니다, 아니노라.
사념이여 물러가라.
즐거운 주연은 다시 내 영혼을 일깨우리니
선인이여 잡으시라, 이 한잔 술을
독주를 파는 곳이 어드메뇨
저 건너 도원이 게 아니더냐.
행운이 그대에게 있을지니
나 그대를 위해 거문고를 타노라.[9)]

우리는 여기에서 우선 젊은이의 잃어버린 꿈을 생각하게 되며 오늘날의 사회적인 예속성과 더 나아가서는 오래지 않아 잊게 될 것을 얻으려고 미친

9) 이것은 역자가 임의로 번역한 것임.

듯이 날뛰는 인생의 무상함을 느끼게 해준다. 이러한 모습이야말로 진정 한국에서만 볼 수 있는 풍경은 아니다.

중부 지방에 가보면 작은 호수[10]가 내려다보이는 소위 낙화암이라는 낭떠러지가 있다. 나는 이 전설에 대해 아무런 사실상의 증거도 없으면서도 감히 말하지만, 아마도 독자들은 다음과 같은 설화를 들은 후에는 한국인들의 시적 감흥이 어떠한가에 대해 수긍하지 않을 수 없을 것이다.

> 백제성에는 지금도 원성이 들린다. 비겁한 왕은 자기의 운명을 미리 알고 무사들의 호위를 받으며 도망쳤다. 무당의 푸닥거리도, 피를 뿌리는 제물도, 수많은 군대도 복수심에 불타 조수처럼 밀려오는 신라군을 막을 수가 없다. 비겁자들에게는 도망하는 길만이 있다. 그러나 그가 도망친다면 왕비는 어찌하랴. 과부가 되는 것이다. 전쟁이라는 미치광이의 장난에 희생되어 침략자에게 능욕당하고 정복자의 노리개가 되는 것이다. 왕비는 시녀들에게 둘러싸여 조용히 앉아 있으나 시녀들의 구슬픈 곡성과 애절한 흐느낌은 왕비보다 더 처량하다. 그러나 보라!
>
> 그는 웃고 있지 않은가? 그는 손짓으로 시녀들을 불러 그들과 함께 지난날 태평성세를 구가하던 때와 다름없이 허물어진 성을 빠져나간다. 그러나 지금은 옛날과는 달리 뒤에서는 처참한 전쟁터의 무시무시한 아우성만 들려온다. 곁에서는 유령이 자주 나온다는 거울 같은 맑은 물 위에 자신의 모습을 험상궂게 비추고 있는 뾰족한 바위로 그들은 걸음을 재촉한다. 이제 눈 아래는 가파른 절벽이다. 두 눈을 부릅뜬 채 부푼 가슴을 부여안고 왕비는 지난날 절망의 잿더미였던 그곳에서 이처럼 영웅적인 정열을 불태운다.
>
> 무례한 원수들은 백제의 꽃을 따겠노라고 큰 소리로 뽐내누나. 백제의 왕비는 왕비답게 죽었노라고 말하게 함으로써 그들의 뽐냄이 헛된 것이었

10) 백마강을 필자가 오기한 듯이 보임.

음을 알려주자. 보라! 저 검푸른 물속에는 신의 사자들이 우리를 기다리고 있구나. 물길이 아무리 깊고 죽음의 재촉이 아무리 몸서리친다더라도 우리는 침실처럼 그들의 팔에 안기어 결백한 몸으로 그곳에 누우리라.

이렇게 말하고 왕비는 시녀들과 함께 절벽으로 나아간다. 손에 손을 마주 잡고 슬픔을 함께 나눈 채 이토록 서슴지 않고… 그들은 허공을 향해 몸을 날린다. 4월의 훈풍에 흩날리는 오얏의 낙화처럼 백제의 꽃잎은 떨어졌을지언정 그대들의 이름은 영원히 청사에 남을지니….

한국인들은 그들의 민담 속에 시적 운치를 넣기를 좋아한다. 한국의 시가란 그것에 흥이 겨워 저절로 나온 것이 아니라면 아무런 의미가 없기에 여기저기에 한 행밖에는 넣지 않는다. 한국인들은 노래하지 않고서는 견딜 수가 없으므로 새들처럼 노래한다. 그와 같은 유형의 가장 두드러진 것 중의 하나가『조웅전』이다.

조웅은 자기가 충성하던 왕을 몰아내고 왕이 된 찬탈자에 대한 도전장을 대궐문에 붙여 놓고 멀리 달아나서 무술을 익힌 다음 폭군을 무찌르기 위해 돌아온다. 첫날 그는 신기한 병마술로 대적했다. 밤이 되자 그는 아직 승복을 입은 채로 어느 향사로부터 후대를 받았다. 그가 숙소의 들창에 기대어 달빛을 바라보고 있을 때 어디에서인가 가야금 소리가 들려오는데 그 뜯는 솜씨가 비범했다. 가사를 붙여 노래를 부르지는 않았지만, 그 음률은 다음과 같은 뜻으로 해석됐다.

초산의 남글 베어 객실을 지은 뜻은
인걸을 보렸더니 영웅은 아니 오고 걸객만 흔히 온다.
석상에 오동 베어 금실을 만든 뜻은
원앙을 보렸더니 오작만 지저운다.
아해야 잔 잡아 술 부어라.

만단수회나 풀어 볼까 하노라.[11]

그와 같이 수상쩍은 내용에 슬그머니 화가 치민 조웅은 늘 몸에 지니고 다니던 통소를 꺼내어 보이지도 않는 비평자에게 다음과 같은 뜻을 음에 실어 보내었다.

십 년을 공부하여 천문도를 배운 뜻은
월궁에 솟아올라 항아를 보렸더니
세연이 있었든지 은하에 오작교 없어
오르기 어렵도다.
소상의 대를 베여 통소를 만든 뜻은
옥섬을 보려 하고 월하에 슬피 분들
지음을 뉘 알이요
두어라 알 이 없으니
원객의 수회를 위로할까 하노라.[12]

아무리 그렇다고는 하지만 그는 그들의 사이를 가로막고 있는 담을 뛰어 넘고 그 여인으로부터 장차 아내가 되겠노라는 약속을 받았다. 조웅이 군사를 몰아 찬탈자를 좇아낸 다음 그 여인은 지난날의 약속을 지켰다.

한국의 시가는 모두가 서정적인 것이지 서사시는 없다. 우선 언어부터가 그와 같은 표현 형식을 허락하지 않는다. 한국의 시가는 자연음을 위주로

11) 영문 번역문은 원문과 약간 다른데 이는 필자가 영시의 운에 맞추기 위해 원전을 윤색했기 때문이다. 여기에서는 영문을 무시하고 원전을 싣는다. 『조웅전』(서울 : 영창서관, 1961), p. 20 참조.

12) 여기에서도 영문을 무시하고 원전을 싣는다. 다만 본문 중 "세연이 있었든지"는 문맥으로 보나 영문의 의미로 보나 "세연이 없었든지"가 맞는 듯하다. 앞의 『조웅전』, p. 20 참조.

한 것이어서 순수하고도 단조롭다. 모두가 정열적이고 감정적이며 또한 정서적이다. 따라서 인간에 관한 것이거나 가정적이며 때로는 통속적이어서 한국의 시가는 그 대상이 좁다고 말할 수 있다.

그러나 한국의 시가가 내포하는 통속성은 한계가 명확히 그어져 있다는 점을 잊어서는 안 된다. 만약 그들이 통속적인 일에 선정적인 어휘를 함부로 사용했다면 그것은 그들의 좁은 생활권 안에서 비교적 그러한 일이 많기 때문이다. 바람에 흐느끼는 버들가지, 호들갑스럽게 날아가는 나비의 모습, 바람에 날리는 꽃잎, 붕붕거리며 날아가는 벌, 아마 이런 것들 모두가 생활권이 넓은 사람들보다 한국인에게 더 많은 것을 느끼게 해주는 것들이다.

이제 어부가 고기잡이를 마치고 밤길에 돌아오면서 부르는 노래를 들어보기로 하자.

> 반짝이는 호수 위로 석양이 비칠 때
> 낚싯줄 거두어 집에 돌아오누나.
> 물보라 치는 저 멀리 파도 위에
> 검은 구름 뭉게뭉게 떠오를 때면
> 근심에 나래 접은 갈매기들도
> 오르락내리락 마음만 설레네.
> 옥류계곡에 늘어진 버들가지 꺾어
> 은린옥척 꿰어 양손에 들고
> 주막에 들려 집에 돌아오누나.[13)]

다음 시에서 우리는 매우 푸근한 운율을 느끼게 된다. 이 시는 『넓고 넓은 바닷가에 오막살이 집 한 채』의 한국적인 배경이다.

---

13) 이것은 역자가 임의로 번역한 것이며 원문은 확인할 수가 없다.

그칠 줄 모르는 파도 소리에 지쳐
역겨운 웃음에 어색한 표정으로
몇 해 만에 뭍에 올라 귀향하는 선원인양
바다의 그리움도 모른 채
인생의 닻을 거두었네.

심심산골 아름다운 강산에
하늘을 지붕 삼아 오막살이 지으니
푸르른 하늘에 꽃구름만 뭉게뭉게
햇빛은 서까래에 비추이고
별빛만이 방안을 채운다.

깊은 호숫가에 자리한 내 보금자리
오! 이보다 더 좋은 곳이 없구나.
자연이 베풀어준 이 엄청난 선물에
내 눈에 차지 않는 세상의 금은보화
나는 이 보금자리 지키며
세상을 비웃고 사네.

가을 낙엽이 나의 방을 수놓을 때
그들을 비로 쓸어 무엇하랴.
다만 집을 깨끗이 하면 될 것을
홍수로 씻겨 간들 그 어떠하리.[14)]

이 시를 읽어보면 한국인들은 상상력이 부족한 게 아니라 오히려 너무 넘

14) 이것은 필자가 임의로 번역한 것이며 원문은 확인할 수가 없다.

쳐서 탈인 것처럼 보인다. 산골짜기에서 흘러내리는 냇물을 보고 지은 다음의 시를 읽노라면 자연의 아름다움을 완상하는 데 한국인들은 서양의 어느 시성에 못지않다는 것을 알게 된다.

구름을 머금은 작은 시냇물
굽이굽이 산골짜기 흘러내리면서
그대의 앞길을 막는 장애물에
애태움도 한탄함도 없도다.
그대를 괴롭히는 바위도
그대의 절개 앞에 녹아 없어지리니
그대는 인간보다 더 위대하도다.
비록 짓궂은 인간들이
너의 갈 길을 막는다 해도
먼 훗날 너는 다시 산 위를 덮으리라
굽이지고 뛰어넘고
찢어지고 이용당하고 더러워졌어도
그대가 지나온 천리 길은
영광스럽기 그지없도다.
그러나 너는 어이하여 놀란 산토끼처럼
보금자리에서 그토록 움츠리고만 있는가?
두려워 말지니 이달이 다 차기 전에
너의 아름다운 목소리는
바다의 합창 속에 묻히리라.[15)]

---

15) 이것은 필자가 임의로 번역한 것이며 원문이 무엇인가는 확인할 수 없다.

나는 다음에서 한국의 민속 설화에 포함된 시적 요소의 예를 더 들어보고자 한다. 이것은 서울[16]의 한복판에 있는 대종의 주조에 관한 전설이다.

주지승은 몹시 화가 나서 종 앞에 서 있으며, 그 종의 옆 부분에는 이제까지의 노력이 허사라고 알려 주는 듯이 깊은 금이 생겼다. 세 번씩이나 용광로의 불은 수많은 보화를 주물 속에 녹여 버렸으며 녹은 주물은 고통스러운 듯이 꿈틀거리며 세 번씩이나 종의 놋쇠 모형을 깨뜨렸다. 영리한 투우사가 진홍색 휘장을 세차게 휘두를 때 경기장의 귀먹은 투우처럼 이제 주지승은 기둥 사이에 서 있다. 열광한 군중들은 소리치며 결정적인 일격을 가할 것을 요구한다. 주지승은 목청을 뽑아 축가를 부르려 하지도 않고 장례 행렬에 축복의 종을 울리려 하지도 않고 구슬픈 종소리를 울려 신에게 평화를 빌지도 않은 채 묵묵히 그 무거운 종을 들보에 매어 단다. 그리고 그는 이렇게 말한다.

"만약에 신령들이 사람의 눈길로부터 감추어 버린 그 조그마한 금속을 주형 속에 녹였더라면 그것은 지금과 같은 절망을 성공의 기쁨으로 바꾸고 산고를 덜어 주는 신효한 한 첩의 약이 됐을 것을…."

그러나 보라! 햇볕에 메마른 평원 위에 마른 풀을 태우는 화염이 폭풍에 밀리듯이 왕명을 가진 급사가 저 너머에서 달려오고 있지 않은가?

"우리의 왕성이 귀머거리 하인들처럼 고락을 말할 수 없는 벙어리가 되지 않도록 하기 위해서라도 신령에게 제물을 바치라. 그러면 신령도 보배로운 것을 우리에게 줄지도 모른다."

거대한 태양은 서기로 이글거리며 구름은 길게 꼬리를 물고 널려 있어 피비린내 나는 대살육장의 김처럼 일어난다. 그러나 신령에게서는 아무런 대답이 없다. 그 순간, 보라! 한 마녀가 보조개 진 한 아이를 데리고 성문을 들

---

16) 경주의 오기인 듯이 보인다.

어오면서 이렇게 소리친다.

"이 아이를 그 끓는 주물 속에 넣으면 그것은 진정으로 희귀한 제물이 되며 그것으로 만든 종의 오묘한 음률을 들은 사람들은 자기의 어머니나 아내나 아이의 목소리보다 더 듣고 싶어 할 것입니다."

다시 용광로의 불길은 피어오르고 종의 이지러진 부분은 불길 속으로 들어갔다. 저주받을 것은 그 어린이를 끓는 쇳물 속에 집어넣은 그 손이다. 지옥에나 떨어져야 마땅하다. 아니, 헛된 겉치레를 위해 천진한 아이에게 그토록 무거운 십자가를 지게 한 것은 인간으로서 치욕적인 일이다. 먼 훗날일지라도 정의의 여신은 이 치욕적인 기억을 씻어 버릴 수가 있을까? 결코 그렇지는 않으리라! 그 쇳덩이에는 아이의 선혈이 배었으며 한 인간의 영혼이 스며 있다. 참으로 기상천외한 연금술이 아닌가! 모여든 군중과 벙어리가 된 주지승이 말없이 서 있고 쇠사슬에 매달려 있는 커다란 통나무가 놋쇠의 가슴을 두드렸을 때에 조각이 아로새겨진 놋쇠에서 나오는 소리는 종소리가 아니라 "에미, 에미, 에미, 에밀레" 하는 소리였으니 이는 "오! 어머니, 슬프도다. 나의 어머니여!" 하는 의미이다.[17)]

17) (필자 주) 통나무가 그 종에 부딪칠 때 둔탁하게 들리는 "에미"라는 음은 한국어로 "엄마"를 의미하는데 그 후로 이 종을 "에밀레종"이라고 부르게 됐다.

제 25 장 예 술

한국인은 음악의 음정에는 매우 민감하지만, 화음에는 그렇지 않다. 이 점은 비단 한국인뿐만 아니라 극동 대부분이 그렇다고 말할 수는 없을까? 일본은 장신구의 나라이기는 하지만 그들의 제품에서 조화미가 있어야 하는 예술적 고고성은 눈에 띄리만큼 부족하다. 주위 환경을 가꾸는 문제는 예외가 되겠지만, 이 분야에서도 그들의 예술성은 왜소하고도 갑갑한 느낌이 든다.

한국의 경우를 살펴보면 보편적인 효과를 얻고자 여러 가지 다른 요소를 조화시키는 재능이 빠져 있다. 예컨대 한국의 대갓집 뜰 안을 보면 몇 가지 아름다운 수목을 볼 수는 있지만, 너무도 뒤죽박죽으로 흩어져 있어서 아름다움을 느낄 수가 없다. 한국인들이 뜰 안을 가꾸는 방법이란 어느 한 가지의 수목을 골라 한 사람의 개인적인 완상을 위해 배치해 놓는 것이다. 한국인들은 여러 가지의 수목을 배열하여 그들이 조화 있게 제 나름의 아름다움을 보여주는 데는 생각이 부족하다.

한국인들이 아무리 많은 예술품을 가지고 있다고 하더라도 동시에 바라볼 수 있는 것은 한두 가지에 지나지 않는다. 손님을 접대하는 방인 "사랑채"에 그들 가운데 하나를 한두 주일 동안 진열했다가도 곧 없앤 후에 다른 것으로 바꾸어 놓는다. 이와 같은 방법으로 한국인들은 예술품의 다양성을 즐기므로 자가의 수장품에 대해 곧 싫증을 느끼는 일이란 없다.

이러한 현상은 한국인들이 조화미에 무지하기 때문이 아니라 한국의 가옥 구조가 너무도 질서 정연해 여러 가지 예술품을 동시에 조화롭게 배열할 수 없기 때문이라는 데는 반론이 있을 수도 있다. 그러나 만약 한국인들이 효과적인 조화미에 관한 어떤 본능을 가지고 있었더라면 그들은 이미 오래전에 조화미를 가능케 할 방법을 발견했을지도 모른다는 생각이 든다.

한국인들은 심미감이 없다고 말할 수는 없지만, 그 계발이 편협한 것은 사실이다. 한국의 예술품에는 과학적 계발성도, 미학적 법칙에 따른 공식성도, 합리적이거나 규칙적인 수법의 혼합성도 없다. 음악에는 분명히 수학적인 요소가 있다거나, 뜰 안을 장식하는 데 기하학이 필요한 요소가 된다거나, 또는 교량을 만드는 데 원추곡선에 관한 지식이 필요하다는 식의 주장이란 한국인에게는 웃음거리에 지나지 않는다. 전 아시아에는 수학적 요소가 없으므로 순수한 군악이 존재하지 않는다는 것은 사실이다.

한국인들의 장신구란 자신의 예술품을 남에게 보이기 위한 것이라는 설명은 그들의 가옥 구조에서 여실히 나타난다. 집이 아무리 크고 터가 아무리 넓다고 하더라도 내부는 담으로 그물처럼 나뉘어 있고 엄청나게 많은 골목과 뜰 안으로 갈라져 있어 그와 같은 방법에 의한 아름다움이란 오히려 효과적인 조화미를 깨뜨리는 것에 지나지 않는다.

뜰 안이 온통 음울한 담장으로 세분한 미로원처럼 되어 있어서 서양인들에게는 주택이라기보다는 오히려 감옥이라는 느낌이 든다. 이처럼 한국인들은 벌집 같은 속에서 살기를 좋아한다. 옥내의 장식은 각기 그 방의 주인 마음에 들도록 되어 있다. 어느 방에는 아름답게 수놓은 휘장이 있고, 어느 방에는 가보로 전해 내려오는 옛날의 꽃병이, 또 어느 방에는 소나무나 선인장을 심은 화분이 있지만, 집 주인은 이와 같은 것들을 조화 있게 진열하려고 생각하지는 않는다.

한 가지만을 놓고 생각한다는 심미적인 태도에서 얻을 하나의 이점으로

전쟁 수호신 중의 하나

우축에 거느리고 있는 것은 그가 거느리는 신위들이다.

마을의 수호신

우측에 있는 것은 지하대장군이며 좌측에 있는 것은 그의 배필로서 각기 새가 앉은 기를 들고 있다. 둘의 표정으로 보아 여자는 남자에게 이렇게 말하는 듯하다. "내일 아침까지 같이 있자구요."

는 일품이거나 졸작이거나 함께 동등하게 진열할 수 있다는 점이다. 만약 단 하나의 꽃으로써 온 뜰 안에 꽃이 가득한 듯한 아름다움을 보여줄 수만 있다면, 아름다움을 감상할 기회를 통해 가난한 사람이 돈 많은 이웃집에 더욱 가까워질 수 있는 경우가 서양에서보다 더 많을 것이다.

이와 같은 진열 방법은 나름의 이점이 있다. 즉 이러한 방법에 따르면 여러 형태의 예술품을 접할 때 흔히 소홀할 수 있는 것들을 주의 깊고도 정확하게 바라볼 수 있다는 점이다. 따라서 수를 놓은 휘장을 감상할 때 전체적인 모습이 익살맞게도 잘못됐다고 할지라도 나비의 모습만은 뚫어지도록 정확하게 바라볼 수 있을 것이다.

한국인들은 화폭에 탁자를 그릴 때도 원근법에 관계없이 먼 쪽의 가장자리를 가까운 쪽의 가장자리보다 더 길게 그리는 것이 상례이다. 나는 황새를 수놓은 훌륭한 휘장을 본 적이 있다. 그 황새는 한 다리로 서 있는 동안에 멋있게 들어 올린 다른 한 다리는 적어도 10피트나 더 멀리 떨어져 있는 나무의 뒤편으로 뻗어 있었다. 한국인들은 항상 여러 개의 담장에 너무 깊숙이 갇혀 있기 때문에 투시화의 소점과 같은 것에는 전혀 신경을 쓰지 않는 것으로 보인다.

나로서 자신 있게 말할 수는 없지만, 전 동양의 그림에서 괴상한 모습을 보이는 것은 사소한 측면에 주안을 두었기 때문이라고 여겨지는데 이는 그들의 예술품이 지니는 한계성에 대한 일종의 논증이 된다. 그토록 오랫동안 제약을 받아 온 심미적 본성이 어떠한 방법으로든지 자신의 돌파구를 찾지 않을 수 없자 끝내 환상적인 영역으로 일탈함으로써 돌파구를 찾게 됐다.

따라서 모든 그림에서 찌그러진 나무나 이상하게도 물에 젖은 바위를 볼 수가 있는데 이러한 현상은 호기심을 불러일으키는 기형적인 모습이다. 고대 전사(戰士)의 모습을 그린 그림 가운데 얼굴에 호두만 한 사마귀를 그려 넣지 않은 것이 없고 눈썹이 수염의 길이만큼 길지 않은 것이 없다.

예술품의 색깔을 살펴본다면 한국 작품들은 옛날과 다름없이 원시적이다. 그들이 생각하는 빨강이란 피나 지붕 위에 널려 있는 익은 고추의 색깔 정도이다. 초록이라면 새로 움트고 있는 벼의 빛깔이나 소나무의 검푸른 초록 정도이다. 그들의 예술품에서 천연색이라 함은 훌륭하게 모방한 그들의 언어에서의 천연음과 같다.

미술의 형식을 살펴보면 한국인들은, 환상적인 영역에 부딪힌 분야를 제외한다면, 극히 사실주의적이다. 그들의 미술품에는 관념적인 표현이 없어 날개가 달린 아기 천사의 모습이라든가, 자연력의 의인화라든가, 활과 화살을 들고 있는 큐피드[1)]도 없다. 이러한 현상은 상상력의 결여 즉 미학적 조화로서의 사물이란 생각할 수도 없다는 데서 비롯된다. 상상이라 함은 자기 마음속의 비품을 새로우면서 즐겁고 또 유용하게 조화시킬 방법에 따라서 조정 재조정하는 능력을 의미한다.

만약 이러한 능력이 없다면 가구의 정리도, 화폭의 색깔도, 음악의 악조도, 뜰 안의 꽃들도 모두가 무색하게 될 것은 틀림없는 일이다. 한국사에 위대한 인물들이 그토록 없던 것은 바로 그와 같은 상상력의 결여에서 오는 것이다. 역사상 공상가가 없었더라면 인류에게는 콜럼버스도, 뉴턴도, 히데요시도, 칭기즈칸도 없었을 것이다. 상상은 진취의 어머니이며 성공의 선구자이다. 한국인들에게는 그와 같은 진취적인 상상력이 부족했기에 "고래 싸움에 새우 등 터진다"는 격이 되고 말았다.

불길한 영감을 일반적으로 신뢰하려는 심리 상태라든가, 산이나 나무나 냇물의 영적 분위기에서 오는 연상은 인간에게 고도의 상상력이 있음을 암시하는 것이라고 믿는 사람이 있을지 모르지만, 사실은 그렇지 않다. 상상력이란 본능에 불과한 것으로서 자기 보존의 법칙이 자연적으로 움직이는 것에 지나지 않는다.

호저는 적이 다가올 때 몸을 둥글게 하고 가시가 난 쪽을 적에게로 향하는 것을 보아 그 동물이 상상력을 가지고 있다고 말하는 것이 옳을지도 모른다. 모호한 현상을 설명할 수 있는 가장 노골적인 방법은 그 현상에 수호신이나 귀신이나 영감적인 작용의 속성을 부여하는 것이다. 수호신에 대한 경배란 인간의 본성에 상상적인 측면이 있음을 입증하는 것이라기보다는 오히려 그 반대의 측면을 보여준다.

상상력이 없는 사람은 사물의 정확한 상관관계를 모르며, 그와 같은 현상을 겪는 동안의 방법이란 단일하며, 목적을 달성하려고 채택한 수단이 적합

---

1) 큐피드(Cupid) : 로마 신화에 나오는 신. 비너스의 아들로서 사랑의 신이며 날개가 달리고 활을 가진 나체의 미소년이다.

고궁의 벽장식

할 때 정신적으로 방황할 가능성이 없어진다는 것을 잊어버린다. 그와 같이 상상력이 없는 사람이 인간의 활동에서 인격적인 작용을 벗어나서도 합리성에 도달할 수 있는 것은 도덕적인 본능에 의한 것이다.

바꾸어 말해서 이교도적인 견지에서 본다면 "우리 모두를 비겁하게 만드는 것은 분명히" 인간적인 양심이라는 것이다. 인간의 결함을 인식함에 따라서 한국의 그림은 인간에게 해로운 존재로서의 영혼과 귀신의 모습을 담았으며 겸손과는 구별되는 비굴을 낳는데 이는 이교도적 경배에 대한 씻을 수 없는 낙인이 됐다.

그러나 우리는 한국 예술의 가장 뚜렷한 형태 가운데 몇 가지에 관해 간단하나마 세심한 설명을 서두르지 않을 수가 없다. 음악에 관해서는 이미 위에서 언급한 바가 있지만, 건축술은 훌륭한 예술로서 여기지 않았다. 왕궁이나 사원의 경우를 제외하면 건물은 극히 실리적이며 이 분야에서도 그 예술성은 매우 배타적으로 장식류에서만 엿볼 수 있다.

왕궁이나 사원 또는 그 밖의 건물에서 볼 수 있는 장식은 서양인들의 눈에는 결코 예술적이라고 할 수 없으므로 간단하게 언급해도 좋을 것 같다. 벽장식에서는 다소 아름다운 효과를 나타내고 있으나 매우 조야하여 소위 서양에서 말하는 벽장식과는 비교도 되지 않을 것이다. 한국인들은 비단 위에 놓은 자수를 예술의 계열에서 볼 수 있는 가장 훌륭한 것 가운데 하나로 생각하고 있다. 그들 가운데 어떤 것은 썩 잘 된 것도 있기는 하지만 아무리 잘 된 것일지라도 중국이나 일본의 중류급과는 비교가 되지 않는다.

나뭇가지, 꽃가지, 풀잎 다발, 해묵은 그루터기, 바위 등을 그린 묵화는 그들이 즐기는 그림 가운데 하나로 여기에서는 규칙적인 화법을 찾아볼 수 있다. 풀 잎사귀는 일정한 법칙에 따라 밑으로 처져야 하며 꽃은 나무줄기의 바른쪽에 위치해야 한다. 이러한 그림을 여러 해 동안 보면 서양인들도 상당한 흥미를 느끼게 되며 문외한들이 보면 서투른 그림처럼 보이기는 하지만 소위 서구인들이 말하는 순수 예술에 매우 가깝다고 고백하지 않을 수 없다. 그러나 한국인의 그림을 감상하는 방법을 배우려고 시간을 보낼 필요가 있을까 하는 점은 의심스럽다.

요업 분야에서는 이렇다 할 만할 것이 없다. 오랜 옛날에는 이 분야에서 다소 자랑할 만한 것이 있는 듯도 하지만 오늘날에는 그것을 입증해 줄 만한 유물이 그다지 흔하지 않다. 이곳을 지나는 여행자들은 흔히 은이나 니켈로 상감한 자그마한 철궤를 산다. 그 모양이 조잡하기는 하지만 일반적으로 그리스인들의 열쇠 모양처럼 된 이 철궤는 그다지 흉물스럽지는 않다.

은사세공품 가운데에서도 특히 동북단 지방에서 만들어지는 것은 자랑할 만하지만, 공장들이 가지고 있는 본이 몇 개 되지 않으며 독창성이 없어 한 가지 본에 의해서만 만들어내기 때문에 그 본은 마치 대대로 물려 내려오는 가보나 되는 것처럼 여겨진다. 상자나 함이나 장롱에 옻칠을 하고 그 위에 자개를 박는 것은 볼품이 있기는 하지만 목적 자체가 비예술적인 그와 같은 종류의 장식이란 일반적인 효과를 매우 손상시킨다. 그와 같은 자개 제품 가운데에서도 열쇠를 장치하는 부분이 가장 아름답다.

제 26 장 교육제도

예로부터 전해 내려오던 교육 제도가 어느 정도 변모된 곳은 서울을 비롯한 몇몇 대도시에 지나지 않으므로 먼저 여기서는 전국적으로 흔히 볼 수 있는 지난날의 교육 제도를 설명하고 그다음으로 근대적인 개혁에 대해 언급하지 않을 수가 없다.

학습이라는 좁은 의미에서 볼 때 한국의 교육 제도는 문자, 종교와 함께 중국으로부터 전래됐다. 따라서 교육의 주제나 방법은 한국 고유의 것이라기보다는 외래적이다. 이러한 점에서 보면 한국이 고유한 민족 문화를 누리지 못하고 있는 이유를 설명하기란 그다지 어려운 일이 아니다.

몇 세기에 걸쳐서 교육이라 함은 중국에서 학습 교재가 되고 있는 한문과 고전을 공부하는 것으로 인식됐다. 가장 학식이 많은 한국인일지라도 국사보다는 오히려 중국사에 대해 더 많이 알고 있는데 이는 마치 영국이나 미국의 대학생이 자신의 국어 문법보다는 라틴어 문법에 대해 더 많이 알고 있는 것과 같은 현상이다.

뒤에 언급할 몇 가지 사실을 제외하면 한국에는 공립학교라는 것이 없다. 교육 기관과 같은 것이 서울에 마련된 것은 최근 10년 동안에 지나지 않는다. 심지어는 최근에 이르기까지도 교육을 위한 연간 지출액은 겨우 2만 달러에 지나지 않아 대부분이 운영비로 충당될 뿐이다. 일반적으로 교육이란 개인에 관한 일이면서도 가장 먼저 고려됐다.

시골에 가보면 사가에 자그마한 글방이 있는데 그곳에서 소년들은 책상도 없이 커다란 한문책을 앞에 놓고 눈을 지그시 감은 채로 몸을 앞뒤로 흔들면서 제각기 표의문자의 음을 늘어지게 뽑아낸다. 학습 내용이 똑같지 않으므로 반 같은 것은 없고 늘 들어보지 않는 사람에게는 그 글을 읽는 소음에 귀가 멍할 정도이다. 그러나 이 같은 제도에는 나쁜 점도 있지만 좋은 점도 있다.

학년제가 없으므로 학습 진도를 맞추고자 우수한 학생이 우둔한 학생과 보조를 맞추도록 진도를 늦출 필요가 없으며, 우둔한 학생도 학습 내용을 다 익히지 않고 피상적으로 진도만 나갈 필요가 없다. 각 학생은 자기의 재능에 따라 진도가 결정되기 때문에 서양의 경우보다 더 개인적인 능력이 발휘된다. 따라서 자기보다 앞서 가는 학생들의 글 읽는 소리에 자극을 받아 더욱 공부에 충실하게 된다.

이와 같은 환경 속에서 지성이 함양된다고 볼 수는 없지만 악쓰듯이 글을 읽는 소년들이 자기의 목소리보다는 다른 사람의 목소리에 더 귀를 기울이지 않는다는 것은 사실이다. 외부적인 소음은 사고 과정을 산란하게 만드는 대신에 더욱 정신력을 집중시키도록 훈련함으로써 언제인가 혼자 책을 읽게 될 때는 더 큰 효과를 얻을 것이다. 그와 달리 중국적 방식의 교육이란 모든 단결심에는 부정적인 태도로 만들어 남과 비교한다든가 경쟁하는 데서 얻을 유익한 효과를 대부분 상실하게 된다.

문벌이 좋은 한국인이 한문을 익히는 동안 많은 정력을 소비한다. 그 예로서는 등잔불 밑에서 긴긴 밤을 지새우는 모습을 들 수 있지만, 더욱 실감이 나는 것은 의지가 있는 학생들은 졸음을 견디려고 상투 끝에 줄을 이어 대들보에 매달고 글을 읽는 사실이다. 한국에서의 교육학이란 완전한 학문도 아니며 훌륭한 예술도 아니다. 회초리를 들고 어린이들 앞에 앉아서 그들이 책 읽기를 계속하는가를 감시하는 것으로 충분하다.

그러나 데븐쉬어[1] 교회의 성가대 소년들처럼, 그러한 소음 속에서도 종종 장난꾸러기들이 저희끼리 속닥거리는 것을 흔히 볼 수가 있다. 교창하는 중에 한 소년이 기도송을 악보에 맞추어 이렇게 바꾸어 불렀다. “존, 너는 나에게 네 개의 튀김 돌을 줄 게 있지.” 성가 속에서 존이 대답하기를 “거짓말 마라, 두 개지 왜 네 개냐?”

글을 가르친다는 것이 아무리 고귀한 일일지라도 대체로 글방 선생은 소위 양반 사회에서 지극히 몰락한 사람들이다. 그는 모든 사람으로부터 정중한 대접을 받으면서도 대개 고용인으로 취급을 받는다. 그에게는 정기적인 봉급은 없지만, 학생들이 종종 선물을 가져오므로 그런대로 겨우 생계를 이어 간다. 그러나 이 문제는 좀 더 엄숙한 측면이 있다. 남을 가르친다는 것은 돈만으로는 평가될 수 없는 그 무엇처럼 존경을 받는 듯이 보인다.

구두 수선공의 노동력이나 큰 저택은 돈으로 살 수 있지만, 지식이란 너무도 고귀하여 다른 것과 교환할 수 없다. 의술도 마찬가지이다. 의사는 일정액의 돈을 받지는 않지만, 그 댓가는 환자의 재산 정도에 따라 적정되며 또 그만큼 봉사하게 된다. 따라서 명목상 그의 봉사는 선물이 된다. 한국 어느 곳을 가 봐도 엄청난 요금을 주어야 하는 서양에서 볼 수 있는 전문적 직업인이 없으므로 제공되는 봉사란 대부분이 순수하게 인간적이다.

한국의 전 역사를 살펴 볼 때 소년의 꿈이란 고전을 완전히 습득하고 문장력을 길러서 이른바 과거라는 국가고시에 합격하는 것이다. 과거에는 여러 종류가 있다. 시골의 초심자들은 중앙 정부에서 파견된 시험관의 감독 아래 지방의 대도시에서 예비고사를 치르며, 여기에서 합격한 극소수가 서울의 시험에 선발되는데 여기에서도 여러 가지 시험이 그들을 기다리고 있다. 그 가운데 단순히 예비고사에서 그치는 사람이 있는가 하면 어떤 사람

---

1) 잉글랜드 서남부에 있는 주.

은 그토록 오랫동안 열망하던 고관대작에 오를 기회를 얻기도 한다.

해마다 서너 차례씩 청운의 뜻을 품고 8도에서 구름처럼 몰려오는 사람들로 서울은 가득 찬다. 그들 가운데 몇 번씩이나 실패하여 이미 노경에 접어든 사람도 있다. 이때가 되면 경복궁의 뒤뜰에는 황량한 과장이 마련되고 엄청나게 큰 일산 밑에 사람들이 떼를 지어 앉아서 열심히 글을 짓는다. 서로 다른 지망자들 사이의 의견 교환을 금지하려고 어떤 조처를 하는 것처럼 보이지는 않는다.

이미 완성된 작품을 몸속에 남몰래 감추어 가지고 입장하는 사례도 허다했다. 갖가지 협잡이 자행되며 최종 합격자가 단 1명인 때도 가끔 있었다. 운이 크게 좌우하는 경우도 많지만, 운보다는 "남이 끌어 주는 것"이 더욱 유리하다는 것을 입증해 주는 증거도 허다했다. 아직도 모든 과거에서 20여 명의 합격자 가운데 많아야 2~3명만이 정당하게 선발된다고 본다. 전국에서 몰려오는 수천 명 가운데에서 이토록 적은 수를 뽑는데 그 가운데 1명이 된다는 것은 확률이 매우 희박하다.

글짓기가 끝나면 시생은 아래편 귀퉁이에 자기의 이름을 써넣고 종이를 가느다랗게 찢어 이름 위에 풀로 붙인다. 시험관은 우열이 판정될 때까지는 시생의 이름을 알지 못하게 되어 있기 때문이다. 자기의 이름을 써넣은 다음, 시생은 시지를 둘둘 말아서, 땅 위에 말뚝을 박아 울타리를 만들어 놓은 안으로 마치 창던지기를 하듯 던져 넣는다. 다음 날 아침에 급제한 사람들의 이름이 과방에 붙는데, 선발된 사람은 성장하고 말 위에 앉아 서울의 거리를 행진하면서 벗들의 축하를 받는다. 만약 그 급제자가 시골 사람이면 그의 마을은 그를 위해 큰 축제를 마련한다. 이와 같은 과거제도는 10년 전[2]에 없어졌다.

2) 1894년의 갑오경장 때 없어짐.

한국의 교육이란 유교의 경전 학습과 뗄 수 없는 관계에 놓여 있기 때문에 교육은 종교와 더불어 전승되며, 비록 순수한 교육 기관은 없다고는 하지만 서울에서 유교 학교인 성균관이 있어서 가히 전국의 중심적 교육 기관이라고 할 수 있다. 이는 마치 영국의 왕립한림원이 영국 예술의 총본산인 것과 같다. 이 성균관은 아직도 일종의 명예 기관처럼 존속하고 있으며 황제의 직권으로 고명한 학자들이 이곳에 임명되지만, 보수라든가 직책은 없다. 성균관은 진정한 의미로서의 학교라고 볼 수는 없고 다만 일종의 학예 단체 또는 단과대학 정도로 볼 수가 있다.

과거 10년 동안 한국의 교육은 매우 명예로운 위치를 차지해 왔으며 문부는 군부 · 탁지부 · 법부 · 농상공부 및 외부와 대등한 권한이 있다. 그러나 문부에 배당되는 세액이 적은 것으로 보아 상대적 지위를 알 수가 있다. 거의 쓸모도 없는 군부가 연간 100만 달러를 받는 데 비해 문부는 2만 달러를 받고 있다.

서울에서 여남은 개의 소학교가 설립됐으며 학생 수는 줄잡아서 50명가량이다. 이들은 모든 면에서 수준이 매우 낮지만 그래도 없는 것보다는 낫다. 이곳에서는 한문, 일본어 외에도 산술, 지리 및 역사를 가르친다. 소규모의 정규적인 학교가 있기는 하지만 토속적인 방법으로 운영되고 있어 성과가 거의 없는 실정이다. 넉넉한 외국인 건물에 설립된 중학교는 300명 정도의 학생을 수용할 수 있지만, 실제 수효는 60명에 지나지 않는다. 미국인과 일본인 각 1명과 6명의 한국인이 이 학교를 운영하고 있다.

한국에 관한 고급 학문 이외에도 화학 · 물리학 · 식물학 · 생리학 · 일반역사 · 지리학 · 산술 · 대수 · 기하를 가르친다. 모든 다른 학교의 경우와 마찬가지로, 이 학교도 졸업생들이 정부로부터 아무런 특혜를 받지 못하다는 점이 커다란 난점이다. 이 학교의 졸업생들은 다른 학교를 졸업생들이나 무학자들보다 관직에 등용될 기회를 더 가져야 한다고 스스로 기대하고 있으며 또 기대할 만한 권리가 있다.

그러나 아직도 족벌주의가 활개치고 있으며 관직에 발탁되는 데는 학력보다도 개인 후원이나 문벌 간의 후원이 더 큰 영향력을 미친다는 점을 잘 알고 있다. 이와 같은 사실을 잘 알고 있는 한국의 젊은이들은 아직 교육을 받은 사람이 받는 댓가가 무엇인가를 인식하지 못해서 학교는 거의 텅 비게 된다.

대부분의 한국인 학생들은 매우 우수한데 특히 수학이 더욱 그러하다. 그들은 문제점을 깨닫는 데 명민하며 모든 점에서 서양의 동년배들과 비교해 더 우수하다. 그들이 지성의 측면에서 일본인들에게 뒤떨어지지 않는다. 그들에게는 다만 기회와 자극이 주어지지 않았을 뿐이다. 서울에는 영어, 프랑스어, 독일어, 일본어 및 중국어를 가르치는 중요한 외국어학교가 많이 있다.

이 교육 사업은 그 국가 출신의 뜻있는 사람들의 손으로 성공적으로 수행되고 있다. 정부에서는 서양 방식에 따라 민속 악대를 가르치려고 독일인 음악가[3]를 고용했는데 그는 너무도 큰 성과를 거두고 있다. 외국인인 그가 인내심 있게 잘 가르친 덕분인지, 배우는 사람들이 선천적으로 재능이 훌륭한 탓인지, 어느 쪽을 칭찬해야 옳을지 알 수 없다.

정부는 지방의 여러 중심 도시에 산만하게 중등학교를 설립해 상당한 성공을 거두고 있지만, 교육이란 국가의 백년대계라는 사실이 국민 가슴속에서 스스로 우러나기 전에는 차원 높은 결과를 기대할 수 없다. 그러나 언젠가는 그 날이 오리라고 나는 믿는다. 한국에서는 여러 선교 단체가 특히 서울과 평양에서 저명한 학교를 설립했으며 그러한 학원들은 이 나라에서 중요한 위치를 차지하고 있다.

---

3) 에케르트(Franz Eckert)를 의미함. 그는 1901년에 초빙되어 다음해에 황제 탄신일에 군악을 연주했다. 이 악대는 1915년에 총독부에 의해 해산됐으며, 그는 그 뒤에도 한국의 음악에 많은 기여를 했다.

그 학교의 수많은 졸업생이 정부의 요직에 참여하고 있으며 대중으로부터 존경을 받고 있다. 사립학교를 설립하려는 노력이 수없이 경주되고 있지만 몇 해가 지나면 애당초의 정열이 누그러지고 재원이 고갈하는 필연적인 결과로 귀착된다. 그들 가운데 어느 곳은 일시적으로나마 성공을 거두어서 대중의 가슴에 다소 올바른 인식을 불러일으켰다. 그런 가운데 전국적으로 독서물의 수요가 격증한 사실은 하나의 낙관적인 징조가 아닐 수 없다. 손에 책을 들고 팔러 다니는 사람들의 말에 따르면 책의 수요가 작년보다 4배나 증가했다고 한다.

가장 유력하게 교육적 영향력을 미치는 것 가운데 하나는 한글 신문이다. 이 언론 기관은 지난 10년 동안 활발한 움직임을 보였으며, 그간 부족한 점도 많았지만 일간지, 주간지 및 월간지들이 훌륭한 일을 많이 했다는 점은 의심할 나위도 없다. 일간지에 대한 한국인의 인식은 아직도 다소 유치하다. 이러한 사실은 어느 누가 어떤 사실을 부인하면 "그렇지 않을걸, 신문에는 이렇게 났던데…"라고 말하기를 좋아하는 점에서 잘 나타난다.

한국의 신문이 진실을 보도한다는 데서는 그와 같은 신뢰를 항상 받을 것이고 또 그럴 만한 가치가 있다는 점은 바람직하다. 우리가 알고 있는 몇몇 지방에서는 우리가 걱정하고 있는 일들이 조금씩이나마 없어지고 있다. 그리고 우리가 관찰한 바로는 한글 신문들은 정직하고 정확한 소식을 싣고자 근실하게 노력하고 있다.

교재 문제는 아직도 한심스러울 정도이다. 어떤 사람들은 교재를 순 한글로 인쇄해야 한다고 생각하지만, 좀 더 보수적인 사람들은 정부 측과 더불어 국한문을 혼용해야 한다고 생각한다. 이와 같은 국한문 혼용의 방법에 따른다면 동사, 명사, 형용사 및 부사는 한자로 표기돼야 하고 모든 토씨는 문법적이든, 문장론적이든, 논리적이든 순 한글로 표기돼야 한다. 그렇게 되면 마치 철자를 암시하는 수수께끼 그림같이 되어 글자는 그림으로 점철된다. 이렇게 되면 그 체제가 맵시 없어지겠지만 순 한문에서 순 한글로 옮겨가는 유용한 기초가 될지도 모른다.

한자가 완전히 없어질 때까지는 광범한 보통 교육이란 불가능하다. 이러한 점에서는 일본도 한국과 마찬가지이다. 그러는 동안에 모든 교재는 아무런 일관성도 없이 사적·개인적 의사에 따라 발행되고 있다. 이 분야에서 가장 우수한 것이라면 선교 단체가 발행한 책자인데 그들은 다른 여느 곳에서나 마찬가지로 한국에서도 교육의 개척자가 되고 있다.

대부분이 선교 단체의 소속으로 되어 있는 수많은 외국인은 조선교육회를 구성했는데 모든 학문의 명칭을 체계 있게 명명하는 중요한 기초 작업이 그들에 의해 다루어져 왔다는 사실은 매우 낙관적인 징조이다. 이러한 작업은 매우 필요한 것으로서 그 결과란 훌륭할 수밖에 없다.

공업계 및 기술계 학교를 살펴본다면 한국에는 아직 아무것도 없다. 농업, 광업과 기계 분야를 다루는 학교를 세우려는 움직임이 산발적으로 일어나고 있지만 모두 실패했는데 그 이유는 대체로 그와 같은 교육이 일반적인 기초 과학을 먼저 습득하지 못했기 때문이다. 다목적인 이론 훈련 학과를 제외한다면 전문적인 직업학교에 관하여는 아무런 움직임도 보이지 않고 있다. 외국인 의사들 밑에서 소수의 한국인이 의학을 배우고 있으며 소규모의 법률학교가 있다. 미국에서 수학한 단 1명의 한국인 여의사[4]를 제외한다면 자격을 갖춘 한국인 의사란 없다.

많은 한국인이 미국과 영국의 각 기관에서 수학하고 귀국했다. 그들은 한국에서 예외 없이 훌륭한 일을 하고 있으며 한국인의 선천적인 지적 능력이 다른 어느 민족에도 뒤떨어지지 않는다는 사실을 잘 보여주고 있다.

---

4) 박부인(Esther Kim Pak : ?~1911)을 가리킴. 그는 홀(Dr. W. T. Hall, M. D.)의 부인인 셔우드(R. Sherwood Hall)의 주선으로 존스 홉킨스대학에 수학하여 의학박사의 학위를 받은 후에 귀국하여 평양의 홀 병원에서 근무했다.

제 5 편

사회제도

제 27 장 한국의 황제

제국이나 왕국을 다스리는 최고 통치자의 개성에 관한 문제는 흥미 있는 주제이다. 그가 쥐고 있는 권력은 그의 인간성을 살펴보는 데 주의를 기울이게 한다. 서울을 방문하는 단기 여행자들이 주로 황제의 편모를 묘사했지만, 그들은 그들이 통과할 당시의 시류에 편승한 가십과 같은 것을 썼을 뿐이다. 이러한 기록 가운데에서도 황제를 지나치게 비방하는 글이 유명한 여행자들에 의해 미국에서 발간되는 잡지 최근호에 게재됐다.

여행자는 한국에서 다만 2~3주밖에는 머물지 않았으므로 한국의 황제에 관한 그 글은 다른 나라 수도의 거리를 거닐 때 얻어들은 이야기들과 같은 것으로서 미국의 가장 선정적인 신문의 칼럼에 불과한 것이다. 내용은 전체적으로 볼 때 왜곡된 부분이 많아 반 밖에는 진실한 것이 없으며 황제의 편모에 관해서는 과장되어 있다.

그 필자가 황제를 직접 알현하고 얻은 지식이란 하나도 없다. 몇 달 전에 『센추리 매거진』에는 서울 주차 공사관에서 근무한 바 있는 전 서기관의 매우 정확한 글이 실린 적이 있는데 그는 황제와 개인적으로 친숙했던 관계로 그가 말했던 것이 무엇인가를 잘 알고 있었다. 황제에 대한 두 사람의 평가를 비교해 볼 때에 무책임한 가십과 현실은 얼마나 큰 차이가 있는지를 알 수 있다.

한국의 황제는 올해(1906) 55세로서 평범한 재능을 가지고 있으며 주위 환경에 큰 영향을 받아 항상 행복하다고는 볼 수 없는 분이다. 선왕이 후사가 없었기 때문에 12세에 섭정대비[1]의 도움으로 왕위에 등극했다. 그 소년이 연만하게 될 때까지 그의 아버지가 섭정했다.

국태공은 성품이 격렬하고도 냉혹한 독재자로서 천주교도에게 피비린내 나는 박해를 가하는 데에서부터 일을 시작했다. 소년은 이루 말할 수 없이 잔학한 분위기 속에서 자라났기 때문에 칼과 독배와 고문만이 통치 수단이라고 믿게 됐다.

국태공은 왕을 민씨 가문의 한 규수에게 장가를 들였는데 청년 왕은 대권을 행사할 나이가 되자 오만한 그의 아버지에 대한 효도와 왕에게 가해지는 왕비의 부드러우면서도 강력한 마력 사이에서 몸부림치게 됐다. 왕비와 국태공은 숙적이었기 때문이다. 그들은 왕보다도 더한 고집쟁이들이었으므로 1872년부터 그들 사이에는 무력 충돌까지 일어나 일본인에 의한 1895년의 왕비 시해 사건이 있고나서야 종식됐다.

한국에서는 중국과 마찬가지로 국태공이나 왕비와 같은 왕의 측근들은 모든 기밀비를 사용할 수 있을 뿐만 아니라 자신들의 목적에 적합하도록 기밀을 호도할 수 있으므로 왕의 실권이 제약을 받는다는 사실을 잊어서는 안 된다. 왕비와 국태공과의 투쟁은 국태공이 왕비의 아버지에게 위장 폭탄을 보낸 데에서부터 비롯됐는데 이 사건으로 민비의 친정은 몰살했다.[2] 올바

---

1) 헌종의 모후인 조대비를 의미함.

2) 이 사건이 발생한 것은 1874년 11월 28일 이었으나 필자의 주장에는 몇 가지의 오기가 있다. 첫째로 민비는 8세에 부모를 모두 여의었으므로 아버지가 없다는 점이다. 본래 민비의 아버지 민치록은 무남독녀인 민비 하나를 두었으므로 민치구(대원군의 장인)의 아들 민승호를 사양자로 삼았다. 따라서 민치구를 민비(명성황후)의 아버지로 볼 수 없는 점이다. 둘째로 폭탄을 받은 사람은 민비의 아버지인 민치록이나 민치구가 아니라 민비의 오라버니이며 대원군의 처남인 민승호였다. 이때 죽은 사람은 고종의 장모이며 민승호의 어머니인 한씨, 민승호, 그리고 그의 어린 아들 3명이었다. 민승호는 이에 절손됐으므로 민

른 정보를 들을 수가 없는데다가 주위는 죽음의 흉기로 둘러싸여 있고 자기의 생활과 가장 밀접한 관계에 있는 사람들의 가슴속에는 그와 같은 살의가 도사리고 있던 당시 왕의 심정을 상상해 본다면 젊은 왕이 무기력한 가운데에 성장한 모습을 쉽사리 추측할 수가 있다. 1882년에 국태공은 또다시 왕비를 모살하려고 했다.[임오군란] 군대가 궁중으로 몰려 들어가 어전에서 왕비의 충복들을 갈가리 찢어 죽였으나 왕비는 천운으로 죽음을 모면했다. 이와 같은 상황 속에서 왕은 언제 자신의 목에 칼이 꽂힐지를 몰랐다.

2년이 지나자 환상에 사로잡힌 무리가 일본의 예를 따라 정부를 전복할 것을 결심했다.[갑신정변] 그들은 왕의 신병을 확보하고 어전에서 7명의 대신과 1명의 사랑하는 시신을 참살했다. 이 처참한 사건을 뒷받침해 준 일본 세력은 이를 계기로 도태되고 정국은 사건 이전의 상태를 되찾았다. 그러나 왕으로서는 자기의 대권을 침해한 이 사건으로 어떠한 시련을 겪었던가? 그런 긴장 속에서도 그가 살아남을 수 있었다는 사실이 놀라울 뿐이다.

1895년에는 일본 공사 미우라 고로의 교사를 받아 왕비를 살해한 이루 말할 수 없는 참극이 발생했는데 이때 국태공은 남에게서 빌려 온 힘으로 난동을 부리면서 자기의 오랜 열망이 달성됐음을 즐거워했다. 그와 같이 몸서리치는 동안에 왕은 자신도 시해를 당하는 듯한 고초를 겪었다. 그와 같은 현실을 누가 의심할 수 있을까? 그 같은 모든 상황으로 보아 왕비의 갑작스러운 죽음에 왕이 얼마나 겁에 질렸던가를 보여주지 않는가? 왕은 철저한 친일 분자로 구성된 내각에 둘러싸여 사실상 감금된 것이나 다름없었다. 몇 주일 동안 그는 미국 선교사들이 열쇠로 채워 보내 주는 음식 이외에는 물 한 모금도 먹지 않을 만큼 독살을 두려워했다.

드디어 긴장이 극도에 이르러 이제는 더는 불안해서 견딜 수가 없었다.

영환을 양자로 삼았다. 이상과 같은 점에서 보면 명성황후는 본디 대원군의 처제뻘이었다.

미국 공사관으로 몸을 피하려던 노력이 수포로 돌아가자 그는 궁중에서 몰래 빠져나와 러시아 공사관으로 몸을 피했다. 그곳에서 왕은 베베르 씨의 무한한 신뢰를 얻어 얼마 동안은 평화롭게 지낼 수 있었지만, 반도에서의 우위권을 러시아에 준다는 사실이 그에게는 즐거운 일이 아니었다. 러시아가 좀 더 강력한 인물로 공사를 대체하기 위해 베베르 씨를 본국으로 전임시킨 것은 바로 이 때문이었다. 그는 러시아를 위해서는 매우 훌륭한 인물이었다.

이와 같은 상태가 무한정 계속될 수는 없었지만, 왕은 그와 같은 비극이 서려 있는 왕궁으로 돌아가고 싶지 않았다. 그는 사건이 발생할 경우 신속한 도움을 받을 수 있도록 외국 공사관 부근에 거처할 작은 왕궁을 지었다.[3] 그의 정신력은 비관적일만큼 흩어져 있었다. 선천적으로 평범한 능력을 타고난 왕에게 이제까지 겪은 참상이 너무도 뚜렷하게 머릿속에 새겨져 있어 왕은 오직 술수만이 자신을 위한 도구가 된다고 믿었다.

베베르 씨가 그보다 더 근실하지 못한 인물[4]과 경질됐을 때 왕의 입장은 더욱 난처하게 됐다. 일본과 러시아의 독수에서 벗어나려면 양국이 서로 싸우도록 하여 어부지리를 얻는 것이 필요했다. 황제[5]는 이제까지의 뼈저린 경험을 통해 개혁을 진언하는 것 모두가 개인적으로 자기를 겨냥한 화살에 불과하다고 믿게 됐으며, 자신의 대권이 축소되는 것을 매우 못마땅하게 생각했다. 그는 예나 지금이나 천품이 인자한 분으로서 자신을 위한 것이든 또는 자기의 국민을 위한 것이든 간에 어떠한 형태의 고통이나 참극을 증오했다.

---

3) 이 왕궁[명례궁]의 건조 사업은 중도에서 중단되고, 1897년 2월 25일에 경운궁(지금의 덕수궁)으로 돌아 왔다. 제10장 독립협회, p. 211 참조.

4) 베베르의 후임 공사인 스페이어(Alexei de Speyer)를 말함.

5) 이제까지 필자가 왕이라 칭해 오다가 황제로 호칭을 바꾼 것은 이 무렵(1897년 10월)부터 국호를 대한으로, 왕을 황제로 고치고 종전의 호칭인 전하를 폐하로 바꾼 것 때문이다.

측근인 대신들이 이기적인 조언을 올렸을 때 황제는 이를 냉정히 거절하지 못함으로써 국민에 대한 금전적인 수탈을 허용했다는 것은 의심할 나위가 없지만, 그를 잘 아는 사람이라면 그가 정상을 잘 알면서도 국민에게 공연히 피해를 줬다고 믿을 사람은 아무도 없다. 그가 그러한 분이 아니었다는 것을 증명해 주는 사건은 수없이 많은데 그 예를 한 가지만 들어보기로 하자.

> 그가 황제 즉위식을 거행하기로 되어 있는 성단 가까이에 어느 한 외국인이 집을 짓고 있었다. 서까래는 얹었으나 지붕은 아직 올리지 않았다. 한국인들이 떼를 지어 그 집안으로 몰려 들어가서 가까이에서 거행되고 있는 황제 즉위식을 구경하려고 그 지붕 위로 기어 올라갔다. 이와 같은 행동이란 매우 무례한 일이었기에 그 외국인은 매우 불쾌히 여겨 한국인들을 끌어내리기에 바빴다. 그러나 그와 같은 소동을 바라보던 황제는 그 이유를 눈치채고, 서둘러 사자를 보내어 한국인들은 그곳에서 소란을 피우지 말도록 일렀다.

이러한 일은 사소한 일에 불과하지만, 그 밖에도 황제의 인자함을 엿볼 일들이 많이 있다. 작년(1905)에 무모한 통화 개혁으로 인해 상인들을 절망에 빠졌을 때 황제의 걱정하는 모습은 참으로 애처로웠다. 황제는 상인들이 그러한 위기를 극복하도록 수십만 원을 대출해 주었으며, 일본인들이 황제의 그와 같은 처사에 반대했음에도 대출을 저지하지 못했던 바 이는 모두가 그 인자스러움에서 연유한 것이다.

황제가 미신을 좋아하는 분이라고 말하는 사람들이 많다. 이는 다른 한국의 아낙네들과 마찬가지로 무지라고 하는 불행한 유산을 물려받은 궁중의 여인들이 그들 자신의 환락을 위해 여러 가지 요술쟁이와 협잡꾼들을 흔히 불러들인 데서 대체로 연유한 것이다. 황제는 궁녀들이 그와 같은 환상적인 놀이를 즐기도록 내버려두었으므로 종종 그러한 영적인 매개물에 그가 한국의 지식인들보다도 더 관심을 두었다고 믿을 수는 없다. 황제가 미신을 좋아했다는 말은, 오랜 고생 끝에 그를 알현한 다음 그 자리에서 마신 술맛이나 평가하고 그의 예법이나 비웃는 관광객들의 눈에 비친 모습을 표현하는 것에 지나지 않는다.

한국인들은 지식수준이 낮은 민족이라고 일컫지만, 그들의 순수한 외교성이나 치밀성을 살펴보면 과거 25년 동안에 그들은 어느 면에서 보나 일본인들을 되속여 왔다. 1884년[갑신정변], 1894년[갑오동학농민혁명] 및 1904년[러일전쟁]에 한국인들은 외교 면에서 일본인들의 꾀를 뒤집어 놓았으며, 일본인들이 자신의 목적을 달성한 것은 다만 무력에 의한 것이었다. 지난번 전쟁[러일전쟁]에서도 한국은 일본으로부터 한국 정부의 독립을 유지하도록 하겠다는 확실한 약속을 받았다. 일본은 그에 대한 댓가, 이를테면 전쟁 기간에 한국민의 중립과 호의가 필요했기 때문에 그와 같은 언질을 줄 필요가 있다고 느꼈다.

한국은 그 약속을 믿었으나 전쟁의 사태가 일본에 유리하게 되고 이제 더는 한국이 중립을 지킬 필요가 없게 되자 일본은 불측한 배신 행동을 함으로써 자신의 약속이 러시아의 약속만큼 성실치 못하다는 것을 입증했다. 왜냐하면, 러시아의 만주 주둔은 약속된 철군이 지연된 것에 불과하지만, 일본의 한국 점령은 절대적인 것이며, 동시에 전세가 유리하게 되자 이미 굳게 약속한 댓가마저도 내지 않을 만큼 뻔뻔스러웠다. 아무리 궤변을 늘어놓아도 이 사실을 변명할 수는 없다.

한국의 황제가 미국인과 미국인의 재산에 대해 평소에 취하는 태도에 주의를 기울이지 않을 수가 없다. 우리에게는 그보다 더 잘할 수가 없다. 우리는 품질이 가장 좋은 금광의 채굴권과 최초의 철도 부설권을 얻었으며 교육 분야에서 우위를 차지하고 있어서 황제와 국민으로부터 두터운 신임을 얻고 있다. 우리는 최초로 전차와 발전소를 건설했다.

우리는 서울에 근대적인 급수 시설을 가설할 권리를 얻었다. 우리는 대체로 아무런 잡음 없이 이와 같은 모든 권리를 얻었다. 세계의 어느 곳을 가도 미국의 자본을 투자할 길이 이보다 더 넓게 트인 곳은 없다. 한국의 황제와 국민들은, 미국이란 한국을 옭아맬 정치적인 음모도 갖지 않고 한국을 넘어뜨릴 악의도 없고 순수하게 이기적인 정책도 갖지 않은 강대국으로 생각하고 있다.

그러나 이와 같은 모든 사실에도 불구하고 한국이 1905년 11월 17의 참변[6]을 당했을 때 즉각적으로 이에 대한 이견을 제기하지 않고 이를 묵인함으로써 한국을 낭떠러지로 밀어뜨린 제일의 장본인이 됐다. 왜 세계는 러시아가 만주에서 약속을 지키지 않은 사실을 꾸짖고 그를 국제적 악당이라고 비난하면서도 일본이 한국에서 저지른, 러시아보다 10배나 더한 만행에 대해서는 아무 말도 없이 이를 외면하고 묵인했던가?

그와 같은 비극적 절정을 직접 목격한 사람이라면, 그토록 몸서리치는 영고성쇠에 이지러지고 가슴이 찢어지는 듯한 비분 속에서 몇 달씩이나 억류됐던 황제의 천성이 얼마나 움츠러들고 얼마나 시들었던가를 알 수 있으리라. 바로 지금 이 시각까지도 그는 한국 민족의 충성을 발판 삼아 굳건하게 서 있다. 그는 소위 1905년 11월의 을사조약을 전 세계에 고발하면서 일본의 만행에 대해 열강이 눈길을 돌려줄 것을 기다리고 있다.

---

6) 을사조약을 의미함.

제 28 장 여성의 지위

여성을 어느 정도로 대우해 주느냐에 따라서 한 민족의 문명도를 평가할 수도 있다는 것은 케케묵은 이야기이다. 인류의 여러 종족을 살펴볼 때 그 나름대로 겪고 있는 특수한 사정은 그에 필요한 특수한 관습을 형성하므로 위의 정의는 다만 부분적인 진리일 뿐이다.

예컨대 티베트에서는 남성이 월등하게 우월한 듯 보이지만 일처다부제가 유행하고 있다. 그러나 이러한 현상들이 서양인의 취향이나 양심에 비추어 아무리 못마땅할지라도 그러한 관습을 지키는 티베트가 일처다부제의 관습을 지키지 않는 에스키모인보다 더 열등한 민족이 되는 것은 아니다.

다른 예를 들어본다면, 중국 또는 유교 사상이 뿌리를 박고 있는 나라에서 남성의 사회 진출이 먼저 필요하다는 사실이 여성의 지위에 큰 영향을 미쳤으며 여성으로 하여금 터키나 페르시아의 경우보다도 더 참고 견뎌야 하는 운명 속에 살도록 만들어 놓았지만, 이러한 사실을 근거로 중국의 문명이 터키나 페르시아의 문명보다 훨씬 더 진보했다고 주장할 수는 없다. 따라서 여성에 대한 대우가 민족의 문명도를 측정할 정확한 척도가 되는지를 알려면 여성을 우대하거나 학대하게 된 근본적 이유가 무엇인지 살펴보아야 한다.

인도의 문호가 개방됐을 때, 서양인들은 그곳 여성들이 과부가 되자 남편을 따라 죽는 잔인한 풍습을 격렬하게 비판했다. 그러나 이러한 사실의 밑바닥에는 민족 나름의 고유한 이유가 있다. 모든 아내로 하여금 그들 자신의 행복을 위해 남편의 건강을 극진히 보살피도록 강제하는 것은 하나의 엄격한 예방법이었다. 열대 지방에서 독극물을 흔히 사용하는 것은 인간의 교활하고도 앙칼진 본성에서 연유한 바 이러한 현상은 필요하지 않은 가혹한 법률을 제정하게 된 동기가 무엇이었던가를 이해하는 데 다소 도움이 된다.

그와 마찬가지로 극동의 아낙네들이 극도로 은둔해 있고 부인들을 시중드는 서양의 하인에 해당하는 여종과의 자유로운 접촉마저 허락하지 않는다는 사실에 서양인들은 심한 분노를 느낀다. 아시아에서 여성의 지위가 한심스럽다고 할지라도, 단순히 현실적 결함만을 발견하기보다는 오히려 여성의 은둔을 불가피하게 만드는 국민의 도덕적 현상을 비판하지 않을 수 없어 서양인들의 분노는 어느 의미에서 보면 사정을 정확히 판단하지 못한 것이기도 한다.

그와 같은 여성의 은둔은 야만 민족의 난혼과 선진 국가에서 여성이 해방된 상태의 중간에서 볼 수 있는 현상이다. 따라서 그러한 풍속은 선진국보다는 나쁘듯이 야만족보다는 훌륭한 것이다. 서양에서 그와 같은 바람직한 여성의 지위를 형성시켜 준 것이 기독교였다는 사실은 의심할 나위가 없으며, 동양에서도 기독교적 가치 기준을 바탕으로 하는 이념이 풍미하기 전에는 서양과 같은 풍조가 형성되리라고 기대할 수 없다.

따라서 극동에서 오늘날과 같은 도덕적 상황이 존속되는 한 여성의 은둔은 모욕스러운 것이 아니라 미덕이며, 몇몇 사람들이 추측하는 바와 같이, 그러한 풍습을 갑작스럽게 근절시킨다면 사회가 진보하기보다는 오히려 도덕적 혼돈 상태에 빠지게 될지도 모른다고 나는 주장하는 바이다.

한국 여성의 지위를 논하다 보면 여성의 은둔, 직업, 교육, 학대, 재산권, 유언권, 이혼, 예절, 결혼 및 종교와 같은 몇 가지 주제로 귀결된다. 한국 여성이 은둔하는 정도는 사회적 지위에 따라 다른데, 넓게 말한다면 양반, 상인, 그리고 천인으로 삼분할 수가 있다.

일반적으로 추측하는 바와 같이 한국 여성의 은둔이란 서양에서 말하는 소위 "배타성"에 상응한다. 지위가 높으면 높을수록 은둔의 정도는 심하다. 미국이나 유럽 여성들이 배타성을 자랑스럽게 생각하는 것과 똑같이 한국 여성들은 집안 이외의 어떠한 남자에게도 자기의 얼굴을 결코 보이지 않는다는 사실을 자랑스럽게 생각한다.

여남은 살이 될 때까지 명문가 규수들은 비교적 자유로운 생활을 하는데, 뜰에서 놀며 오고 가는 사람들을 볼 수 있다. 그러나 그 나이가 넘으면 그는 긴 소매가 달린 소위 "장옷"으로 얼굴을 가리다시피 머리에 쓰지 않고서는 결코 문밖출입을 할 수가 없다. 그때부터 주로 집안에서만 생활하며 오직 같은 집안의 식구들이나 가까운 친척들과 친하게 된다. 그러나 여자란 젊어서 결혼해 시집에서 살아야 하기에 일생 가운데 그와 같은 기간은 짧다.

결혼을 하면 여자는 남편, 친정아버지, 시아버지, 숙부 · 백부, 사촌, 재종 등 미국의 사종에 해당하는 소위 "팔촌[1] 이내"의 남자들과 얼굴을 맞대고 이야기를 나눌 수 있다. 그러므로 한국처럼 대가족제인 나라에서는 8촌 이내의 남자란 어디를 가나 20~200명 정도가 되므로 한국 여성들이 남자와의 접촉이 전적으로 단절되어 있지 않다는 것을 쉽사리 알 수 있다. 그러나 팔촌 이내의 남자라 할지라도 남편의 초대를 받거나 동행하는 경우가 아니고서는 결코 내실까지 들어갈 수는 없다.

새댁이 시집을 가게 되면 그는 마치 친딸처럼 시부모의 내실을 드나들 수 있지만, 며느리가 중병이거나 불가피한 사정이 있는 경우가 아니라면 남편 이외의 시아버지나 어떠한 남자가 그 집의 며느리를 보고자 할 때 시부모의 방에서 만나야 한다. 시동생은 13살이 될 때까지는 형수의 부름을 받고 그

1) 필자는 사종을 팔촌이라고 했으나 이는 착오이다. 한국에서는 삼종이 8촌이며 사종은 10촌이다.

의 내실에 들어갈 수 있지만, 나이가 지나면 그럴 수 없다는 점에서 다른 남자의 경우와는 약간 다르다.

만약에 장가든 두 형제가 아버지의 집에서 함께 생활한다면 그들은 부모의 내실에서 형수나 계수를 만날 수 있지만 그들의 내실을 들어갈 수는 없다. 그렇지만 만약 젊은 남자가 결혼해 제 살림을 마련했을 때는 그가 가장이 되므로 두 내외의 팔촌 이내 남자 친척들은 남편의 초대에 따라 내실에 들어갈 수가 있으나, 가장은 모든 자신의 남자 친구를 만날 응접실인 "사랑"이라는 곳을 갖추고 있기에 그의 아내를 만나야 할 특별한 이유가 없는 한 내실에 들어갈 수 없다.

일반적으로 아낙네들은 상당히 자유롭게 친구의 집을 방문할 수 있으나 언제나 어느 곳을 간다는 말을 반드시 집에 남기고 나가야 한다. 그는 두 사람이 메는 "가마"를 타고 간다. 가마가 방문 앞에 오면 가마꾼은 그가 가마에 들어갈 때까지 물러서 있어야 한다. 부인은 늘 여종을 가마 옆에 따르게 한다. 친구의 집에 도착하면 내실로 들어가게 되는데 부인이 방에 있는 동안에는 우연히 마주치게 되는 사람이 자신과 팔촌 이내의 혈족이 아니라면, 친구의 남편이나 어떠한 남자도 방에 들어올 수가 없다. 장옷으로 얼굴을 잘 가렸을 때는 별문제가 아니지만 그렇지 않고는 부잣집이나 가난한 집 아낙네일지라도 거리를 걸어 다니지 못한다.

중류 계급의 아낙네들은 양반 댁의 아낙네들보다는 덜 은둔되어 있지만 장옷을 걸치지 않고 거리를 다니는 모습은 찾아볼 수 없다. 중류 계급의 아낙네들은 "십촌"의 남자 친척들을 집안에서 만나 볼 수 있다. 따라서 중류 계급의 아낙네들은 상류 계급보다는 남자 친척들을 2촌이나 더 만나 볼 수 있음을 알게 된다. 이 밖에도 중류 계급들은 "사랑"을 갖추지 못했으므로 친척들이 내실로 초대되는 경우가 흔히 있다. 한국의 양반집 아낙네들을 길에서 결코 볼 수 없다는 말을 가끔 듣는데 이는 사실과 많이 다르다. 매일 백여 명씩은 볼 수가 있다.

외출할 때 여인의 모습

소위 천민이라고 하는 하류 계급에는 기생, 하녀, 논다니, 요술쟁이와 여승들이 포함된다. 이들이 천민 계급에 속한다는 기술은 한국적 관점에서 얘기하는 것이다. 하녀나 여승은 천민이 아닐 수도 있으나 한국인들은 그렇게 구분하고 있다. 그들은 이른바 양반 계급에 적용되는 은둔의 관습에 예속되지 않는다. 사실상 그들에게는 장옷의 착용이 허용되지 않는다. 다만 논다니들은 예외일 수 있는데 그들은 장옷 착용이 허락되기는 하지만 그것을 지탱시키려고 머리 위에 장신구를 사용할 수 없다.

이와 같은 하류 계급의 아낙네들 외에도 비록 상류 계급에 속하면서 머리에 장옷을 걸치지 않아도 욕을 먹지 않는 사람들이 있는데 한국에서 많은 수를 차지하고 있는 여의사와 눈 먼 무녀들이다. 상류 계급에 속하는 아낙네일지라도 의료소를 출입할 수 있는데 의사들의 대부분은 침술에 매우 능통하여 한국에서 아스클레피오스[2]의 제자들이 자랑할 수 있는 모든 외과 치료를 할 수 있다.

비록 상류 계급이나 중류 계급의 아낙네가 거리에서 얼굴을 가린다하더라도 터키 여성들만큼 철저하지는 못하다. 왜냐하면 장옷은 손으로 얼굴을 여미게 되어 있어서 얼굴 전체가 드러나 보일 때가 많기 때문이다. 명문가의 노파들은 그와 같은 관습을 엄격하게 지키려고 애를 쓰는 일이 별로 없지만 젊은 아낙네들에서는 한쪽 눈이나 얼굴의 작은 부분마저도 보기가 어렵다.

해가 넘어간 뒤 서울의 길을 걸어 보면 머리에 장옷 같은 것을 걸치지 않고 다니는 아낙네들을 많이 볼 수 있다. 그들은 대부분 하녀이다. 얼굴을 가리지 않고 조랑말이나 문이 없는 가마를 타고 가는 기생의 모습을 흔히 볼 수가 있으며 결혼 행렬이 지나갈 때면 새색시의 혼수를 담은 매우 아름답게

2) 아스클레피오스(Esculapious) : 그리스 신화의 의술의 신.

빨래터

장식한 커다란 함을 머리에 이고 얼굴도 가리지 않은 채 따라가는 여인들을 많이 볼 수가 있는데 이들 모두가 하층 계급에 속한다.

한국에서는 존경받을 여성들의 으뜸되는 직업이란, 그들이 상층 계급에 속하든 하층 계급에 속하든, 어머니가 되는 일이다. 고대 히브리의 여인처럼 한국의 아낙네들은 "나에게 자식을 낳게 해 주시오, 그렇지 않으면 저는 죽습니다"[3]라고 말한다. 이와 같은 현상은 자기 보존의 본능에서 오는 것이다. 유교 경전에 따르면 한 남자가 일생을 보람 있게 사는 데에 자손을 갖는 것은 필수불가결한 것이므로 남편에게 자손을 낳아 주지 못하는 아내가 그에게서 불신을 받는다는 것은 의심할 나위도 없다.

한국에서는 자식을 낳지 못한다는 것보다 더 명백한 이혼 사유는 없다.

---

3) 『신약성서』 히브리서 11장 11절.

한국에서 "노처녀"란 없다. 만약 한 여인이 시집을 가지 않고 20세가 넘으면 남의 손가락질을 받는다. 물론 불구자이거나 결혼 무능력자라면 다르겠지만 대부분의 사람은 결혼한 다음에야 자기의 색시가 농아이거나 애꾸눈이거나 곱사등이거나 부분적으로 신체가 마비된 여인이라는 것을 알게 된다.

이러한 혼인이 성사된다면 이는 직업적인 중매쟁이 노파의 커다란 성공인데, 신부가 그러리라고는 생각지도 못하고 있는 시골 총각에게 그와 같이 잘 팔리지도 않는 물건을 처분하는 데 노파의 기술이 얼마나 능숙한가는 세상이 다 아는 사실이다. 그러나 아름다운 아가씨도 결혼한 뒤에야 자기의 남편이 술망나니이거나 또는 정신이상자인 것을 알 수 있기에 그러한 현상이란 피장파장이다. 한국의 여성에게 부여되는 주요 과업은 아내로서의 해야 할 역할과 어머니로서의 해야 할 역할이지만 남편이 빙충맞고 남에게 의지하기를 좋아하거나 심보가 사납다면 그의 돈벌이를 보조하여 가계를 도와야 할 때가 많다.

먼저 상류 계급의 아낙네들에게 개방된 직업을 살펴보자. 이상하게 보일지 모르지만 상류 계급의 아낙네들이 차릴 수 있는 유일한 종류의 가게는 술집이다. 물론 자신은 손님을 접대하지 않지만, 만약 집의 위치가 좋으면 그 일부를 술집으로 만들어 하인배들에게 단골손님을 대접하게 할 수도 있다. 부인은 술 이외에 옷감이나 채소나 과일을 판다는 것은 생각지도 않는다. 비단은 한국의 중요한 산업 중 하나인데 그 공정에서 여성들이 큰 역할을 하며 시골에서는 더욱 그러하다. 누에알을 간수하고, 뽕을 먹이며 고치를 따고 실을 뽑는 데 농부가 된 몰락한 선비의 아내들은 많은 시간을 보내며 물질적으로 가계를 돕는다.

바느질과 자수는 아낙네들이 일반적으로 하는 일이지만 돈을 바라고 하는 경우란 거의 없다. 이러한 물건들을 제조·판매하는 계급은 특정되어 있다. 집안이 궁핍한 많은 귀부인은 부유한 집의 딸을 가르치는 일을 한다. 그들은 한문, 문학, 서간문, 장례의 예법, 음악, 가사, 건강법, 육아법, 조산술, 종교, 소설, 뜨개질 및 자수를 가르친다. 물론 선생은 그 집안의 남자들을 상대하지는 않는다.

시골에서는 양봉하는 여자라고 해서 숙녀로서의 품위가 떨어지지는 않는다. 여자는 과수, 특히 대추를 거두는 일을 도우며 짚신을 삼는다. 여자가 짚신을 삼는 일이란 품위를 떨어뜨리는 일임에도 좀 더 고귀한 목적, 이를테면 남편이 도시에 나갈 때 신을 짚신이 필요하다면 이를 만들 줄을 알아야 한다는 것은 매우 훌륭한 풍습으로 보인다.

집안 식구가 아프면 병의 원인이 되는 악귀를 쫓아내려면 무당을 급히 불러들여야 한다. 이 일을 하는 사람은 장님이나 남자에 국한되지 않으며 여자가 장님일 경우 신분이 높을지라도 점쟁이가 되는 것을 주저하지 않는다. 이 일은 쉽고도 돈벌이가 잘 되며 남에게서 대우를 받는 직업인데 다른 사람들에게 강력하게 자신의 존재를 보여줄 모험적인 요소를 갖추어야 한다.

여자가 할 수 있는 일 가운데 가장 고급스러운 일은 의사이다. 한국에서는 상류 계급에 속하지 않고서는 여자가 의사가 되는 것이 사실상 불가능하다. 의학—나는 그것이 서구적 의미로서의 의학이 아니라 "일종의" 의학이라는 점을 지적하지 않을 수 없다—에 대해 한국인은 여러 세기 동안 관심을 기울여 왔다.

한국의 약전은 중국에도 널리 알려져 있으며, 거기에는 매우 효과 있는 천연 약재가 포함된 점을 부인할 수 없다. 환자의 증세에 따라 가루로 된 호랑이의 발톱, 웅담 또는 우족탕을 투약하여 병을 고치는 토속적인 여의사들이 한국에는 많다. 이들은 남자 의사들의 치료가 허용되지 않는 조산의 경우 초청된다. 이에 관해서는 다음과 같은 전설이 있다.

> 어느 왕비가 병이 들었는데 여의사라고는 찾아볼 수도 없었다. 왕비의 병은 더욱 악화됐다. 남자 의사들이 있기는 했지만, 왕비가 여성이기에 그

들에게 진찰을 맡길 수는 없었다. 그러던 터에 어느 날 갑자기 대궐 문에 한 노인이 나타나서 왕비의 병을 고치겠노라고 말했다. 환자를 보지도 않고 어떻게 진찰을 하겠느냐고 묻자 그는 이렇게 대답했다.

"왕비의 손목에 실을 맨 다음 그 다른 한 끝을 문 밖으로 내어 보내 주시오."

그가 시키는 대로 하자 노인은 실을 통해 환자의 맥박을 진맥한 다음 처방을 써 주었는데 왕비는 그 약을 먹고 나았다고 한다.

이러한 사실과 비교해 본다면 오늘날 말코니의 무선 전신이 머리에 떠오르게 되는데 이런 이야기는 본론에 어긋나므로 언급하지 않기로 한다.

일반적으로 추측할 수 있는 바와 같이 사회 계급이 완화됨에 따라 한국 여성의 활동 범위도 넓어졌다. 중류 계급의 여성은 여의사나 한문 선생을 제외한 상류 계급의 여성이 종사하는 직업에도 참여할 수 있게 됐다. 따라서 여성은 직접 손님을 상대할 수는 없지만 여러 상점의 소유자가 될 수 있다. 그들은 가까운 냇물이나 이웃의 우물가에 나가 옷감을 빠는 "세탁부로서" 일할 수도 있는데 이곳은 세탁에 사용되는 물이 다시 우물로 들어갈 정도로 불결한 곳이다.

그들은 부유한 가정의 요리사가 되기도 하고 닭이나 돼지를 기르거나, 여러 가지 가사에 종사할 수도 있다. 첩들은 거의 배타적으로 이 중류 계급에서 제외된다. 그들은 대체로 빗, 머리댕기, 담배쌈지, 그리고 화장이나 옷장이나 그 밖에 집안에 필요로 하는 작은 도구를 만든다. 그들은 조개, 오징어, 해삼을 제외한 물고기를 잡아도 된다.

남해안 멀리 떨어져 있는 제주도의 여인들은 최근까지도 어업에서 특수한 위치를 차지하고 있다. 여자가 멀리 바다에 나가 조개, 진주조개, 해초를 따오는 동안 남자는 집 안에 있었다. 고기를 잡는 동안에 여자는 항상 나체이므로 남자는 어장에 나타나는 것을 금지하는 법률이 있다. 따라서 현대판 고다이바[4]들은 자기의 식구를 먹여 살리는 가장이 됨으로써 예외적인 특권을 주장하여 이 섬은 일종의 내주장적인 사회로 변했다.

그러나 일본 어부들이 해안에 출몰하자 이러한 풍조는 싹 변했다. 여자들은 일터에서 물러나고 남자들은 눈물을 머금고 일터로 나가게 됐다. 이처럼 생활을 여자에게 의존하는 풍습은 이 섬에서 예로부터 전해 오는 전설과 전적으로 일치한다. 이 전설에 따르면 한 동굴에서 세 성현이 나왔다고 한다. 그들은 각기 동남쪽에서 떠내려 오는 상자를 발견하고 그것을 열어 본즉 그 안에는 망아지, 개, 송아지, 돼지, 그리고 여인이 각각 한 사람씩 들어 있었다고 한다.

중류 계급의 아낙네들은 유모가 되거나 절로 들어가 여승이 되는 경우가 많은데 여승이 되면 아무리 상류 계급에 속하던 여자라도 곧 천인이 된다. 아직도 "나인"이 되어 대궐에서 일하는 여자도 있다. 이들은 왕비의 시녀로서= 폐하 가까이에서 자수나 수예를 한다. 외국인들은 이들의 지위가 비천하다고 착각하지만, 나인은 사회적 지위가 높으며 그들에게 어떤 비행이 있으면 엄격하게 치죄한다. 그러나 나인이 되면 나이가 차도 혼인을 미루지 않을 수 없으므로 부모들은 자신의 딸이 나인이 되는 것을 못마땅하게 여긴다.

중류 계급의 아낙네로서 주막집을 경영하는 사람이 많다. 한국에서 여행할 때는 하루 평균 30마일 걷는 것이 보통인데 그동안에 무수한 주막집을 볼 수 있다. 주막집 여주인이 경영하는 데 어려움은 별로 없다. 주막을 경영하는 데 필요한 물품으로는 식량과 마초가 고작이므로 여주인은 쌀독과 콩가마니만 살피면 된다.

잠자는 것과 쉬는 것은 무료이지만 어떤 계절에는 그것도 비싼 탓인지 손님이 아주 없다는 점을 우리는 은근하게 지적해 두는 바이다. 만약 여주인

---

4) 고다이바(Godiva) : 11세기경 영국의 여인. 메르시아 백작인 레오프릭의 아내로서 콘벤트리 시민의 과중한 세금을 감면시키도록 자기 남편을 설득하고자 나체로 시가를 활보했다는 전설이 있다.

이 잠자리를 보아야 할 경우 여성의 존엄성을 나타내는 유일한 상징인 은둔성이 깨질 수도 있다. 중류 계급에 속하는 아낙네들이 종사하는 이와 같은 모든 직업 가운데에서도 하층 계급 여인들이 종사할 수 없는 것이 단 두 가지가 있는데 하나는 나인이며 다른 하나는 담배쌈지를 만드는 일이다.

중류 계급 여성들은 적어도 이론상으로는 상당히 우대를 받지만 하층 계급 여성들은 사회에서 아주 소외된 무리이다. 그들은 비록 집요하게 자신들의 권리를 행사하려고 안간힘을 하지만 실제로는 아무런 권리도 없다.

이 불운한 계급에 속하는 여성들로는 먼저 "기생"이 있다. 평안도의 북부 지방에는 이 계급에 속하는 여성들이 배출되는 곳으로 으뜸이다. 그 여성들은 어려서부터 기방에 발을 들여놓으면서부터 비천한, 그리고 갈수록 비천하게 되는 창부로서의 기술을 습득한다. 그들 가운데 어떤 사람은 팔려온 사람도 있지만, 대부분은 남의 꾐에 빠진 여인들이다. 그들은 너무 어려서부터 그 길로 빠졌기에 자신의 운명에 부끄러움을 느끼지 못한다. 그들은 얼굴을 가리고 다니지도 않으며 남자처럼 자유롭게 나다닌다.

한국인들이 보기에는 기생이 여자답지 못하고 사회에서 버림받은 몸이지만, 실제로 그들은 고대 그리스의 창부들처럼, 이름 있는 집안의 아낙네들 이상으로 사회생활의 즐거움을 만끽하고 있다. 기생이라고 해서 반드시 마음씨가 나쁜 여자는 아니다. 상냥하고 인정이 있으며 애국심이 있는 그들의 성품에 관한 얘기가 많이 전해지고 있다. 그리고 한국민이 그들을 다소나마 인간적으로 취급해 줄 의사가 있다손 치더라도 그러한 인정이란 "2월 30일이나 되어야" 가능하다.

옛날에는 기생이라는 것 없이 그저 남자들끼리 춤을 즐겼다. 그러나 시간이 흘러감에 따라 사치만 늘어가고 국민의 도덕이 타락되면서부터 이처럼 이루 말할 수도 없는 사회악이 생겨났다. 기생들은 관청에 소속해 있다. 사실상 모든 국민이 정부의 힘으로 먹고살지만, 기생들은 오직 공적 역할만을 수행하게 되어 있다. 그들은 어느 면으로 보나 서방 국가에서의 demimonde

(화류계)라고 하는 완곡한 이름으로 표현되는 사회 계층을 형성하고 있지는 못하지만, 서양의 발레리나와 매우 일치한다.

그리스의 창부들과 마찬가지로 한국의 기생들은 생활이 자유로우므로 은둔 생활을 하면서도 남의 존경을 받는 상류 계급 아낙네들보다 훨씬 지적인 면에서 친근감을 느끼게 하는 예능을 익힐 기회와 여가가 많다. 물론 이러한 현상은 한국 사회가 잘못되어 있음을 의미하기도 한다. 비록 겉으로 보기에 기생과 논다니의 사이에 큰 차이가 있지만, 논다니의 생활을 시작하면 낯을 들 수 없는 인생이 된 것이라고 일반적으로 생각한다. 그와 같은 여인들은 돈 많은 남자의 첩이 되어 그러한 생활에 종지부를 찍는 경우가 흔히 있다.

여자가 종사하는 직업 중에는 요술쟁이, 곡예사, 재주꾼, 이야기꾼 등이 있는데 이들의 명칭만으로도 어떠한 직업인가를 충분히 알 수가 있다. 그들은 사회적으로 아무런 대우를 받지 못하는 계급이다. 한국에는 확실히 여자 "무당"이 많다. 그들은 도덕성이 전혀 없는데다가 악귀와 통한다고 인식되어서 천민 계급 중에서도 가장 낮은 계급으로 여긴다. 장님 무당을 의미하는 "판수"는 악귀와 원수지간이어서 우월한 능력으로 그들을 몰아내지만, 무당은 악귀와 잘 타협하여 그들을 몰아낸다고 한다. 물론 무당들은 부러울 것이 없이 살고 있으나 한국에서는 그들보다 더 비열한 계층의 여자는 없다.

한국에서는 어디를 가도 여종을 볼 수 있다. 이 문제는 제31장에서도 거론하겠지만, 그것이 전적으로 여성의 신분에 관한 것이므로 여기에서도 논의하지 않을 수가 없다. 여종은 태어날 때부터 여종일 수도 있지만, 자신이나 근친의 범죄 행위에 연루되어 여종이 된 경우도 있고, 자신의 빚을 갚기 위해서나 근친의 빚을 대신 갚기 위해 평생토록 또는 일시적으로 자신의 몸을 여종으로 파는 경우도 있다. 여종들은 수많은 빈민이 구걸하는 것보다 훨씬 더 넉넉한 음식과 아늑한 보금자리를 얻을 수 있어서 그들 대부분의 빈민보다 유족한 생활을 하고 있다.

일반적으로 여종들은 그다지 비천한 취급을 받지는 않기 때문에 우리가 특별히 측은하게 생각할 처지는 아니다. 그들은 우물터에서 물을 길어 나를 때 들어 나르는데 얼굴을 가리지도 않을 뿐만 아니라 짤막한 저고리와 치마 허리 사이가 크게 벌어져서 젖가슴이 온통 드러나 보인다. 최근 어느 작가는 이 본데없는 버릇이 서울 거리를 다니는 모든 아낙네의 특징이라는 인상기를 남겨 놓았지만 이 같은 표현이 남을 비방하기 위한 것이라는 점은 두말할 나위도 없다.

직업적인 중매쟁이들은 결혼 소개소 역할을 하는 사람으로서 한국 사회에서 특히 필요치 않은 무용지물 중 하나이다. 그들이 하는 일이란 총각에게 색싯감을 소개해 주고 처녀에게 남편감을 소개해 주는 것인데 처녀 총각들의 부모나 다른 친척들도 그러한 혼인을 성사시켜 줄 수 있는 것이 보통이기 때문에 그들의 활동이 절대적으로 필요한 것은 아니다. 그러나 그들의 활동이 가치 있는 경우가 많다.

만약 남과 같이 잘나지도 못한 처녀 총각들이 결혼이라는 제비뽑기에 당첨되지 못할 것 같아 걱정되면 소위 "중매"를 청하는데 그럴 경우 그 중매가 걸맞은 배필을 찾아 줄 수 있다면 이는 보람 있는 일이다. 따라서 중매쟁이는 서로 잘 관찰하고 장차 신랑 신부가 될 사람에 대한 설명을 되도록 눈에 보이는 증거로써 입증해야 한다는 문제가 생긴다.

나는 어느 한 아름다운 색시가 중매쟁이의 속임에 빠져 애석하게도 사기결혼을 당한 사례를 본 적이 있다. 색시의 친척들이 중매쟁이가 말하는 총각을 가서 본즉 옷도 잘 입고 분명히 훌륭한 집에서 살더라는 것이다. 그러나 막상 혼례가 끝나자 신랑은 색시를 형편없는 오두막집으로 데리고 갔는데 그 안에는 그의 부모와 많은 가족이 마치 울안의 토끼처럼 쪼그리고 살고 있었다.

색시는 어릴 적 비교적 넉넉한 생활 속에서 자랐기에 이 같은 사기 결혼은 매우 가혹했다. 그와 같은 악질적인 행위를 했다는 이유로 중매쟁이가 관청에 끌려갈 수는 있지만 대체로 색시는 좋지도 못한 소문을 세상에 떠들썩하게 퍼뜨리는 것보다는 조용히 고통을 참는 것이 낫다.

한국 여성이 받는 노임을 산정하기란 어렵다. 왜냐하면, 노임은 전혀 노동의 능률과 속도에 달려 있기 때문이다. 이상스럽게도 기생의 수입이 가장 좋고 그다음이 아마 여의사인 것 같다. 그다음이 곡예사와 이야기꾼이며, 유모도 보수가 좋기는 하지만 그의 생활이란 불안정하다. 중매쟁이의 수입도 그 정도는 된다. 부유한 집안에서 선생을 하면 보수는 전혀 없고 때때로 선물만 받는다. 여의사들이 왕진할 때는 가마꾼을 고용하는데 매번 1달러씩 준다. 여의사의 수입은 최저 매월 4달러에서 최고 60달러 정도이다.

점쟁이는 한 번 점을 칠 때마다 80센트 정도를 받는다. 손바닥을 한 번 살펴보고 재난을 막는다는 것은 쉬운 일이 아니어서 한 번 점을 치는 것은 2시간의 노동에 해당된다. 중매쟁이는 한 번에 4~8달러를 받는다. 양심이 있는 사람이라면 자기가 받은 댓가에 알맞은 수고를 하는 것은 물론이다. 장차 새댁이 될 여자의 얼굴에 화장하는 것까지를 직분으로 하는 중매쟁이는 한 번에 약 16달러를 받는데 벽에 흙칠하듯이 새댁의 화장을 본 사람들은 그 수입이 분에 넘친다고 말할 것이다.

솜씨가 좋은 침모나 빗 만드는 사람이나 댕기 만드는 사람은 하루에 1달러를 받지만, 유모는 매일 40센트와 식사를 제공하나 외국인들이 유모를 구할 때는 매달 20달러를 지급하는 동시에 그의 게으른 남편도 함께 돌봐 줄 것을 약속해야 한다. 어느 여자가 바느질이나, 뜨개질이나, 고기잡이를 하거나, 의료업에 종사하거나, 도기를 손질하거나 인삼을 가꾸거나, 소금을 굽거나, 구두를 만들거나, 푸닥거리를 하거나, 그 밖의 어떤 노동을 하면 남자만큼 보수를 받을 수 있다. 만약 어느 여자가 남자만큼 빨리, 그리고 우수하게 물건을 만들어 낼 수만 있다면 그 여자는 남자만큼 임금을 받는 것이 일반적인 원칙이다. 이러한 점에서 한국의 아낙네들은 유럽이나 미국의 여공들이 가진 이점이 있다.

우리가 서적을 통해 아는 바로 한국 여성들의 교육 수준을 남자와 비교해 볼 때 외국인들은 도무지 이해가 되지 않는다. 한국인들은 교육이란 전적으로 남자에 국한되는 것이라고 믿는데 이와 같은 통념은 상당히 수정되어야 한다. 한국 남자 가운데 한문 몇 자를 배우지 않은 사람은 거의 없으나 순 한문체의 서적을 어느 정도 유창하게 읽는 사람의 수효는 전체의 1/6도 안 된다. 그들은 다만 한문에 깊은 지식이 있는 체할 뿐이다.

상류 계급 여성 중에서 적어도 2/5는 약간의 한문을 배웠겠지만 한문 서적을 통독할 수준의 사람은 1%도 되지 않는다. 신문에 사용되는 소위 국한문 혼용은 깊은 수준의 한자 술어에 관한 지식이 필요하지 않아 대부분의 여성이 읽을 수 있지만, 거기에 사용되는 한자의 수효는 1,800자에 지나지 않는다.

외국인들도 충분히 읽을 수 있는 한글은 종종 "여자들이나 배우는 글"이라고 일컬어진다. 남자들이 무시하는 체하는 한글을 모든 여성들은 잘 익히고 또 철저하게 사용하고 있다. 만약 한국 여성 가운데 누가 한글에 능숙하지 못하다면 그는 마치 어려운 한문을 배우느라고 한글을 익히지 못한 것처럼 남의 선망을 받는다.

이는 마치 조지 엘리엇[5]이 남자인 것처럼 떠들어대면서도 영문학에 깊은 지식을 가진 듯이 남의 선망을 받는 것과 똑같은 현상이다. 중류 계급 가운데 아마도 50% 정도가 한글을 알고 있는 것 같다. 하층 계급에는 한글을 배운 사람이 없지만, 점쟁이와 기생은 예외이며 특히 기생들은 문예에 깊은 지식이 있다.

한국에는 여자가 꼭 지켜야 할 "처신의 3원칙"이 있는데 첫째를 부모를 공

---

5) 조지 엘리엇(George Elliot) : 영국의 소설가인 에번스(Mary Evans : 1819~1880)의 아호인데 그는 본시 여성이지만 George라는 이름 때문에 많은 사람들이 그가 남성인 것으로 오해한다.

경하고, 둘째는 가족을 보살피며, 셋째는 집안을 지키는 일이다. 시대에 뒤떨어진 사람처럼 보이리라는 위험을 무릅쓰고 나는 감히 주장하건대 이 3원칙은 여성을 위한 자유주의적인 교육을 이룩할 수 없었을지도 모르지만, 이것이 없었더라면 여성의 교육은 완전할 수가 없다. 우리로서는 한국인들이 이와 같은 원칙을 주장한 것을 높이 찬양하지는 않지만, 그들이 이 원칙을 종종 준수하지 않았다는 사실을 비난하지 않을 수 없다. 이것은 한쪽은 한문으로 되어 있고 다른 한쪽은 한글로 번역되어 있기 때문에 아무도 읽지 못했다고 변명할 수 없다.

그 다음으로는 부자, 군신, 부부, 장유, 붕우의 관계에 관한 오륜이 있다. 그 다음에는 미담을 엮은 일화집인 『홍미 있고도 올바른 일』[6]이라는 책이 있으며 태아, 출산 및 유아의 건강을 다룬 일종의 가정요법서인 『여의사의 치료법』[7]이라는 책이 있다. 이와 같은 책들은 여성들이 저술한 중요 서적들이지만 내용에 부족한 점이 있다 하여 상류 사회에서는 매우 업신여기며 중류 사회에서도 다소 그러한 태도를 보인다.

이 밖에도 순 한글로 써진 장편 문학이 있다. 여기에는 한민족에게 일반화되어 있는 선녀, 귀신, 사랑, 미움, 복수, 허욕, 야망, 모험, 충성 그리고 그 밖의 여러 가지 인간의 정열을 바탕으로 한 고대 · 중세의 역사서, 시, 여행기, 서간문, 전기, 장편 소설 등이 있다. 여성 누구나가 읽는 이와 같은 서적들은 시장에서 사서 읽는 수밖에는 없지만 대중 문학 작품들은 서울의 순회도서관에서 빌려 볼 수 있는데 대여료는 편당 2센트이며 반납 기간은 5일이다. 그러나 대중문학 작품은 한국인들의 취향이나 도덕을 매우 조잡하게 표

6) 본문에는 "Interesting and Proper Thing"이라고 되어 있으나 그의 원명이 무엇인지는 고증할 수가 없다.
7) 본문에는 "Female Physicians Remedy Book"으로 되어 있다. 이 당시에 여의사들이 보던 의서로는 『산서』와 노중례가 엮은 『태산요록』이 있는데 이 중의 어느 것을 의미하는지는 알 수가 없다.

현하고 있어서 대부분은 누구나 읽기에는 매우 부적합하다.

한국에는 외국의 선교사들이 설립한 것을 제외한다면 여학교가 없다. 한국의 여성들은 오직 그들이 결혼하여 꾸미게 될 가정이라는 울타리 안에서 실제에 필요한 것만을 공부하기 때문에 그들의 지식은 필연적으로 "우물 안의 개구리"식이며 그들로 하여금 오직 가정적인 의미에서의 남편의 반려가 되도록 만든다.

이와 같은 현상이 사회에 미치는 영향은 너무도 잘 알려져 있으므로 여기서는 더 거론할 필요도 없지만, 이와 같은 오랜 세월 동안의 위축된 생활 속에서도 그들의 정신 능력은 아무런 장애를 받고 있지 않다는 것이 한국의 여성들과 함께 활동하고 있는 외국인들의 일반적인 견해이다. 그들의 능력은 겨울잠을 자는 것이어서 일단 그들에게 기회만 주어진다면 그들의 능력도 남성의 능력과 동등하다고 쉽사리 스스로 입증할 것이다.

한국인의 재산권을 개괄적으로 설명하지 않고서는 여성의 재산권을 거론할 수 없으므로 가능한 간단하게 논해 보고자 한다. 우선 아내와 결혼한 두 아들, 결혼하지 않은 딸 하나를 거느린 부유한 어느 집안의 경우를 생각해 보기로 하자. 그의 다른 딸은 출가하여 시집살이를 하고 있다. 그의 재산으로는 논과 부동산과 현금이 있다. 모든 부동산은 서양과 마찬가지로 정부로부터 발급되는 부동산증서로 소유권이 인정된다.

한국에서는 사실상 은행이 없으므로 그의 현금은 예금되어 있지 않고, 튼튼한 철궤 속에 있거나 아니면 월 1.5~2%의 이율로 상인 또는 다른 사람에게 빌려주고 있다. 꾸어준 돈을 다시 받을 수 없을지도 모른다는 위험성을 생각한다면 이 이율은 매우 낮다. 그의 직계 가족들만을 관련해 생각해 본다면 그는 모든 재산을 배타적으로 관리할 수 있지만, 그에게 한두 명의 형제가 있고 또 그들의 생활이 궁핍하다면 그는 형제들을 부양해야 한다.

만약 그가 부양 의무를 거절한다면 그의 형제들은 지방 관서로 달려가 소(訴)를 제기할 수가 있는데, 이럴 경우 관서에서는 형제들이 굶어 죽지 않도록 현금이나 또는 그 밖의 재산을 넘겨주도록 명령할 수도 있다. 그러나 만약에 형제들이 게을러서 단순히 자기에게 의탁하기를 바란다는 사실을 그가 입증한다면 그는 자신의 모든 의무에서 면제된다. 여기에 이 법률의 입법 의도는 명료하게 나타난다.

만약에 그에게 누이들이 있다면 그들이 결혼하여 시집간다는 것은 두말할 나위도 없다. 그러므로 그는 누이들에 대한 모든 의무로부터 면제된다. 만약 그들이 지겹도록 가난하다면 그들을 도와줄 수도 있겠지만, 누이들은 법률상의 상환청구권이 없다.

만약 그의 노모가 살아 있다면 당연히 봉양해야 한다. 만약 그가 노모를 공경하지 않으면 노모는 즉각 법에 호소하여 아들에게 엄한 벌을 가할 수도 있다. 만약 아들이 노모를 학대하거나 때리거나, 또는 그가 도둑이거나 죄를 진 몸이라면 노모는 아들을 때려죽여도 좋으며 법률은 이러한 노모를 면책하고 보호한다. 이러한 일이 비일비재 하는 것으로 보아 이는 단순히 이론에만 그치는 것은 아니다. 만약 아들이 노모를 잘 봉양한다면 그는 아들에 대해 재산관리권을 주장하지 못한다. 정부는 광대한 토지의 소유권을 행사할 뿐만 아니라 남의 재산을 "몰수"할 수 있으며 정당한 댓가를 치르면 어떠한 사람의 재산도 취득할 수가 있다.

다음에는 한국인들이 어떻게 재산을 취득하고 처분하는지 살펴보기로 하자. 재산을 처분하는 데 형제들은 견제 작용을 할 수도 있다. 만약 그가 세습 재산이나 손수 번 돈이라고 할지라도 제멋대로 낭비한다면 그의 형제들은 관서에 소송을 제기하여 그가 낭비하는 재산에 대한 새로운 부동산증서의 발급을 거부하도록 요구할 수 있다. 한국에서는 빈손으로 관서를 찾아가는 일이란 거의 없으며, 법에 호소한다고 해서 반드시 정의가 실현되는 것은 아니라는 점을 잊어서는 안 된다.

만약에 가장이 아무런 유언도 남기지 않고 죽었다면 맏아들이 그의 재산을 물려받는데 이때 맏아들은 그의 모든 형제를 부양할 의무를 진다. 만약 그가 형제들을 부양하지 않는다면 그들은 법에 호소하여 재산의 분배를 강요할 수 있는데 이럴 때는 각자가 동등한 몫을 받는다. 결혼하지 않은 누이가 있다면 맏아들이 그의 결혼에 필요한 충분한 금액을 따로 떼어놓아야 하며 누이의 결혼에 무엇이 필요한가 하는 것은 자신이 스스로 판단하여 결정한다.

오빠가 누이들을 부양하고 그들에게 집을 마련해 주었다면 결혼하지 않은 누이들은 법에 호소하여 오빠에게 재산을 요구할 수 없다. 가장이 누이들에 대한 의무를 거부한다면 법의 제재를 받는다. 아버지가 죽기 전에 누이들이 이미 시집을 갔다면 오빠는 그들에게 어떠한 것도 줄 의무가 없다. 만약 누이들이 가난하다면 도와줄 수야 있지만, 그것도 싫으면 그만이다.

죽음이 임박하게 되면 인간은 유언을 남기고 싶어 한다. 그는 직계 가족이 아닌 몇 사람의 입회인을 부른 다음 그들 앞에서 유언을 쓴다. 그들은 정식으로 유언장에 서명한다. 한국에는 유언 검인과 같은 것이 없으므로 항상 맏아들이 유언 집행인이 된다. 대개 아버지는 아들의 양심을 의심하지 않으므로 유언을 남기지 않고 죽는다. 아들이 다른 가족들을 잘 보살피지 않으리라고 걱정될 때 아버지는 유언을 남긴다.

미망인이나 자녀들이 얼마의 특정한 액을 받도록 유언에 명시한다는 점을 생각해 볼 때, 액수를 상속 받게 되는 모든 사람은 자기에게 유증된 양의 양도를 법에 호소할 권리가 있으며, 여자의 재산 상속권도 남자와 같이 명백함을 알 수 있다. 그러나 벗이나, 가난한 사람들이나, 전과 같이 친척이 아닌 사람에게 유증하도록 명시되어 있다면 그러한 사람들은 재산 상속을 받기 위해 법에 호소할 수가 없다.

이에 대해서는 아무런 구제책도 없다. 그러나 만약 유언 집행인인 맏아들이 그들에 대한 유증을 거부하고 지나친 욕심을 부린다면 그곳에 있던 사람들은 그로 하여금 재산을 팔아 버리고 다른 곳으로 떠나도록 강요할 것이다. 그들은 그를 이웃으로부터 몰아낼 것이며 관청에서는 그를 돕기 위해 손끝 하나 까딱하지 않을 것이다. 그러나 이러한 이야기는 꺼내지 않을수록 더욱 좋다.

결혼한 두 딸 가운데 하나는 결혼을 했고 하나는 결혼하지 않은 죽은 가장의 경우를 살펴보기로 하자. 가족이 그처럼 구성되어 있다면 가장은 죽기에 앞서 가까운 친척 중의 어느 사람을 양자로 맞아들일 가능성이 크다. 양자 제도는 주로 가장이 죽은 후에 조상 봉사를 하고자 함이다. 양자는 친자와 같은 권리와 능력을 갖게 되며 재산을 관리할 수 있다.

양자를 맞아들이지 않는 경우란 열에 하나도 되지 않지만, 만약 양자를 두지 않았다면 딸들이 아들과 똑같은 권리로써 재산을 맡아 관리할 수 있다. 이러한 권리를 갖는 딸들은 자기가 원하지 않는 한 자기의 재산을 남편에게 넘겨줄 의무는 없지만, 만약 남편의 마음씨가 곱지 못하면 남편이 그 재산을 가로챌 수도 있으며 이럴 때 여자는 자신의 권리를 구제할 길이 없다. 그러나 만약 남편의 비행이 세상에 알려지면 그는 동기간으로부터 호된 꾸지람을 듣고 사실상 따돌림을 당할 수도 있기 때문에 그러한 사건이 발생하는 경우란 거의 없다.

만약 가장이 아내 하나만을 남겨 놓고 죽었을 경우 미망인이 자기 남편의 형제 가운데 한 사람의 맏아들을 양자로 맞아들일 수 있으며 그 양자는 당연히 재산을 맡게 된다. 이것은 결코 깨뜨릴 수 없는 불변의 법칙이다. 만약 입양할 조카가 없을 때는 자기만 원한다면 미망인이 다른 남자를 입양시키거나 자기 자신의 명의로 재산을 소유할 수 있다. 만약 남편의 형제 가운데 자식이 없는 사람이 있다면 그 미망인은 그에게도 재산을 나누어주어야 하지만 먼 친척일 경우에는 그럴 필요가 없다.

서민층 아내는 죽은 남편의 재산에 대해 상류 사회의 경우보다 더 큰 권한을 갖는다는 것은 놀라운 사실이다. 서민 사회에서는 아직도 양자를 맞아들인다고 하더라도 미망인은 자기가 바라는 한 재산을 관리할 수 있다. 이 세상을 보람 있게 살아보려면 중류 계급의 아내로 태어나야 하며 여자가 죽을 때는 선비나 상류 계급의 남자로 환생하기를 바란다는 괴상한 민담이 한국에 전해 오고 있다.

왜냐하면 중류 계급의 아내는 상류 계급의 경우보다 더 남편과 대등한 존재가 될 수 있으므로 남편의 사업을 자세하게 알 수 있을 뿐만 아니라 집안을 이끌어 나아가는 데서도 발언권이 강하게 작용할 수가 있기 때문이다. 또한, 중류 계급의 아내는 남편이 죽었을 경우에 유산을 좀 더 철저하게 장악할 수 있고, 자신의 재산을 물려줄 양자를 들이는 문제에서 그다지 구애받지 않으며, 죽은 남편의 형제들에게 많은 재산을 나누어 줄 필요가 없다.

사회 계층의 저변으로 내려갈수록 모든 금제법이나 남녀 간의 불평등이 완화되기 때문에 하층 계급의 인간관계는 서양과 매우 닮았음을 알 수 있다. 하층 계급에서 가장 불행한 여인상과 행복한 여인상을 볼 수가 있다고 한국인들은 말하지만, 그들이 말하는 가장 행복한 여인상이란 무당이나, 요술쟁이나, 논다니나, 기생이 결혼도 하지 않고 자기가 하고 싶은 대로 아무 걱정 없이 호의호식하는 것을 의미하기 때문에 우리가 생각하는 바와는 다르다.

하층 계급의 여인들이 누리는 행복이란 단순히 물질적인 안락일 뿐만 아니라 그것을 얻느라고 소비한 엄청난 댓가를 망각한 것이기에 그러한 판단이 엄청난 오판이라는 것은 두말할 나위도 없다. 그렇지만 하층 계급의 아낙네들은 노예처럼 남의 일을 해야 하므로 몹시 측은하다. 그들에게는 어느 누가 존중해 주는 권리도 없이 자기의 남편이나 주인의 뜻에 얽매어 산다.

그다음에 문제가 되는 것은 결혼한 여인이 돈을 벌었을 때 그는 그 돈을 관리할 수 있는가의 문제이다. 이러한 문제에서는 중류 계급의 아낙네들이 상류 계급의 아낙네들보다 유리하다. 왜냐하면 상류 계급의 아낙네들은 자기의 수입을 어김이 없이 그의 남편에게 바치지만 중류 계급의 아낙네들은 그럴 수도 있고 그렇지 않을 수도 있기 때문이다.

문벌이 좋은 아낙네의 처신은 중류 계급의 아낙네들의 경우보다 훨씬 더

치밀한 감시를 받으며 물건을 사려고 시장에 나갈 일도 없으므로 돈을 쓸데도 없다. 대체로 보아 그들은 하찮은 무용지물이다. 중류 계급의 아낙네들이 자신의 번 돈을 남편에게 넘겨주는 일은 흔히 있으며 남편은 관청으로부터 방해를 받으리라는 두려움을 조금도 느끼지 않고 강제로 자기 아내의 돈을 뺏을 수도 있다. 그러나 이 아낙네들은 인종함으로써 더 많은 자유를 갖게 된다.

만약 상당한 재산을 가진 늙은 미망인이 자식이나 가까운 친척도 없다면 젊은 남자에게 돈을 주고 해마다 자기의 제사나 지내 달라고 부탁하든가, 아니면 절을 찾아가서 자기가 죽은 뒤에 불교 양식으로 재를 올려 주는 댓가로 재산을 맡길 수도 있다. 이러한 일은 한국에서 흔히 볼 수 있는 것으로서 절의 중요한 수입을 이루고 있다. 상류 사회의 아낙네들은 아무도 이러한 방법을 따르지는 않는다.

가장이 대역 죄인이거나 묘의 신성을 모독했을 때는 그 가장과 그의 근친 남자를 참수하고 그의 어머니, 아내 및 딸과 같은 직계 가족의 여자들을 모두 독살하는 관습이 최근까지지도 전해지고 있다. 어떤 경우에는 여자들이 다만 남의 집에 여종이 되는 수도 있다. 여자가 몸소 대역을 음모했을 때는 독살한다. 가장이 살인했다면 그는 참수당하며 아내는 독살에 처한다. 여자가 하수인이라면 교살이나 독살에 처한다.

방화죄에는 가장은 교살이나 독살에 처하며, 그의 아내는 독살에 처한다. 절도죄는 참수, 교살 또는 귀양에 처하며, 그의 아내는 종이 되고 그의 모든 재산을 몰수한다. 이상과 같은 법률은 1895년 갑오경장 이전까지 실시됐지만, 그때부터 가장의 범죄 행위에 대한 아내나 딸의 처벌은 없어졌으며, 이를 계기로 사법 원칙은 커다란 진보를 보였다. 그때부터 연좌제가 없어지고 오직 주범만이 처벌됐다.

이혼 문제에서는 남녀 간의 불평등이 공공연한 사실이 되고 있다. 여자는 어떠한 구실로도 남편과의 법적 이혼을 제기할 수 없다. 그 여자가 취할 길이란 친정이나 친척 집으로 도망하는 수밖에는 없다. 이럴 때 남편은 그 여자의 책임을 반증하지 못하는 한 아무런 구제 수단이 없다. 여자가 돌아오지 않는다면 남자는 여자의 인도를 요구할 수는 없지만 다만 결혼 비용의 손해 배상을 요구할 수 있다. 이러한 문제는 법적 절차에 의해 이루어지는 것이 아니라 관계 집단이나 친척들 사이에서 해결될 문제이다. 법률로도 여자가 남편에게 돌아가도록 강제할 수 없다. 그러므로 한국의 여성들은 사실상의 이혼, 곧 못된 남편과 헤어지는 것은 가능하지만, 결혼 관계를 해소해 주는 법적 서류란 없다.

만약 아내가 자식을 낳지 못하든가, 음행하든가, 구설이 있다든가, 남편을 모욕하든가, 게으르든가, 조상의 제사에 참례하지 않든가, 도적질을 했다면 남편은 그를 내쫓을 수 있다.[8] 이와 같은 조건에 해당하여 내쫓긴 여인이 양반의 딸이라면 남편 측의 주장이 옳든 그르든 간에 절대로 권리 구제할 수 없다.

그러나 아내가 평민이라면 자기의 결백을 입증할 수 있는 한 여인은 한성부윤이나 지방의 도백에게 제소하여 남편의 횡포를 처벌토록 할 수가 있다. 이혼하거나 아내가 달아났을 때 아이들은 남편이 맡는다. 남편의 허락 없이는 여자가 아이들을 맡을 수 없다. 만약 여자가 몰래 아이들을 데리고 갔다면 남자가 아이들을 돌려줄 것을 여자에게 강요할 수 있다.

상류 사회에서는 이혼이란 거의 없다. 아내나 첩은 어느 면으로 보나 터키나 페르시아처럼 단순한 소지품일 수가 없다. 아내에게도 남편이 존중해야 할 권리가 있으며, 남자 측에서도 이혼을 요구하려면 명백한 이유가 있어야 한다. 그 여자에게는 세력 있는 친척들이 있어서 마음대로 쫓아냄으로써 자기들의 가문을 불명예스럽게 만든 남편을 매우 귀찮게 만들 수도 있다.

---

8) 종래의 유교 경전인 『대대례』에 따르면 (1) 부모와 화목하지 않은 것, (2) 자식 못 낳는 것, (3) 간통, (4) 질투, (5) 몹쓸 병, (6) 남의 입에 오르내림, (7) 도적질이 칠거지악으로 되어 있다.

아내가 도망간다는 것은 남편에게 커다란 불명예이므로 그는 아내를 회유하여 추문이 일어나지 않도록 무진 애를 쓴다. 그러나 평민 사회에서는 이혼이 흔하다. 이혼이 매우 쉬워 일반화되어 있다. 자기가 좋아 장가를 들었거나 중매쟁이의 말만 듣고 장가를 들었거나 간에 아내가 마음에 들지 않으면 간단하게 친정으로 돌려보낸다. 이럴 때 아내가 도백을 찾아가서 남편의 잘못을 처벌해 달라고 제소하는 경우란 매우 드물다. 왜냐하면 아무리 여자가 발버둥을 쳐도 남편의 마음이 돌아서서 자기와 살 것 같지도 않고, 괜히 소문만 크게 나는 것보다는 아무 말 없이 덮어두는 편이 더 좋기 때문이다.

하층 계급에서는 극심한 난혼이 성행되고 있다. 한 남자가 1년 동안에 연달아 대여섯 명의 여자를 얻을 수 있다. 결혼식 같은 것은 필요가 없고 다소 잠정적인 성격의 상호 합의로 충분하다. 5명의 남편을 거느렸던 사마리아의 여인이 야곱의 우물[9] 곁에 앉아 있는 성화의 모습을 한국의 하층 사회에서는 흔히 볼 수가 있다. 한국에서는 정식 결혼의 비용이 엄청나게 많이 들어 평균 6개월 동안의 수입에 해당한다. 이러한 현상은 정식 절차에 따르지 않는 결혼이 성행되는 한 요인이 되고 있다.

첩을 둔다는 것은 한국의 역사만큼이나 오랜 전통이 있으며 태곳적부터 존속해 왔다. 첩을 두는 이유로는 첫째로 그 아내로부터 아들을 얻지 못했을 때, 둘째로 아내가 병자이거나 불구자이거나, 나이가 많을 때, 셋째로 남자가 난봉꾼일 때의 세 가지가 있는데 이 중 하나만 되어도 남자는 첩을 얻는다. 이러한 풍습은 상류 사회나 중류 사회에서 똑같이 유행하고 있다.

상류 사회의 여자가 남의 첩이 되는 경우는 없지만, 상류 사회의 남자는 하층 신분의 여자를 첩으로 얻는다. 아내가 아이를 낳지 못하여서 첩을 얻

---

9) 야곱의 우물(Jacob's Well) : 『신약성서』 마태복음 10 : 5, 『요한복음』 4 : 5~12.

었다는 변명을 우리는 자주 듣는데, 이러한 변명은 옳다고 볼 수가 없다. 왜냐하면 첩의 몸에서 아무리 많은 아들을 낳았다고 하더라도 그의 소생은 아버지를 아버지라고 부를 수도 없을 뿐만 아니라 재산을 상속받을 수도 없고 그의 사후에 제사에도 참석하지 못하기 때문이다.

첩의 소생이 대여섯이나 될지라도 가장이 죽을 무렵에는 친척 중에서 양자를 맞아들이는데 이 양자는 그를 아버지라고 부를 수도 있고 제사를 받들며 재산을 상속받는다. 첩의 아들은 아무런 권리도 없을 뿐만 아니라 가장도 그를 자기의 법적인 상속자로 인정하지 않는다. 상류 사회에서는 적자에 대한 관념이 매우 강하다. 그러나 평민 사회에서는 이러한 관념이 매우 희박하여 첩의 소생도 상속자가 될 수 있다. 그럴 때는 가장과 첩이 사회의 동일한 신분에 속한다.

아이들의 신분은 항상 모계[천자종모법]를 따른다. 만약 상류 사회의 한 가장이 첩을 얻었다면 그는 그들을 각기 다른 살림을 시켜야 한다. 첩이 정실이 사는 집 안으로 들어왔다는 말은 아직 들어보지 못했다. 그러나 평민 사회에서는 정실과 첩이 함께 사는 수도 있다.

인간의 본성이란 세계의 어디를 가도 마찬가지여서 그렇게 될 경우 그 결과가 가장 비극적이라는 것은 두말할 나위도 없다. 가정불화를 일으키는 것으로는 이 악습보다 더한 것이 없다. 한국인들은 첩을 얻는다는 것이 얼마나 해로운 것인가를 알고 이를 비난하지만, 세계의 어느 곳이나 마찬가지로 돈이 있고 시간적인 여유가 있으면 그러한 유혹에 빠지기 쉽다.

여자들이 즐기는 오락 가운데 가장 성행하는 것은 소위 "구경"이라는 것이다. 구경이라는 말을 정확하게 번역할 수는 없지만 "look see"나 "take a walk"를 의미할 수도 있고 그 두 가지를 함께 의미할 수도 있다. 바꾸어 말하면 어떠한 형태로 호기심을 충족시키는 것을 의미한다. 한국인들이 "구경 갑시다"라고 말할 때는 "let us take a stroll and look about a bit."를 의미한다. 하는 일이 별로 없는 한국 여성의 생활에서도 구경이 가장 즐거운 것

중 하나이다. 그것이 달려가는 자전거나 전차를 바라보는 것보다 더 흥미가 없는 것이어도 좋다.

구경이란 재미있고도 즐거운 것이다. 그러나 그와 같은 즐거움도 은둔 생활을 하지 않는 하층 계급에만 국한되어 있음은 두말할 나위도 없다. 상류 사회의 여자들은 일종의 하프인 거문고의 연주를 즐긴다. 거문고의 음악적인 가치란 그다지 높은 것은 못된다. 그들은 그 이외의 조잡한 악기 연주를 즐긴다.

한국의 소녀들은 그네를 매우 즐기는데 봄철의 음력 5월 초닷새인 단오가 되면 그네 놀이가 벌어져 남자와 여자, 어린이들이 모두 참석한다. 공회장에는 엄청나게 큰 그네를 매지만 거기에는 오직 남자와 어린이들만이 뛴다. 소녀들은 높이가 3~4인치되는 받침 위에 짤막한 널빤지를 이용해 만든 널을 뛴다. 두 소녀가 널빤지의 양쪽에 서서 올라가고 내려가고 한다. 한쪽이 뛰어 올랐다가 내려오면서 구르면 그 반동으로 다른 한쪽이 3~4피트가량 공중으로 솟아오른다. 머리 위에는 빨랫줄과 같은 줄이 있어서 공중에 솟아오를 때는 몸의 균형을 잡기 위해 그것을 잡는다.

시골의 소녀들은 소위 "줄 놀이"라는 것을 즐긴다. 두 나무 사이에 줄 하나를 팽팽하게 매고 소녀들이 그 위에서 노래에 맞추어 앞뒤로 왔다 갔다 한다. 한국에는 소위 "각시"라고 하는 인형이 흔한데 어린 소녀들의 등에 업혀 있는 것을 자주 볼 수 있다. 어린 소녀들은 자기의 어머니가 아기를 등에 업은 것과 똑같이 인형을 등에 업고 다닌다. 아낙네들이 즐기는 놀이로는 팻말놀이, 오목, 주사위 등이 있는데, 주사위는 오로지 상류 사회의 귀부인들 사이에만 성행되고 있다.

여성의 명칭에 관해 살펴보면, 최상류 사회의 귀부인과 고위 관료의 부인에게만 "경칭"이 부여되는데 이는 서양의 "백작 부인"이나 "남작 부인"에 해당하지만, 한국에서는 이러한 경칭이 세습되지는 않는다.

제 29 장 민담과 속담

속담이란 어휘는 매우 모호하여 넓은 의미로는 민담뿐만 아니라 민요, 미신, 장식품, 주문, 속담, 수수께끼, 그 밖의 여러 가지 잡동사니와 어떤 특정한 이름으로 분류할 수 없는 가족적인 전통의 나부랭이까지 포함한다. 민속이란 다락방과 같아서, 그 안에는 역사의 정사라고 볼 수 없는 여러 가지 흥미 있는 인류학적인 내용의 부분품들이 퇴장되어 있다.

그와 같은 부분품들은 그 기원마저도 애매한데다가 그 특성도 이질적이어서 근대 과학이라고 말할 수 있는 아래층의 객실을 차지하지 못하고 다락방에 처박혀 있는 것들이다. 그러나 만약 인간의 생활이 무엇인가를 알고 싶거나 느끼고 싶을 때는 전등이 휘황하게 비치는 객실에 앉아 인류의 연대기만을 읽을 것이 아니라 다락방에 올라가서 옛날에 입던 헌 옷가지도 뒤져보고 지난날의 연애편지를 묶어 둔 낡은 리본을 풀어 봄으로써 민속을 발굴해야 한다.

정사란 옛날 얘기 속에 나오는 구두[1]를 신고서 몇 세기의 역사를 횡보하는 것이어서, 역사상의 큰 사건만을 다루는 것이므로 우리에게 조감도만을

1) 본문에는 seven league boots로 되어 있다. 이 신을 신으면 한 걸음에 7리그(1league=3miles)를 갈 수 있다고 한다.

제시해줄 뿐이지만, 민속은 우리를 역사의 골짜기로 데려가서 가정과 가족과 일상생활을 보여주며 인간 생활의 심장부를 어루만져 볼 수 있도록 해준다.

외국어로 농담을 어느 정도 이해할 수 있는가에 따라서 그 사람의 외국어 실력을 가늠할 수 있다는 것은 훌륭한 말이다. 따라서 민족의 생활상을 알려면 우리는 그들의 민속을 이해해야 한다고 나는 주장한다. 한국의 민속이 들어 있는 다락방은 무척 많은 여러 가지의 수집품으로 가득 차 있다. 왜냐하면, 한민족은 자기의 터전을 공매한 적이 없이 40세기 동안을 같은 집 안에서만 살아왔기 때문이다. 여기에서는 지면이 허락지 않으므로 많은 자료 가운데 다만 그 개관만을 대충 살펴볼 수밖에 없다.

우리는 편의상 한국의 민담을 유교적인 것, 불교적인 것, 무속적인 것, 전설적인 것, 신화적인 것, 그리고 통속적인 것으로 나눌 수 있다. 윌리엄스[2]의 유교의 정의에 따르면, 유교란 공자와 그의 제자들이 가르친 정치적 윤리로서 중국의 법률 제도의 바탕을 이루는 것이며 신에 대한 경배를 가르치는 것도 아니므로 종교라고 부를 수는 없다.

바꾸어 말하면 유교란 윤리적인 한계에서는 부족함이 없으나 신에 관한 문제와는 아무런 관련이 없다. 불교에서는 현재란 과거에 의해 결정되는 동시에 미래를 결정한다고 주장하는 반면에, 유교에서는 출생에서 비롯되어 죽음에서 그치는 처신의 여러 가지 문제를 결정하는 데에 자신의 범위를 국한한다는 점에서 불교와 유교의 차이점을 찾아볼 수 있다.

따라서 유교에서는 쇠퇴기의 유다이즘과 마찬가지로 인간 생활의 가능한 측면이 거론되고 행실의 규준이 제시되리라는 것은 바람직한 일이다. 그러

---

2) 윌리엄스(Samuel W. Williams : 1812~1884) : 미국의 선교사. 뉴욕 출신으로 일찍이 중국 광동으로 건너가 중국학에 몰두했다. 페리의 일본 원정에 통역을 했고, 귀국하여 주중미국대사관(1856~1876)에서 근무하다가 귀국하여 예일대학 교수(1877~1884)로 일생을 마쳤다.

한 규준이란 대체로 풍유에 의해 나타나므로 한국에서는 중국에서와 마찬가지로 어떻게 처신하는 것이 옳은가를 지시해 주는 수많은 민담이 당시의 사회 환경에 따라 상당한 다양성을 보여줌을 알 수가 있다.

이와 같은 민담들은 유교의 오묘한 철학적 교의에 관한 언급은 없고 처신의 기준이 되는 몇 가지의 자명한 윤리적 원칙을 적용하는 것만을 배타적으로 다루고 있다. 따라서 한국의 민담은 모두가 "행동의 다섯 가지 원칙"을 의미하는 소위 "오륜행실"의 이야기책 범위를 맴돌면서 독창력이 없이 모방한 것이다. 오륜행실이란 주로 중국에서 빌려 온 것이므로 거기에 포함된 이야기는 중국의 영향을 받은 그 밖의 문물과 마찬가지로 인습적이며 무미건조하다.

이러한 민담은 문학에서도 명백한 위치를 차지하는 인쇄물로 되어 있어서 그것이 민속이라고 딱 잘라 말할 수는 없지만, 민속에 그 기초를 둔 민담 대부분은 오래된 동일 주제를 다만 약간씩 변모시켜 한국 민속의 바탕을 이루고 있는 동시에 뚜렷한 인상을 남겨놓았다. 그러나 이러한 것들은 학술적이라기보다는 오히려 도덕적인 성격을 띤 것이다.

이 장의 주제에 따라 서술해 본다면 한국의 민담은 어린이와 젊은이와 늙은이들이 주어진 환경 속에서 어떻게 처신해야 하는가를 보여주는 예행만을 축적해 놓았다. 이 오륜은 기독교의 진복팔단[3]에 해당하는 유교의 5훈(訓)이라고 할 수 있는 것으로서 이를 처음 가르친 사람들은 어떻게 달리 표현하고 싶었는지 모르지만, 한국인들이 그들의 실제 생활에서 지키는 준칙은 다음과 같다.

(1) 부모를 공경하는 어린이는 복을 받을지니 장차 그의 자손들로부터 공경을 받을 것임이오.

3) 『신약성서 마태복음』 5 : 3~11.

(2) 왕에게 충성하는 자는 복을 받을지니 장차 그는 왕의 사랑을 받을 것임이오.

(3) 서로 사랑하는 부부는 복을 받을지니 그들의 집안은 화목할 것임이오.

(4) 벗을 우대하는 자는 복을 받을지니 그는 벗으로부터 우대를 받을 것임이오.

(5) 어른을 공경하는 자는 복을 받을지니 나이를 먹은 후에는 지혜를 얻을 것이니라.

이를 지킨 다음에는 어떤 의미에서는 오륜의 당연한 귀결이라고 할 수 있는 다음과 같은 부차적인 윤리가 따른다.

(1) 정숙한 아내는 복이 있을지니 그의 덕을 새긴 정문을 세워 부덕이 남다름을 기릴 것임이오.

(2) 역경 속에서도 입신을 위해 꾸준히 노력하는 향사는 복이 있을지니 그는 정적에게 폄하되지 않고 조세를 물지 않을 것임이오.

(3) 시어머니의 박해를 꾸준히 참는 젊은 아낙에게 복이 있을지니 그는 장차 며느리를 꾸짖으면서도 원망을 듣지 않을 것임이오.

(4) 비복들에게 너그러운 자는 복이 있을지니 그들에게는 달걀 한 꾸러미에 백 냥을 요구하는 대신에 일흔닷 냥을 요구할 것임이라.

한국의 민담에는 새의 둥지를 내리지 않고, “전혀” 장난치지 않고, 옷을 찢지 않고, 덤벼들지 않고, 개의 꼬리에 통을 매어 달지 않는 마음씨 착한 어린이에 관한 이야기가 많다. 그러한 이야기들은 소위 한국인들의 『주일학교서』의 내용을 이루는데 전 세계를 통해 제법 그럴듯한 말일수록 보통 어린이들로부터 비웃음을 당하는 것과 똑같이 그러한 이야기들은 건전한 한국의 어린이들로부터 모독적인 취급을 받는다.

이와 같은 민담은 숫자상으로 많기는 하지만 내용의 전개가 천편일률적이다. 그 상투적인 내용에 익숙해지면 처음 몇 줄만 읽어도 이야기의 벽두와 사건의 복잡한 전개, 절정, 대단원 및 결과를 포함한 전반적인 구도를 알 수 있다. 예컨대, 부모로부터 학대를 받으면서도 아무런 불평도 하지 않는 한 소년에 관한 이야기가 있다.

> 부모가 자기를 샘에 빠뜨려 죽이리라는 것을 안 소년은 어느 어두운 밤에 줄을 타고 샘에 들어가서 밖으로 나올 통로를 미리 파 둔다. 그리하여 며칠 뒤 샘에 빠졌을 때 그는 물 위로 떠올라서 노망난 그의 부모들이 알지 못하는 퇴로로 기어들어 간다. 부모는 자기 자식을 말끔히 처리했노라고 기뻐한다. 이튿날 해거름에 그는 밖으로 기어 나와서 얼굴에는 위선된 표정을 띤 채 소스라친 부모 앞에 나타나 언뜻 보기에는 효성이 지극한 체하지만 곧 표정을 바꾸어 "못된 늙은이들 내가 그렇게도 쉽게 죽을 줄 알았소?" 하고 말한다.

그러나 내용이 그렇게 서술됐다고 하더라도 이 이야기의 파토스는 한국의 어린이들이 때때로 어떠한 대우를 받는가를 나타내 준 그의 과장된 표현에 있다.

민담 중에는 한국의 루크리스(Lucrece)[4]라고 칭할 만한 어느 아름다운 미망인에 관한 것이 있다. 그는 왕이 자기에게 동침하자고 추근대자 칼로 자기의 코를 베어버림으로써 자기의 아름다움을 망쳐 버렸다. 이처럼 당돌한 짓을 함으로써 자신이 풍족한 은급을 거절하고 물러 나와 앞날의 모든 미망인으로부터 선망의 대상이 되리라는 것을 그가 알았다는 점을 누가 의

4) 그리스의 원명은 루크레시아(Lucretia)이다. 콜리아누스(Lucius Collanus)의 덕망 있는 아내로서 섹스투스(Tarquinius Sextus)에 강간당한 다음 자결했다. 셰익스피어의 사극 『루크레시아의 강간』에 그 전설이 담겨 있다.

심할 것인가?

굶주림에 허덕이다 죽어가는 아버지의 모습을 지켜보던 한 소년이 있었다. 그는 칼을 갈아 자기의 넓적다리의 살을 베어 아버지에게 먹였다. 그 민담 속에서 그 늙은 무뢰한은 점잖은 남자처럼 죽어가지 않고 사실상 식인종으로 변했다는 사실은 중요하게 취급되지 않는다. 한국인들은 이처럼 가슴을 울먹이게 하는 설화를 한 가지 이상의 관점에서 보는 능력이 있는 것처럼 보이지는 않는다. 이 설화는 어느 모로 보나 엄청나게 아이러니컬한 것임에도 불구하고 그들은 두 손을 들어 그 소년의 처사에 대해 찬사를 보낸다.

노예처럼 비천하게 생활하던 사람이 순금을 찾아내는가 하면 사랑하는 자식들이 어버이를 학대하는 리어왕식의 설화는 무수하게 많다. 부모로부터 사랑을 받던 딸들은 가시덤불과 같은 역경 속에서 슬픔을 겪고 얼굴은 고칠 수 없을 만큼 할퀴는가 하면, 구박받던 딸은 꼬마 요정의 도움을 받아 훌륭하게 된다는 신데렐라식의 방대한 설화가 남아 있다. 그러나 이와 같은 설화는 전개 과정에서 마지막 승리자가 그를 박해하던 사람의 고통과 죽음을 속시원한 듯이 바라본다는 뒤처리로 인해 그 가치가 많이 손상되고 있다.

그 밖에 소녀에 관한 설화로는, 어릴 적에 그의 아버지가 농담 삼아 자기의 남편감이라고 말해 준 거지가 아니면 시집을 가지 않겠노라고 고집을 피운다는 내용이 있다. 한 소녀가 자기의 남편이라고 작정한 남자는 이미 사실상 그의 남편이 된 것이며 그 소녀는 그에 대해 변치 않는 신념을 갖지 않을 수 없다는 것이 이 설화의 주제 의식이다. 그와 같은 설화는 내용상 과장도와는 "정반대로" 한국인의 실제 가정생활의 표준이 되고 있다.

아버지의 장례를 모시려고 가진 재산을 모두 탕진하고 거지가 되지만 여러 모험을 거친 후에 재상이 되는 소년이 설화에서는 훌륭한 모델이 된다. 그러나 실제 한국 생활에서 금전을 우습게 아는 것이 백성을 다스리는 도리라는 사실은 결코 언급된 적이 없다. 남편의 무덤에 엎드려 슬피 우는 여인에게 어찌하여 그다지도 서럽게 우느냐고 물었더니 대답인즉 눈물로 무덤을 촉촉하게 하여 무덤 위의 풀이 속히 자라면 자기도 곧 재가할 수 있기 때문이라고 말하는 악부상도 있다.

남편의 명예와 아내의 부덕이 문제가 되어 최후의 순간이 닥쳐왔으나 기적과 같이 그 억울함이 풀렸다는 식의 이야기가 한국에는 많다. 예컨대 비녀를 던졌더니 하늘에서 천둥이 치며 단단한 바위가 갈라졌다는 둥, 동맥을 잘랐더니 우유처럼 흰 피가 솟아올랐다는 둥, 죄 없이 모함을 당해 형장으로 끌려가는 죄인을 실은 달구지가 7필의 황소가 끌어도 움직이지 않더니 "역적"이라는 표지가 "충신"으로 바뀌자 그제야 움직이더라는 식의 이야기가 그것이다.

이와 같은 설화들은 거의 천편일률적이며 그 내용을 검토해 보면 모두 상당히 과장된 것을 알 수가 있고, 이야기의 전개 과정이 거창하나 그 내용 면에서는 볼 것이 없지만, 소년 소녀나, 처녀 총각이나, 남편 아내가 그와 같은 극단적인 환경 아래에서도 덕망이 있고 분별 있게 처신했는데 하물며 그보다 덜 고된 환경의 독자들이 그들처럼 처신한다면 얼마나 많은 것을 얻겠는가 하는 점을 명백하게 암시하고 있다.

그러나 유교가 애타적인 처신을 위한 동기를 제시해 주지 않을 뿐만 아니라 비행에 대한 적절한 응징을 마련해 주지 않는 것과 마찬가지로, 한국의 설화는 그것을 읽음으로써 어떤 이득을 얻는다거나 그 내용을 실제의 행동에 적응시키고자 하는 노력도 보여 주지 않은 채 단순히 거만스러운 관용만을 보여주는 데 그친다.

왜 한국민은 저토록 훌륭하게 산업화를 이룩한 서구의 예를 본받지 않느냐고 물어보면 그들은 옛날 얘기를 들추어 이순신은 최초로 철갑선을 만들었다고 자랑한다. 한국이 지금은 비록 4급짜리 포함 하나도 갖추고 있지는 못하지만 이제까지 자신들은 세계를 질타해 왔다고 믿는다. 그들은 한국 사회의 위대함을 설명하고자 그와 같은 환상적인 이야기를 하지만 사실상 그와 같은 사고방식이란 옛날의 거북선만큼이나 케케묵은 것이다.

"오륜"에 나타난 행동 유형은 대체로 중국적이지만, 그에 바탕을 둔 대부분의 구비 설화는 그 배경이 순수하게 한국적이라는 점을 지적하지 않을 수가 없다. 유교 냄새가 나기는 하지만 한국인의 생활과 감정 형식에 따라서 번안되어 있다. 한국에서는 유교의 오묘하고도 내면적인 이념이 모두 사라지고 오직 그것의 실제적인 적용만이 등장한다는 점을 나는 이미 암시한 바가 있다.

비록 유교 사상에 맞추어 살려는 노력은 없다고 하지만 경전으로서의 유교적 윤리가 그토록 창성하는 이유도 바로 거기에 있다고 추론하지 않을 수가 없다. 이와 같은 이념들은 모든 종교나 문명에 속한 이념과 같은데 이는 유교 사상이 적어도 이미 일반적으로 승인된 가치 기준으로 존재함으로써 인간 사회의 근본 원리가 되기 때문이다. 유교 사상은 공리적이므로 이를 부인한다는 것은 가장 자명한 상식의 명령을 무시하려는 것이 될 수도 있다.

이미 지적한 바와 같이 이와 같은 이야기들은 한국인들의 주일학교서가 되고 있으며 서양과 마찬가지로 특정한 경우에 특정한 소수에 의해 다루어지고 있다. 서양의 어린이들이 다윗과 골리앗, 요나와 고래, 그리고 다니엘과 사자의 이야기를 알고 있는 것과 마찬가지로 한국인 대부분은 그러한 이야기를 알고 있으며, 그 내용에도 대체로 친근감을 느낀다.

그러나 서양의 어린이 사회에서는 『어미 거위』, 『신데렐라 공주』, 『자이언트를 죽인 잭』, 『이상한 나라의 앨리스』, 『브라우니스』가 종교서보다 더 인기인 것처럼 한국에서도 용이나 여우의 이야기, 또는 도깨비나 요정이나 마귀에 관한 이야기가 유교의 윤리에서 따온 이야기보다 더 많이 알려져서 구전되고 있다.

불교의 설화를 들어보면 이야기가 길고 주제의 범위가 넓다는 것을 알게 된다. 불교는 신비적인 종교이므로 더 폭 넓은 상상력의 활용이 필요하다. 불교는 그 내용이 장관이어서 극적인 효과를 얻을 기회가 많으며 죽음 이후의 영혼에 관한 문제와 엄격한 인과응보의 체계를 갖추고 있으므로 내용 전개 범위가 넓은 것이 특징이다.

유교 설화는 짧고 어떤 특수한 도덕성을 제시하려는 것인 동시에 간결함이 필요하지만 불교에서는 그렇지 않다. 내용에서의 구도는 길고도 착잡한 것이 보통이며, 인간사의 상관관계도 좀 더 세심하게 다루어지며 인간성의 작용에서도 더 폭넓은 예증을 제시한다. 불교 설화는 유교 설화보다 소위 더 순수 소설의 형식에 가깝게 접근하고 있다. 유교 설화는 단순한 일화여서 불교 설화만큼 상상력을 자극하지는 않는다.

불교 설화가 대중화된 또 다른 이유로는 불교가 1천 년 이상이나 성행했으며, 대중적으로 전파되기는 유교보다 몇 세기 앞섰다는 점을 들 수가 있다. 유교 문학이 반도 내에서 만개하기 훨씬 전에 들어온 불교는 사회 각층에 깊이 뿌리박아 민족 사상의 모체가 되는 주형을 형성했으며 이제까지 성공적으로 논의되어 본 적이 없는 한국인의 상상 세계에 군림했다. 오늘날 3개의 설화가 불교에 기초한다면 그에 비례하여 1개 정도가 유교 사상에 근원을 둔 듯하다.

불교 의식이 한국에 들어온 것은 서기 3세기경이지만 1100년경까지도 불교와 유교 사이에 심각한 반목이 없었다. 그 무렵에는 이미 한국인의 사유 방식은 불교적인 것으로 형성됐으며, 불교는 이미 순수 종교의 대용 역할을 하고 있었다.

그러나 유교는 한국인의 이성을 좌우할 만큼 토착화되지 못했기에 불교 사상은 선착의 효과에 힘입어 한국인의 의식 속에 깊이 뿌리박음으로써 유교 사상으로서는 불교를 무색하게 할 수가 없었다.

불교가 공식적인 국교가 된 후에 불교 사상이 특히 민속 분야에서 성행했던 또 다른 이유는 유교가 여성의 생활 속에 깊이 파고들지 못했기 때문이었다. 불교는 여성의 생활에 파고들면서도 남의 시기를 받을 만큼 유교와 경쟁하지는 않았다. 불교의 종지는 그 자체가 그와 같은 경쟁을 허락하지 않았으며 종교를 가짐으로써 얻는 이익 면에서는 여성도 남성과 똑같은 수

혜자임을 입증하는 사건들이 한국사에는 가득 차 있다.

그와는 달리 유교는 여성에게 사회에서의 부수적인 지위만 허락했을 뿐이지 종교적인 열망에 대한 출구를 마련해 주지 않고 다만 아이를 낳는 것만이 여성의 할 일이라고 규정했다. 유교란 학문상의 의식이자 스콜라적인 종교였으므로 여성은 종교에서의 가장 거룩한 신비로부터 제외됐다.

비록 미신이란 암흑시대의 이집트인들에게 성행했던 것이지만, 한국의 여성들은 불교에 귀의함으로써 사회에 저항했으며 거기에서 종교적 본능을 충족시켜 주는 마음의 양식을 찾았다. 이런 점에서 그들은 아무런 반대도 받지 않았다. 남자만의 종교인 유교는 천대받는 여성들로 하여금 어둠 속에서 헤매도록 만듦으로써 자신의 위엄을 돋보이게 하려는 환상처럼 보였다.

오늘날 한국 사회에서 가장 놀라운 사실은 남자들이 모두가 유교도임에도 여자들은 거의 모두가 불교도이거나 아니면 적어도 반도 내에서 유교적 성격이 이입된 여러 가지 형태의 미신을 믿고 있다는 사실이다. 현 왕조의 왕비들이 없었더라면 한국의 불교와 같은 절은 어떻게 됐을까?

지난 20년 동안에 한국 여성의 정신 상태가 얼마나 강한 잠재력이 있는지를 보여주는 증거가 수없이 나타났다. 그것은 다름이 아니라 많은 어머니가 자기 아이의 마음을 멍들게 한 것이다. 수많은 소년 소녀가 『천자문』을 읽어보기에 앞서 불교나 유사 불교의 사상에 젖은 것이다. 그들은 공상과 망상의 세계에 사로잡혔다. 소년들은 조만간 명백히 불교를 경멸하겠지만, 소녀들은 1,600년의 긴 전통이 있는 불교에 고집스럽게 달라붙을 것이다. 물론 그들이 믿는 불교란 많이 변모된 것이다.

먼 옛날부터 한국인들이 믿고 있던 배물교적 미신이나 정령설은 너무도 철저하게 불교와 영합해 있어서 우리로서는 그 혼합된 종교의 시말을 분간할 수가 없다. 나는 지금 대중적인 민속 설화를 얘기하는 것이지 순수 문학에 대해 언급하고 있는 것이 아니다. 과거 5세기 동안에 나온 문헌들은 유교적인 것이며, 그 모델도 중국의 성현에 관한 것이다. 그러나 그러한 문헌들은 일반 대중을 위한 것이 아니었다. 여기에서 대중이라 함은 셰익스피어나 밀턴이 영국인이나 미국인을 의미하는 것보다 더 대중적인 것이 되지 못한다.

나는 한국의 민담에서 불교적 요소가 활기를 띠는 또 다른 이유에 관해 언급하지 않을 수가 없다. 그것은 다름이 아니라 불교 설화가 지방적인 경향을 띤다는 점이다. 불교 설화는 어느 특정한 지점을 무대로 하여 이야기가 전개된다. 즉 어느 신성시된 "지역"을 초점으로 한다. 이러한 경향을 띠지 않는다면 그것은 설화로서의 힘을 잃는데, 이는 마치 『윌리엄 텔』이나 『아서왕』이나 『에반젤린』이 지역에 관한 내용을 일반화시킨다면 그 내용이 빛을 잃는 것과 같다.

왜냐하면, 설화를 들려주는 사람은 당신을 어느 산허리로 이끌고 가서, "이곳은 무학대사가 대침략이 있으리라고 경구를 예언하면서 서 있던 곳입니다"라고 말하거나 몇 백 년 묵은 나무를 가리키면서 이것이 바로 도선(道詵)이 심은 것이라고 말하기 때문이다.

이와 같이 지방적 요소를 뚜렷이 밝히는 것은 그러한 식의 설화가 한국인의 의식 속에 그토록 굳게 뿌리박고 있기 때문이다. 유교 설화는 장소나 시간을 그다지 관계하지 않는다. 그러나 금강산은 산의 소나무의 수효만큼이나 많은 명승의 이야기를 간직하고 있으며 한라산에는 남해로 밀려가는 안개만큼이나 많은 불교 설화로 덮여 있다.

불교 설화의 형태나 구성은 매우 다양하다. 소위 불교 철학의 내면적인 모습이 나타나는 경우란 결코 없지만, 설화를 통해 인간 존재의 고뇌에서 벗어나려는 외침을 끝없이 듣게 된다. 어느 곳을 보아도 현세의 영화가 헛된 것이라고 손가락질하지 않는 것이 없다. 확실히 한국 여성들은 영원토록 열반에 들어가 모든 고통을 잊으려 할지는 모른다. 불교는 인간의 단순한 존재가 무위한 것임을 가르쳐 주며 누구에게나 "당신은 현세에서 어디로 향하고 있소?"라고 말하는 점에서는 적어도 일관되어 있다.

불교 설화는 그 구도가 너무 장황하여 상세하게 설명할 수는 없지만 몇 가지 특징적인 점만은 지적할 수는 있다. 절은 패주한 영웅이 은둔하는 피난처인데 그는 절간에 숨어서 글과 무술을 익힌 다음, 적을 무찌르고 자기의 입장이 정당한 것이었음을 주장하고자 과감히 앞으로 나아간다. 절은 또한 영웅이 엄청난 죄를 저지르고도 자신의 정당함을 주장하는 소굴이 될 수도 있다.

한국에는 마녀나 기인이나 우아한 신의 대모가 없다. 사경을 헤매는 사람 앞에 나타나서 비약으로 목숨을 건져 주거나 영웅에게 신변의 위험이 닥쳐왔음을 경고하거나 적을 깨칠 계교를 일러주는 것은 말 없는 스님들이다. 스님들은 가끔 옛날 구약 시대의 예언자 엘리야처럼 왕 앞에 나타나 그의 잘못을 꾸짖거나, 처참한 운명에 처한 나라를 구할 수수께끼와 같은 충고를 남기고 사라진다. 천하를 운유하다가 어느 소년으로부터 친절한 대접을 받은 스님은 몇 년이 지나자 신비한 권능을 발휘하여 청년이 된 그 소년을 유복하고 명망이 있는 사람으로 만들어 준다.

오늘날에는 절에서 학문적인 이론을 대성했다는 사람을 볼 수가 없지만, 한국의 민속 중에는 영웅이 입산하여 학문뿐만 아니라 점성술과 풍수에도 통달했다는 이야기가 많다. 이와 같은 은둔처에서는 무술도 가르친 듯이 보인다. 이러한 설화에서 얻는 것 이상으로 중세의 절에 관한 지식을 얻을 자료는 없다. 유럽의 사원은 학문과 문화의 전당으로서 전쟁에 시달린 노병이 자기의 피비린내 나는 생애를 참회하고자 은둔하는 곳이지만 한국의 절은 젊은이들이 전술과 같은 것들을 배우는 학원이 되고 있다.

민속은 오늘날 보는 바와 같은 한국인의 여러 가지 생활양식을 결정하는 데서 불교가 어떠한 역할을 했는가를 보여준다. 그 예로 형법전을 들어보기로 하자. 최근에 이르기까지도 죄인에게 과하는 형벌은 분명히 불교에서 말하는 저승사자를 모방한 것이다. 이와 같은 제도가 애당초 인간의 상상에서 나왔다는 것은 말할 나위도 없다.

그러나 그러한 제도가 인도로부터 중국을 거쳐 들어온 것이 아니라면, 한국인들이 가진 저승에 대한 두려움은 한국에서 행해지는 형벌 제도에 연유된 것이라고 주장할 수도 있다. 이와 같은 비인도적인 특성이 종교적인 형태로 결정화됨으로써 예로부터의 형벌에 대한 몸서리치는 두려움은 사라지지 않았고 문명의 일반적인 발달에 상응하는 좀 더 인도주의적인 형사 제도의 출현을 저해했다.

한국의 불교 설화는 살생에 대한 혐오감을 조장시켰다. 살생은 점잖은 사람의 체면을 손상하는 것이었으며, 비록 불교가 5세기 동안이나 정치적으로 금지되어 있었지만, 최근[5]까지도 도살자는 칠반[6]으로 여겼는데 칠반이라 함은 사기꾼 · 매음부 · 노예 · 요술쟁이 등이 포함된다. 유교 체제에 포함되지 않는 사상뿐만 아니라 유교에 직접 적대적이던 사상들을 영원히 존속시키는 데에 불교의 전승이 어떠한 영향을 끼쳤는지 보여주는 예는 많이 있다.

그와 같은 문제를 다루다 보면 그 다음의 문제점, 즉 유교와 불교의 적대적인 성격에 관해 언급하지 않을 수가 없다. 이 두 의식을 주창하는 사람들 사이에 쓰라린 투쟁이 고려(918~1392) 전 역사를 통해 계속됐다. 불교도나 유교도의 어느 의식도 오늘날처럼 일반화되지는 않았다. 처참한 투쟁이 일어날 때마다 불교도 측이 항상 승리했으나 유교 측의 중축은 항상 남아 있었다.

결국 불교가 한민족을 도탄에 빠뜨리거나 스스로 멸시받을 행동을 했다면 유교적인 기질이 표면화하여 일격을 가함으로써 적어도 겉보기에는, 프랑스대혁명에 견줄 만큼, 이제까지 한민족이 경험한 중에서 가장 철저한 변혁을 일으켰다. 이와 같은 투쟁은 한국의 민속에 지울 수 없는 표지를 남겨

5) 1894년의 갑오경장을 의미함.
6) 조선 시대에 신분적으로 가장 천대를 받던 7계급을 의미하는데 (1) 조예 · 나장 · 일수 · 조군 · 수군 · 봉군 · 역보를 의미하는 경우가 있으며, (2) 노예 · 기생 · 상여군 · 혜장 · 무당 · 백정을 의미하는 수도 있고, (3) 노비 · 영인 · 기생 · 혜장 · 향리 · 사령 · 승려를 가리키는 경우도 있다.

놓을 수밖에 없었다. 어느 때에는 유교의 승리를 소상하게 일러 주는 설화가 쏟아져 나왔다.

> 일단 유교 측에서 승리하여 불교도의 최고 지도자가 처형당하자 그는 자기의 머리가 땅 위에 떨어질 때 목에서 흰 피가 솟아나와 자기의 주장이 옳았음을 입증하리라고 예언했다. 그의 예언이 적중하자 그를 처형한 사람들은 사태의 추이에 경복하고 이미 파문한 그 의식을 복권해 주었다.

> 갈가마귀는 왕으로 하여금 왕비의 처소로 달려가서 가야금을 넣어 두던 통을 활로 쏘도록 가르쳐 주었다. 왕은 갈가마귀가 시키는 대로했다. 그러자 화살이 박힌 거문고 통 안에서 시체가 굴러 나왔다. 왕이 없는 틈을 타서 왕비를 범하려던 최고 승려가 그 안에 숨어 있었다.

인간의 욕망을 억제하기 위해서는 불교가 더 효과적인지 유교가 더 효과적인지를 알아보려는 시험이 치러진 적이 있었다. 불교와 유교에서 서로 지도급 인물을 뽑아 논다니의 유혹을 이겨내는 시합이 벌어졌는데 그 결과 유교 측 대표가 괄목할 만한 승리를 거두었다.

우리가 이미 알고 있는 바로 한국의 민속에서는 대개 불교도 측에게 승리의 월계관이 돌아간다. 이는 불교가 유교보다 훨씬 더 민담에 편승하여 한국인에게 깊은 인상을 주기 때문이라는 것은 의심할 나위도 없다. 유교는 좀 더 책임이 있는 의식이지만, 불교는 신도들의 상상 세계를 사로잡고 동양의 특징인 신비적인 요소를 독점함으로써 좀 더 우월한 태도를 보였다.

유교가 조정에서 굳은 지반을 확보하게 되자 불교는 국민의 도덕적인 영역에 미치는 영향에는 별로 개의치 않았다. 이후부터 그들 사이의 실질적인 경쟁은 모두 종식됐으며 그들은 가능한 한 한국인의 의식 속에서 융화됐다. 가장 길고도 가장 정성 들여 쓴 설화들은 한국의 불교와 유교가 제휴했음을 보여준다. 불교는 한국인들에게 극적인 요소를 제공하며, 유교는 윤리적인 요소를 제공하고 있다. 따라서 한국인이 활동하는 동기는 유교적이지만 활동 그 자체는 불교적이다.

나는 샤머니즘, 배물교적 미신, 정령설 및 그와 비슷한 모든 설화를 무속 설화라는 명제 속에 포함하고자 한다. 이들은 모두가 한국인의 고유 환경에 호소력을 갖는 설화들이다. 한국인은 유교도가 되기에 앞서 자연 숭배인이었다. 스님들은 저승의 그림으로써 사람들을 겁나게 만들 수 있는 것은 사실이지만 이러한 현상은 그가 언덕 위의 저 나무 위에 있는 혼령에 대해 두려움을 느끼는 것과는 무관하다. 유교도는 가슴속에 있는 사악한 감정으로 등골이 오싹할 수 있지만, 그와 같은 현상은 부엌에서 족제비가 덜거덕거릴 때 "도깨비"가 지금 자기 집의 터줏귀신이라고 느끼는 순간에 사로잡히는 두려움과는 비교할 수가 없다.

상인은 자기 동업자와의 거래에서 지켜야 할 정당한 의무에 관한 긴 훈계는 개의하지 않지만, 방심한 단골손님을 "속이기" 위한 계획을 수행하는 데 가장 운 좋은 날이 언제인가를 가리느라고 종일을 보낼 것이다. 이 같은 주제에 관한 민담은 헤아릴 수도 없이 많다. 산이나, 냇물이나, 나무나, 바위나, 동굴에 사는 신령들이 한국의 설화 속에서 활약하고 있는 것은 마치 요정이나 악마나 수호신이 『아라비안나이트』의 여러 페이지에서 활약하는 것과 같다.

우리는 지금 민속에 관한 다른 어느 주제에 더 깊은 관심을 쏟고 있다. 왜냐하면, 불교와 유교는 모두가 외래적이어서 한국인의 사유에 생소한 많은 사상을 도입시킨 반면에 우리는 지금 여기에서 한국 사회의 토착적인 것과 한국인의 성품을 이루고 있는 근본적인 요소를 다루고 있기 때문이다.

그러나 몇 세기가 지나 지금에 와서도 한국의 설화 중 순전히 한국적 요소와 중국에서 수입된 요소를 구분하기란 어렵다. 그러나 이와 같은 연구를 통해 어디에선가는 순수하게 한국적인 것에 접근하게 되리라고 확신할 수 있다. 우선 한국에는 동물이 인간으로 변신할 능력을 습득한다는 확신에 기초를 둔 설화들이 있다. 이와 같은 설화들은 어린이들이 가장 좋아한다.

> 물을 마시고 20년 동안이나 인간의 형상을 하고 지내 온 한 산돼지가 인간으로 화신할 능력을 습득했지만, 자신이 돼지라는 숙명적인 제약 때문에 면전에서 개를 만나기만 하면 자기의 본래의 모습으로 돌아가지 않을 수가 없었다.

> 동양의 키르케[7]라고 할 만한 한 여우가 여인으로 변신하여 나라를 망치게 한다.

> 백 년 묶은 두꺼비는 인간의 모습으로 변하여 남자로 변신한 호랑이의 시종이 됐다.

> 한 마리의 구렁이가 아름다운 아가씨로 변하여 어느 남자를 파멸 직전에까지 이르도록 유혹했지만 실패했다. 계획을 바꾸어 몇 만 마리의 작은 뱀으로 변하여 그 남자의 몸 안에 들어갔으나 제비 떼들이 그 남자를 구출하여 친절하게도 그 남자의 피부에 구멍을 뚫음으로써 파충류들이 밖으로 나오게 했다.

한국에는 해로운 동물과 이로운 동물 사이에 분명한 경계선이 그어져 있다. 여우, 호랑이, 산돼지, 구렁이, 두꺼비는 항상 해로운 동물이지만 토끼, 개구리, 거북이, 용은 항상 유익하다. 한국에서는 호랑이가 가장 해로운 동물이므로 그가 한 아가씨로 화신하여 그의 가족들을 유혹하려고 집의 문 앞

---

7) 키르케(Circe) : 그리스 신화에 나오는 요부로 마술로 남자를 돼지로 변하게 했다고 한다.

에 와 우는 소리를 냈다는 설화가 엄청나게 많은 데 우리는 놀란다. 이러한 설화는 한국 어린이들이 무서워서 부모의 말에 순종하는 한국판 도깨비설화이다.

집안에서 해코지하기를 좋아하는 악마인 도깨비에 의해 일어나는 이변에 관한 설화가 많다. 도깨비를 보았다거나 도깨비의 술책에 빠져 희생됐다고 고백하는 한국인은 하나도 없지만, 그들은 누군가는 도깨비로부터 피해를 보았다고 믿는다. 평생에 나쁜 짓을 하던 사람의 망령이 죽어서 좋은 곳으로 가지 못하고 생전에 자기가 살던 곳을 배회하는 것이 곧 도깨비라고 한국인들은 믿는다.

또는 원통하거나 고통스럽게 죽은 착한 사람의 망령이 원한에 복받쳐 좋은 곳으로 가지 못하고 도깨비가 될 수도 있다고 한다. 때때로 도깨비는 아랫도리가 잘린 사람의 모습을 하고 어린이나 어른 모습으로 공중을 날아다닌다고 한다. 그렇지 않으면 불이나 빛으로 나타나거나 천둥처럼 굉음을 낸다고도 한다.

어떻게 하여 이 원혼이 사람 몸에 붙어 일어나는 그와 같은 신성하지 못한 원혼과 인간과의 제휴가 재산과 권력을 가져오리라고 약속하는 설화가 많다. 이것은 서양에서 말하는 마법과 일치한다. 이처럼 인간에게 친근한 망령의 도움을 믿고 사람들은 몽매한 행동을 많이 하지만 그 약속이란 항상 허황해서 그것을 믿는 사람은 재산만 빼앗기고 나약하게 되어 점차 쇠멸하게 된다.

그 사람이 파멸로부터 자신이 빠져나갈 단 하나의 길은 그러한 망령과의 관계를 끊는 것밖에는 없다. 도깨비가 가장 무서워하는 것은 은과 붉은색과 벼락 맞은 나무라고 한다. 그래서 붉은색으로 물들인 헝겊을 집안에 걸어놓으면 도깨비의 마력에 빠지지 않을 수 있다. 망령은 이 장벽을 통과할 수 없어서 나흘 동안 기다리다가 그것을 떠나 다시는 나타나지 않는다.

도깨비가 은을 가장 무서워한다는 설화를 듣노라면 마신을 사살하려고 총과 함께 항상 은을 가지고 다녀야 한다는 서양의 미신이 머리에 떠오른다. 도깨비가 사람을 잡아갈 때는 항상 상투를 잡는다고 한다. 그래서 대부분의 한국인은 상투 끝에 은동곳을 꽂고 다닌다. 간혹 나무에 벼락이 떨어지면 그 이웃에 사는 아이들은 부스러진 조각을 잽싸게 주머니에 넣어 귀신을 막는 노리개로 삼는다. 이 참견하기 좋아하는 요정은 일종의 한국판 퍽[8]이어서 이유도 분명하지 않은 재난이 문 앞에서 일어난다.

요정이 제일 좋아하는 장난은 쌀독에 마법을 미치어 그 뚜껑이 독 안으로 들어가게 하는 것이다. 뚜껑은 땜납으로 만든 것인데 독의 아가리보다 크므로 뚜껑이 그 안으로 들어간다는 것은 불가능한 것처럼 보인다. 그러나 뚜껑이 차갑고 쌀독이 덥게 되면 금속의 팽창으로 가능할 수도 있다.

이러한 현상이란 몇 세기에 한두 번 있을까 말까 한 현상이지만 한국인들은 이것이야말로 도깨비가 있는 증거라고 아직도 설명하고 있다. 도깨비는 한국 설화에서 주도적인 역할을 하지는 않지만 여기저기에 나타남으로써 이야기의 전개에 양념 구실을 한다.

한국의 민담 중에는 엉클 리무스(Uncle Remus)[9]형이 많은데 그중에서도 자기보다 강한 적을 꾀로써 넘어뜨린 토끼에 관한 것이 대표적이다.

> 한 마음씨 나쁜 거북이는 용왕의 딸에게 병이 있어 그 병을 고치는 데 쓰일 약으로 토끼의 간을 구하려 다니다가 한 토끼를 천국에 데려다 주겠노라고 속이고 그를 등에 태워 어느 섬으로 데리고 갔다. 해변으로부터 멀리 떠나오자 거북이는 이제 바다 밑으로 내려가면 너의 간이 필요하니 죽을 각오를 하라고 토끼에게 말했다. 토끼는 잠시 생각한 끝에 웃으며 이렇게 말했다.

8) 퍽(Puck) : 장난을 좋아하는 요정.
9) 해리스(Joel C. Harris)의 작품인『리무스 아저씨 이야기』의 주인공. 그는 늙은 흑인 농부로서 흑인 영가와 흑인 민담을 많이 알고 있는 인물로 묘사되고 있음.

"간을 얻기 위해서라면 이러한 고생을 하지 않아도 좋을 걸 그랬소. 우리의 간은 떼어 낼 수가 있게 되어 음식을 너무 많이 먹었을 때는 간을 꺼내 씻은 다음 신선한 곳에 보관해 둔다오. 당신이 왔을 때 나는 간을 말리기 위해 빼 놓았었는데 당신의 이야기에 너무 황홀하여 나는 간을 깜빡 잊었다오. 만약 당신이 간이 있는 곳으로 나를 보내 준다면 당신은 쉽사리 그것을 얻을 수 있을 것이오."

그리하여 토끼는 안전하게 뭍으로 돌아와서 거북이의 헛수고를 크게 비웃었다.

망령은 어느 곳에나 있으며 믿기 어려운 장소에 나타난다. 심지어는 문의 돌쩌귀나 젓가락도 인간의 모든 운명을 변화시킬 만한 능력이 있는 망령의 처소가 될 수 있다. 대체로 그들은 자신을 해치는 존재에 대해 방심하지 않는 것처럼 보인다. 왜냐하면, 그렇게 함으로써 그들은 자신이 갈망하는 능력을 얻기 때문이다. 이와 같은 도깨비 설화는 저속하고도 보잘것없는 인간사를 다루지만 한국인의 익살이 가장 멋있게 표현한다.

그러한 설화의 영향력은 매우 커서 그들은 불교나 유교라는 건전한 이름보다 훨씬 더 한국인의 신앙을 명백히 밝혀 준다고 확신해 말할 수 있다. 만약 한국의 도깨비 신앙을 그대로 내버려두어 다른 신앙의 쓰레기장으로 만들지 않았던들 그리스처럼 하나의 국민적인 여러 신의 형태로 발전했을지도 모를 일이다. 아무리 그렇다고 해도 우리는 도깨비 신앙이 불교나 유교에서는 볼 수 없을 정도로 열렬하게 숲의 신과 바위의 신과 산신을 경배하는 것임을 알고 있다.

이번에는 한국의 전설에 관해 간단하게 살펴보기로 하자. 우리는 이 명제에서 한국의 역사상 일부를 이루고 있으며, 무엇이나 쉽게 믿는 사람들이 신봉하는 초자연적인 모든 사건을 포함한다. 이와 같은 전설은 항상 짧고 간결하며 순수하고 토착적이다. 그 대부분은 매우 오래전부터 전해 내려온 것이며 일본이나 중국의 영향을 받기 훨씬 이전의 것들이다. 많은 전설이 한반도에서 발흥한 여러 왕조나 왕국의 창업을 다루고 있다. 그러한 전설을 검토해 보면 고대 영웅의 출생에는 알이 커다란 역할을 했다는 사실을 알게 된다. 그러나 시조 단군만은 출생이 남달리 독특하다.

> 한 마리의 곰이 신령의 명령에 따라 동굴 속에서 참고 기다린 보람이 있어 여인으로 화신했다. 창조주인 환웅이 배필을 구하다가 그를 만났는데 후에 그 여인이 아들을 낳았으니 그가 곧 단군이며 이때는 시대적으로 노아와 같은 무렵이다.

> 남부 지방의 대왕국인 신라(기원전 57~서기 918)의 시조는 숲에서 발견된 커다란 알에서 태어났다. 북방에서 일어난 고구려의 시조 또한 초인적인 혈통에서 낳은 알에서 태어났다. 신라 초기의 한 영웅은 상자에 담겨 바다에서 흘러들어온 알에서 태어났다. 제주도의 삼성이 태어난 것은 이들의 경우와 다르다. 그들은 땅 위의 한 동굴 속에서 태어났다. 고구려의 시조는 한국의 넵튠[10]이라 할 용왕의 딸을 어머니로 하여 태어났다. 또 다른 한 영웅은 금두꺼비의 모양을 한 둥근 돌 밑에서 태어났다.

이와 같은 전설들은 중대한 사건이 다가오고 있음을 알려주는 전조를 다루는 설화와 밀접한 관계가 있다. 이와 같은 전조에서 나타난 것은 항상 불운한 것이었다. 두려움이란 모든 반 문명인의 종교에서 중요한 요소가 되며 이와 같은 두려움은 그들로 하여금 다가오는 위험의 전조를 신속히 알아차리도록 만들었다.

---

10) 넵튠(Neptune) : 로마 신화에 나오는 해신.

백제가 멸망하기 전에는 마신이 궁성을 배회하면서 "백제가 망한다"고 외치고 땅속으로 들어갔다. 그곳을 왕이 파 보았더니 한 마리의 거북이 나왔는데 그의 등에는 "백제의 해(日)는 그 절정에 이르렀다"고 써져 있었다. 이는 백제가 이미 멸망하고 있음을 의미하는 것이었다. 이 이외에도 호랑이가 산에서 내려와 왕성의 거리를 헤맸으며, 바다가 핏빛으로 변하고, 유성과 혜성과 일 · 월식이 나타나고, 인간과 동물의 기형이 출생하고, 흰 여우가 왕의 앞길을 가로질러 지나갔으며, 벌레들이 소나기처럼 떨어지고, 겨울에 천둥이 치고, 과일나무가 늦가을에 꽃을 피우고, 흰 무지개가 해를 꿰뚫었으며, 붉은 구름이 내려 깔리고, 왕릉에서는 곡성이 들리고, 성문과 절의 문이 바람에 날아가고, 구름과 개구리가 자기들끼리 서로 싸웠다.

한국 전설에는 이와 같은 것들이 많은데 이들은 모두가 죽음이나 파멸이나 또 몸서리치는 참변이 일어나리라는 것을 의미하는 것이다. 이러한 현상들이 고대 로마인들이 두려워하던 전조와 얼마나 근사한가를 살펴보면 매우 흥미 있는 사실이 발견된다. 길운을 알려주는 전조 가운데에서도 흰 사슴을 만나거나 흰 꿩이나 흰 수탉을 보거나 두 줄기로 갈라진 보리를 발견하는 것이 가장 좋다. 그러나 대부분 행운은 꿈에서 예시된다.

조선 왕조의 시조는 양이 언덕을 뛰어넘어 가다가 뿔과 꼬리가 떨어지는 것을 꿈에서 보았다고 한다. 이는 한자의 "羊" 자에서 뿔과 꼬리가 떨어지면 "王" 자가 되는 것을 의미한다.

1592년에 나라를 건진 이순신은 약탈자들이 찍어 넘어뜨리려고 하는 나무를 자신이 버티고 있는 꿈을 꾸었다.

어느 아가씨는 자기 아버지의 연적에 용이 들어가는 꿈을 꾸었다. 그는 꿈에서 깨어나자 그것을 가져다가 먼 훗날 자기 아들이 성장하여 서울로 올라가서 과거를 볼 나이가 될 때까지 감추어 두었다. 그 아가씨는 연적을 아들에게 주면서 용이 도와 이번 과거에 급제하리라고 장담했다. 정말로 그 아들은 과거에 급제하고 점차 벼슬이 올라 정승이 됐다.

한국의 전설에서도 예언이 중요한 구실을 한다. 물론 예언이라고 해도 지난 일을 맞추는 것이지만, 한국인들은 아직도 이것을 믿고 있다. 20세기 이후 한국 역사에서 나타난 중요한 사건들은 이미 몇 년 전에 예언됐다고 한다. 어떤 예언소가 있는 것처럼 보이지는 않지만, 스님이나 학자들이 장래에 관한 그의 견해를 말해달라고 부탁을 받는다.

무학대사는 서울에 대궐을 짓는 것이 어떠냐는 태조의 질문에 반대하면서 만약 서울에 대궐을 짓는다면 200년 이내에 커다란 재난이 일어나 나라를 뒤엎으리라고 주장했다. 아무도 그의 말에 귀를 기울이지 않았지만, 실제로 꼭 200년이 지난 뒤에 도요토미 히데요시의 군대가 한국의 남해안에 상륙했다. 그와 같은 참변을 겪은 뒤에도 그의 예언이 끝나지 않았음을 한국인들은 몇 세기 동안 믿어왔으며 아직도 항간에 떠도는 예언은 그것이 아직 종료되지 않은 것처럼 말한다.

한 가지 놀라운 사실은 장차 남쪽에 있는 계룡산에 도읍을 정하는 왕조가 현 왕조를 이으리라는 것이다. 또 다른 사람들은 지금의 왕조가 창업 500년을 넘기기 어려우리라고 주장했다. 창업 500년은 청일전쟁 직후에 일어났기 때문에 한국인들은 그 위험한 고비가 무사히 넘어갈지를 매우 근심스럽게 지켜보았다.

최근 유행하는 예언에 따르면 "한국에 흰 소나무가 자라면 반도의 북반은 타타르에게 돌아가고 남반은 새우에게 돌아간다"고 한다. 여기에서 "흰 소나무"는 전신주를, 타타르는 러시아를, 새우는 일본을 의미한다고 한국인들은 해석하는데 이는 일본의 섬이 새우 모양이기 때문이다.

> 서기 918년에 중 도선이 송악에 당도하여 그곳을 고려의 도읍지로 정했을 때 그는 큰 실수를 했다. 왜냐하면, 그가 다음 날 아침 전 날과 다른 자리에서 지세를 살펴보았더니 남쪽 멀리 솟은 삼각산의 봉우리가 송악으로 뻗은 가까운 산맥 위를 넘겨보는 형국인데 이 삼각산은 풍수설에서 가장 꺼리는 규봉[11]이 되기 때문이었다. 그래서 고려는 500년 안에 삼각산에 도읍을 정한 다른 왕조에 의해 멸망되리라고 했다. 실제로 이로부터 476년이 지난 뒤에 그의 예언은 적중했다.

전설의 또 다른 형태로는 역사상 중대한 위기가 조성됐을 때 나타나는 초자연적인 도움을 다룬 것이 있다.

> 주몽이 자기를 해치려는 형제들을 피해 집을 뛰쳐나와 어느 건널 수 없는 강에 다다랐을 때 물고기들이 물 위에 떠올라 튼튼한 다리를 만들어 주어 그 위를 디디고 안전하게 건넜다.
>
> 신라의 도읍지가 야만족들의 침략을 받았을 때 대나무 잎과 같은 귀가 달린 이상한 전사들이 나타나 구출해 주었다. 그 다음날 왕은 그의 아버지 무덤이 대나무 잎으로 덮여 있는 것을 보고 자기 아버지의 혼이 신군을 이끌고 자신을 구출해 주었음을 알았다.

다른 나라와 마찬가지로 한국의 전장은 소름 끼치는 많은 설화의 온상이 되고 있다.

---

11) 규봉(窺峰) : 명당을 시샘하듯 엿보고 있는 봉우리.

고구려의 전사들이 부여를 정복하기 위해 진군했을 때 이물림[12] 속에서 군사들이 충돌하는 소리를 들었다. 장수가 그곳을 짓쳐 들어갔을 때 그는 보이지도 않는 손에 잡힌 창검이 모의전에서 상충하고 있음을 보았다. 그것은 길조라고 여겨졌다. 그는 그 무기들을 거두어 그것으로써 적을 정복했다.

반역자들이 경주를 포위했을 때 별 하나가 도성 안으로 떨어졌는데 이는 성이 함락되리라는 길조였다. 반역자들은 기뻐했지만, 성 안에 있던 한 고집 센 장수는 그와 같은 숙명을 부인하고 등이 달린 연을 띄워 올렸다. 반역자들은 그것이 아까 떨어진 별이 다시 승천하는 것이며 천명이 뒤바뀌었다고 여겨 포위를 풀고 물러났다.

한국의 국사 중에는 전장이 되지 않았던 곳이라고는 거의 한 치의 땅도 없으며, 명궁, 영웅적인 모험, 엄청난 용력, 오묘한 전략, 창의적인 천재, 용맹한 마술, 전장과 홍수의 참화로부터 가까스로 피한 것에 관한 민담이 가장 흔하다. 그들은 총알을 맞고도 아무런 상처도 없이 일어선 이여송이나, 축지법을 이용하여 오늘은 전라도의 적병을 대적하고 내일은 천 리나 떨어진 경주에서 아침을 먹었다는 홍의장군 곽재우를 칭송하는 노래를 하기도 한다. 곽재우는 땅을 주름잡아 그 위를 걸은 다음 전과 같이 펴놓음으로써 백 리 길도 단숨에 갈 수 있었다. 민담 대부분은 "하느님의 섭리를 자기의 뜻대로 만드는 식"(*dei exmachina*)의 것으로서 외견상 절망적인 상황으로부터 구출되는 것들이다.

주몽의 어머니이며 인어 공주인 유화부인으로부터 임진왜란 당시에 진주성에서 자기에게 강요된 정부인 왜장을 껴안고 죽은 의기 논개에 이르기까지 한국의 민담에는 여자가 큰 구실을 한다. 그중에서도 가장 유명한 여성

12) 삼국사기 고구려(대무신왕) 4년 12월조.

은 백제의 마지막 왕비이다.

백제의 마지막 왕비는 무도한 적병이 가까워져 오자 궁녀들을 뾰족한 바위로 데리고 가서 함께 물에 빠짐으로써 적에게 능욕을 당하기보다는 오히려 죽음을 택했다. 이 바위를 일컬어 낙화암이라 하는데 이는 "꽃이 떨어진 바위"라는 뜻으로 가장 시적인 아름다움이 풍기는 이름이다.

신라의 최초의 여왕이었던 덕만(선덕여왕)은 개구리의 눈에서 광채가 비치는 것을 보고 적병이 국경을 넘어 침략하고 있음을 예언했다.

현숙한 아내인 세오녀는 남편을 따라 비석을 타고 일본으로 건너가서 그곳의 왕비가 됐다. 왕비는 마법의 비단을 짜고 신라의 왕은 거기에 제물을 바쳤다. 왕비는 일본의 햇빛을 그 비단에 싸서 신라로 돌아오자 그 후로 일본은 암흑이 됐다.

1592년 평양이 함락됐을 때 한국에 또한 유디트[13)]가 있었다. 그는 자기를 잡고 있는 왜장을 죽이려고 자기의 오빠를 밤중에 불러들였다. 왜장은 한 눈을 뜬 채 두 손에 각각 무기를 들고 침상에 똑바로 누워 자고 있었다. 그는 목이 마루 위로 떨어진 뒤에도 자리에서 일어나 칼을 휘둘렀는데 그 힘이 얼마나 억세었던지 여러 개의 나무 기둥이 넘어졌다.

악명이 높기로 이름난 여인에 관한 설화도 많은데 그 예로는 예맥의 왕자와 결혼한 낙랑공주가 있다.

낙랑공주는 밤중에 큰 북을 찢어 버렸는데 이 북은 사람의 손이 닿지 않

---

13) 유디트(Judith) : 소아시아의 장군인 홀로페르네스를 죽이고 유대를 구한 과부.

아도 적병이 쳐들어오면 항상 스스로 소리를 내는 것이었다. 낙랑의 군대가 국경으로 짓쳐들어온다는 급보를 받고서도 예맥의 왕은 그 북이 울리지 않았음을 들어 이를 비웃었다. 그러나 그 북이 찢어졌음을 알았을 때는 이미 사태가 기울어졌다.[14)]

방백 수령들이 까다롭게 얽힌 법률상의 문제를 해결하고자 보여준 슬기로움에 관한 재미있는 전설이 많이 있다. 이러한 설화에는 한국인의 기지와 익살이 넘쳐흐르는데 그들은 기지와 익살이 있었기 때문에 이러한 표현이 적절할지 모르지만 이상적인 정부가 아닌 어두운 정부 밑에서도 웃으면서 참고 지낼 수 있다.

어느 소년이 우연한 실수로 자기의 어버이를 죽이고 눈물을 흘리면서 방백을 찾아왔으나 방백은 마음이 약하여 차마 그를 처단할 수가 없었다. 그러나 방백의 아들이 그때에 아버지 앞에 있다가 그 걱정하는 모습을 보고 이유를 물어 전후 사정을 들은 다음 이렇게 주장했다.

"모름지기 그 소년은 죽어야 합니다. 만약 그가 양심이 있는 사람이었다면 법의 처단이 내리기 전에 스스로 목숨을 끊었어야 했습니다. 그가 눈물을 흘리는 것은 다만 동정을 얻으려는 것에 불과합니다." 그리하여 방백은 그 소년을 서울로 보내어 처벌을 받도록 했다.

어느 사냥꾼이 여우를 쏘아 맞히고 추격하는데 민가에서 개가 뛰어 나와 여우를 잡았다. 개의 주인은 그 여우가 자기의 것이라고 주장했다. 방백은 다음과 같이 판결했다.

"사냥꾼이 가지려던 것은 여우의 가죽이었고 개가 가지려던 것은 고기였

---

14) 여기에서는 낙랑공주가 예맥의 왕비가 된 다음 자기 친정을 위해 예맥의 자명고를 찢은 듯이 되어 있으나, 기록에 따르면 낙랑공주가 출가 전에 자기와 사랑에 빠진 고구려의 호동왕자를 위해 자기 나라의 자명고를 찢은 것으로 되어 있다.

음이 명백하다. 그러므로 사냥꾼은 가죽을 갖고 개에게는 고기를 주어라."

어느 날 이른 아침에 시골의 주막에서 명마가 도적을 맞았는데 그 자리에는 형편없는 절름발이 말이 매여 있었다. 말의 주인은 방백에게 소장을 냈다. 방백은 절름발이 말에게 이틀 동안 물 한 모금 주지 않다가 풀어놓도록 명령했다. 물론 말은 곧장 멀리 떨어져 있는 자기 주인의 집을 찾아갔으며 잃어버린 말도 찾았다.

우리가 신화를 말할 때는 직선적인 의미의 어휘, 이를테면 자연 현상 중에서 초자연적인 성격 같은 것을 생각한다. 한국인들은 그리스의 매혹적인 신화와 같은 것을 생각해 낼 정도로 상상력을 비약시킬 능력이 없다는 사실을 처음부터 지적하지 않을 수 없다. 그뿐만 아니라 한국인들은 북구의 신화에서 나오는 강인한 영웅을 등장시킬 만큼 웅혼하거나 절대적이지도 못하다.

그리스나 로마나 스칸디나비아의 신전은 거대하고도 무시무시하게 보이는 형상으로 가득 차 있지만, 한국의 신전에 모시는 것들은 사람 모습보다도 작아서 어떻게 보면 서구의 것들보다 더 교활하고 단단하게 보이며, 그들보다 유덕하고 훌륭하게 보이지는 않는다. 그러므로 한국의 신화에서는 해로부터 전차를 휘몰며 나오는 포이보스 아폴로를 등장시키는 대신 빈대가 왜 저토록 넓적한지 이유를 설명해 준다.

한국인들은 새털구름이 천상의 풀밭에서 풀을 뜯는 양떼라고 상상하기보다는 오히려 참새는 왜 두 발을 모아 뛰는데 까치는 왜 한 발이 땅에 닿기 전에 다른 발을 떼는가를 들려준다. 그리스의 신화가 거시적인 것과는 달리 한국의 신화는 미시적이다.

만약 독자들이 불과 1년의 절후와 메아리와 불빛의 근원이 무엇인가를 알고 싶으면 그리스의 신화를 읽어야 하지만, 개미의 허리는 왜 저토록 가늘며 이의 가슴에는 왜 까만 점이 있으며 게는 왜 옆으로 기는가를 알려면 한국의 민담을 읽어야 한다. 그 예를 들어 보기로 하자.

> 파리와 참새가 서로 싸움을 하다가 서로 화해하기로 합의했다. 평안 감사가 그 중재를 맡았다. 파리는 참새가 들에서 쌀을 훔치고 지붕 처마 속에 둥지를 만들었으며 그 밖에도 여러 가지 문란한 짓을 했다고 비난했다. 감사는 참새의 변명을 들어보지도 않고 그의 종아리를 때리도록 명령했다. 매질이 시작되자 참새는 아픔을 못 이겨 깡충깡충 뛰면서 자기의 이야기도 들어보라고 간청했다. 감사가 이에 응낙하자 참새는 파리가 여물지도 않은 곡식에 알을 갈기어 그들을 망쳤으며 집안에 들어가 음식물을 더럽히고 이른 아침부터 잠자는 사람들을 깨웠다고 비난했다.
>
> 감사는 더 듣지도 않고 사정없이 파리를 치도록 명령했다. 서로 번갈아 매를 맞고 나자 그들은 초라한 신세가 됐다. 그 파리는 감사의 앞에 나와서, 한국인들이 남에게 간청할 때에 하는 습관처럼 두 손을 비비면서 이제 풀어 달라고 빌었다. 얼마를 생각하고 난 감사는 둘을 용서해 주었지만, 이들이 앞으로는 다투는 일이 없도록 참새는 걷는 대신에 매를 맞을 때처럼 깡충깡충 뛰어다녀야 하고, 파리는 빌던 때처럼 항상 두 손을 비비라고 명령했다.

한국의 민담 가운데 이런 식의 설화가 많은데, 가자미는 왜 머리의 한쪽 편에 두 눈이 달려 있으며, 청어는 왜 그렇게 뼈가 많으며, 달에는 왜 계수나무가 있고 그 밑에 토끼가 있으며, 수수의 씨는 왜 빨간 껍질로 싸여 있으며, 조개는 왜 바다에 빠진 새가 됐으며, 왜 뱀과 낙지가 싸우다가 뱀이 자기의 네 다리를 낙지에게 주어야 했으며, 지렁이는 자기의 다리를 모두 지네에게 떼어 주었는가? 이처럼 진기한 자연의 여러 모습이 한국인의 비위에 맞도록 설명되어 있다.

이상에서 나는 한국의 민담을 대충 크게 나누었지만 이와 같은 한계를 벗어난 잡동사니 소설 형식이 있는데 이것은 그 성격이 매우 다양하여 어떻게 분류할 수가 없다. 따라서 각 형식을 일일이 열거하는 수밖에 없다. 인간의 감정 작용에서 영감을 드러내는 이와 같은 모든 설화를 한 가지의 주제 아래 포함하지 않을 수가 없다.

애정담을 살펴보면, 서양과 마찬가지로 한국의 민담도 매우 천진하다. 혼인할 나이가 되면 남녀의 개인적인 접촉을 금지하는 사회적인 환경이 그러한 점을 충분히 설명해 준다. 이와 같은 한국의 정통적인 애정 계약 때문에 대중 문학은 널리 보급되지도 못한 채 온당하게 논의될 수도 없게 됐다. 점잖은 사람이라면 남녀 간의 애정에 관해 왈가왈부하지 않는 것이 풍습으로 되어 있다.

한국에는 복수심에 관한 설화가 또한 많다. 이러한 형태의 설화가 크게 유행하는 것은 공평한 정의가 구현되지 못하는, 바꾸어 말해서 "전리품은 승자에게"라는 원칙이 정치적 · 경제적 · 사회적 분야에 골고루 적용되는 사회 환경 때문이라는 것은 의심할 나위도 없다. 정치인이나 상인은 말할 것도 없고 심지어는 노동자에게도 가장 천박한 의미로서 "연줄"이 최대의 자산으로 되어 있는 것이 한국의 현실이다. 이러한 환경 속에서 복수심은 날이 가면 갈수록 커 가고 그것이 민담에서 발로됐음을 명백히 볼 수가 있다.

> 어느 아낙네가 마음씨 나쁜 수령에게 조상의 묘지를 빼앗겼다. 점쟁이를 찾아가 물어 보았더니 달걀을 쓰러뜨리지 않고 세우면 즉시 묘지를 찾을 수 있으리라는 점괘가 나왔다. 그러한 사건이 있은 지 몇 년이 지난 어느 날 밤 왕은 옛날의 하로운 알 라쉬드[15]처럼 변복하고 야행하다가 어느 과부가 달걀을 세우려고 노력하나 번번이 쓰러지는 모습을 엿보았다. 그러나 왕이 그

15) 하로운 알 라쉬드(Haroun al Raschid) : 사라센 제국의 왕인 저스트(Just : A.D. 765~809)를 의미하며 그의 일화는 『아라비안나이트』에 소개되어 있다.

음이 바라보던 중, 보라! 불가능한 일이 실현되지 않았는가! 왕은 그 여인에게 집 안으로 들어가도 되느냐고 물었다. 전후 사정을 자세히 들은 왕은 그 여인의 원한을 흡족하게 풀어 주었다.

정승의 손에 억울하게도 아버지와 오빠를 잃은 한 젊은 아가씨는 산으로 들어간다. 그는 언젠가 조정의 부름을 받으면 그 자리에서 정승의 아들을 죽이려고 열심히 검술을 익혔다. 그러는 동안에 정승의 아들은 그의 아버지와 의절하고 산천을 유람하다가 우연히도 그 아가씨를 만나서 청혼하고 그 아가씨가 세상에 나갈 때가 되면 보내 주겠노라고 약속한다. 정승의 아들은 18세가 되는 생일에 죽으리라고 점쟁이에게서 들은 적이 있었다. 두 사람은 자기의 가슴속에 숨기고 있는 비밀을 털어놓지 않는다. 아내는 자기의 결심을 이행할 경우에 자기가 죽여야만 하는 남자와 결혼했다고는 꿈에도 생각지 못한다.

이 이야기는 너무 길어서 여기에서 전부 서술할 수 없지만, 그 뒤에 이 복잡한 사연이 어떻게 귀결됐는지 독자들은 상상할 수 있을 것이다.

한국에는 죄인을 잡아내는 묘계에 대한 설화가 또한 많다. 지방의 방백 수령들의 비행을 살피고 백성의 잘못을 바로잡기 위해 조정의 감시관을 파견하는 풍습에 관해서 흥미 있는 설화가 많이 있다. 이러한 설화는 서양의 탐정 소설의 구성에 비하면 어설프지만 셜록 홈스[16]에게 맡겨야 할 문제들이 종종 발생한다. 인간의 심리 가운데는 정의를 사랑하는 성품이 있다. 결국에 가서는 사필귀정이다.

한국인들의 실제 생활에는 비극이 많지만, 한국의 설화 속에는 없는 점으로 보아 한국인들도 그렇게 생각하고 있는 것이 분명하다. 한국인들은 운명

16) 도일(Arthur C. Doyle)의 탐정소설 『셜록 홈스』의 주인공인 명탐정.

론자들이 많지만 비관론자는 아니다. 그들의 운명이란 세상이 되어 가는 대로 자신을 맡겨 버리는 식의 유쾌한 운명론이다. 한국 연극의 무대에는 익살맞은 시홍으로 가득 차 있다고 말하는 것은 그릇된 표현이 아니다. 죽어 넘어지는 것은 오직 악한밖에 없다.

정의에 대한 이와 같은 열망은 결국 정열로 변한다. 즉 적어도 손에 넣을 수 있는 물건은 가장 바람직한 것이라는 원칙을 따른다. 정의가 오랜 시간 고통을 겪다가 결국에는 승리한다는 수많은 설화 속에서 그와 같은 감정은 잘 표현되어 있다. 한국의 이야기꾼도 서양의 소설가처럼 영웅이 역경 속에 빠지는 모습을 그리기를 좋아하지만, 한국에서는 영웅이 항상 역경을 헤치고 일어서는 것과는 달리 서양에서는 그가 계속하여 고초를 겪는다. 이러한 차이는 서양 소설이 좀 더 현실적인 형태를 취한 때문이라 할 수 있다.

명예심을 기초로 하는 설화는 대체로 글공부라는 형식을 취해 표현된다. 많은 사람이 과거를 보려고 몰려든다. 과거가 한국인에게 미친 엄청난 영향은, 벼슬길의 메카에 도달할 수만 있다면 시생들끼리도 공공연하게 싸우고 시험관을 속이거나 매수하고 미리 써 온 시험지로 바꿔서 제출하고 남의 이름을 적어 넣는 등, 여러 협잡 행위가 수많은 설화에서 잘 나타나 있다.

그리고 바로 여기에서 문무 계급의 상대적인 신분 관계가 나타난다. 오직 무반으로만 출세하여 얻은 명예란 그다지 높지 못하다. 무반으로 명예를 얻었다고 하더라도 그 예는 매우 드물다. 무반으로서의 명성이란 그 당자에 대한 호평에 불과하며, 진정으로 그들이 추구하는 것은 문반으로서의 명예라는 점을 한국 설화는 잘 보여주고 있다.

허욕은 악기의 현과 같아서 한국의 설화에서는 실컷 얻어맞기만 하지만 대체로 주제가 되는 일은 없고 부제로 다루어질 뿐이다. 허욕의 예를 중점적으로 다룬 설화는 극히 드물다. 한국인들은 만사태평이며 구두쇠를 엄청나게 경멸하므로 치사하게 재산을 얻는 재능이 설화에서 곱게 다루어지지는 않는다. 그와 달리 너그러움과 자기희생에 관한 설화나 욕을 먹을 정도로 낭비하는 선심에 관한 설화가 흔한데 이는 그와 같은 설화가 한국인의 사고방식에 적합하며 그들의 낙천주의와 동일 보조를 취하기 때문이다.

> 어느 소년이 출세하기 위해 집을 나간다. 어느 마을에 도착하여, 부모의 장례비가 없어 슬픔에 잠겨 있는 한 소년을 만난다. 그 소년은 알지도 못하는 그에게 자기가 가진 돈을 모두 주고 거지가 된 채 여행을 계속한다. 그는 시골을 돌아다니다가 드디어 서울에 도착하여 장군이 된다. 그는 적군을 무찌르러 나가는데 적군 중에는 엄청나게 큰 거인이 나타나 도전해 보니 그는 자기가 지난날에 도와준 적이 있는 바로 그 소년이다. 그리하여 아늑한 평화가 찾아온다.

이러한 설화는 한국의 어린이들이 몇 시간이나 듣고도 더 듣고 싶어 하는 유형들이다.

지방의 특수한 풍습은 민속으로 전해지고 있다. 특유한 석전, 줄다리기, 밉살스럽기만 한 과부 도둑질, 새댁이 곧 과부가 되리라는 점쟁이의 예언을 미리 예방하기 위해 실제로 사람을 죽이는 소위 "보쌈"17) 이라고 하는 몸서리쳐지는 풍습, 아전의 속임수, 유대의 세리들처럼 남들의 선망 대상이 되는 지방 관청의 엽관운동자들, 이와 같은 한국의 민족적 풍습이나 성품에 기초를 둔 모든 주제는 한국의 민담 속에 넘쳐흐른다.

한국처럼 역사가 오랜 나라의 국토는 옛날 유적으로 가득 차 있으며, 대중적인 경배의 대상이 되는 후광으로 둘러싸여 있다는 것은 이상할 것이 없다. 비록 이러한 유적들 대부분은 성배처럼 남아 있는 것이 없지만, 그에 대

---

17) 보쌈 : 조선조의 상류 계급에 있었던 약탈혼의 일종. 곧 장차 과부가 될 사주를 가진 처녀의 집에서 밤에 미혼 남자를 자루로 납치하여 그 처녀와 동침시킨 후 죽인다. 이렇게 함으로써 그 처녀는 일단 과부가 됐으므로 다시는 과부가 되지 않는다고 믿었다. 그 후 이 보쌈은 여자를 대상으로 하는 약탈혼으로 바뀌었다.

한 설화만은 전해지고 있다. 신라에는 만금으로 된 자와, 경주를 벗어나면 소리가 나지 않는 옥통소가 있었다.

또한 마법의 돌이 있었는데 이것을 들여다보면 병의 원인을 알아 치료할 수 있었다. 마법의 옷이 있었는데 그것을 입은 사람은 남의 눈에 보이지 않았으며, 신라왕의 화장된 유해가 담긴 옥석이 있었는데 여기에 담겨 있던 유해를 동해에 뿌렸다. 한국의 전역에서 볼 수 있는 고인돌과 선돌에 관한 설화도 많은데 그 기원을 아는 사람은 아무도 없는 듯하다.

잡동사니 설화 중에는 한국의 여러 가지의 사물이나 발명품을 소개한 것에 관한 이야기가 있다. 성 패트릭[18]은 아일랜드로부터 뱀을 몰아내었지만, 연산군은 한국에 뱀을 끌어 들였다. 연산군은 침상 밑에 몇 마리의 뱀을 둠으로써 자기의 양기를 돋우려 했다. 그러나 한국에는 뱀이 없으므로 인도에 사람을 보내어 통 속에 넣어 가지고 오도록 했다. 그러나 통의 뚜껑을 열 때 몇 마리가 숲속으로 도망쳤는데 그때부터 한국에도 다른 나라와 마찬가지로 뱀이 자라게 됐다.

민속을 연구함으로써 얻는 학문적인 가치는 그것을 비교할 기회를 갖는다는 사실이다. 한민족의 인종학적 상관관계를 구명하려면 한국의 민속이 어떠한 유형에 속하는가를 알 필요가 있다. 우리가 한국에서 들은 설화는 『신데렐라』, 『40인의 도적』, 『형제 토끼』, 『하로운 알 라쉬드』, 『요나와 고래』, 『날으는 빨간 보자기』, 『알라딘의 등불』, 『신밧드의 모험』, 그 밖에 서구의 과학적인 민속학자에게 친근하게 된 여러 가지의 유형들과 매우 흡사하다는 점을 지적할 때 그러한 비교는 가능한 것처럼 보인다.

---

18) 성 패트릭(St. Patrick : 389?~461?) : 아일랜드의 성직자로서 드루이드(토속성직자)들에 의해 평생 동안 12회나 투옥됐다. 교회를 건립하고 라틴어를 교회어로 소개했다. 저서로는 『고백록』이 있다.

속담

일반적으로 대중이 읽을 문예물이 부족함에도 한국인들은 날카로운 심미감과 간결한 표현력을 가지고 있다는 사실은 놀랍기만 하다. 서적이 부족함에 따라 화술이 세련됐고, 그 결과 서양의 격언이나 경구에 해당하는 간결하고도 기지가 넘치는 속담들이 많이 나왔다. 한국인들은 서양인들보다 더 흔히 속담을 사용하며 그것으로써 대화의 양념을 삼는데 이러한 현상은 서양에서는 부족하다.

우리가 그저 평범하게 "더욱 꼼꼼하게 하라"고 말할 경우 그들은 "아무리 게가 잘 익었어도 다리부터 떼고 먹어라"고 말한다. 속담 중에는 다음과 같은 훈계의 말도 있다. "손톱 밑에 가시 박힌 줄은 알면서도 염통에 쉬스는 줄은 모른다" 상대편을 알아보는 것이 얼마나 중요한지를 표현하려면 "강의 깊이를 알려면 들어가 보라"

"장님이 제 닭 잡아먹는다"는 말은 턱없이 욕심을 부리면 제 꾀에 스스로 넘어간다는 뜻을 멋있게 비꼰 말이다. 서양의 격언에 "말 도둑맞고 헛간문 잠근다"는 말이 있는데 한국인들은 같은 의미로 "사후약방문"이라고 표현한다. "골이 깊어야 뫼가 높다"는 말은 아무 일도 하지 않고서는 얻는 것이 없다는 것을 의미한다. 영어의 "모든 사람의 소위는 각자의 의도에 따라 다르다"라는 말을 한국인들은 "고슴도치도 제 새끼는 부드럽다고 말한다"라고 표현한다. 쓸데없는 것을 크게 벌이는 것을 뜻할 때는 "암탉 잡아도 충분할 잔치에 황소 잡는다"고 표현한다.

다음의 속담에서 우리는 한국인의 천성이 어떤가를 잘 알 수가 있다. "동자기에서 뺨 맞고 서빙고에서 상 찡그린다" 바꾸어 말해서 한국인들은 감정을 표현하는 데 시간이 걸림을 의미한다. 그 일을 하려면 침대에 눕지 않고서는 안 된다는 말을 할 때 그들은 "소금도 먹은 놈이 물을 켠다"라고 말한다. "큰 길 가에 집 짓는다"는 말은 "요리사가 너무 많으면 국도 제대로 못

끓인다"는 말로 표현한다. 왜냐하면 지나가는 사람마다 "이것은 왜 이렇게 하지 않고, 저것은 왜 저렇게 하지 않았느냐?"고 한마디씩 하게 되고 그들의 말에 따라 집을 짓다 보면 결국 건물이 보기가 흉하게 되기 때문이다.

영어에는 "프라이팬에서 불로 뛰어든다"는 말이 있지만, 한국인들은 "사마귀 떼려다가 종기만 얻었다"고 표현한다. "죽은 나무에 꽃이 핀 줄 알았더니 흰 곰팡이였다"는 말은 영어로 해석해 보아도 망상을 의미하는 것임을 알 수 있다. "골짜기에 들어가지 않으면 초승달이 넘어가는 것을 볼 수 없다"는 말은 좋은 일이 있기를 바라면 노력을 해야 한다는 것을 의미한다.

정직하지 못한 사람을 뜻할 때 "입술에는 꿀맛이지만 가슴에는 칼과 같다"는 통렬한 속담에 잘 요약되어 있다. 인간의 천성이 어떤 것인가는 "거지가 되어 본 사람에게는 구차한 소리를 하지 마라"는 속담에서 예리하게 나타나 있다. "돈이 많은 사람을 부러워하다가 수종에 걸렸다"는 말을 각국의 유행추종자들은 얼마나 흔히 인용했던가!

"냄비가 주전자 보고 검다고 한다"는 서양의 격언에 해당하는 말로서 한국인들은 "가랑잎이 솔잎 보고 바스락거린다고 한다"고 말한다. 바람이 조금만 일어도 가랑잎이 움직인다는 것은 누구나가 다 잘 알고 있다. 이 속담은 매우 시적인 표현인데 서양의 은유에서는 이와 같은 성격이 매우 부족하다. "호랑이가 없는 골에는 살쾡이가 거만을 피운다"는 말은 세계의 어느 곳을 가나 옳은 말이다. 이러한 격언은 대단치도 않은 권능을 앞세워 행세하려는 사람에 대한 말도 되며, 어떤 의미에서는 "고양이가 없으면 생쥐들이 날뛴다"는 사실을 설명해 주기도 한다.

"가당찮다"라는 말을 표현하고자 한국인들은 "새발의 피"라는 말을 쓴다. 책임을 떠넘기려는 일반적인 욕심은 다음의 속담에서 잘 나타나고 있다. "국수 못하는 놈이 안반만 나무란다." 한국인의 요리 솜씨는 과자를 접시 지름의 3~4배 높이로 괼 수 있는 기술에 따라 평가된다. 만약 그 정도를 쌓지 못한다면 그는 접시가 고르지 못하다고 말할 것이다. "거지도 친구 대접할 날이 있다"는 말은 서양의 "개똥밭에도 이슬 내릴 날이 있다"는 말에 해당한다.

지나치게 조심성이 많은 사람을 보면 "썩은 달걀 가지고는 성 밑에도 가지 않을 사람"이라고 말한다. 그가 가진 것이 매우 가치가 없는 데도 성이 무너지리라는 희박한 가능성에 걱정하는 것은 그가 얼마나 겁이 많은 사람인가를 보여준다. 서양인들은 "부화도 되지 않은 헛간 속의 새"라는 말을 자주 하는데 한국인들은 이에 해당하는 말로서 "결혼도 하기 전에 갓난아이 기저귀 만든다"는 말을 쓴다.

"닫는 말에 채찍질한다"는 말은 꽤 광범하게 적용되는 격언이다. 대부분의 부잣집 아들을 보면 이 말이 진리임을 알게 되는데 이는 다만 한국에만 국한된 것은 아니다. "끓는 물에 덴 고양이는 불만 보고도 놀란다"는 말이 있는데 이에 해당하는 한국의 속담으로는 "자라보고 놀란 가슴 솥뚜껑만 보아도 놀란다"는 말이 있다.

변덕스러운 사람을 가리키는 속담으로서 가장 인상적인 것으로는 "녹비에 가로 왈(曰) 자"라는 말이 있다. 가로 왈 자를 사슴의 가죽에 쓴 다음, 그것을 아래위로 잡아당기면 전혀 의미가 다른 날 일(日) 자가 된다. 이 속담을 들을 때면 폴로니우스[19]를 연상케도 하며 방금 낙타의 모습을 하고 있다가 족제비의 모습으로 바뀌고 또 즉시 고래의 모습을 하는 구름을 연상한다.

이와 같은 것들은 상투어로 사용되는 속담들 가운데 매우 적은 부분에 불과하다. 다음 속담들은 한민족이 보편적으로 가진 마음씨를 일반적으로 표현하기 위해서는 어떤 말들을 쓰는가를 보여주는 데 도움이 될지도 모른다.

"급히 먹는 밥이 체한다"
"아침에 피는 꽃은 점심때면 시든다"

---

19) 폴로니우스(Polonius) : 햄릿의 애인인 오필리아의 아버지로서 수다스러운 속인의 상징으로 되어 있다.

“쏘아 놓은 화살은 다시 가져올 수 있지만, 뱉어 놓은 말은 다시 담을 수 없다”

“돌부리 차야 제 발부리만 아프다”

“티끌 모아 태산”

“원수는 외나무다리에서 만난다”

“줄자를 팽팽하게 잡아당겨야 곧은 줄이 그어진다”

“미끼가 좋아야 고기를 낚는다”

“물동이 깬 후에 서러워해도 소용없다”

“호미로 막을 일 가래로 막는다”

“얼굴에 힘줄이 생기지 않고서는 무거운 돌을 움직일 수 없다”

“소귀에 경 읽기”

“모든 길은 서울로 향한다”

제 30 장 종교와 미신

한국 종교에 관한 논의를 시작하기에 앞서 우리는 종교라는 어휘의 정의를 먼저 내려야만 한다. 종교가 무엇인지 잘 알고 있는 서양 독자들에게는 이러한 이야기가 새삼스럽고도 이상스럽게 여겨질지 모르지만, 동양인에게는 어디까지가 종교이고 어디부터 미신인가를 설명하기란 매우 어렵다.

나는 종교를 넓은 의미로 해석해 인간이 가지는 초인적 · 인간 이하적 · 인간 외적 현상과의 모든 관계나 환상을 포함하는 것이 좋으리라고 생각한다. 그리고 인간 이하적 현상이라는 범주에는 이미 죽은 인간의 영혼에 관한 문제를 포함하는 것이라고 보충 설명하지 않을 수가 없다. 이와 같이 정의함으로써 한국의 종교란 매우 복잡한 연구 대상임을 우리는 알게 된다.

한국인의 생활에는, 개인이나 집단인 인간들이 가지고 있는 혼성된 종교적 신념에서 볼 수 있는 바와 같이, 고색창연한 문명이 뚜렷하게 발현되지 않는 곳이라고는 하나도 없다. 우리는 이러한 모든 문제를 각기 나누어 취급하지 않을 수 없지만 모든 한국인의 마음속에는 이러한 문제들이 뒤엉켜 있다는 점을 독자들은 잊어서는 안 된다.

바꿔 말해서 논리적인 점에서 보면 한국인들이 신봉하는 여러 가지 서로 다른 의식은 상충하지만 그들 내부적인 면에서는 아무런 적의를 느끼지 않고 오히려 몇 세기에 걸쳐 서로 익숙해지는 동안에 하나의 종교적인 혼성물을 이루었으며, 한국인들은 이러한 혼성물 중 자기가 좋아하는 요소를 취하면서도 그 나머지에 대해서는 아무런 멸시의 감정을 나타내지 않는다.

그렇다고 해서 한국인들은 혼합된 종교 가운데 어느 한 측면만을 배타적으로 믿고 따를 필요는 없다. 마음 한구석으로 불교적 요소에 의존하나 어떤 때는 조상으로부터 전해 내려오는 배물교적 미신을 믿을 수도 있다. 일반적으로 말해 한국인들은 사회적으로는 유교도이고, 철학적으로는 불교도이며, 고난을 겪을 때는 영혼숭배자이다.

따라서 한국인의 종교가 무엇인가를 알려면 그가 고난을 겪으면서 어떤 신앙에 경배한다면 그 때야말로 진지한 신앙심이 나타날 것이다. 한국인의 밑바닥에 깔린 신앙은 원시적 영혼 숭배 사상이며 그 밖의 모든 문화는 신앙 위에 기초를 둔 상부 구조에 불과하다고 내가 결론을 내리는 이유는 바로 이 때문이다. 여기에서 원시적 영혼 숭배라 함은 정령설, 샤머니즘, 배물교적 미신 및 자연 숭배 사상을 일반적으로 포함한다.

불교가 한국에 들어온 것은 몇 세기 전이며 곧이어 유교가 들어왔다. 불교는 너무 신비주의적이었기에 철학적인 면에서는 대중에게 보여주지 못했지만 그것이 국교가 됨에 따라서 그의 독특한 특징은 오히려 커다란 장점이 됐다. 그와 달리 유교는 너무도 냉정하고 유물론적이어서 한국인에게 정서적 호감을 주지 못했으며 단순히 정치 제도화함으로써 도덕적 요소는 대중의 큰 추종을 받지 못했다. 그러나 이 두 체제는 점차 토속적인 영혼 숭배 사상과 영합함으로써 하나의 혼성 불교를 이룩하게 됐다.

이상한 이야기가 되겠지만, 오늘날 한국인들이 생각하는 순수한 개념으로서의 종교란 외래적인 의식과도 아무런 관련이 없고 원시적인 자연 숭배와도 거리가 먼 "하느님"에 대한 믿음이다. 하느님이란 어휘는 "하늘"이라는 단어와 "주인"이라는 단어의 합성어로서 한자의 "천주(天主)"에 해당한다. 모든 한국인은 이 하느님이 우주의 "최고지배자"라고 믿는다. 하느님은 여러 가지 영혼이나 자연계에 횡행하는 사신과는 권외적인 존재이다.

이러한 점에서 볼 때 한국인들은 유일신을 믿으며, 하느님에게 부여된 속성이나 권능은 외국의 선교사(신교)들이 기독교를 보급하고자 거의 보편적으로 말하는 여호와의 그것과 일치한다. 천주교에서는 이에 해당하는 천주라는 어휘를 사용했지만, 여호와와 마찬가지로 대중으로부터 못마땅한 인상을 받았다.

바꾸어 말하면 천주라는 어휘는 기독교가 전래하기 오래전에 이미 사용했기 때문에 사신의 이름처럼 들릴 수도 있었던 탓이다. 그러나 중국에서는 천주라는 이름의 우상을 찾아볼 수 있는 것과는 달리 한국인들은 하느님에 어떤 실제적인 형상을 부여하려고 한 적이 없다. 한국인들은 하느님을 어떤 우상인 의식으로 경배하지 않으며, 그들이 생각하는 하느님의 개념은 어느 의미로 보나 신 자체의 외현적 특성을 감손하는 것은 아니다.

한국인들이 자연적 존재로서의 하늘을 인격적 존재로서의 신으로 믿는지에 관해서는 논의의 여지가 많다. 좀 무지한 사람들은 하느님이 눈에 보이지 않는다는 주장을 부인할 것이며 주장을 뒷받침하려고 하늘을 가리킬 것이다. 그러나 한국인들은 인간에게 빛과 비를 보내줌으로써 어버이처럼 돌보아 주고 사악한 사람들을 벼락과 질병으로써 응징하는 것이 모두 하느님의 권능이라고 믿고 있다.

큰 기근이나 악질, 또는 그 밖의 천재가 발생했을 때 황제가 기구하기 위해 가는 천제당은 순전히 중국적인 것으로서 한국인들이 의미하는 하느님과 접촉할 유일한 길이라고 말할 수 있는데 이는 중국과 일본에서만 보는 독특한 천신 사상이다. 대체로 백성들은 하느님에게 경배하지 않는다. 방금 지적한 바와 같이 하느님은 오직 황제에 의해서만 경배를 받는데 이는 한국의 천신 사상이 중국에서 들어온 것임을 암시하는 것처럼 보일 수도 있다. 여기에서 조급하게 독단을 내릴 독자가 있을지 모르겠지만, 나는 그러한 천신 사상은 중국에서는 물론 한국에 토착적이라고 확신한다.

유교가 인간의 최고우위성을 요구하는 것인 한, 위에서 지적한 제반 이론은 한국의 종교에 나타난 유교적 요소와 일치한다. 그러나 불교에서는 매우 많은 신이 있으며 그 가운데에서도 한국인들에게 가장 잘 알려진 것은 옥황상제이다. 불교에서 말하는 신위가 얼마나 많은 "효용"을 갖는가는 점쟁이에 관한 고찰과 관련해 보면 잘 나타날 것이다.

이제 우리는 한국인들이 믿는 실제적인 종교란 어떠한 것인가에 관한 문제를 언급하지 않을 수 없다. 그들의 종교란 개인의 일상생활에 분명하게 영향을 미치는 무수한 영혼을 믿는 것이다. 상위에 속하는 신들에게는 특별히 제사를 드리지만, 그 밖의 신들은 매일의 일상생활에 자리 잡고 있으며 한국인들은 일반적으로 신에 관한 상념을 가슴속에 간직하고 있다.

한국인들 가운데에는 신위나 신의 권능에 대해 아무런 관심을 갖지 않은 사람이 상당히 많으므로 이와 같은 표현은 자칫하면 과장되기 쉽다. 그와 같은 사람들은 자신의 감정에 어떤 제약이 부여되는 것을 도덕적으로 매우 싫어하며 너무도 이지적이어서 신이 존재하든 하지 않든 간에, 자신의 평안이 어떤 신의 윤허에 의존해 있다고 믿지 않는다. 그들은 자신의 신앙을 빤히 잘 알면서도 이에 어떤 논리적인 추론을 내세워 왈가왈부하려고 하지 않는다.

그러나 한국에는 그와 같은 신의 존재를 믿을 뿐만 아니라 그들과 융화하기를 열망하는 사람들이 대단히 많다. 그들 가운데 대부분은 아낙네들인데 그들은 비교적 교육 수준이 낮아 신을 비웃지만, 몸이 아프거나 고통스러운 재난을 겪으면 신들에게 많은 제물을 바침으로써 이제까지 가지고 있던 회의적인 입장에서 벗어나는 사람들도 또한 많다.

이제 지적한 바와 같이 그와 같은 신앙은 곤경 속에서 나온다. 한국의 민담에는 남자들이 아플 때 어떻게 하는가에 관한 것이 많지만, 영혼에 관한 이야기는 없다. 그러나 그의 아내는 남편과는 의견이 달라서 병마를 쫓아내기 위해 남편 몰래 "무당"이나 "판수"를 찾아다닌다.

한국의 여성들은 유교의 남존여비 사상 때문에 상당수가 불교로 귀의한다는 사실을 나는 이미 지적한 바 있다. 유교는 요마나 영혼과는 상극적이지만 불교는 그들과 너무도 밀접하게 혼성되어 있어 한국인들은 불교와 영혼 숭배 가운데 어느 한쪽에만 의존할 수 없고 모두 함께 믿게 된다. 한국 남성 대부분은 잡신이 인간의 운명에 어떤 영향을 미친다는 관념을 비웃겠지만, 그와 같은 비천한 의식에 그의 아내들이 집착하는 것은 상관하지 않는다.

신에는 두 가지의 종류가 있는데 하나는 인간으로서는 알 수 없는 초인적인 존재로서의 신과 다른 하나는 죽은 사람의 영혼이다. 봄철에 바위나 나무나 동굴이나 강을 배회하는 여러 요정들은 순수하고도 단순한 자연신으로서 제물을 바치고 행운을 바라고 구하는 한 인간의 운명에 아무런 영향을 미치지 않는다. 그들은 착한 요정들이므로 인간들은 그들의 비위를 맞추는 일을 하지는 않지만 다만 축복이나 도움을 청하는 수 있다

병마나 재마는 일반적으로 자연신이지 인간의 영혼이 대신한 것이라고 믿지는 않는다. 병마나 재마는 비위를 맞추어 몰아낼 필요가 있는데 무당이나 판수가 이 일을 한다. 한국인들은 이와 같은 신들을 모두 "귀신" 또는 "궤신"이라고 부른다. 그러나 이들과는 등급이 다른 소위 "도깨비"가 있는데 이는 서양의 민담에 등장하는 악신에 해당한다.

도깨비는 항상 장난기가 있으며 남에게 해로움을 끼치는 데서 즐거움을 찾는다. 그들은 부엌을 날아다니면서 솥이나 냄비를 두드린다. 그들은 착한 남자들의 상투를 움켜잡기도 하고 어떤 때는 그것을 잘라간다. 그들은 솥뚜껑을 솥 안으로 집어넣는다. 그들은 집 주위를 돌아다니면서 그와 같은 요술을 부린다. 그들은 사람들과 함께 지내는 것을 좋아해 멀리 떠나가는 일이 없으며 스스로 황폐한 장소에서 산다. 수전노가 약간의 돈을 묻어두는 것을 보면 도깨비들은 그 돈을 갖지도 않으면서 그곳을 떠돌아다니며 아무도 그곳에 가까이 오지 못하게 만든다.

그러나 여러 잡신 가운데에서도 가장 악독한 것은 억울한 죽임을 당하고

복수하지 못한 사람의 원혼이다. 대체로 그러한 원혼들은 생전에 착한 일만 하던 사람들로서 귀신이 된 지금의 원통한 처지가 지난날에 나쁜 일을 저지른 댓가로 받는 것은 아니지만, 어쨌든 그들은 그리스인들이 생각하는 것처럼 무덤에 들어가지 않은 영혼과 같은 처지에 놓여 있다. 그러한 원혼들은 좋은 곳으로 가기에 앞서 꼭 해야 할 일이 있다. 그것을 꼭 "이룩해 놓아야 한다." 원혼들이 많은데 그들은 자기를 죽인 사람에게 해코지할 기회를 기다린다. 일단 원혼들의 해코지를 피한 사람들은 그들에게서 또다시 박해를 받는 일은 없다.

이와 같은 원혼들은 분명히 초인적인 권능이 있지만, 어느 면에서 인간보다 약하다는 것은 매우 중요한 사실이다. 한국의 설화에 나오는 악령들은 남자 목소리를 들으면 거의 틀림없이 움츠러든다. 악령들은 남자를 두려워할 뿐만 아니라 그에게 복종하지 않을 수 없다. 그러나 나는 상위에 속하는 신들에 관한 논의를 시작하면서 한국인들이 믿는 몇몇 신의 특수한 명칭과 특성에 관해 언급하지 않을 수 없다. 『아라비안나이트』에 등장하는 알라신이 지신이나 수신과 구별되는 것과 마찬가지로 여러 잡신과는 별다른 하느님 이외에도 한국인들은 오방신을 믿는데 이들은 눈에 보이는 창공의 5개 방향, 즉 동 · 서 · 남 · 북 · 중을 다스린다고 한다. 판수는 악귀를 물리치고자 이들에게 기구하고 제물을 바친다.

이 다섯 신은 각기 10만에 가까운 부하들을 거느리며 판수는 그들에게 사실상의 도움을 요청한다. 한국의 동구에서 자주 볼 수 있는 교묘한 조각상은 오늘날 이정표로 그릇 전해지지만, 원래는 오방신을 의미하는 것으로서 마을에 사신이 들어오지 못하도록 하는 보호신처럼 서 있다.

그다음으로 들 수 있는 것이 지신인데 한국인들은 지신 때문에 땅에서 광물을 캐는 것을 싫어한다. 한국인들은 채광하는 것이 지신들에게는 도둑질로 여겨져서 화를 자청하는 것으로 여긴다. 광산업자들이 일반적으로 실제적인 국외자처럼 비하를 받는 것은 바로 이 때문으로 볼 수가 있다.

무덤을 만들 때도 이 지신에게 물어 보아야 한다. 왜냐하면, 무덤에 잘못이 생겼을 경우에 고인의 후손들은 어느 날 갑자기 무덤이 텅텅 비고 시체는 어디론가 사라져 버림으로써 영원토록 씻을 수 없는 액운을 겪게 될지도 모르기 때문이다. 집도 지신이 허락하는 곳에만 지어야 한다. 집터가 지신의 발가락이라도 밟고 있다면 그는 몸서리쳐지는 불운을 그 집에 끼치기 때문에 집을 헐어서 다른 터에 지어야 할 경우도 있다.

길을 가다 보면 헌 누더기와 머리 타래와 색깔이 있는 헝겊과 몇 푼의 돈과 그 밖의 여러 가지 쓸모없는 물건들이 걸려 있는 나무 밑에 작은 돌이 쌓여 있는 서낭을 볼 수가 있다. 그러한 장소는 평야에서도 발견되지만, 산골짜기로 길이 난 고갯마루에서 더 많이 볼 수가 있다. 이러한 성지는 어느 특정한 신을 받들려고 만들어진 것이 아니라 그 마을에 사는 여러 신위를 위해 마련된 곳이다. 그곳을 지나가는 사람들은 돌을 집어서 돌무더기 위에 던진다. 이러한 행동은 자기의 여행이 무사히 끝나기를 바라는 마음의 표시이다.

만약에 "행운의 신"이 자기를 미워하리라고 두려워할 만한 이유라도 있으면 그는 돌무더기에 침을 뱉는다. 물건을 팔기 위해 이웃 마을의 장터로 가는 사람은 잠시 머물러 자신의 "행운" 신에게 바치는 것으로 자기의 재운이 트이기를 바라는 마음의 표현이다. 아랫마을에 사는 아낙네는 언덕에 쌀 한 탕기와 약간의 꿀을 가지고 와서 돌무더기 위에 음식을 차려 놓고 허리를 굽실거리면서 두 손을 마주 비비기도 한다.

그 아낙네는 고기잡이를 나간 자기의 아들이 일찍 돌아오도록 빌거나 아니면 병으로 고생하는 아기가 속히 일어나도록 빈다. 새색시는 자기의 치맛자락을 잘라서 나뭇가지에 걸고 친정의 행운이 자기를 따라옴으로써 자기의 부모들이 가난하게 되는 일이 없도록 해 달라고 빌 수도 있다.[1)]

---

1) 서낭은 본시 돌을 주 무기로 삼던 원시 부족의 석전 유적이었으나, 그 후 신성 개념이 부과된 것이다. 이에 관한 자세한 논의는, 신복룡, 「서낭의 군사적 의미」, 『한국정치사상사』

이러한 잡신의 이름은 너무도 많아서 이들을 모시는 사당의 명칭 또한 가지각색이다. 특수하게 생긴 바위의 신을 섬기기 위해 세워진 석당, 불교와 배물교적 미신의 중간 형태인 불처당, 북두칠성을 모시는 칠성당, 불교 경전이 새겨진 경당, 물신이 걸려 있고 돌무더기와 나무가 있는 것을 의미하는 일반적인 명칭인 서낭당, 제주도에 사는 사람의 눈에만 띈다고 한국인들이 믿는 노인성을 모시는 노인당, 그 밖에도 할미당, 국사당, 용신당 등 많은 사당이 있다.

한국에는 소위 산신이 있다. 산신은 서양의 요정이 한국의 초자연적인 존재로 나타난 것과 같으며 항상 기록에는 흰 수염을 늘어뜨린 근엄한 남자로 표현되고 있다. 그들은 인간이 접근할 수 없는 산봉우리에서 천국의 복락을 누리며 산다. 산신의 모습을 볼 기회가 있는 사람은 복을 받는다.

남에게 귀감이 될 만큼 훌륭하게 생애를 마친 사람은 신선이 되어 산중으로 들어가 그와 같은 행복을 누리게 된다. 한국에는 웅지를 품은 착한 소년들이 그러한 불사신과 생활을 하는 동안 있던 멋있는 모험담에 관한 설화가 많다. 그중 하나가 립 반 윙클의 설화와 같은 것으로 이를 소개하면 다음과 같다.

> 박순이는 나무장수로 생계를 이어가던 사람으로 그의 아내는 매우 사나운 여자였다. 그는 하루하루의 벌이로도 불만 없이 살았지만, 그의 아내는 그가 더 많은 돈을 벌어 오지 않는다고 항상 욕을 했으며 하루라도 허탕을 치는 날이면 큰 소동이 일어날 지경이었다.
>
> 어느 날 아침 박순이는 지난날과 다름없이 지게를 지고 산으로 올라갔다. 그날따라 날씨가 따뜻해 그는 시원한 나무 그늘에 앉아 쉬다가 자연히 꾸벅꾸벅 졸게 됐다. 얼마 안 있어 졸린 눈까풀 사이로 근엄한 모습을 한 두 사람

(서울 : 나남, 1997) pp. 41~75 참조.

이 다가오는 것이 보이는데 한 사람은 장기판을 들고 다른 한 사람은 장기 알을 들고 오는 것이 아닌가? 그들은 나무 그늘에 앉아 박순이는 본체만체 하고 태연히 둘이서 장기를 두기 시작했다. 그는 장기 알이 움직일 때마다 매우 흥미 있게 지켜보았다. 박순이는 이제까지 장기를 구경도 하지 못한 사람이었다.

드디어 한 노인이 장기 알 하나를 움직이면서 "장이야!" 하고 소리쳤다. 장기를 시작한 후로 입에서 나온 최초의 말이었는데 그 말 한마디에 다른 한 노인이 굴복했다. 그 노인들은 연기처럼 사라지고 혼자 남은 박순이는 둘레를 살펴보며 도끼와 지게를 찾았으나 지게는 이미 없어지고 녹이 슨 쇳조각만이 남아 있었다. 그의 옷은 누더기가 되고 수염은 허리까지 자랐다.

그는 비틀거리며 산에서 내려와 마을로 들어갔다. 마을의 모습이 온통 변했다. 지나가는 사람들의 얼굴도 낯설다. 그는 지나가는 사람을 잡고 박순이라는 사람이 사는 곳이 어디냐고 물었다. 그는 이상한 듯이 흘겨보면서 박순이는 이미 30년 전에 없어졌는데, 산중을 헤매다가 호랑이에게 잡아먹혔다고 했다.

마침 그때 한 노파가 물을 길으러 오다가 그 목소리를 듣고 발걸음을 멈추었다. 당황해 어쩔 줄을 모르던 그는 자신이 박순이라고 말했다. 그 노파는 물동이를 내던지고 누더기를 입은 사람의 상투를 잡아 땅에 쓰러뜨리면서 그 게으른 녀석이 30년 동안이나 자기를 버려 혼자서 근근이 살도록 해놓고 이제 와서 얼굴을 내미는 것을 하늘이나 알아 달라고 소리쳤다. 그러나 박순이는 그 상황에서 무엇보다 자신이 미친 사람이 아님을 알게 되자 옛날처럼 행복했다.

장기란 느린 놀이라고 생각하는 사람들은 이 설화를 읽는 동안에 자기의 생각이 옳았다는 것을 알게 될 것이다. 산신 이외에도 어떤 특정한 지방을 보살펴 주는 마을신이 있으며 마을 사람들은 그들을 위해 사당을 세우고 해마다 제사를 드린다. 온 마을 사람들은 이 제사에 관심을 가지며 비용은 공동으로 부담한다.

용을 숭배하는 풍습이 중국에서 들어온 것임을 증명하는 훌륭한 증거가 있다. 한국인들은 긴 산등성이를 보고 거대한 용의 몸뚱이를 연상할 만큼 상상력이 풍부하지만, 한국인들이 그와 같은 생각을 하기 훨씬 오래전에 이미 중국에는 그러한 관념이 있었다. 사실상 한국인들이 숭배하는 여러 신 가운데 중국인들이 생각하는 신과 같은 신이 많으며, 순전히 한국에만 있는 토착적인 신도 있다.

한반도에는 여러 가지 종류와 조건의 개념이 있는바 우리는 많은 유보 조건을 붙임으로써 최소한의 독단론에 빠지지 않도록 말할 수밖에 없다. 우리는 유교와 불교가 어디에서 전래됐는가는 알고 있지만, 그 이외의 것에 대해 우리가 "알고 있는 것은" 그것이 한국에 존재한다는 사실만 알 뿐이다. 용은 한국인의 생활에서 중요한 구실을 하며 항상 길조를 전해 주는 유일한 존재로 되어 있다. 우리는 이 우화적인 동물이 한국인의 행운과 연결되는 수많은 요소에 대한 기술을 시작할 수가 없다.

물신의 문제는 앞에서 언급한 용에 관한 문제와 밀접히 관련되어 있다. 물신 숭배는 한국인들로 하여금 어떤 실제적인 표상으로서 그들을 토착화하도록 만든다. 한국인들은 물신이 신령이라고 믿는 게 아니라 신령이 물신에 붙어 있어 사람이 필요할 때는 언제든지 나타난다고 믿는다.

물신에 관한 권위자인 존스[2] 박사의 매우 주목할 만한 지적에 따르면, "한국인들은 이사할 때 자기가 이제까지 믿던 신을 가지고 가는 것이 아니라 자기가 이사를 가는 새로운 집의 신에 복종한다"고 했다. 그러므로 한국인들은 새로운 집에 있는 신이 무엇인가를 알려고 상당한 주의를 기울이기 때문에 질병이 생기거나 불행한 일이 닥쳐오면 그러한 재난을 물리치기 위

2) 존스(George H. Jones : 1867~1919) : 미국인 선교사. 아메리칸대학을 졸업(1887)함과 동시에 내한하여 주로 인천 지방에서 선교했으며 배재학당 실장(1892~1893)을 역임했다.

해 어느 신에게 빌어야 하는가를 그들은 잘 알고 있다. 집집이 성주라는 것이 있다. "성주의 숭배 대상은 백지와 자그마한 쌀 봉지로 되어 있으며 안방의 대들보 위에 매달려 있다."

새로운 집을 지으면 정성스럽게 고사를 지내는데 그 집의 주인이 조금이라도 미신을 믿는 사람이라면 더욱 그러하다. 고사는 무당이 지내는데 그 여자는 자기의 비방으로써 성주를 불러 지붕 밑에 살면서 온 가족의 운명을 보살펴 주며 질병을 몰아내고 식구들을 보호해 달라고 빈다. 그때부터 아무도 그 집의 문지방을 밟아서는 안 되며 항상 넘어 다녀야 하는데 이는 문지방이 그 집을 지켜 주는 가신의 목이기 때문이다. 만약 그 문지방을 밟으면 가신이 노하여 즉시로 그 집에 불행을 불러들일 수도 있다.

존스 박사의 주장에 따르면, 성주 다음의 지위를 누리는 것은 "터주"이다. 터주의 배물 대상은 세 개의 나무 위에 장화처럼 짚으로 엮어 만든 것이다. 터주는 집을 지키는 것이 아니라 집의 터를 다스리는 것으로서, 잘 모시지 않으면 재난이 일어난다. 한국인들은 유난스럽게도 행운을 잘 믿는 민족이다. 따라서 그들은 자신들의 관념을 신화해서 집집이 "행운의 신"에 대한 물신을 갖추어야만 하며 해마다 틀림없이 두 번씩 고사를 지내야 한다. 존스 박사는 이 점에 관해 다음과 같이 적절하게 표현하고 있다.

> 자식에 대한 순수한 사랑에서 나오는 상제의 친절한 호의가 어떤 것인가에 관하여는 한국인들도 아는 바가 없다. 상제에 대한 신앙은 행 · 불행만을 따지는 낮은 수준에 머물러 있다. 모든 일이 다 잘되면 신령이 가족에게 행운을 주는 것이며 모든 일이 잘 안되면 운이 나간 것이다.

이와 관련하여 한국인들은 여러 가지의 "행운을 가져오는 것"을 믿는데 이는 미국의 흑인들이 토끼의 다리를 가지고 다니는 것과 같다. 한국인들이 "행운을 가져오는 것"이라고 믿는 것 중에는 뱀, 돼지, 두꺼비, 족제비, 사람

등이 있다. 시골에는 행운을 가져오는 뱀을 모시는 장소가 있으며 집 가까이에서 커다란 뱀이 발견되면 길조라고 환영한다.

해마다 새해가 되면 한국인들은 볏짚으로 자그마한 꼭두각시를 만들어 그 안에 몇 푼의 돈을 넣어 길에 버리며, 어린아이들이 그것을 뜯어 그 안의 돈을 꺼낸다. 이렇게 함으로써 악신은 사지가 동강 나서 인간에게 해로움을 끼치지 못한다고 믿는다. 어떤 사람들은 물신의 배물 대상으로서 갓과 두루마기를 집의 대문에 걸어 놓는다. 그 밖에 여러 가지 가신의 배물 대상으로서 낡은 신발이나 풀잎 다발이나 북어 대가리를 걸어 놓는 사람도 있다. 모든 질병의 악신 중에서도 역신이 가장 위험한데 이를 예방하거나 또는 이미 감염됐을 때 이를 몰아내고자 정성스럽게 의식을 거행한다.

앞에 열거한 것은 항상 한국의 주위를 떠돌아다니면서 끊임없이 감시하다가 어떤 순간에라도 사람에게 재앙을 내릴 준비를 하고 있는 악신들이다. 사람이 산으로 가면 그들도 산으로 가고, 방안으로 들어가면 그들도 들어가고, 멀리 여행을 떠나면 그들도 따라간다. 그러므로 한국인들은 자신들의 가슴속에 너무도 역력하게 남아 있는 허구적인 존재인 악신들과 어떻게 하면 사이좋게 지낼 수 있는지 알아내야 한다는 문제가 남아 있다.

동양적인 사유 방식에 젖은 모든 사람이 비술법적인 힘을 발휘하는 것을 목적으로 하는 두 가지의 직업인을 경원하면서도 한국인들은 그들을 통해 축복이나 저주를 받기도 한다. 이러한 직업에 종사하는 사람을 영어의 sorceress(여자 마법사)나 exorcist(귀신을 몰아내는 사람)에 가장 가까운 의미인 무당 또는 판수라고 부르지만 넓은 의미의 남녀 마술사라고 부를 수 있다.

무당이란 어휘는 "대중을 속인다"는 의미이며 판수라는 말은 "운명을 결정하는 사람"이란 뜻이다. 무당이란 명칭은 특히 적합하다. 무당은 늘 여자이며 사회 계층의 가장 낮은 계급으로 인식된다. 그는 일반적으로 결혼을 하지만 항상 방종한 성품의 소유자이다. 무당은 자신이 일종의 영적 중개인인 체하며 영혼과의 두터운 우정으로 자신이 원하는 대로 그에게 영향을 미칠 수 있는 체한다.

기자는 중국에서 올 때 강신술을 익혀 가지고 왔다고 한다. 중국에는 수천 년 동안 무당과 매우 비슷한 성격의 존재가 있었던 것은 사실이며 만약 기자가 건전한 성품의 소유자였다면 그는 주문의 형식을 도입했으리라고 여겨진다. 그가 영혼 숭배 사상을 도입했다고 결론지을 수 없지만, 영혼을 다스리는 특수한 방법을 도입했으리라고 말할 수는 있다. 아무리 무당이라고 할지라도 그가 거행하는 의식 없이는 아무런 소용이 없는데 그 의식을 "굿"이라고 부른다. 무당이 굿을 함으로써 효과를 얻을 수 있는 일은 10가지나 된다.

무당에게 가장 많이 요구하는 것은 병마를 몰아내 달라는 것이다. 그러나 병마가 그러한 방법으로 사람을 괴롭힐 이유가 무엇인가? 한국에는 걸신이라는 것이 있다. 사람들이 음식을 먹을 때 걸신은 문간을 서성거리는데 그 때 만약 고수레하지 않으면 그들은 그 사람에게 앙심을 품고 마력을 발휘하여 병들어 눕게 한다.

다정한 두 친구가 있었는데 한 사람이 죽자 그의 영혼은 죽은 뒤에도 옛정을 계속 이어가고 싶어 한다. 이럴 때도 사고는 생기게 된다. 만약 산 사람이 옛정을 부인함으로써 영혼을 박대한다면 그 영혼이 산 사람의 머리맡을 떠나지 않으리라는 것은 확실하다. 어느 곳에서 오랫동안 있었던 일에 대한 쓸데없는 생각을 잊지 못하는 그 영혼은 그러한 자기의 환상을 어지럽히는 사람을 따라다니면서 해코지를 한다. 만약 당신이 방금 죽은 사람의 집을 방문하면 그의 영혼은 당신을 따라와 사달이 날 것이다.

앞에서 든 예는 사람이 영혼의 노여움을 살 수많은 가능성 가운데 겨우 몇 가지에 지나지 않지만 이와 같은 예는 영혼이 인간에게 해코지하는 것은 흔히 인간의 잘못 때문이 아니라 아주 우연히 그렇게 될 수가 있음을 쉽게 알 수 있다. 이처럼 영혼의 해코지를 당하여 병에 걸린 사람의 예를 생각해 보자.

병에 걸린 사람은 자기의 병이 악신의 장난 때문이라고 확신하지는 않을지라도 그럴지도 모른다고 미심쩍게 여겨지면 무당에게 사람을 보내 자기의 증상을 말한 다음 어떤 악신이 병을 일으켰는지를 물을 것이다. 무당은 어떠어떠한 악신이 병을 일으켰다고 대답할 수도 있고, 우선 환자를 보지 않고서는 대답할 수 없다고 대답할 수도 있다. 그는 2~3달러의 현금을 받은 다음 굿할 날짜를 정해 주는데, 그 장소는 환자의 재산 정도에 따라서 환자의 집이 될 수도 있고, 무당의 집이 될 수도 있다. 그가 어느 정도로 정성껏 굿을 준비하느냐 하는 것도 그가 받은 현금의 정도에 따라서 결정된다.

만약 그의 병이 죽은 친척의 영혼 때문이라면 더 정성을 들여야 한다. 그러나 만약 그의 병이 보통의 영혼 때문이라면 약간의 일상 음식을 거리에 뿌리는 정도로 악신을 몰아내기에 충분하다. 굿을 한 뒤에 악신이 나갔는지는 음식을 거리에 뿌린 다음 부엌칼을 던져 봄으로써 알 수 있다. 만약 던져진 칼의 날이 문 밖을 향하면 악신이 나간 것이고, 날이 문 안을 향하면 악신은 떠나기에 앞서 많은 것을 요구하는 것이다. 만약 환자가 돈이 많은 사람이라면 가까운 신당에서 굿을 하는 경우도 있다.

환자의 집에 도착하여 무당은 여기저기에 음식을 놓고 특정한 자리에 환자의 친구들을 앉혀 놓는다. 무당에게는 조수들이 따라오는데 준비가 모두 끝나면 그들은 자리에 앉아서 일종의 물통처럼 생긴 악기를 문질러서 소리를 낸다. 이는 영혼을 부르는 것이라고 한다. 무당은 주위를 돌아다니며 춤을 추면서 영혼을 부르기 시작한다. 그는 드디어 고조된 흥분에 사로잡히는데 이때 옆에서 구경하던 사람들은 그의 몸에 혼이 내려왔다고 믿는다. 그 때부터 무당이 하는 말은 자신이 하는 말이 아니라 영혼의 말이다.

무당은 이제 방금 내려온 영혼의 이름을 부르며 환자의 병을 고치기 위해서는 무엇을 해야 하는지 말하는데 대체로 그가 말하는 것은 돈을 더 내라는 것이다. 드디어 영혼이 병을 낫게 해줄 것을 약속하면 무당은 얼마 동안 미친 듯이 날뛰며 영혼이 물러감을 예시한 뒤 갑자기 조용해지며 이제까지 보여준 흥분을 전혀 나타내지 않는다.

그는 죽은 사람처럼 넘어지거나 거짓 피로한 체함으로써 자기기만을 더 완전하게 하려고 하지는 않는다. 미신에 대한 환자의 믿음이 강하기 때문에 그와 같은 기교는 전혀 필요가 없다. 거기에 장만된 음식은 무당과 환자의 친지들이 매우 맛있게 먹어 치운다는 것은 더 말할 나위도 없다. 이러한 소동을 피운다고 해서 환자에게 어떤 효험이 생기는 일은 거의 없다.

굿의 두 번째 종류로는 사람이 죽은 뒤에 하는 것이 있다. 사람이 죽은 뒤에도 그의 영혼은 3일 동안 그가 살던 집을 떠나지 않으며 어떤 때는 그 이상일 수도 있다. 죽은 사람의 유족들이 생각할 때 그가 하고 싶은 말이 있을 것으로 생각하면 무당을 불러 오직 그를 통해 영혼과의 대화를 나눌 수 있다. 무당이 와서 음식을 마련하고 나면 그의 몸에 혼이 내리지만 춤을 춘다거나 소리를 지르지는 않는다. 영혼은 그를 통해 하고 싶은 말을 전하며 그런 뒤에 유족들이 눈물을 흘리며 작별을 고하면 영혼은 멀리 떠난다. 그런 다음에 그들은 음식상에 달려들어 말끔히 먹어 치운다.

그다음으로 죽은 이를 매장한 다음에 하는 굿이 있다. 만약 죽은 이가 염라대왕이 보낸 사자에게 잡혀간 것이라고 여겨질 경우에는 무당을 청하여 그 사자로 하여금 죽은 이가 연옥을 거치지 않고 직접 극락으로 들어가도록 해 달라고 빈다. 이때 유족들은 죽은 사람의 영혼을 마지막으로 불러 영원한 작별 인사를 드린다.

이것으로 모든 것이 끝나는 것은 아니다. 매장이 끝난 뒤에도 유족들은 돈이 많다면 가까운 곳에 있는 유명한 신당을 찾아가 대대적인 굿을 한다. 무당은 훌륭한 옷을 입으며 의식을 성대하게 치르려고 온갖 것을 갖춘다. 이 굿의 목적은 죽은 사람이 황천에서 "연고를 갖도록" 하도록 함이다. 죽은 사람에게는 돈이 없어 그의 친지들이 그를 위해 황천에 아뢴다.

음식을 갖추고 흰옷을 입은 무당이 얼마 동안 빙글빙글 돌다가 황홀경에 빠지면 죽은 사람의 혼이 내린다. 무당은 그에게 이미 오래전에 죽은 조부모와 여러 친지를 만나 보았느냐고 물으며 그 밖의 여러 가지를 묻는다. 무당은 그들의 질문이 사실과 엇갈리라는 데 두려움을 느끼지 않고 거침없이 대답한다. 죽은 사람의 영혼은 아직 살아 있는 사람에게 도움이 되는 일을 하리라고 약속을 하는 경우가 많아 이런 굿은 서로에게 도움이 되는 것이 확실하다.

그의 영혼이 사라지면 황천의 우두머리가 등장한다. 황천에는 10명의 판관이 있는데 그가 수석 판관인 셈이다. 친지들은 그 앞에 음식을 차려 놓고 저승에 있는 죽은 이를 편안케 해 달라고 애원한다. 그는 틀림없이 그렇게 하겠노라고 약속하고 음식을 이토록 풍성하게 장만한 것을 칭찬한다. 그런 다음 무당은 그들의 죽은 친지의 재판을 담당한 특별 판관을 불러 섭섭하지 않게 "대접한다." 판관은 죽은 사람의 사후 생활을 가능한 한 고통 없이 해 주리라고 어렵지 않게 약속한다.

그런 다음 그들은 죽은 사람의 집을 보살펴 주는 신을 부른다. 그도 또한 푸짐한 대접을 받은 다음 집안의 이익을 잘 돌보아 주겠노라고 약속한다. 그 신은 그 집안에서 지금 걱정하는 문제를 경고하고 재난을 모면할 가장 나은 방법을 알려주는 경우도 있다. 이 특별 판관과의 이야기가 끝나면 굿을 하는 데 돈을 댄 친지들은 벗이나 친척들을 불러서 이야기를 나눈다. 이럴 때는 굿이 밤중까지 연장되지 않는 한, 죽은 사람과 오후에 차 한 잔을 나누는 기분이다.

무당이 하는 일 가운데 가장 중요한 것은 역신을 구슬리는 일이다. 천연두에 걸리면 무엇보다도 역신에 특별히 관심을 두어야 한다고 한국인들은 믿지만, 실제로는 몸 성한 사람이 이 병을 앓고 있는 사람에게 접근하면 병이 감염됨을 누구나 알 수 있다. 한국인들은 콜레라보다도 천연두를 더 두려워하는데 이는 천연두가 가난과 함께 항상 사람들을 괴롭히기 때문이다.

악질이 발병한 지 닷새째 되는 날로부터 식구들은 머리를 빗거나 새 옷을 갈아입거나, 집 안을 쓸거나, 집 안에 새삼스러운 물건을 들여놓거나, 나무를 베거나, 손톱을 깎거나, 콩을 볶거나, 수채를 메워서는 안 된다. 이러한 일을 하면 환자의 눈이 멀거나 아니면 심한 곰보가 될지도 모른다. 만약 집 안에서 누가 바느질을 하면 환자는 참을 수 없는 가려움을 느끼게 된다.

역신이 불쾌하게 여길지 모르기 때문에 조상이나 가신에 대한 제사를 지내서는 안 된다. 가족들은 콩이 섞이지 않은 흰 쌀밥만을 먹어야 한다. 만약 콩을 먹으면 환자의 얼굴에 콩자국(곰보)이 생긴다. 짐승을 죽이면 환자가 자기의 얼굴을 할퀴어 병을 더 악화시킬 수 있다고 믿어서 그럴 수가 없다. 세탁이나 도배를 하면 환자의 코가 영원히 막혀 버리기 때문에 그럴 수도 없다.

발병한 지 아흐레가 지나면 손톱을 깎거나 벽을 바르거나 짐승을 죽이는 것이 아니라면 모든 금기를 지키지 않아도 된다. 열 사흘째가 되면 역신이 나간다고 한다. 이때가 되면 그를 위해 잔치를 차린다. 싸리나무로 말(馬)을 만들고 짚으로 가방을 만들어 쌀과 돈을 넣은 다음 등에 얹어준다. 빨간 우산과 여러 가지 색으로 된 깃발을 붙인 다음 지붕 위에 던져 놓는다. 그 말은 역신이 타고 가도록 마련한 것이기 때문에 천연두가 씻은 듯이 낫거나 낫지 않았거나 간에 장만해야 한다. 그날에는 무당이 와서 알뜰한 의식을 차려놓고 환자의 병이 잘 나음은 물론이고 얼굴이 곰보가 되지 않도록 해달라고 빈다.

"용의 하강"에 관하여도 짤막하게나마 언급할 필요가 있다. 바다는 말할 나위도 없고 강이나 내에는 용이 살고 있어 둑이 있는 마을에서는 정기적으로 인자하고 위력 있는 용에게 제사를 지낸다. 그럴 뿐만 아니라 수송선도 의식을 거행하며, 나룻배, 고깃배, 전함, 그리고 중국으로 짐승들을 수송하는 배들 모두가 용에 대해 성대한 의식을 거행한다. 용은 비를 내려 주므로 농사가 흉작이 되지 않도록 하기 위해서라도 그의 비위를 맞추어야 한다는 사실 때문에 그와 같은 의식은 매우 중요하다. 이 의식은 무당이 배에서 거행하며 마을의 지도자들이 가능한 한 많이 함께 탄다. 이때 무당에게 주는 돈은 약 40달러가 된다.

이때 가장 흥미 있는 장면은 목까지 물이 가득한 물동이 위에 칼날을 위로 세워 놓고 그 위에서 무당이 춤을 추는 것이다. 칼날이 어느 정도로 날카로운지 자신 있게 말할 수 없지만, 비록 용이 순전히 상상적일지라도 무당의 벌이가 썩 좋은 것이라는 점은 미루어 짐작할 수 있다. 해안선일 경우 무당은 용과 그곳에서 빠져 죽은 사람의 혼을 불러 바다가 조용하게 되고 그곳을 지나가는 항해가 무사하기를 빈다.

고기잡이배를 위해서는 간단한 의식만으로도 충분하다. 사람들이 그곳을 지나다니면서 먹을 것을 잡는 것은 용에게 지나친 무례가 되는 일이지만 먹고살려면 어쩔 수 없이 그러노라고 무당은 고백한다. 무당은 용에게 인간의 모든 잘못을 너그럽게 보아주고 풍어가 되도록 해 달라고 애원한다.

한국에는 다리가 부족해서 나룻배가 중요한 구실을 한다. 나룻배에는 사람이 너무 많이 타서 배가 가라앉는 일이 많으며 해마다 이에 따른 인명 피해도 매우 크다. 중요한 나룻배에서 거행하는 의식도 매우 성대하다. 배는 축제처럼 성장하며 잘리지 않은 온 길이의 나무뿌리와 같은 통나무를 싣는다. 무당과 그를 따르는 사람들은 배를 타고 해변을 떠난다. 용과 죽은 사람의 영혼을 위해 물에 음식을 뿌리며, 무당이 흥분해 "혼이 내리기" 시작하면 그는 물에 빠져 죽는시늉을 한다.

그런 다음 그는 나무뿌리 위로 올라가 춤을 추며 목청껏 소리친다. 그와 같은 괴상한 행동이 한 시간쯤 지나 뭍에 올라오면 버드나무로 달려가서 몸서리가 처질만큼 통곡하고 흥분하면서 꼭대기까지 기어 올라간다. 그는 자기가 검푸른 물에 빠져 죽은 사람의 넋이며 그 위에서 주위를 멋있게 살펴보지 않을 수 없노라고 말한다. 나무 위에서 그는 사방을 둘러본 다음 내려온다. 그러는 동안에도 그는 줄곧 이를 갈며 목청이 터지라고 소리친다.

1894년까지만 해도 조선 정부에서는 해마다 북경에 사신을 보냈는데 사신과 심부름꾼들은 떠나기에 앞서 큰 굿을 한다. 그와 같은 미신을 믿는 것은 사신의 품위를 떨어뜨리기는 하지만 이제까지 굿에 대한 댓가를 사신들이 가지고 왔다고 믿기에는 그럴 만한 이유가 있다. 이때는 4~5명의 무당이 동원되는데 그들은 사신들이 무사히 다녀오도록 보살펴 달라고 빈다. 의식은 마치 무언극과 같은데 무당들 중 한 사람은 사신으로, 다른 한 사람은 영의정으로 분장한다.

위와 같은 경우 외에도 무당의 활동이 필요한 때가 몇 가지 있다. 한국의 민속은 무당이 중요한 역할을 하는 설화로 가득 차 있다. 그중 예를 한 가지만 들어보도록 하자.

> 어느 날 한 무당이 꿈을 꾸었는데 역신이 나타나 자기는 지금 이웃집에 들어가려고 하는데 마침 그 집의 다락이 마음에 든다고 말했다. 꿈에서 깨어나자 무당은 역신이 말하던 집으로 급히 달려가 본즉 그의 말과 다름이 없었다. 그 집의 어린 아들이 병으로 누워있었는데 다락으로 옮겨달라고 거듭 부탁하고 있었다. 일이 이쯤 되자 무당은 자기의 꿈이 맞았음을 알았다. 병이 심해짐에 따라 환자는 목을 심하게 긁어 위험할 만큼 부풀어 올랐다. 무당은 이렇게 말했다.
>
> "이 집안의 누구인가가 닭의 죽는 모습을 보았구려."
>
> 알아본즉 그것이 사실이었다. 이때까지도 그의 아버지는 무당이 환자에게 굿을 하는 것을 반대했다. 드디어 어린아이의 얼굴이 담녹색으로 변하여 죽음이 가까워졌음을 알 수 있었다. 무당은 또 이렇게 말했다.
>
> "집안에 누구인가가 녹색 헝겊을 가지고 들어 왔을 것이니 찾아보시오."
>
> 찾아본즉 그 또한 사실이었다. 그의 아버지는 더 고집하지 못하고 무당으로 하여금 손을 쓰도록 한 즉 아이의 병이 나았다.

지금의 왕조가 건국한 직후까지도 보령 앞바다에 젊은 아가씨를 던지는 소름 끼치는 풍습이 있었다고 한다. 그 자리에서는 해신의 비위를 맞춰 놓작물에 넉넉한 비를 내리게 하고 뱃사람들의 안전한 항해를 위해 무당이 강신제를 지냈는데 이에 대해 다음과 같은 전설이 내려오고 있다.

> 옛날에 어떤 사람이 이 지방에 새로운 방백으로 부임했다. 그는 미신을 믿지 않았기 때문에 해신제를 직접 가서 보고 가능하다면 그러한 풍습을 없애리라고 마음먹었다. 세 명의 무당이 이 일을 하기로 되어 있었으며 물에 던질 젊은 아가씨도 구해 놓았다. 그들이 아가씨를 데리고 물가로 나아가 던지려 하자 그는 울부짖으며 몸부림쳤다. 방백은 그들을 멈추게 했다.
>
> "당신들은 그 아가씨를 물에 던져 희생시킬 필요가 있는가?"
>
> "예, 그렇게 하면 용왕님이 즐거워하므로 풍년이 들지요."
>
> "당신들은 그것을 어떻게 아는가?"
>
> "예, 우리는 용왕님과 매우 가까운 친구이기 때문에 그의 마음을 잘 알지요."
>
> "그렇다면 내 생각으로는 당신 중 하나가 제물이 된다면 용왕님이 더 즐거워할 것 같소."
>
> 그 말과 함께 방백이 종자 한 사람에게 눈짓하자 그는 무당 한 명을 붙잡아 물에 던져 버렸다. 그러나 용왕이 아무런 기척도 보이지 않자 두 번째 무당이 첫 번째 무당을 따라서 물속으로 뛰어들었다. 그래도 아무런 영험이 나타나지 않자 자기들의 주장을 입증하려고 세 번째 무당이 물속으로 뛰어들었다. 그것으로 일은 끝났다. 방백은 무당에 의한 모든 풍습이 그릇된 것임을 왕에게 알렸으며 이때부터 오늘에 이르기까지 무당은 천민 계급으로 여겨지게 됐다.

영혼을 움직이는 것은 비단 무당뿐만이 아니다. 판수는 영혼의 요술에 더 정통하여 마귀의 행패를 막는 데는 무당보다 더 능숙하다. 무당은 일종의 중개자이며 영혼과의 친교를 통해 그들을 몰아낼 수 있다고 위에서 지적한 바 있지만, 판수는 영혼과의 중개자라기보다는 오히려 귀신을 쫓아내는 사람이다. 판수는 귀신의 적이기 때문에 그들을 달래기보다는 오히려 몰아낼 수가 있다. 무당이라는 직업은 판수보다 훨씬 그 역사가 길다. 판수가 최근 수 세기 동안에 생긴 것과는 달리 무당은 아주 옛날부터 있었다.

이미 앞에서 지적한 바와 같이 판수라는 말은 "운명을 결정하는 사람"이라는 뜻인바 이름의 뜻을 미루어 보아 이 눈먼 고행자의 주요 임무는 사람의 운명을 예언하는 것임을 알 수가 있다. 그러나 판수는 사신을 몰아내는 데 불려 다니기 일쑤이다. 판수는 남성이어서 무당에게 쏠리는 중상을 면할 수가 있음에도 불구하고 사회적 지위로 보면 무당보다 더 우위라고 볼 수는 없다.

여자가 판수인 경우도 약간 있지만, 그들은 귀신을 다루는 능력이 없으며 사회 계급 면에서도 무당과 마찬가지로 비천하다. 일본의 안마사와 마찬가지로 한국의 판수라는 직업은 장님에 국한되어 있었으며 연주창의 유행은 그러한 직업에 종사하는 사회 계층을 형성시켜 주는 넉넉한 원천을 이루고 있다.

한국인들은 죄를 짓고 도망한 사람을 찾으려고 판수의 손을 빌린다. 착한 일을 하면 그에 대한 댓가를 받을지, 지금 하고 있이 잘될지, 오늘 신수가 어떤지, 이달 신수가 어떤지, 올해 신수가 어떤지, 죽을 무렵에는 어떤 일이 있을지, 옛날의 생활은 어떠했는지, 자기 몸에 큰 불행의 씨가 들어 있지 않은지, 잃어버린 물건과 훔친 사람을 어떻게 하면 잡을 수 있을지, 이번 여행에는 마음먹은 일이 잘될지, 부자가 될지, 왜 이렇게 아픈지, 어느 방향으로 이사를 가야 좋을지, 집을 수리해도 아무런 탈이 없을지, 제비뽑기에는 당첨될지, 하인을 두는 것이 어떨지, 언제쯤 아들을 얻을지, 언제쯤 등과할지, 언제쯤 출옥하게 될지, 자녀들이 잘살게 될지, 어떻게 하면 귀신의 노여움을 풀지, 언제쯤 결혼을 하면 잘살지, 언제쯤 훌륭한 사윗감이 나타날지, 어젯밤 꿈이 길몽인지 흉몽인지, 앞마당의 나무를 베어도 아무 탈이 없을지, 이장을 해도 괜찮을지, 아이를 집에서 분만해야 좋을지 아니면 친정에서 분만해야 좋을지, 이 모든 것을 알아보려고 한국인들은 판수를 찾아간다.

점을 치는 방법으로는 산통을 사용하는 법, 복전을 던지는 법, 한자를 풀이하는 법의 세 가지가 있다. 첫 번째 방법이 가장 천하며 두 번째 방법은 그보다 좀 나은 편이며, 한자를 풀어서 하는 세 번째의 방법은 식자층도 군말 없이 따른다. 선비의 대부분은 자기 나름의 유치한 방법에 따라 점치는 법을 배운다.

첫째로 산통을 사용하는 방법은 통을 흔들어 안에 있는 성냥개비 크기만 한 8개의 금속 봉을 던지는 방법이다. 각 금속 봉마다 금이 그어져 있으며 그들을 던진 뒤에 바닥에 깔리면 단 한 번을 던져 그 가운데 3개만으로도 여러 가지의 순열이 나타남을 알 수 있다. 판수는 각 순열의 경우에 따르는 일련의 공식을 알고 있으며 이 순열만으로써 그는 고객의 모든 질문에 답변할 수 있다고 보아서 이 공식은 불가사의한 형태를 이루고 있음이 분명하다.

어느 남자가 언제쯤 친구가 출옥하게 될지를 묻자 "어망이 낡으면 잉어가 새어 나간다"라는 점괘가 나왔다고 하자. 이 말을 들은 고객은 잉어란 항상 겨울에 잡히기 때문에 겨울이 올 때까지 그의 친구는 처량하게 옥살이를 하리라는 말로 곧 풀이할 것이다. 판수의 재능은 자기에게 던져진 질문에 그러한 공식을 끌어 붙이는 데서 나타난다. 판수는 고객들이 스스로 추측해야 하는 그리스의 델피의 신탁을 알려주는 사제보다도 더 융통성이 있다.

둘째로 소위 "돈 점"이라고 하는 방법은 한국의 옛날 동전을 4개, 6개, 또는 8개를 사용하는 방법이다. 위에 글씨가 새겨져 있는 것이라면 가장 좋겠지만, 옛날 것이기만 하면 모두 된다. 점쟁이는 동전을 손에 넣고 흔들다가 그중 몇 개를 떨어뜨린다. 바닥 위에 떨어진 동전의 순열에 따라 거기에 맞는 공식을 읽는다. 동전을 처리하는 데는 수백 가지의 방법이 있지만, 판수들은 제각기 자기가 좋아하는 방법이 있는데 이는 마치 요리사들이 음식을 만들면서 자기가 좋아하는 조리의 비방을 알고 있는 것과 같다.

셋째로 "책을 통해 점을 보는 방법"에 따르면 고객에게 생년, 월, 일, 시를 묻는다. 이 사주를 둘씩 맞추면 어떻게 순열해도 네 자가 되는데 점쟁이는 이를 보고 싯귀를 짓는다. 그런 다음에 어느 글자가 고객의 경우와 가장 적합한 것인가를 결정한다. 점쟁이는 글자를 색인으로 사용하여 책에서 해당하는 면을 펼쳐서 마치 측량 기사가 대수표를 찾는 것처럼 자신 있게 그의 운명의 장을 찾아내는데 그가 찾아낸 면은 수수께끼를 적어 놓은 것과 같아서 고객은 질문에 대한 점쟁이의 대답을 잘 새겨들어야 한다.

책을 통해 점을 보는 또 다른 방법으로는 소위 『당사주』[3]라고 하는 점술서를 이용하는 방법이 있다. 이 방법은 현세의 모든 길흉화복이 전생의 업보라고 믿는 한국인들의 사고방식에 바탕을 두고 있다. 오직 재난을 당했을 때만 사람들은 이와 같은 신탁을 들으려고 한다.

> 어느 아낙네가 술주정뱅이 남편에게 모진 학대를 받게 되자 판수를 찾아가서 물어본다. 판수는 점술서를 들추어 본 다음 전생에서 그 아낙네는 소몰이꾼이었고 그의 남편은 소였는데 그가 소를 너무도 학대했기 때문에 현세에서는 그 댓가로 남편에게서 박대를 받지 않을 수 없다고 말한다. 그러나 만약 그 여자가 아마로 짚단을 만들어 염습할 때와 마찬가지로 일곱 마디를 묶은 다음 방안에 감추어 두면 그의 남편이 술에 취해 집에 돌아와 그 짚단을 자기의 아내로 잘못 알고 두드려서 망가뜨리라고 말한다. 이렇게 함으로써 아내를 학대하는 남편의 버릇을 고칠 수 있다.
>
> 또 다른 여자는 판수를 찾아와서 자기에 대한 아들의 효성이 변치 말도록 해 달라고 부탁한다. 그러면 판수는 전생에 그 여자는 굶주린 개에게 매우 인자한 사람이었으므로 다시 현세에 사람으로 태어났고 그 개는 자기의 아들로 태어나도록 하느님이 이미 정해 주었다고 대답했다. 만약 그 여자가 자기의 아들을 계속하여 잘 보살펴 주면 아무런 탈이 없을지도 모른다.
>
> 황소가 벼락을 맞자 그 주인은 판수를 찾아와서 이러한 재난이 자기에게

---

3) 본문에는 *Record of Previous Existence*라고 되어 있다.

닥쳐온 이유가 무엇인지 묻는다. 선지자는 그에게 집으로 돌아가 짐승이 있던 곳을 잘 살펴보면 그가 전생에 얼마나 악한 일을 많이 했던가를 알 수 있으리라고 말한다. 얼떨떨해진 농부는 집으로 돌아와 살펴보았더니 소의 뿔에는 다음과 같은 이야기가 한문으로 또렷이 박혀 있다.

"옛날 당나라 시대에 이임보[4]라는 재상이 있었다. 그는 죽은 뒤 아홉 번이나 기생으로 환생했고 세 번이나 황소로 태어났지만, 그가 전생에 저지른 죄를 모두 씻을 수가 없었다. 드디어 하늘은 그에게 벼락을 내려 그가 지은 죗값을 치르게 했다."

한 가지 덧붙여 말할 필요가 있는 것은 이임보라는 사람은 중국 역사상 가장 부패한 관리여서 오늘날에도 많은 사람의 입에 오르내리는 사람이다.

오늘날에 이르기까지도 『옥황상제의 사록』[5]이라는 책에 의존하여 점을 보는 방법이 있다. 병마가 너무도 악질이어서 하늘에 직접 아뢰지 않고서는 병을 몰아낼 수 없을 때는 이 책을 들추어보지 않을 수 없다. 정신착란증은 병 가운데서도 가장 나쁜 병으로 여겨지고 있으며 가장 "지독한" 악귀가 일으키는 것이라고 한다. 판수가 환자의 집에 와서 모든 가신을 잔치에 초대한 다음 악귀가 나타나지 못하도록 해 달라고 부탁한다.

이 일이 끝나면 이번에는 악귀를 불러 음식을 대접한 다음 영원히 떠나가라고 말한다. 이 일이 잘된 것 같지 않으면 그 책을 펼쳐 들고 주문을 읽어 악귀를 이길 힘을 얻는다. 주문을 외우는 동안에 악귀를 잡아 병에 넣고 마개로 막은 다음 매질을 한다. 그렇게 되기 전에 악귀는 더 버티지 않고 판수

---

4) 이임보(李林甫 : ?~752) : 당 현종 후기의 재상으로서 아첨을 잘하고 교힐하며 권술이 있어서 환관, 비빈과 결탁하여 벼슬을 하던 19년에 정사를 마음대로 농간하다가 천하가 모두 원수로 여겨 안록산의 난의 원인이 됐다.

5) 본문에는 *Thought on the Works of the Jade Emperor of Heaven*이라고 되어 있으며 그의 원명이 무엇인지는 고증할 수 없다.

의 말을 들어 도망칠 수도 있는데 그렇게만 하면 푸짐한 대접을 받는다. 일단 잡혀 병 속으로 들어가면 복숭아나무를 깎아 마개를 하고 매질도 복숭아나무로 하는데 이렇게 하면 귀신이 무력하게 된다고 한다. 그 병을 무당에게 넘겨주면 무당은 그것을 가지고 밖으로 나가 묻는데 그 방향은 판수가 상세하게 지적해 준다. 그렇게 하면 이제 치료가 끝난 것이다.

멀리 떨어져 있는 사람을 치료하기 위해서는 "신을 보내는 점"을 한다. 만신 집은 모든 신이 모이는 일종의 집회소로서 판수가 주재한다. "귀신을 잡는 점"을 할 때는 사신으로부터 사람을 보호해 주는 일종의 부적을 몸에 달아 준다. 여러 귀신 중 하나가 몸에 집혀서 그 이외의 귀신들이 하나를 몰아내고자 할 때는 "귀신에게서 벗어나는 점"을 한다. 그들 중 하나가 땅으로 들어가 사람을 괴롭힌다. 판수가 여기에 개입하여 지금 환자의 몸에 집혀 있는 귀신을 풀어놓아 주면 병을 낫게 해주겠노라고 그들은 말한다. 판수는 귀신의 앞날을 위해 선처하겠노라고 약속한다.

한국의 어느 서점을 가나 『육갑』이라는 책을 볼 수 있으며, 『오행서』라는 책도 가끔 볼 수 있다. 이러한 책은 한국인들이 철저하게 미신을 믿고 있음을 나타낸다. 대부분의 사람이 이 책을 읽지만, 특히 상류 사회 아낙네 대부분은 이 책을 집 안에 감추어 두고 자기의 어린 자녀들의 운세도를 만든다. 이 책은 불교와 정령 숭배 사상과 배물교적 미신이 교묘하게 혼합된 것이다. 모든 사람의 구미에 맞는 집성체를 이루고 있는 한국 종교의 근본 바탕에 불교가 얼마나 강하게 연계되어 있는가를 한눈에 알 수 있다.

우선 우리는 책을 통해 천수를 4장에서 읽을 수 있다. 천수는 어느 별이 10세에서부터 64세에 이르기까지 어느 해를 지배하며, 생활이 평안하고 모든 일이 뜻대로 되려면 무엇을 해야 하며, 건강이 어떻게 될지 곧바로 가르쳐 준다. 10세부터 시작하는 것은 그 이전에는 결혼하거나 머리를 깎고 중이 되는 사람이 없기 때문이다.

천수 보는 법을 알고자 두서너 가지 공식을 예로 들어보기로 하자. 11세짜리의 소년을 예로 들면 그는 불교의 성현인 여래보살의 가호를 받는 토성의 지배를 받으므로 "잿더미 속 매"의 형상인 자기의 몸에 특히 주의해야 한다는 것이다. 11세의 소녀는 인성의 지배를 받고, 그를 보살펴 주는 것은 관음보살이며, 만신에게 경배를 드려야 한다. 그 소녀는 "깊은 산골짜기에서 노니는 사슴"의 형상이다.

이렇게 해서 64년이 지나간다. 그 밖에 천수를 보는 데 필요한 별로는 금성·수성·해·화성 등이 있다. 이들을 가호하는 것은 모두가 불가의 성현들이다. 그들의 임무는 명목적이며, 사람이 처한 신수는 끓는 물속의 돼지 형상, 꽃 속의 사슴 형상, 산속의 매 형상, 뜰 안의 토끼 형상, 우리 안의 이리 형상, 잿더미 속의 꿩 형상, 그리고 강물에 빠진 사자 형상 등이 있다.

신수를 상징하는 동물은 모두 8가지이지만 그 사람이 처해 있는 환경을 나타내는 것은 강, 뜰, 산골짜기, 우리, 풀밭, 잿더미, 풀, 산, 끓는 물, 꽃, 절구, 언덕 등 12가지가 있다. 동물 가운데에는 선악의 차이가 뚜렷이 있는 것이 아니라 상서롭지 못한 것들과 혼합되어 있다. 잿더미 속의 매 형상, 강에 빠진 토끼 형상, 우리 안에 갇힌 돼지 형상, 쌀을 찧는 절구 안의 매 형상 등은 매우 궁색함을 의미하며, 그 반면에 산속에 노니는 사슴 형상, 풀밭에 뛰어다니는 이리 형상, 뜰에서 노는 토끼 형상, 잿더미 속의 돼지 형상 등은 아마 행복함을 의미하는 것 같다.

이 밖에도 남녀의 운명을 좌우하는 별이 있다. 예컨대 태양의 해에는 운이 열려 봉급도 많고, 여행할 기회도 있으며, 모든 사람으로부터 좋은 인사를 받을 수이지만, 정월, 5월 및 9월에는 구설수나 손재수가 있다. 액운을 막으려면 정월 보름에 빨간 종이를 둥그렇게 오려 야생 벚나무 막대기에 꿰어서 지붕 위에 세운 다음 동서남북에 절을 해야 한다. 이렇게 하면 모든 걱정거리가 없어진다.

그와 반대로 화성의 해에는 모든 수가 나쁘다. 몸에 병이 생기거나 아니면 구설수가 있다. 집안에 화재를 당할 수도 있다. 3월과 9월에는 틀림없이 아프며, 5월과 10월에는 자손에게 손재수가 있고, 도적을 조심해야 한다. 여행을 해서도 안 되며, 새로이 비복(婢僕)을 써서도 안 된다. 그러나 정월 보름에 두루마기의 동정을 잘라 남방을 향해 태우면 무사할 수가 있다.

책으로써 점을 보는 또 다른 방법으로는 금·목·수·화·토의 오행 원리에 의한 방법이 있다. 이러한 점술은 그 해 신수의 길흉을 알고자 정월 보름에 본다. 점을 보는 사람은 오행 가운데 한 글자를 한 편에 쓰고 다른 한 편은 아무것도 쓰지 않은 둥근 나무판 다섯 개를 손에 넣고 흔들면서, "황해도 해주 부용당에 사는 김문숙은 창천에 비나이다. 올해 신수의 길흉을 정직하게 보여 주옵소서"라고 말한다. 그런 다음 목패를 방바닥에 던진다.

점쟁이는 거기에 나타난 여러 가지의 순열을 보고 점술서를 참고하여 올해의 운이 어떠할 것이라고 말한다. 만약 모든 것이 백이고 하나만이 글자가 나왔다면 그것이 길운을 의미하는 "水"가 아닌 한 그해의 운은 무해무득하다. 만약 모든 글자가 다 나타났을 때는 썩 좋다. 나무는 물에 뜨기 때문에 "水"와 "木"이 나와도 좋다.[6] 물과 불은 상극이어서 서로 범접하지 못하기 때문에 "水"와 "火"는 오히려 뜻밖에 좋다. "金"은 나무를 자르기 때문에 "金"과 "木"은 나쁘다. 전체를 통해 각 순열은 올해는 어떤 좋은 일이 있을 것이며, 어떤 일을 피해야 하며, 악한 일을 하지 말아야 한다는 것을 지시해 준다.

점을 보는 또 다른 방법으로는 반으로 쪼개진 반 인치짜리의 연필과 비슷한 4개의 나뭇조각을 던지는 방법이 있다. 세 번 던져서 엎어지는 쪽과 젖혀지는 쪽의 순열에 따라서 무슨 일이 일어날지를 안다. 그 순열에 따라서 봄·여름에는 야위고 가을·겨울에는 살찌는 창고 속의 쥐와 같고, 바람 앞에 촛불과 같으며, 봄을 만난 꽃과 같고, 땅 없는 왕과 같으며, 촛불에 날아

6) "水"와 "木"이 좋은 것은 나무가 물에 뜨기 때문이 아니라 "水生木"의 원리 때문이다.

드는 나방이와 같고, 집 잃은 황새와 같으며, 통 속에 든 거북과 같고, 바닷속의 용과 같으며, 죽은 사람이 살아나는 것과 같다. 속세로 머리를 돌린 중처럼 불교적 요소가 직유적으로 나타난다.

우리가 지금 서술하는 점술서는 서양의 민간 의서처럼 보일 수도 있다. 병을 고치기 위해 무당을 부를 수 없는 사람들은 이 책을 들추어보므로 책의 판매량이 상당히 늘었다. 이 책에 따르면 인간에게는 약으로 고칠 수 있는 병과 푸닥거리로 고칠 수 있는 병이 있다고 한다. 어떤 사람들은 어리석게도 약으로써 이 두 가지 병을 모두 고치려고 한다는 것이다. 속세를 버리고 세상을 숨어 살아간 장 씨라는 은자는 푸닥거리로써 병마를 몰아내는 방법을 결정했으며, 푸닥거리로써 고칠 수 없는 병은 약을 쓸 수밖에 없다고 말할 만큼 현명했다.

푸닥거리를 먼저 해야 하는 증세를 알아보기로 하자. 이는 무당이라고 하는 직업에 작게나마 독특한 옹호론이 된다. 그 책에 따르면 어느 달 어느 날에 병이 발생하며 병을 일으키는 악신의 이름이 무엇인가를 알 수 있다. 병이 어떠한 것이든 먼저 그 날의 일진에 따라 흰 종이 또는 노란 종이에 악신의 이름과 그 악신이 온 방위를 적고 그 종이에 대푼짜리 돈을 붙여서 문 밖의 악신에게 던져 주는 데에서부터 푸닥거리는 시작된다.

이 악신은 죽은 사람의 넋이라고 하는데, 타향에서 객사한 사람이나, 나이를 먹어 죽은 여자 친척이나, 머리가 노란 사람이나, 위증자나, 물에 빠져 죽은 사람이나 그 밖에 여러 가지로 죽은 사람의 넋으로 세분된다. 어떠한 푸닥거리이든 무당은 어떤 특정한 방향으로 몇 발자국 걸으면서 돈을 던진다고 한다. 장 씨는 영리하게도 한 순갈의 피마자기름으로써 모든 악신을 몰아내지 못했다는 것이 아쉽다.

또한 그 점술서에는 여러 가지 재난과 그것을 피할 방법이 수록되어 있다. 연륜을 따져 언제 불운이 닥쳐오리라는 것을 말할 수 있으며, 이 액운을 피하려면 생일 아침에 마당에 멍석을 깔고, 세 사발의 쌀을 상 위에 올려놓고, 동시에 세 접시의 떡과 석 잔의 술을 차려 놓는다. 그런 다음에 아홉 번 절을 하고 다른 상 위에 흰 종이 석 장을 깔고 장마다 얼마간의 쌀을 싼 다음 그것을 문 위에 걸어 놓아야 한다. 3년이 지나면 그 쌀을 꺼내서 밥을 지어 귀신에게 던져 주어야 한다.

점술서에 있는 대부분의 의료 지식이 부인병과 소아병에 관한 것으로 미루어 보아 책을 이용하는 사람도 남자가 아니라 여자임을 알 수가 있다. 나로서는 거기에 기록된 치료법을 모두 설명할 수 없지만 가장 흔히 쓰이는 방법만을 열거해 보면, 쇠똥으로 습포를 붙이는 방법, 21개의 은행을 이용하는 방법, 살구 씨의 알맹이를 반으로 쪼개어 한쪽에는 "日"을, 다른 한쪽에는 "月"을 써서 꿀로 붙여서 쓰는 방법, 맷돌 아랫부분에 박혀 있는 나무 축을 삶은 물을 먹는 방법, 세 마리의 산 개구리를 이용하는 방법, 네 개의 삶은 개다리를 이용하는 방법, 머리카락을 태워서 함께 끓인 물을 이용하는 방법, 개구리를 황토에 싸서 태운 것을 이용하는 방법, 검은 소의 침을 이용하는 방법, 낚싯밥으로 배를 채워 삶은 암탉을 먹는 방법 등이 있다. 그와 같은 치료법은 그리 흔치 않다. 어떠한 상황에도 내과 의사를 찾아보라는 말은 없다. 독자들이 아마도 내과 의사의 간호를 받을 만한 여유가 없다는 것을 점술서의 필자는 잘 알고 있었다.

매우 오래전인 1880년대에 나는 달을 삼키려고 하는 "불개"를 몰아내는 이상한 의식을 볼 기회가 있었다. 태곳적부터 한국인들은 일식과 월식을 두렵게 생각했으며, 비록 몇 세기 전부터 이러한 자연 현상의 이유를 알았고, 또 미리 이를 예언할 수 있었지만, 오늘날에도 불개를 몰아낸다는 옛 풍습은 그대로 전해지고 있다. 도심지에서 부지런히 10분만 걸으면 교외에 닿는데 거기에는 로마의 원형 극장처럼 언덕으로 둘러싸인 빈터에 수천 명의 한국인이 모여 있는 것을 볼 수 있다.

그들은 아무 탈 없이 서로 동행하여 비탈진 언덕에 몰려온 것인데 흰 두루마기를 입은 그들의 모습은 유령들이 질서 정연하게 모여 있는 것처럼 보였다. 중앙에는 멍석이 깔려 있어 춤을 출 수 있는 자리를 이루고 있었으며 양쪽에는 큰 모닥불이 켜져 있었다. 사람들이 둘러 서 있는 한 모퉁이에는 한국의 고전 악대가 앉아 있었는데 그들의 선율이 불개를 충분히 도주시킬 수 있어야 했다.

10시가 되자 지구의 그림자가 달의 얼굴을 가리기 시작했다. 갑자기 어둠이 깃들자 두 개의 횃불이 켜지며 악사들이 내는 묘한 음률의 이상한 의미를 해석하려고 열심히 앞으로 밀려나오는 군중들의 얼굴을 비추었다. "태어날 때"부터 소질 있고 핏줄에는 동양의 신비주의적인 체취가 흐르는 사람만이 묘한 음률에 한국인들이 느낄 수 있는 모든 것을 느낄 수 있다.

달의 모습이 다시 나타날 때까지 군중들은 조용히, 두려움을 가진 채 열심히 달을 지켜본다. 한국인들은 의식이 단순한 놀이에 지나지 않는다는 것을 잘 알고 있지만, 한국인들의 천성에 잠재된 극적인 요소 때문에 달이 영원히 없어지지 않도록 하려는 순수한 경외감으로 그들의 미개한 선조들이 꼼짝도 하지 않고 제자리에 서서 달을 지켜보던 태고로 되돌아간다.

달의 변현이 지구의 그늘에서부터 점차로 나타나게 되면 그 "불개"는 "더 달을 삼킬 수 없을 만큼 두드려 맞은 것"이 분명하며, 이때부터 갑자기 음율이 바뀌고 군중들이 술렁대기 시작한다. 그들은 앞으로 밀리기 시작하며 그 순간에 가면을 쓰고 땅까지 내려오는 치렁치렁한 붉은색 소매의 옷을 입은 사람이 중앙의 무대 위로 뛰어오른다. 그의 춤이 어떻다는 것을 표현할 수 없다.

그로부터 몇 년이 지난 지금도 춤추던 모습에 대한 기억이 새로운데 남아 있는 인상을 더듬어 보면 춤추는 사람의 동작은 손과 발의 두 가지 동작이었다. 반쯤 도취한 사람이 한 발로 서서 다른 발의 양말을 신으려고 버둥대는 모습을 상상해 보라. 이것이 양다리를 교차시키는 기본 동작이다. 필사적으로 달려드는 벌떼를 막으려는 듯이 양손의 긴소매를 펄럭거린다. 처음에는 한 발로 서 있다가 다음에는 다른 발로 바꾸면서 계속하여 달려드는 벌떼를 막아내는 모습이 이 춤의 전체적인 조화를 이룬다.

오래전에 다른 광대들이 혼란된 군중과 휩쓸리고, 그들의 동작은 단순히 익살스러운 표현에 불과하게 되며 곧 지치게 된다. 그러나 흰 두루마기를 입은 군중, 미친 듯이 돌아가는 춤, 교묘하게 붕붕거리는 피리 소리, 거기에다가 제격에 맞게 번쩍거리는 커다란 횃불이 모든 것들은 쉽사리 잊을 수 없는 하나의 장관을 이룬다.

제 31 장 노예 제도

현재 한국의 노예 제도가 어떠한가를 설명하기에 앞서 한국의 노예사를 간단히 살펴보지 않을 수 없다. 기원전 1122년에 반도에 들어와 건국한 기자 조선 시대에 중국에는 노예 제도가 없었다. 그러나 이 위대한 식민지 통치자가 반도의 반야만적 주민을 지배하게 됐을 때 그는 준엄한 법률을 실시할 필요를 느꼈다. 그가 제정한 몇 가지 치죄법[1] 중에서 노예에 관한 규정이 있었음을 알 수 있다. 사회악을 제거하려고 그가 내세운 다음과 같은 입법 명분에 우리는 찬사를 금할 수 없다.

> 인간은 누구나가 손수 삶에 필요한 것을 얻으며 자기의 개인적인 노력으로 생존에 필요한 필수품과 사치품을 얻음으로써 자신의 노력으로 살아가도록 신은 명령한다. 그러므로 만약 어떤 사람이 속임수나 폭력으로 다른 사람이 노력하여 얻은 것을 뺏는다면 논리적 · 도덕적 약정에 따라 전자는 후자에게 예속된다. 만약 어떤 사람이 다른 사람의 음식을 먹으면 전자는 후자에게 예속된다.

1) 기자가 제정한 8조의 금법을 의미함. 본서 p. 98 참조.

그러므로 남의 물건을 훔친 사람은 주인의 재산이 됨으로써 노예가 됐다. 그가 많은 돈을 내면 양민이 될 수 있지만 설령 그렇다 하더라도 사회에서 신용을 잃음으로써 추방당한 사람이 된다. 간통한 사람도 마찬가지로 노예가 되지만, 남자가 간통한 경우 죄상이 뚜렷한데도 그가 죄를 저지른 사람의 집에 노예가 되지는 않았다. 그런 남자는 관청의 노예가 됐으며, 왕은 그를 고관에게 넘겨주었다.

이와 같은 제도는 기원전 193년까지 계속됐는데 이때 기자조선의 마지막 왕인 기준은 위만에게 왕위를 찬탈당하고 반도의 남방으로 도망했다. 북부 지방의 이와 같은 변동은 사회 제도를 헝클어뜨림으로써 짧았던 위만의 치하에서 노예 제도가 자취를 감추었다. 그러나 남방으로 도망하여 마한이라는 왕국을 세운 기준은 이곳에서 다시 노예 제도를 시행했다.

신라(기원전 57~서기 918) 초기까지도 이 제도가 약간 존속했지만 오직 살인자만 노예를 만들었기 때문에 그다지 성행하지는 않았다. 그러는 동안에 북방에서는 고구려라는 왕국이 기원전 36년에 건국했다. 그러나 고구려에는 야만족인 흉노를 정복하기 시작할 때까지는 노예 제도가 없었다. 그리하여 4세기경에 불교가 한반도에 발을 들여놓기 시작했을 때 노예 제도는 반도의 전역에 걸쳐 미미하게나마 존속했음을 알 수가 있다.

불교가 전파됨으로써 나타난 하나의 신기한 효과는 그것이 노예 제도를 소멸시켰다는 것이다. 불교에서 주장하는 인간과 동물의 가치에 대한 과장된 개념은 영혼의 윤회환생설과 더불어 노예 제도에 대한 결정적인 동정을 불러일으켰으며, 이에 따라서 불교가 퍼지면 퍼질수록 노예 제도는 반도의 전역에 걸쳐 사라지게 됐다. 그러나 서기 918년에 고려 태조에 의해 반도가 통일되고 국교인 불교가 방종하게 되자 급격하게 쇠퇴하게 됐다. 불교가 지니는 고유한 사상은 사라지고 형식만 남게 됨에 따라 더욱 몰락하게 됐다. 사치가 국민 생활을 잠식함에 따라 노예 제도가 다시 머리를 들기 시작했다. 노예의 숫자도 엄청나게 증가했으며 때때로 그들이 주인에 항거해 피나는 싸움을 하다가 진압됐다. 어떤 때는 300명이나 되는 노예의 목에 돌을 달아 물속에 던졌다고 한다.

서기 1392년에 고려가 쓰러지고 조선이 건국하자 반도에는 사회 정화의 시대가 왔다. 그러나 일반적인 노예 제도는 1592년의 임진왜란 때까지 계속됐다. 이 전쟁으로 너무도 많은 남자가 죽었기 때문에 평화가 회복됐을 때는 남자를 노예로 만드는 것을 금하고 오직 여자에게만 국한한다는 법을 제정하여 오늘날까지 계속됐다.

오늘날 한국의 노예 제도를 볼 때 가장 놀라운 사실은 한국 황제의 치하에서는 남자 노예가 단 한 명도 없다는 점이다. 그러므로 노예 신분을 논의할 때 여자 노예만을 언급하지 않을 수 없으며, 이 문제를 탐구할 때 제일 먼저 제기되는 문제는 여성이 어떻게 노예가 됐는가에 관한 것이다. 여자가 노예가 되는 데는 4가지 이유가 있다.

(1) 중류 계급이나 하류 계급의 아낙네가 모든 재산을 잃고 거지나 노예가 되거나, 아니면 굶어 죽을 처지가 됐는데 더구나 친상을 당하여 장례비가 몹시 궁하게 됐거나 또는 늙은 어버이를 부양해야 할 때 그는 아는 사람을 찾아가서 그의 친구 가운데 잘사는 사람에게 자기를 노예로 추천해 달라고 부탁한다. 그 남자가 응낙하면 그 아낙네는 장차 자기의 주인이 될 사람의 집을 찾아간다. 주인은 그 아낙네를 보고 일을 시켜 본 다음 그 여자의 능력에 만족한다.

주인이 그 여자를 위해 4~5만, 또는 10만 냥의 돈을 주면 그 여자는 그의 집에 자기의 몸을 바침으로써 법적으로 노예의 신분이 형성된다. 날인하는 대신에 그 여자는 증서 위에 손도장을 찍고 자신의 신상에 관한 개요를 기록함으로써 절차는 쉽사리 끝난다. 이제 그 여자는 노예가 된 것이다. 정부로부터 이를 인정하는 어떤 조처는 없고 다만 사사로운 계약에 지나지 않는다.

옛날에는 상류 계급의 남자들만이 노예를 소유할 수 있었지만 최근 50년 동안에는 중류 계급에도 이것이 허락됐다. 이러한 현상은 과거 반세기 동안 이어 온 사회 계급 간의 장벽이 급속히 무너지고 있다는 뚜렷한 증거가 된다. 상류 계급의 여성들은 자신의 신분을 숨기고 그렇게 함으로써 노예주를 속이지 않는 한 스스로 노예가 될 수 없는데 이는 그 여자가 상류 계급의 출신이라는 것을 안다면 아무도 그를 사려 하지 않기 때문이다. 그러한 여자를 노예로 사들이지 않는 이유는 단순히 그러한 거래가 애당초에서부터 온당치 못한 것이기 때문만 아니라 그러한 여자를 사들이는 사람은 동료 계급으로부터 신랄한 비난을 받을지도 모르기 때문이다.

(2) 만약 한 집안의 가장이 대역죄나 위폐죄를 범했을 때 그는 처형되거나 아니면 귀양살이를 하게 됐으며, 그 집안의 모든 여자는 노예가 됐다. 요즘에는 이 죄가 적용되지 않는다. 정부에서는 그들을 고관에게 노예로 주었지만, 최근에 이르러 그러한 여자들은 대체로 자유의 몸이 됐다. 그와 같은 노예들은 결코 이 집 저 집으로 팔려 다니지는 않는다.

(3) 여성 노예가 죽으면 딸은 어머니의 뒤를 이어 노예의 신분에 속하게 된다. 이러한 여자는 대대로 내려오면서 어머니를 따라 노예가 되기 때문에 "씨종"이라고 부른다. 어떠한 환경에서도 아직 속량되지 않은 노예가 죽으면 딸이 어머니를 대신해야 한다. 만약 노예가 어린 딸을 남겨 놓고 죽으면 어린 소녀는 주인의 딸이 시집갈 때 결혼 지참금의 일부가 되어 따라가는 경우가 흔히 있다.

(4) 여자 스스로 노예가 되는 것인데 이는 너무 가난해 살 길이 막연하기 때문이다. 그는 자기 나름의 가정을 꾸미고 싶어서 의식주를 해결해 주는 곳이라면 더 아무것도 바라지 않고 스스로 노예가 된다. 이와 같은 노예는 스스로 자기의 몸을 파는 첫 번째의 사례보다는 더 고급이라고 생각할 사람이 있을지 모르지만, 사실은 그 반대이다. 몸을 판 노예는 자기가 받은 금액만 갚으면 어느 때이든지 자유의 몸이 될 수 있지만 스스로 노예가 된 여자는 어떠한 수단으로도 자유의 몸이 될 수가 없다.

노예는 모두 여자이기 때문에 그들의 결혼 문제는 어떻게 되며 그들의 남편은 어떤 신분에 속하게 되는지 알아볼 필요가 있다. 노예가 자식도 없이 죽는다면 그 뒤를 이을 사람이 없으므로 노예가 시집을 간다는 것은 어느 모로 보나 주인에게 이익인 것은 당연하다.

팔려 온 노예는 자기가 좋아하는 남자를 골라 시집가는 것이 허용된다. 그는 이웃에 사는 날품팔이꾼이나 막벌이꾼에게 시집갈 수도 있다. 그는 주인집의 울안에 자그마한 방을 갖는데 대체로 문간채이다. 그의 남편은 자기의 아내와 더불어 방세 없이 사는 것이 허락된다. 남편은 자기 아내의 주인에게 빚진 것이 없으므로 자기가 마음이 내키지 않는 한 주인집을 위해 일을 하지 않는다. 팔려온 노예가 아닐 경우에도 주인은 자기가 원하는 바에 따라 시집을 보낼 수 있고 보내지 않을 수도 있지만 대체로 시집가는 것을 허락해 준다.

매우 드문 일이기는 하지만 몇 년간 일한 뒤에 그를 자유롭게 해주며 자그마한 생활 터전도 마련해 준다. 노예의 남편은 자기의 아내가 주인에게서 받는 쌀을 먹을 권리가 없다. 남편은 자기가 먹을 양식을 벌어 와야 하며 둘은 재산을 함께 모아가며 오순도순 살아간다. 아내는 주인집에서 두 식구가 먹을 양식을 넉넉하게 빼내어 오려고 애쓰리라는 것은 두말할 나위도 없지만, 아무튼 그의 어린아이들은 식구들을 위해 일할 나이가 들 때까지 주인집의 밥을 먹게 된다.

노예가 죽으면 그의 딸이 어머니를 대신한다는 것은 이미 위에서 지적한 바가 있지만, 만약 딸이 여럿일 때는 맏딸이 어머니의 대를 잇는다. 만약 맏딸이 어머니보다 먼저 죽으면 주인은 딸 가운데 어머니를 대신할 사람을 고른다. 만약 어머니가 죽은 다음에 맏딸이 대를 이었으나 그 딸마저 곧 죽을 때는 다른 딸들이 그 자리를 메울 필요는 없다. 모든 사내아이는 자연히 자유의 몸이므로 노예가 되지 않는다. 그들은 자기 어머니의 주인에게 아무것도 빚진 일이 없기 때문에 혼자서 살아갈 나이가 되면 그때부터는 주인의 쌀독에 더 이상 축을 내지 않는다.

노예는 집안의 모든 거친 일을 한다. 빨래를 하거나, 이웃한 우물에서 물을 길어 오고, 시장을 다녀오며, 밥 짓는 일을 돕고, 주인이 죽으면 상여의 뒤에서 곡을 하며, 심부름을 다니고, 그 밖에 필요한 일들을 한다. 노예는 주인마님의 몸종과 가까이 지내지도 않으며, 주인마님의 몸종 노릇을 하는 일도 없으며, 바느질이나 아이 보는 일을 하지도 않는다. 그의 활동 범위는 주인집의 부엌과 뜰이지 마님의 내실이 아니다. 한국의 민속에는 신의가 두터웠던 노예와 배은망덕한 노예에 관한 설화가 많다.

제 32 장 장례의 행렬과 풍수지리설

황실에 상사가 있으면 온 국민이 호곡한다. 온 국민이 상장을 두르는데 그 색깔은 서양처럼 검은 것이 아니라 삼베의 원색으로서 누렇다. 상주들은 특히 이 색깔에 유의해야 하지만 백성들은 모두가 흰옷을 입는다. 한국인은 평소에 흰옷을 입기 때문에 검은 갓을 벗고 흰 것을 쓰기만 하면 된다. 가난해서 흰 갓을 새로 살 수 없는 사람은 검은 갓 위에 흰 종이를 씌움으로써 상례를 갖출 수 있다. 몸의 어느 부분에도 무색옷을 입어서는 안 된다. 시신에는 부분적으로 향유를 뿌리며 인공적으로 시원하게 만든 함실에 안치하는데 이곳에서는 5개월간 보존할 수 있다.

황실의 장례에서는 법정 기일인 5개월 이내에 매장할 수 없다. 승하가 발표되면 고관들은 대궐문 앞에 모여 자리를 깔고 앉아서 훌륭했던 고인의 타계를 애도한다. 그런 다음에 장례 준비를 시작한다. 지방에서 장례비가 올라오고, 어떠한 용역이 필요하다는 것을 동업조합에 알리고 명당을 고르느라 지관을 파견하는 등, 국상을 성대하게 치르는 데 필요한 여러 가지의 준비를 마련하느라고 몇 천 명이 동원된다.

국장일이 가까워져 오면 이 엄청난 행사를 보려고 시골에서 수많은 사람이 구름처럼 밀려오기 때문에 주막집은 온통 만원이다. 모든 관청은 이 일 말고는 신경을 쓸 수가 없으므로 일반 업무는 중지된다. 국장이 있기 며칠 앞서 여기에 참여하는 사람들은 그들이 맡은 바를 수행하는 예행연습을 한다. 이 행렬을 똑똑히 보려면 종로에 드문드문 있는 이층집의 위층을 남보다 빨리 차지해야 한다. 종로는 서울의 중심을 꿰뚫는 대로이다.

한밤중이 되면 적은 무리의 외국인들이 선뜻 나타나서 군중이 우글거리는 거리를 헤치고 선매한 건물을 향해 걸어간다. 구경할 자리를 찾아가는 군중들의 초롱이 불바다를 이룬다. 우리가 자리를 잡자마자 술렁거리며 군중들이 갑자기 조용해지면서 행렬의 선두가 가까이 오고 있다고 누군가 소리쳤다. 사람들은 길옆으로 비켜서 조용히 바라보고 있었다. 이 한 길은 너비가 약 100피트가량이나 될 만큼 넓어서 누구나 넉넉하게 볼 수 있었다.

왼쪽으로 머리를 돌려 거리를 내려다보니 조용히 서 있는 사람의 성벽 사이로 천천히 걸어오는 장례 행렬의 선두를 볼 수가 있었다. 처음에 앞서 오는 사람들은 횃불을 들고 있었는데 그들의 임무는 거리의 중간마다 서 있는 나무 단에 불을 붙이는 것이었다. 이 횃불은 굵기가 사람의 몸뚱이만 했고 높이는 10피트가량 됐다. 횃불이 무시무시하게 연기를 뿜으면서 딱딱거리는 소리와 함께 너풀너풀 타오르자 서 있는 사람들의 얼굴이 모두 핏빛으로 변하여 사람의 행렬이 아니라 마치 귀신들의 행렬처럼 보였다.

행렬의 중심 부분에는 장총 대신에 한자로 수를 놓은 비단 깃발을 든 무리가 양편을 둘러싸고 있었다. 그들 가운데 어떤 사람은 자루가 긴 주걱 같은 것을 들고 있었는데 그들은 군중이 너무 밀어닥쳐 길이 좁아지면 물러나게 하는 것이었다. 행렬의 첫 부분은 붉고 푸르고 녹색인 금란 비단을 늘어뜨린 13채의 가마로 구성되어 분홍과 흰색으로 된 제복을 입은 사람들이 어깨로 운반하고 있었다. 이 가마에는 고인의 업적을 기록하는 13명의 사관이 타도록 되어 있다. 이들이 미끄러지듯이 빠져나갈 때의 고요함은 행렬을 더욱 기괴하고 엄숙하게 만든다. 그들은 땅을 딛고 걷는 일이 없으므로 신은 매우 부드러우며 샌들처럼 생긴 구조는 걸어도 소리가 나지 않게 되어 있다.

그다음에는 동양의 냄새가 짙게 풍기는 깃발들이 뒤따르는데 이 깃발은 대나무 위에 덩그러니 걸려 있으며 꼭대기마다 아름다운 꿩의 깃이 꽂혀 있다. 대나무 위에 가로지른 막대가 걸려 있고 거기에 만장이 걸려 있는데 10피트의 길이에 너비는 4피트가량이 된다. 중앙 부분은 희게 은란으로 되어 있고 그 위에 검고 빨간 한자를 수놓았다.

가장자리는 다른 빛깔의 비단으로 톱니처럼 깊게 패어 있다. 위에 가로지른 막대의 끝에서부터 초롱과 종이 달려 있다. 장대는 빨간 모전으로 덮여 있으며 사람과 새와 용의 모습이 금박으로 새겨 있다. 정부는 이러한 갑진 장신구들을 서울의 큰 동업조합에 나누어 요구한다. 이를 장만하느라 각 동업조합에서는 약 160달러의 비용을 갹출한다.

그 뒤에는 흰 종이로 된 긴 족자가 걸린 장대를 들고 야단스럽게 옷을 입은 사람들이 따라오는데 그 족자에는 이 나라에서 가장 고명한 대가가 쓴 송사가 적혀 있다. 이는 고인의 약력에 해당한다. 그 뒤에는 고인이 생전에 즐겨 타던 가마가 뒤따르는데 20여 명의 억센 장정들의 머리 위에는 호화스러운 장식들이 걸려 있다. 이 가마는 값진 비단으로 하늘을 덮고 옆으로도 늘어져 있으며 고리와 끈과 술로써 사방이 장식되어 있다.

100여 개의 장대 위에 꽃술로 장식된 황제의 빨간 일산의 앞뒤로 푸른 깁을 두른 가마가 지나가는데 안에는 궁중의 여인들이 조랑말을 타고 장지로 간다. 이처럼 깁을 두르는 것은 호기심에 찬 군중들의 눈초리를 피하려는 것이다. 승하한 왕의 무덤에 몇 명의 살아 있는 처녀를 생매장하던 옛날의 풍습은 남아 있지 않은 것 같다. 역사책에는 신라의 어느 왕[1]은 자기가 죽으면 이와 같은 야만적인 풍습을 따르지 말도록 명령했다는 훌륭한 예가 있다.

그다음에는 얼굴에 엄청난 탈을 쓴 방상시의 무리가 따른다. 이 탈은 너비가 3피트 정도로서 2쌍의 눈이 있으며 소름이 끼칠 만큼 이빨을 드러내고 있다. 이들은 악귀를 몰아내고 장의를 무사히 치르도록 하는 것이다. 그 뒤

---

1) 신라 22대 지증왕을 의미함.

국상 때의 제상

로 얼마간의 간격을 둔 다음 호상이 흰 준마에 올라타고 예복을 입은 수행원과 무장한 군대에 둘러싸여 뒤따른다.

말의 장신구는 거의 땅에 닿으리만큼 치렁치렁하며 말 탄 사람의 예복은 가장 호화스럽다. 그는 지위가 높은 장군이다. 그는 권위를 나타내는 관장을 손에 들고 있으며 얼마 동안은 생살여탈권을 갖는다. 상여는 똑같은 것이 두 개인데 어느 쪽에 시신이 들어 있는지는 아무도 모른다. 상여는 매우 무거워서 108명의 상여꾼이 어깨로 운반한다.

상여 밑에 낀 굵은 나무 사이로 굵은 밧줄을 세로로 끼워 메기 때문에 어깨가 벗겨지는 일은 없다. 이 통나무 위에는 길이 10피트, 높이 6피트, 너비 5피트가량 되는 작은 집 모양의 구조물이 놓여 있다. 이 누각의 지붕과 양편 옆은 요란한 색깔로 칠해 있고 괴상한 것들이 늘어져 있다. 무지개의 엷은 색깔과 그 밖의 여러 가지 색깔들이 서로 저 잘난 체 번쩍거린다.

누각의 바로 앞부분에 한 사람이 서 있고 다른 사람은 누각을 등 뒤로 하고 뒤에 서 있다. 앞에 있는 사람은 손에 요령을 잡고 상여꾼들이 발을 맞추도록 박자를 친다. 누각의 앞뒤로 100피트에 이르는 긴 밧줄이 달려 있어 여러 사람이 이것을 잡고 있다. 그들은 비탈을 올라가거나 내려갈 때 어려움이 없도록 하는 데 필요할 경우 이 밧줄을 잡아당긴다.

장례 행렬 중에서 가장 흥미롭고도 신기한 모습은 바로 이 누각이다. 상여의 나무틀 위에는 종이로 만든 여섯 마리의 커다란 말이 있다. 그 높이는 약 10피트가량이며 운구 위에 놓여 있기 때문에 지상으로부터 14피트 위에 불안한 자세로 서 있다. 이 괴물의 모습은 매우 놀랍고도 무시무시하며 너무나 커서 고대 트로이의 목마에 관한 글을 읽던 어린 시절을 연상하게 한다.

무덤에 도착하면 종이로 만든 이 말들을 태우는데 이들은 고인이 저승으로 가는 데 필요한 운송 도구가 된다. 이와 같은 거창한 의식을 거행하는 데 가장 특징적인 것은 불교적이나 유교적인 것이 아니라 태초로부터 자연에 대한 경배의 유습이라는 점이다. 이는 유교 또는 불교 중 어느 하나만이 한국인의 종교가 아니었음이 분명하다. 모든 것이 지나간 뒤에는 외국인에게 훈련을 받은 현대식 군대들이 지나가면서 앞서 지나간 중세적인 모습과 좋은 대조를 보여준다.

이와 같은 장례의 비용은 환경에 따라 다르다. 왕의 국상일 때는 그 비용이 50만 달러 정도이지만 왕자나 왕비일 때는 10만 달러 안팎이다. 어느 경우든 간에 국상은 극심한 국고의 유실을 초래하는데 이는 단순히 금전적인 유출 때문만이 아니라 그동안에는 모든 사회 제도가 해이하게 되며 우발적인 사건들이 일어나 국민들에게 커다란 손실을 주기 때문이다.

풍수지리설

자연이 자신의 모든 신비를 잃고, 인간은 지나치게 세분된 세계의 구석구석에 과학이라는 음극선을 투사하게 된다면 이는 참으로 서글픈 일이다. 바꾸어 말해서 만약 인간이 시빌라[2]의 머리에 연발총을 겨누어 흩어진 나뭇잎을 다시 붙게 하고 도르도니아 참나무잎이 서로 조잘대는 언어를 문법화하게 된다면 이는 참으로 서글픈 일이다.

오늘날의 인간들은 현미경이나 망원경 같은 눈을 갖지 않고서는 아무도 만족하지 않는 것처럼 보인다. 워즈워스[3]는 "어머니의 무덤 위에서 식물 채집을 하는" 사람에 관해 말했을 때 그는 이미 오늘날의 시대와 같은 사유 방식을 가지고 있었다. 무지개가 끝난 곳에는 황금 항아리가 없으며 산타클로스는 꾸며낸 이야기에 불과하다는 것을 어린이들은 잘 알고 있다.

그러나 한국인들은 아직 그와 같은 분별감을 갖고 있지 않다. 그들은 중세의 음유 시인들처럼 요정이나 악귀의 신화와 전설에 몰두하고 있다. 자연은 신비적인 것으로 가득 차 있으며 한국인들은 서양인들보다 더 자연을 신봉해 자연은 서양인보다는 한국인에게 더 큰 위력으로 군림한다.

한국의 풍수지리설은 옛날 마법서에서 떨어져 나온 것이거나 아니면 어느 예언자적인 고승이 꾸며서 쓴 글에서 베낀 것일지도 모른다. 한국에는 지관의 동업조합과 같은 것은 없지만 하나의 뚜렷한 직업으로 존재하고 있다. 이 직업에 종사하는 사람들은 시골에서 뽑혀 온 사람들이며 서울 사람은 자격이 없다는 것이 불문율로 되어 있다.

이는 지관이란 순전히 명당을 찾는 일에만 몰두하기 때문이며, 따라서 시골에서 사는 지관을 서울의 지관보다 더 알아준다. 그들은 대개가 립 반 윙클형[4]의 인간으로서 하루하루를 부지런히 일하며 살아가기보다는 오히려

---

2) 시빌라(Sibyla) : 로마 신화에 나오는 무녀로서 아폴로 신의 시중을 들었다.
3) 워즈워스(W. Wordsworth : 1770~1850) : 영국의 계관 시인. 케임브리지대학에서 수학. 대륙을 여행하면서 프랑스혁명의 자유주의에 심취했으나 유혈을 보고 실망하여 고향으로 돌아가 정원시를 남김. 서정 시집 『*Lyrical Ballads*』(1798)이 있음.
4) 립 반 윙클(Rip Van Winkle) : 어빙(W. Irving)이 지은 소설인 『스케치북』에 나오는 주인공

개를 데리고 긴 담뱃대를 입에 문 채로 언덕 위를 거니는 것을 좋아하다가 지관이 되는 것이다.

지관은 수련 기간의 첫 단계로 『풍수서』[5]를 익혀야 한다. 이론을 공부한 다음에는 고명한 선생을 찾아가 실습을 받기 시작한다. 그들은 함께 언덕을 돌아다니면서 여러 묘지의 장점을 논하고 상대적인 가치를 판정한다. 상서롭지 못한 자리에 아버지의 무덤을 만든 사람은 앞날이 막힐 수도 있다. 다른 어떤 이유보다도 바로 아버지의 무덤이 나빠서 학질에 걸리고, 발목이 삐고, 전염병에 걸리고, 운이 막혀 버린다.

지관 수보생은 자기가 다닐 수 있는 곳곳을 돌아보고, 그곳의 지리에 통달하면 몇백 달러에 이르는 특등지에서 몇 센트에 이르는 무해지에 이르기까지 각 지급을 머리에 익힌 다음 연수를 마치고 스승으로부터 하나의 윤도, 바꾸어 말하면, 나침반을 사 가지고 드디어 "개업을 하고자 간판을 걸" 준비를 한다. 드디어 그는 이제 지관의 자격을 얻게 되는데, 서구식으로 표현한다면 지학사의 학위를 얻는 것이다.

그런 다음에 지관은 자기의 사무실에서 일거리를 기다리고 있다고 추측하지 않을 수 없다. 어느 젊은이가 지관을 찾아와 아버지가 별세했는데 빨리 적당한 묘지를 구해야 한다고 말한다. 지관은 그 젊은이를 데리고 상가로 가서 목의 때가 벗겨지도록 고기와 술대접을 받는다. 이것은 예약금이 되는 셈이다. 그런 다음에는 젊은 상주가 얼마나 많은 돈을 낼 수 있겠는가를 타진하느라고 주위를 열심히 살펴본 뒤 이 집에 어느 정도의 묘지를 골라 줄 것인가를 마음속으로 결정한 다음 젊은 상주를 데리고 언덕에 올라가 여러 가지의 묘지에 관해 설명한다.

으로서 시대에 뒤떨어진 사람을 의미한다.

5) 당시 한국의 지관들이 주로 읽은 참위서를 의미한다. 본문에는 *The Great, Important, Celestial Instrument*로 되어 있으나 그 원명이 무엇인지 알 수 없다. 「청오경」(靑烏經), 「금낭경」(錦囊經), 「도선비기」(道詵秘記) 등을 의미하는 것으로 보인다.

상주의 입에서 제일 먼저 나오는 질문은 그 묘지가 "용이 내달는 형"인가의 여부이다. 이는 묘지로 뻗어 내려간 언덕의 능선이 짧거나, 능선이 쭉 뻗지 못하고 어느 지점에서 깊은 골짜기로 뚝 끊겼거나, 나무가 하나도 없거나, 삐쭉삐쭉하고 낭떠러지가 많으면 비교적 좋은 자리가 아니다. 진짜 명당은 드물기도 하려니와 찾아내기도 어렵다. "둥그스름하게 굽으면서 증조부를 바라보고 있는 산줄기"를 명당이라고 한다. 연이은 산봉우리는 후손들의 어버이라고 여겨지고 있기 때문에 제일 밑 봉우리부터 제일 위의 봉우리까지를 한 눈으로 볼 수 있도록 능선이 구부러져 있으면 먼 후손들까지도 조상의 덕을 볼 수 있음을 의미한다.

그다음으로 중요한 것은 "전망"이다. 동향이나 서향도 나쁘지는 않지만, 남향이라면 더 바랄 것이 없다. 북향은 해를 등져 어두우므로 절대 안 된다. 또한 좌청룡 우백호가 자리를 잡고 있어야 한다. 이는 묘지의 동서를 나타내는 것이며, 양편 능선의 길이는 반드시 같아야 하며 그렇지 못하면 그 영향이 매우 나쁘다.

가장 위험스러운 것은 "엿보는 봉우리"라는 의미의 규봉이 있는 것이다. 만약에 묘지에서 바라보아서 가까운 산봉우리를 엿보는 봉우리가 보인다면 그곳에 묻히는 사람의 후손은 도둑이 될 운명이다. 사신이 가까운 봉우리의 뒤에 웅크리고 있으면서 해로운 눈초리로 유택을 노려보는 것이다.

만약 일이 순조롭게 되고 돈도 넉넉하게 낼 것 같이 보이면 지관은 그제야 윤도를 꺼내어 땅 위에 놓은 다음 무덤이 바라보는 방향을 정확하게 결정한다. 만약에 다른 무덤들이 시야에 들어온다면 그쪽을 바라보아서는 안 된다. 다른 무덤과의 원근은 매우 큰 영향을 미친다.

그런 다음 지관은 금정[6]을 땅 위에 놓는다. 이 틀은 두 쌍의 가로지른 막

6) 금정(金井) : 묘를 팔 때 구덩이의 길이와 너비를 정하는 데 사용하는 도구로서 굵은 나무로 정(井)자 모양을 만들어 땅바닥에 뉘어 놓고 그 안쪽을 파서 구덩이를 만든다.

대를 한자의 정(井)자 모양으로 엮어서 만든 것이다. 이 평행사변형 내부의 네 모서리에 표를 한 다음 무덤을 위한 구덩이를 판다. 구덩이의 깊이와 장례일에 만상제가 서야 할 위치를 주의 깊게 선정해야 하며 그렇지 않으면 문자 그대로 "앞날에 재난이 닥쳐온다."

일단 돈을 받아 주머니에 넣으면 매장이 끝난 뒤에라도 묘의 위치를 검토하고 모든 일이 다 잘 됐는지를 알아보고자 그 사람이나 다른 지관을 부르게 될 기회가 있다. 비록 아무리 주의한다고 하더라도 고인의 친척들에게 사고가 일어나는 경우가 흔하다. 만약 사고가 일어났는데도 별다른 이유를 찾을 수 없을 때는 조상의 무덤이 잘못됐다는 결론이 나오게 된다.

이럴 때는 다시 지관을 불러다 보이는데, 후손들에게 돈이라도 많이 있는 듯이 보인다면 무덤이 매우 좋지 않게 됐다고 말하거나 아니면 약간 고칠 필요가 있다고 말한다. 사고를 일으킨 신비한 이유를 발견하는 데에는 특수한 공식이 있다.

이와 같은 요인들은 위에서 언급한 풍수서에 모두 기록되어 있다. 최악의 경우에는 시신이 없어졌음을 알아낼 수도 있다. 그러한 무덤을 파헤쳐 보면 틀림없이 시신이 없어졌다고 한국인들은 단호하게 주장한다. 오래전 매장한 시신을 찾아서 이곳저곳을 돌아다닌다는 것은 지관이 하는 일 가운데 적지 않게 소름끼치는 것이다. 이런 짓을 생각하면 신경이 날카롭거나 흥분하기 쉬운 사람들은 아예 지관이 되려는 생각을 단념하게 된다고 말할 수 있다.

그러나 한국인들은 다행히도 그러한 일에 대하여는 둔감하다. 고명한 지관이라면 하루 종일이라도 이 일을 위해 좇아다닐 것이며 시신이 없어진 뒤로 괴로움을 겪는 고인의 친척이 지관에 의해 지적된 장소를 파헤쳐 보면 그는 틀림없이 목적물을 발견하게 된다고 한국인들은 주장한다. 이와 같은 탐색은 소위 『고분비술』[7]에 의해 이루어진다.

---

7) 본문에는 *The Old Grave Magic Rite*로 되어 있으나 원명이 무엇인지 알 수 없다.

제 33 장 매장의 풍습

매장의 풍습은 전국적으로 한결같지 않은데 이는 가난한 사람이나 하층 계급에 속한 사람들은 부잣집에서 결코 소홀히 할 수 없는 점들을 생략하기 때문이다. 그러므로 만약 상류 계급의 부자들이 시신을 다루는 방법만을 설명한다면 이는 한국 사회의 어떠한 계급에 속한 사람들의 시신을 다루는 방법에 대한 설명을 생략하는 것밖에는 되지 않을 것이다. 따라서 여기에서는 중류 계급에 속하는 가정의 가장의 죽음이 확실하게 될 때부터 장례가 완전히 끝날 때까지 어떻게 처리하는가를 알아보기로 하자.

가장이 절망적인 병에 걸렸다고 판명되면 그를 이제까지 사용하던 방에서 별실로 옮긴다. 한국인들은 앓는 사람을 옮기면 병에 차도가 있을 수도 있다는 생각을 한다. 이는 죽어 가는 사람을 집 밖으로 내보내어 거적 위에 눕혀 놓는 것과는 다르다. 이러한 현상은 하층 계급이나 미신을 믿는 계급에서만 볼 수 있는데 그들은 시신이 집안을 더럽히며 불행하게 만든다고 믿는다.

환자가 임종에 가까워졌음이 분명하면 그를 다시 그가 쓰던 방으로 옮기고 그의 모든 직계 가족들이 와서 조용히 그의 주위에 둘러앉는다. 가벼운 솜뭉치를 고인의 입에 대어 봄으로써 그의 숨결에 흔들리는 솜의 흔들림을 보고 사망 시간을 기록할 수도 있다. 숨이 멈추어 솜이 흔들리지 않으면 죽은 것으로 여기는데 대개 이때까지는 목숨이 완전히 끊어지지 않았음은 물론이다.

죽음이 발표되면 홑이불로 시신을 덮지만, 아직도 주위를 떠돌아다닐지 모르는 고인의 넋을 번거롭게 하지 않도록 이때까지는 아무도 호곡하지 않는다. 한 시간쯤 지나 가족들이 다시 모이면 곡이 시작된다. 곡을 하는 동안에는 어느 정도 멀리 떨어진 곳에서도 그 집에 상사가 있음을 알 수가 있으며 이때 울음에서 나타나는 감정은 모두가 고인에 대한 애도에서 나온다. 어떤 특정한 규칙이 있어서 그러는 것은 아니지만, 이때는 고인에 대한 덕을 칭송하거나 유족에 관한 이야기를 하지는 않는다.

곡을 하면서 곡을 하는 사람의 주관적 넋두리는 하지 않는다. 그들은 한 명의 친족을 잃었음을 불평하지도 않으며 아버지나 남편을 잃고 장차 어떻게 살아갈 것인가를 걱정하지도 않는다. 한 시간 정도의 곡이 그치면 가족이 아닌 가까운 친척이나 가까운 친구들이 시신의 둘레에 앉아 지키며 다른 사람들은 모두 밖으로 나온다.

그 집안의 충복이나 상류 계급에 속하지 않는 친한 이웃 사람 가운데 하나가 고인의 속저고리를 들고 지붕 위로 올라가 시신이 누워 있는 바로 위에 선다. 이 속옷은 입으려고 만들어 둔 것이 아니며 비단이나 외래품도 아니고 이때 쓰려고 여러 해 동안 옷장 속에 간직해 둔 것이다. 그렇게 서서 그 사람은 왼손에는 깃을, 오른손에는 아랫부분의 가장자리를 잡고 북쪽을 향해 세 번 흔든다.

첫 번째로 흔들 때는 고인의 이름을 큰소리로 외치며 두 번째로 흔들 때는 그가 지낸 제일 높은 지위를 외치며 세 번째로 흔들 때는 그 사람이 죽었다고 외친다. 옷을 흔드는 이유는 고인의 몸과 매우 가깝게 있던 그 옷이 그의 죽음을 알리고 있는 사람에 대한 신뢰물이 되어 “자, 여기에 아무 아무개의 속옷을 보시오, 나는 그가 죽었음을 알립니다”라고 말하는 효과를 내기 때문이다. 북쪽을 향해 옷을 흔드는 것은 넋이 북쪽으로 떠나기 때문이다.

북쪽은 넋이 떠나가는 쪽이며 어둡다.

이와 같은 절차를 밟는 것은 살아 있는 사람에게 그의 죽음을 알리는 것뿐만 아니라 이 중요한 사건이 세상에 잘 알려졌음을 고인이 듣고 믿도록 하기 위한 것이다. 옷을 세 번 흔드는 이유는 고인의 인 · 의 · 예 때문이다. 이 중요한 의식이 끝나면 지붕 위에 올라갔던 사람은 옷을 들고 내려와 고인의 시신 위에 덮는다.

가족들이 다시 모여 15분가량 곡한 다음 특별히 만들어진 두 개의 함으로 지탱되는 널빤지 위에 시신을 옮겨 놓는다. 머리는 남쪽을 향해야 하며 발보다 약간 높아야 한다. 시신의 주위에는 휘장을 두른다. 다음 순서는 혼백궤를 만드는 일이다. 이것은 나무로 만드는데 길이는 약 18인치, 너비와 깊이는 각각 약 12인치이다. 신비한 방법으로 고인의 넋을 이 궤에 넣게 되어 있다.

이 궤의 겉은 종이로 말끔하게 바르며 그 안에는 이 궤와 같은 모양의 종이 상자가 있는데 그 안에는 고인의 이름이 적힌 종이가 들어 있기는 하지만 이름과 관작을 함께 적어 넣는 경우는 드물다. 이 궤는 고인의 머리맡에 가장 가깝게 놓아둔다. 이와 같은 준비 절차가 모두 끝나면 고인의 가까운 친척 가운데 한 사람을 뽑아 호상을 삼고 충복 중 하나를 뽑아 모든 장례비의 관리를 맡긴다.

직계 가족인 모든 상주는 고인의 죽음이 자기의 죄 때문이라고 생각한다. 그들은 비단옷과 무색옷을 모두 벗고 삼베나 무명옷으로 갈아입는다. 패물을 모두 빼 두고 머리를 풀어헤치며 익은 쌀은 먹지 않지만 묽은 죽으로 대신한다. 이제 상주들은 다시 시신을 모신 방으로 들어간다. 방은 휘장으로 칸막이가 되어 있어 한쪽은 남자들이, 다른 한쪽은 여자들이 차지한다.

호상이 고인의 가족과 특별히 친한 사람들에게 부고를 보내면 소식을 받은 사람들은 남녀 가릴 것 없이 상가를 방문하고 조의를 나타낸다. 부고는 50장에서부터 500장에 이르기까지 다양하다. 부고를 받은 사람은 설령 멀

왕릉

리 떨어져 있더라도 그로서는 상주를 찾아보고 조위를 드리는 것이 "예식상" 필요하다. 이때 약간의 금전이나, 쌀이나, 삼베나, 초나, 담배를 가져오는 풍습이 있다.

시신을 지키는 사람들은 이제 뜨뜻한 물을 떠다가 헝겊이 아닌 깨끗한 종이로 시신을 씻는다. 그러는 동안에 가족들은 옆방에 앉아 있거나 아니면 가난한 이웃에게 고인의 옷을 나누어주기 바쁘다. 매장을 준비하면서 머리는 상투를 올리지는 않지만 느슨하게나마 추켜올리고 몇 해 동안 잘 간직해 두었던 빗을 이때나 되어야 꺼내 쓴다. 젊었을 때부터 뺀 고인의 이와 손톱과 발톱을 작은 주머니에 함께 넣어 시신의 옆에 놓는다.

그러는 동안에 다른 사람들은 시신에 입힐 수의를 만들기에 바쁘다. 짚방석, 덮게, 베개, 도포, 두루마기, 조끼, 바지, 버선, 토시, 행전, 머리띠 등 수의에 필요한 여러 가지 부분품과 관에 사용될 물건들은 새것이어야 한다. 이제 특별히 마련된 침상 위에 시신을 올려놓고 그 앞에는 넋이 먹고 갈 음식을 푸짐하게 차려 놓는다.

이 무렵이 되면 멀고 가까운 곳에 사는 고인의 친척들이 모두 모이는데 그들은 모두가 옆방에 모여 남자는 동쪽을 향하고 여자는 서쪽을 향해 무릎을 꿇는다. 6촌 이내의 친족들은 함께 모여 목청을 맞추어 곡을 한다. "베개" 하나를 가져온 다음 상주들은 차례로 앞으로 나와 베개에 이마를 대고 특별한 의식을 치른다.

이제 다시 혼백궤를 가져다가 고인의 머리맡에 놓으며 그 밑에는 고인이 입던 옷을 깔아 놓는다. 그다음 시신의 입을 벌리고 쌀가루를 부어 넣는데 입술 사이로 "보석"을 집어넣기 위한 것이다. 이 귀중한 물건은 무공주라고 부르는데 "구멍이 없는 진주"라는 의미이며 진짜 진주가 아니라 낙동강 어귀에서 발견되는 커다란 조개에서 얻는 딱딱한 물질이다. 이 조개는 겉이 꺼칠꺼칠하고 빛이 없으며 구하기가 매우 어렵다. 오직 그물로써만 잡을 수 있으며 그 가운데 무공주를 가지고 있을 확률은 100만분의 1이라고 한다. 이것을 파는 일은 없으며 집안의 보물처럼 대대로 물려준다.

이 조개는 폴립[1]과 마찬가지로 분열 과정을 통해 자체 번식을 한다고 한국인들은 믿고 있다. 이제 시신에 수의를 입히고 특별히 마련된 침상 위에 눕힌다. 그 주위에는 휘장을 둘러치고 그 위에는 고인의 이름과 직위를 적은 표지를 붙인다. 또 고인이 평소에 사용하던 붓, 벼루, 안경, 도장 등의 유품을 작은 상위에 차려 놓는다. 이것으로 첫날의 하는 일은 모두 끝난다.

이튿날 아침 직업으로 염습하는 사람이 와서 매우 조심스럽게 시신에 수의를 입히고 종이를 꼬아 만든 끈으로 시신을 묶는다. 허리띠를 맬 때는 한자의 "心" 자와 같이 묶는데 이는 모든 넋은 자기들이 쓰던 것들을 그러한 방법으로 정리한다고 믿기 때문이다.

3일째가 되는 날 아침에 염습을 하는 사람은 널을 가지고 오는데 이때는 못이 박혀 있지 않지만, 시신을 넣은 다음에는 조심스럽게 맞추어 나무로 쐐기를 친다. 널의 바닥에는 쌀가루를 1인치 정도로 깐다. 이것은 시신이 약간 잠기도록 하는 방석을 이루어 무덤으로 옮길 때에 좌우로 흔들리지 않도록 한다.

---

1) 폴립(polyp) : 산호류에 속하는 작은 수생 동물.

입관할 준비가 끝나면 고인의 아들들은 손을 씻거나 목욕을 한 다음 방으로 들어가 조심스럽게 시신을 마지막 안식처에 안치한다. 엷은 솜으로 얼굴을 덮으며 시신 말고도 위에서 말한 손톱, 발톱, 이빨을 넣는다. 널 안의 나머지 공간은 고인의 헌 옷으로 단단하게 채워 시신이 움직이지 않도록 한 다음 뚜껑을 씌워 나무로 쐐기를 친다. 널은 대개가 소나무로 만든다. 그 이유는 다음과 같다.

(1) 사철나무인 소나무는 죽을 때까지 잎이 떨어지거나 시드는 일이 없어서 한국인들의 눈에는 사내다움의 상징처럼 여겨지고 있다.

(2) 뱀이나 그 밖의 파충류들이 들어갈 수가 없다.

(3) 소나무는 껍데기만 남겨 둔 채 속이 텅텅 비는 일이 없다.

(4) 소나무는 땅속에 묻히면 즉시 썩는데 이 이유만으로도 한국인들이 소나무를 널로 쓰기에 넉넉하다. 썩는 속도가 느린 나무는 매우 적당하지 않다고 여긴다. 이러한 관념은 고대 이집트인이나, 무지하고 미신을 좋아하는 민족들의 생각과는 매우 대조적이다.

죽은 지 나흘째가 되는 날에 상복을 입는다. 상복을 완전히 갖추어 입는 사람은 고인의 아내, 아들, 딸, 며느리이다. 아들이 입는 상복으로는 대나무로 만든 넓은 삿갓, 억센 삼베로 만든 건, 굴건, 머리띠, 억센 삼베로 만든 상복, 대마로 만든 허리띠, 억센 삼베로 만든 행전, 짚신, 얼굴을 가리는 두 개의 손잡이가 달린 포선 등이 있다.

아낙네들은 나무로 만든 비녀, 억센 삼베로 만든 옷과 짚신 등을 착용한다. 상복을 입은 다음에 모든 상제는 시신이 안치된 옆방에 모여 남자는 동쪽을, 여자는 서쪽을 향해 호곡한다. 나이가 많은 사람들은 앉아서 할 수도 있다. 누구하고도 말을 해서는 안 된다. 이날부터 상주들은 보통 때와 같은 식사를 할 수가 있다.

염습하는 사람은 마치 시신이 잠에서 깨어나 물건들을 사용하기라도 하는 듯이 머리띠와 빗과 그리고 그 밖의 화장 도구들을 널의 옆에 차려 놓는다. 청과, 채소, 고기, 견과 및 술을 차려 놓은 다음 상주들이 들어와 절을 하고 호곡한다. 만약 장례일이 3개월 후이면—이러한 경우는 흔히 있다—가족들은 매달 초하루와 보름에 시신에 절을 한다. 청과가 새로이 시장에 나오면 가족들은 자기들이 먼저 맛을 보기에 앞서 고인에게 드려야 한다. 장례는 3일장, 5일장, 9일장이 보통이지만 고인이나 상주의 벼슬이 높은 경우 또는 돈이 많으면 보통 3월장으로 한다.[2] 이 경우에는 장례를 좀 더 정성스럽게 치를 기회가 생긴다.

장지는 지관의 힘을 빌려 오래전에 마련해 둔다. 이것은 그 자체가 하나의 분과학으로 되어 있으며 이 점에 관하여는 이미 앞 장에서 언급한 바가 있다. 장례일의 하루 앞서 지관과 맏상제는 장지로 가서 묘지 작업을 감독하며 묘 구덩이의 머리 부분, 다리 부분, 그리고 중심 부분 등 네 모퉁이에 박혀 있는 말뚝을 조심스럽게 뽑아낸다. 그 날 늦게 상제들은 음식을 갖추어 산신령에게 제사를 올리고 고인의 이름을 크게 외치면서 그가 이제 이곳에 묻히리라는 것을 아뢴다.

맏상제는 집으로 돌아와 장지가 마련됐음을 고인의 영전에 아뢴다. 장지에 남은 사람들은 널이 들어갈 수 있도록 정확한 치수로 구덩이를 판다. 밑바닥에는 석회를 섞은 모래를 깐 다음 단단하게 다져 널을 안치할 수 있는 단단한 침상을 만든다. 두 개의 묘비는 이미 마련되어 있다. 이 두 개는 서로가 짝을 이룬다. 하나는 무덤 앞에 세우는 것이고, 다른 하나는 시신의 발 앞에 묻는다. 세워 놓은 묘비가 깨어지면 그 속에 묻어 둔 것을 꺼내 그 자

2) 이 부분은 필자가 오해하고 있는 듯하다. 사대부는 유월장이라 하여 죽은 달에 묻지 않고 다음 달에 묻는다. 따라서 초하루에 죽어 다음 달 그믐에 장례를 지내면 사실상 2개월이 걸리지만 3월장이란 없다.

서울의 남대문

리에 세운다. 이 돌들을 한국인들은 지석이라고 부르는데 이는 "고인의 행적을 새긴 묘비"라는 뜻이다.[3)]

그다음의 작업은 시신을 옮기는 상여를 마련하는 일인데 이는 영어의 bier(관을 놓는 대) 또는 catafalque(무개령구거)를 의미한다. 상사가 있으면 상여를 빌리는 것이 보통이지만 특별한 경우에는 별도로 하나를 만든다. 상여는 그 모양이 두 사람이 타는 가마와 비슷하여 바퀴 대신에 사람들이 어깨에 멘다는 것이 서양의 것과는 다르다. 그러나 상여는 시신이 누워 있기 때문에 더 길다.

상여는 웅장한 천개로 덮여 있으며 사방이 가려 있다. 전체가 번질번질하고 황홀한 색깔로 칠해져 있는데 이는 한국인들이 가장 많이 쓰는 빨강·파

---

3) 묘비와 지석의 용도는 각기 다르며, 어느 하나가 없어졌을 때를 대비한 것이 아니다.

랑 · 노랑 · 흰색 및 검은색이며, 장대와 밧줄로 얽어서 메고 운반한다. 상여꾼의 숫자는 상여의 크기와 장례의 호화로움에 따라 결정된다. 어느 경우를 보나 8~40명이며, 억센 삼베로 옷을 만들어 입고 길쭉한 삼베 건을 쓴다.

장례를 치르면서 가장 중요한 것 중의 하나는 신주를 만드는 일이다. 나는 이것을 영어로 spirit master(신주)라고 번역했지만, 오히려 spirit tablet(신패)이라고 번역하는 것이 더 좋을 것 같다. 왜냐하면, 신주는 길이 10인치, 너비 2인치, 두께 3/4인치의 밤나무로 만들어진 목판이기 때문이다. 색깔을 칠하지도 않고 신주 자체에는 아무런 글자를 쓰지는 않지만, 그 위에 종이를 붙이고 고인의 이름과 관직을 기록한다.

이 목패는 종이와 함께 검은 칠을 하여 특별히 만든 작은 상자 안에 간직한다. 밤은 움이 트고 속살이 움의 비료가 되는 동안에도 그의 껍질이 썩지 않고 죽을 때까지 뿌리에 붙어 있다고 믿기 때문에 한국인들은 밤나무로 신주로 만든다. 그리하여 한국인들은 밤나무 씨가 오래도록 존속되어 집안이 영원히 계승되는 것을 상징하는 것이라고 믿는다.

이 목패는 삼년상이 지날 때까지 집안에 모셔 두었다가 그 뒤에는 사당으로 옮기는데 이는 영어로 직역하면 soul house(영당)라는 뜻이지만 ancestral tablet house(조상의 목패를 모시는 집)이라고 번역하는 편이 옳다. 잘사는 집안에는 사당을 볼 수가 있는데 요즈음에는 흉악범들이 신주를 훔쳐 간 다음에 돈을 요구하는 일이 있기 때문에 그 효용도가 줄어들고 있다.

신주를 잃는 것처럼 조상에 대해 큰 죄를 짓는 것은 없다. 옛날에는 시신을 장례로 옮기기에 앞서 사당으로 옮겨 조상을 뵙게 했지만, 요즘에는 신주로 대신하는 것으로도 충분하다고 여긴다. 그러나 신주로 대신하더라도 마치 사당을 방문하기라도 하는 것처럼 관을 잠시 옮겨 놓아야 한다.

이제 장관을 이룰 장례 행렬의 준비가 모두 끝났다. 이때 후손들은 가산의 절반을 낭비한다. 한국의 민담에는 효성이 지극한 나머지 자기 아버지의 장례를 치르느라 가산을 탕진한 아들이 많이 나온다. 오늘날에는 장례에 재산을 탕진하는 일이란 책이나 전설에서 밖에는 볼 수가 없다. 장례 행렬은 오후 늦게 채비하며 땅거미가 질 무렵에 떠난다.

이렇게 늦게 떠나는 것은 이 시간이 되면 거리가 조용하기 때문이다. 곧 이 시간은 하루 중 가장 조용한 시간이어서 고인의 넋이 행상인의 고함이나 거리의 소음으로 괴로움을 덜 겪는다. 이러한 점으로 미루어 보아 이때까지도 고인의 넋이 시신과 함께 있다고 한국인들이 믿음을 알 수가 있다.

장례의 앞줄에는 두 사람이 나란히 걸으며 그 뒤에는 나뭇단으로 만든 횃불을 든 사람들이 천천히 뒤따른다. 횃불은 땅 위에 불똥을 남기면서 땅 위를 끌며 지나간다. 가끔 그들은 횃불을 추켜들어 머리 위로 흔들어 불꽃이 살아나도록 한다. 이 뒤에는 초롱을 든 두 줄 사이로 장례 행렬이 지나간다. 초롱은 쇠로 골격을 만들고 그 위를 붉고 푸른 얇은 비단으로 씌워 촛불이 바람에 꺼지지 않게 되어 있으나 매우 투명하다.

본격적인 장례 행렬의 맨 앞에는 호상이 말 위에 높이 앉아 지나가며 그 뒤에는 고인의 이름과 벼슬을 적은 명정이 따른다. 그다음에는 양 끝이 길가에 닿을 만큼 긴 초롱의 행렬이 거리를 가로질러 뒤따른다. 그 뒤에는 혼백궤와 신주를 넣은 일종의 궤가 따른다. 양편에는 머리를 길게 풀어헤친 고인의 비복들이 따른다. 그들의 수효는 2~6명이다. 그런 다음에 또 다른 초롱의 행렬이 지나가고 그 뒤에 무거운 듯이 꿈틀거리는 여러 사람의 어깨 위에 천천히 흔들거리며 상여가 뒤따른다.

상여꾼들의 입에서는 이상한 노래가 흘러나오는데 이는 그들의 발을 맞추도록 해 준다. 그들에게는 엄청난 술을 주며 그들이 그 무거운 상여를 메고 걸을 수 있는 것은 그들의 수효가 많기 때문이다. 만약 고인의 벼슬이 높으면 한 사람이 상여의 앞뒤 부분에 올라서서 요령을 흔들며 상여꾼들이 발걸음을 맞추도록 해 준다.

상여의 양옆에는 고인의 위업을 적은 깃발이 따른다. 이들은 고인의 친구들이 보내는 것이며 서양에서 친구들이 우정의 표시로 보내는 꽃다발에 해

왕릉에 있는 무인상

당한다. 상여의 바로 뒤에는 고인의 맏아들인 맏상제가 거친 삼베로 둘러싸인 가마를 타고 따르며 양옆에는 고인이 부리던 시비들의 남편들이 따른다. 그 뒤에는 유족들이 따르는데 그들의 가마 양옆에는 고인의 친척들이 부리는 시비의 남편들이 따른다. 그 다음에는 먼 친척들과 친구들이 따르며, 거리의 사내아이들이 떠들썩거리며 따르는 것으로 행렬은 모두 끝난다. 이 사내아이들의 소란은 장례를 엄숙하게 하기는커녕 더 요란스럽게 만든다.

서울에서는 매장이 금지되어 있으며 수구문과 서소문이 아니면 성문으로 상여가 통과할 수 없다. 1886년 여름처럼 페스트가 퍼져 서울에서만도 하루에 1천 명씩 죽던 때는 이 문에 장례 행렬이 장사진을 쳤다는 것을 쉽사리 추측할 수가 있다. 더구나 그 무렵에는 두 문이 오후 9시부터 다음 날 새벽 4시까지 닫혀 있기 때문에 더욱 그러했다.

상여가 장지에 도착하면 먼저 임시로 만든 천막 아래 이를 안치한 다음 이웃 마을이나 즉석에서 생기는 주막에서 밤을 새우며 술을 마신다. 아침 일찍 고인의 이름을 적은 명정으로 관을 덮고 약간의 음식을 바친다. 모든 사람이 절하고 곡한 다음 두 개의 가로지른 막대로 관을 묘지로 운반한다. 관이 정확한 방위대로 안장되는가를 확인하려고 다시 나침판을 사용한다. 검은 비단으로 관을 덮고 그 위에 다시 얇은 널빤지를 깐다. 석회로 사방의 틈을 메우고 관 위로도 2인치 두께로 석회를 덮는다. 그런 다음 흙과 석회의 혼합물로 구덩이를 채운다.

한국의 무덤 모양과 설비가 이 세상에서 가장 아름답지 못한 것인가에 관하여는 의문의 여지가 있다. 양지 바른 남향의 언덕을 파헤쳐 널따란 공지를 만든다. 여기에서 파낸 흙으로 초승달 모양의 바람막이를 만들어 동 · 서 · 북을 막는다. 이 초승달의 품 안에 구덩이를 파며, 흙으로 그곳을 덮어 봉분을 만들며 그 모양은 반원구와 흡사하다. 묘의 앞에는 언덕의 천연적인 비탈을 따라 계단을 만들며 무덤의 뒤편과 양옆으로는 소나무를 심어 두꺼운 숲을 만든다. 주변에 훌륭하게 잔디를 가꾸어 놓으면 소탈하고 깔끔한 면에서는 절묘를 이룬다.

더구나 주위의 작은 소나무 숲은 아름다움을 망가뜨리기보다는 오히려 더욱 눈을 끌게 한다. 모든 무덤이 이처럼 정교하게 다듬어져 있으리라고 추측해서는 안 된다. 일반인들은 아무 곳에나 묻어 관리를 소홀히 해 개나 여우가 파헤쳐 시신의 뼈가 드러나 보이는 곳도 많다. 돈이 많은 사람이거나 왕족이라면 양편에 문무의 석상이나 동물의 석상을 세워 서로 마주 보게 꾸민다. 봉분 앞에는 매끈하게 다듬은 상석이 있는데 이는 해마다 제물을 차려 놓는 탁상으로 쓰인다.

한국의 형법전에 따르면 묘에 대한 신성 모독은 극악범으로 취급하여 극형에 처한다는 것은 더 말할 나위도 없다. 미국에서는 어린이를 유괴하고 금품을 요구하는 사례가 있지만, 한국에서는 살아 있는 사람을 유괴하는 것이 아니라 죽은 송장을 파내 가며, 죽은 자기 아버지의 시신을 찾으려고 살아 있는 자기 아들을 찾을 때보다 더 많은 돈을 쓴다.

한국인들이 자기 조상의 무덤을 찾아가 보면, “이 무덤에 묻혀 있는 시신은 머리가 없을 것인데, 어느 날 어느 장소에 얼마만큼의 돈을 갖다 놓으면 돌려주겠노라”를 팻말을 발견하는 경우가 흔히 있다. 자존심이 있는 한국인은 자기 어버이의 시신을 찾으려고 자기의 모든 재산을 저당 잡히거나 아니면 그 일부를 잃게 될 것이다.

제6편

결 론

제 34 장 한국의 근대화

만약 20년 전에 한국을 방문했던 어느 여행자가 서기 1906년에 다시 이곳을 방문하게 된다면 대외 문호 개방에서 빚어진 물질적 변화에 적이 놀랄 것이다. 그러나 만약 그가 개항지나 상업의 중심가를 벗어나서 돌아본다면 600마일에 이르는 철도와 전신선 이외에는 그러한 물질적 진보가 중심지에만 국한되어 있다는 것을 곧 알게 될 것이다.

일본의 무력과 자본은 부산이라는 보잘것없는 어촌을 수도 시설, 전기 시설, 널찍한 호텔, 은행, 박물관, 그리고 당당한 설비를 갖춘 번화한 도시로 변모시켰다. 그보다 더 소규모의 도시인 원산, 목포, 군산도 마찬가지라고 할 수 있다. 제물포는 아직도 가장 중요한 수입항이다. 이곳은 서울과 가까워 그토록 발전을 이루었고, 부산은 그곳이 간선 철도의 종착역이라는 이유로 그토록 발전했으며, 특히 태평양 횡단 항로의 기항지가 됐다는 점에서 더욱 그러했다.

그러나 제물포는 아직도 분명히 활기에 찬 곳이다. 외국인이나 일본인이 사는 부동산은 1㎡당 20~30원이나 되는데 이것으로 보아 제물포의 생활이 어떤 것인가를 쉽사리 알려준다. 이곳에 사는 일본인의 인구는 이미 1만 명선을 돌파했을 뿐만 아니라 한국인들도 떼를 지어 몰려들어 3만 명에 이르고 있다. 비록 지금까지는 이렇다 할 만한 외국인의 공동 건물은 거의 없지만, 외국인 촌은 훌륭하고도 멋지게 세워져 있다.

대부분의 외국인 주택이 있는 가파른 언덕에서 내려다보는 바다의 훌륭한 경치는 이곳에 살고 싶은 매력을 더욱 느끼게 한다. 1마일이나 되는 바닷가의 가로가 있어 상업이 편의하지만 화물 대부분은 천막으로 가리지 않는 한 노천 가로에 널려 있지 않을 수가 없다. 항구란 항상 화물을 처리하고 저장할 수 있는 설비에 따라 발전한다는 사실보다 더 실감 나게 제물포의 장래를 지적해 주는 것은 없다.

서울을 살펴보면 다른 도시보다 면적이 넓어 제물포나 부산처럼 조감도를 그리기가 어렵다고는 하지만 어쨌든 다른 도시와 마찬가지로 커다란 발전을 이룩했음은 사실이다. 우선 가장 중요한 변혁은 성문을 저녁 9시에 닫아 어명이 없는 한 아침까지는 열지 않던 법을 폐기했다는 점이다. 성벽은 교통을 방해하기 때문에 성가신 존재가 되고 있으며 특히 남쪽으로는 더욱 그렇다.

500년이란 연륜의 고자세적인 안목에서 기차나 전차란 주제넘은 존재라고 내려다보고 있는 그림과 같은 이 성벽이 평지가 되는 것은 시간문제이다. 서울로 모든 물품이 대량으로 흘러들어오면서 너비가 겨우 18피트밖에 되지 않는 남대문의 증축 계획이 이미 필요하게 됐다. 또한, 서울의 부동산은 지난 10년 동안에 10배로, 그리고 지난 한 해 동안에 2배로 값이 올랐다.

앞에서 서울의 오물에 관해 말한 바가 있지만 그래도 극동의 여러 도시처럼 서울은 꽤 말끔하다. 북경이나 기타 중국의 내륙 도시에서 직접 입경하는 사람들은 서울의 거리가 넓고 평평하며 비교적 깔끔한 데에 대해 찬사를 보낸다. 공공건물의 면에서 보면 서울은 이렇다 할 만한 발전을 이룩하지 못했다.

비록 수수하기는 하지만 아름답고 고전적인 천주교 성당의 선은 건축이라는 견지에서 보면 도시의 다른 건물들을 압도하고 있다. 프랑스·영국·러시아 공사관의 모습은 당당하기는 하지만 내세울 만한 것은 되지 못한다.

대부분의 관공서는 아직도 순수한 한국식 건물이다. 어떤 것들은 벽돌과 골이 진 함석을 사용했으나 그 모양이 어울리지 않는다.

서구식과 한국식의 건축술은 조화를 이루지 못한다. 중국 상인들의 조야하고도 값싼 건물들은 한국식 건물과 어울리지 않는다. 중국 상인들은 벽돌과 진흙으로 한국식 건물 위에 다시 방을 들인다. 일본인들은 어디를 가나 그들의 독특한 건축 양식인 부싯깃통을 만든다. 그들 가운데 어떤 사람은 벽돌과 석재를 사용하기 시작했으며 좀 더 단단하고 내구적인 건축 양식을 따르는 것이 일반적인 취향인 것처럼 보인다.

외국인 주택은 도심지에서 3마일이나 떨어진 성벽과 강 사이의 언덕 위로 몰리고 있다. 서울에서도 요코하마의 "벼랑촌"이나 고베의 "언덕촌"과 같은 주택지가 생길 날이 머지않다. 이러한 언덕이나 벼랑은 외국인들의 주택지로는 안성맞춤이다. 이곳은 지대가 높고 나무가 많으며 위치가 편리한데다가 곧 개통될 도심지와 한강을 잇는 제2전차선은 변두리 지역의 교통을 편리하게 할 것이다. 적당한 급수 시설과 하수도는 아직도 해결해야 할 문제로 남아 있다. 미국의 한 회사가 훌륭한 급수 시설을 마련하려고 교섭 중이며 사업이 완성될 때까지 하수도 문제는 별 진전이 없을 것이다.

여객 운송에 관해 살펴보면 서울은 극동의 다른 항구에 견주어 훨씬 발전되어 있다. 조선전기회사는 9마일에 이르는 표면 궤도 전차를 가설하여 괄목할 만한 성공을 거두었다.[1)] 한국인은 전찻길을 무척 아끼며 승객도 애당초부터 급증하고 있다. 발전소나 궤도에서 일하는 고용인도 대부분 한국인이다. 한국인은 어느 분야에서나 능력이 있다는 것이 전차를 운행하는 미국인의 공통된 의견이다.

그들은 기술자나 공장 감독관으로 활약하는 일본인을 압도해 대신 들어

1) 서울에 전차가 개통된 것은 1889년 5월이며, 이때 소각 사건이 발생했다.

서울에 있는 미국 감리교회

서고 있다. 나의 기술은 놀라운 칭찬이 되는데 이는 수많은 외국인이 생각하고 있는 것처럼 한국인이 정말로 응용과학의 분야에서 이로움을 얻는 데 과연 무능한가 하는 질문에 무게 있는 답변이 된다. 조선전기회사는 또한 집집이 전등을 켜 주고 있으나 아직 가로등은 거의 없다. 한국인은 밤이면 제각기 자기 집 앞에 남폿불을 내걸게 되어 있다. 이러한 봉사로 겨우 어둠을 면하고 있다.

한국의 고위 관리들은 아직도 사인교를 타고 다니지만 중류 계급의 관리들은 지난 5~6년 동안에 겨우 사용하게 된 인력거를 타고 다니면서 대접을 받는다. 옛날에는 운송이 불편하여 외계와는 거의 교통이 끊기다시피 됐던 널따란 농업 지대를 개방시킨 철도가 한국에서 이룩된 가장 위대한 물질적 진보라고 언급한 바 있다.

그러나 반도의 위험스러운 해안선을 따라 수많은 등대를 세움으로써 또 다른 진보를 보였다. 이러한 발전을 이룩한 것은 세관국이며 지금도 과감하게 추진하고 있다. 그 위대한 업적은 아무리 칭찬해도 지나치지 않는다. 해안에 30개 이상의 등대를 세울 필요가 있다고 여겨진 것으로 보아도 한국의 천연 해안이 얼마나 위험한가를 알 수 있다. 그들 가운데 절반 이상이 가까운 서해안에 서 있다.

최근에 이르러서는 효율적인 우편 제도의 개설을 보았으며[2], 만국우편연맹(IPU)의 회원국으로 되어 있다.[3] 해마다 연말이면 결손을 보기는 했지만, 이 우편 제도는 한국인들에게 커다란 축복이 됐다. 오늘날에는 모든 우편 시설과 전신 시설이 일본인의 손으로 넘어갔으며, 효용도는 점차 증대하는 것으로 보인다.

이와 같은 모든 변화 가운데 가장 고무적인 것은 한국인들이 이러한 변화를 기꺼이 받아들이고 자유롭게 이용한다는 점이다. 그들은 신속한 교통 통신이 얼마나 이로운 것인가를 재빨리 알고 있다. 그러나 수준 높은 경제생활을 누리려고 이미 많은 일을 벌려 놓았지만 그러한 업적들은 아직도 시발에 지나지 않는다는 점을 고백하지 않을 수 없다.

아직도 상가는 시골 사람들이 돌아보는 구경거리밖에는 되지 않고 있으며 새 생활은 대중 속에 스며들지 못하고 있다. 교육이 그들에게 널리 보급되고 공중도덕의 기준이 상당히 앙양되기 전에는 그러한 일들이 불가능할 것이다. 경제 발전에 따르는 궁극적인 이익은 교육이나 공중도덕에 의존하는 것이기 때문에 교육이나 공중도덕을 앙양시키는 문제는 경제 발전보다 더 중요하고도 급박한 문제이다.

정의가 다시 눈부시게 빛나고, 인간은 이 세상에 일어나는 여러 가지 잘

---

2) 처음에 개설을 본 것은 1884년 12월 4일이었으나 갑신정변으로 하루 만에 폐쇄됐으며, 그 후 1895년에 통신국을 개설하여 우편 사업이 재개됐다.

3) 만국우편연맹에 가입한 것은 1990년(광무 4년)이다.

못을 바로잡을 수 있고, 자기가 제공한 노동의 댓가를 누릴 때가 오지 않는 한 철로니, 전신이니, 우편 제도니 하는 따위는 모두가 압제의 도구에 대한 가중 수단밖에는 되지 않는다.

나는 특히 자선 사업을 위해 활약하고 있는 선교 단체의 활약을 강조하지 않을 수 없다. 시설이 좋은 세브란스 기념 병원은 최근 완공되어 이루 말할 수 없이 훌륭한 일들을 많이 하고 있다. 미국에 있는 친구들의 아낌없는 우정의 결실로 부산과 평양에 훌륭한 외국인 병원이 세워지고 또 시설을 갖추었다.

워너메이커[4] 씨의 아낌없는 우정으로 기독교청년회(YMCA)는 서울에 깔끔하고 널찍한 회관을 건립 중이며, 서울에서 이 청년회는 놀라운 발전을 이룩하여 엄청난 잠재 능력을 발휘할 가능성을 보여주고 있다. 출판 분야에서도 급속한 발전을 이룩하고 있으며, 교파가 다른 신교 선교사들 사이의 협조를 위한 현재의 계획은 도덕적 · 지적 · 사회적 활동의 모든 분야에 걸쳐서 상당한 성과를 거두리라고 예상된다.

---

4) 워너메이커(John Wanamaker : 1838~1922) : 미국의 실업가. 의류업으로 성공하여 백만장자가 된 뒤 체신장관(1889~1893)을 역임했고, 주로 필라델피아 일대에서 YMCA 활동을 지원했다. 1907년에 황성YMCA 창설 당시에는 4만 달러를 기증하여 회관 건립을 지원했다.

제 35 장 한국의 장래

앞의 장, 특히 일본의 처사를 더듬어 본 장을 읽는 동안에 독자들은 내가 왜 이 책의 이름을 『대한제국의 멸망』이라고 했는가를 알 수 있을 것이다. 일본은 일련의 전쟁을 승리로 이끎으로써 한국을 지배할 지위를 굳혔다. 이러한 사태의 추이가 다른 체약국에게 만족스러운 것이었다고 믿기는 어렵다. 그들은 다만 각자의 편의를 위해 그러한 추이를 묵인했을 따름이다.

그와 같은 열강의 양해를 영국·독일 및 미국의 상인들이 매우 못마땅하게 생각한 데는 그럴 만한 이유가 있다. 이 점은 주의 깊게 연구해볼 만한 가치가 있다. 지난해(1905) 11월에 강제적으로 체결된 을사조약은 일본이 한국과 다른 열강과의 조약 체결권을 대행할 것을 약속한다는 규정이 포함되어 있다. 이 조약은 또한 한국에 거주하는 다른 타국민의 치외법권을 보장하고 있다. 그들은 자기 국가 영사관의 법적 관할을 받고 있다. 또한 일반적인 방법으로 외국 무역의 수입품에 부과되는 관세의 양을 규정하고 있다.

이러한 두 가지 사실은 한반도에서 거래하는 미국과 다른 국가들의 무역에 매우 중요한 의의가 있다. 그러나 소위 11월의 조약이 체결된 이후로 일본의 몇몇 유력지들은 재판을 간소화하는 데 도움이 된다는 이유로 한국에 거주하는 외국인들의 치외법권을 인정하지 않을 것을 강력하게 주장했다. 한반도에서 이해관계가 얽힌 열강들은 일본의 군사적 승리에 너무도 강렬한 인상을 받았기 때문에 일본이 발의하는 제안은 아무런 반대를 받지 않고 통과되리라고 그 신문들은 믿고 있었음이 틀림없다. 이를테면 미국 정부도 그들의 제안에 확실히 동의하리라고 그들은 믿었다. 그렇지 않다면 일본 정부의 반관 기관이 최근에 있었던 일본의 약속을 저버리는 그와 같은 무리한 제안을 감히 내세울 수가 있었을까?

일본은 그릇된 정보와 이미 파기된 약속을 교묘하게 이용함으로써 모든 문제를 처리하기 시작했으며 이와 같은 일본의 처사는 미국 국민들의 눈을 가리는 데 성공했다. 이와 같은 이유로 동양에서 문호 개방 정책을 유지하고 지금은 비록 부분적으로 유효하지만, 장차 큰 힘을 발휘하게 될 국제적 권리를 확보하는 데 관심이 있는 사람들은 사태의 추이를 주의 깊게 지켜보아야 한다고 나는 나의 직관으로 아주 강력하게 주장한다. 또한 미국 행정부는 한국에 거주하는 미국 시민의 신변과 이해관계를 좌우하는 권리를 일본에 양보하는 일이 없도록 즉각적인 조처를 해야 한다고 나는 주장한다.

다음과 같은 사실을 고려해 볼 때 우리는 한반도에서의 사태 추이를 주의 깊게 관찰해야 한다고 나는 믿는다. 조약 체결권은 의회에 있는 것이지 행정부에 있는 것은 아니다. 행정부는 미국과 다른 열강과의 사이에 체결되는 조약에 자구 하나도 부가할 권한이 없다. 따라서 행정부는 현존하는 조약을 폐기하거나 자구를 삭제할 권한마저도 없다.

그렇다면 어떠한 권한에 의해 한국에 대한 미국의 조약 의무가 그토록 간단하게 손상됐는가를 물어봄직도 하지 않은가? 만약 한국이 다른 민족으로부터 압력을 받을 때는 한국을 돕고자 유능한 관리를 파견할 것을 미국이 보장한 규정[1])이 미국의 행정 관리들에 의해 무시될 수 있다면 그들은 왜 미국 국민이 일본의 재판 관할권을 받는 문제를 변경시킬 수 없으며, 미국 정

1) 1882년에 체결된 한미수호통상조약의 제2조를 의미함.

부가 약속한 상거래를 말살시킬지도 모르는 한국의 현행 관세 제도의 수정에 동의할 수 없는 이유는 무엇인가?

이러한 현상은 미국의 행정부가 입법 기능에 책임을 지는 뚜렷한 추세에서 나오는 당연한 결과일 수밖에 없다. 일본이 미국에 그토록 부드러운 감정을 갖는 이유는 미국인들이 극동에서 상업적으로 미국인 자신을 말살시키게 되는 모든 기회를 일본에 주기 때문이라는 점을 미국인들은 깨닫지 못하고 있다는 문제점이 있다.

그러나 만약 일본이 한국을 보호령으로 하는 것이 국제적으로 합법적인 노선에 따른 것이라면 그것이 필연적으로 한국 민족의 멸망을 의미하는 것은 아니라고 볼 수도 있다. 일본 정부의 실제적인 느낌을 대변할 만한 처지에 있는 일본의 정치인들은 한국이 병합된 것이 아니라 아직도 하나의 독립국이라고 말하고 있다.

이러한 표현은 세상을 속이려는 것이며, 지금은 상상할 수도 없는 커다란 국제적 변혁이 나타나지 않는 한 한국은 결코 독립 국가로 재기할 수 없다는 것이 엄연한 사실로 되어 있다. 일본은 한반도에 일본 신민을 대량으로 이주시키려는 의사를 노골적으로 나타내고 있으며 이러한 계획은 너무도 급속하게 진행되고 있어 한국에 있는 일본인들은 10년 이내에 강력한 세력을 형성해 한국민의 무력 항쟁을 진압하기에 충분한 힘을 갖추게 될 것이다.

이와 같은 엄청난 인구의 유입은 일본에서 노동력이 넘쳐 노동의 기회가 부족하여 일어나는 현상이 아니라, 최근에 발행된 가장 저명한 한 저서[2]에서 나타난 바와 같이 개간이 가능한 일본의 토지 가운데 오직 절반만이 이용되고 있기 때문이다. 오늘날 미국인의 갸륵한 동정을 불러일으키는 일본

2) (필자 주) Thomas F. Millard, The New Far East(London : Hodder & Ståughton, 1905.). 밀라드(1868~1942)는 미국의 저명한 언론인으로서 *China Weekly Review*를 창간하였고, 러일전쟁과 중일전쟁에 종군하면서 *New York Times*와 *New York Herald*의 특파원으로 문명을 날렸다.

미국 총영사관

의 참혹한 기근은, 전적으로 그것이 원인이라고 볼 수는 없다.

준엄한 감시의 쇠사슬을 부분적으로나마 벗어나 한국인들이 무기력한 틈을 타서 황금과 같은 곡식을 거둘 수 있는 반도로 건장한 육체노동자들이 밀려들어오기 때문에 더욱 악화한다는 것은 의심할 나위도 없다. 이러한 현상은 검은 구름이 한국을 뒤덮는 것과 같으며 그 뒤 결과는 실낱같은 희망도 없다. 이러한 현상은 한국이 곧 폴란드나 아르메니아나 콩고 "자유"국과 마찬가지로 되어 감을 보여 준다.

이와 같은 상황 속에서 한국이 장차 어떻게 해야 하는가 라는 문제가 제기된다. 한 국가를 형성하는 민족의 멸망을 저지하려면 한국은 어떻게 처신하는 것이 합리적인가? 이에 대한 답은 하나밖에 없다. 한국은 자기 민족이 자신을 정복한 민족과 대등하게 될 때까지 자기 민족에 대한 교육에 전념해야 하며, 순수한 인간성을 무기로 하여 일본인이 한국에 느끼고 있는 멸시를 상쇄할 능력을 갖추도록 노력해야 한다.

일본인은 군사력이나 야수적인 폭력이 아니면 그것이 능력이라고 존경하려 들지 않는 민족이기 때문에 한국 민족의 그와 같은 노력은 아무런 소용이 없을지도 모른다. 오늘날 일본은 미국이 자기들을 두려워한다고 믿고 있기 때문에 미국이 저토록 지적으로 위대한 과업을 성취했음에도 불구하고 뒤에 숨어서 미국인들을 비웃고 있다. 하물며 일본인들은 한국인들을 어떻게 생각하겠는가?

가네코 겐타로[3] 남작은 미국에서 수학하는 동안에 일본은 대규모로 한국에 식민할 의사가 있지만 두 민족 간의 우호 관계는 결코 손상치 않을 것이라고 미국인들에게 말했다. 그는 한국인들을 "열등 인종"으로 여기는 듯했다. 이와 같은 발언은 매우 중요한 의미가 있으며 한국인들이 인도주의적으로 대우를 받고 있다는 일본 정치인들의 주장이 거짓된 것을 의미한다고 해석돼야 한다.

한국인들의 입장에 서서 그들에 대해 놀랍고도 이제까지 상상할 수도 없을 만큼 따뜻한 감정을 느끼고 있는 사람들이 있다는 뉴스가 매일매일 보도되고 있다. 이러한 보도는 한국에 애국적인 움직임이라고는 찾아볼 수 없다는 일본의 주장이 거짓임을 밝히는 것이며, 평화롭고도 지적이며 번영하는 한 공동체로 한국 민족을 통합시키고자 어떠한 일이라도 하리라는 결의를 보여주는 것이다. 심지어 일본인마저도 공동체가 경멸할 만하다고 비난하기를 꺼리고 있다.

이처럼 중대한 과업을 성취하고자 그들이 어떻게 행동하고 있는가에 관해서는 여기에서 간단하게 설명할 수가 없다. 의심을 나위도 없이 그러한 과업을 성취하고자 가장 강력하게 움직이는 세력은 한국에 거주한 미국인 선교사들이다. 심지어 일본인들까지도 한국 민족의 지적·도덕적 생활수준

---

3) 가네코 겐타로(金子健太郎 : 1853~1942) : 일본의 정치가이자 외교관으로서 1878년에 하버드대학을 졸업하고 러일전쟁 기간(1904~1905)에 미국 주차 일본 공사를 역임했음.

을 향상시키려고 노력하는 사람들을 공공연히 배격할 수가 없다.

그들은 한국어에 능숙해 한국인들의 가슴속에 깊이 파고드는 사람들만이 지식을 갈구하는 한국인들을 옹호하고자 끈질기고도 쉬지 않는 계획을 수행할 수 있다고 굳게 믿는 데는 그럴 만한 특별한 이유가 있다. 선교사들은 복잡한 모든 정치적인 문제와는 동떨어져 있으며, 한국을 위한 그들의 노력이 한국인들의 도덕적인 기품을 더욱 강경하게 함으로써만 정치 문제에 영향을 미칠 수 있으며, 잠자는 듯한 한국인들의 지식 생활을 맑게 일깨워 준다면 일본인에 대한 그들의 자아 회복이 필연적으로 이루어질 것이다.

이와 같은 위대한 과업을 이룩하는 데 미국인들은 모름지기 깊은 관심을 가져야 하며, 동정 이상의 깊은 우애를 가지고 이 문제에 손을 대야 한다. 만약 이 지구상에서 미국인의 적극적이고 참다운 도움을 받을 만한 민족이 있다면 다름 아닌 곧 한국이다. 미국은 한국과 국교를 맺은 최초의 서방 국가이며 그 자리에서 체결된 조약에서 미국은 한국의 안전과 이익을 존중하겠노라고 약속했다. 미국은 야수와 같은 폭력에 대항하여 정의를 구현하기 위해 “공정한 거래”의 편에 서서 공공연히 싸웠으며, 한국은 자신의 독립이 유린당할 때 이를 막아 줄 국가로 다른 나라보다도 미국이라는 말을, 한국에 거주하는 미국의 외교관들과 민간인들은 수없이 되풀이했다.

그러나 한국인에게 환난이 닥쳐오고 그토록 되풀이하던 공언이 순수했음을 입증하기 위해서라도 미국의 맑은 우의가 절실하게 필요하게 된 무렵 미국은 그토록 약삭빠르게, 그토록 차갑게, 그토록 심한 멸시의 눈초리로 한국인의 가슴을 할퀴어 놓음으로써 한국에 사는 점잖은 미국 시민들을 분노하게 했다.

기울어 가는 조국을 건질 길이 없게 되자 충성심이 강하고 지적이며 애국적인 한국인들이 하나씩 스스로 목숨을 끊는 동안에 한국 주차 미국 공사 모건(E. V. Morgan)은 이 흉행의 장본인들에게 샴페인을 따르면서 축배를 들고 있었다. 다른 어느 동양 민족에게서도 맛보지 못한 정중함과 배려로써 미국 시민을 아껴 준 한 제국이 쓰러져 가면서 단말마적인 괴로움을 삼키는 모습을 보고도 그토록 무심한 채로…

우리 미국 시민은 이제까지 미국이 주창하던 여러 가지 원칙에 배치되는 그러한 행동에 동조하지 않았다는 것을 한국인에게 이해시키려면 어떻게 하는 것이 좋겠는가? 그 길은 단 하나밖에 없다. 그 길은 다름이 아니라 한국인이 하나의 민족을 형성할 수 있도록 도와주고, 그토록 흔하게 쏟아져 나온 한국을 비방하는 성명들이 일시적으로나마 수많은 미국인의 선의를 무시한, 진의가 아니었음을 한국인들이 알도록 시간과 기회를 주는 것이다. 그 길은 곧 한국인의 교육에 미국이 참여하는 것이다.

한국인들은 이미 여러 해 전에 벌써 관심을 쏟아야 했던 이 교육만이 이제 최후로 의지할 보루라는 사실을 뼈저리게 깨닫고 무지에서 깨어나자고 외치고 있다. 수많은 한국인이 위대한 과업을 이루고자 자기의 지갑을 열고 여기에 필요한 돈을 선뜻 내어놓으리라고 나는 믿는다. 여러 선교 단체에서 이미 많은 일을 했지만, 자금이 부족하여 그들의 활동에 제약을 받고 있음은 어쩔 수 없는 일이다.

지금 필요한 것은 문제점을 정확하게 한국인에게 제시하고자 거국적으로 유세를 벌이는 일이다. 이와 같은 운동이 일본에 적대적인 것이 되지는 않는다. 오히려 보통 교육을 위해 유력한 기관들이 입안한 여러 계획안을 적극적으로 밀어주어야 한다는 데 특별한 관심을 가지고 노력을 기울여야 한다.

한국으로서는 지금 참기만 한다거나 또는 일본의 계획에 불쾌하게 저항만 하다가는 아무것도 얻을 수가 없다. 그들은 지금 명백한 문제점에 직면하고 있으며, 그러한 상황을 일으키는 폭력의 부도덕성에 대한 이론이란 전혀 학술적인 것에 지나지 않는다. 앞에서 기술한 폭력에 관한 나의 논술은 한편으로는 역사적인 기록을 남기려는 것이고 다른 한편으로는 미국인에게 그들이 지고 있는 의무를 각성시키려는 것이다.

내가 앞에서 암시한 바와 같이 지금 한국은 그와 같은 체제를 이룩하는

데 도움이 필요하다. 한국인들은 그들이 할 수 있는 모든 일을 이루고자 하겠지만, 미국에 있는 아량 있는 국민들이 한국에 와서 그와 같은 움직임에 개인적으로 봉사하거나 아니면 재정적으로 지원할지에 문제점이 있다. 미국의 국민 가운데 한국을 위해 몸 바침으로써 이 거대한 민족 운동의 핵심이 되고 구심력이 될 교육 기관을 설립하는 영광된 기회를 차지하고 싶은 독지가는 없는가? 교육에 투자된 자본이 더 크고, 더 확실하고, 더 유익한 결실을 볼 곳으로는 이 세상에서 한국밖에는 없다는 말은 한국인의 마음씨를 가장 깊이 알고 있는 사람이 아니면 제시할 수 없는 의견이다.

역주자 참고문헌

『구한말조약휘찬』(상 · 중 · 하)(서울 : 국회도서관 입법조사국, 1964~65)

『國朝榜目』

『기독교대백과사전』(서울 : 기독교문사, 1983)

金圭炳(역주), 『韓國近代外交史年表』(서울 : 국회도서관, 1966); Allen, H. N., "Chronological Index," in *Korea: Fact and Fancy*, 1904)

김동진, 『파란 눈의 한국혼 헐버트』(서울: 참좋은친구, 2010)

金斗鍾, 『韓國醫學史』(서울 : 탐구당, 1966)

김영수, 「러시아군사교관 단장 뿌짜따와 조선 군대」, 『軍史』 No. 81, 2006 (서울 : 군사편찬위원회)

金源模, 『근대 한미관계사 : 한미전쟁론』(서울 : 철학과 현실사, 1992)

김원모, 「遣美 朝鮮報聘使 隨員 崔景錫. 吳禮堂. 로우엘 硏究」, 『東洋學』(27)(서울 : 단국대학교 동양연구소, 1997)

金乙漢, 「人間 李垠: 헐버트 博士篇」, 『중앙일보』, 1970. 7. 10.~14.

김현숙, 『근대 한국의 서양인고문관들』(서울 : 한국연구원, 2008)

『대한제국고등재판선고서』(개국 504년 11월 13일자 朴銑 외 3인 건): 국사편찬위원회 소장.

『東國歲時記』(서울 : 을유문화사, 1971)

文一平, 『史外異聞秘史』(호암전집 제3권)(서울 : 조광사, 1964)

민두기, 『일본의 역사』(서울 : 지식산업사, 1977)

朴大憲, 『서양인이 본 조선』(서울 : 호산방, 1996)

朴晟義, 『한국고대소설사(서울 : 일신사, 1958)

『三國史記』

『성경』

『세계인명대사전』, 문공사, 서울, 1973.
손정숙, 『구한말 헐버트(Homer B. Hulbert)의 대한(對韓) 인식과 그 활동』(이화여자대학교 석사학위논문, 1995)
『承政院日記』
신복룡(역), 『조선견문기』(서울 : 집문당, 1998); Allen, H. N., *Things Korean,* New York : Fleming H. Revel Co., 1908)
신복룡(역주), 『하멜표류기』(서울 : 집문당, 2001)
신복룡, 『한국정치사』(서울 : 박영사, 1991)
양재연(外), 『한국풍속지』(서울 : 을유문화사, 1971)
柳子厚, 『조선화폐고』(서울 : 학예사, 1940)
柳洪烈, 『高宗 治下 西學 受難의 연구』(서울 : 을유문화사, 1962)
유홍렬, 『한국천주교회사』(서울 : 가톨릭출판사. 1962)
이광린, 『개화당연구』(서울 : 일조각, 1973)
이광린, 『한국 개화사 연구』(서울 : 일조각, 1970)
이선근, 『한국사: 최근세편, 현대편』(서울 : 을유문화사, 1961)
이정윤, 『근세기독교사』(서울 : 기독교문서선교회, 1958)
이중국, 「Oppert 도굴 사건의 진입로 연구」, 『논문집』(17)(서울 : 건국대학교대학원, 1983)
이지호(외)편, 『표준지리부도』(서울 : 삼화출판사, 1968)
이형석, 『임진전란사』(상 · 중 · 하)(서울 : 신현실사, 1974)
이홍직, 『국사대사전』(서울 : 지문각, 1965)
『정선한문』(서울 : 건국대학교 출판부, 1975)
『朝鮮王朝實錄』
『조선전』(서울 : 탐구당, 1975)
『한국가톨릭대사전』(서울 : 한국교회사연구소, 1985)
朝鮮總督府 陸地測量部 作成, 『朝鮮地圖』(1/50,000 축척)(서울, 1918)
『한국인명대사전』(서울 : 신구문화사, 1967)

『한국학대백과사전』(서울 : 을유문화사, 1972)
홍순호, 「대한제국 법률고문 L. Cremazy의 임명 과정 분석」, 『이대논총』(36집/ 1980, (서울 : 이화여자대학교)

『古事記』(東京 : 岩波書店, 1965)
菊池謙讓, 『近世朝鮮史』(京城, 鷄鳴社, 1939)
『大人名辭典』(東京 : 平凡社, 1955)
『世界大百科事典』(東京 : 小學館, 1957)
『世界大百科事典』(東京 : 平凡社, 1957)
宇野俊一(編), 『日本全史』(東京 : 講談社, 1991)
日本歷史學會(編), 『明治功臣人名錄』(東京 : 吉川弘文館, 1981)
『日本書紀』
日本外務省(編), 『日本外交史辭典』(東京 : 大藏省印刷局, 1979)
黑龍會, 『東先覺亞志士記傳』(下)(東京 : 原書房, 1966)
李盛平, 『中國近現代人名辭典』(北京 : 新華書店, 1989)
『日本人物辭典』(北京 : 商務印書館, 1988)
臧勵龢, 『中國人名辭典』(北京 : 商務印書局, 1985)

Atlas of the Encyclopaedia Britannica(Chicago : The University of Chicago Press, 1963)
Barhart, Clarence L. (ed), *The New Century Cyclopedia of Names* (New York : Appleton-Century-Crofts, Inc, 1954)
Brock Haus Enzyklopaedie(Wiesbaden : F. A. Brock Haus, 1969)
Critical Dictionary of English Literature and British and American Authors, Vol.1, J. B. Lippincott Co., Philadelphia and London, 1897.
Encyclopedia Britannica(Chicago : The University of Chicago, 1963)
Great Soviet Encyclopedia, Soviet Encyclopedia(Moscow, 1975)

Great Soviet Encyclopedia(Soviet National Science Publication Co., Moscow : 1955)

Hall, B, Account of A Voyage of Discovery to the West of Corea and the Great Loo-Choo Island(London : John Murray Co, 1818)

McCune, Geroge M. and Harrison, John A.(ed), *Korean-American Relations*. Vol. I, Berkeley and Los Angeles : The University of California Press, 1951

McGraw-Hill International Atlas(New York : McGraw-Hill, 1963)

Merriam-Webster's Encyclopedia of Literature(Springfield : Merriam- Webster, Inc., 1995)

New Standard Dictionary of the English Language(New York : Funk & Wagnalls Company, 1914)

Palmer, Spencer J., *Korean-American Relations*, Vol. II(1887~1895): *Documents pertaining to the Far Eastern Diplomacy of the United States*(Berkeley and Los Angeles : The University of California Press, 1963)

The Encyclopedia of World Methodism(Nashville : The United Methodist House, 1974)

Webster's Biographical Dictionary(Springfield : G. & C. Merriam Co., 1959)

Webster's International Dictionary of the English Language (Springfield : G. and C Merriam Co., 1948)

Weems, Clarence N.(ed), *Hulbert's History of Korea*, Vol. I & II(New York : Hillary House Publishers Ltd., 1962)

Who Was Who : 1929-1940(London : Adam and Charles Black)

Who was Who among English and European Authors(1931~1949) (Detroit : Gale Research Co., 1978)

찾아보기

ㄱ

가네코 겐타로(金子健太郎) 579
가락국(駕洛國) 368
가마 329
가토 120
가톨릭 120, 135
가톨릭교 37
갑신정변 573
갑오경장(甲午更張) 430, 466, 483
갑인자 137
강신제(降神祭) 527
개신교(改新敎) 160
개혁파 158, 159, 195
개화파 155
거북선 122, 379, 477
거서간 54
경의선 221
경의선철도부설권 193
고구려 90
고누 353
고니시 120, 121, 123
고니시 유키나가(小西行長) 118
고다이바(Godiva) 453
고려 97
고려 태조(太祖) 540
고사(告祀) 518
고수레 520
고요마루(五洋丸) 256
고인돌 373
고종(高宗) 18, 104, 142
공원 311
과거(科擧) 429, 501
과거(科擧) 제도 99
과수 452
관세 359
광물 289
광업 343
교산(蛟山) 393
교육 431
교황 그레고리 16세 138
구로다 나가마사 119
구베아 135
구전(龜錢) 295
구텐베르크(J. G. Gutenberg) 116
국민회(國民會) 260

국사당(國師堂) 515
국상(國喪) 545
국세 조사 133, 135
국세(國稅) 337
국장일(國葬日) 545
국제우편연맹(IPU) 210
국태공 150, 151, 152, 169, 176, 178, 216, 358, 377, 438
국호 198
굿 522, 523, 526
권상연 136
권철신(權哲身) 135
권형진(權瀅鎭) 178, 182, 211
귀양살이 75
그네 470
그레이트하우스 188, 197, 210
금속활자 116
금정(金井) 552
기독교 6, 10, 37, 445
기독교청년회(YMCA) 574
기생 403, 455
기요마사(加藤淸正) 118
기자(箕子) 3, 14, 86, 367, 520, 539
기자묘(箕子墓) 367
기자조선 31, 87, 88
기준(箕準) 87, 88, 383, 540
길모어 16
김대건(金大建) 138
김부식(金富軾) 103, 393
김암(金巖) 393
김영준(金永準) 213, 222
김옥균(金玉均) 154, 195
김홍륙(金鴻陸) 196, 202, 222
김홍집(金弘集) 153, 154, 187

ㄴ

나가모리 도키치로(長森藤吉郎) 257
낙화암(落花岩) 411, 495
난혼(亂婚) 445, 468
남연군 30
남존여비 사상 511
남한산성 131
넬리도프 18
넬슨(Nelson) 123
노동 458
노동요(勞動謠) 404
노르만디 공(Normandy) 383
노름 352
노아(Noah) 490
노예 135
노예 제도 100
노점 309
노중례(盧重禮) 460
녹도(鹿島) 198
논개(論介) 494

ㄷ

다블뤼(Marie A. Daveluy) 133, 145
다윗(David) 478

다윗왕(David) 367
다이(William Dye) 177
다이묘 3
다이이치은행(第一銀行) 221
단군(檀君) 15, 86, 365, 366, 490
단군왕검 85
단군조선 87
단발령 186
단오(端午) 350, 470
단테(Dante A.) 297
달레 133
당오전(當五錢) 216
당쟁 118, 124, 133, 134
당파 56
대각국사(大覺國師) 의천(義天) 103
대원군(大院君) 52, 143, 148, 163, 200
데니(O. N. Denny) 161
데모스테네스(Demostenes) 387
데이비슨 32
데포(D. Defoe) 397
도깨비 512
도로 309
도요토미 히데요시(豊臣秀吉) 118, 492
도자기 343
독립문(獨立門) 194
독립협회 199, 200, 201, 203, 205
돈치기 349
동국여지승람 13
동자전 294
동지사(冬至使) 357
동학 167
드 스페이어(A. de Speyer) 197
드라비드인 31, 32

ㄹ

라 글루와르(La Gloire) 140
라 빅토리우스(La Victorieuse) 140
라마교 37
러니미드(Runnymede) 207
러시아 공사관 440
러일강화조약 272
러일전쟁 123, 186, 227, 272
로나 30
로바노프-야마카타(山縣)협정 (Robanoff-Yamagata Agreement) 192
로우(F. F. Low) 150
로저스(J. Rodgers) 150
로젠 남작(Count Rom R. Rosen) 238
루드니에프(Vsevovod F. Rudnieff) 243
루크리스(Lucrece) 475
르젠드로 197, 210
리델(Felix Ridel) 146
리아 리뷰 17
리튼(Edward G. Bulwer-Lytton) 110, 394

ㅁ

마라난타 91
마립간 54
마부대(馬夫大) 131

마테오 리치 130
마한(馬韓) 88, 383
만국우편연맹 573
만세교(萬歲橋) 317
매장(埋葬) 554
매튀닌(N. Matunine) 202
메이지유신 35
명례궁(明禮宮) 194
모건(E. V. Morgan) 276, 580
모방(Pierre-Philibert Maubant) 138
몽골 98, 104, 105, 106, 109
몽골군 104
묄렌도르프 158
무녀 449
무당 135, 452, 456, 519, 521, 522, 523, 524, 526, 527, 528, 535
무역 357
무제(武帝) 87
무학(無學) 114
무학대사(無學大師) 492
묵덴호(Mukden) 241
문신 32
문자 40
문종(文宗) 103
물시계 117
물신(物神) 517
물장수 323
뮐러(Max Müller) 386
미신 441, 485, 488, 532
미우라 173, 174, 175, 178, 180, 181, 185
민비 163, 168, 172, 174, 176, 178, 180, 184, 186, 199, 200, 438
민비(閔妃) 시해 사건 188
민씨 157
민영 158
민영목(閔泳穆) 159
민영익(閔泳翊) 157
민영주(閔泳柱) 214
민영환(閔泳煥) 171, 190, 277
민태호(閔台鎬) 159
밀턴(J. Milton) 481

ㅂ

바느질 451
바둑 351, 352
박영효(朴泳孝) 154, 169, 195, 209
박정양(朴定陽) 181
반도왕국 272
발라크라바(Balaclava) 245
배물교 480
배물교적(拜物教的) 115, 509
배재학당 17
백제 90
백통전(白銅錢) 296
법률 학교 434
벙커 16
베르뇌 73
베베르(C. Waeber) 178, 185, 197, 440
베베르-고무라(小村)협정 (Waeber-Komura Agreement) 192

벨라이에프(Belaieff) 239
변한 88
별돈(星錢) 294
병인박해 73, 145, 147
병인양요 147
병자호란 137
보부상(褓負商) 207, 251, 336, 354
보수주의 38, 41
보신탕 52
보쌈 502
보안회(保安會) 259, 260
보안회의 260
보카치오(G. Boccaccio) 393
보통교육 261
봉건주의 99
봉수대(烽燧臺) 334
북 400
불교 9, 37, 97, 100, 114, 370, 478, 481, 484, 509, 511, 532, 540
불교 사상 116
불교도 91
브라마니즘 6
브라운(McLeavy Brown) 189, 196, 197, 198, 201, 215
브루귀에르 138
블라바츠키 여사 7

ㅅ

사당(祠堂) 515, 562
사무라이(侍) 5, 263
사주(四柱) 529
사쯔마(薩摩) 126, 237
산신(山神) 515
삼별초(三別抄) 106
삼전도한비 131
상제(上帝) 518
샤머니즘 485, 509
서광범(徐光範) 154
서낭(城隍) 514
서낭당 378
서명응 137
서재필 154, 158, 189, 190, 197
서프라이스(Surprise) 146
석전(石戰) 346, 502
석탄 344
선박세 290
선죽교 93
설총 95
성 패트릭(St. Patrick) 503
성균관(成均館) 431
세관국(稅關局) 573
세금 337
세브란스 기념 병원 574
세스페데스 133
세오녀(細烏女) 495
셜록 홈스(Sherlock Holmes) 500
송악(松嶽) 493
쇼틀랜더 31
수렵(狩獵) 345

숙종(肅宗) 134, 135
순장(殉葬) 368
숭가리호(Sungari) 239
숭배 사상 115
슈펠트(R. W. Schufeldt) 156
스기무라 후카시(杉村濬) 178, 181
스콧(W. Scott) 394
스트리플링(A. B. Stripling) 196
스페이어(Alexei de Speyer) 189, 202, 440
승려 100
승려들 114
시모노세키(下關)조약 166
시장 354
시저(J. Caesar) 144
시조(時調) 402
신교도 37
신돈(辛旽) 110, 111
신라 88
신립(申砬) 장군 120
신비주의 115
신유박해 136
신주(神主) 562
심상훈(沈相薰) 181

ㅇ

아사달 86
아스클레피오스(Esculapious) 449
아스파샤(Aspasia) 395
아펜젤러 17
아합(Ahab) 109
안경수(安駉壽) 202, 211
안남미(安南米) 217
알렉세이에프(Kir Alexeieff) 197, 198, 201
알렌(H. N. Allen) 158, 178
알바시스(Arbaces) 110
앙베르 138
약전(藥典) 452
양곡수출금지령(糧穀輸出禁止令) 216
양반 56, 60
양봉 452
양잠업(養蠶業) 342
양화진 외국인 묘지 18
어업 289
어윤중(魚允中) 187
언어 95
엄비(嚴妃) 223
에번스(Mary Evans) 459
에케르트(Franz Eckert) 432
여승 454
여의사 449, 452, 453
역신(疫神) 523, 524
연(鳶) 349
연료 340
연산군(燕山君) 27, 117, 503
연행사(燕行使) 59
염광(鹽鑛) 341
염천(鹽泉) 341
엽관제도(獵官制度) 117, 192
엽전 295

영국선교회(English Church Mission) 250
영은문(迎恩門) 166, 194
영혼 숭배 509
오륜 474
오메트르(Pierre Aumaitre) 145
오페르트 30
오행(五行) 534
오행서 532
옥황상제(玉皇上帝)의 사록(思錄) 531
와리아크호 243, 247, 248
왕(世宗) 115
왕건 96
왕비 시해 438
왕조 99
왜관(倭館) 126
왜구 108, 110, 117
요나(Jonah) 478
요업(窯業) 425
용(龍) 517
용골대(龍骨大) 130
용암포(龍岩浦) 229, 230
용암포에 관한 한러협정(韓露協定) 231
용전(龍錢) 295
우랄알타이 31
우유 16, 21
우편 334
우편 제도 573
워너메이커(John Wanamaker) 574
워즈워스(W. Wordsworth) 550
원균(元均) 125
원종(元宗) 105
월식(月蝕) 536
위만(衛滿) 87, 383, 540
위만조선(衛滿朝鮮) 87, 383
위조 백통전 267
위폐 사건 220
위폐범 220
위화도 회군(威化島回軍) 111
유교 9, 36, 478, 479, 510, 512
유교 제도 315
유길준(兪吉濬) 187
유다이즘(Judaism) 472
유디트(Judith) 495
유모(乳母) 454, 458
유방제(劉方濟) 138
유언 462
유재현(柳在賢) 159
유점사(楡岾寺) 372
유하원 136
유화부인(柳花夫人) 494
육갑 532
육영공원 16
윤유일 135
윤지충 136
윤치호 166, 206, 207, 208
윤태준(尹泰駿) 159
은진(恩津) 미륵 378
은행 461

을사보호조약 15, 18, 575
을사조약(乙巳條約) 158
의병 122
의술 429
의학 434
이경직(李耕稙) 176, 178
이근택(李根澤) 226, 233
이노우에 가오루(井上馨) 153, 156, 168, 170, 171, 173, 174
이범진(李範晋) 195
이사금 54
이성계 108, 112
이순신 122, 123, 124, 125, 379, 477
이승만 18
이여송(李如松) 494
이용익 213, 214, 215, 222, 223, 224, 226, 230, 233
이일(李鎰) 120
이임보(李林甫) 531
이재면(李載冕) 163, 178
이재선(李載先) 185
이제벨(Jezebel) 109
이조연(李祖淵) 159
이준용 163, 167, 168
이지치 도쓰케(伊地知幸介) 234
이집트 263
이토 히로부미(伊藤博文) 274
이튼 16
이혼 450, 466, 467
이휘하 189
인삼 20, 288, 339
인정 42
인조(仁祖) 130
인종 30
일륜차(一輪車) 333
일식(日蝕) 536
일진회(一進會) 260
임진왜란 98, 107, 114, 134, 137, 144, 188, 368, 377, 494, 541

ㅈ

자수(刺繡) 503
자연 숭배 사상 569
장경일(張敬一) 163
장기 394, 578
장만(張晩) 145
장생불사 15
장승 421
장자상속제 92
재산권 514
점술서 599, 600
점쟁이 511
정당(政黨) 132
정령 숭배 596
정령설(精靈說) 537, 542, 569
정몽주(鄭夢周) 125, 412
정병하(鄭秉夏) 211
정월 보름 392
정충신(鄭忠信) 145
정하상(丁夏祥) 156

제기차기 393
제너럴 셔먼호 사건 166, 169
제주도(濟州島) 123
조공(朝貢) 422
조대비(趙大妃) 161, 488
조림(趙琳) 129
조선교육회 294, 484
조세 제도 131
조영하(趙寧夏) 179
조웅 461
조희연(趙義淵) 201, 205, 211
족벌주의(族閥主義) 481
존스(George H. Jones) 579
종교 40
주 페르 155
주몽(朱夢) 100, 551
주문모 154
주조국(鑄造局) 182
줄다리기 392
중립화 264
중화 문화 42
중매쟁이 509
중화사상 42, 60, 105, 107, 109, 111
중화제 40
지관(地官) 609, 615, 616, 627
지신(地神) 574
지전(紙錢) 333
지하대장군(地下大將軍) 470
진상품(進上品) 328
진한 99
진흥왕 순수비 417
질병 57
징구황후 102

ㅊ

천문대(瞻星臺) 411
천민(賤民) 500
천제동보(天制東寶) 332
철도 641
철종(哲宗) 159
첩(妾) 505, 521, 522
청일전쟁 182, 210, 297, 409, 550
초서(G. Chaucer) 438
최지혁(崔智爀) 172
최치원(崔致遠) 438, 439
추포(麤布) 332
충혜왕(忠惠王) 120, 121
칠거지악(七去之惡) 521
칠반(七般) 540
칠성당(七星堂) 576
칠성전(七星錢) 332
침술(鍼術) 501
칭기즈칸(成吉思汗) 116, 472

ㅋ

칼레(Alphonse Calais) 164
코리에츠호 271, 281, 282
콘스탄티누스대제 410
콜럼버스(Columbus) 472

콜로라도호(Colorado) 167
쿠빌라이(忽必烈) 118, 119, 120
크렐(N. Krell) 275
키르케(Circe) 543
키케로(Cicero) 431
킹즐리(C. Kingsley) 440

ㅌ

탈보트호 281
태조(太祖) 15, 550
태종(太宗) 126
태학 105
토인비 14
토지 378
통신 제도 375
통화(通貨) 개혁 492
통화 제도 237
퉁소 447
트리링규얼 출판사 16

ㅍ

파리외방전교회 164
파스칼호(Pascal) 281, 283
판수 509, 574, 581, 590, 591, 593
퍽(Puck) 545
페롱(Stanislas Feron) 164
페르 154
페리클레스(Pericles) 441
페트라르크(F. Petrarch) 438
포(E. A. Poe) 395
포르니우스(Pornius) 272
폰 밸쯔 34
폴로니우스(Polonius) 566
푸닥거리 599
푸르티에(Jean A. Pourthie) 164
푸크(George C. Foulk) 422
푸트(Lucius H. Foote) 15, 176
푸트남 육군사관학교 16
풍수서 616
풍수지리설 614
프띠니콜라스(Michael Petitnicolas) 164
프랑스대혁명 540

ㅎ

하나부사 요시타다 170, 171, 172
하멜(Hendrik Hamel) 149
한규설(韓圭卨) 310
한규직(韓圭稷) 179
한글 44, 130
한문 43, 106
한사군 99
한상질(韓尙質) 129
한일의정서(韓日議定書) 284, 309
할미당 576
해군(海軍) 326
해금(奚琴) 447
해신(海神) 589
해치 449
향교(鄕校) 66

헐버트(Homer B. Hulbert) 309
형법전 82, 87, 96, 539
혼백궤(魂帛櫃) 622, 624
혼성 불교 570
혼인 502
홀(Basil Hall) 155
홍건적 122
홍종우(洪鍾宇) 220
화투 395
화폐 제도 245, 285
환웅(桓雄) 95, 409, 547
환인 95, 409
황무지 개간 292
황제(高宗) 487
황화 11
흥선군(興宣君) 161
히데요시(豊臣秀吉) 134, 472

역주자 **신복룡(申福龍)**

충북 괴산 출생/ 건국대학교 정치외교학과 · 동 대학원 수료(정치학박사)/ 고등고시위원 역임/ 건국대학교 정치외교학과 교수 역임/ 미국 Georgetown 대학교 객원 교수 역임/ 건국대학교 중앙도서관장 · 대학원장 역임/ 한국정치외교사학회 회장 역임/ 건국대학교 정치외교학과 석좌교수 역임

저서 및 역서

저서

『한말 개화사상연구』(평민사, 1987)/ 『전봉준평전』(지식산업사, 1996)/ 『한국분단사 연구 : 1943-1953』(한울, 2001, 한국정치학회 저술상 수상)/ 『한국사 새로보기』(풀빛, 2001)/ 『이방인이 본 조선 다시 읽기』(풀빛, 2002)/ 『한국정치사』(박영사, 2003)/ 『대동단실기』(선인, 2004)/ 『동학사상과 갑오농민혁명』(선인, 2006)/ 『서재 채워드릴까요?』(철학과 현실사, 2006)/ *The Politics of Separation of the Korean Peninsula 1943-1953*(Edison, NJ : Jimoondang International & Seoul : Jimoondang, 2008)/ 『한국정치사상사』(지식산업사, 2011, 한국정치학회 인재상(仁齋賞) 수상)/ 『해방정국의 풍경』(지식산업사, 2016) 외 다수

역서

『민족자결주의』(A. Cobban, *National Self-Determination*, 1968 : 共)/ 『외교론』(H. Nicolson, *Diplomacy*, 1979)/ 『군주론』(N. Machiavelli, *The Prince*, 1980)/ 『칼 마르크스』(I. Berlin, *Karl Marx*, 1982)/ 『공산주의 간부 제도 연구』(Cho Jaekwan, *A Comparative Analysis of the Communist Cadre System*, 1985)/ 『모택동자전』(E. Snow, *Red Star over China : Genesis of A Communist*, 1985)/ 『데니의 생애와 활동』(R. Swartout, *O. N. Denny and the International Rivalries in Korea*, 1988 : 共)/ 『묵시록의 4기사』(E. Penchef, *Four Horsemen : Pollution, Poverty, Famine, Violence*, 1988)/ 『한국분단보고서』(1992 : 共)/ 『현대정치사상』(L. P. Baradat, *Political Ideologies*, 1995 : 共)/ 『정치권력론』(C. E. Merriam, *Political Power*, 2006)/ 『入唐求法巡禮行記』(2007)/ 『林董祕密回顧錄』(2007 : 共)/ 『한말외국인기록』 전 23권/ 『삼국지』(2021 : 역주, 전 5권) 외 다수